I0823844

COLLOQUES DE CERISY – LITTÉRATURE
sous la direction de Pierre Glaudes
12

Balzac et les disciplines du savoir

Actes du colloque « Balzac et les disciplines du savoir. Sciences et représentation », organisé du 22 au 28 août 2022 au Centre culturel international de Cerisy-la Salle

Ouvrage publié avec le soutien de l'ANR (Projet Phœbus-eBalzac) et de Sorbonne Université (équipe Obtic, « Observatoire des textes, des idées et des corpus »)

Balzac et les disciplines du savoir

Sciences et représentation

Sous la direction d'Éric Bordas, Andrea Del Lungo
et Pierre Glaudes

PARIS
CLASSIQUES GARNIER
2025

Éric Bordas est professeur à l'École normale supérieure de Lyon, spécialiste de Balzac à qui il a consacré de nombreux travaux.

Andrea Del Lungo, professeur à Sorbonne Université et spécialiste du roman du XIXe siècle, dirige un programme d'édition numérique et hypertextuelle de l'œuvre de Balzac (www.ebalzac.com).

Pierre Glaudes, professeur de littérature française à Sorbonne Université, consacre ses travaux au roman du XIXe siècle et contribue par une partie de ses recherches aux études balzaciennes.

ISBN 978-2-406-18735-6 (livre broché)
ISBN 978-2-406-18736-3 (livre relié)
ISSN 2494-8470

LES COLLOQUES DE CERISY

PRÉSENTATION

Accueillis au château de Cerisy-la-Salle et ses dépendances, monument historique du XVIIe siècle au cœur du département de la Manche, le Centre culturel international de Cerisy assure la programmation, l'organisation et la publication des Colloques de Cerisy. Il est le principal moyen d'action de l'Association des Amis de Pontigny-Cerisy (AAPC), reconnue d'utilité publique, dont la mission est de favoriser les valeurs intellectuelles et artistiques en développant les échanges culturels et scientifiques internationaux.

UNE AVENTURE CULTURELLE ET FAMILIALE

Prolongeant les célèbres Décades de Pontigny (1910-1939) initiées par Paul Desjardins en Bourgogne, les Colloques de Cerisy, installés en 1952 par Anne Heurgon-Desjardins en Normandie, sont aujourd'hui dirigés par Edith Heurgon, avec le concours de la famille Peyrou-Bas, réunie au sein de la Société civile du château de Cerisy, propriétaire des lieux qu'elle met gracieusement à la disposition de l'Association.

UNE EXPÉRIENCE DE VIE ET DE PENSÉE

De Pontigny à Cerisy se poursuit un même projet : offrir la possibilité, dans un cadre prestigieux, de vivre et de penser avec ensemble, dont le caractère unique tient à la durée des rencontres, au « génie du lieu », à l'hospitalité de la famille et de l'équipe du Centre culturel.

En toute indépendance d'esprit et avec une volonté d'ouverture et de brassage des disciplines, des générations, des nationalités, les Colloques de Cerisy accueillent artistes, chercheurs, écrivains, enseignants, étudiants, responsables socio-économiques et politiques, ainsi que tout public intéressé par les sujets traités. Les débats tiennent un rôle clef pour confronter les points de vue et forger des idées neuves.

UNE ACTION DURABLE ET RENOUVELÉE

Depuis 1952, près de 900 colloques ont abordé des domaines très divers (art, littérature, philosophie, psychanalyse, sciences, prospective...). La Normandie y tient une place de choix avec près de 100 rencontres, dont une série prestigieuse sur la Normandie médiévale. Près de 700 ouvrages, publiés chez des éditeurs variés, sont accessibles aujourd'hui grâce, notamment, à la collection Cerisy/Archives chez Hermann, qui réédite les colloques épuisés les plus fameux.

UN PROJET FÉDÉRATEUR ET SOCIÉTAL

L'Association des Amis de Pontigny-Cerisy est ouverte à toute personne intéressée par sa mission et rassemble aujourd'hui plus de 1 200 membres. Elle est présidée depuis 2023 par Jean-Louis Bancel, administrée par un Conseil de vingt personnes et soutenue par un Comité d'honneur rassemblant d'éminentes personnalités intellectuelles.

La Commission de coordination régionale regroupe, avec l'université de Caen, la DRAC, les collectivités territoriales et les villes partenaires, divers acteurs culturels et scientifiques normands. Elle a pour objectif de construire des projets en Normandie et des partenariats locaux.

Le Cercle des partenaires, créé en 2005, réunit des entreprises, des collectivités territoriales ainsi que des organismes publics et des associations. Il apporte un soutien financier à l'AAPC et prend l'initiative de colloques sur des questions de société et de prospective.

Renseignements sur les Colloques et publications de Cerisy
cerisy-colloques.fr – (+33)2 33 46 91 66
CCIC, 2, le Château, 50 210 Cerisy-la-Salle, France

CHOIX DE PUBLICATIONS

Barbey d'Aurevilly, perspectives critiques, Classiques Garnier, 2016
Roland Barthes, continuités, Christian Bourgois, 2017
Hélène Bessette, L'attentat poétique, Le nouvel Attila, 2024
Présence d'André du Bouchet, Hermann, 2012
Les discours meurtriers aujourd'hui, Peter Lang, 2022
Dumas amoureux. Formes et imaginaires de l'Éros dumasien, PU de Caen 2020
Marguerite Duras : passages, croisements, Classiques Garnier, 2019
Écrire pour inventer (à partir des travaux de Jean Ricardou), Hermann, 2020
Annie Ernaux : le temps et la mémoire, Stock, 2014
La production du sens chez Flaubert, 10/18, 1975, rééd. Hermann, 2017.
Le Format court. Récits d'aujourd'hui, Classiques Garnier, 2019
Goethe, le second auteur, Hermann éditeurs, 2022
Présences de Remy de Gourmont, Classiques Garnier, 2021
Le Goût du noir dans la fiction policière contemporaine, PUR, 2021
Peter Handke, l'analyse du temps, Presses Sorbonne Nouvelle, 2018
Kafka, Cahiers de l'Herne, 2014
Victor Klemperer. Repenser le langage totalitaires, CNRS Éditions, 2012
Littératures et arts du vide, Hermann, 2018
Spectres de Mallarmé, Hermann, 2021
1913, cent ans après : enchantements et désenchantements, Hermann, 2013
Pierre Michon. La lettre et son ombre, Gallimard, 2013
Octave Mirbeau : passions et anathèmes, PU de Caen, 2007
La Négation à l'œuvre dans les textes, Classiques Garnier, 2023
Valère Novarina : les tourbillons de l'écriture, Hermann, 2020
Francis Ponge, ateliers contemporains, Classiques Garnier, 2019
De Pontigny à Cerisy : des lieux pour « penser avec ensemble », Hermann, 2011
Portraits dans la littérature. De Flaubert à Proust, Classiques Garnier, 2018.
Pascal Quignard, translations et métamorphoses, Hermann, 2015
George Sand, pratiques et imaginaires de l'écriture, PU de Caen, 2006
W.-G. Sebald, Littérature et éthique documentaire, P. Sorbonne Nouvelle, 2017
Victor Segalen. « Attentif à ce qui n'a pas été dit », Hermann, 2019
Styles, langue et société, Honoré Champion, 2015
Jules Verne, cent ans après, Éditions Terre de Brume, 2005
Lire Zola au XXIe siècle, Classiques Garnier, 2018

ABRÉVIATIONS, CONVENTIONS ET TYPOGRAPHIE

CH *La Comédie humaine*, édition publiée sous la direction de Pierre-Georges Castex, Paris, Gallimard, « Bibliothèque de la Pléiade », t. I-XII, 1976-1981.

Corr. *Correspondance*, édition établie, présentée et annotée par Roger Pierrot et Hervé Yon, Paris, Gallimard, « Bibliothèque de la Pléiade », t. I-III, 2006-2017.

LH *Lettres à Madame Hanska*, édition établie par Roger Pierrot, Paris, Robert Laffont, « Bouquins », 1990.

NC *Nouvelles et contes*, édition établie, présentée et annotée par Isabelle Tournier, Paris, Gallimard, « Quarto », 2006.

OD *Œuvres diverses*, édition publiée sous la direction de Pierre-Georges Castex, Paris, Gallimard, « Bibliothèque de la Pléiade », t. I-II, 1990-1996.

PR *Premiers romans*, édition établie par André Lorant, Paris, Robert Laffont, « Bouquins », 1999.

INTRODUCTION

Les colloques de Cerisy consacrés à l'auteur de *La Comédie humaine*, organisés à échéances régulières tous les vingt ans, ont fait date dans les études balzaciennes, et plus généralement dans la réflexion historique et théorique sur le roman. En 1980, « Balzac : l'invention du roman » fut consacré à la poétique du romancier dans une perspective sociocritique, et à l'évaluation de sa place dans l'histoire du genre ; en 2000, « Penser avec Balzac », réunissant une nouvelle génération de chercheurs, dressait le portrait d'un écrivain philosophe, dont l'œuvre pouvait être lue au croisement de plusieurs approches critiques[1].

Ce nouveau colloque de Cerisy (programmé suivant l'échéance rituelle en 2020, et reporté à 2022 en raison de la crise sanitaire) s'est proposé d'examiner le rapport de l'œuvre balzacienne aux disciplines du savoir de son époque. L'événement s'est concentré sur l'articulation des sciences et de la représentation romanesque, mais aussi sur l'épistémologie, confrontant celle du temps de Balzac à celle (et surtout celles) de notre propre présent. Le colloque a réuni des spécialistes venus du monde entier (Belgique, Canada, États-Unis, France, Grande-Bretagne, Italie et Pologne), avec une forte contribution de jeunes chercheurs, en recevant le soutien de plusieurs institutions : l'UMR IHRIM de l'ENS Lyon, l'UMR CELLF et la composante Obtic de Sorbonne Université, ainsi que le programme d'édition eBalzac.

Comme toujours, le « Balzac de Cerisy » est en phase avec les orientations de la critique : il nous semble en effet qu'aujourd'hui, la relation avec le savoir est au cœur d'une interrogation sur le statut, sur les valeurs et sur la légitimité de la littérature comme mode de représentation du réel, mais aussi comme modèle de représentation. Pour cela a été ajouté au titre général « Balzac et les disciplines du savoir » le sous-titre

---

1 Voir les actes : Cl. Duchet et J. Neefs (dir.), *Balzac, l'invention du roman*, Paris, Belfond, 1982 ; J.-L. Diaz et I. Tournier (dir.), *Penser avec Balzac*, Saint-Cyr-sur-Loire, Christian-Pirot, 2003.

« sciences et représentation », qui définit efficacement la spécificité du roman balzacien.

Si l'auteur de *La Comédie humaine* donne ses lettres de noblesse au genre romanesque, s'il fonde une esthétique réaliste moderne, c'est surtout parce que Balzac conçoit une forme littéraire inédite, qui intègre dans la fiction, dans l'univers imaginaire, les savoirs de son temps. Or ces savoirs multiples ne sont pas uniquement traités comme des sources d'inspiration ou des éléments purement référentiels, mais ils constituent aussi des paradigmes d'analyse scientifique sur lesquels se fonde le roman (pour preuve, la comparaison bien connue entre le travail du romancier et celui du naturaliste, la société humaine pouvant être analysée selon les mêmes modèles qui président à la classification des espèces animales). Le roman devient ainsi, pour la première fois dans son histoire, une forme de connaissance du réel, connaissance complémentaire mais aussi *autre* par rapport aux disciplines scientifiques.

Balzac est en effet le contemporain d'une mutation épistémologique fondamentale, qui voit abandonner le modèle universaliste de l'encyclopédisme au profit d'une spécialisation toujours croissante des sciences. Son œuvre, à travers les représentations qu'elle propose, met en scène et problématise, témoigne de cette mutation qui n'est pas étrangère à la conception romantique des savoirs, s'étendant aussi bien au rationalisme qu'à la mystique, à l'idéalisme philosophique qu'à l'histoire, à la physiognomonie qu'aux sciences naturelles sous le sceau d'un syncrétisme fécond.

Cet ouvrage poursuit donc l'objectif d'interroger la relation qu'entretient l'œuvre balzacienne avec les différents champs du savoir d'une époque n'ayant pas encore établi les lignes de partage qui seront successivement définies par le positivisme, et amèneront à l'autonomisation des disciplines au cours du XIXe siècle. La spécificité de ce moment historique nous a ainsi permis d'analyser la relation particulièrement complexe qu'établit la littérature avec les principes déterministes de certaines disciplines, comme la phrénologie ou la physiognomonie, dont les théories sont mises à l'épreuve de la fiction, le plus souvent adaptées, voire modifiées dans l'univers imaginaire. Nous avons enfin pu observer de quelle manière le roman construit des modèles de connaissance susceptibles d'influencer en retour l'histoire des sciences : ce n'est pas un hasard si Balzac, considéré comme un ancêtre du roman policier et si attentif au déchiffrement des détails, semble anticiper ce modèle de connaissance que l'historien Carlo Ginzburg appelle le paradigme indiciaire, qui se généralise au cours de la deuxième moitié du siècle ; et ce n'est pas non plus un hasard si l'auteur de *La Comédie humaine* est considéré comme le fondateur de la sociologie, dont il a pu concevoir, dans le cadre de la fiction, un certain nombre de principes et de méthodes[2].

Dans le détail, à côté d'analyses de contenus et de formes qui montrent comment certains savoirs de référence de la Monarchie de Juillet deviennent, entre les mains du romancier, matières romanesques dynamiques et créatives, aux couleurs de plus en plus spécifiquement balzaciennes (la médecine, les sciences naturelles, la philosophie, l'économie, la musique), d'autres communications proposent des réflexions plus générales sur les pratiques et modélisations de la connaissance et les ambitions encyclopédiques notoires de et dans *La Comédie humaine*. Fait notable, et qui témoigne d'une évolution remarquable de la lecture de Balzac de 1980 à aujourd'hui, l'importance de la pratique très particulière de l'ironie est mise en avant dans quasi toutes les communications : ironisation plus qu'ironie, du reste, dans le cas de Balzac, c'est-à-dire systématisation critique du refus d'un sens figé et stabilisé, fût-ce celui de l'ironie elle-même, au profit d'une déstabilisation volontaire des identités et des certitudes de tout ordre, politiques ou esthétiques. Enfin, et dans un geste résolument cataphorique pour les études balzaciennes, le travail sur les supports numériques d'édition et de lecture des textes est lui-même interrogé, tant dans ses contraintes empiriques techniques que dans ses enjeux : les adeptes d'études littéraires soumises tout entières à l'herméneutique du sens à comprendre s'affrontant aux partisans des poétiques descriptives, attentifs d'abord aux questions de valeurs et d'effets textuels.

La première partie de cet ouvrage se focalise sur la question générale de l'épistémologie, et analyse les modèles scientifiques qui opèrent dans l'œuvre balzacienne, voire qui la fondent. Claire Barel-Moisan affronte la question complexe de l'organisation architecturale de *La Comédie humaine*, en introduisant la dialectique entre ironie et sérieux qui constituera un fil conducteur de l'ouvrage ; Aude Déruelle analyse la relation délicate de Balzac avec le « modèle encyclopédique », prise

2 *Cf.* A. Del Lungo et P. Glaudes (dir.), *Balzac, l'invention de la sociologie*, Paris, Classiques Garnier, 2018.

entre la critique de la philosophie des Lumières et l'exigence de repenser les critères permettant d'ordonner les savoirs ; Lucien Derainne interroge le concept de discipline, dont l'émergence est postérieure à l'époque de Balzac, pour montrer néanmoins que certains de ses textes, notamment d'ordre analytique, l'annoncent ; Dominique Massonnaud revient sur la relation entre littérature et histoire naturelle afin de montrer de quelles manières l'entreprise du romancier, « historien du présent », procède par transpositions épistémologiques à partir des travaux des historiens de la nature.

Après cette entrée en matière panoramique, les deux parties suivantes de l'ouvrage détaillent les différents domaines disciplinaires, en témoignant de l'ampleur des savoirs que convoque l'œuvre balzacienne. D'abord, dans la deuxième partie, sont analysées les sciences de la nature et du vivant : Andrea Goulet propose une lecture de l'œuvre au prisme de deux moments dans la pensée géologique, l'âge de Cuvier et la conceptualisation récente de l'anthropocène, qui implique un « temps profond » incommensurable avec l'échelle d'une vie humaine ; Göran Blix, abordant un Balzac « zoographe », montre l'ironisation des critères de classement propres à l'histoire naturelle, qui débouche sur une parodie de la science et de sa volonté de savoir ; Andrew Watts passe par l'éco-traductologie – concept inspiré de la théorie de l'évolution – pour étudier deux adaptations filmiques de *La Peau de chagrin* et s'interroger sur les processus permettant à l'œuvre de « survivre » ; Kathia Huynh revient sur le domaine de la médecine, pour étudier notamment une poétique du *care* dans ses enjeux éthiques, comme modèle d'intellection du monde qui permet d'en interroger les normes.

Ensuite, la troisième partie aborde les domaines du droit et de l'économie : le premier est parfaitement intégré dans l'univers romanesque balzacien, comme le montre la contribution de Marion Mas à propos du thème majeur de la succession, en éclairant le caractère dynamique de l'hérédité comme force sociale, et en analysant la fonction du droit positif dans la fiction ; Alexandre Péraud s'intéresse aux échos et enjeux dans l'œuvre de l'économie politique, science jusqu'ici peu étudiée par les balzaciens, fondée sur une vision organiciste qui pense la société sur le mode du déséquilibre et s'oppose à une économie pratique, au service du politique ; Francesco Spandri explore enfin un « au-delà » de l'économie constitué par la relation complexe que l'individu entretient avec la présence physique de l'objet monétaire, fonctionnant comme mode de lecture du monde social.

Différents objets d'histoire culturelle sont abordés dans la quatrième partie. Éric Bordas fait le point sur les connaissances musicales précises de Balzac, savoir théorique et pratique (composition et interprétation) qui lui a inspiré deux récits très originaux. Pierre Glaudes étudie les manifestations du cynisme dans *La Comédie humaine* et ses liens avec la philosophie des anciens cyniques ; Vincent Bierce aborde la pensée métaphysique en ce qu'elle est socialisée et contextualisée dans le roman, comme un objet problématique dont la représentation remet en cause le statut de savoir possible par le refus de toute perspective unifiante ; Boris Lyon-Caen étudie les modalités selon lesquelles Balzac, plus psychologue qu'on ne le croit d'ordinaire, donne à comprendre la vie intérieure de ses personnages.

La dimension discursive de l'intégration des savoirs dans le texte fait l'objet de la cinquième partie de l'ouvrage. La contribution de Laélia Véron explore l'emploi de l'argot des prisons dans une perspective sociolinguistique, et montre de quelles manières Balzac transforme l'argot en langage romanesque ; Christèle Couleau définit l'approche pluridisciplinaire de la connaissance chez Balzac, pour dégager les grandes lignes d'une méthode d'inscription conjointe des savoirs dans le texte, qui fonde la construction de l'ethos du narrateur ; Jérémie Alliet s'interroge enfin sur la distribution et sur la « dotation » en savoir des personnages balzaciens, qui engendrent la mise en scène d'affrontements cognitifs déterminant les agissements des personnages.

Enfin, la sixième partie conclut l'ouvrage en posant des questions de méthode d'ordre théorique et heuristique. Andrea Del Lungo et Karolina Suchecka tracent des perspectives de recherche inédites, définies par les nouveaux modes d'interrogation numérique des corpus, notamment dans le cadre du projet d'édition eBalzac (www.ebalzac.com) : ils en exposent les résultats concernant l'influence de la phrénologie sur l'œuvre de Balzac à travers une analyse hypertextuelle, qui montre les modifications des modèles de connaissance scientifique dans l'univers fictionnel ; Franc Schuerewegen revient en guise de bilan sur l'histoire de la critique balzacienne du dernier demi-siècle, dont il souligne qu'elle s'est constituée en « discipline de savoir » par l'adoption d'un discours qui nie l'intention de l'auteur, et qu'il serait temps de dépasser.

Cet ouvrage contribue ainsi à une vision actuelle et nécessaire de la critique comme forme de connaissance, visant à placer une œuvre dans son contexte culturel et scientifique et à en analyser les actualisations possibles dans le contemporain. Le roman balzacien est de ce point de vue exemplaire, par la diversité des références scientifiques, la variété des tons et l'ampleur des savoirs qu'il intègre au sein d'une œuvre-monde qui a l'ambition de rendre compte de la complexité du réel, en exposant aussi toutes ses contradictions.

Éric BORDAS,
Andrea DEL LUNGO
et Pierre GLAUDES

PREMIÈRE PARTIE

ÉPISTÉMOLOGIE

CONSTRUIRE UNE SCIENCE DE L'HOMME, ENTRE SÉRIEUX ET IRONIE

« La science est une, et vous l'avez partagée[1] », accuse Séraphîta dans l'un de ses derniers grands discours adressés au pasteur Becker, à Wilfrid et à Minna, avant son assomption. Séduit par cette formule frappante, Étienne Geoffroy Saint-Hilaire l'a placée en épigraphe d'un de ses ouvrages[2]. Pourtant, à l'époque romantique, la science est encore largement perçue comme unitaire, les frontières entre les disciplines scientifiques étant incomplètement formalisées et peu stabilisées. C'est notamment le cas dans le champ des sciences humaines. La dénomination « science de l'homme » employée dans le présent article correspond à une désignation que Balzac reprend des traités des Idéologues, prolongeant l'héritage sensualiste dans le cadre d'une pensée libérale et matérialiste. Elle signale l'ambition nouvelle que Balzac assigne au roman, s'appuyant sur une philosophie dont les fondements sont scientifiques. Le romancier combine par ailleurs cette influence avec celle d'un penseur mystique comme Swedenborg. La science de l'homme que Balzac ambitionne de mettre en œuvre dans *La Comédie humaine* dépasse la tension entre ces orientations idéologiquement très diverses par le biais d'une pensée moniste qui s'incarne aussi bien dans la compréhension des mécanismes de la psyché et de l'intellect que dans l'effort pour répertorier les espèces sociales et rendre intelligible la société post-révolutionnaire. Balzac réaffirme de préface en préface cette capacité proprement cognitive dont il investit le roman. Le projet de faire du roman un outil puissant d'ordre théorique accompagne l'ensemble de sa carrière tout en se transformant, et il passe précisément par la

1 *Séraphîta*, *CH*, t. XI, p. 823.

2 Étienne Geoffroy Saint-Hilaire, *Notions synthétiques, historiques et physiologiques de philosophie naturelle*, Paris, Dénain, 1838, n. p. Geoffroy Saint-Hilaire place non seulement cette épigraphe en page de titre de son ouvrage, mais il dramatise cette citation en lui ajoutant un triple point d'exclamation : « La Science est une, et vous l'avez partagée ! ! ! »

construction d'une science de l'homme qui englobe une multitude de disciplines : psychologie, physiologie, ethnologie, sémiologie, anthropologie, sociologie, etc. La formalisation de la plupart de ces champs du savoir est d'ailleurs bien postérieure à la publication de *La Comédie humaine.* La science de l'homme peut donc être envisagée comme un carrefour de disciplines que Balzac explore dans de multiples directions, privilégiant différents modèles épistémologiques selon les périodes et les faisant parfois jouer les uns contre les autres.

« SCIENCE DE L'HOMME » ET « ANTHROPOLOGIE », DE *LA COMÉDIE HUMAINE AU GRAND DICTIONNAIRE UNIVERSEL DU XIXe SIÈCLE*

Si la démarche théorique est centrale pour le projet balzacien, la dénomination même de « science de l'homme » est finalement relativement peu présente sous la plume du romancier. Balzac lui substitue volontiers le terme d'anthropologie, qu'il relie à la tradition de la philosophie allemande. Analysant l'influence du modèle des sciences naturelles pour forger l'anthropologie balzacienne telle que l'« Avant-propos » de *La Comédie humaine* la présente, Jacques Noiray définit ce champ comme la « vaste science des comportements humains englobant la sociologie comme l'ethnologie, la géographie comme l'histoire, la psychologie comme la linguistique[3]. » Le terme d'« anthropologie » apparaît ainsi comme un synonyme de « science de l'homme », caractérisé par la même amplitude et fondé sur une approche psycho-physiologique comparable. Si elles signalent l'ambition cognitive du roman balzacien, les deux désignations relèvent néanmoins d'un vocabulaire technique dont l'acclimatation au cœur de la fiction peut paraître problématique, et elles ne sont employées que six fois dans *La Comédie humaine.* Les usages des deux termes sont concentrés sur une période s'étendant essentiellement de 1836 à 1841[4].

3 Jacques Noiray, « L'anthropologie de Balzac et le modèle des sciences naturelle », dans *Balzac, l'invention de la sociologie*, sous la direction d'Andrea Del Lungo et Pierre Glaudes, Paris, Classiques Garnier, 2019, p. 13.

4 Un ultime emploi se détache néanmoins, mentionnant le terme d'« anthropologie » dans *Le Cousin Pons*, en 1847. Je le commente ci-dessous.

La mention correspondant à la conception la plus large de la discipline figure dans le Préambule du *Traité des excitants modernes* : l'anthropologie y apparaît comme l'étude de l'homme social sous tous ses aspects. Balzac se propose « de codifier les lois de cette existence extérieure, de rechercher son expression philosophique, de constater ses désordres[5] ». L'auteur annonce que son écrit théorique, qui s'intègre dans le projet des *Études analytiques*, paraîtra en 1839 sous le titre *Pathologie de la vie sociale* et qu'il est « une Anthropologie complète, qui manque au monde savant, élégant, littéraire et domestique[6] ». Deux autres emplois tirés de *La Vieille Fille* et du *Curé de village* se rejoignent en ce qu'ils présentent l'anthropologie comme une science utilisant le déchiffrement des signes et l'analyse des manifestations extérieures de la pensée pour arriver à une connaissance de l'intériorité humaine. Une lettre de l'ingénieur Gérard à son protecteur, M. Grossetête, analyse ainsi l'incapacité d'une école comme Polytechnique à produire des « hommes de génie » ; elle souligne que l'éducation ne peut influer sur le développement de tels esprits. Les circonstances qui permettent l'éclosion de ces intelligences n'ont pas encore été déterminées : « ni l'État, ni la science de l'homme, l'Anthropologie, ne les connaissent[7]. » On remarque qu'« Anthropologie » est employé ici en apposition de « science de l'homme », les deux termes fonctionnant pour Balzac comme des synonymes. Dans *La Vieille Fille*, l'anthropologie est aussi mentionnée comme une connaissance de l'homme qui combine une multiplicité de disciplines pour donner accès à son être, au-delà des apparences. Elle est présentée comme une science de l'avenir, encore ignorée en France alors que l'Allemagne l'enseigne déjà. Au dénouement de son roman, Balzac tire une conclusion sérieuse de l'échec de son personnage, Rose Cormon. La ruine de ses espoirs de bonheur marital découle de son incompétence sémiologique, qui ne lui a pas permis de déchiffrer correctement les signes de l'impuissance de Du Bousquier et, *a contrario*, ceux de la vigueur du chevalier de Valois. Le narrateur balzacien appelle alors à la création de chaires enseignant cette nouvelle science de l'homme, en la combinant avec une interprétation d'œuvres littéraires comme l'*Orlando furioso* de l'Arioste :

---

5 Préambule au *Traité des excitants modernes*, *CH*, t. XII, p. 304.
6 *Ibid.*, p. 305.
7 *Le Curé de village*, *CH*, t. IX, p. 804.

> [Cette histoire] ne démontre-t-elle pas la nécessité d'un enseignement nouveau ? N'invoque-t-elle pas, de la sollicitude si éclairée des ministres de l'instruction publique, la création de chaires d'anthropologie, science dans laquelle l'Allemagne nous devance ? [...] Si Mlle Cormon eût été lettrée, s'il eût existé dans le département de l'Orne un professeur d'anthropologie, enfin si elle avait lu l'Arioste, les effroyables malheurs de sa vie conjugale eussent-ils jamais eu lieu ? Elle aurait peut-être recherché pourquoi le poète italien nous montre Angélique préférant Médor, qui était un blond chevalier de Valois, à Roland dont la jument était morte et qui ne savait que se mettre en fureur[8].

Dans *Le Cousin Pons*, la mention par le narrateur de l'anthropologie l'amène de nouveau à appeler de ses voeux la création de chaires nouvelles, et Balzac rappelle que cet enseignement est déjà professé en Allemagne. Mais il transforme la portée de cette discipline en la reliant à l'étude des sciences occultes. Sous cette désignation, Balzac englobe tout ce qui permet d'accéder aux « faits à venir dans le germe des causes », perçus par le « Voyant » grâce à une forme de « somnambulisme de l'esprit[9] », selon ses termes. L'anthropologie telle que Balzac la conçoit s'appuie dès lors sur le magnétisme animal, sur la crânologie, la physiognomonie et la névrologie pour comprendre la capacité de divination de certains individus :

> Aujourd'hui tant de faits avérés, authentiques sont issus des sciences occultes, qu'un jour ces sciences seront professées comme on professe la chimie et l'astronomie. Il est même singulier qu'au moment où l'on crée à Paris des chaires de slave, de mantchou, de littératures aussi peu *professables* que les littératures du Nord [...], on n'ait pas restitué, sous le nom d'Anthropologie, l'enseignement de la philosophie occulte, l'une des gloires de l'ancienne Université. En ceci l'Allemagne, ce pays à la fois si grand et si enfant, a devancé la France, car on y professe cette science[10] [...].

Dans ces différents emplois des deux termes, la science de l'homme balzacienne explore la jonction du physique et du spirituel, au cœur de la démarche du romancier. La conclusion du *Traité des excitants modernes* en donne un autre exemple, plus explicite encore[11]. Elle traite des effets de la diététique sur la dépense vitale, formulant sur

---

8 *La Vieille Fille*, *CH*, t. IV, p. 935.

9 *Le Cousin Pons*, *CH*, t. VII, p. 586.

10 *Ibid.*

11 Je commente à la fin de cet article un dernier emploi du terme « anthropologie » dans *La Comédie humaine*, qui apparaît dans *Le Contrat de mariage*, dans un discours d'Henri de Marsay à Paul de Manerville.

un mode axiomatique plaisant l'un des thèmes essentiels de la pensée balzacienne. L'usage des excitants, dont l'auteur a analysé l'effet sur la productivité intellectuelle, est décrit comme causant une surstimulation de la circulation dans les muqueuses : l'éventuel bénéfice pour la création se paye donc d'une dépense vitale qui réduit d'autant l'espérance de vie. Balzac situe ici sa science de l'homme dans la filiation de l'Idéologie physiologique d'un médecin comme Cabanis, et de ses célèbres *Rapports du physique et du moral de l'homme.* Il achève son traité sur un aphorisme qui transpose sous forme métaphorique les principes de l'énergétique balzacienne.

> L'alimentation publique prise dans son ensemble est une partie immense de la politique, et la plus négligée, j'ose même dire qu'elle est dans l'enfance. Ces cinq natures d'excès[12] offrent toutes une similitude dans le résultat [...]. Que cet axiome soit donc acquis à la science de l'homme :
>
> VII. *Tout excès qui atteint les muqueuses abrège la vie.*
>
> L'homme n'a qu'une somme de force vitale, elle est répartie également entre la circulation sanguine, muqueuse et nerveuse, absorber l'une au profit de l'autre, c'est causer un tiers de mort. Enfin, pour nous résumer par une image axiomatique :
>
> VIII. *Quand la France envoie ses cinq cent mille hommes aux Pyrénées, elle ne les a pas sur le Rhin. Ainsi de l'homme.*

Si les termes de « science de l'homme » et d'« anthropologie » restent relativement rares à l'échelle de l'ensemble de *La Comédie humaine*, l'usage que Balzac en fait frappe néanmoins par sa cohérence, faisant signe vers sa philosophie moniste et son exploration des liens du physique et du moral. L'originalité de Balzac consiste à ne pas fonder cette enquête sur la conception de facultés universelles d'un homme conçu comme intemporel, mais au contraire à ancrer sa recherche de façon précise dans les bouleversements historiques et sociologiques qui affectent la société issue de la Révolution. Deux décennies après la publication de *La Comédie humaine*, le *Grand dictionnaire universel du XIX*e *siècle* s'appuie encore sur la citation de *La Vieille Fille* mentionnée plus haut afin d'illustrer les usages du terme « anthropologie ». L'article encyclopédique présente alors la science anthropologique en observant les différentes disciplines qu'elle relie et en soulignant la nécessité du développement de ces multiples

12 Il s'agit des différentes catégories d'excitants dont Balzac étudie les effets dans son traité : l'alcool, le sucre, le thé, le café et le tabac.

savoirs afin que l'anthropologie puisse, à son tour, se déployer. Comme chez Balzac, la science de l'homme apparaît comme un carrefour de savoirs appelés à connaître un vaste essor.

> Le mot *anthropologie* a reçu divers sens ; il a été appliqué à l'étude de l'homme individuel considéré au point de vue intellectuel et moral, c'est-à-dire à l'ensemble des sciences psychologiques ; à l'étude de l'homme individuel considéré au point de vue anatomique, physiologique, pathologique ; enfin à l'histoire naturelle du groupe humain (espèce ou genre) et des variétés (races ou espèces) que présente ce groupe. [...] il y a très peu de temps que l'histoire naturelle de l'homme et des races humaines forme une science positive. Ce sont les rapports de dépendance des sciences qui font comprendre l'ordre historique de leur développement. L'*anthropologie* dépendait, pour son objet, de la géographie et de la biologie ; pour sa méthode, de la zoologie ; pour ses moyens d'investigation, de la paléontologie, de l'archéologie et de la linguistique ; elle ne pouvait évidemment précéder ces sciences, sur lesquelles elle devait s'appuyer[13].

L'article développe l'histoire de l'anthropologie en détaillant ses objectifs. Pour un lecteur familier de l'« Avant-propos » de *La Comédie humaine* et des préfaces au fil desquelles Balzac précise les objectifs nouveaux qu'il fixe au roman, la coïncidence des démarches et des terminologies est patente. Au-delà de l'ampleur du projet épistémique, les détails de la méthode se rejoignent pour mettre en œuvre une science de l'homme réalisée chez Balzac sous forme romanesque, tandis qu'elle passe dans l'anthropologie universitaire par des traités.

> un champ immense s'ouvrit tout à coup aux investigations des savants ; il ne s'agissait pas seulement de compléter et de rectifier la classification de Blumenbach mais de déterminer l'influence du milieu, c'est-à-dire du climat, de la nourriture, du genre de vie, de l'éducation physique ou intellectuelle, individuelle ou sociale, sur l'organisation humaine, les variations dues à cette influence, et les limites dans lesquelles les lois de l'hérédité et celles de l'atavisme renferment ces variations. Il fallait ensuite, remontant la chaîne des siècles, interroger les monuments, l'histoire, les traditions, les religions, les langues, [...] : de là le concours nécessaire des sciences qui, au temps de Blumenbach, étaient trop peu avancées pour fournir à l'*anthropologie* un point d'appui : l'archéologie, la mythologie, la linguistique[14].

---

13 Pierre Larousse, *Grand Dictionnaire universel du* XIX*e siècle*, Paris, Administration du Grand Dictionnaire universel, t. I, 1866, « Anthropologie », p. 433.

14 *Ibid.*

C'est le propre du roman balzacien de mobiliser de façon novatrice ces multiples approches disciplinaires. Celles-ci coexistent dans le discours du narrateur tout comme dans les propos des personnages, tout au long de la carrière du romancier. On pourrait néanmoins repérer certaines évolutions dans l'importance relative accordée aux différentes disciplines qui constituent la science de l'homme balzacienne. Une telle enquête supposerait une périodisation fine et un relevé détaillé des références scientifiques et des méthodologies évoquées au fil de chaque roman. Cela permettrait de dresser une cartographie évolutive des savoirs les plus actifs et féconds pour nourrir la pensée balzacienne, selon les périodes. Sans s'engager dans cette exploration approfondie, on peut cependant repérer un phénomène de bascule progressive qui fait passer de l'approche psycho-physiologique dominante dans les années 1830 vers une lecture sociologique qui s'affirme nettement dans les derniers romans de Balzac comme *Les Petits Bourgeois*, *Les Paysans* ou *Le Cousin Pons*.

Au-delà de cette évolution dans la mise en œuvre balzacienne d'une science de l'homme au fil du temps, une autre transformation tient à l'influence que peut exercer l'organisation architecturale de *La Comédie humaine* sur la nature des savoirs mobilisés dans chaque texte. Cette anthropologie multiple et protéiforme se décline-t-elle différemment à chacun des trois étages de l'édifice romanesque balzacien ? Observe-t-on dans les *Études analytiques*, les *Études philosophiques* et les *Études de mœurs* des modèles épistémologiques différents, des stratégies spécifiques de mobilisation du sérieux et de l'ironie, des modalités d'écriture particulières ainsi que certains traits de style emblématiques ? Le parcours proposé ici descendra progressivement la pyramide balzacienne, en débutant cette exploration à l'étage que le romancier avait décrit comme devant couronner le monument, même si sa réalisation est demeurée en suspens, celui des *Études analytiques*.

LES *ÉTUDES ANALYTIQUES*, OU LA CONSTRUCTION D'UNE ANTHROPOLOGIE DU CONTEMPORAIN

Les *Études analytiques* se situent au croisement de plusieurs paradigmes épistémologiques, le premier d'entre eux étant celui de l'observation naturaliste qui s'appuie sur l'outil aiguisé que constitue l'analyse. Celle-ci divise ce qui est composé pour en dégager les éléments simples, constitutifs, et pour différencier les espèces. Elle définit ainsi une nomenclature, mettant en évidence des types. Ce principe de la taxinomie est au cœur de l'écriture panoramique caractéristique des physiologies et il constitue le deuxième modèle épistémologique présidant à l'écriture des *Études analytiques*. L'observateur-analyste met en place une sémiologie qui doit lui permettre de déchiffrer et de rendre intelligible le réel, d'où l'importance que revêt dans l'écriture balzacienne le modèle de l'enquête et le paradigme indiciaire définis par Carlo Ginzburg[15]. L'élaboration d'une science de l'homme analytique repose sur une loi essentielle énoncée dans l'« Avant-propos » de *La Comédie humaine* : la matérialisation de la pensée. La pensée d'un individu se manifeste d'un point de vue physiologique (par exemple par la circulation du fluide qu'un personnage projette vers un autre à travers son regard), mais aussi tout simplement sur un plan physique, à travers les meubles qu'il a choisis, ses vêtements, la décoration de son intérieur… Selon la célèbre affirmation de l'« Avant-propos », l'homme « tend à représenter ses mœurs, sa pensée et sa vie dans tout ce qu'il approprie à ses besoins[16] ». La description des moindres objets recouvre dès lors une ambition épistémique, chaque fragment ouvrant à l'observateur la possibilité de reconstruire une totalité, selon la méthodologie de Cuvier. Un tel modèle épistémique entraîne également une révolution poétique que Balzac revendique dans ses préfaces : « l'auteur croit fermement que les détails seuls constitueront désormais le mérite des ouvrages improprement appelés *Romans*[17]. »

---

15 Voir Carlo Ginzburg, « Signes, traces, pistes. Racines d'un paradigme de l'indice », *Le Débat*, n° 6, 1980, p. 3-44.

16 « Avant-propos » de *La Comédie humaine*, *CH*, t. I, p. 9.

17 Note jointe à la première édition des *Scènes de la vie privée*, *CH*, t. I, p. 1175.

Sur le modèle des physiologies, la sémiologie mise en jeu dans les *Études analytiques* produit une sociologie particulière qui s'attache à des éléments fixés à un instant donné, comme en un arrêt sur image. C'est en effet le propre des *Études analytiques* que de renverser la proportion entre narratif et discursif présente dans le reste de *La Comédie humaine.* La sémiologie analytique fait saillir et interprète des détails qui permettent d'identifier des types, mais ces types restent en quelque sorte figés dans le temps de leur description, le propos de l'observateur-analyste n'étant pas de retranscrire leur évolution.

D'un point de vue stylistique, il est difficile d'isoler quelques traits spécifiques de l'analytique, ces éléments pouvant être présents dans l'ensemble de *La Comédie humaine.* La mise en avant d'un projet proprement théorique dans l'écriture analytique amène néanmoins dans ces textes une concentration exceptionnelle de certains marqueurs scientifiques comme les néologismes, l'affichage de théorèmes, d'axiomes ou simplement d'observations mises en série et numérotées. Les présents de vérité générale abondent pour énoncer des lois dont la scientificité est surjouée, de façon souvent parodique. Le narratif et le discursif se trouvent intriqués, les anecdotes fonctionnant comme des *exempla.* La science de l'homme construite dans les *Études analytiques* s'appuie sur des personnages évidés, réduits à des silhouettes et des prénoms types comme Caroline ou Adolphe[18], tandis que leurs caractéristiques, leur âge et leurs occupations sont sans cesse transformés au fil du traité. Les personnages ne sont plus ici que des supports conçus pour illustrer une démonstration. Ces techniques propres à l'écriture fantaisiste mettent en question le modèle réaliste et elles signalent la dialectique constante, caractéristique des *Études analytiques*, entre écriture du sérieux et ironie.

18 Ce sont les deux protagonistes principaux des *Petites misères de la vie conjugale.*

QUELLE IRONIE AU CŒUR DE LA SCIENCE DE L'HOMME PRODUITE DANS LES *ÉTUDES ANALYTIQUES* ?

Dans son article intitulé « le jeu sérieux de l'ironie profonde[19] », Jérôme David retravaille les théorisations de Philippe Hamon et Pierre Schœntjes pour différencier trois modèles de l'ironie. La raillerie porte sur un personnage ridiculisé par les autres acteurs de la fiction, comme Rose Cormon qui, dans *La Vieille Fille* produit des énoncés à double sens dont elle ne perçoit pas la dimension grivoise. Le deuxième modèle est celui de la raillerie sérieuse : deux personnages s'affrontent et leur discours explicite cache un autre sens. Il n'y a pas alors de victime de l'ironie : l'objectif n'est pas de se moquer d'un personnage mais de décrypter un double discours dont les enjeux stratégiques sont importants dans la fiction. Le dernier modèle, celui de « l'ironie profonde », permet de saisir le jeu entre sérieux et ironie à l'œuvre dans les *Études analytiques*. L'ironie profonde ne relève pas d'une ironie antiphrastique comme celle pratiquée par Voltaire, qui demeure rare chez Balzac. Éric Bordas l'a souligné, les pratiques balzaciennes de l'ironie « refusent toute dialectique simpliste sur le mode "vrai *vs* faux", "bon *vs* méchant" – ce pour quoi l'antiphrase n'en est pas la figure privilégiée[20] ». Alors que la cible de la raillerie était évidente, désignée par une « connivence condescendante », l'ironie profonde maintient une ambiguïté axiologique : elle suppose un possible renversement du sens.

Une telle incertitude est posée en principe de lecture de la *Physiologie du mariage* par l'auteur facétieux de l'*Errata* inséré dans la première édition : « Dans *presque* tous les endroits du livre où la matière peut paraître sérieuse, et dans tous les endroits du livre où elle semble bouffonne, pour saisir l'esprit de l'ouvrage, équivoquez[21]. » La science de l'homme – ou, en l'occurrence, de la femme – que Balzac présente dans la *Physiologie du mariage* n'est ni uniformément satirique ni entièrement sérieuse, elle est le lieu d'une ironie profonde, qui vise tout particulièrement deux discours de savoir : le droit et la statistique. À travers ces deux disciplines,

19 Jérôme David, « Le jeu sérieux de l'ironie profonde », dans *Ironies balzaciennes*, études réunies et présentées par Éric Bordas, Saint-Cyr-sur-Loire, Christian Pirot, 2003, p. 55-73.

20 Éric Bordas, « Présentation » dans *ibid.*, p. 13.

21 *Physiologie du mariage*, *CH*, t. XI, p. 1928-1929.

le double jeu de l'équivoque s'attaque à deux fondements épistémiques de la nouvelle science de l'homme balzacienne. Les méditations 2 à 4 de la *Physiologie du mariage*, souvent commentées, élaborent une statistique conjugale parodique. Or la publication de la *Physiologie du mariage* coïncide avec une transformation historique importante dans l'usage politique et administratif de la statistique. Durant l'Empire s'est déroulé un premier âge de la statistique, mobilisée sur un mode essentiellement descriptif et moralisant. Au tournant des années 1830 s'ouvre une deuxième époque de la statistique, repensée sous l'influence du modèle anglais. Il s'agit désormais d'une statistique mathématisée, plus quantitative et moins qualitative. Ce nouveau type de statistique est introduit en France par Moreau de Jonnès et elle se développe sous son impulsion à partir de 1828. En 1833, Thiers place Moreau de Jonnès à la tête du « Bureau de la statistique générale de la France » qu'il vient de créer. Cette institution dure ensuite jusqu'au régime de Vichy avant de se voir refondée en 1946 sous le titre d'Institut National de la Statistique et des Études économiques. Les statistiques conjugales bouffonnes avec lesquelles Balzac ouvre sa *Physiologie du mariage* parodient donc une nouvelle discipline des sciences de l'homme, au cœur de l'actualité des années 1830.

Cette ironie enjouée n'est pas destructrice ; elle fonctionne au contraire comme polyphonie, faisant coexister des discours contraires. Analysant le discours sur les lois dans la *Physiologie du mariage*, Jean-Louis Cabanès met en évidence le double mouvement d'élaboration et de déconstruction des règles :

> si Balzac se fait l'auxiliaire du mari propriétaire, s'il lui prescrit des règles, s'il lui conseille une politique machiavélique, un art conjugal, s'il lui enjoint d'appliquer un code, il défait également les règles qu'il énonce, il effondre les lois qu'il met en valeur, il se rit de la police ou de l'hygiène qu'il professe car il donne du plaisir à son lecteur en consommant bien souvent, dans le cadre des anecdotes, la défaite du mari qui rencontre dans sa femme une habile stratège[22].

La mécanique de cette ironie est retorse : le texte met en place un principe de communication biaisé, où les recommandations diététiques

---

22 Jean-Louis Cabanès, « Le discours sur les lois dans la *Physiologie du mariage* », dans *Balzac, l'aventure analytique*, sous la direction de Claire Barel-Moisan et Christèle Couleau, Saint-Cyr-sur-Loire, Christian Pirot, 2009, p. 229.

extrêmes qui sont censées épuiser la femme se retournent contre le mari et discréditent celui qui les fait, valorisant *a contrario* la femme, victime de cet abus de pouvoir. Ces prescriptions diététiques s'achèvent avec un discours violent qui défend l'oppression légale de la femme traitée comme une possession – discours provocateur et, pour une fois, antiphrastique conçu pour susciter l'indignation du lecteur.

> La femme est une propriété que l'on acquiert par contrat, elle est mobilière, car la possession vaut titre : enfin, la femme n'est à proprement parler qu'une annexe de l'homme ; or, tranchez, coupez, rognez, elle vous appartient à tous les titres. Ne vous inquiétez en rien de ses murmures, de ses cris, de ses douleurs ; la nature l'a faite à votre usage, et pour tout porter, enfants, chagrins, coups et peines de l'homme[23].

De multiples registres de l'ironie coexistent donc dans les *Études analytiques* : une ironie ludique, mais aussi une ironie profonde, reposant sur la possibilité du retournement des énoncés et donc porteuse d'un discours sérieux, comme c'est le cas ici. Les aphorismes de la *Physiologie du mariage* sont par ailleurs loin d'être tous ironiques et certains expriment au contraire directement des points essentiels de la science de l'homme et de la pensée énergétique de Balzac. On peut en trouver de multiples exemples au fil du discours du narrateur, comme lorsqu'il rappelle : « L'homme a une somme donnée d'énergie », ou lorsqu'il trace les lois de l'influence réciproque du milieu sur la pensée humaine : « si les milieux atmosphériques influent sur l'homme, l'homme doit à plus forte raison influer sur l'imagination de ses semblables par le plus ou moins de vigueur et de puissance avec laquelle il projette sa *volonté* qui produit une véritable atmosphère autour de lui[24]. »

Balzac a présenté la *Physiologie du mariage* comme une « tentative pour retourner à la littérature fine, vive, railleuse et gaie du XVIIIe siècle, où les auteurs ne se tenaient pas toujours droits et raides[25] ». De fait, les *Études analytiques* expérimentent des modalités originales d'énonciation d'une science de l'homme, ce qui passe par une mobilisation novatrice de l'ironie. Les deux étages inférieurs de *La Comédie humaine* explorent des voies différentes.

---

23 *Physiologie du mariage*, *CH*, t. XI, p. 1030.
24 *Ibid.*, respectivement p. 1027 et 1024.
25 Préface à *La Peau de chagrin*, *CH*, t. X, p. 54.

LES *ÉTUDES PHILOSOPHIQUES*, UNE SCIENCE DE L'HOMME ROMANTIQUE

Voici la présentation que Pierre-Georges Castex propose pour l'une des premières œuvres de jeunesse de Balzac, sa dissertation sur l'homme : « Fonder une anthropologie, reconstruire scientifiquement l'homme, étudier ses idées, son langage, ses facultés, écrire une théorie de la pensée humaine qui surpasse les ouvrages de Locke, de Condillac, d'Helvétius, de Cabanis, des idéologues, tel est bien le premier grand projet de Balzac[26]. » Si la dissertation est finalement loin de répondre à cette ambition initiale, le projet continue en réalité d'accompagner Balzac, et il trouve une forme de réalisation dans les *Études philosophiques*. À cette période, Balzac est loin d'être le seul à espérer construire une nouvelle science de l'homme fondée sur la physiologie, héritière du sensualisme, qui crée un pont entre le matériel et le spirituel, entre le physique et le moral. C'est la quête de toute une génération romantique, entre autres de Stendhal et de Nodier. La lettre à Charles Nodier sur son article intitulé « De la palingénésie humaine et de la résurrection » peut en témoigner : Balzac y évoque « une science nouvelle », les « études psychologiques » qui, « dirigées dans une voix d'analyse, acquerront sans doute une consistance mathématique, cesseront d'être creuses et conjecturales[27] ». En employant un vocabulaire anachronique, on pourrait lire ce projet comme une fusion entre sciences de l'homme et sciences dures. De fait, si ces champs du savoir ne sont pas encore nommés ainsi, leur séparation institutionnelle s'est progressivement opérée depuis l'Empire, comme l'a observé Stéphane Zékian en retraçant l'histoire conflictuelle des relations entre sciences et lettres dans le monde académique, à travers les réformes successives réorganisant l'Institut[28].

La proximité des questionnements de cette science romantique avec ceux de l'Idéologie physiologique de Cabanis et de toute l'école française de médecine qui enquête avec lui sur les liens entre le physique et le

26 Pierre-Georges Castex, Notice des *Études analytiques*, *CH*, t. XI, p. 1716.

27 « Lettre à Charles Nodier », *OD*, t. II, p. 1214.

28 Stéphane Zékian, « L'institution des savoirs » dans *Littérature et sciences au XIXe siècle. Une anthologie*, sous la direction de Nicolas Wanlin, Paris, Classiques Garnier, 2019, p. 343-352.

moral est frappante[29]. La réflexion sur les mécanismes de la pensée est au cœur des premiers travaux de Balzac. L'intrication entre matériel et spirituel travaille déjà, dès 1824, les toutes premières *Notes philosophiques* où il s'interroge : « qu'une substance produise de la pensée, en quoi Dieu périt-il[30] ? » Les expériences magnétiques constituent autant de manifestations sensibles de ces liens et elles font signe vers l'ambitieuse science de l'homme à laquelle Balzac rêve, prolongeant une génération plus tard l'héritage des Idéologues : « La faculté de faire comparaître en soi les accidents de la nature existe ; elle existe comme l'air, l'eau, les acides, les fluides ; n'y aurait-il aucun moyen de diriger cette faculté, cette force sommeil, comme la force vapeur, air, eau[31] ? »

Les *Études philosophiques* sont naturellement le lieu privilégié d'exploration des phénomènes psycho-physiologiques de la pensée, fondement historique de la science de l'homme balzacienne. Le *Livre mystique* peut être appréhendé comme une expérimentation pour condenser cette enquête sous une forme originale, à égale distance des traités facétieux des *Études analytiques* et de l'inscription des *Études de mœurs* dans le flux de la sociologie mouvante qui accompagne l'évolution de la monarchie de Juillet. Les travaux du jeune philosophe dans *Louis Lambert* revisitent le questionnement scientifique sur les phénomènes de la pensée qui a accompagné Balzac dès son entrée dans la carrière littéraire, en l'entrecroisant avec l'étude du magnétisme et l'influence du mysticisme et de l'illuminisme swedenborgiens. Mais l'enquête de Louis Lambert n'est livrée que sous la forme d'une succession d'interrogations. Elle n'est jamais délivrée comme un savoir stable :

> À l'appui de ses définitions, Lambert ajouta plusieurs problèmes à résoudre, beaux défis jetés à la science et desquels il se proposait de rechercher les

29 Je me permets de renvoyer à l'étude que j'avais publiée pour confronter les itinéraires de Balzac et de Stendhal à cet égard : « Balzac, Stendhal, les Idéologues et les sciences », dans *Le Moment idéologique. Littérature et sciences de l'homme*, sous la direction de Yves Citton et Lise Dumasy, ENS-Éditions, 2013, p. 217-233. J'en revisite ici quelques éléments.

30 *Notes philosophiques*, manuscrit du Fonds Lovenjoul, A 180, f° 58, cité dans Madeleine Ambrière-Fargeaud, *Balzac et « La Recherche de l'absolu »*, Paris, Hachette, 1968, p. 132.

31 *OD*, t. I, p. 559. Ce fragment provient du dossier manuscrit conservé au fonds Lovenjoul A 180, f° 19 r°. Dans leur édition des premiers *Essais philosophiques* de Balzac, Roland Chollet et René Guise ont rattaché ce fragment ainsi que quelques autres aux notes correspondant au chantier du *Discours sur l'immortalité de l'âme* (Fonds Lovenjoul, A 157, f°s 1-67).

> solutions, se demandant à lui-même : si le principe constituant de l'électricité n'entrait pas comme base dans le fluide particulier d'où s'élançaient nos Idées et nos Volitions ? [...] Si les phénomènes fluides de notre Volonté, substance procréée en nous et si spontanément réactive au gré de conditions encore inobservées, étaient plus extraordinaires que ceux du fluide invisible, intangible, et produits par la pile voltaïque sur le système nerveux d'un homme mort[32] ?

Dans le dixième mémoire des *Rapports du physique et du moral de l'homme*, Cabanis présentait les expériences sur le galvanisme de Volta ainsi que les travaux réalisés par l'École de médecine de Paris pour confronter la nature du fluide galvanique avec celle du fluide qui permet la transmission de l'influx nerveux et la communication entre les organes. Les préoccupations scientifiques et philosophiques de Cabanis ainsi que son vocabulaire sont ceux que reprend *Louis Lambert* trois décennies plus tard, au point que les interrogations du jeune philosophe précédemment citées peuvent apparaître comme une reformulation du traité de Cabanis :

> Quant à la manière dont les diverses parties du système nerveux communiquent entre elles, agissent sur les organes, [...] elle est encore aujourd'hui couverte d'un voile épais. Les hypothèses mécaniques, physiques ou chimiques, sont toutes insuffisantes pour expliquer ces premières opérations de la vie [...]. Les dernières expériences de l'École de Médecine de Paris, celles qui, depuis encore, ont été faites en Angleterre, et surtout celles de l'illustre Volta sur le galvanisme, paraissent démontrer, sans réplique, l'identité parfaite du fluide auquel on a donné ce nom avec celui qui produit les phénomènes de l'électricité. J'ai toujours été, je l'avoue, très porté à penser que l'électricité modifiée par l'action vitale est l'agent invisible qui, parcourant sans cesse le système nerveux, porte les impressions des extrémités sensibles aux divers centres, et de là rapporte vers les parties motrices l'impulsion qui doit y déterminer les mouvements. Il est infiniment vraisemblable, du moins à mes yeux, que plus on poursuivra les expériences du même genre, plus aussi cette identité deviendra manifeste. [...] Il est même possible qu'après avoir sagement circonscrit les faits relatifs à l'influence du magnétisme sur l'économie vivante, on parvienne, en les comparant avec ceux du galvanisme et de l'électricité proprement dite, à déterminer avec précision le degré d'analogie qui rapproche ces deux fluides, ou de dissemblance qui peut les faire considérer encore comme essentiellement distincts dans l'univers[33].

---

32 *Louis Lambert*, *CH*, t. XI, p. 627.

33 Pierre-Jean-Georges Cabanis, *Rapports du physique et du moral de l'homme* [1802], Paris, Bureau de la bibliothèque choisie, t. II, 1830, Dixième mémoire, « Considérations touchant la vie animale, les premières déterminations de la sensibilité, l'instinct, la sympathie, le sommeil et le délire », p. 287.

Sous la plume de Cabanis, les expériences restent exploratoires et la science qui permettrait de comprendre les mécanismes d'action des mystérieux fluides, aussi bien galvanique que de l'influx nerveux, ne saurait être que projetée dans le futur. Par un tour de passe-passe propre à la fiction romanesque, Balzac donne dans les *Études philosophiques* une existence spectrale à une telle science. Elle surgit au détour des pages comme une silhouette entrevue et aussitôt disparue, donnant l'illusion de l'existence d'une science unitaire qui ne demeure en réalité qu'un projet. Dans *La Peau de chagrin*, Raphaël de Valentin apparaît comme un double du jeune Balzac et du futur Louis Lambert. Il a en effet donné corps à cette nouvelle science de l'homme en écrivant une *Théorie de la volonté* qu'il présente à son ami et confident, Émile Blondet, comme une œuvre qui « complètera les travaux de Mesmer, de Lavater, de Gall, de Bichat, en ouvrant une nouvelle route à la science humaine[34] ». Le narrateur se contente cependant de poser l'existence de ce traité, sans jamais en citer des extraits ni donner au lecteur quelque accès que ce soit à sa matière proprement dite. Une autre formulation déceptive de l'ambitieuse science de l'homme propre aux *Études philosophiques* se trouve dans les deux séries de « Pensées » de Louis Lambert rassemblées à la fin du roman. Les aphorismes qui les composent livrent une pensée condensée, fragmentaire et énigmatique, conçue pour suggérer l'existence d'une science qui n'est réalisée que dans l'esprit du philosophe, désormais mutique. Alain Vaillant a analysé les dispositifs complexes de polyphonie qui font fonctionner *Louis Lambert* comme un récit à énigme[35]. La valeur à accorder à la science de l'homme élaborée par Louis Lambert doit demeurer indécidable, prise dans le tourniquet incessant entre folie et génie qui, comme dans *La Recherche de l'absolu*, amène le lecteur à ne pas choisir et à tenir simultanément les deux interprétations. La science de l'homme posée au fondement des *Études philosophiques* se situe donc dans un espace intermédiaire de la fiction, dans une féconde présence/absence qui transforme un savoir creusé de vide en une énigme qui rayonne sur l'ensemble de la construction romanesque.

Isoler une modalité d'écriture caractéristique de la formulation de la science de l'homme propre à l'étage des *Études philosophiques* est sans

34 *La Peau de chagrin*, *CH*, t. X, p. 138.

35 Alain Vaillant, « "Cet *X* est la *Parole*" : La littérature, ou la science mathématique de l'homme », dans *Penser avec Balzac*, sous la direction de José-Luis Diaz et Isabelle Tournier, Saint-Cyr-sur-Loire, Christian Pirot, 2003, p. 107-121.

doute moins aisé que de repérer les traits de style mobilisés dans le cadre des *Études analytiques*. On peut néanmoins observer dans les fictions philosophiques qui explorent cette science de l'homme comme *La Peau de chagrin*, *Jésus-Christ en Flandre*, *Sur Catherine de Médicis* ou *Séraphîta*, la mise en œuvre d'un registre fantastique absent des *Études de mœurs* et des *Études analytiques*. Une seconde spécificité de la science de l'homme envisagée à cet étage de *La Comédie humaine* tient à son rapport à la temporalité. Les recherches sur le cerveau et ses capacités envisagent les rapports du physique et du moral chez l'homme de façon anhistorique, indépendamment de toute détermination sociale ou temporelle. Les expériences magnétiques, scientifiques ou philosophiques présentées dans les fictions peuvent ainsi se dérouler à n'importe quelle époque et Balzac investit dans les romans des *Études philosophiques* une grande diversité de temporalités par rapport au reste de *La Comédie humaine*, du règne de Louis XI pour *Maître Cornélius* au début du XVIIe siècle pour *Le Chef d'œuvre inconnu*, en passant par le règne de Catherine de Médicis pour *Les Ruggieri*. On constate là une différence radicale avec la pensée du contemporain qui se déploie dans les *Études de mœurs*, où la nouvelle science de l'homme prend notamment la forme d'une sociologie décryptant les bouleversements de la société post-révolutionnaire.

LES *ÉTUDES DE MŒURS*, LA POLYPHONIE DU ROMAN AU SERVICE D'UNE SOCIOLOGIE ÉVOLUTIVE

Si le modèle des physiologies sous-tend l'écriture des *Études analytiques*, une des limites de la science du social qu'elles présentent tient à son caractère figé à un instant donné. Les physiologies fonctionnent comme une galerie de portraits saisis sur le vif, sans évolution possible. Par contraste, on peut observer la puissance propre du romanesque mis en œuvre dans les *Études de mœurs* et sa capacité à faire émerger une autre science de l'homme, lorsqu'on compare les effets de réinterprétation produits par l'intégration des éléments d'une physiologie dans la fiction romanesque. La *Physiologie de l'employé* en offre un riche exemple, par l'innutrition réciproque du roman et de la physiologie[36]. En écrivant sur les employés dans les administrations, Balzac investit un thème à la mode, qu'abordent aussi de nombreux textes contemporains et d'autres physiologies. Mais dès l'écriture de la *Physiologie de l'employé*, Balzac dépasse les lieux communs se moquant de bureaucrates médiocres et inefficaces pour élaborer une véritable réflexion théorique sur le vol réciproque de l'État et des employés de l'administration : celui-ci sous-paye ses agents tandis que les employés, en retour, consacrent leurs heures de bureau à des activités personnelles. La physiologie propose alors un vaste plan de réforme de l'administration réduisant le nombre des employés et augmentant leur salaire. Lors de l'insertion dans le roman, le principe de théâtralisation propre aux *Employés* renforce la violence de l'affrontement entre deux camps adverses : la critique se fait plus acérée, incarnée dans l'itinéraire des personnages au cœur de la fiction. La science sociale élaborée dans le roman, c'est-à-dire l'enquête sur l'administration et la compréhension de ses rouages est dramatisée par le triple échec administratif, économique et conjugal de Xavier Rabourdin. La précision de la description mobilisée pour construire dans le roman une vaste galerie de types d'employés de ministère et évoquer leurs différentes activités est telle que l'œuvre a été utilisée comme une source documentaire par les historiens et sociologues de l'administration. Comme l'a souligné Jérôme David, Balzac est « un sociologue du type », ce que n'étaient pas ses contemporains Buret, Villermé ou Quetelet. Paradoxalement, c'est le romanesque des *Études de mœurs* qui exerce une influence décisive sur la sociologie, autant sinon plus que les enquêtes et les physiologies dont le romancier s'est approprié la méthodologie.

> Si tant de sociologues se sont reconnus dans ce qu'a fait Balzac, c'est [...] parce que la façon dont ils conçoivent la sociologie dérive en partie de ce que le roman a imprimé à l'analyse du monde social au XIXe siècle. [...] C'est une manière aussi de comprendre la surprise ou l'ahurissement des sociologues lisant Balzac : ils s'y reconnaissent en oubliant ce que leurs savoirs doivent à la littérature[37].

36 La *Physiologie de l'employé* est publiée en 1841 chez Aubert et Lavigne. Elle reprend à la fois un « Croquis » paru en novembre 1830 dans *La Caricature* et une série d'extraits tirés de *La Femme supérieure*, publiée en 1838. Puis ces textes poursuivent leur transformation en repassant du genre de la physiologie à celui du roman. *La Femme supérieure* change de titre et devient en 1844 *Les Employés* dans l'édition Furne, se nourrissant à son tour des éléments de la *Physiologie de l'employé.*

37 Jérôme David, « Back to Balzac. L'envers de l'histoire contemporaine de la sociologie », dans *Balzac, l'invention de la sociologie*, *op. cit.*, p. 199.

Dans cette logique de dialectique entre type et individu, le trait de style qu'on pourrait pointer comme caractéristique de la science de l'homme construite dans les *Études de mœurs* est l'exophore mémorielle[38]. Recourir à la structure « un de ces… qui » suppose d'effectuer un travail de généralisation à partir d'un exemple apparemment isolé. L'élaboration d'une science de l'homme passe par ce dépassement du cas individuel dans la mise en évidence de traits partagés, la détermination de lois communes. Même si ce trait stylistique ne recouvre parfois qu'une posture de savoir sans contenu véritable, il signale la diffusion dans les *Études de mœurs* d'une méthodologie inductive qui cherche à dégager des lois sociales en lien avec la fiction, tout en s'appuyant sur l'expérience du lecteur, supposé pouvoir reconnaître le groupe ainsi désigné.

Si l'écriture des *Études de mœurs* prend indéniablement son sens dans la culture de l'enquête sociale et de la statistique qui s'est développée dans la première moitié du XIXe siècle, Andrea Del Lungo établit que Balzac fait néanmoins un pas de côté par rapport à ces outils pour développer sa propre méthodologie et sa propre science de l'homme en élaborant un héros romanesque qui échappe à ces typologies sociales et se pose comme exceptionnel[39]. En outre, contrairement au paradigme habituel de l'enquête, l'énigme ne se trouve pas levée à la fin du récit balzacien. La fiction ne s'achève pas sur le dévoilement d'une vérité mais elle privilégie au contraire des dénouements suspendus. Dans *Honorine* par exemple, le lecteur ne sait pas quels effets produira le récit sur les personnages qui l'ont écouté. Deux sources de rebondissement sont suggérées : le consul, narrateur de la nouvelle, n'a pas deviné qu'Honorine aurait pu l'aimer, tandis que sa femme, dissimulée, a entendu le récit qui ne lui était pas destiné. La nouvelle s'achève alors sur la méditation de Camille Maupin « qui demeura pensive, appuyée au quai, pendant quelques instants[40] ». La science de l'homme qui émerge au fil des *Études de mœurs* n'est donc pas dégagée de façon univoque par un narrateur qui délivrerait un savoir stable. Elle s'appuie au contraire sur la participation active du lecteur susceptible d'interpréter des effets de suspens du sens et de polyphonie.

38 Éric Bordas, « Un stylème dix-neuviémiste : le déterminant discontinu *un de ces… qui…* », *L'Information grammaticale*, n° 90, 2001, p. 32-43.

39 Andrea Del Lungo, « La méthode sociologique balzacienne, ou comment subvertir l'enquête sociale et la statistique morale », dans *Balzac, l'invention de la sociologie*, *op. cit.*, p. 97-115.

40 Balzac, *Honorine*, *CH*, t. II, p. 597.

De fait, la science de l'homme élaborée dans l'œuvre balzacienne peut se trouver formulée à un triple niveau : elle peut être énoncée par la voix des personnages ou dans le discours surplombant du narrateur, ou bien émerger de façon plus indirecte, à travers la construction propre de la fiction. Les portraits et les itinéraires des personnages sont ainsi porteurs d'une pensée du social. Jacques-David Ebguy a détaillé cette « anthropologie implicite de Balzac[41] » en reliant trois modèles de personnages balzaciens à trois théorisations sociologiques : « l'agent social » indexé sur la pensée de Bourdieu, « l'homme pluriel » sur celle de Lahire, et « l'acteur social » sur celle de Boltanski. Je m'appuierai sur ces deux derniers modèles pour analyser la science de l'homme qui les sous-tend. « L'homme pluriel » est un être social porteur de propriétés variées et non d'un habitus stable et cohérent, qui serait adapté à son milieu. Traversant plusieurs sphères et n'appartenant à aucune en particulier, il se modifie en fonction des scènes qu'il explore. Un personnage comme Lucien de Rubempré, être multiple que le narrateur désigne comme « amphibie », peut en constituer l'emblème[42]. Autour de lui se construit une sémiologie différenciée, par petites touches : son itinéraire met en contact des sphères aux valeurs opposées, que ce soit sur un plan esthétique, politique ou économique. Les conflits que suscite son cheminement d'une sphère à l'autre et le récit de son parcours permettent d'approfondir la compréhension des mécanismes propres à chaque sphère. Par opposition à la fixité trompeuse des types incarnés dans les physiologies, la science de l'homme construite dans le romanesque des *Études de mœurs* traduit ainsi la labilité des itinéraires sociaux et des identités. Le destin complexe et l'identité multiple de tels personnages illustre l'efficacité et la subtilité de l'outil que constitue le roman pour mettre en œuvre cette nouvelle science sociale.

Dans l'étape suivante de ce parcours, Jacques-David Ebguy indexe sur la sociologie de Boltanski un autre modèle de personnage, qui ne se transforme pas en s'adaptant aux sphères qu'il traverse mais qui, au contraire, prend du recul par rapport à elles pour les analyser, faisant ainsi surgir sa propre subjectivité, aussi bien dans son discours que dans ses actes. Ce modèle de personnage conçu comme un acteur

---

41 Jacques-David Ebguy, « Représenter l'être social. Balzac avec les sociologues ? », dans *Balzac, l'invention de la sociologie*, *op. cit.*, p. 279.

42 Voir *ibid.*, p. 284-291.

social indépendant s'émancipe de ses déterminations afin de porter un regard réflexif sur la société. Il coïncide ainsi idéalement avec le titre d'un des ouvrages de Luc Boltanski : *De la critique. Précis de sociologie de l'émancipation* (Gallimard, 2009). Comme Vautrin ou Rastignac, un tel personnage produit un discours descriptif et évaluatif sur le monde social, éventuellement concurrent de celui du narrateur.

La science de l'homme des *Études de mœurs* n'émane donc pas du discours affirmatif et monologique d'un narrateur, mais de la polyphonie construite par le dispositif romanesque. La pensée du social surgit d'un feuilletage de voix : celle du narrateur peut se voir recouverte par celles des personnages analystes du social, qui expriment des systèmes axiologiques opposés. Il s'agit souvent de la parole analytique, lucide et cynique des lions parisiens, comme celle d'Henri de Marsay, ou de journalistes spirituels comme Émile Blondet. Mais ce regard émancipé porté sur la société peut aussi venir de la voix décalée émanant d'acteurs provinciaux. On peut songer au discours machiavélien sur la société de la Restauration adressé par Henriette de Mortsauf à Félix de Vandenesse dans sa lettre de conseils destinés à assurer sa réussite à la cour, ou à la lettre envoyée par le jeune polytechnicien Gérard à son protecteur, dans *Le Curé de village*, pour lui décrire le monde des ingénieurs, leur entrée dans la société et l'action qu'ils peuvent y mener. Les multiples voix de ces personnages analystes du monde social se répondent pour faire naître la science de l'homme polyphonique des *Études de mœurs.* La circulation des informations entre les différentes branches du mobile romanesque balzacien, les échos et les contradictions entre ses parties complexifient encore ce dispositif. On peut en trouver un exemple dans le parallèle entre la situation fictionnelle décrite dans *Le Contrat de mariage* et le traité ironique qu'est la *Physiologie du mariage.* Lorsque Paul de Manerville annonce à son ami de Marsay son intention de se marier, le jeune dandy le met en garde :

> Le Code, mon cher, a mis la femme en tutelle, il l'a considérée comme un mineur, comme un enfant. Or, comment gouverne-t-on les enfants ? par la crainte. Dans ce mot, Paul, est le mors de la bête. Tâte-toi le pouls ! Vois si tu peux te déguiser en tyran, toi, si doux, si bon ami, si confiant ; toi, de qui j'ai ri d'abord et que j'aime assez aujourd'hui pour te livrer ma science. Oui, ceci procède d'une science que déjà les Allemands ont nommée Anthropologie. Ah ! si je n'avais pas résolu la vie par le plaisir, [...] j'écrirais un livre sur les

> mariages modernes, sur l'influence du système chrétien ; enfin, je mettrais un lampion sur ce tas de pierres aiguës parmi lesquelles se couchent les sectateurs du *multiplicamini* social[43].

Par un effet intéressant d'intertextualité interne à *La Comédie humaine*, le traité d'anthropologie éclairant les dangers du mariage que de Marsay voudrait écrire a en réalité été réalisé par Balzac dès 1829 et il correspond à la *Physiologie du mariage*. De Marsay s'appuie sur son analyse du statut légal de la femme établi dans le nouveau Code civil pour prévoir le dysfontionnement inévitable du mariage. Comme le « jeune célibataire » auteur de la *Physiologie du mariage*, il donne au futur mari une série de conseils pour lui éviter de se voir « minautorisé ». Cette anthropologie ne produit pas les effets escomptés dans la *Physiologie* : le mari, malgré toutes ses « souricières » et tous les régimes diététiques affaiblissants qu'il prescrit à sa femme, est finalement trompé. Du traité satirique naît ainsi un discours féministe ambigu qui dénonce la position de la femme dans le mariage : victime légale, elle répond au sein du mariage avec ses propres armes. À l'opposé, dans *Le Contrat de mariage*, Paul apparaît comme la victime d'une femme qui a su dépasser la faiblesse de son statut légal dans le mariage. Elle a retourné le dispositif désavantageux pour elle de la constitution d'un majorat, pour réussir finalement à ruiner son mari en cinq ans de mariage. Les échos et les renversements entre le traité des *Études analytiques* et le roman des *Études de mœurs* illustrent le potentiel de complexification de la science de l'homme qu'offre l'organisation architecturale de *La Comédie humaine*.

Le procédé des personnages reparaissants peut lui aussi créer un effet d'ironie et une déstabilisation du sens, en proposant un regard inversé sur la même réalité perçue dans trois parties de l'œuvre, et mentionnée dans trois cercles différents. L'exemple de la mort de Mme de Mortsauf évoquée en parallèle dans trois romans illustre la richesse de ces relectures qui obligent le lecteur à envisager la fiction d'un point de vue radicalement nouveau. Dans *Le Lys dans la* vallée, le lecteur suit de l'intérieur les différentes phases de l'agonie pathétique de Mme de Mortsauf, grâce au récit qu'en fait Félix de Vandenesse. Cette expérience existentielle décisive pour tous les protagonistes du *Lys dans la vallée* se voit réduite dans *Étude de femme* à une simple annonce relevée dans le

43 *Le Contrat de mariage*, *CH*, t. III, p. 536.

carnet mondain, une information que le personnage énonce sans affect, dans la sécheresse d'une stricte constatation : « M. de Listomère reprit tranquillement la lecture de son journal et dit : "Ah ! Mme de Mortsauf est morte : votre pauvre frère est sans doute à Clochegourde"[44]. » Enfin le narrateur du *Cousin Pons* complexifie ce dispositif d'intertextualité interne à *La Comédie humaine* en évoquant la disparition de Mme de Mortsauf, comme illustration d'une loi physiologique sur la lucidité de certaines personnes à l'approche de la mort. Mme de Mortsauf est alors mentionnée dans la même phrase que Louis XIV, comme s'il s'agissait d'un personnage historique dont la célèbre mort était familière au lecteur :

> Souvent on voit de simples jeunes filles, à l'âge le plus tendre, avoir une raison centenaire, devenir prophètes, juger leurs familles, n'être les dupes d'aucune comédie. C'est là la poésie de la Mort. [...] Cette poésie de la prophétie, ce don de bien voir, soit en avant, soit en arrière, n'appartient qu'aux mourants dont la chair seulement est atteinte [...]. Ainsi les êtres attaqués, comme Louis XIV, par la gangrène ; les poitrinaires, les malades qui périssent comme Pons par la fièvre, comme Mme de Mortsauf par l'estomac, ou comme les soldats par des blessures qui les saisissent en pleine vie, ceux-là jouissent de cette lucidité sublime, et font des morts surprenantes, admirables[45].

La science de l'homme produite par le texte balzacien repose ainsi sur la juxtaposition des discours et des points de vue revenant parfois sur un même personnage ou un même événement. La finesse d'analyse des itinéraires sociaux des protagonistes va de pair avec une incessante remise en question de leur interprétation qui déstabilise le sens précédemment construit.

L'élaboration d'une science de l'homme se présente donc de façon largement différenciée entre les étages de *La Comédie humaine* et c'est la confrontation de ces trois visées de regard qui est porteuse d'une pensée balzacienne de la modernité. Comment le lecteur se trouve-t-il mobilisé pour participer à la construction d'une telle science de l'homme ? Dans la fiction romanesque, on peut constater une double implication du lecteur, par opposition à ce qui se déroule lorsqu'on lit par un exemple un ouvrage de sociologie, où l'adhésion du lecteur demeure strictement intellectuelle et porte sur un savoir déjà construit indépendamment de lui. Lorsqu'il lit un roman balzacien, le lecteur

44 *Étude de femme*, *CH*, t. II, p. 179.
45 *Le Cousin Pons*, *CH*, t. VII, p. 695-696.

se voit amené à participer à la construction du sens et à interpréter la fiction pour en faire émerger une science de l'homme, comme on a pu le constater dans *Louis Lambert*. Mais la lecture romanesque repose aussi sur la participation affective par le biais de l'identification aux personnages. Jacques Neefs le souligne, l'intensification des tensions et la cristallisation des itinéraires sociaux dans la scène balzacienne doit « permettre une participation imaginaire à ces mouvements ainsi décelés et exposés[46] ». La science de l'homme prend alors chair, et elle amène le lecteur à vivre lui-même, par procuration, ces trajets sociaux. Loin d'un corpus dogmatique qui serait introduit dans le roman, la science de l'homme apparaît comme résultant de la pensée propre du roman et de la complexité du mobile romanesque qu'est *La Comédie humaine*. Fondée sur la polyphonie et l'ironisation, c'est une science mouvante, sans cesse redéfinie d'œuvre en œuvre.

Claire BAREL-MOISAN
CNRS, École normale supérieure
de Lyon, UMR IHRIM

46 Jacques Neefs, « L'intensité dramatique des scènes balzaciennes », dans *Balzac. Une poétique du roman*, sous la direction de Stéphane Vachon, Montréal-Saint-Denis, XYZ éditeur-Presses universitaires de Vincennes, 1996, p. 149.

BALZAC
ET LE MODÈLE ENCYCLOPÉDIQUE

On associe généralement le modèle encyclopédique au XVIIIe siècle et aux Lumières. Il se caractérise par plusieurs traits, qui ne sont pas tous réunis d'ailleurs au sein de l'entreprise de Diderot et d'Alembert. Il se définit 1° comme une *somme* complète des connaissances et des savoirs, avec la nécessité de tenir ensemble le domaine des lettres et celui des sciences ; 2° par le *classement* de ces savoirs, qui ne sont pas seulement additionnés dans un ensemble ou une collection, mais ordonnés et hiérarchisés au sein d'un projet épistémologique synthétique et cohérent – si l'arbitraire de l'ordre alphabétique de *L'Encyclopédie* de Diderot est pallié par un système de renvois et par un texte inaugural sur « l'explication détaillée du système des connaissances humaines », cette *Encyclopédie* matricielle a par la suite régulièrement été dévaluée en un dictionnaire raisonné ; 3° par l'*unité de la visée* de l'œuvre encyclopédique, tous ces savoirs étant pris dans une même perspective, saisis dans un même esprit. Ici se joue en réalité la dimension proprement politique de l'entreprise encyclopédique, qui se verra pleinement réalisée par la Première République, notamment dans son moment thermidorien avec la création de l'Institut[1].

La disciplinarisation des savoirs, la spécialisation des sciences au début du XIXe siècle, marquerait la fin du modèle encyclopédique. Celui-ci, sans être pour autant abandonné, n'aurait plus la même ambition fondatrice, mais serait uniquement dévolu à la diffusion des connaissances : c'est du moins en 1826 l'opinion de Guizot qui veut fonder un *Manuel encyclopédique* un peu sommaire, de vulgarisation, à l'usage de tous,

1 Je renvoie ici aux travaux de Jean-Luc Chappey, et notamment à son article « Batailles encyclopédiques sous la Révolution et l'Empire », dans *Les Encyclopédismes en France à l'ère des révolutions (1789-1850)*, sous la direction de Vincent Bourdeau, Jean-Luc Chappey et Julien Vincent, [Besançon], Presses universitaires de Franche-Comté, 2020, p. 21-48. Je m'appuie sur cet ouvrage pour ce bref panorama.

réservant le développement de quelques questions pointues à l'*Encyclopédie progressive*, destinée aux seules capacités. Pour Guizot, en effet, il est à présent impossible de faire tenir tous les savoirs dans un même livre, voire au sein d'une même entreprise. Le projet encyclopédique vise donc seulement à mettre en œuvre ce que l'on peut appeler le processus de civilisation des Français[2].

Pourtant, des travaux récents ont pu montrer qu'il était très réducteur d'opposer « un XVIIIe siècle encyclopédiste à un XIXe siècle spécialiste », et ont mis en évidence « le rôle majeur de l'idée d'encyclopédie dans l'émergence, la construction, la formalisation des savoirs au début du XIXe siècle[3] ». Des résistances se font en effet au mouvement de spécialisation des sciences, par crainte d'une fragmentation des savoirs. On peut penser à l'entreprise d'Auguste Comte qui débute en 1830, parallèlement à la création balzacienne. Ainsi constate-t-on « le maintien », mais surtout « le renouveau des projets encyclopédiques au sein même d'un univers où la spécialisation des savoirs se renforce[4] ».

Le XIXe siècle a donc également été le siècle de l'encyclopédisme. Ces projets encyclopédiques ont été le fait d'acteurs privés (en opposition à l'entreprise étatique de la République) ; ils ont aussi exploité les nouvelles formes, comme le journal, pour se déployer, profitant d'une industrie de l'imprimé en plein essor. On peut citer le *Journal des savants* de Daunou (1816), la *Revue encyclopédique* de Jullien (1819), l'*Encyclopédie moderne* de Courtin (1823), l'*Encyclopédie nouvelle* de Leroux et Reynaud (1834), ainsi que des ouvrages plus spécialisés à vocation encyclopédique comme le *Dictionnaire de la conversation et de la lecture* de Duckett (1832). Certaines de ces encyclopédies s'inscrivent significativement dans une lutte politique pour la défense d'un modèle républicain. Dans cette veine, plus tard dans le siècle, les dix-sept tomes du *Grand Dictionnaire universel* de Pierre Larousse constituent peut-être le fleuron le plus abouti

---

2 Voir Julien Vincent, « La crise des discours préliminaires. L'encyclopédisme à l'épreuve des sciences morales et politiques (1803-1832) », dans *Les Encyclopédismes en France à l'ère des révolutions (1789-1850)*, *op. cit.*, p. 137.

3 Vincent Bourdeau, Jean-Luc Chappey et Julien Vincent, « Introduction » à *Les Encyclopédismes en France à l'ère des révolutions (1789-1850)*, *op. cit.*, p. 8.

4 *Ibid.*, p. 9. Et on a pu montrer que l'esprit encyclopédique du XVIIIe siècle a favorisé la création des disciplines : voir *L'Encyclopédie ou la création des disciplines*, sous la direction de Martine Groult, Paris, CNRS Éditions, 2003 (le volume est issu du colloque qui s'est tenu à l'occasion du 250e anniversaire de l'*Encyclopédie* de Diderot et d'Alembert).

de cet esprit encyclopédique du XIXe siècle. L'encyclopédisme est ainsi un « espace situé à la rencontre entre le champ scientifique, le champ éditorial et le champ politique[5] ».

L'objet de cette contribution est d'interroger le rôle du modèle encyclopédique chez Balzac, entre critique et réinvention.

CRITIQUE DE L'ESPRIT ENCYCLOPÉDIQUE

L'esprit encyclopédique du XVIIIe siècle est régulièrement critiqué dans *La Comédie humaine.* Les occurrences des termes « encyclopédie », « encyclopédiste », « encyclopédique », sont presque toujours négatives[6].

Ainsi, dans *Le Cabinet des antiques*, Balzac évoque-t-il « les principes des roués encyclopédistes », expression qui fond à dessein l'esprit philosophique et le libertinage de la Régence, à savoir la « corruption » alliée à « l'esprit voltairien », portés par le personnage du Chevalier, et qui pervertissent la « jeune âme » de Victurnien[7]. Si dans *Béatrix*, le romancier souligne lors de la séquence du portrait de Claude Vignon « une compréhension encyclopédique sur [son] front », celle-ci est en réalité le signe de l'impuissance propre au critique, dont « le pic [...] démolit toujours et ne construit rien[8] ». Les entreprises modernes ne sont guère mieux loties : Z. Marcas, par exemple, vit de « quelques articles relatifs à des entreprises commerciales », et travaille « dans une des encyclopédies que la spéculation et non la science a tenté de produire[9] ». Le lecteur pourra de lui-même compléter cette allusion aux encyclopédies contemporaines. Cette modernité encyclopédique est également incarnée par le fameux petit mercier de *La Fille aux yeux d'or*, être protéiforme, qui est une « une encyclopédie vivante », expression valorisante mais qui est immédiatement retraduite et dévaluée par le groupe nominal

5 Vincent Bourdeau, Jean-Luc Chappey et Julien Vincent, « Introduction », à *Les Encyclopédismes en France à l'ère des révolutions (1789-1850)*, *op. cit.*, p. 11.

6 Voir le vocabulaire de Balzac en ligne, établi par Kazuo Kiriu (https://v2asp.paris.fr/concordance.htm).

7 *CH*, t. IV, p. 987.

8 *CH*, t. II, p. 723.

9 *CH*, t. VIII, p. 844.

suivant, « un atlas grotesque[10] ». L'expression « encyclopédie vivante » est peut-être reprise à dessein à des fins parodiques. Elle est de Cabanis (1796), qui a mis en œuvre le programme des Idéologues en s'attachant à réunir les différents membres des sociétés savantes dans un même lieu, afin de former une « encyclopédie vivante » (celle-ci n'étant plus réduite à un projet éditorial)[11].

Cette expression est d'ailleurs à la fois reprise et inversée pour désigner le Cénacle d'*Illusions perdues*, « vivante encyclopédie d'esprits angéliques[12] », où la complémentation du nom vient rectifier le sème négatif attaché à l'encyclopédisme, l'adjectif « angélique » s'opposant explicitement à la corruption sensualiste. Ce renversement positif de l'encyclopédisme était déjà présent dans *Séraphîta*, où est évoquée l'œuvre de Swedenborg, qui a publié « sur les vérités du monde spirituel, vingt-cinq volumes in-quarto, écrits en latin, dont le moindre a cinq cents pages, et qui sont tous imprimés en petits caractères », bref « une sorte d'encyclopédie » dont la composition a dû demander des « forces surnaturelles[13] ». Il est également question des « œuvres encyclopédiques » du philosophe suédois, qui a « devancé de plusieurs siècles la marche lente des sciences humaines », en se faisant notamment « le précurseur de la chimie actuelle[14] ». Ce n'est donc pas la somme des connaissances qui est stigmatisée dans l'encyclopédie de Diderot et d'Alembert mais bel et bien l'esprit sceptique et athée qui l'anime : *a contrario* l'œuvre de Swedenborg est érigée en un contre-modèle encyclopédique, car elle vise à rassembler toutes les sciences de l'homme, mais au sein d'une entreprise mystique.

Cette opposition entre l'*Encyclopédie* de Diderot et d'Alembert et l'œuvre de Swedenborg est rejouée dans *Ursule Mirouët*. Ce roman met en scène le personnage du docteur Minoret, un vrai « sectaire de l'Encyclopédie[15] », qualifié ailleurs de « l'un des plus vaillants soutiens des encyclopédistes[16] », qui possédait lorsqu'il exerçait encore « une assez belle clientèle de déistes, d'encyclopédistes, sensualistes, matérialistes,

10 *CH*, t. V, p. 1044.
11 Voir l'article de Jean-Luc Chappey cité.
12 *CH*, t. V, p. 322.
13 *CH*, t. XI, p. 775.
14 *Ibid.*, p. 766.
15 *CH*, t. IV, p. 786.
16 *Ibid.*, p. 823.

comme il vous plaira d'appeler les riches philosophes de ce temps[17] ». Le roman organise la déconfiture du « vieil incrédule[18] », du « déiste[19] », fervent admirateur de Diderot (dont une citation figure dans le texte) et d'Helvétius, de tous ces « malheureux qui déifiaient tout plutôt que d'admettre un Dieu[20] », et de Minoret qui paraît comme un vestige desséché, un résidu du XVIIIe siècle (un peu comme Pons, mais différemment), dans un XIXe romantique plus ouvert à d'autres élaborations scientifiques. Le programme narratif est construit en effet de manière à vaincre « l'orgueil de l'encyclopédiste[21] » afin qu'il s'humilie devant la toute-puissance de Dieu, ce qu'il finira par faire, après un détour par le mesmérisme, qui déloge l'athéisme et le scepticisme de l'âme du vieux médecin par une conversion mystico-scientifique[22]. Or c'est notamment la rencontre entre le médecin déiste et un « swedenborgiste[23] » qui met à bas le système encyclopédique du premier. Après avoir été convaincu de la réalité des visions du swedenborgiste, Minoret, fortement atteint au cœur de sa rationalité, « se couch[e] dans les ruines de toutes ses idées antérieures sur la physiologie, sur la nature, sur la métaphysique[24] ». Il ne s'agit pas en réalité de renoncer au monde de la connaissance, mais de voir au contraire que la « philosophie » de la religion est « bien plus élevée que celle des esprits les plus audacieux[25] », selon les mots de l'abbé Chaperon, ami du docteur Minoret. C'est ce que confirme ce jugement du narrateur : « Locke et Condillac ont alors retardé de cinquante ans l'immense progrès que font en ce moment les sciences naturelles sous la pensée d'unité due au grand Geoffroy Saint-Hilaire[26]. » *Ursule Mirouët* date de juin-juillet 1841, moment où Balzac est confronté de plus près au modèle encyclopédique.

17 *Ibid.*, p. 784.
18 *Ibid.*, p. 818.
19 *Ibid.*, p. 818.
20 *Ibid.*, p. 822.
21 *Ibid.*, p. 818.
22 Voir l'analyse de Vincent Bierce dans *Le Sentiment religieux dans « La Comédie humaine ». Foi, ironie et ironisation* (Paris, Classiques Garnier, 2019, p. 386 *sqq.*).
23 *CH*, t. IV, p. 827.
24 *Ibid.*, p. 834.
25 *Ibid.*, p. 840.
26 *Ibid.*, p. 822.

LE PROJET DES *FRANÇAIS PEINTS PAR EUX-MÊMES*

Balzac a participé à la création des *Français peints par eux-mêmes*, entreprise lancée par Curmer en 1839. Il y occupe une place d'honneur, puisqu'il fournit la première livraison (en mai 1839) de ce qui s'appelle alors *Les Français : mœurs contemporaines*, livraison consacrée au type de « L'épicier ». Cette contribution sera reprise en tête du premier tome lors de la publication en volume en 1840. Balzac donne quatre autres types à cette entreprise : « La femme comme il faut » (tome I), « Le notaire » (tome II), « Monographie du rentier » (tome III), « La femme de province » (en ouverture du tome VI, ou le premier des *Français-Province*).

Balzac a surtout assisté à l'évolution de l'entreprise[27]. Celle-ci est d'abord un tableau parisien. À Jules Janin est confiée l'ouverture du premier tome, en souvenir du tableau parisien de 1831, *Le Livre des Cent-et-un*, où il avait déjà assumé cette fonction d'ouverture, et c'est bien le mot de « tableau » que l'on retrouve alors sous la plume du célèbre publiciste. Cette « introduction » n'apparaît que dans la 58e livraison des *Français*, preuve que l'objet se constitue en cours de route.

Car peu à peu le projet se mue en une « encyclopédie morale du dix-neuvième siècle », selon le sous-titre trouvé pour le quatrième tome, en 1841, et qui fait son apparition cette année-là dans les livraisons. On observe en effet progressivement d'une part une systématisation et une homogénéisation des objets, et d'autre part une volonté de classement et de rationalisation. Dans ce quatrième tome par exemple, les deux articles synthétiques placés en ouverture, « Les détenus », et « Les pauvres », sont confiés à Louis Mathurin Moreau-Christophe, un juriste « inspecteur général des prisons du royaume ». Les types pris en charge connaissent aussi une extension, avec le lancement de la série, en 1841, des *Français-Province*, qui donneront matière à trois tomes (1841-1842), après les cinq tomes dévolus à la scène parisienne : les types provinciaux font ainsi leur entrée dans ce vaste miroir des mœurs (avec cette

27 Sur cette évolution, voir mon article, « Décrire les mœurs, du tableau à l'encyclopédie : *Les Français peints par eux-mêmes* », dans *Les Encyclopédismes en France à l'ère des révolutions (1789-1850)*, *op. cit.*, p. 271-280.

différence toutefois qu'à partir du deuxième tome des *Français-Province*, ils se déclinent en réalité en types régionaux – le Breton, le Corse, etc.). Cette extension géographique achève d'éloigner les *Français peints par eux-mêmes* du modèle du tableau parisien. Le courrier des *Français*, qui accompagne chaque livraison, retranscrit d'ailleurs les débats à propos de cette évolution, entre les « continuistes » qui souhaitent prolonger le projet, et les « conservateurs » qui veulent s'en tenir au programme initial[28].

En outre, au fur et à mesure des livraisons, une réelle volonté de classement se fait jour, d'abord à travers cette « correspondance des *Français* », qui témoigne d'une pensée de l'objet qui se construit progressivement, puis avec la parution en volumes (1840-1842), celle-ci s'effectuant parallèlement aux livraisons (1839-1841). Enfin et surtout figure en clôture du troisième tome des *Français-Province* une série de six tables : 1. une table récapitulative des articles pour tous les volumes ; 2. une table alphabétique des auteurs (avec la mention de leurs articles) ; 3. une table alphabétique des sujets traités (les types) ; 4. une table des « articles classés selon leur nature » ; 5. une table alphabétique des dessinateurs ; 6. une table des livraisons dans l'ordre de publication. La quatrième table permet d'ordonner le vaste kaléidoscope des types en de grands ensembles thématiques : clergé, marine, éducation, commerce, Beaux-Arts, mœurs judiciaires. La sixième table, chronologique, dessine l'évolution du projet, en inscrivant à la fois l'ordre des livraisons, forcément en grande partie aléatoire, et celui du classement dans les volumes (pour chaque type figure son numéro de livraison et son emplacement dans l'ouvrage définitif).

L'entreprise collective du tableau de Paris est ainsi reversée au modèle de l'encyclopédie, qui se traduit à la fois par le désir d'exhaustivité et la volonté de classement.

28 Cette « Correspondance des *Français* », au fil des livraisons, est colligée (avec des lacunes malheureusement) dans un volume conservé à la BnF sous la cote RES 4-LI3-141 (10) et disponible sur Gallica.

LA COMÉDIE HUMAINE COMME « ENCYCLOPÉDIE MORALE »

On a déjà pu mettre en évidence les liens entre la mise en série encyclopédique d'un savoir social qui se construit progressivement et collectivement de 1839 à 1842 et la genèse de *La Comédie humaine*[29]. On a aussi montré les convergences entre ces différentes écritures de la société[30]. Mais ces indéniables similitudes ne doivent pas conduire à sous-estimer les effets de concurrence voire d'opposition. La fresque encyclopédique des *Français peints par eux-mêmes* contraint pour ainsi dire Balzac à penser et à marquer ses différences dans l'élaboration de son propre projet.

Balzac élabore en effet sa peinture des mœurs contemporaines dans les années mêmes des *Français peints par eux-mêmes*. En 1839, dans la préface d'*Une fille d'Ève*, il met l'accent sur la labilité du présent, qui rend impossible une organisation de type chronologique, et propose à ses lecteurs une « mosaïque[31] » :

> Vous ne pouvez raconter chronologiquement que l'histoire du temps passé, système inapplicable à un présent qui marche. L'auteur a devant lui, pour modèle, le Dix-neuvième Siècle, modèle extrêmement remuant et difficile à faire tenir en place. [...] Aussi l'éditeur de ce livre disait-il spirituellement que, plus tard, on ferait aux *Études de mœurs* une table de matières biographiques, où l'on aiderait le lecteur à se retrouver dans cet immense labyrinthe au moyen d'articles ainsi conçus, etc.[32].

29 Voir Ségolène Le Men, « La "littérature panoramique" dans la genèse de *La Comédie humaine* : Balzac et les *Français peints par eux-mêmes* », *L'Année balzacienne*, n° 1, 2002, p. 73-100. Elle s'attache principalement à l'objet romantique qu'est le grand livre illustré (et moins aux livraisons des *Français*). Voir aussi son article « Peints par eux-mêmes », dans *« Les Français peints par eux-mêmes. » Panorama social du XIXe siècle*, catalogue rédigé et établi par Ségolène Le Men et Luce Abélès [exposition du musée d'Orsay, 23 mars-13 juin 1993], Paris, Réunion des musées nationaux, 1993, p. 4-46.

30 Voir Judith Lyon-Caen, « Saisir, décrire, déchiffrer : les mises en texte du social sous la monarchie de Juillet », *Revue historique*, n° 2, vol. 630, 2004, p. 303-331.

31 Sur le modèle de la mosaïque, et plus généralement les liens entre journalisme et littérature sous la monarchie de Juillet, voir Marie-Ève Thérenty, *Mosaïques. Être écrivain entre presse et roman (1829-1836)*, Paris, Honoré Champion, 2003.

32 *CH*, t. II, p. 265. J'adopte ici la graphie « Dix-neuvième Siècle » de l'édition originale (Souverain).

Balzac reconnaît le caractère nécessairement éclaté de son projet et suggère que l'ordre est à reconstituer par le lecteur. Il imagine surtout une réorganisation chronologique de type éditorial, avec une « table des matières » – et c'est une opération de ce type, effectuée *a posteriori*, qui fermera de fait le dernier tome des *Français-Province* avec ses différentes tables. Cette préface à *Une fille d'Ève* paraît en août 1839, alors que la première livraison des *Français* date du mois de mai. Quant à l'introduction de Jules Janin aux *Français*, on peut la dater de l'automne 1839.

Balzac semble hésiter alors entre le modèle souple et labyrinthique de la mosaïque, et le modèle organisé, encyclopédique, qui lui tient à cœur dès le début des années 1830[33]. C'est ce dernier modèle qui finit par l'emporter. Le titre de *La Comédie humaine* apparaît dans une lettre d'avril-mai 1839 à Armand Dutacq ; il est donc strictement contemporain de la première livraison de Balzac aux *Français peints par eux-mêmes*. Y figure l'organisation en différentes « Scènes » : « Scènes de la vie privée », « Scènes de la vie de province », « Scènes de la vie parisienne », « Scènes de la vie de campagne », « Scènes de la vie politique » et « Scènes de la vie militaire », qui sont reprises à la publication des *Études de mœurs au* XIX*e siècle*. Le traité éditorial final dressé avec Furne (et d'autres éditeurs dont Hetzel) date du 2 octobre 1841. Trois ans après la parution de « L'épicier » paraît le premier tome de *La Comédie humaine* chez Furne (en livraisons, d'avril à juin 1842). La rédaction de l'« Avant-propos » à *La Comédie humaine* date quant à elle de juillet 1842 (la dernière livraison des *Français* est d'août 1842), Balzac ayant été contraint, comme on le sait, à cet exercice difficile par le retrait de Sand à qui il avait d'abord confié ce geste inaugural. Le plan, qui existait déjà depuis 1834, est ici établi et commenté par l'auteur lui-même.

Je propose de lire cet « Avant-propos » comme un geste encyclopédique qui se construit *a posteriori*, sur le modèle des *Français*, à ce moment quasi achevés. En effet, une bonne partie de l'œuvre est écrite depuis 1829 ; et *La Comédie humaine* elle-même a commencé à paraître depuis le mois d'avril.

---

33 Voir Roger Pierrot, « Un tournant longuement médité », dans *Balzac. Le « Moment » de « La Comédie humaine »*, textes réunis et édités par Claude Duchet et Isabelle Tournier, Saint-Denis, Presses universitaires de Vincennes, 1993, p. 43-47. Il rappelle le projet précurseur des « Études sociales », et la lettre bien connue d'octobre 1834 à Madame Hanska.

Le terme d'*encyclopédie* ne figure pas dans l'« Avant-propos » à *La Comédie humaine.* Cette absence n'est pas surprenante : il s'agit de prendre des distances par rapport à cette autre peinture des mœurs qu'est le projet de Curmer. Et ce d'autant plus que les rapprochements sont aisés à faire : même déroulé chronologique de la genèse ; même objet, les « espèces sociales » ou « types », selon le terme récurrent des *Français* – Balzac évoque son projet de « composer des types par la réunion des traits de plusieurs caractères homogènes », et « la somme des types que présente chaque génération[34] » ; mêmes dessinateurs (Gavarni, Johannot, Meissonnier) ; même univers éditorial – Furne s'est porté acquéreur d'un certain nombre d'exemplaires des *Français* pour les revendre. Enfin, on sait combien l'opposition entre Paris et Province, qui structure les *Français*, est fondatrice dans la représentation balzacienne de la société révolutionnée.

Je reviens brièvement sur la question du réemploi qui a régulièrement été examinée au sein des études balzaciennes. Sur les cinq articles donnés aux Français, deux sont réemployés dans *La Comédie humaine.* « La Femme comme il faut » dans *Autre étude de femme* en 1842, et « La femme de province » dans *La Muse du département* en 1843 (avec des modifications significatives, puisque c'est Dinah, la femme de province, qui se livre à une forme d'autoportrait), soit juste après leur publication. Mais on peut remarquer inversement que le texte de cette dernière contribution aux *Français* fait référence au plus ancien texte (et repris l'année précédente, en 1840, chez Charpentier) de *La Comédie humaine* en gestation, à savoir la *Physiologie du mariage* (1829). Le type de la « femme de province » commence en effet par ces termes : « En acceptant pour femmes celles-là seulement qui satisfont au programme arrêté dans la Physiologie du mariage, programme admis par les esprits les plus judicieux de ce temps, il existe à Paris plusieurs espèces de femmes, toutes dissemblables », avant d'affirmer : « Mais en province il n'y a qu'une femme, et cette pauvre femme est la femme de province[35]. » En pratiquant cette autocitation en tête d'un volume des *Français peints par eux-mêmes*, Balzac place stratégiquement sa propre somme romanesque en amont de l'encyclopédie morale de Curmer.

34 *CH*, t. I, p. 11 et 18.

35 Balzac, « La femme de province », dans *Les Français peints par eux-mêmes*, Paris, Curmer, t. VI, 1841, p. 1.

Si le terme d'*encyclopédie* est absent, l'ambition encyclopédique est bien manifeste.

La *somme* des savoirs est soulignée : les *Études de mœurs* sont « l'histoire *générale* de la société, la *collection* de tous ses faits et gestes ». Il s'agit bien en effet de « dresser *l'inventaire* des vices et des vertus », de « *rassembl[er]* les principaux faits des passions[36] ». Cette prolifération des savoirs a été remarquée par de nombreux critiques, au premier rang desquels Taine, dans son étude sur Balzac (1861) qui reproche au romancier de vouloir faire « l'inventaire des mœurs » : « Il y avait en lui un archéologue, un architecte, un tapissier, un tailleur, une marchande à la toilette, un commissaire-priseur, un physiologiste et un notaire[37]. » Cette somme des savoirs évoque également l'expansion récente du genre romanesque depuis le roman historique (le bibliophile Jacob, en 1836, dit ainsi : « pour être romancier il faut être archéologue, alchimiste, philologue, linguiste, peintre, architecte, financier, géographe, théologien[38] »). C'est ici l'impression d'accumulation, d'hétéroclite qui domine.

Mais plusieurs termes de l'« Avant-propos » renvoient également à l'exigence d'un *classement* : Balzac parle de « l'immensité » de son « *plan* » et se proclame le « *nomenclateur* des professions[39] ». Les mœurs sont un objet que l'on peut et doit ordonner. Le rôle de l'analogie zoologique, qui a pu surprendre[40], est double : elle traduit tout d'abord la volonté d'ordonner les types sociaux à l'instar des différentes espèces zoologiques. Mais elle reverse aussi sur un mode sérieux la comparaison animalière souvent convoquée pour les types des *Français*. On pense à l'entrée en matière de la « Monographie du rentier » : « Anthropomorphe selon Linné, Mammifère selon Cuvier, Genre de l'Ordre des Parisiens, Famille des Actionnaires, Tribu des Ganaches », avec cette note à « anthropomorphe » : « le mot anthropomorphe est une expression de génie et convient éminemment aux mille espèces créées par l'État social[41]. »

36 *CH*, t. I, respectivement p. 18 et 11. Je souligne.

37 Hippolyte Taine, *Nouveaux essais de critique et d'histoire*, Paris, Hachette, 1865, « Balzac » (1861), p. 81.

38 Bibliophile Jacob, « L'histoire et le roman historique », préface aux *Francs-Taupins, histoire du temps de Charles VII, 1440*, Paris, Eugène Renduel, t. I, 1834, p. XLIII.

39 *CH*, t. I, p. 11. Je souligne.

40 Voir Françoise Gaillard, « La science, modèle ou vérité ? », dans *Balzac. L'Invention du roman*, colloque de Cerisy, direction Claude Duchet, Jacques Neefs, Paris, Belfond, 1982, p. 57-83.

41 Balzac, « Monographie du rentier », *Les Français peints par eux-mêmes*, Curmer, t. III, 1841, p. 1.

Il ne s'agit pas de faire ici la liste des savoirs abordés dans *La Comédie humaine*, des savoirs sociaux aux théories scientifiques, abordés du reste dans l'ensemble de ce volume. Il ne s'agit pas non plus de s'attarder sur la question de la fiction, de son entrelacement avec l'ambition encyclopédique[42], de l'insertion du discours savant dans le roman, par les dialogues, les discours, les digressions. J'aimerais m'attacher à la fonction politique de ce geste encyclopédique qui fait l'unité du projet et le distingue de l'« encyclopédie morale » des *Français peints par eux-mêmes*.

RASSEMBLER LE SAVOIR, RÉPARER LA SOCIÉTÉ

Le geste encyclopédique est peut-être avant tout chez Balzac un geste politique.

Il y a deux moments de l'« Avant-propos » qui unifient le projet. Le premier est épistémologique. En effet, il ne s'agit pas seulement de réunir la somme des connaissances sur la société et de les classer, mais bien de les embrasser au sein d'un projet unifié, que viennent mettre en évidence les *Études philosophiques* et surtout les *Études analytiques*, ce qui explique que Balzac tienne tant à la section alors même qu'il avoue son caractère lacunaire et surtout programmatique. Il s'agit d'« étudier *les raisons ou la raison* de ces effets sociaux », de « surprendre *le sens caché* de cet immense assemblage de figures » (ce complément du nom pourrait parfaitement décrire les *Français*), de trouver le « *moteur social* » de la société, et de « méditer sur les *principes* naturels », sur « la règle éternelle », le « vrai », le « beau ». Et de conclure : « Ainsi dépeinte, la Société devait porter avec elle *la raison de son mouvement*[43]. »

Le second moment réside dans la proclamation de double fidélité à la monarchie et au catholicisme, qui a suscité tant de commentaires. Cette inscription qui procède à une unification idéologique instaure en même temps une distance essentielle entre *La Comédie humaine* et les *Français peints par eux-mêmes*, qui évolue du tableau au modèle épistémologique

42 Voir Thomas Conrad, « Balzac, l'épique et l'encyclopédique », *Romantisme*, n° 172, vol. 2, juin 2016, p. 35-45.

43 *CH*, t. I, p. 11. Je souligne.

de l'encyclopédie mais dont la visée politique est radicalement différente. La peinture des « mœurs contemporaines », par la demande de collaboration lancée aux lecteurs mêmes des *Français*, ressortit plutôt à une forme de pratique démocratique, où les Français, tous autant qu'ils sont, sont invités à s'écrire et à se décrire.

Là réside également la différence essentielle entre le projet de *La Comédie humaine* et les *Études de mœurs au dix-neuvième siècle* publiées chez Béchet en 1833-1837, entre l'« Avant-propos » de 1842 et l'Introduction aux *Études de mœurs* de Félix Davin de juillet 1835. Certes, la structuration en « Scènes » est identique. Et ces *Études de mœurs* sont mises en regard des *Études philosophiques*, pour lesquelles Davin a également écrit un texte préfaciel en 1834. Mais dans l'Introduction de Davin, le plan est posé en tête du discours, tandis qu'il arrive à la fin de l'« Avant-propos », plus précisément après 1. la comparaison entre l'humanité et l'animalité ; 2. le plaidoyer pour une histoire des mœurs ; 3. l'inscription idéologique au sein de la religion et de la monarchie. Dans l'Introduction de Davin, les métaphores architecturales dominent largement (de même que dans l'Introduction aux *Études philosophiques*, où il est question d'« échafaudages », d'« édifice », de « fronton », de « palais littéraire[44] »), mais dans l'« Avant-propos », elles disparaissent au profit de celles de la classification[45]. Davin parle de la « vaste trilogie que formeront les trois parties de l'œuvre complète », du « génie [...] complet [qui] joint, à la faculté de créer, la puissance de coordonner ses créations[46] ». Et encore :

> Son unité devait être le monde, l'homme n'était que le détail ; car il s'est proposé de le peindre dans toutes les situations de sa vie, de le décrire sous tous ses angles, de le saisir dans toutes ses phases, conséquent et inconséquent, ni complètement bon, ni complètement vicieux, en lutte avec les lois dans ses intérêts, en lutte avec les mœurs dans ses sentiments, logique ou grand par hasard ; de montrer la société incessamment dissoute, incessamment recomposée, menaçante parce qu'elle est menacée ; enfin d'arriver au dessin de son ensemble en en reconstruisant un à un les éléments[47].

44 Félix Davin, Introduction aux *Études philosophiques*, *CH*, t. X, p. 1202 et 1218.

45 Voir Stéphane Vachon, *« Les Travaux et les jours » d'Honoré de Balzac. Chronologie de la création balzacienne*, [Saint-Denis], Presses universitaires de Vincennes, Presses du CNRS, Presses universitaires de Montréal, 1992, p. 38.

46 Félix Davin, Introduction aux *Études de mœurs au* XIX*e* *siècle*, *CH*, t. I, p. 1151-1552.

47 *Ibid.*, p. 1152-1153.

Dans l'Introduction de Davin, la réflexion sur l'unité de l'œuvre vise ainsi à révéler l'unité de composition (il s'agit d'être « Walter Scott plus un architecte[48] »), non de visée ou d'esprit, comme en témoigne aussi l'autre métaphore récurrente, celle de la galerie de tableaux, développée dans l'Introduction aux *Études philosophiques* : les *Études de mœurs* sont « une exacte représentation de tous les effets sociaux, une galerie de tableaux heureusement divisée en salles dont chacune a sa destination », « une riche galerie de tableaux, dont les grandes salles s'étendent à l'infini[49] ». Pour le dire autrement : s'il y a alors un projet épistémologique, il n'y a pas encore d'unité idéologique et politique.

L'« Avant-propos » de *La Comédie humaine* instaure donc une distance à la fois par rapport au projet balzacien des *Études de mœurs au* XIX*e siècle* et par rapport à l'encyclopédie des *Français peints par eux-mêmes*. L'inscription du geste encyclopédique sous la double égide de la monarchie et du catholicisme confère au modèle encyclopédique des savoirs une portée idéologique dont la radicalité fait l'unité – on sait que pour Balzac le catholicisme est avant tout politique.

Plus précisément, il s'agit d'ancrer le geste encyclopédique de *La Comédie humaine* dans un rejet de l'encyclopédisme des Lumières. C'est ce que conforte la rédaction, concomitante à l'émergence du projet, d'*Ursule Mirouët*, où figure un anti-modèle d'encyclopédisme que Balzac récuse très clairement. Car la somme romanesque de Balzac vise justement à dépeindre et combattre la dissolution sociale que l'encyclopédisme du XVIIIe siècle a favorisée par son refus du rôle politique unificateur du catholicisme et sa contestation de l'autorité royale. Balzac déplore et condamne régulièrement, au fil de ses romans, les ferments de dissolution sociale, au premier rang desquels figure l'individualisme (les intérêts de l'individu primant ceux de la famille, de la société, du pays) – « Aussi regardé-je la Famille et non l'Individu comme le véritable élément social[50] », dit l'« Avant-propos ». Cette dénonciation se lit aussi dans un de ses grands écrits politiques contemporains de ce texte, à savoir l'Introduction à *Sur Catherine de Médicis* (1841). De manière significative, dans les introductions de Davin, l'idée de la « grande maladie sociale[51] »

48 *Ibid.*, p. 1152.

49 Félix Davin, Introduction aux *Études philosophiques*, *CH*, t. X, p. 1204 et p. 1207.

50 *CH*, I, p. 13.

51 Voir José-Luis Diaz, « Balzac romancier de la "grande maladie sociale" (1838-1847) », *L'Année balzacienne*, n° 17, 2016, p. 221-240.

n'est pas développée. Tout au plus la cruauté du monde est-elle évoquée, ce qui est fort différent :

> Pour faire accepter à notre époque sa figure dans un vaste miroir, il fallait lui donner des espérances. L'écrivain devait donc se montrer consolateur quand le monde était cruel, ne pas mêler de honte à nos rires, et jeter du baume dans notre cœur après avoir excité nos larmes. Enfin il ne fallait jamais renvoyer le spectateur du théâtre sans une pensée heureuse[52].

On a vu aussi que Balzac parlait d'une « société dissoute », à quoi il ajoutait immédiatement, et « recomposée », car le diagnostic est alors bien moins sombre.

Je propose en effet de lire dans le geste encyclopédique de *La Comédie humaine* une fonction essentiellement réparatrice : il s'agit, dans le même projet, de rassembler les savoirs et de réparer la société. L'émiettement des savoirs en disciplines distinctes qui est observé au début du XIXe siècle, spécialisation qui est soit regrettée, soit actée positivement, a en effet été rapproché de la fragmentation de la société révolutionnée : « la spécialisation [des sciences] peut être perçue, à regret par certains contemporains, comme un émiettement du savoir », mais ce qui se cache « derrière cette complainte », est « un motif plus puissant d'inquiétude, à savoir l'éclatement de la société elle-même[53] ». C'est l'un des constats opérés par Saint-Simon puis par Auguste Comte, qui récusent la spécialisation disciplinaire instaurée depuis l'Empire. Pour eux, la réorganisation des savoirs est un préalable nécessaire à la réorganisation de la société. Dans l'« Avant-propos », l'« obsession du tout » chez Balzac n'est donc pas seulement un « désir d'exhaustivité », mais doit se comprendre comme « l'expression d'une prise de position idéologique sur la réalité sociopolitique à décrire », avec la « quête obstinée d'un principe de liaison[54] ».

Cette « idée de réparation », dont le *Catéchisme social*, texte contemporain, dit qu'elle est « presque universelle[55] », est de fait au cœur des romans balzaciens de cette période. Dans *Ursule Mirouët*, c'est la conversion du vieil encyclopédiste qui lui permet de revenir hanter le sommeil de sa

52 Félix Davin, Introduction aux *Études de mœurs au XIXe siècle*, *CH*, t. I, p. 1157.

53 Vincent Bourdeau, Jean-Luc Chappey et Julien Vincent, « Introduction » à *Les Encyclopédismes en France à l'ère des révolutions (1789-1850)*, *op. cit.*, p. 17.

54 Françoise Gaillard, « La science, modèle ou vérité ? », art. cité, p. 68.

55 *Un inédit de Balzac. Le Catéchisme social*, textes établis et commentés par Bernard Guyon, Paris, La Renaissance du livre, 1933, p. 132.

filleule pour lui révéler la spoliation dont elle a été victime. Le coupable reconnaît les faits et restitue le bien. Dans *Le Curé de village*, qui connaît une reformulation décisive dans sa nouvelle version, toute la fin de la vie de Véronique Graslin est conçue comme la réparation de ses fautes passées : « Ma vie connue a été une immense réparation des maux que j'ai causés », dit-elle lors de sa confession[56].

Le geste encyclopédique de *La Comédie humaine* permet ainsi de contrebalancer l'exposition satirique et pessimiste des maux sociaux par l'affirmation d'une doctrine censée les guérir. Jusqu'à la fin des années 1840, on trouve ces effets de balancier, avec d'un côté les romans de la dissolution (les deux *Parents pauvres*) et de l'autre ceux de la réparation (*L'Envers de l'histoire contemporaine*). Comme le disait Franc Schuerewegen dans son étude de l'« Avant-propos », « l'auteur n'a pas seulement à recréer le monde par la fiction [...], il doit aussi activement intervenir dans ce monde[57] ». Aussi peut-on considérer l'« Avant-propos » de *La Comédie humaine* non seulement comme une ouverture à la somme romanesque, mais également comme un texte qui traverse chaque œuvre de l'ensemble. Le geste encyclopédique permet des opérations de pondération, de rectification, afin de ne pas surexposer « telle partie de la fresque » qui représente « un groupe coupable[58] » au détriment de la vision d'ensemble. Mais ce faisant, il autorise justement le maniement sans concession du scalpel analytique : tout est permis dans la peinture terrible de la décomposition sociale, à partir du moment où celle-ci est pour ainsi dire chapeautée par l'affirmation d'une réparation espérée et même engagée par l'encyclopédie romanesque.

Aude DÉRUELLE
Université d'Orléans-POLEN

56 *CH*, t. IX, p. 868.

57 Franc Schuerewegen, « Paratexte et complétude. Notes sur l'Avant-propos et sur la Préface de *Pierrette* », dans *Balzac. Le « Moment » de « La Comédie humaine »*, *op. cit.*, p. 137-148.

58 *CH*, t. I, p. 14.

BALZAC
ET LA COLLABORATION SCIENTIFIQUE

La question des *disciplines du savoir* peut être abordée sous deux perspectives par le critique littéraire. La première consiste à prendre le terme *discipline* comme une catégorie critique, mobilisée après-coup pour décrire une forme d'organisation de la science qui apparaît au XIXe siècle et dont on peut suivre le développement grâce aux néologismes (*archéologie*, *biologie*, etc.) ou à l'histoire des institutions universitaires. La seconde approche, pour sa part, adopte plutôt le point de vue historique des acteurs sur l'activité scientifique. Or dans cette seconde perspective, il n'est pas certain que la notion de discipline soit celle qui s'applique le mieux à l'époque de Balzac. Dans un article où il fait le point sur l'historicité de la notion, Claude Blanckaert distingue trois phases d'organisation de la science[1]. Durant la première, qui couvre la seconde moitié du XVIIIe siècle, le partage des savoirs redouble le partage des *facultés intellectuelles*, suivant le modèle de l'*Encyclopédie* qui rattache l'histoire à la mémoire, les arts à l'imagination, la philosophie à la raison, etc. Ce régime est remplacé, à partir du XIXe siècle, par la notion de *spécialités*. On considère alors que le réel a été découpé en parcelles (la nature, l'esprit, la société) qui sont autant d'objets d'étude et de domaines à connaître. Enfin, ce ne serait qu'à la fin du XIXe siècle qu'on commencerait à raisonner en termes de *disciplines*. Contrairement à ce qui se passait dans le régime des spécialités, les disciplines sont conçues comme des programmes de recherche, des points de vue sur le réel. On admet désormais la pluralité des descriptions scientifiques sur un même objet : il peut y avoir une approche sociologique de la folie, une approche médicale, etc. On reconnaît enfin que les faits sont construits

1 Claude Blanckaert, « La discipline en perspective. Le système des sciences à l'heure du spécialisme (XIXe-XXe siècles) », dans *Qu'est-ce qu'une discipline ?*, sous la direction de Jean Boutier, Jean-Claude Passeron, Jacques Revel, Paris, EHESS, 2006, p. 117-148.

à l'intérieur d'un cadre théorique et qu'ils ne préexistent donc pas à la science. Chacun de ces trois régimes a donné lieu à des complaintes spécifiques. Au XVIIIe siècle, le partage des savoirs est accusé d'atrophier l'esprit : l'usage excessif de la raison tuerait par exemple la sensibilité. À partir du premier XIXe siècle, c'est plutôt l'aveuglement des spécialistes, enfermés dans leur petit pré carré et incapables de voir l'ensemble de l'édifice scientifique, qui est déploré. Enfin, depuis la fin du XIXe siècle, l'inquiétude s'est déplacée sur la manière dont on peut réconcilier divers points de vue sur le réel, d'où la question de la pluridisciplinarité.

Comme ses contemporains, Balzac raisonne selon le régime des spécialités. Cependant, l'hypothèse défendue par ce chapitre sera que certains de ses textes ont amorcé un glissement des spécialités aux disciplines, en suggérant que la science était, elle aussi, une affaire de point de vue et que le partage des savoirs ne redoublait pas seulement une séparation existant au niveau des objets d'étude mais qu'il trouvait son origine dans la constitution de « tribus », de groupes sociaux organisés. Ce discours inédit, ce n'est pas dans *La Comédie humaine* qu'on le rencontre mais dans les textes panoramiques de Balzac, en particulier dans la « Monographie du rentier » (1840), dans le « Guide-âne à l'usage des animaux qui veulent parvenir aux honneurs » (1841), dans la « Monographie de la presse parisienne » (1842), ainsi que dans le texte « Entre savants » dont l'une des versions fut publiée dans *Le Siècle* le 28 juillet 1845[2]. En organisant une *ironisation* de la science, ces textes satiriques ne se contentent pas d'attaquer les mauvais savants ou les charlatans mais ils dévoilent des aspects inédits de l'activité scientifique ordinaire. En partant à chaque fois d'expressions satiriques désignant un groupe de savants (la « ménagerie », la « Tribu des Chercheurs », les « Faiseurs » et les « Rienologues »), on montrera comment la représentation panoramique de la science révèle les aspects politiques et sociaux, habituellement passés sous silence, de cette activité. Le choix de ce corpus soulève toutefois une question méthodologique par laquelle on terminera cette réflexion. Ces textes satiriques, moins prestigieux que *La Comédie humaine*, ont-ils été lus par

2 Honoré de Balzac, « Guide-âne à l'usage des animaux qui veulent parvenir aux honneurs » et « Monographie du rentier » dans *Nouvelles et contes*, édition établie, présentée et annotée par Isabelle Tournier, Gallimard, « Quarto », t. II, 2006, (désormais abrégé *NC*) ; « Monographie de la presse parisienne » dans *La Grande Ville, nouveau tableau de Paris, comique, critique et philosophique*, Paris, Bureau central des publications nouvelles, 1843, t. II, p. 129-208 ; « Entre savants » dans *CH*, t. XII.

les scientifiques ? Et si ce n'est pas le cas, quel statut historique doit-on accorder à cette critique de la science par la littérature, dès lors qu'elle n'est pas parvenue jusqu'à ceux qu'elle visait ?

LA « MÉNAGERIE » DES SAVANTS : UNE CAMARADERIE SCIENTIFIQUE ?

Sous la monarchie de Juillet, de nombreux débats commentent l'institutionnalisation en cours du champ littéraire. Dans ses textes panoramiques, Balzac opère alors un déplacement consistant à transposer ces débats au cas de la science. Ce faisant, il rend intelligible la dimension sociale de l'activité scientifique.

Dans « Entre savants », la femme du grand professeur Des Fongerilles se moque du groupe de collègues qu'il réunit autour de lui en utilisant le terme *ménagerie* : « Quand les trois vieux amis du professeur venaient, il se faisait d'agréables plaisanteries auxquelles ils se prêtaient : – La ménagerie est complète, disait Mme Des Fongerilles[3]. » Même si Balzac avait déjà parlé de la « ménagerie des savants[4] » dans *La Peau de chagrin*, à propos du salon de Foedora, l'expression prend un sens différent en 1842. À la suite du succès des *Scènes de la vie privée et publique des animaux* éditées par Hetzel, le vocabulaire animalier s'impose pour décrire les sociabilités littéraires. Le journal *La Vérité* parle cette année-là de la « ménagerie littéraire » pour décrire l'équipe nécessaire à la fondation d'un journal[5] ; un ouvrage panoramique reprend la même expression[6] ; le frontispice de l'ouvrage collectif d'Hetzel représente « la ménagerie du livre illustré[7] » et le dernier chapitre propose de mettre les écrivains

3 « Entre savants », *CH*, t. XII, p. 529.

4 *La Peau de chagrin*, *CH*, t. X, p. 150.

5 « Le fondateur d'un journal industriel ne peut pas s'en tenir là, et pour compléter sa ménagerie littéraire, il doit encore se procurer un *poète* et un *loupeur*. » (Triboulet, « De la manière dont se fait un journal industriel », *La Vérité, journal général du commerce et de l'industrie*, 2 avril 1842, p. 1.)

6 *Les Fous de Paris, types curieux de l'époque, par un nain sensé*, Paris, Jules Laisné, 1842, p. 4.

7 Suivant l'expression et l'analyse de Keri Yousif, *Balzac, Grandville, and the Rise of Book Illustration*, Londres, Routledge, 2016, p. 83-91.

« chacun dans une des cages de la ménagerie[8] ». En transposant à la vie savante cette expression à la mode pour décrire la vie littéraire, Balzac soulève la question inédite de la *camaraderie scientifique.*

En effet, la littérature panoramique des années 1830-1840 dans laquelle Balzac publie ses textes était apparue dans un contexte caractérisé par de nombreuses polémiques, bien étudiées par Anthony Glinoer, autour de ce qu'Henri de Latouche taxait de « camaraderie littéraire » dans la *Revue de Paris* du 11 octobre 1829[9]. Même si Henri de Latouche dénonçait avant tout les cénacles romantiques constitués d'écrivains s'encensant les uns les autres, la littérature panoramique réagit à cette accusation en assumant voire en exhibant cette camaraderie, à la façon de *Paris ou Le Livre des Cent-et-un* (1831-1834), dont le titre ainsi que le fac-similé des signatures des contributeurs inséré dans le quinzième tome mettent en scène ces liens d'amitié unissant les écrivains. En tirant parti de ce contexte dans ses articles des *Français peints par eux-mêmes*, Balzac développe alors un dispositif littéraire qui lui permet de déplacer ces débats préexistants sur la camaraderie littéraire au domaine de la science. En effet, « L'épicier » et la « Monographie du rentier » mettent en scène un dialogue parodique entre divers spécialistes, comme dans ce passage : « Le Prud'homme trouvé par un de nos plus savants naturalistes, par Henry Monnier, qui le montre avec une complaisance infinie [...], le Prud'homme appartient à cette variété[10]. » Ces allusions à des collaborateurs désignés par des termes scientifiques (*naturalistes, savants*) entrecroisent deux discours préexistants. D'un côté, il s'agit d'une parodie de l'écriture scientifique, laquelle, contrairement au travail littéraire, repose sur la collaboration. Ainsi de ce passage où Balzac fait mine de corriger Monnier sur un point taxinomique : « VIII. LE PENSIONNÉ. Henry Monnier veut distinguer cette variété de celle des Militaires, mais elle appartient au type de l'Employé[11]. » La parodie transparaît dans le choix des verbes qui présupposent un travail collectif où les différentes

8 Voir Boris Lyon-Caen, Marie-Ève Thérenty, « Balzac et la littérature zoologique. Sur les *Scènes de la vie privée et publique des animaux* », dans *La Comédie animale : le bestiaire balzacien*, sous la direction d'Aude Déruelle, Groupe international de recherches balzaciennes, 2013, p. 9, http://balzac.cerilac.univ-paris-diderot.fr/bestiaire.html.

9 Voir Anthony Glinoer, *La Querelle de la camaraderie littéraire. Les romantiques face à leurs contemporains*, Genève, Droz, 2008.

10 « Monographie du rentier », *NC*, t. II, p. 982.

11 *Ibid.*, p. 986.

contributions se compléteraient entre elles : Balzac ne dit pas « Henry Monnier a distingué » mais « veut distinguer » comme si son œuvre n'était qu'une proposition, encore soumise au débat. Le passage active en outre une mémoire textuelle puisque Balzac, lui-même auteur du roman *Les Employés* quelques années plus tôt, fait mine d'apporter une expertise sur ce point précis. Mais d'un autre côté, ces allusions à des collaborateurs, présentés comme des savants mais que le lecteur identifie aisément comme étant d'autres écrivains ou illustrateurs, s'inscrivent aussi dans la poétique particulière de la littérature panoramique qui met en scène la camaraderie littéraire. En superposant ces deux plans, Balzac rend ainsi pensable une camaraderie savante où les échanges entre scientifiques ne seraient pas seulement intellectuels mais un mélange de louanges et d'entre-aide comme dans cette critique-hommage de la « Monographie du rentier » : « VII. LE PHILANTHROPE [...]. Je suis à cet égard en dissentiment avec l'illustre auteur de la Rienologie, mon impartialité me fait un devoir de mentionner cette tentative qui d'ailleurs l'honore ; mais les savants doivent aujourd'hui se défier des classifications[12]. »

À une époque qui s'interrogeait sur la possibilité d'étendre les critiques d'Henri de Latouche à la « camaraderie scientifique[13] », Balzac provoque ainsi une collision entre la collaboration savante et la camaraderie littéraire, qui fait ressortir les aspects sociaux de la science. Le « Guide-âne » prolonge ce point par quelques formules bien trouvées, qui font passer de l'épistémologie (le rapport logique des faits entre eux) à la politique (le rapport des hommes entre eux), comme dans cette réplique : « – [...] car en science, tout se tient. – Tenons-nous donc, dit Marmus en prenant la main du baron Cerceau[14]. »

---

12 *Ibid.*

13 Le docteur Maxime Simon évoque par exemple « la camaraderie scientifique aussi vivace que la camaraderie littéraire » (Maxime Simon, *Déontologie médicale ou Des devoirs et des droits des médecins dans l'état actuel de la civilisation*, Paris, J.-B. Baillière, 1845, p. 195).

14 « Guide-âne », *NC*, t. II, p. 1093.

« LA TRIBU DES CHERCHEURS » : POLITIQUE DE LA CLASSIFICATION

Si le motif de la « ménagerie » de savants questionne la camaraderie scientifique, sa charge comique repose évidemment aussi sur une inversion des rôles entre l'observateur et son objet d'étude, puisque les chercheurs occupent la place des animaux qu'ils sont censés étudier. Cette inversion, qui est systématique dans les textes panoramiques, fait à son tour ressortir les enjeux de pouvoir qui se dissimulent sous la science et en particulier sous le geste de classification.

Dans la « Monographie du rentier », Grandville représente cinq savants, réunis autour d'une table où ils expérimentent sur le cerveau du rentier. Au moment de préciser leur nom, le texte les réunit dans une même « Tribu des Chercheurs » : « Vauquelin, d'Arcet, Thénard, Flourens, Dutrochet, Raspail et autres individus de la Tribu des Chercheurs n'y ont pas, malgré leurs essais, trouvé les rudiments de la pensée[15]. » Pourtant, dans la caricature de Grandville, ces scientifiques censés appartenir à une même tribu travaillent sans se prêter la moindre attention. Dans l'image, seuls les deux bustes phrénologiques posés sur la table se regardent en souriant. Et de fait, chimie exceptée, on voit mal comment auraient pu collaborer le républicain révolutionnaire François Raspail, blessé sur les barricades en 1830, et le député ultra-conservateur Louis-Jacques Thénard, dont Victor Hugo se souviendra au moment de baptiser les Thénardier des *Misérables*. Non seulement la concorde à l'intérieur de cette « Tribu des Chercheurs » est loin d'être acquise mais l'expression choisie par Balzac questionne aussi le positionnement épistémologique des Chercheurs vis-à-vis de leur objet d'étude, le Rentier, lui-même classé dans la « Tribu des Ganaches ». Tribu contre tribu, la science semble ne plus pouvoir se placer en surplomb mais doit assumer sa propre inscription dans le monde social. La caricature de Grandville redouble là encore la proposition du texte en jouant de manière ironique sur une différence de taille entre le rentier, minuscule individu retenu dans un bocal, et les grands savants qui l'observent. Le dispositif caricatural

15 « Monographie du rentier », *NC*, t. II, p. 969.

donne à voir l'absurdité du postulat inconscient selon lequel le savant doit toujours être *plus grand* que son objet d'étude, comme si les objets et les sujets de la science évoluaient dans deux mondes distincts, séparés au minimum par une différence d'échelle. Dans le même ordre d'idée, le lecteur attentif de *La Comédie humaine* notera que Vauquelin, mentionné en premier dans l'énumération des cinq savants, n'est pas seulement un scientifique réel mais aussi un personnage qui aidait César Birotteau à donner un cachet scientifique à sa publicité pour lotions capillaires. En précisant, dans la suite de sa monographie, que le rentier est justement « l'argile [...] d'où j'ai tiré les Birotteau[16] », Balzac rend pensable, par la mémoire intertextuelle, l'existence d'un lien d'intérêt entre ses savants et le type qu'ils sont censés analyser de manière désintéressée.

Dans le texte de la « Monographie », la Tribu des Chercheurs entre dans un paradigme plus large auquel appartiennent aussi « l'Observateur, cette variété de la Tribu des Gâte-papier[17] » ou la « Tribu des artistes ». Cette manière de classer les chercheurs en « tribus » procède d'un renversement intéressant des nomenclatures scientifiques. Au début du texte, Balzac pastichait le style de l'histoire naturelle :

> RENTIER. Anthropomorphe selon Linné, Mammifère selon Cuvier, Genre de l'Ordre des Parisiens, Famille des Actionnaires, Tribu des Ganaches, le *Civis inermis* des anciens, découvert par l'abbé Terray, observé par Silhouette, maintenu par Turgot et Necker, définitivement établi aux dépens des Producteurs de Saint-Simon par le Grand-Livre[18].

Ici, la taxinomie du rentier dérive immédiatement vers une cartographie des gens qui étudient le rentier. La coprésence de plusieurs nomenclatures concurrentes comme celles de Linné et celle de Cuvier ainsi que l'accumulation des points de vue précisent moins la place du rentier dans le règne des êtres vivants qu'elles ne mettent en scène les polémiques savantes qui entourent sa description. En retournant ainsi le geste taxinomique vers les classificateurs eux-mêmes, Balzac révèle que la science ne s'énonce pas de nulle part mais dépend bien d'un point de vue, ce qui la rend profondément politique. Il est notable que Balzac emploie souvent des noms d'insultes dans ses nomenclatures : « Tribu

16 *Ibid.*, p. 988.
17 *Ibid.*, p. 970.
18 *Ibid.*, p. 967.

des *Ganaches* », « Tribu des *Gâte-papier* », etc. C'est que l'insulte, dans la vie sociale, est bien une façon de catégoriser un individu, de l'assigner à un type. La satire opère un rapprochement entre l'activité sociale de classification (qui vise toujours à établir un rapport de domination) et celle des savants, prétendument neutre.

Le texte « Entre savants » va dans le même sens lorsqu'il établit un parallèle entre les nomenclatures scientifiques et la liste des affiliations institutionnelles que les savants affichent glorieusement sur la couverture de leurs livres[19] et dont Cuvier, savant carriériste s'il en est[20], fournirait un bon exemple. Il est vrai que les taxinomies scientifiques comme celle qui ouvre la « Monographie du rentier » ressemblent stylistiquement aux présentations de ce type :

> Par M. le Ch^{er}. Cuvier, Conseiller d'État ordinaire, Secrétaire perpétuel de l'Académie des Sciences de l'Institut Royal, Membre des Académies et Sociétés Royales des Sciences de Londres, de Berlin, de Pétersbourg, de Stockholm, d'Édimbourg, de Copenhague, de Goettingue, de Turin, de Bavière, des Pays Bas, etc., etc.[21].

En relevant cette ressemblance fortuite entre deux genres de discours très différents, Balzac révèle que le savoir n'est jamais séparé autant qu'on le voudrait du pouvoir[22].

Tous ces dispositifs littéraires sont d'autant plus intéressants qu'ils établissent un lien avec la poétique réaliste de *La Comédie humaine*. Le réalisme d'observation que Balzac développe dans son œuvre ne prétend pas proposer une description objective de la société grâce à la *mimèsis* : on le décrirait beaucoup mieux comme une façon d'accorder

19 « Le grand Richard-David-Léon baron Total, bibliothécaire, professeur de cosmographie au jardin des plantes, médecin, professeur d'hygiène à l'école de médecine, [etc.]. S'il fallait mentionner les ordres que lui ont conférés les souverains et les académies étrangères desquelles il fait partie, il y aurait une nomenclature presque aussi étendue que celle des divisions introduites par lui dans la science. » (« Entre savants », *CH*, t. XII, p. 523-524.) Sur ce passage, voir Dominique Massonnaud, *Faire vrai. Balzac et l'invention de l'œuvre-monde*, Genève, Droz, 2014, p. 405-406.

20 Sur Cuvier, voir notamment Kathleen Kete, *Making way for genius : the aspiring self in France from the Old-Regime to the New*, New Haven, Yale university press, 2012, p. 107-144.

21 Georges Cuvier, *Le Règne animal distribué d'après son organisation*, Paris, Déterville, t. II, 1817, [couverture].

22 Voir aussi, à ce sujet, les analyses d'Anne-Gaëlle Weber dans : « Portrait de Balzac en sociologue des sciences. Pour une relecture de la "querelle des Analogues" », *L'Année balzacienne*, n° 21, 2020/1, p. 241-269.

entre eux, par dialogisme, les différents points de vue sociaux sur le réel – le discours littéraire se plaçant ainsi dans la continuité non du discours scientifique mais du discours méthodologique de la science, qui cherche lui aussi à concilier les différentes expériences du réel[23]. Dans le célèbre début de *Madame Firmiani*, Balzac liste par exemple ce que pensent les différents types sociaux du personnage éponyme. Au lieu de renseigner sur Mme Firmiani, cette description polyphonique se transforme en une typologie où les observateurs deviennent les véritables objets observés. Le lecteur apprend à connaître, à travers leurs points de vue, « le genre des positifs », les gens « classés parmi les Personnels », le « genre lycéen », le « groupe des observateurs », etc. C'est ce dispositif que reprennent les textes panoramiques : mais en le faisant passer de la sphère du ragot à celle la science, ils suggèrent que cette dernière n'est pas exempte de rapports de force et de points de vue partisans.

LES « FAISEURS » : LA CONSTRUCTION DES FAITS SCIENTIFIQUES

Par la multiplication des dispositifs littéraires, les textes panoramiques de Balzac réintroduisent de la politique et du social au cœur de l'activité scientifique. L'exemple des « faiseurs » démontre comment la satire peut aboutir à une réflexion épistémologique qui dépasse la critique de la mauvaise science.

Dans sa pièce de théâtre de 1848, Balzac mettait en scène le type du « Faiseur » qui désignait dans les *Physiologies* un homme politique ou un financier qui maniaient la publicité et l'illusion à des fins personnelles[24]. Or dans les manuscrits de la « Monographie de la presse parisienne », Balzac avait envisagé d'inclure une catégorie « Faiseurs » dans la typologie

23 Voir Lucien Derainne, *« Qu'il naisse l'observateur ». Penser l'observation (1750-1850)*, Genève, Droz, 2022, chap. VI.

24 Voir « Du Faiseur » dans Eugène Ligneau-Grandcour, *Les Gouvernementales*, Paris, Delloye, t. II, 1841, p. 27-46 ; « Physiologie du faiseur », *Le Courrier des vignerons*, 8 avril 1841, p. 6 ; « Le Faiseur » dans Charles Philipon, *Physiologie du floueur*, Paris, Aubert, 1842, p. 45-52.

des différents savants[25]. Ce détournement du type aurait remotivé l'expression d'une façon intéressante puisque contrairement au politique et au financier, le savant est littéralement un faiseur de *faits*. Même si Balzac ne la pousse pas jusqu'au bout, cette idée ouvre la voie, par la satire, à une prise en compte de la *construction* des faits scientifiques.

En effet, l'un des principes qui va déterminer le passage d'un régime des spécialités à un régime des disciplines en science, ce sera la prise de conscience progressive que les faits n'existent pas indépendamment des méthodes qui permettent de les constater. L'acceptation du caractère construit des faits scientifiques a été peut-être l'une des transformations les plus profondes dans l'épistémologie de la seconde moitié du XIXe siècle. Or ce caractère construit des faits, le réalisme littéraire l'admettait au moins pour les opinions sociales. La typologie de *Madame Firmiani* aboutit sur le constat qu'« il y avait enfin autant de madames Firmiani que de classes dans la société[26] ». Mais ce qui est vrai pour l'opinion l'est-il aussi pour la science ? C'est à cette question que répond le « Guide-âne à l'usage des animaux qui veulent parvenir aux honneurs ».

Le texte retrace l'invention d'une nouvelle spécialité, l'instinctologie comparée, par deux charlatans qui n'ont aucune connaissance scientifique mais qui maîtrisent les aspects sociaux de la science : la publicité, l'attribution des chaires, les transactions entre savants, etc. Ce sont littéralement des *faiseurs*, transplantés dans le monde scientifique. Si ce texte réagit bien sûr à la querelle entre Cuvier et Saint-Hilaire[27], et s'il parle bien de charlatans et non de vrais savants, l'un des dispositifs confère toutefois au texte une portée épistémologique plus large.

Le « Guide-âne » décrit, en effet, non la découverte mais la fabrication d'un fait scientifique : un zèbre à bandes noires et jaunes qui marche comme une girafe et qui serait le maillon manquant entre ces deux espèces[28].

25 « a. Le naturaliste. 5 variétés : 1. le voyageur. 2. le sédentaire. 3. l'historien. 4. le systématique. 5. le faiseur » (dossier A 154 fol. 8 v° de la collection Lovenjoul, cité par Madeleine Ambrière-Fargeaud, *CH*, t. XII, p. 510).

26 *Madame Firmiani*, *CH*, t. II, p. 147.

27 Voir en particulier : Anne-Gaëlle Weber, « Portrait de Balzac en sociologue des sciences. Pour une relecture de la "querelle des Analogues" », art. cité ; Paolo Tortonese, « Balzac et la Querelle des Analogues », dans *Balzac penseur*, sous la direction de Francesco Spandri, Paris, Classiques Garnier, 2019, p. 29-40.

28 Sur la « mystification » scientifique dans cette histoire, voir Valérie Narayana, « Anatomie d'une mystification : représentations fictionnelles du débat de 1830 », *Romantisme*, vol. 156, n° 2, 2012, p. 53-62.

Dans la satire, cette fabrication est une falsification : les deux charlatans maquillent leur âne en zèbre en lui peignant des bandes sur le dos et aboutissent ainsi à un « fait révolutionnaire ». « – Nous devrions avoir un Animal qui dérangerait toutes les combinaisons de nos savants » dit l'un, tandis que l'autre affirme plus loin : « – *Mon* zèbre, répondit Marmus, n'est plus un zèbre mais un fait qui engendre une science[29]. »

Cependant, la charge du texte repose moins sur les actions des deux charlatans que sur un dispositif littéraire : le choix de l'énonciation. Balzac a en effet l'idée géniale de faire raconter cette histoire par l'âne lui-même, c'est-à-dire par le fait. Or il faut ici se souvenir que l'idée que « les faits parlent d'eux-mêmes » est l'un des postulats majeurs de la science empirique du XIXe siècle. C'est même un cliché épistémologique que l'on rencontre à chaque page des ouvrages scientifiques de l'époque, comme en témoignent ces quelques extraits datant de la même année que le « Guide-âne » (1842) : « Mais il faut céder à l'évidence des faits ; les faits ne permettent pas le doute puisqu'ils tombent sous le sens ; les faits parlent, et doivent être écoutés[30] » ; « les faits parlent trop haut pour qu'on puisse encore s'y méprendre[31] » ; « les faits parlent assez haut[32] ! » Ce que fait alors le texte de Balzac, c'est qu'il montre *ce que diraient les faits si on les laissait vraiment parler d'eux-mêmes.* « Il n'y a dans tout ceci qu'une vérité de démontrée… », commence par déclarer le faux zèbre à la fin du récit ; mais au lieu que la prise de parole par le fait démontre une thèse scientifique, elle dévoile la marche réelle des sciences en continuant de la sorte :

> c'est qu'il existe dans le budget une forte contribution payée aux intrigants par les imbéciles, que toute chaire est une marmite, le public un légume, que celui qui sait se taire est plus habile que celui qui parle, qu'un professeur est nommé moins pour ce qu'il dit que pour ce qu'il ne dit point, et qu'il ne s'agit pas tant de savoir que d'avoir. […] Osez dire que je suis un âne, moi qui vous donne ici la méthode de parvenir et le résumé de toutes les sciences[33].

29 « Guide-âne », *NC*, t. II, p. 1085 et 1091.

30 Marie-Nicolas Devergie, *L'Homéopathie mise à la portée des médecins et des gens du monde*, Paris, J.-B. Baillière, 1842, p. 68.

31 Louis Guy, *Essai sur l'agronomie*, Lyon, L. Perrin, 1842, p. 147.

32 Louis Victor Duchesne-Duparc, *Traité complet des gourmes chez les enfants*, Paris, Fortin, Masson et Cie, 1842, p. 15.

33 « Guide-âne », *NC*, t. II, p. 1098-1099.

Balzac investit donc l'un des piliers épistémologiques du régime des spécialités, le postulat que les faits parlent d'eux-mêmes et qu'ils préexistent au découpage du savoir, et l'amène à se saborder lui-même, puisque le fait en question explique que la science est construite et qu'elle élabore ses propres phénomènes.

LES « RIENOLOGUES » : RÉFLEXIVITÉ DE LA CRITIQUE

À lire un texte comme le « Guide-âne », on serait en droit de se demander si Balzac se moque simplement des écarts de la science, commis par quelques charlatans, ou s'il y a sous la satire un discours plus général sur la science ordinaire. En plus des points qu'on a déjà mis en avant, l'un des aspects du texte qui plaide pour une lecture épistémologique est la réflexivité de la satire. La critique a remarqué depuis longtemps que la thèse scientifique que les deux charlatans du « Guide-âne » essaient d'imposer de force, cette « instinctologie comparée » inspirée de Geoffroy de Saint-Hilaire, est très proche des idées que défend sérieusement Balzac dans son « Avant-propos » à *La Comédie humaine*, rédigé durant les mêmes années[34]. Boris Lyon-Caen et Marie-Ève Thérenty notent à ce sujet qu'« une enquête devrait être menée, à l'échelle de *La Comédie humaine*, à propos de cette perversion, de ce retournement extrêmement fréquent[35] ». En effet, nombreux sont les personnages de *La Comédie humaine* à être disqualifiés par le texte au moment même où ils défendent des thèses balzaciennes, à l'image de Mme Bargeton que le narrateur accuse de « *typiser* » et « *néologiser* », dans une phrase qui se livre sans scrupule à ces deux activités[36]. Même s'il est difficile d'analyser précisément la raison d'être de cette critique réflexive, on notera, dans le cas précis des textes panoramiques, qu'elle

34 Max Andréoli, *Le Système balzacien : essai de description synchronique*, Lille, Atelier national de reproduction des thèses, 1984, p. 356.

35 Boris Lyon-Caen, Marie-Ève Thérenty, « Balzac et la littérature zoologique. Sur les *Scènes de la vie privée et publique des animaux* », art. cité, p. 17.

36 *Illusions perdues*, *CH*, t. V, p. 157.

fonctionne comme un argument *a fortiori* : le fait que la critique de la science par Balzac en vienne à toucher la science balzacienne elle-même montre que ce qui est en jeu n'est pas seulement une dénonciation de la *mauvaise* science, mais plutôt une réflexion sur les conditions sociales et politiques de la science en général.

La « *Rienologie* » constitue l'un des cas notables de cette critique réflexive. Ce néologisme qu'on trouve dans les deux *Monographies*, celle du rentier et celle de la presse parisienne, désigne avant tout la science des riens, ridicule par sa minutie. Le mot est un doublon satirique du mot *micrographe* dont il imite la composition savante en explicitant la charge comique latente sous le vocabulaire spécialisé. Les deux termes fonctionnent d'ailleurs par paire : « Nous n'avons pas obtenu sans peine du patient micrographe qui prépare son magnifique traité de Rienologie la description des Variétés du Rentier[37]. »

Bien sûr, la rienologie n'est pas seulement la science des *riens* mais aussi du *rien* au singulier. Dès lors, la critique porte autant sur la vacuité de cette science que sur le geste même de néologie, qui s'empresse d'inscrire dans la langue la naissance d'une nouvelle spécialité alors même que l'objet étudié est ici inexistant. Dans un article où il en appelle à une « pragmatique des noms de savoirs[38] », l'historien Wolf Feuerhahn a montré l'importance de ces expressions et de ces néologismes dans le jeu institutionnel et politique qui détermine la délimitation des disciplines scientifiques. Balzac est particulièrement attentif à ces enjeux de désignation, soit qu'il introduise dans la littérature des noms de spécialités rares (la *pomologie*[39]…), soit qu'il emprunte à d'autres écrivains comme Sterne des spécialités imaginaires (la cognomologie[40]), soit qu'il invente lui-même des spécialités fantaisistes (la *bricabracologie*[41]). Entrant dans ce paradigme, la rienologie donne à voir le geste de création disciplinaire en le vidant de sa portée épistémologique pour ne laisser subsister que la dimension politique et sociale de ce partage du savoir.

Le paradoxe est alors que le rienologue devient souvent un double du locuteur voire de l'auteur. Dans la « Monographie du rentier », le

37 « Monographie du rentier », *NC*, t. II, p. 981.

38 Wolf Feuerhahn, « Prendre les noms des savoirs au sérieux », *Revue d'histoire des sciences humaines*, n° 37, 2020, p. 9-28.

39 *Le Lys dans la vallée*, *CH*, t. IX, p. 1067.

40 *Le Curé de Tours*, *CH*, t. IV, 215.

41 *Le Cousin Pons*, *CH*, t. VII, p. 490 et 526.

locuteur lui emprunte la typologie des variétés du rentier qui conclut le texte. Plus étonnant, dans la « Monographie de la presse parisienne » le chapitre sur les rienologues lance une violente charge contre le journaliste vulgarisateur, surnommé *homo papaver* (homme pavot). Mais au moment d'illustrer le discours inconsistant de ce personnage, Balzac présente une véritable théorie de la volonté (« six pages sur la volonté[42] ») qui fait directement écho au projet poursuivi par Louis Lambert, Raphaël ou Balzac lui-même. Cette réflexivité contribue à instaurer un régime d'« ironisation[43] », c'est-à-dire, selon la définition qu'en donne Vincent Bierce, un principe instable de représentation du monde qui exploite les contradictions à des fins critiques sans essayer de les résoudre.

RÉCEPTION SCIENTIFIQUE DES TEXTES PANORAMIQUES

Avant de refermer cette étude, il semble toutefois nécessaire de mentionner, à défaut de la résoudre, une difficulté méthodologique. Jusqu'ici, notre démarche a consisté à repérer dans les textes de Balzac des dispositifs littéraires qui, une fois interprétés par le lecteur, délivrent une critique sophistiquée de la science et tiennent un discours épistémologique inédit. Mais cette manière de faire ne permet nullement de prouver que cette critique de la science par la littérature a été entendue à l'époque, ni qu'il y ait eu, dans l'histoire, un seul savant qui aurait agi différemment si Balzac n'avait pas écrit ses textes. Certes, cette objection n'est pas rédhibitoire car même si l'on admettait que les interprétations proposées plus haut étaient inaccessibles à un lecteur du XIXe siècle, le geste critique garderait un intérêt : il montrerait comment une œuvre littéraire peut *penser*, en produisant un savoir qui dépasse de loin les connaissances de son auteur. Mais dans cette perspective, on ne saurait accorder à la littérature une dimension critique. En effet, dire qu'un texte littéraire *critique* la science de son temps avec des procédés qui

42 « Monographie de la presse parisienne », *op. cit.*, p. 124-126.

43 Sur ce concept, voir Vincent Bierce, *Le Sentiment religieux dans « La Comédie humaine ». Foi, ironie et ironisation*, Paris, Classiques Garnier, 2019, p. 459-517.

ne seront en fait compris que deux cents ans plus tard est un non-sens. Une critique actualisée deux siècles après la disparition de ce qu'elle visait à infléchir n'est nullement *critique*. Quant à postuler un effet inconscient des procédés littéraires, qui auraient été agissants même à l'état virtuel, c'est une hypothèse qu'on n'a aucun moyen de contrôler. En toute rigueur, il faudrait donc s'en tenir à l'une de ces deux positions critiques. Soit l'on assume le geste d'interprétation, auquel cas il faut admettre que c'est notre époque qui est critiquée par la littérature (mais dans ce cas, l'effort d'historicisation de l'histoire littéraire devient un peu superflu puisqu'il serait tout aussi légitime de questionner directement l'effet actuel des lectures décontextualisées de Balzac). Soit l'on considère que les dispositifs littéraires qu'on a explicités avaient déjà une forme d'effectivité à l'époque de leur écriture et ont donc pu jouer un rôle – même modeste – dans l'histoire des sciences elle-même. Pour être complète, cette dernière perspective devrait alors adjoindre à l'explication des textes une prise en compte de leur réception par les acteurs qu'ils visaient.

Rien n'empêche en fait de superposer ces deux perspectives critiques : il est clair que les analyses qui ont été exposées ci-dessus valent *aussi* comme une critique du temps présent. Néanmoins, c'est bien la seconde voie qu'on a voulu privilégier, ce qui oblige à dire quelques mots sur la réception scientifique de cette critique du monde savant.

Bien moins prestigieux que *La Comédie humaine*, les textes panoramiques de Balzac n'en ont pas moins été parfois mobilisés dans des polémiques agitant le monde savant. En 1855, un médecin inspecteur des eaux thermales, accusé de conflit d'intérêts, se voit ainsi forcé de réfuter une comparaison de son cas avec Marmus, le charlatan du « Guide-Âne » :

> Des esprits charivariseurs soutiennent que dans toute cette affaire, on a pris pour type le savant Marmus de Balzac, à l'article intitulé *Guide-âne à l'usage des animaux qui veulent parvenir aux honneurs*, dans *Les Animaux peints par eux-mêmes*. Me voilà forcé de répondre [...] qu'il est possible que notre entrepreneur ait pris pour type le savant Marmus, et qu'il ait mis en pratique cette maxime de Balzac : *Il faut être deux pour enfanter une œuvre, l'un inventant, l'autre annonçant au monde ;* mais que je n'ai rien à voir dans semblable tripotage[44].

44 [Victor] Revillout, *Notice sur les bains de mer du Croisic*, Tours, Ladevèze, 1855, p. 5.

Quelques décennies plus tard, un autre médecin rappellera de même dans le *Bulletin de l'Académie nationale de médecine* la comparaison satirique des affiliations institutionnelles de Cuvier aux nomenclatures de l'histoire naturelle, en laissant entendre que cette critique n'est pas sans exemples réels[45].

Plus précisément, plusieurs des procédés littéraires que l'on a analysés dans ce chapitre furent repris et imités. Le pastiche des nomenclatures savantes, qui se retourne finalement en une classification des classificateurs, n'est pas seulement repris comme un hommage par d'autres écrivains (comme dans cet article des *Français peints par eux-mêmes* : « Le maître de danse, lui, est un être à part. Espèce non décrite, inconnue à Buffon, inexplorée par Balzac[46] ») mais elle s'invite aussi dans des pamphlets contre les travers de la science. L'*Histoire naturelle drolatique et philosophique* (1847) d'Isidore Salles de Gosse, au titre très balzacien, reprend ainsi l'idée de cataloguer les savants avec les procédés de l'histoire naturelle : « Lamarck (*Philosophus clarissimus*, de Buffon) » ; « Audouin (*Bibliocleptes thoracicus*, de Linné[47]). »

Notons pour finir que la réception emprunte parfois des voies plus inattendues. Le cas de Louis-Mathurin Moreau-Christophe est intéressant à cet égard. Cet admirateur de Balzac, qu'il cite régulièrement, publie des enquêtes sociales et des travaux statistiques sur les marges sociales en les parant de titres empruntés à la littérature panoramique (comme *Physiologie du monde des coquins* en 1863). En 1840, alors qu'il est inspecteur général des prisons du Royaume, il donne aux *Français peints par eux-mêmes* une série d'articles sur les pauvres et les détenus, qui contribuent à transformer l'ouvrage en une véritable « encyclopédie morale[48] ». Or Moreau-Christophe, soucieux de s'adapter au style de l'ouvrage, prend modèle sur les articles de Balzac en réutilisant un certain nombre de procédés stylistiques et littéraires, dont la mise en scène d'une collaboration

45 M. A. Trillat, « Communication sur les médecins dans *La Comédie humaine* », *Bulletin de l'académie nationale de médecine*, février 1939.

46 Écarnot, « Le pensionnat de filles en province », dans *Les Français peints par eux-mêmes*, Paris, Léon Curmer, t. I : *Province*, 1840, p. 152.

47 Isidore Salles de Gosse, *Histoire naturelle, drolatique et philosophique des professeurs du Jardin des plantes*, Paris, Gustave Sandré, 1847, p. 28-29.

48 Voir Aude Déruelle, « Décrire les mœurs, du tableau à l'Encyclopédie : *Les Français peints par eux-mêmes* », dans *Les Encyclopédismes en France à l'ère des révolutions (1789-1850)*, sous la direction de Vincent Bourdeau, Jean-Luc Chappey, Julien Vincent, Besançon, Presses universitaires de Franche-Comté, 2020, p. 271-280.

entre écrivains, à travers des expressions comme : « notre spirituel collaborateur Alphonse Karr » ; « notre collaborateur Alphonse Frémy » ; « une plume énergique nous a prouvé avec éloquence (t. I, p. 67) que la manière dont sont conduits les débats favorise trop souvent cette propension fatale[49] », etc. Mais là où ce procédé, chez Balzac, proposait une critique amusée des tics des sciences expérimentales, Moreau-Christophe reprend ce procédé au premier degré en l'amenant dans un domaine du savoir qui n'est pas encore institutionnalisé, les sciences humaines. L'ironisation balzacienne, en extrayant une caractéristique des sciences expérimentales pour s'en moquer, facilite étrangement sa réappropriation par d'autres domaines du savoir. En organisant une confusion entre collaboration littéraire et collaboration scientifique, Balzac crée une zone de flou, qui est investie par des sciences en voie de formation et qui autorise quelqu'un comme Moreau-Christophe à adopter une attitude et une écriture scientifiques dans un domaine où elles ne sont pas encore institutionnalisées. La littérature produit finalement ici ce que Laurent Loty appelle de l'*indisciplinarité*, c'est-à-dire non un refus des disciplines, mais une marge de liberté, un *jeu* entre les domaines du savoir qui permet une refonte et une reconfiguration des spécialités scientifiques elles-mêmes[50].

Lucien DERAINNE
Université Jean Monnet
de Saint-Étienne,
UMR 5317 IHRIM

49 Louis-Mathurin Moreau-Christophe, dans *Les Français peints par eux-mêmes*, *op. cit.*, t. IV, p. 20, 35 et 70.

50 Sylvie Catellin, Laurent Loty, « Sérendipité et indisciplinarité », *Hermès, La Revue*, vol. 67, n° 3, 2013, p. 32-40.

BALZAC ET L'HISTOIRE NATURELLE

Transpositions épistémologiques

Le travail commun concernant « Balzac et les disciplines du savoir » s'inscrit dans une remise en perspective historique de la situation du premier XIXe siècle, avant que ne se mette en place un effectif partage des disciplines que « l'on s'accorde généralement à dater au moins de la seconde moitié du XIXe siècle[1] » comme l'a rappelé Stéphane Zékian. La séparation des domaines se fait pas à pas. Alors que Mme de Staël définit la littérature en 1800 comme « tout ce qui concerne enfin l'exercice de la pensée dans les écrits, les sciences physiques exceptées[2] » en restant à une définition d'Ancien Régime – venue du sens étymologique *litteræ* : « les lettres » – modulée par la connaissance de Leibniz[3] et de Newton[4] que l'on doit à Émilie du Châtelet, les débats entre ceux qui choisissent d'opposer « sciences » et « lettres » et ceux qui tentent de montrer leur continuité ont lieu, en particulier sous l'Empire. Louis de Bonald a écrit en 1807 « Sur la guerre des sciences et des lettres[5] » alors que Charles-Louis Cadet de Gassicourt, affirmait la « nécessité pour les littérateurs de connaître la Théorie des Sciences[6] ».

1 Stéphane Zékian, « Siècle des lettres contre siècle des sciences : décisions mémorielles et choix épistémologiques au début du XIXe siècle », *Fabula-LhT*, n° 8 : *Le Partage des disciplines*, sous la direction de Nathalie Kremer, mai 2011, http://www.fabula.org/lht/8/zekian.html.

2 Germaine de Staël-Holstein, *De la littérature, considérée dans ses rapports avec les institutions sociales*, Paris, Maradan, 1799, « Introduction », p. III.

3 Voir Émilie du Châtelet, *Analyse de la philosophie de Leibniz*, Paris, Prault fils, 1740.

4 Voir Isaac Newton, *Principes mathématiques de la philosophie naturelle* (1756), traduit du latin par Émilie du Châtelet, Paris, Desaint et Saillant, 1759.

5 Voir Louis de Bonald, « Sur la guerre des sciences et des lettres » (1807) ; *Œuvres complètes*, Paris-Genève, Slatkine, t. XI, 1982, p. 158-162. Voir sur ce point Stéphane Zékian, « Siècle des lettres contre siècle des sciences : décisions mémorielles et choix épistémologiques au début du XIXe siècle », art. cité.

6 Charles-Louis Cadet de Gassicourt, « Le poète et le savant ou Dialogue sur la nécessité, pour les Littérateurs, de connaître la Théorie des Sciences », *Veillées des Muses*, n° 12, février-mars 1800, p. 245-262, ici p. 258. Voir sur ce point Stéphane Zékian, « Siècle

Dans la première moitié du XIXe siècle, les interrogations et les travaux des historiens de la nature s'inscrivent de façon très forte dans le champ social et sont « éminemment populaires[7] » comme l'indiquait récemment Anne-Gaëlle Weber. On sait ce que l'histoire naturelle a suscité dès la fin du XVIIIe siècle et dans la première moitié du XIXe : « L'apparition de poèmes se saisissant de ses découvertes comme de thèmes inédits, c'est, de l'aveu même des savants, cet écho littéraire qui aura permis à ces savoirs de se diffuser dans la société[8]. »

De fait, les textes des historiens de la nature mentionnent à leur tour les écrivains pour valoriser le rayonnement de leurs travaux, comme le font alors Augustin Pyrame de Candolle[9] ou Étienne Geoffroy Saint-Hilaire, citant tous deux le nom de Balzac. En revanche, si Bonald annonçait en 1807 la chute prochaine de la république des lettres et la domination des sciences exactes et naturelles, on se souvient que Sainte-Beuve affirme ensuite, en 1861 :

> Arrivée à un certain âge, à un certain degré de complication, la science échappe au poète. Le rythme devient impuissant à enserrer la formule et à expliquer les lois. Le style des Laplace, des Cuvier et des Humboldt [...] est le seul qui convienne désormais à l'exposition du savant système[10].

Les productions balzaciennes s'inscrivent donc dans un moment historique où elles peuvent effectivement devenir pour ces savoirs scientifiques « un formidable résonateur [...] irriguant la culture, qu'elle[s] absorbe[nt] et met[tent] en scène[11] ». Dès un péritexte ajouté pour une réédition de la

---

des lettres contre siècle des sciences : décisions mémorielles et choix épistémologiques au début du XIXe siècle », art. cité.

7 Anne-Gaëlle Weber, « Usages savants du littéraire dans les sciences de la nature au tournant des XVIIIe et XIXe siècles », *Romantisme*, vol. 1, n° 183, 2019, p. 91-100, ici p. 92.

8 Hugues Marchal et Annick Ettlin, « Modernités de la poésie scientifique. Entretien avec Hugues Marchal », *Fabula-LhT*, n° 24 : *Toucher au « vrai » : la poésie à l'épreuve des sciences et des savoirs*, sous la direction de Annick Ettlin et Jan Baetens, novembre 2020, http://www.fabula.org/lht/24/marchal.html.

9 Augustin Pyrame de Candolle mentionne le « romancier philosophe » dès 1832 dans sa *Physiologie végétale ou exposition des forces et des fonctions vitales des végétaux, pour servir de suite à l'organographie végétale et d'introduction à la botanique géographique et agricole* (Paris, Béchet jeune, t. I, 1832, p. XIV).

10 Charles-Augustin Sainte-Beuve, *Chateaubriand et son groupe littéraire sous l'Empire. Cours professé à Liège en 1848-1849*, Paris, Garnier frères, t. II, 1861, p. 298.

11 Laurence Dahan-Gaida, « Introduction », dans *Conversations entre la littérature, les arts et les sciences*, [actes du 3e Congrès Européen de la *Society for Literature, Science and the Arts*

Physiologie du mariage (1829), chez Charpentier, en 1838, Balzac use, sur un mode plaisant, de la physiologie médicale pour étudier les causes de l'adultère, entendu comme fait social. On peut alors lire une définition de la société humaine qui pose l'analogie entre espèces sociales et espèces zoologiques comme le fera ensuite l'ouverture de l'« Avant-propos » écrit pour *La Comédie humaine* en 1842[12] :

> La Société ne fait-elle pas de l'homme, suivant les milieux où son action se déploie, autant d'hommes différents qu'il y a de variétés en zoologie ? Les différences entre un soldat, un ouvrier, un administrateur, un avocat, un oisif, un savant, un homme d'État, un commerçant, un marin, un poète, un pauvre, un prêtre, sont, quoique plus difficiles à saisir, aussi considérables que celles qui distinguent le loup, le lion, l'âne, le corbeau, le requin, le veau marin, la brebis, etc. Il a donc existé, il existera donc de tout temps des Espèces Sociales comme il y a des Espèces Zoologiques[13].

La zoologie est, de fait, une discipline nouvelle : le premier à occuper la chaire crée en 1793 au Museum national d'histoire naturelle fut Étienne Geoffroy Saint-Hilaire, nommé par Lakanal et soutenu par Daubenton[14]. L'effet des milieux qui transforment les hommes fait écho aux études de cas concrets[15] et expérimentations qu'il a pu développer, en particulier en embryologie et en paléontologie ainsi qu'à ses positions scientifiques sur l'influence des milieux environnants[16] : « l'espèce n'est fixe et ne reparaît dans ses formes, semblable à ses parents, que sous la raison du maintien

(SLSA)], études rassemblées par Laurence Dahan-Gaida, Besançon, Presses Universitaires de Franche-Comté, 2006, p. 15-28, ici p. 17.

12 Rose Fortassier rappelle la rencontre en 1835 de Balzac et Étienne Geoffroy Saint-Hilaire qui a pu corroborer cette idée (Honoré de Balzac, *Peines de cœur d'une chatte anglaise*, introduction, notices, bibliographie, chronologie par Rose Fortassier, Paris, Flammarion, « GF », 1985, « Introduction », p. 17).

13 « Avant-propos », *CH*, t. I, p. 8. Voir *La Physiologie du mariage ou Méditations de philosophie éclectique sur le bonheur et le malheur conjugal*, Paris, Charpentier, 1838, p. VII.

14 Dans l'organisation de l'université impériale, il occupe en 1808 une chaire de zoologie à l'Université de Paris.

15 Par exemple : Étienne Geoffroy Saint-Hilaire, « Note sur quelques conditions générales de l'acéphalie complète », *Revue médicale*, t. III, juillet 1826, p. 36-51, ou *Mémoire sur un enfant quadrupède, né à Paris et vivant. Monstruosité déterminée sous le nom générique d'iléadelphe*, [lu à l'Académie royale des Sciences le 6 septembre 1830], Lyon, 1831.

16 « Tout corps organisé obéit à son développement virtuel, qu'il tire de son essence originelle ; mais en même temps, il ne se développe que de la manière que le prescrit son milieu ambiant » (« Lettre de M. Geoffroy Saint-Hilaire sur les ossements humains provenant des cavernes de Liège », *Comptes rendus hebdomadaires des séances de l'Académie des Sciences*, t. VII, juillet-décembre 1838, p. 13-15, ici p. 14).

conditionnel de son milieu ambiant[17]. » Effectivement Jean Rostand a rappelé que pour cet historien de la nature : « les espèces d'aujourd'hui sont les descendantes modifiées, remaniées par l'action des milieux ambiants, des espèces antédiluviennes et perdues[18]. » De plus, en 1838, dans le même péritexte balzacien ajouté à la *Physiologie du mariage*, la mention du « polype » sert ensuite de comparant pour préciser la singularité du texte proposé et l'originalité de sa genèse, loin des principes rhétoriques de la composition d'un discours : « Ainsi l'ébauche vécut et devint le point de départ d'une multitude de ramifications morales. Ce fut comme un polype qui s'engendra lui-même[19]. » Ce « polype » qui paraît cautionner la démarche balzacienne en 1838, désigne, pour les historiens de la nature, un objet complexe qui doit son nom à Réaumur (1683-1757) et a suscité de très nombreux travaux : ceux de Lamarck – dans son *Système des animaux sans vertèbres* (1801) puis avec l'*Histoire naturelle des animaux sans vertèbres* (1822)[20] – mais aussi les recherches de Georges Cuvier, qui avait proposé en 1817 une organisation du règne animal nouvelle, en quatre embranchements, le quatrième, les « zootypes[21] » comportant les polypes, ces animaux ressemblant à une plante, au système nerveux incertain[22]. Ces éléments, parmi de nombreux autres[23], montrent que celui qui va se

17 Étienne Geoffroy Saint-Hilaire, « Considérations sur les ossements fossiles la plupart inconnus, trouvés et observés dans les bassins de l'Auvergne, accompagnés de notes où sont exposés les rapports et les différences entre les deux zoologies, celles des époques antédiluviennes et celles du monde actuel », *Revue encyclopédique*, n° 59, 1833, p. 76-95, ici p. 76.

18 Comme il l'écrit en 1829 dans l'un de ses *Mémoires du Museum* (t. XVII, p. 209), ainsi que le rappelle Jean Rostand dans *Biologie et Humanisme*, Paris, Gallimard, 1964, p. 81 et 140.

19 *La Physiologie du mariage*, éd. citée, p. IX.

20 Sur l'évolution de la pensée mais aussi les limites du transformisme de Lamarck, voir deux études de Laurent Goulven : « Lamarck : de la philosophie du continu à la science du discontinu », *Revue d'histoire des sciences*, t. XXVIII, n° 4, 1975, p. 327-360 ; « Le cheminement d'Étienne Geoffroy Saint-Hilaire (1772-1844) vers un transformisme scientifique », *Revue d'histoire des sciences*, t. XXX, n° 1, 1977, p. 43-70.

21 Georges Cuvier, *Le Règne animal distribué d'après son organisation. Pour servir de base à l'histoire naturelle des animaux et d'introduction à l'anatomie comparée*, Paris, Déterville, 4 vol., 1817.

22 Le mot « polype » désigne aujourd'hui, à la fois des unités individuelles (anémone de mer, coraux) dans la famille des Anthozoaires, mais aussi un stade momentané de développement pour les Hydraires : un polype est alors le stade antérieur de ce qui devient ensuite une méduse.

23 On peut ainsi rappeler que Louis Huart avait fait paraître en 1841, chez Beauger et Cie, *Le Muséum parisien. Histoire physiologique, pittoresque, philosophique et grotesque de*

faire « historien du présent » en 1842, prend effectivement en charge à divers titres les questions et les débats qui font « l'esprit du temps » et se saisit de cette actualité[24].

Pour en donner l'idée, sur un autre plan, on peut rappeler que sont parues les *Œuvres d'Histoire naturelle* de Goethe en 1837, précédées d'un texte de Pierre Jean François Turpin sur la *Métamorphose des plantes*[25] qui donnent lieu, en particulier, à un long compte rendu d'Émile Littré dans *La Revue des deux mondes*[26]. On peut ajouter que sont également rééditées en 1837-1838 les *Œuvres complètes*[27] de Buffon, celui que Condorcet avait qualifié de « poète[28] » dans son éloge funèbre. Elles sont alors précédées d'une « Notice [...] sur le progrès de l'influence philosophique des sciences naturelles de Buffon à nos jours » écrite par Étienne Geoffroy Saint-Hilaire. La présence de ces noms à l'ouverture de l'« Avant-propos » balzacien se fait ainsi écho direct pour les contemporains, et l'*Histoire naturelle* peut alors constituer une solide référence éditoriale valorisante. *La Comédie humaine* est un texte qui connaît à son tour une parution échelonnée, au format identique (*in-octavo*), ce qui valide son caractère d'ouvrage « sérieux ». Comme pour l'*Histoire naturelle* de Buffon, les volumes sont assortis d'illustrations, en particulier de personnages[29]. J'ajouterai qu'Étienne

toutes les bêtes curieuses de Paris et de la banlieue pour faire suite à toutes les éditions de de Buffon.

24 À ce propos voir par exemple le travail de Philippe Kaenel, « Le Buffon de l'humanité. La zoologie politique de J.-J. Grandville (1803-1847) », *Revue de l'art*, n° 74, 1986, p. 21-28.

25 Voir Johann Wolfgang von Goethe, *Œuvres d'histoire naturelle, comprenant divers mémoires d'anatomie comparée, de botanique et de géologie*, traduits et annotés par Charles Martins avec un atlas in-folio enrichi d'un texte explicatif sur *la métamorphose des plantes* par P[ierre]-J[ean]-F[rançois] Turpin, Paris, Cherbuliez, 1837.

26 Voir Émile Littré, « *Œuvres d'Histoire naturelle* de Goethe », *Revue des deux mondes*, IVe série, vol. 14, n° 1, 1er avril 1838, p. 94-110, https://www.jstor.org/stable/44688958#metadata_info_tab_contents.

27 Voir Georges-Louis Leclerc comte de Buffon, *Œuvres complètes*, précédées d'une notice historique et de considérations générales sur le progrès de l'influence philosophique des sciences naturelles depuis cet auteur jusqu'à nos jours par Étienne Geoffroy Saint-Hilaire, Paris, F. D. Pillot, 5 vol., 1837-1838.

28 Nicolas de Condorcet, *Éloge de M. le comte de Buffon*, Paris, Buisson, 1790, p. 48, comme le rappelle Hugues Marchal, « L'ambassadeur révoqué : poésie scientifique et popularisation des savoirs au XIXe siècle », *Romantisme*, n° 144, vol. 2, 2009, p. 25-37, ici p. 27.

29 Pierre Lazlo a proposé un travail sur le régime descriptif chez Balzac qui montrait l'appropriation et la métamorphose balzaciennes de pratiques descriptives présentes chez Buffon à partir de *La Peau de chagrin* en particulier. Voir Pierre Lazlo, « Buffon et Balzac : variations d'un modèle descriptif », *Romantisme*, n° 58 : *Figures et modèles*, 1987, p. 67-80.

Geoffroy Saint-Hilaire et Cuvier avaient fait paraître, ensemble, entre 1819 et 1826, une *Histoire naturelle des mammifères*, cosignée donc et illustrée à partir de dessins faits à partir d'animaux vivants[30]. L'« Avant-propos » de 1842 inscrit explicitement l'entreprise éditoriale dans cette continuité : « La Société ne fait-elle pas de l'homme, suivant les milieux où son action se déploie, autant d'hommes différents qu'il y a de variétés en zoologie[31]. »

Alors que Balzac a été considéré comme celui qui a jeté les bases d'une analyse sociologique du réel[32] et qu'il livre effectivement des catégorisations successives des acteurs sociaux, selon des critères raisonnés, pour la composition de *La Comédie humaine*, il paraît possible d'observer comment cette entreprise procède par transpositions épistémologiques à partir des travaux des historiens de la nature pour que son auteur se fasse effectivement « historien du présent ». Il devient ainsi un observateur du corps social en ses composantes diverses, dans un moment où la succession des régimes politiques ou l'émergence de la « société des individus[33] » constitue un défi pour la compréhension, à l'instar de la faune et de la flore. Il ne s'agit donc pas de chercher pour qui Balzac prendrait parti, ou de repérer des noms d'historiens de la nature dans les textes[34], présents en mention ou en dédicaces, qui ont alors valeur référentielle – valorisante et assurant l'ancrage dans le présent – mais plutôt d'identifier des décalques, des parentés, des adaptations de méthodes, de principes ou de modèles épistémologiques qui peuvent s'observer dans le travail balzacien. Dans l'espace de ce travail, le premier point portera sur le statut significatif du détail dans la production balzacienne.

30 Madeline Ambrière-Fargeau avait également signalé que Balzac a pu lire *L'Histoire naturelle* de Buffon chez Villers La Faye « qui l'accueillit chaque année entre 1817 et 1822 » (« Notice » de l'« Avant-propos », *CH*, t. I, p. 1112).

31 « Avant-propos », *ibid.*, p. 8.

32 Voir *Balzac, l'invention de la sociologie*, sous la direction d'Andrea Del Lungo et Pierre Glaudes, Paris, Classiques Garnier, 2019.

33 Voir Norbert Elias, *La Société des individus* (*Die Gesellschaft der Individuen*, 1987), traduit de l'allemand par Jeanne Etoré-Lortholary, avant-propos de Roger Chartier, Paris, Fayard, 1991.

34 On connaît ainsi, par exemple, l'éloge de Cuvier qui figure dans *La Peau de chagrin* ou le fait que Bianchon assiste à ses cours dans *Le Père Goriot*, roman qui a lui-même été dédié à Étienne Geoffroy Saint-Hilaire. De fait, la transposition méthodique est explicite, par exemple, à propos de la Princesse de Cadignan choisissant de se faire aimer de D'Arthez : « Une femme instruite peut lire son avenir dans un simple geste, comme Cuvier savait dire en voyant le fragment d'une patte : ceci appartient à un animal de telle dimension, avec ou sans cornes, carnivore, herbivore, amphibie, etc., âgé de tant de mille ans » (*Les Secrets de la Princesse de Cadignan*, *CH*, t. VI, p. 988).

UN « MONDE DE DÉTAILS »

Michel Delon a rappelé dans un article récent[35] la prégnance du modèle identifié par Carlo Ginzburg sous le nom de « paradigme indiciaire[36] » en citant un article de 1833 où Balzac valorise le rôle du détail signifiant :

> Un homme se sent petit en présence des mille générations humaines dont Cuvier nous donne l'immense perception, à l'aide d'un *fragment de plâtre où s'est incrusté quelque moucheron* antédiluvien[37].

La très longue durée peut être ainsi perçue à partir d'un détail infime. *La Peau de chagrin* fait effectivement de Cuvier celui qui « a reconstruit des mondes avec des os blanchis[38] ». Le propos montre la connaissance balzacienne des *Recherches sur les ossements fossiles de quadrupèdes* que Cuvier a publiées en 1812. Le discours préliminaire de ce texte montre les enjeux, puisque ces observations sur les ossements permettent de préciser ce qu'ont été « les révolutions de la surface du globe et [...] les changements qu'elles ont produites dans le règne animal[39] ». À propos du modèle du « paradigme indiciaire », Michel Delon mentionne également un propos très explicite qui figure dans *La Recherche de l'absolu* :

> L'archéologie est à la nature sociale ce que l'anatomie comparée est à la nature organisée ; une mosaïque révèle toute une société, comme un squelette d'ichtyosaure sous-entend toute une création ; de part et d'autre, tout se déduit, tout s'enchaîne ; la cause fait deviner un effet, et le savant ressuscite jusqu'aux verrues des vieux âges[40].

35 Voir Michel Delon, « Du côté de la science », *Revue d'histoire littéraire de la France*, vol. 116, n° 1, 2016, p. 57-68.

36 Voir Carlo Ginzburg, « Traces. Racines d'un paradigme indiciaire », dans *Mythes, emblèmes, traces. Morphologie et histoire*, Paris, Flammarion, 1989.

37 Honoré de Balzac, « Biographie Michaud », *La Quotidienne*, 22 août 1833 ; *OD*, t. II, p. 1231. Nous soulignons.

38 *CH*, t. X, p. 75.

39 Georges Cuvier, *Recherches sur les ossements fossiles où l'on rétablit les caractères de plusieurs animaux dont les révolutions du globe ont détruit les espèces*, nouvelle édition, entièrement refondue, et considérablement augmentée, Paris, G. Dufour et E. D'Ocagne, 1821, p. XLV-XLVI.

40 *CH*, t. X, p. 657-658.

Le principe, tel qu'il est identifié par Ginzburg et fonde dans le second XXe siècle les travaux de la microhistoire, est effectivement reconnaissable dans de nombreux débats du temps, qu'il s'agisse, entre 1819 à 1848, des fouilles archéologiques de Désiré Raoul-Rochette, inventeur du trésor de Berthouville, en Normandie, ou de l'affaire des crocodiles de Caen qui a été déterminante, en 1825, pour l'idée d'une paléontologie marquée par une idée de transformation selon le milieu. L'idée d'un détail observé, riche de significations larges, est à la base du travail en anatomie comparée et déterminant pour la constitution de savoirs neufs[41]. Dès 1833, Balzac indique son principe méthodique dans *La Théorie de la démarche*[42] : « Il existe une anatomie comparée morale, comme une anatomie comparée physique. Pour l'âme, comme pour le corps, *un détail mène logiquement à l'ensemble*[43]. » Ce texte constitue en 1839 la seconde section de *Pathologie de la vie sociale*[44], que devait suivre une *Anatomie des corps enseignants*. De fait, le souci du détail qui doit animer un savant observateur pour pouvoir se faire révélateur à large spectre est effectivement présent dans la période, à la fois dans l'émergence de la sémiologie clinique[45], dans la constitution des flores en botanique, comme dans les travaux en anatomie comparée[46]. On peut préciser à ce propos un second point. L'usage d'une « seconde vue », propre à celui qui sait voir au-delà des apparences et déchiffrer les détails saisis, a parfois été interprété comme une dimension mystique radicalement autre et ajoutée aux éléments scientifiques[47]. Pourtant, on

41 Voir Boris Lyon-Caen, *Balzac et la comédie des signes. Essai sur une expérience de pensée*, Saint-Denis, Presses universitaires de Vincennes, 2006.

42 Parue tout d'abord dans *L'Europe littéraire*, elle prend ensuite place dans la section des *Études analytiques* au sein de *La Comédie humaine*. Voir la *Théorie de la démarche*, *CH*, t. XII, p. 300.

43 Nous soulignons.

44 Ce titre est mentionné pour la première fois en décembre 1838, dans une lettre à l'archéologue Armand Pérémé comme l'indique Rose Fortassier (*CH*, t. XII, p. 185).

45 Voir Michel Foucault, *Naissance de la clinique. Une archéologie du regard médical*, Paris, Presses universitaires de France, 1963.

46 On peut rappeler sur ce point que contrairement à ce que l'on lit trop souvent, Étienne Geoffroy Saint-Hilaire, comme Cuvier, la pratiquent. De plus, une étape décisive dans l'histoire de la biologie fut l'association de l'anatomie comparée et de l'embryologie qui est présente dans les travaux d'Étienne Geoffroy Saint-Hilaire, Serres, ainsi que Goethe. Voir « La mise en correspondance de l'embryologie et de l'anatomie comparée : J.-F. Meckel, É. Geoffroy Saint-Hilaire, E. R. A. Serres », dans *Du développement à l'évolution au* XIXe *siècle*, [sous la direction de] Georges Canguilhem, Georges Lapassade, Jacques Piquemal et Jacques Ullmann, Paris, Presses universitaires de France, 1985.

47 Comme a pu le faire Thomas Klinkert par exemple, qui pose d'emblée le principe de l'existence de domaines de savoir radicalement autres et séparés. Voir Thomas Klinkert,

peut se souvenir que Goethe revendique explicitement pour le travail de l'historien de la nature, à la fois « l'observation directe » et le « génie » ou les « yeux de l'esprit ». Sur le plan méthodique, c'est à ce titre que Goethe valorise Étienne Geoffroy Saint-Hilaire plutôt que Cuvier, dans ses derniers articles commentant l'un des débats entre les deux naturalistes, celui de 1830. À l'inverse, pour Cuvier, Étienne Geoffroy Saint-Hilaire a extrapolé en élaborant des principes généraux à partir des seuls cas observés. La force et la nouveauté d'un travail de pensée qui fonctionne par induction, et non plus par déduction à partir d'un postulat initial, est effectivement présent chez Goethe ou Étienne Geoffroy Saint-Hilaire : il s'agit de ce qui a pu être défini comme un « penser par cas[48] ». Une formule de Nicolas Class, particulièrement juste pour saisir le principe épistémologique goethéen, signale qu'il pratique « une phénoménologie imaginative raisonnée[49] ». Une telle méthode a pu être effectivement transposée par Balzac pour saisir son propre objet d'étude : la société de son temps. De fait, un élément semble aller en ce sens. Étienne Geoffroy Saint-Hilaire a écrit en 1835 un texte assez étonnant qui valorise Napoléon Bonaparte, soutenant qu'il aurait pu être un grand homme de science : selon l'auteur, il en avait la curiosité, l'envie et surtout un juste principe pour guider le travail. *Sur une vue scientifique de l'adolescence de Napoléon Bonaparte, formulée dans son âge mur sous le nom de « monde des détails[50] »* permet à Étienne Geoffroy Saint-Hilaire d'inscrire sa propre méthode dans une prestigieuse continuité et d'afficher sa proximité avec Bonaparte, en particulier pendant la campagne d'Égypte[51]. Le texte indique que

---

« Science, Mysticisme et Écriture chez Balzac (*La Peau de chagrin* et *Louis Lambert*) », *L'Année balzacienne*, n° 14, 2013, p. 41-53.

48 Voir Dominique Massonnaud, « Le "Penser par cas" balzacien. Une modélisation neuve pour l'analyse du présent », *L'Année balzacienne*, n° 21, 2020, p. 81-99.

49 Nicolas Class, « Goethe et la méthode de la science », *Astérion*, n° 3 : *Spinoza et le corps*, 2005, p. 209-240, ici p. 240, http://journals.openedition.org/asterion/413.

50 Étienne Geoffroy Saint-Hilaire, *Sur une vue scientifique de l'adolescence de Napoléon Bonaparte, formulée dans son âge mûr sous le nom de « Monde des détails »*, Paris, De Brun, 1835. Ce texte est ensuite repris, sous le titre « Le Monde des détails » et après une dédicace à Napoléon Bonaparte, comme introduction à *Notions synthétiques, historiques et physiologiques de philosophie naturelle*, Paris, Dénain, 1838, p. I-XLI.

51 Pendant la campagne d'Égypte, il a travaillé sur l'électricité, en particulier à partir d'un requin péché où il reproduit la « principale expérience de Galvani » et sur l'anatomie comparée de « deux poissons électriques de structure très différente, la torpille et le silure trembleur » (Étienne Geoffroy Saint-Hilaire, *Sur une vue scientifique de l'adolescence de Napoléon Bonaparte*, *op. cit.*, p. 11).

l'empereur se proposait de donner le « monde des détails » comme objet à ses travaux ou « pour mieux dire, le monde phénoménal[52] ». Sur le plan épistémologique, le propos est d'importance. Il s'agit ainsi de se situer à l'opposé des principes méthodiques premiers de Lamarck, tels qu'il les énonçait régulièrement, par exemple dans les discours préliminaires à ses cours au Muséum ou dans sa *Philosophie zoologique*, affirmant toujours explicitement suivre la méthode de Condillac :

> On doit d'abord considérer dans son entier ou dans son ensemble l'objet que l'on cherche à connaître ; on doit ensuite s'efforcer de découvrir les différens genres d'intérêt qu'il présente, et avant tout s'attacher à ceux qui sont les plus généraux et les plus importans. *L'on s'abaisse ensuite graduellement jusques dans les moindres détails de cet objet, si son goût et le temps que l'on peut donner à cette étude permettent de descendre jusque-là*[53].

À l'inverse de ce modèle épistémologique hérité du XVIIIe siècle, Balzac paraît d'emblée s'attacher de près au « monde des détails » dès son projet d'*Études sociales* en 1834. De fait, il connaît le travail d'Étienne Geoffroy Saint-Hilaire avant leur effective rencontre en 1835 : grâce aux résonances du débat de 1830 avec Cuvier, aux articles de Goethe qui ont paru à cette occasion, mais aussi aux éléments précédemment glanés grâce à sa proximité avec Laure Junot, duchesse d'Abrantès, à partir de 1828. Étienne Geoffroy Saint-Hilaire a en effet été en charge des Museum de la péninsule lors de la campagne d'Espagne et du Portugal sous les ordres de Junot ; il a pu, avec son aide, sauver des échantillons lors du retrait précipité des troupes napoléoniennes et embarquer vers la France.

Ainsi, il semble que Balzac propose effectivement dans *La Comédie humaine* des « études de mœurs » qui sont des mises en scènes fictionnelles de cas où des individualités sont typisées et représentatives de la diversité du corps social comme de l'influence des milieux sur la vie : de province, parisienne, militaire. Une « morphologie » du corps social est ainsi l'objet construit peu à peu. Les *Études philosophiques* montrent ensuite les effets et les *Études analytiques*, qui accueillent des textes factuels,

---

52 *Ibid.*, p. 3, n. 3.

53 Jean-Baptiste de Lamarck, « Discours d'ouverture, année 1806 » dans *Discours d'ouverture [des cours de zoologie au Museum d'Histoire naturelle, an VIII, X, XI et 1806]*, Lille, L. Danel, 1907, p. 47. « Telle est la méthode d'analyse, si bien développée par Condillac, et la seule véritablement favorable au progrès de nos connaissances » (*ibid.*, p. 124 ; rééd. dans *Bulletin scientifique de la France et de la Belgique*, Paris, t. XVIII, 1907, p. 124). Nous soulignons.

doivent couronner l'ensemble pour déterminer plus largement les causes. *La Comédie humaine* telle qu'on la lit à partir de 1842 se fait ainsi œuvre ouverte, qui relève d'une écriture à processus, sortant du modèle rhétorique traditionnel. Elle semble transposer les méthodes des historiens de la nature contemporains qui collectent des échantillons et observent leurs spécificités. La construction textuelle qui procède par séries de cas observés et ajoutés, saisis ensuite selon une méthode inductive – et non déductive – pour en tirer des principes, peut ainsi constituer le ressort d'une modernité balzacienne, en déprise des principes du travail rhétorique traditionnel. Sur un autre plan, on peut également observer dans les textes la transposition poétique de questions qui hantent le champ social informé des travaux des historiens de la nature. Dans l'espace de ce travail, on abordera le cas de la différenciation entre l'homme et l'animal qui, depuis la fin du XVIIIe siècle, ne cesse de susciter des recherches, des observations de détail minutieuses, ou de générer des hypothèses senties comme choquantes, voire sacrilèges.

ESPÈCES ANIMALES ET ESPÈCES SOCIALES

La question de la différenciation entre l'homme et l'animal se pose effectivement dans la période. On peut se souvenir que Goethe, historien de la nature, a travaillé à ses débuts sur la recherche de l'os intermaxillaire. Absent chez l'homme pour ses contemporains, c'est alors ce qui permet de justifier la faculté du langage et de fonder anatomiquement la singularité et la supériorité humaines. Les recherches goethéennes sur différents animaux – le morse par exemple – puis en embryologie, lui ont permis d'affirmer la présence de cet os chez l'homme : sa soudure précoce le rendant imperceptible si l'on se contente d'observer des êtres humains adultes. L'analogie balzacienne récurrente entre « espèces animales » et « espèces sociales » résonne donc très précisément dans le corps social lorsqu'il l'énonce, à nouveau, au début de l'« Avant-propos » de *La Comédie humaine* :

> L'idée première de *La Comédie humaine* [...] vint d'une comparaison entre l'Humanité et l'Animalité. [...] Il n'y a qu'un animal. Le Créateur ne s'est

> servi que d'un seul et même patron pour tous les êtres organisés. [...] je vis que, *sous ce rapport, la Société ressemblait à la Nature.*

Le propos fait, par exemple, directement écho aux thèses de Goethe dans ses *Écrits sur la morphologie* : « Les êtres organisés les plus parfaits, savoir les poissons, les oiseaux et les mammifères, jusqu'à l'homme, qui est à leur tête, sont tous formés selon un schéma primitif unique[54]. » Le jeu de comparaison entre un personnage, ou l'un de ses traits, et un animal particulier – phénomène récurrent et bien connu dans l'écriture balzacienne – peut alors être considéré comme ce qui maintient, au fil des textes, ce principe analogique posé d'emblée. Dans *L'Envers de l'histoire contemporaine* (1848), Vanda de Mergi connaît des « variations du teint, qui changeait de couleur comme le fabuleux caméléon[55] » et l'effet de sa maladie est tel qu'elle « aboie comme un chien, jour et nuit[56] ». On se souvient que le comte de Morsauf a un « visage [qui] ressemblait vaguement à celui du loup blanc qui a du sang au museau » dans *Le Lys dans la vallée*[57], ou que Diane de Maufrigneuse est présentée comme « un vrai Don Juan femelle[58] » dans *Les Secrets de la Princesse de Cadignan* (1839-1844). Ici, le double jeu analogique semble inscrire dans le détail du texte une possible similitude ou parenté entre l'homme et l'animal : la formulation prêtant un visage au loup ou faisant de la femme, une femelle. Une transposition d'ordre épistémologique apparaît ainsi : le stylème balzacien récurrent, observable au niveau local, et est à mettre en rapport avec la structure d'ensemble et constitue un des éléments qui font la cohésion et la cohérence – ou la logique[59] – de *La Comédie humaine.* Ce principe analogique permet à Balzac de ne pas prendre position

---

54 Johann Wolfgang von Goethe, *Schriften zur Morphologie*, Frankfurt am Main, Deutscher Klassiker Verlag, 1987, p. 268, cité dans Stéphane Schmidt, « Type et métamorphose dans la morphologie de Goethe, entre classicisme et romantisme / *Type and metamorphosis in Goethe's morphology : between classicism and romanticism* », *Revue d'histoire des sciences*, vol. 54, n° 4, 2001. p. 495-521.

55 *CH*, t. VIII, p. 383.

56 *Ibid.*, p. 337.

57 *CH*, t. IX, p. 1002.

58 *CH*, t. VI, p. 982.

59 Anna Jaubert, « Introduction. Cohésion et cohérence : étapes et relais pour l'interprétation », dans *Cohésion et cohérence. Études de linguistique textuelle*, sous la direction de Anna Jaubert, Lyon, ENS éditions, 2005, https://books.openedition.org/enseditions/130, consulté le 20 juillet 2022.

sur le fond dans le domaine de l'histoire naturelle[60] mais de mettre en œuvre un travail du même type, à la manière de celui qui est fait pour les animaux et, plus largement, pour les plantes comme pour les êtres hybrides résistant aux catégories qui suscitent alors l'intérêt des historiens de la nature.

Pour préciser le contexte, en matière de botanique, le donné biographique comme les éléments d'histoire littéraire mentionnent les contacts entre Balzac et le botaniste Augustin Pyrame de Candolle (1778-1841), qui quitte l'École de Montpellier à la suite de la Restauration pour devenir professeur d'histoire naturelle à l'académie de Genève à partir de 1816, puis est élu à l'Académie des sciences de Paris, en tant qu'associé étranger. Robert Tranchida signale que Balzac imprimeur a édité ses textes[61]. La critique a pu également associer la rencontre entre les deux hommes – Balzac lui rend visite à Genève en 1833 et 1834 – à une volonté de documentation sur la flore, pour l'écriture de *Séraphîta* (1834), fiction située en Norvège. Cependant, la rencontre est plus intéressante sur le plan des méthodes et des projets : de Candolle, qui a découvert cinquante-quatre espèces de plantes dans la flore de France, est engagé dans une entreprise de longue haleine, la constitution d'une flore qui décrirait toutes les plantes qui existent[62]. Il est encore aujourd'hui considéré comme l'un des plus importants descripteurs de plantes nouvelles et un des très grands théoriciens de la botanique. En 1832, Balzac connaît sa *Physiologie végétale* et de Candolle mentionne dans l'introduction le « romancier philosophe » dans un texte qui traite de l'influence des milieux extérieurs sur les espèces végétales et établit un lien entre « espèces naturelles » et « espèces sociales », fondé sur un principe méthodique commun relevant

60 Comme nous l'avons indiqué dans notre ouvrage *Faire vrai. Balzac et l'invention de l'œuvre-monde*, Genève, Droz, 2014, en particulier p. 384-389.

61 Voir Robert Tranchida, « Inventaire des impressions balzaciennes », *L'Année balzacienne*, n° 16, 1995, p. 193-239.

62 Augustin Pyrame de Candolle a créé en botanique une vingtaine de familles encore acceptées aujourd'hui comme les Hippocastanacées, les Oxalidacées ou les Fumariacées, la création de près de cinq cents genres nouveaux et de plusieurs milliers d'espèces nouvelles, laissant sa flore inachevée, elle a été poursuivie par son fils puis son petit-fils. Voir Augustin Pyrame de Candolle (vol. 1-7), Alphonse Pyrame de Candolle (vol. 8-17) *et al.*, *Prodromus systematis naturalis regni vegetabilis, sive enumeratio contracta ordinum generum specierumque plantarum huc usque cognitarum, juxta methodi naturalis normas digesta*, Paris, Sumptibus sociorum Treuttel et Würtz, 22 vol., 1824-1873.

d'une pratique inductive : « Il faut renoncer à l'esprit affirmatif dès la première instruction [...]. La physiologie comme l'économie politique a besoin de documents, tirés d'une foule d'études diverses[63]. » Il est intéressant de rencontrer ailleurs que dans les traits de « couleur locale » norvégienne présents dans *Séraphîta*, des échos de savoirs que l'on doit à de Candolle. Une description de personnage présente dans *César Birotteau* (1837-1844) semble ainsi proprement informée par le travail du botaniste :

> Monsieur Molineux était un petit rentier grotesque, qui n'existe qu'à Paris, comme un certain lichen ne croît qu'en Islande. Cette comparaison est d'autant plus juste que cet homme appartenait à une nature mixte, à un Règne Animo-végétal qu'un nouveau Mercier pourrait composer des cryptogames qui poussent, fleurissent ou meurent sur, dans ou sous les murs plâtreux de différentes maisons étranges et malsaines où ces êtres viennent de préférence. Au premier aspect, cette plante humaine, ombellifère, vu la casquette bleue tubulée qui la couronnait, à tige entourée d'un pantalon verdâtre, à racines bulbeuses enveloppées de chaussons de lisière, offrait une physionomie blanchâtre et plate qui certes ne trahissait rien de vénéneux[64].

Sur le plan référentiel, la mention du nom propre « Mercier » renvoie à Philippe Mercier (1781-1831), originaire de la Martinique, ancien directeur du Jardin de La Havane, s'étant réfugié finalement à Genève à la chute de l'Empire pour se consacrer entièrement au rangement de l'herbier de Pyrame de Candolle. Le terme « cryptogamme » désigne en botanique l'« élément d'un embranchement de plantes sans fleurs, sans graines et sans fruits, comme les fougères, les mousses, les algues et les champignons[65] ». Mais ici, dans le texte balzacien, il s'agit d'un « nouveau Mercier », celui qui composerait (qui créerait) une nouvelle catégorie dans le tableau des espèces sociales, pour une nouvelle espèce urbaine, espèce effectivement identifiée dans la fin du texte (« dans ce produit bizarre vous eussiez reconnu l'actionnaire par excellence »), ce qui valorise à la fois l'instance auctoriale qui a composé le personnage et le lecteur à qui le discours auctorial prête la reconnaissance du type

---

63 Augustin Pyrame de Candolle, *Physiologie végétale ou exposition des forces et des fonctions vitales des végétaux*, *op. cit.*, t. I, p. XIV.

64 *CH*, t. VI, p. 105.

65 Notice « Cryptogame » dans *Oxford Dictionaries*, Éditions Québec Amérique, Oxford University Press.

dans « cette fleur hybride[66] » qu'est ainsi le personnage. Le travail de transposition épistémologique est ici perceptible à l'échelle micro textuelle. La capacité à se développer dans un milieu donné – et dans ce milieu seulement – est transposée : le cas du lichen islandais permet de caractériser une catégorie sociale : ce « petit rentier grotesque », un type individualisé nommé Molineux devient ainsi un échantillon collecté. Le personnage se fait hybride par ses attributs vestimentaires, caractérisés grâce à l'emploi d'un vocabulaire botanique : la casquette fait de lui une « plante humaine ombellifère ». Le pantalon est « à racines bulbeuses ». La méthode d'observation est prise en charge par le texte : « au premier aspect », il « ne trahit rien de vénéneux », en laissant ainsi supposer le danger qui pourrait apparaître ensuite.

Un second exemple, peut être éclairant pour observer à une autre échelle, le fonctionnement textuel de l'analogie posée initialement dans l'avant-propos. Il s'agit du motif choisi pour *Une passion dans le désert*[67] qui livre un cas de zoophilie, rapporté dans un récit-cadre et situé pendant la campagne d'Égypte. La première rencontre met en scène la peur en soulignant une radicale altérité comme l'indistinction des espèces réunies sous le signe de la sauvagerie, de l'altérité : « deux lueurs faibles et jaunes » et « une odeur aussi forte que celle exhalée par les renards, mais plus pénétrante, plus grave pour ainsi dire » suscitent un discours indirect libre (« Était-ce un lion, un tigre, ou un crocodile ? ») puis un commentaire du narrateur :

> Le Provençal n'avait pas assez d'instruction pour savoir dans quel sous-genre était classé son ennemi ; mais son effroi fut d'autant plus violent que son ignorance lui fit supposer tous les malheurs ensemble[68].

La vision de la peau tachetée est ce qui permet d'identifier une « panthère » aussitôt donnée comme « lion d'Égypte » par la voix narrative qui manifeste une connaissance de la désignation « *panthera leo* » que l'on doit à Linné (1758) mais qui, elle, identifie précisément une espèce de lion, aujourd'hui dit « lion d'Afrique ». Le discours scientifique est convoqué mais il sert ici à figurer la souveraineté de l'animal en le valorisant. De

66 *CH*, t. VI, p. 106.

67 Initialement parue dans *La Revue de Paris* en 1830, reprise dans les *Études philosophiques* (1837) et insérée ensuite dans les *Scènes de la vie militaire*, pour *La Comédie humaine*.

68 *CH*, t. VIII, p. 1223.

fait, les caractérisations successives font filer la métaphore induite par l'appellatif latin : la panthère, une « femelle », « bête » peut avoir quelques traits d'une « femme artificieuse » avant de devenir « sultane du désert » ou « reine solitaire[69] ». Les étapes successives d'une proximité, marquée par le motif de la séduction exercée sur le militaire, sont sensibles. La sauvagerie est d'abord associée à la familiarité au fil des éléments descriptifs mobilisés : « Cette tranquille et redoutable hôtesse ronflait dans une pose aussi gracieuse que celle d'une chatte couchée sur le coussin d'une ottomane. » Les étapes de la connaissance de l'animal conduisent à ces propos rapportés du soldat : « il y avait tant de grâce et de jeunesse dans ses contours ! C'était joli comme une femme. » Le retour au récit encadré vient interrompre à propos cet ultime rapprochement entre l'homme et l'animal. L'auditrice du récit se manifeste et livre la portée argumentative de l'anecdote : « Eh ! bien, [...] *j'ai lu votre plaidoyer en faveur des bêtes* ; mais comment deux personnes si bien faites pour se comprendre ont-elles fini[70] ?... » La question directe qui fait de la panthère « une personne », aussi ironique que puisse être son registre, pose effectivement la question et permet de faire place, au moyen de la fiction et d'un récit de cas particulier, à une interrogation qui hante les débats du temps. Le dénouement qui cite le discours direct du soldat dit le retour de la peur face à la sauvagerie et à l'altérité supposée de l'animal, qui ont entraîné sa mise à mort. Pourtant, ce retour à l'ordre courant des choses est aussi présenté comme une crainte injustifiée, une méprise. Transposant les questions qu'engagent les travaux des naturalistes du temps, la fiction balzacienne ne tranche pas, là encore, mais elle permet la mise en scène et la saisie par le lecteur des obstacles mentaux face aux suppositions ou aux conséquences d'une proximité des espèces[71].

D'autres transpositions épistémologiques seraient à analyser de près : le « monstre » et son statut, par exemple. Il cesse en effet d'être considéré comme une anomalie dans la période et devient, avec le développement

69 *Ibid.*, p. 1226.

70 *Ibid.*, p. 1231.

71 À ce titre, on rencontre ainsi l'analyse proposée par Pierre Glaudes, qui indiquait que « l'histoire de cette passion dans le désert permet au romancier de faire concurrence au philosophe : sa caverne est le lieu où s'élabore un mythe au sens platonicien de “fiction poétique qui maintient la conscience en éveil, par-delà les limites et les apaisements de la vraisemblance raisonnable” » (Pierre Glaudes, « *Une passion dans le désert*, conte scabreux ou conte philosophique : l'éclairage de l'intertexte », *Revue d'histoire littéraire de la France*, nº 2, avril-juin 2014, p. 335-348, ici p. 349).

de la tératologie, un révélateur du *nomos* premier ayant subi les variations dues au milieu et aux circonstances pesant sur l'embryon, selon les travaux développés par Étienne Geoffroy Saint-Hilaire[72], ayant fait remarquer en 1822 que la « monstruosité cesse d'être un fait particulier, qui se borne à parler aux yeux par ce qu'il offre d'observable[73] ». On peut alors penser au *Cousin Pons* et entendre les échos de cette perspective en lisant :

> Pons était un monstre-né ; son père et sa mère l'avaient obtenu dans leur vieillesse et il portait les stigmates de cette naissance hors de saison, sur son teint cadavéreux qui semblait avoir été contracté dans le bocal d'esprit de vin où la science conserve certains fœtus extraordinaires[74].

La comparaison fait explicitement référence à une pratique du Museum d'histoire naturelle. En matière d'espèces sociales, Pons possède une des caractéristiques (le teint) de ces spécimens extraordinaires dont on fait collection mais il n'est pas une exception ou une anomalie : le personnage hors de son temps, peu à peu en marge du corps social qui l'expulse au fil de l'intrigue, révèle effectivement une situation et une transformation historiques. Le Colonel Chabert, lors de son retour ou certains antiques du Cabinet du même nom, sont, eux, saisis différemment : sur le mode des fossiles cette fois, révélateurs du caractère définitivement révolu d'espèces appartenant au passé historique. Plus largement, on peut également ouvrir la perspective que constituent en la matière deux catégories fondatrices de la pensée scientifique d'Étienne Geoffroy Saint-Hilaire : le principe d'analogie – ou en termes scientifiques plus exacts d'« homologie » – et le principe de connexion, qui pourraient également être étudiés dans leurs transpositions balzaciennes pour l'étude de la société telle qu'elle s'écrit dans *La Comédie humaine.*

---

72 Voir Jean Rostand, « Étienne Geoffroy Saint-Hilaire et la tératogenèse expérimentale », *Revue d'histoire des sciences*, 1964, t. XVII, n° 1, p. 41-50 ; Jean-Louis Fischer, « Le concept expérimental dans la tératologie de Geoffroy Saint-Hilaire », *Revue d'histoire des sciences*, t. XXV, n° 4, 1972, p. 348-364.

73 Étienne Geoffroy Saint-Hilaire, *Philosophie anatomique. Des monstruosités humaines, ouvrage contenant une classification des monstres ; la description et la comparaison des principaux genres ; une histoire raisonnée des phénomènes de la monstruosité et des faits primitifs qui la produisent ; des vues nouvelles touchant la nutrition du fœtus et d'autres circonstances de son développement ; et la détermination des diverses parties de l'organe sexuel, pour en démontrer l'unité de composition non-seulement chez les monstres, où l'altération des formes rend cet organe méconnaissable, mais dans les deux sexes, et, de plus, chez les oiseaux et chez les mammifères*, Paris, t. III, 1822, p. 163.

74 *CH*, t. VII, p. 495.

À terme, on peut rappeler que Balzac a convoqué le trouble des catégories figées et des repères, que ce soit à propos de la société ou en matière d'histoire naturelle. On lit ainsi dans l'« Avant-propos » de 1842 : « l'animal végète comme la plante[75]. » La phrase prête à l'animal une des caractéristiques définitoires des végétaux en botanique : ils sont « des êtres vivants aux mouvements et à la sensibilité plus faibles[76] ». Les catégories de l'histoire naturelle concernant le vivant vacillent au fil des débats et des découvertes du temps et peuvent devenir des recours pour dire les vacillements d'une « société des individus », qui ne relève plus de la stabilité de la « société de cour[77] », qu'était la société d'ordres d'Ancien Régime. Comme l'écrit Balzac en 1839 :

> Autrefois tout était simplifié par les institutions monarchiques ; les caractères étaient tranchés ; un bourgeois, marchand ou artisan, un noble entièrement libre, un paysan esclave, voilà l'ancienne société de l'Europe[78].

De fait, lorsque « l'épicier devient pair de France[79] » et que les savants s'intéressent aux monstres ou à un « animal-plante », le mot « ordre »

75 *CH*, t. I, p. 8.

76 De fait, dès le XVIIIe siècle, « la comparaison proposée par Buffon entre animaux, végétaux et minéraux tend à poser un niveau plus fondamental (de la matière vivante) qui sera étudié ; précisément le niveau d'une biologie, qui s'occuperait des moyens par lesquels la Nature assure "la reproduction des êtres" » (Buffon, *Histoire naturelle, générale et particulière*, Paris, Imprimerie Royale, t. II : *Histoire générale des animaux*, 1749, chap. II : « De la reproduction en général », p. 31-32 ; cité par Charles T. Wolfe, *La Philosophie de la biologie avant la biologie : une histoire du vitalisme*, Paris, Classiques Garnier, 2019, « Introduction », p. 12).

77 Selon les titres de deux ouvrages majeurs de Norbert Elias : *La Société de cour*, préface de Roger Chartier, traduit de l'allemand par Pierre Kamnitzer et Jeanne Etoré, Paris, Calmann-Lévy, 1974, rééd. 1994, et *La Société des individus*, éd. citée.

78 « Préface » à *Une fille d'Ève*, *CH*, t. II, p. 263.

79 Si Balzac a écrit « L'épicier » à l'ouverture du tome I des *Français peints par eux-mêmes*, paru chez Léon Curmer en 1840, on lit ensuite dans l'« Avant-propos » de *La Comédie humaine* : « l'épicier devient certainement pair de France, et le noble descend parfois au dernier rang social » (*CH*, t. I, p. 9). Le projet balzacien paraît alors répondre, autrement, au propos introductif de Jules Janin, pour l'ouvrage collectif : « Qu'un seul homme se chargeât de cette histoire, c'était bon autrefois, peut-être quand il n'y avait en France que la cour et la ville mais aujourd'hui que rien n'existe plus dans ses limites naturelles aujourd'hui que tous ces rares éléments d'une grande société sont confondus au hasard », il faut « se convaincre de la nécessité de diviser le travail tout autant que la matière est divisée » (*Les Français peints par eux-mêmes*, éd. citée, t. I, p. IX). La collation des cas transposée à partir de la taxonomie biologique permettrait de répondre à l'objection méthodique de Janin, et de se faire, seul, « historien du présent ».

– s'il n'est pas le même concept dans les deux champs de savoir – peut pourtant inviter à des transpositions épistémologiques : de la taxonomie biologique à l'histoire sociale. Ce que nous proposons de nommer « transpositions épistémologiques » et dont nous avons tenté de montrer quelques exemples, rencontre ainsi, dans ses enjeux, la notion d'« interférence » telle qu'elle a été pensée par Michel Serres :

> La notion d'interférences a [...] l'avantage de comprendre d'un coup le jeu des interrelations qui ouvrent les régions les unes aux autres, l'unité de circulation [...] le transport en général et la difficulté de lui assigner une source autochtone. [Elle] restitue enfin l'image du réseau et laisse une ouverture indéfinie au champ global du savoir par intersections continuées[80].

Il ne s'agit donc pas de croire que Balzac prend effectivement parti ou dit le vrai en matière d'histoire naturelle, mais qu'il se propose de « faire vrai » pour donner à voir la société du temps en ses états divers et dans ses vacillements. Les transpositions épistémologiques sont donc un des recours de la poétique balzacienne, recours productif, historiquement marqué, qui fonde la polyphonie du texte et contribue à la haute valeur littéraire d'une forme-sens neuve : l'œuvre monde.

Dominique MASSONNAUD
UHA – Faculté de Lettres
et Sciences humaines

80 Michel Serres, *Hermès II. L'Interférence*, Paris, Les Éditions de Minuit, 1972, p. 64.

DEUXIÈME PARTIE

SCIENCES DE LA NATURE, SCIENCES DU VIVANT

BALZAC GÉOLOGUE, OU HORACE DE SAINT-AUBIN À L'AUBE DE L'ANTHROPOCÈNE

L'enjeu de cette réflexion inspirée par le colloque de Cerisy sur *Balzac et les disciplines du savoir* sera de lire l'œuvre de l'auteur au prisme de deux moments dans la pensée géologique : 1) d'une part, l'âge de Cuvier et de Buffon, ces naturalistes de la fin du XVIIIe siècle qui ont déchiffré la longue histoire de la Terre à partir de ses couches stratigraphiques ; et 2) d'autre part, notre âge dit de l'anthropocène, une époque définie par le *choc* du contact entre l'humanité et la Terre[1]. Vulgarisé en 2002 par le météorologue Paul Crutzen, le terme anthropocène pourrait bien susciter un autre type de choc, celui d'un anachronisme apparent dès qu'on l'applique à *La Comédie humaine*, œuvre visée beaucoup plus sur la Société que sur une conscience écologique quelconque[2]. Or, bien que

1 Je tire le mot *choc* de la traduction en anglais du titre *L'Évènement anthropocène* (2016) de Jean-Baptiste Fressoz et Christophe Bonneuil : *The Shock of the Anthropocene : the Earth, History and Us*, translated by David Fernbach, London-New York, Verso, 2017.

2 Voir Paul J. Crutzen, « *Geology of mankind* », *Nature*, n° 415, 3 janvier 2002, p. 23. Avec le biologiste Eugène Stoermer, Crutzen « a suggéré de dater de la fin du XVIIIe siècle notre entrée dans l'Anthropocène. Cela coïncide, dans son esprit, avec l'accroissement de la concentration de dioxyde de carbone (CO2) et du méthane dans l'atmosphère [...] [et] à l'invention de la machine à vapeur par James Watt (1784), annonciatrice de la révolution industrielle » (François Gemenne et Aleksandar Rankovic, *Atlas de l'Anthropocène*, Paris, Presses de Sciences Po, 2019, p. 22). D'autres penseurs de l'anthropocène disputent l'origine de cette ère géologique définie par la transformation irréversible de la planète par les activités humaines, en allant du plus primitif (la chasse des mammouths et le développement de l'agriculture au Pléistocene) au plus moderne (la « grande accélération » après 1945). Simon L. Lewis et Mark A. Maslin situent leur « hypothèse Orbis » en 1610, date où la colonisation des Amériques a provoqué la chute de niveau de gaz carbonique sur la Terre (Simon L. Lewis et Mark A. Maslin, « *Defining the Anthropocene* », *Nature*, n° 519, 11 mars 2015, p. 171-180). Voir aussi James Jaehoon Lee et Joshua Beckelhimer, « *Anthropocene and Empire. Discourse Networks of the Human Record* », *PMLA*, vol. 135, n° 1, janvier 2020, p. 110-129. Parmi ces possibilités, je retiendrai celle qui correspond à notre propos sur la fin du XVIIIe et le début du XIXe siècle comme transformés par des

le terme soit tout récent, les effets qu'il décrit nous placent au cœur de l'âge de Cuvier, moment où le sublime géologique se trouve aux prises avec le Romantisme littéraire. Deux éléments en particulier de la pensée de l'anthropocène me semblent pertinents pour reconsidérer Balzac et la géologie de son époque. D'abord, le concept de l'anthropocène impose d'emblée une réévaluation des rapports entre l'humanité et le non-humain qui tiendrait en compte à la fois l'altérité radicale de la pierre et l'agentivité (*agency*) de ses forces telluriques[3]. Ensuite, l'anthropocène se fonde sur une conception de la temporalité dont la modernité est due à la découverte révolutionnaire au début du XIXe siècle d'un temps profond (*deep time*) géologique radicalement incommensurable avec l'échelle d'une vie humaine[4].

Ces deux aspects de la pensée anthropocénique permettent d'articuler quelques-unes des problématiques affrontées par un « Balzac stratigraphe » à travers sa carrière[5]. En soulignant notamment la strati-*graph*-ie, on a tenté de faire dialoguer l'écriture des strates sociales avec le déchiffrement des strates littérales de la Terre, c'est-à-dire avec un discours géologique qu'on distinguerait de l'archéologie balzacienne, thème bien exploré par

travaux géologiques ; voir mon article sur le souterrain Parisien, qui reprend aussi des éléments de l'argumentation sur Balzac préparée pour le colloque de Cerisy : Andrea Goulet, « *Anthropocene under Paris ? Rethinking the Quarries and Catacombs* », *Dix-Neuf : Journal of the Society of Dix-Neuviémistes*, vol. 25, n° 3-4, 2022, p. 225-241. Voir aussi Daryl Lee, « "Catachronisme" de la ville morte : la capitale du XIXe siècle et l'anthropocène », *Sociétés & Représentations*, printemps 2016, vol. 1, n° 41, p. 119-135, https://www.cairn.info/revue-societes-et-representations-2016-1-page-119.htm.

3 Voir : Bruno Latour, « *Agency at the Time of the Anthropocene* », *New Literary History*, vol. 45, n° 1, 2014, p. 1-18, et *Face à Gaïa. Huit conférences sur le nouveau régime climatique*, Paris, La Découverte, 2015 ; Jeffrey Jerome Cohen, *Stone : an Ecology of the Inhuman*, Minneapolis, University of Minnesota Press, 2015.

4 Voir : Martin J. S. Rudwick, *Scenes from Deep Time : Early Pictorial Representations of the Prehistoric World*, Chicago, University of Chicago Press, 1992 et *Bursting the Limits of Time : The Reconstruction of Geohistory in the Age of Revolution*, Chicago, University of Chicago Press, 2005 ; Anne-Gaëlle Weber, « Usages savants du littéraire dans les sciences de la nature au tournant des XVIIIe et XIXe siècles », *Romantisme*, 2019, vol. 1, n° 183, p. 91-100 et « Le roman de la géologie », dans *Passerelles, entre sciences et littératures*, sous la direction d'Anne-Gaëlle Weber, Paris, Classiques Garnier, 2019.

5 « La stratigraphie (du latin *stratum*, "couche", et du grec *graphein*, "écrire") a pour objectif [...] de retracer l'histoire de la planète [en étudiant les] strates, ou couches géologiques, [qui] ont enregistré, lors de leur formation, les multiples caractéristiques de leur environnement proche et/ou lointain. Ces strates correspondent aux pages d'un livre écrites en langages divers et que l'on tente de décrypter » (Notice du dictionnaire *Universalis*, https://www.universalis.fr/encyclopedie/stratigraphie/).

des chercheurs et qui met l'emphase sur les sociétés humaines aux dépens des forces de la Terre[6]. Car même si (comme le site e-Balzac le confirme) Balzac n'a pas utilisé le terme « stratigraphie » dans ses écrits, ce modèle devenu si important dans l'imaginaire français après la publication en 1811 de la « Description géologique des environs de Paris » de Cuvier et Brongniart ne peut pas manquer de suggérer un parallélisme entre la verticalité des couches sociales de *La Comédie humaine* et celle des strates souterraines d'un terrain sédimentaire. Ne pourrait-on pas ainsi relier la science géologique à la topographie balzacienne de précipices et d'abîmes qui s'ouvrent devant les jeunes ambitieux tel Lucien de Rubempré, par exemple, ou au volcanisme de Vautrin – un volcanisme qui crée, cela s'entend, des fissures violentes entre les bas-fonds et les hautes sphères de la société ? Est-ce qu'il serait possible, finalement, de distinguer chez Balzac une nouvelle conscience de la longue durée de l'histoire de la Terre, en conflit avec la temporalité humaine ? Telles sont les pistes que ce travail tente de creuser, en commençant par la topographie d'Angoulême dans *Illusions perdues* (1837-1843) et celle de Paris dans *Splendeurs et misères des courtisanes* (1838-1847), et en passant ensuite par l'incontournable « Ode à Cuvier » dans *La Peau de Chagrin* (1831), pour terminer enfin dans l'antre souterrain du Centenaire dans le roman de jeunesse *Le Centenaire, ou les deux Béringheld* (1824). Ainsi, à l'instar d'un géologue qui remonterait le temps en creusant de haut en bas, nous explorons une veine ou un filon de l'œuvre balzacienne en ordre chronologique inverse, pour y chercher des continuités, voire des *dis*continuités, à partir des débris textuels de pierres, de fossiles, ou de crânes.

6 Voir Philippe Bruneau, « Balzac et l'archéologie », *L'Année balzacienne*, n° 4, 1983, p. 15-50 ; Nicole Mozet, « La mission du romancier ou la place du modèle archéologique dans la formation de l'écriture balzacienne », *L'Année balzacienne*, n° 6, 1985, p. 221-228 ; Jeannine Guichardet, *Balzac « archéologue de Paris »*, Paris, Sedes, 1986 ; Boris Lyon-Caen, *Balzac et la comédie des signes. essai sur une expérience de pensée*, Paris, Presses Universitaires de Vincennes, 2006, p. 31-33 ; Göran Blix, *From Paris to Pompeii. French Romanticism and the Cultural Politics of Archeology*, Philadelphia, University of Pennsylvania Press, 2009.

LUCIEN EN CATACLYSME

Dans sa présentation des *Illusions perdues*, Philippe Berthier souligne le « désir d'élévation » de Lucien, cet esprit ambitieux qui vient troubler « la pétrification d'Angoulême » – c'est-à-dire, sa stagnation sociale[7]. On est tenté de prendre cette « pétrification » au pied de la lettre, vu que Balzac précise que la ville elle-même a été « bâtie au sommet d'une roche en pain de sucre » sur lequel on trouve les restes d'une ancienne forteresse[8]. Le même rocher qui avait garanti la supériorité stratégique de cette forteresse « constitue sa faiblesse aujourd'hui : en l'empêchant de s'étaler sur la Charente, ses remparts et la pente trop rapide du rocher l'ont condamnée à la plus funeste immobilité[9] » – une immobilité, comme on le sait, qui s'étend aux mœurs rigides de la petite société de cette ville si arriérée par rapport à Paris. Si cette immobilité est d'une certaine manière déterminée par la situation d'Angoulême sur un immense rocher, notons quand même que la géomorphologie du promontoire le rend moins stable qu'il n'y paraît, car l'attribut « en pain de sucre » indique l'élévation de la roche sur un sol argileux ou sableux, et donc instable, particulièrement susceptible aux fractures et aux bouleversements, ou à l'intrusion d'un élément externe – tel Lucien, qui vient d'en bas pour pénétrer les hautes sphères d'Angoulême en conquérant le salon et le cœur de Mme de Bargeton. Pour les géologues de l'époque, la morphologie des « pains de sucre » est liée aux secousses de la terre ; Buffon en parle dans la section de son *Histoire naturelle* dédiée aux volcans et à leurs « torrents de lave[10] ». Pour sa part, Cuvier propose que la formation des phénomènes géologiques apparentés aux pains de sucre est due à la violence des torrents d'eau qui traversent les strates

7 Honoré de Balzac, *Illusions perdues*, édition établie par Philippe Berthier, Paris, Flammarion, « GF », 1990, « Introduction », p. 5-41, ici p. 8.

8 *CH*, t. V, p. 150.

9 *Ibid.*

10 « Les secousses de la terre au-dedans, [...] les torrens de lave [...]. Le volcan de Ténériffe a été observé par le docteur Thomas Heberden [...] : nous trouvâmes une plaine sablonneuse, du milieu de laquelle s'élève une pyramide de sable ou de cendres jaunâtres, que l'on appelle *le pain de sucre.* » (Buffon, « Preuves de la théorie de la terre » [1749] ; *Œuvres complètes de Buffon*, Bruxelles, Lejeune, t. I, 1828, p. 302-303.)

verticales du sol avec une rapidité bouleversante[11]. Cette hypothèse sera disputée par Gillet-Laumont, qui propose une infiltration plus douce et paisible de l'eau dans le sol, mais gardons pour l'instant la version violente de Cuvier, en soulignant le mot « torrent », qu'on verra plus tard dans la discussion du *Centenaire* – et qui apparaît aussi dans l'Angoûleme des *Illusions perdues* au moment, justement, où Lucien fait irruption dans la strate supérieure du salon de Mme de Bargeton. Dans cette scène célèbre, notre jeune ambitieux tente de démontrer son génie poétique en déclamant ses propres vers aux accents romantiques, en commençant par un ange qui descend du ciel, « Du sein de ces torrents de gloire et de lumière[12] ». Les vers de Lucien sont, bien sûr, tournés en dérision par l'aristocratie d'Angoulême, mais la déclaration d'amour qu'ils contiennent permet l'entrée du jeune génie dans ce monde décrit en termes d'une verticalité spatiale : « En haut la Noblesse et le Pouvoir, en bas le Commerce et l'Argent[13]. » Autour de Lucien, les commérages qui se répandent suivent une topographie dans laquelle l'eau joue le rôle de véhicule entre strates verticales : « De la sphère supérieure où gronda cet orage de cancans, il en tomba quelques gouttes dans la bourgeoisie[14]. » Cette liquidité fait écho aux torrents géologiques de Cuvier, en ce qu'elle marque une déstabilisation radicale, voire violente, du terrain social d'Angoûleme : « Un homme de l'Houmeau, fils d'un pharmacien, introduit chez Mme de Bargeton, était donc une petite révolution[15]. »

Il serait sans doute trop osé de voir ici une allusion directe au catastrophisme de Cuvier, qui conjugue révolutions politiques avec révolutions

11 L'article dédié aux « Orgues géologiques » dans le *Dictionnaire pittoresque d'histoire naturelle et des phénomènes de la nature* cite le risque des fontis dans les carrières sous Paris, où Cuvier et Brongiart avaient étudié des puits naturels, des cavités ou les couches calcaires percées et remplies d'un mélange d'argile-ferrugineuse et de silex (*Dictionnaire pittoresque d'histoire naturelle et des phénomènes de la nature* sous la direction de F[élix]-É[douard] Guérin, Paris, Au bureau de souscription, t. VI, 1838, p. 411). Cuvier expliquait leur formation par « des torrens ou des courans » mais les auteurs du dictionnaire refusent cette hypothèse en donnant raison à Gillet-Laumont. Ils testent leur hypothèse en mettant de l'eau dans un pain de sucre, choisi par analogie au calcaire (*ibid.*, p. 414).

12 *CH*, t. V, p. 203.

13 *Ibid.*, p. 151.

14 *Ibid.*, p. 229. Un autre moment de liquidité figurale : la scène dans le salon de Mme de Bargeton vaut à Lucien une petite humiliation, décrite aussi en termes spatiaux – « Ce coup avait envoyé tout d'abord Lucien au fond de l'eau ; mais il frappa du pied, et revint à la surface, en se jurant de dominer ce monde. »

15 *Ibid.*, p. 152.

géologiques dans son « Discours préliminaire » de 1812[16]. Mais on pourrait tout de même suggérer une analogie, disons rhythmique, entre ces bouleversements terrestres et les secousses morales et financières ressenties par Lucien de Rubempré comme autant de « catastrophes », mot qu'utilise Balzac pour décrire toute une série d'échecs, de la faillite de David Séchard jusqu'au complot désastreux qui mène au suicide du jeune héros à la fin des *Splendeurs et misères des courtisanes*. Car la percée verticale de Lucien dans le monde d'Angoulême ne fait qu'annoncer les hauts et les bas plus extrêmes de sa vie à Paris, ville de précipices et d'abîmes sinon cataclysmiques au moins tempétueux et où l'élévation sociale se fait par des ébranlements torrentiels. Passons rapidement sur ce champ lexical d'abîmes et de gouffres qui transforme l'espace urbain de Paris en rocher et en fange – et où Lucien, ce « chardon » déraciné qui rêve de devenir « diamant [...] littéraire », est bousculé, lancé de couche en couche, en passant des « terrains caillouteux » avec Lousteau aux sommets de luxe avec Coralie – des sommets dont la base « frêle » (comme celle d'une montagne en pain de sucre) le voue à une chute, à une dégringolade vers son pays natal : « un batelier le descendit à Tours » ; « il descendit le cours de la rivière » ; « il descendait vers la Charente » ; « descendant les rampes de Beaulieu pour la dernière fois[17] ».

Au nadir de son désespoir, Lucien rencontrera Dom Carlos / Vautrin, cet homme-volcan qui le relancera vers les plus hautes sphères de Paris

16 « S'ils mettent de l'intérêt à suivre dans l'enfance de notre espèce les traces presque effacées de tant de nations éteintes, ils en trouveront sans doute aussi à recueillir dans les ténèbres de l'enfance de la terre les traces de révolutions antérieures à l'existence de toutes les nations. » (Georges Cuvier, « Discours préliminaire », dans *Recherches sur les ossemens fossiles de quadrupèdes*, Paris, Deterville, t. I, 1812, p. 2.)

17 *CH*, t. V, p. 545, 498 et 552-553. Voir aussi : « Lucien se voyait séparé de ce monde par un abîme » ; « [Q]uand l'enfant abandonne sa famille, et la suit aveuglément, elle le conduit au bord d'une mer immense, le fait entrer par un sourire dans un frêle esquif, et le lance seul, sans secours, à travers les orages ; puis, du rocher où elle reste, elle se met à rire et lui souhaite bonne chance. Cette femme c'est vous, cet enfant c'est moi. [...] Vous pourriez avoir à rougir en rencontrant l'enfant aux prises avec les vagues, [...] l'enfant que vous avez plongé dans un abîme » ; « Paris est un étrange gouffre » ; « Le journalisme est un enfer, un abîme d'iniquités [...]. Il ne se savait pas placé entre deux voies distinctes, entre deux systèmes représentés par le Cénacle et par le Journalisme, dont l'un était long, honorable, sûr ; l'autre semé d'écueils et périlleux, plein de ruisseaux fangeux où devait se crotter sa conscience » ; « La base, quelque frêle qu'elle fût, sur laquelle reposait le bonheur matériel de l'actrice et de son poète » ; « Quand un aigle tombe », nous demande le narrateur, « qui peut savoir au fond de quel précipice il s'arrêtera ? La chute d'un grand homme est toujours en raison de la hauteur à laquelle il est parvenu. »

comme la lave propulserait un caillou en dehors d'un gouffre[18]. Dans *Splendeurs et misères des courtisanes*, Vautrin est « une Alpe froide, aux flancs de granit », qui guide l'ascension de son protégé sur un terrain périlleux semé de charbons ardents (« *Incedo per ignes* ») en lui promettant une ascension jusque-là impensable vers des paysages où « les proportions humaines sont dépassées » et où la passion d'un poète comparé à l'amour bourgeois devient « ce qu'est l'éternel torrent des Alpes aux ruisseaux des plaines[19] ». Signalons ici non seulement le *topos* du torrent, lié au Romantisme de notre jeune héros, mais surtout le motif de la disproportion, concept lié au sublime géologique et auquel on reviendra[20]. Envers Lucien, Vautrin joue le rôle d'un Cuvier qui invite à monter de plus en plus haut pour comprendre un vaste panorama spatio-temporel : « élevons-nous encore ! vers les sommets élevés des grandes chaînes[21]. » Or de très haut, on risque de tomber très bas, et quand ses dettes s'accumulent, Lucien le comprend : « J'entends tout craquer sous mes pieds[22] ! » Les éboulements du terrain fragile et agité de la vie de Lucien relient l'économie spéculative de la Restauration à un imaginaire scientifique de catastrophisme géologique : « Qu'un

18 On pense bien sûr à la scène d'arrestation de Vautrin dans *Le Père Goriot*, où ce « volcan humain » semble cracher du feu pour se refroidir soudainement devant son public ahuri : « sa physiognomie présenta un phénomène qui ne peut être compare qu'à celui de la chaudière pleine de cette vapeur fumeuse qui soulèverait des montagnes » (*CH*, t. III, p. 218).

19 *CH*, t. VI, respectivement p. 458, 505 et 475.

20 Si le sublime Romantique tente d'harmoniser le moi et l'infini à partir d'une union avec la nature, le sublime géologique suivrait un modèle plus violent, voire aporétique, basé sur une incompatibilité entre l'homme et la nature et une résistance de la terre-pierre à l'histoire humaine.

21 « Lorsque le voyageur parcourt ces plaines fécondes où des eaux tranquilles entretiennent par leur cours régulier une végétation abondante, [...] il n'est pas tenté de croire que la nature ait eu aussi ses guerres intestines, et que la surface du globe ait été bouleversée par des révolutions et des catastrophes ; mais ces idées changent dès qu'il cherche à creuser ce sol aujourd'hui si paisible, ou qu'il s'élève aux collines qui bordent la plaine ; elles se développent pour ainsi dire avec sa vue, elles commencent à embrasser l'étendue et la grandeur de ces événemens antiques dès qu'il gravit les chaînes plus élevées dont ces collines couvrent le pied, ou qu'en suivant les lits des torrens qui descendent de ces chaînes il pénètre dans leur intérieur. [...] Les traces de révolutions deviennent plus imposantes quand on s'élève un peu plus haut, quand on se rapproche davantage du pied des grandes chaînes. [...] Élevons-nous encore ; avançons vers les grandes crêtes, vers les sommets élevés des grandes chaînes » (Georges Cuvier, « Discours préliminaire », *op. cit.*, p. 5, 7 et 12).

22 *CH*, t. VI, p. 510.

spéculateur se brûle la cervelle, [...] qu'un banquier liquide ; toutes ces catastrophes, sont bientôt couvertes par l'agitation quasi marine de cette grande cité[23]. » Faute de base solide, le terrain de ce que Balzac appelle les « révolutions commerciales, politiques et industrielles de notre époque[24] » est miné par l'eau, par des forces océaniques comme celles que Cuvier identifie dans son Discours comme la source des cataclysmes et des catastrophes[25].

Le dénouement tragique des *Splendeurs et misères* ajoute une perspective spatio-temporelle tout à fait cuvierienne à la verticalité qu'on vient d'analyser, puisque la vision hallucinatoire que subit Lucien du plus haut point de la Conciergerie comporte aussi bien les toits modernes de Paris que les phases primitives de sa prison, « enfoui[e] sous le Palais et sous le quai, comme un de ces animaux antédiluviens dans les plâtres de Montmartre[26] ». Toutes les intrigues vouées à perdre ou à sauver Lucien s'accomplissent dans ces strates où passé et présent s'entremêlent, entre les hautes tours et les cachots de la reine, les « cryptes mystérieuses » et les passages secrets – tout un « dédale souterrain[27] » qui mime l'obscurité morale et juridique des machinations, surtout de Vautrin. Maître des lieux, Vautrin acquiert la perspective survolante du paléontologue : « Ainsi, cet homme prodigieux devinait vrai dans sa sphère de crime, [...] comme Cuvier avec les créations disparues[28]. » Mais dès qu'il comprend l'étendue tragique de « la terrible catastrophe où s'abîmait Lucien[29] », il redevient volcan. La métaphorisation du personnage comporte aussi d'autres forces naturelles (tigre, foudre, tourbillon), mais c'est la force tellurique en particulier qui génère une série d'effets propulsifs après la mort de Lucien, en commençant par une violente « explosion de douleur » suivie d'une accalmie, et plus tard en tête-à-tête avec Granville,

---

23 *Ibid.*, p. 591.

24 *Ibid.*, p. 590.

25 « Ainsi la mer, avant de former les couches horizontales, en avoit formé d'autres, qu'une cause quelconque avoit brisées, redressées, bouleversées de mille manières. [...] elle a éprouvé aussi au moins une catastrophe [...]. Ainsi les grandes catastrophes qui produisoient des révolutions dans le bassin des mers, étoient précédées, accompagnées et suivies de changemens dans la nature du liquide et des matières qu'il tenoit en dissolution » (Georges Cuvier, « Discours préliminaire », *op. cit.*, p. 8-9).

26 *CH*, t. VI, p. 709.

27 *Ibid.*, p. 713-714.

28 *Ibid.*, p. 733.

29 *Ibid.*

une nouvelle « éruption volcanique », elle aussi réprimée, bien qu'un « torrent de larmes[30] » vienne percer le calme de la surface (ou disons de la strate supérieure) de Vautrin.

Dans cette caractérologie cuvierienne, Vautrin fait contraste avec David Séchard, l'ami fidèle qui s'éclipse pour mieux garantir la réussite de Lucien. Séchard renonce à partager les ambitions de son ami, en se résignant aux sphères inférieures de la société : « Par quoi puis-je légitimer cette subite élévation ? [...] À moi la vie sobre, laborieuse du commerçant, et les lentes occupations de la science[31]. » Mais de quelle science ? Cette question paraît avoir fait hésiter l'auteur de *La Comédie humaine*. Balzac commence par prêter à Séchard le génie du grand géologue Cuvier, au moins aux yeux de Lucien : « Il peignit sa chère sœur comme un ange, David comme un Cuvier futur, qui, avant d'être un grand homme, était un père, un frère, un ami[32]. » Et tout en acceptant son rôle modeste, Séchard lui-même se trouve enthousiasmé par la « science des terres » représentée par Cuvier, Buffon, et leur précurseur moins célèbre :

> Ève, ô mon Ève ! [...] à deux pas d'ici, à Saintes, au seizième siècle, un des plus grands hommes de la France, [...] le glorieux précurseur de Buffon, de Cuvier, il trouva la géologie avant eux [...] ! Bernard de Palissy souffrait la passion des chercheurs de secrets, [...] incompris ! [...] On peut souffrir alors tout ce qu'a souffert ce pauvre Bernard de Palissy, [...] qui fit enfin à la face de l'Europe, vieux, riche et honoré, des cours publics sur sa *science des terres*, comme il l'appelait[33].

Or le « terrain de ses exploits » change au cours de la rédaction des *Splendeurs*. Comme l'explique Roland Chollet dans une note éditoriale, la phrase de résignation de Séchard, « Je n'ai ni encore ni la fortune d'un Keller, ni le renom d'un Desplein[34]... », avait été remaniée par Balzac : « Quant à Desplein, communément identifié avec [le médecin] Dupuytren, on remarquera qu'il est substitué à Cuvier[35]. » Et cet éloignement de Séchard du modèle cuvierien surgit aussi dans

30 *Ibid.*, p. 817 et 897.
31 *CH*, t. V, p. 184.
32 *Ibid.*, p. 176.
33 *Ibid.*, p. 604.
34 *Ibid.*, p. 183.
35 *CH*, t. VI, p. 1175, n.

un passage supprimé ou « [David Séchard] voyait [...] décerner par l'académie des Sciences le prix à un mémoire qu'il avait envoyé sur une question scientifique » – phrase de laquelle Balzac avait supprimé une précision présente dans son manuscrit : « un mémoire qu'il avait envoyé sur une question [de géologie *rayé*] scientifique[36]. » Pourquoi modifier ainsi la biographie du jeune inventeur ? Pour sa part, Chollet attribue l'élision de la phrase « de géologie » à une indécision de Balzac, qui n'avait pas encore « entièrement arrêté la destinée de ses personnages[37] ». Mais une autre hypothèse s'impose, surtout quand on lit ces modifications génétiques à côté du dénouement de la vie de Séchard, dont l'invention pour l'imprimerie n'avait résulté qu'en faillite : « Après avoir dit adieu sans retour à la gloire, il s'est bravement rangé dans la classe des rêveurs et des collectionneurs ; il s'adonne à l'entomologie[38] [...]. » Balzac écarte ainsi les ambitions scientifiques d'un « futur Cuvier », en réduisant l'envergure de Séchard au monde des insectes – et pour réserver, semble-t-il, la grandeur des cataclysmes terrestres pour les hauts et les bas de Lucien et pour les explosions volcaniques de son protecteur Vautrin. Après tout, si Vautrin représente une force tellurique des plus grandioses, David Séchard ne peut que s'éteindre en comparaison : « Si l'on devinait dans cette face les éclairs de génie qui s'élance, on voyait aussi les cendres auprès d'un volcan ; l'espérance s'y éteignait dans un profond sentiment du néant obscure où la naissance obscure et le défaut de fortune maintiennent tant d'esprits supérieurs[39]. » Dans la poétique scientifique balzacienne, la géologie convulsive favorise les plus forts.

36 *CH*, t. V, p. 1171, n.
37 *Ibid.*, p. 1171, n.
38 *Ibid.*, p. 734.
39 *Ibid.*, p. 145.

L'ODE À CUVIER : UN ABÎME TEMPOREL

Laissons maintenant les sommets et les abîmes de la vie de Lucien pour rejoindre d'un bond les bords du précipice cuvierien conjuré par le narrateur au début de *La Peau de chagrin.*

> Vous êtes-vous jamais lancés dans l'immensité de l'espace et du temps, en lisant les œuvres géologiques de Cuvier ? Emporté par son génie, avez-vous plané sur l'abîme sans bornes du passé, comme soutenu par la main d'un enchanteur ? En découvrant de tranche en tranche, de couche en couche, sous les carrières de Montmartre ou dans les schistes de l'Oural, ces animaux dont les dépouilles fossilisées appartiennent à des civilisations antédiluviennes, l'âme est effrayée d'entrevoir des milliards d'années, des millions de peuples que la faible mémoire humaine, que l'indestructible tradition divine ont oubliés et dont la cendre entassée à la surface de notre globe, y forme les deux pieds de terre qui nous donnent du pain et des fleurs[40].

On reconnaît dans ce passage, si souvent commenté, le lexique géologique lié aux travaux du grand naturaliste : les couches de terre sous les carrières de Montmartre ou les schistes de l'Oural, et la reconstruction des « colosses » des époques perdues à partir des vestiges du passé. Le narrateur poursuit ainsi :

> Cuvier n'est-il pas le plus grand poète de notre siècle ? [...] notre immortel naturaliste a reconstruit des mondes avec des os blanchis, [...] avec quelques fragments de houille, a retrouvé des populations de géants dans le pied d'un mammouth. Ces figures se dressent, grandissent et meublent des régions en harmonie avec leurs statures colossales. [...] il fouille une parcelle de gypse, y aperçoit une empreinte, et vous crie : Voyez ! [...] Déracinés du présent, nous sommes morts jusqu'à ce que notre valet de chambre entre et vienne nous dire : – « Madame la comtesse a répondu qu'elle attendait monsieur[41] ! »

Comme on pouvait s'y attendre, cette ode à Cuvier a été reprise par des penseurs de la préhistoire, telle Claudine Cohen, qui évoque le passage

40 *CH*, t. X, 1976, p. 74-75.
41 *Ibid.*, p. 75-76.

dans son livre *Le Destin du mammouth*. Pour Cohen, la « rhétorique du grandiose » chez Balzac souligne ce qu'il y a de mythique et de spectaculaire dans la vision cuvierienne[42]. C'est aussi cet imaginaire poétique qui a mené plus récemment l'historienne de l'art Maria Stavrinaki à citer l'ode à Cuvier dans son livre *Saisis par la préhistoire*[43]. Son renvoi à Balzac est très bref et assez superficiel, mais le livre de Stavrinaki développe l'idée pertinente de « l'abîme creusé par le nouvel âge de la Terre[44] », cet âge incalculable, ce temps long et profond ouvert par les découvertes de fossiles dans les strates géologiques à l'époque de Cuvier. En parlant d'un effet de sidération ou de stupeur provoquées par « la disjonction des échelles du temps[45] », Stavrinaki rejoint tout un discours récent sur la géologie qui passe de Yi-Fu Tuan, qui en 2002 évoque le vertige temporel ressenti devant une béance spatiale à côté d'une falaise[46], jusqu'à Jean-Baptiste Fressoz, qui décrit des effets saisissants de soudaineté et d'effondrement dans son essai récent sur « l'anthropocène et l'esthétique du sublime[47] ». Entre les pics vertigineux des Alpes et les couches souterraines de terre fossilisée, il y a ce que Fressoz appelle « la violence [...] du regard géologique tourné vers nous-mêmes, jaugeant notre histoire (empires, guerres, [...] etc.) à l'aune des traces sédimentaires laissées dans la roche ». Cette violence marque, semble-t-il, les pages de *La Peau de chagrin* qui passent sans transition de « l'immensité de l'espace et du temps » géologique de l'ode à Cuvier aux débris de l'histoire humaine entassés pêle-mêle dans les salles de l'antiquaire. Comme le note Jean-François Duclos, « Balzac invoque Georges Cuvier au moment où [...] Raphaël de Valentin contemple les objets qui par couches successives et jusqu'au dernier étage encombrent le cabinet de curiosités dans lequel

42 Voir Claudine Cohen, *Le Destin du mammouth*, Paris, Éditions du Seuil, 1994, p. 152-154.

43 Voir Maria Stavrinaki, *Saisis par la préhistoire. Enquête sur l'art et le temps des modernes*, Dijon, Les Presses du réel, 2019, p. 39-40.

44 *Ibid.*, p. 6.

45 *Ibid.*, p. 29.

46 « *Vertigo of space is common enough. Stand at the edge of a cliff and one can suddenly feel dizzy, about to fall – about to be drawn into the yawning space. Do people ever experience vertigo of time ?* » (Yi-Fu Tuan, *Dear Colleague. Common and Uncommon Observations*, Minneapolis, University of Minnesota Press, 2002, p. 2.)

47 Jean-Baptiste Fressoz, « L'anthropocène et l'esthétique du sublime », dans *Sublime. Les tremblements du monde*, [catalogue de l'exposition Centre Pompidou-Metz, 11 février-5 septembre 2016], sous la direction d'Hélène Guenin, Metz, Centre Pompidou-Metz, 2016, https://mouvements.info/sublime-anthropocene/.

il a pénétré[48] ». Or le survol balzacien « n'est pas une simple analogie entre le fouillis d'un magasin d'antiquités et les traces stratifiées de l'histoire du monde dans la pierre », puisque « [l]e pouvoir poétique de la démonstration réside [...] en grande partie dans le fait qu'il donne à voir un aspect concret de la nature tout en provoquant le vertige par un brusque changement d'échelle quantitative des valeurs ». Duclos relie ainsi l'effroi de Raphaël à un plus grand effet d'émerveillement et d'incommensurabilité d'échelle que les disciplines savantes de la géologie et de la paléontologie avaient inaugurés au début du dix-neuvième siècle. On pourrait pousser encore plus loin cette intuition, en remarquant que la forme même du passage balzacien porte l'empreinte de ce « brusque changement d'échelles », de cette disproportion ou *discohérence* scalaire. Si on divise l'ode à Cuvier en deux parties, on arrive à visualiser l'énorme écart entre, d'une part, les 397 mots dédiés à la vision cuvierienne des milliards d'années dont les traces s'entassent dans les strates de la terre et, d'autre part, les 27 mots qui nous détachent de cette vision du passé pour nous remettre dans le domaine du quotidien. On passe vite, en effet, de « l'infini » temporel qui nous déracine du présent, à l'annonce triviale, mais *revifiante*, du valet de chambre que « Madame la comtesse a répondu qu'elle attendait monsieur ! » On pourrait même aller jusqu'à dire qu'à l'instar d'une chute poétique, cette dernière phrase se détache de la longue évocation d'une temporalité vertigineuse comme un fragment chutant du haut d'une falaise et en mimant par son délai le thème géologique de l'apparition tardive de l'humanité. Car les études des « Messieurs du Muséum » avait tant élargi la conception des époques de la Terre que la phrase balzacienne « nous sommes morts » fonctionne non seulement pour nous remettre du côté de Rafaël, retiré de son précipice suicidaire par les plaisirs promis par la peau de chagrin, mais aussi pour englober la petitesse radicale de l'espèce humaine considérée par rapport à l'échelle planétaire[49].

Ce serait donc une prise de conscience de notre finitude, une conscience provoquée par l'incommensurabilité fondamentale entre deux échelles

48 Jean-François Duclos, « Note sur un portrait de géologue en "plus grand des poètes" », *Fabula-LHT*, n° 18, avril 2017, http://www.fabula.org/lht/18/duclos.html.

49 L'étude « Balzac et "les messieurs du Muséum" » de Madeleine Fargeaud, publiée dans la *Revue d'histoire littéraire de la France* (65ᵉ année, n° 4, octobre-décembre 1965, p. 637-656) est une référence classique.

temporelles, celle de la terre et celle de l'homme. Dans son livre sur la valeur de l'éco-critique, Timothy Clark identifie le malaise d'un relativisme temporel comme une conséquence clé de notre nouveau concept de l'anthropocène ; la confrontation de l'homme avec l'échelle non humaine du temps a créé une aporie, une incohérence épistémique[50]. Et cette incohérence, ne pourrait-elle pas s'appliquer à ce que Paolo Tortonese identifie chez Balzac comme une ambiguïté fondamentale envers le modèle paléontologique ? Dans son article récent sur « Balzac et la querelle des analogues », Tortonese trace des incohérences chez Balzac en ce qui concerne la fameuse querelle entre Cuvier et Saint-Hilaire sur l'unité de composition ainsi que le débat des géologues sur le catastrophisme et le transformisme, en notant que « tout n'est pas congru dans l'interprétation que Balzac donne de Cuvier[51] ». S'il existait dans l'« Avant-propos » une dérive vers l'évolutionnisme lamarckien, ce serait une tentative de réponse à la question implicite posée par cette phrase dans l'ode à Cuvier de *La Peau de chagrin* : « Après d'innombrables dynasties de créatures gigantesques, après des races de poissons et des clans de mollusques, arrive enfin le genre humain. » Et à Tortonese de poser ici sa propre question : « ces apparitions successives de races différentes sont-elles séparées par des catastrophes (ce qui correspondrait à la théorie chère à Cuvier) ? Ou bien sont-elles réductibles à la théorie opposée, celle de l'unité de composition [où l'unité impliquerait la continuité entre les "races"] ? » La question est pertinente et pourrait se poser par rapport à cette phrase qui paraît plus tôt dans le passage de Balzac :

> En découvrant de tranche en tranche, de couche en couche, sous les carrières de Montmartre ou dans les schistes de l'Oural, ces animaux dont les

50 Voir Timothy Clark, *The Value of Ecocriticism*, Cambridge-New York, Cambridge University Press, 2019. Clark propose l'idée d'une connaissance scalaire (« *scalar literacy* ») rendue possible par l'anthropocène par rapport au concept du temps profond, en citant comme exemple l'analyse faite par Benjamin Morgan des récits de Thomas Hardy, où les confrontations entre personnages, falaises, et fossiles révèlent la problématique épistémologique des échelles temporelles non-humaines (« *the real epistemic challenges of nonhuman time scales* »). (*Ibid.*, p. 41 et 47, où il cite Benjamin Morgan, « *Scale as Form. Thomas Hardy's Rocks and Stars* », dans *Anthropocene Reading. Literary History in Geological Times*, edited by Tobias Menely and Jesse Oak Taylor, University Park, Penn State University Press, 2017, p. 132-149, ici p. 145).

51 Paolo Tortonese, « Balzac et la querelle des analogues », dans *Balzac penseur*, sous la direction de Francesco Spandri, Paris, Classiques Garnier, 2019, p. 29-40, ici p. 33.

> dépouilles fossilisées appartiennent à des civilisations antédiluviennes, l'âme est effrayée d'entrevoir des milliards d'années, des millions de peuples que la faible mémoire humaine, que l'indestructible tradition divine ont oubliés et dont la cendre entassée à la surface de notre globe, y forme les deux pieds de terre qui nous donnent du pain et des fleurs.

Ici aussi, on ressentit une incohérence, une tension qui a marqué le procédé même de composition textuelle. Car pour décrire l'effroi de l'âme confrontée aux milliards d'années d'une temporalité géologique, Balzac a dû repenser le mouvement par lequel les reliques de ce passé sont arrivées à la surface de la terre : dans une première version, la cendre était « poussée à la surface », alors que dans le Furne corrigé, elle est « entassée » dans cette terre sous nos pieds[52]. Sans faire trop grand cas de cette correction ponctuelle, on pourrait quand-même constater que la première version implique une force tellurique, voire cataclysmique, qui a poussé les débris du passé vers des couches supérieures, tandis que la version corrigée est plus statique, en ce que la cendre est préalablement « entassée » dans les strates de la terre. Il s'agirait donc d'un glissement du catastrophisme cuvierien vers un transformisme qui devenait de plus en plus à l'ordre du jour au milieu du siècle – sans nuire, pourtant, à la grandeur du poète-enchanteur qui avait ouvert ces grandes perspectives du sublime géologique. Sans enterrer non plus les aspects plus troublants de cette résurrection magique du passé dans l'ode à Cuvier, car les distorsions spatio-temporelles y restent, entre les créatures gigantesques avec « leurs statures colossales » et les hommes chétifs que nous sommes, entre cet « infini sans nom » que « nous avons [pourtant] nommé le temps » et la « miette » de vie qui nous fait pitié, entre le zéro et le sept réunis sans raison par l'enchanteur dans une « épouvantable résurrection » qui nous place en plein milieu du sublime géologique.

Cet effet du sublime, avec ses incongruités et ses disjonctions scalaires, a (c'est l'enjeu de notre propos) des conséquences esthétiques. Dans son article intitulé « *Romancing the Anthropocene* », Aaron Rosenberg propose que la découverte géologique du temps profond a produit une crise de représentation exigeant de nouvelles formes littéraires qui dépasseraient l'échelle humaine conventionnellement

52 Voir e-Balzac : https://www.ebalzac.com/genetique/64-peau-chagrin/furne/furne-corrige.

associée au roman réaliste du XIXe siècle[53]. Pour Rosenberg, les écrits de H. G. Wells à la fin du siècle seraient parmi les premiers à résister aux limites génériques du réalisme en élargissant la temporalité vers un fantastique scientifique, seul genre capable de capter les distorsions du sublime géologique[54]. Pourtant, comme nous tentons de démontrer, cette tension générique marquait déjà l'œuvre balzacienne un demi-siècle plus tôt – et ceci pas seulement dans *La Peau de chagrin*, où l'enchanteur Cuvier dévoile la temporalité déroutante de la géologie au moment où Raphaël franchit l'espace fantastique de l'antiquaire, mais aussi – et peut-être encore davantage – dans *Le Centenaire*, où un autre enchanteur (le personnage éponyme de ce roman aussi auparavant intitulé *Le Sorcier*) crée des perturbations spatio-temporelles qu'on analysera dans un troisième et dernier temps de cet exposé. Livre juvénile marqué par une hybridité formelle et un Romantisme troublé, *Le Centenaire* paraît à la lumière de l'anthropocène comme une réflexion sur la finitude humaine, hantée par une sorte d'inconscient géologique où la Science se trouve aux prises avec deux échelles incompatibles, celle de l'homme et celle de la terre.

---

53 Voir Aaron Rosenberg, « *Romancing the Anthropocene. H. G. Wells and the Genre of the Future* », *Novel. A Forum on Fiction*, vol. 51, n° 1, 2018, p. 79-100.

54 « *The late Victorian imagination was the first to confront the radical implications of theories proposed by Charles Lyell, Charles Darwin, and Thomas Huxley, theories that expanded the duration of natural history by orders of magnitude beyond even the wildest estimates of the previous centuries.* » (« L'imaginaire de la fin de l'époque Victorienne était le premier à faire face aux implications radicales des théories proposées par Charles Lyell, Charles Darwin, et Thomas Huxley, des théories qui ont élargi la durée de l'histoire naturelle selon des ordres de grandeur qui dépassaient les estimations les plus osées des siècles précédents. ») (*Ibid.*, p. 82.) Dans une analyse que nous reprenons ici pour l'appliquer à une réflexion sur l'œuvre de Balzac, Rosenberg nomme la forme narrative de Wells une « *Anthropocene romance* » dont l'hybridité refléterait une tentative de concilier des échelles temporelles confuses.

LE CENTENAIRE : DISJONCTIONS SCALAIRES ET LA QUÊTE DE FORME

Paru en 1822 et signé Horace de Saint-Aubin, *Le Centenaire : ou les deux Béringheld* avait été commissionné par Pollet, qui voulait profiter du succès du Romantisme noir et gothique de *Melmoth the Wanderer* par l'auteur irlandais Charles Maturin[55]. Le jeune Balzac a puisé dans ce texte-source pour reprendre l'idée centrale d'un sorcier savant qui étend sa propre longévité vitale en sacrifiant des victimes innocentes. Mais à cette temporalité étirée, Balzac a aussi ajouté un effet spatial dans la taille colossale du Centenaire, ce « gigantesque vieillard[56] » ; comme l'a noté Moïse Le Yaouanc, Melmoth avait une taille « simplement au-dessus de la moyenne » et pas gigantesque, hors échelle[57]. C'est aussi l'imaginaire balzacien qui a ajouté le détail insolite où le Centenaire aurait séduit la femme de son propre descendant pour engendrer son homonyme Tullius, en perturbant ainsi la ligne généalogique à l'instar des fossiles qui perturbent la chronologie des strates terrestres dans la géologie catastrophiste. Car d'une certaine manière, le vieux Béringheld est à la fois un savant comme Cuvier, cet « enchanteur » qui explose toute échelle spatio-temporelle par sa science, et une sorte de fossile

55 *PR*, p. 827-1056. Voir aussi dans *Balzac avant Balzac* (sous la direction de Claire Barel-Moisan et José-Luis Diaz, Saint-Cyr-sur-Loire, Christian Pirot, 2006) les interventions de José-Luis Diaz (« Devenir Balzac », p. 7-19 ; « Imaginaires littéraires du jeune Balzac [1818-1822] », p. 47-62), Joëlle Gleize (« Horace de Saint-Aubin, "triste héros de préface" », p. 79-93), Christine Marcandier (« Horace de Saint Aubin, de la figure à la fiction. L'exemple du Centenaire », p. 95-107), et Claire Barel-Moisan (« Les sciences au risque de la fiction », p. 153-169). L'article de Barel-Moisan démontre l'attraction des pseudo-sciences (et surtout le magnétisme) pour le jeune Balzac dans son exploration des « frontières du fantastique ». (*ibid.*, p. 159) Pour André Lorant et Anne-Marie Baron, le magnétisme comporte un élément clé du fantastique dans *Le Centenaire.* (Voir André Lorant, « Préface » au *Centenaire*, *PR*, p. 829-854 ; Anne-Marie Baron, *Balzac occulte : alchimie, magnétisme, sociétés secrètes*, Lausanne-Paris, L'Âge d'Homme, 2012, p. 45.)

56 *PR*, p. 874.

57 « Mais surtout on a exagéré les ressemblances physiques du Centenaire et de Melmoth. Celui-ci, contrairement à ce que l'on dit, a une taille simplement au-dessus de la moyenne. » (Moïse Le Yaouanc, « *Melmoth* et les romans du jeune Balzac », dans *Balzac and the Nineteenth Century. Studies in French literature presented to Herbert J. Hunt by pupils, colleagues and friends*, edited by Donald Geoffrey Charlton, Jean Gaudon and Anthony R. Pugh, Leicester University Press, 1972, p. 35-45, ici p. 39.)

pétrifié qui revient à la surface de la terre, en refusant de rester enterré dans le passé.

Le trait caractéristique de ce Béringheld déjà vieux de presque quatre siècles est son crâne, relié dans le texte à la pierre du rocher Grammont par des phrases frôlant l'épithète : « le crâne pétrifié de cet ombre d'homme », « ce crâne comme *pétrifié*[58] », et de suite. Balzac rend la comparaison terrestre explicite :

> Le crâne du vieillard semblait ne pas avoir de peau, [...] : ce front caduc paraissait devoir plutôt appartenir à la minéralogie qu'à l'ordre animal : aussi, la première idée qui se présentait à l'esprit, à l'aspect de ce crâne comme *pétrifié*, c'était que l'Éternel l'avait formé du granit le plus dur. Sa couleur grisâtre le prouvait, et une imagination vive aurait cru apercevoir sur cet os frontal la mousse verte qui pousse sur les marbres en ruine[59].

Rocher et ruine à la fois, ce « cadavre ambulant qu'est le Centenaire » s'amalgame à la pierre montagneuse qui est le théâtre de ses exploits, dans une verticalité faite d'apparitions subites, du haut des Alpes de sa naissance aux grottes du mont Grammont jusqu'aux strates inférieures des catacombes de Paris au dénouement dramatique du roman. « Regarde ce crâne », nous prie le narrateur du *Centenaire* à plusieurs reprises, surtout quand l'ancêtre descend sa proie, la vierge Marianine, à son antre souterrain : « vois ce crâne vieilli ! » ; « Regarde ce crâne vieilli[60] ! » A-t-on tort de voir dans cette répétition obsessionnelle l'indice d'un passé qui refuse son propre enterrement ?

Scott Sprenger, dans son essai sur l'archéologie morale de Balzac, observe que l'auteur présente souvent ses personnages réactionnaires ou archaïques comme des « débris [...] en ruines », « des reliques » qui reflètent une conception historique d'un passé fragmentaire et discontinu, coupé du présent par les événements violents de la Révolution[61]. Cette observation sur les *ultras* de *La Comédie humaine* nous paraît d'autant plus apte à la description du Centenaire comme relique, lui aussi, mais celle d'un passé encore plus lointain, comme un fossile vivant dont la

58 *PR*, respectivement p. 923 et 871.

59 *Ibid.*, p. 871.

60 *Ibid.*, p. 1011 et 1013.

61 Voir Scott Sprenger, « *Mind as Ruin. Balzac's "Sarrasine" and the Archeology of Self* », dans *Histoires de la Terre. Earth Sciences and French Culture 1740-1940*, edited by Louise Lyle and David McCallam, Amsterdam-New York, Rodopi, 2008, p. 119-136.

stature colossale (pour reprendre la phrase de l'ode à Cuvier) indique une violence cyclique liée aux révolutions terrestres aussi bien que politiques. Notons par ailleurs que l'héroïne du roman *Le Centenaire* est la fille et la fiancée des hommes actifs dans les campagnes militaires de l'Empire et que son prénom, Marianine, renforce le lien au républicanisme par son écho avec la figure de Marianne[62]. Il s'agit donc ici d'une onomastique et d'une topographie reliées à l'histoire révolutionnaire de la nation – histoire reliée à son tour à l'imaginaire géologique par les couches profondes du terrain français.

En évoquant les travaux de Cuvier et Brongniart sur les strates du bassin de Paris, Claudine Cohen identifie une pensée géologique datant de la fin du dix-huitième siècle où des fossiles, en tant qu'« êtres "pétrifiés" dans les couches de la terre », indiquent une succession de catastrophes que Cuvier a ensuite accordées avec une certaine esthétique romantique de l'histoire politique de la France : « La vision cuviérienne est profondément liée à l'imaginaire "catastrophiste" du romantisme, à ces "mondes en ruines" de l'après-Révolution, et de l'après-Empire, à ces titans anéantis de l'histoire[63]. » Le Centenaire, lui-même pétrifié et colossal, ne serait-il pas un de ces « titans anéantis de l'histoire » qui inspire le proto-Romantisme de « Balzac avant Balzac » ?

Il conviendrait ici de réfléchir à la manière dont le texte d'Horace de Saint-Aubin se trouve aux prises avec un double héritage, celui des événements violents (catastrophiques) de l'histoire politique de la France et celui de l'esthétique littéraire de *Melmoth the Wanderer*, roman que Baudelaire verra plus tard comme l'incarnation du « code du Romantisme[64] ». *Le Centenaire* a été écrit juste après *Sténie* et *Falthurne*,

62 Sur ce thème, voir Michael Tilby, « *Balzac's Early Works* », dans *The Cambridge Companion to Balzac*, edited by Owen Heathcote and Andrew Watts, Cambridge, Cambridge University Press, 2017, p. 27-39, ici p. 34.

63 Claudine Cohen, *Le Destin du mammouth*, *op. cit.*, p. 154. Cohen identifie dans son livre un précurseur à Cuvier : « [Le *Manuel d'histoire naturelle*] est publié en mille sept cent quatre-vingt-dix-neuf, mais dès mille sept cent soixante-dix-neuf étaient présentes chez Blumenbach l'idée d'espèces fossiles inconnues dans la nature actuelle, celle de mondes engloutis par des catastrophes, et celle de la succession stratigraphique des êtres "pétrifiés" dans les couches de la terre : la conjonction de ces idées est toute proche des thèses que soutiendra Cuvier. » (*Ibid.*, p. 140-141.)

64 On tient la référence de Dominique Massonnaud : « En 1865, Baudelaire affirme [...] son attachement au Melmoth de Maturin qui constitue à ses yeux "le Code du Romantisme" » (Dominique Massonnaud, « Le *Melmoth réconcilié* de Balzac : une étape dans l'élaboration

deux textes où José-Luis Diaz distingue la « romantisation précoce » du jeune Balzac, qui lisait en 1820 Byron, Chateaubriand et Mme de Staël[65]. Diaz distingue dans *Sténie* et *Falthurne* les mythes romantiques de l'infini et du poète-génie, qui vont se transformer en autodérision mélancolique dans la postface de *Wann-Chlore*[66]. *Le Centenaire* se trouve entre ces deux moments ; on ne s'étonne donc pas d'y trouver à la fois des poncifs romantiques et une prise de distance vis-à-vis du Romantisme, surtout, comme on le verra, dans la représentation des paysages naturels.

Le roman s'ouvre sur une évocation de la nature comme reflet de l'état d'âme où la contemplation de la nuit « nous plonge dans une rêverie pleine de charme », où « ce vague ossianique produit par l'immensité des cieux » fait « naître les effets de la méditation », et où la nuit entre en « harmonie[67] » avec les idées du spectateur. Le paysage montagneux, avec ses grottes et ses rochers déserts, est à l'unisson – selon les codes déjà établis par le préromantisme de Chateaubriand – avec (plus tard dans le roman) « le jeune homme assis vers le soir sur une pierre antique », lui aussi perdu dans un état de rêverie mélancolique[68]. Cet homme s'avère être Tullius de Béringheld, descendant du Centenaire et général d'une division militaire revenue des campagnes de Napoléon, qui s'est arrêté à la hauteur du mont Grammont pour contempler la scène en méditant sur les aventures amoureuses de sa jeunesse. Une des scènes dont il se souvient mérite d'être évoquée pour ses allusions à Mme de Staël et à Keats, références du Romantisme par excellence.

---

d'une poétique neuve », *Romanesques, Revue du Centre d'Études du Roman et du Romanesque*, n° 10, 2018, p. 267-290, ici p. 268).

65 Selon Diaz, cette période se trouve entre celle d'un néo-classicisme empreinte de la philosophie des Lumières et celle d'une production « industrielle » (José-Luiz Diaz, « Imaginaires littéraires du jeune Balzac », art. cité, p. 48).

66 Diaz voit la création des pseudonymes et le romantisme de Balzac comme une crise existentielle due à un « mal du siècle vécu » : « Crise esthétique, crise d'identité » (*ibid.*, p. 61). Voir aussi Pierre Barbéris sur la postface de *Wann-Chlore*, « écrite sur un ton las et découragé. [...] Du style Gil Blas ou Béranger, nous passons au style enfant du siècle, de l'esprit à la souffrance. [...] Nous sommes en marche vers le vrai Balzac » (Pierre Barbéris, *Aux sources de Balzac. Les romans de jeunesse*, Genève-Paris, Slatkine, 1985, p. 22).

67 *PR*, p. 857.

68 Sur le motif Romantique du solitaire assis sur un rocher, voir : Pierre Glaudes, « Minéralité et images de fin dans trois récits de Chateaubriand », dans *Avoir une âme pour les pierres. Arts, sciences et minéralité du tournant des Lumières au crépuscule du romantisme*, sous la direction de Pierre Glaudes et Anouchka Vasak, avec la collaboration de Baldine Saint Girons, Rennes, Presses universitaires de Rennes, 2024, p. 266 *sqq.*

Il s'agit ici du moment où le jeune Tullius déclare son amour à une marquise mariée en déversant un « torrent » de phrases romantiques sur l'harmonie entre les sensations de l'âme et l'azur des cieux, les montagnes et les crêtes neigeuses :

> – [...] voyez, Madame, ces montagnes éloignées dont les cimes pyramidales se dessinent avec fierté sur l'azur des cieux ! ces vastes vallées aériennes [etc.] ! ... En face de la nature, [...] comment l'âme ne prendrait-elle pas des sensations extrêmes ?... Tullius s'abandonnant à son enthousiasme, parla avec une éloquence dont la source était dans les yeux de la marquise qui, tout étonnée, regardait le torrent s'échapper des lèvres du jeune homme [...] et elle resta les yeux fixes sur cette figure dont tous les traits de laideur devenaient les traits du génie et de l'enthousiasme[69].

La marquise se trouve d'abord presque séduite par les élans de son jeune amant, mais le charme se brise au moment où Balzac évoque ses précurseurs dans le Romantisme littéraire :

> Béringheld [...] se contenta de serrer la marquise dans ses bras [...] en la regardant avec une expression que je laisse à rendre aux génies qui peignirent Corinne et Endymion. Madame Ravendsi s'aperçut bien de l'ignorance du jeune homme [...] et elle se mit à rire, ce qui rendit Tullius honteux et tremblant[70].

On pourrait comparer l'humiliation du jeune homme à celle de Lucien de Rubempré, au moment où les nobles d'Angoulême se moquent de ses « torrents » de poésie amoureuse dans *Illusions perdues*. Mais l'effet est encore plus dur dans *Le Centenaire*, puisque c'est la femme aimée qui expose la naïveté de ce Romantisme juvénile, une naïveté peut-être partagée par le narrateur, qui laisse la description de Tullius « aux génies qui peignirent Corinne et Endymion » – en hommage aux maîtres, certes, mais avec aussi une prise de distance narrative qui paraît indiquer un brin d'ambivalence envers le modèle romantique, à ce moment cruel de désillusion pour son personnage.

Dans leur édition critique du *Centenaire* pour la bibliothèque de la Maison de Balzac, André Lorant et Mathilde Dellay expliquent l'allusion aux « génies qui peignirent Corinne et Endymion » en se référant non pas aux écrits de Mme de Staël et Keats mais plutôt aux tableaux de François

69 *PR*, p. 945.

70 *Ibid.*, p. 946.

Gérard (*Corinne au Cap Misène*) et Girodet (*Le Sommeil d'Endymion*)[71]. Sans trancher la question de l'intention du jeune Balzac vis-à-vis d'un Romantisme littéraire ou visuel, gardons la référence de Gérard pour son inclusion du Vésuve, cette montagne peinte en couleurs suaves et pittoresques, en accord avec la lyre de Corinne et son chant mélancolique[72]. Dans le roman de Staël, ce chant lyrique de Corinne relègue les flammes souterraines du volcan à un passé romain en harmonie avec les passions humaines dépeintes par Cicéron et par Pline dans leurs récits de guerre[73]. Une telle historiographie impliquerait un rapport au passé idéalisé, où l'accord parfait entre les cycles terrestres et l'histoire humaine réussit à esthétiser la violence, en transformant ce paysage volcanique en « lieu enchanteur » et « contrée voluptueuse », pleine de « délice » et de « charmes[74] ». Le jeune Tullius voulait, lui aussi, accorder les charmes du paysage (« ces montagnes éloignées » et « l'azur des cieux ») avec son état d'âme dans sa déclaration d'amour, en reprenant les poncifs romantiques exploités dès le début du roman. Dans la scène où Tullius se trouve assis sur un rocher en pleine rêverie, ainsi que dans la scène de sa déclaration d'amour à la marquise, quelque chose vient déchirer, ébranler ou perturber cette harmonie romantique entre l'homme et la nature. Dans la scène d'amour, c'est le rire cynique de la marquise qui brise le charme ; et dans la scène d'ouverture du roman, c'est l'apparition

71 Voir André Lorant et Mathilde Dellay, « *Le Centenaire* par Honoré de Balzac, la première histoire de vampire de la littérature française », https://www.maisondebalzac.paris.fr/sites/default/files/doc_a_telecharger/fichier/balzac_h_de_-_le_centenaire_ed._etablie_par_a._lorant_et_m._dellay.pdf, n. 47. Je tiens à remercier Evelyne Maggiore pour son aide avec des images liées à ce travail, y compris une carte postale intitulée « La grotte de Balzac » (collection Marcel Bouteron, Bibliothèque de la Maison de Balzac) qui donne un aperçu de l'imaginaire topographique de l'auteur.

72 Voir François Gérard, *Corinne au Cap Misène* (entre 1819 et 1821), Musée des Beaux-Arts de Lyon. Les références à *Corinne* dans *La Comédie humaine* oscillent entre idéalisme et ironie. Un exemple du dernier se trouve chez Blondet, dans ses conseils à l'ingénu Lucien : « Le roman, diras-tu sentencieusement, est une épopée amusante. Cite Corinne, appuie-toi sur madame de Staël. » (*Illusions perdues*, *CH*, t. V, p. 460.)

73 Notons l'étendue spatio-temporelle qui relie une verticalité tellurique aux époques de l'histoire militaire dans ces pages dédiées au Vésuve et la campagne de Naples : « Si vous frappez sur ce sol, la voûte souterraine retentit. On dirait que le monde habité n'est plus qu'une surface prête à s'entrouvrir. La campagne de Naples est l'image des passions humaines : sulfureuse et féconde, ses dangers et ses plaisirs semblent naître de ces volcans enflammés qui donnent à l'air tant de charmes, et font gronder la foudre sous nos pas. » (Germaine de Staël-Holstein, *Corinne, ou l'Italie*, Paris, Garnier frères, 1917, p. 268.)

74 « Improvisation de Corinne, dans la campagne de Naples », *ibid.*, p. 267-269.

du Centenaire, cet ancêtre qui sort de la grotte du mont Grammont avec le squelette de sa dernière victime en main, qui vient troubler de manière violente la vie de son descendant.

On a déjà mentionné la stature colossale du Centenaire, et le crâne « pétrifié » qui lui donne le statut de fossile revenant du passé – deux caractéristiques qui marquent sa première apparition subite. Le choc ressenti par le jeune Béringheld à la vue de son ancêtre est capté par une description assez aporétique où le squelette du centenaire se trouve incompatible avec les proportions harmonieuses de l'échelle humaine :

> Ce personnage extraordinaire était d'une taille gigantesque [...]. Les proportions osseuses de ses membres n'étaient pas en rapport avec sa grande taille et cette ossification paraissait n'être recouverte que par une carnation légère, en comparaison de ce qu'elle devait être pour des os d'une grosseur si énorme[75].

Si nous soulignons ici cet excès squelettique, c'est pour proposer que le Centenaire, avec sa stature colossale, ses ossements hors toute proportion humaine, et sa temporalité disjointe, représente une déstabilisation épistémologique qui marque le texte du jeune Balzac au moment même du siècle où le sublime romantique entre en dialogue avec le sublime géologique. Le premier (le sublime du Romantisme) serait lié à une historiographie qui tente d'harmoniser les cycles de la nature avec l'échelle temporelle de l'humanité. Le sublime géologique, en revanche, pousse l'échelle spatio-temporelle à des extrêmes qui dépassent la compréhension humaine, en créant un présent perturbé par l'apparition violente des reliques osseuses du passé[76].

---

75 *PR*, p. 870.

76 La grotte renfermant des ossements brisés était déjà devenue à l'époque du *Centenaire* un topos du romantisme géologique, dont l'interprétation n'a rien de neutre. On pense par exemple au débat entre Michael Shortland et Noah Heringman au sujet du Romantisme géologique. Pour Shortland, les caves britanniques représentaient une retraite paisible, tranquille, et loin d'une politique révolutionnaire outre-Manche. (Michael Shortland, « *Darkness Visible. Underground Culture in the Golden Age of Geology* », *History of Science*, Vol. 32, n° 1, 1994, p. 1-61.) Heringman, par contre, souligne la violence convulsive et révolutionnaire révélée par les os disloqués des grottes romantiques (voir Noah Heringman, *Romantic Rocks, Aesthetic Geology*, Ithaca-London, Cornell University Press, 2004). En ce qui concerne les hésitations du jeune Balzac envers le Romantisme, nous ne voyons pas dans *Le Centenaire* une opposition claire entre deux conceptions différentes du sublime, mais plutôt l'extension de l'une vers quelque chose de plus aporétique et violent, marquée par des sauts subits entre des échelles incompatibles.

Dans son article sur le Romantisme anglais aux prises avec le temps profond ouvert par la géologie de la fin du dix-huitième siècle (moment qu'il identifie comme l'aube de l'anthropocène), Noah Heringman évoque un tableau qui servirait d'emblème du choc esthétique causé par des incompatibilités d'échelle entre les âges anciens et le présent : *L'Artiste désespéré devant la grandeur des ruines antiques* (1778-1780), du peintre romantique Johann Heinrich Füssli.

> *Fuseli's scale shift [...] position[s] his own modern agency [...] against the artistic immortality of a titanic ancient race visually assigned to an earlier age of the earth. The dark abyss threatening this picture from the right is much closer to the inhuman temporality of Buffon's earth [than to historical antiquarianism.] The key difference is that Enlightenment naturalists began to approach fossils as "the antiquities of the earth", or what Buffon calls [in Époques de la nature (1778)] the "archives of nature" – a consciously heuristic analogy that presumes two different time scales, the human and the geological*[77].

Relevons dans ce passage « l'immortalité d'une ancienne race titanique », en pensant évidemment au colossal Centenaire qui menace le présent par sa propre recherche d'immortalité, et qui crée des chocs violents reliés textuellement aux ossements, aux rochers, aux reliefs des Alpes et des catacombes. Soulignons aussi la désignation des fossiles par Buffon comme des « archives de la nature », phrase que Heringman voit comme une tentative de concilier l'histoire humaine avec une géochronologie convulsive[78]. C'est une tentative qui marque aussi *Le Centenaire*,

77 Noah Heringman, « *Deep Time at the end of the Anthropocene* », *Representations*, vol. 129, n° 1, 2005, p. 56-85, ici p. 60. « La désarticulation scalaire de Füssli positionne sa subjectivité moderne en opposition avec l'immortalité artistique d'une ancienne race titanique attribuée visuellement à une époque plus ancienne de la terre. L'abîme noir et menaçant au côté droit du tableau se trouve beaucoup plus proche de la temporalité non humaine de la géologie de Buffon que d'un antiquarianisme historique. La différence clé est que les naturalistes au siècle des Lumières commençaient à aborder les fossiles comme des "antiquités de la terre", ou ce que Buffon, dans ses Époques de la nature, appelle les "archives de la nature" – une analogie délibérément heuristique qui présume deux différentes échelles temporelles, humaine et géologique. » Nous traduisons.

78 Heringman démontre comment la géologie cuvierienne révèle un monde en ruine, ou les convulsions souterraines ont créé une archive en pierre (« *rock record* ») rendant visible le passé de la terre et, par analogie dans l'imaginaire romantique, l'histoire d'une nation. *Le Centenaire*, avec ses campagnes de Napoléon et la fille Marianine dont le père avait « donné des gages de son dévouement à la république » relie l'histoire nationale à la terre française, en commençant par une pierre, le rocher de Grammont. Et le Centenaire lui-même devient une sorte d'archive de pierre par métonymie, ou bien une manifestation humaine des traces du passé qui pénètrent de manière troublante les strates du présent.

avec ses épisodes disjoints et son dénouement dans les catacombes de Paris, où l'ancêtre entraîne sa victime Marianine.

Dans la topographie du *Centenaire*, les sommets montagneux du début sont liés textuellement à l'espace souterrain de la fin par une image tellement récurrente qu'elle devient un quasi tic stylistique de ce roman par ailleurs assez incohérent : celle d'une fille assise sur la pierre – d'abord sur les fragments de rocher au Mont Grammont, ensuite sur un banc de pierre à Paris (« quoique à côté du banc il y ait des chaises ! »), et enfin sur un bloc de pierre « dans les sinuosités du rocher souterrain » des catacombes[79]. À la différence du *topos* romantique qu'on a vu dans la scène initiale de Tullius assis sur un rocher, la matérialité de la pierre des catacombes résiste à une expansion de rêveries internes chez Marianine, soit qu'elle s'y met par nostalgie instinctive pour les montagnes, soit qu'elle y est placée sans le vouloir par le Centenaire. Qui plus est, la description de l'antre souterrain continue à confondre haut et bas, en faisant écho lexical aux montagnes où le Centenaire avait tué ses autres victimes : les précipices, les rochers, et les grottes du mont Grammont et des Alpes se retrouvent à l'intérieur de la terre, où Marianine et le jeune Tullius, qui arrive pour la sauver, rencontrent des « montagnes d'ossements » provoquant une terreur sublime. « Marianine, n'ayant jamais entendu parler des catacombes, fut terrifiée à leur aspect. Ces montagnes d'ossements, rangés avec une régularité singulière [...] semblent les archives de la mort[80] » – phrase qui rappelle les « *archives de la nature* » de Buffon, qui ont inauguré, nous

79 Au Mont Grammont : la jeune fille virginale Fanny « s'assit [...] et, montrant du doigt [...] une pierre qui lui servit de siège » ; « Voyez-vous sur un rocher désert [...] voyez-vous un jeune homme assis vers le soir sur une pierre antique [...] ? [...] Marianine attend un sourire et un mot pour courir s'asseoir sur la mousse de la grande pierre où est [le jeune] Béringheld » ; « la pierre couverte de mousse où Marianine était venue le trouver : en gravissant la montagne, il l'aperçut assise sur ce fragment de rocher ». (*PR*, p. 957.) À Paris (quartier de l'Observatoire) et sous Paris (catacombs) : Marianine garde deux tableaux représentant « la scène des Alpes quand Béringheld vint la trouver assise sur la pierre couverte de mousse » ; « Alors, la jeune fille [...] s'asseyait dessus un quartier de roche, qui ressemblait à celui des Alpes » ; « Avec quel soin elle l'assied sur un banc de pierre, quoique à côté du banc il y ait des chaises ! » ; « le grand vieillard courut l'asseoir sur une pierre aussi froide qu'elle » ; « un grand vieillard, d'une taille colossale, venait de l'asseoir sur une pierre » ; « Elle s'assit sur une pierre » (*ibid.*, p. 1033) ; « Elle s'assit sur une pierre » (*ibid.*, p. 1034) ; « Marianine s'assit sur un bloc de pierre, ses yeux sans force [...] errèrent dans les sinuosités de ce rocher souterrain. »

80 *PR*, p. 1040.

l'avons vu à travers Heringman, une conscience de la finitude humaine par rapport à l'immensité de débris fossiles entassés dans la terre.

Or dans l'antre souterrain du Centenaire ces « archives » sont doubles, puisqu'aux montagnes d'ossements dans les catacombes s'ajoute la collection de reliques historiques que l'ancêtre a pu réunir pendant sa vie anormalement longue :

> Ce sont [...] quelques fragments du bûcher de *Jeanne d'Arc* ; à côté, voici une des dernières pierres de la Bastille ; plus loin, ce crâne est celui de Ravaillac ; ce livre est la bible de Cromwell ; cette arquebuse a appartenu à Charles IX ; [la] mappemonde du grand Christophe Colomb ; voici le voile de la reine Elisabeth ; [...] une cravache de Louis XIX, une épée de Ximénès et une plume du cardinal de Richelieu [...] enfin tout ce que vous voyez sont des souvenirs qui me rappellent tous mes amis et les siècles passés[81].

Le désordre chronologique de cet entassement de reliques a mené Jeannine Guichardet, parmi d'autres, à voir l'antre souterrain du Centenaire comme précurseur du magasin d'antiquités dans *La Peau de chagrin*[82]. Ajoutons qu'il s'agit ici d'une histoire particulièrement violente de l'humanité, qui en passant par le martyre de Jeanne d'Arc aux évènements de la Révolution fait écho à la violence dans les strates géologiques découvertes par Buffon et Cuvier[83]. Mais loin de voir cette homologie sous le prisme esthétique d'une harmonie entre l'homme et la nature, on perçoit dans le passage

81 *Ibid.*, p. 1042-1043.

82 Jeannine Guichardet, *Balzac « archéologue de Paris »*, *op. cit.*, p. 67.

83 Dans son *Histoire de la terre*, Buffon tente de déceler un ordre dans le pêle-mêle des débris géologiques : « Ce globe immense nous offre à la surface, des hauteurs, des profondeurs, des plaines, des mers, des marais, des fleuves, des cavernes, des gouffres, des volcans, & à la première inspection nous ne découvrons en tout cela aucune régularité, aucun ordre. Si nous pénétrons dans son intérieur, nous y trouvons des métaux, des minéraux, des pierres, des bitumes, des sables, des terres, des eaux, des matières de toute espèces, placées comme au hasard & sans aucune règle apparente ; en examinant avec plus d'attention, nous voyons des montagnes affaissées, des rochers fendus & brisez, des contrées englouties, des isles nouvelles, des terrains submergez, des cavernes comblées ; nous trouvons des matières pesantes souvent posées sur des matières légères, des corps durs environnez de substances molles, des choses sèches, humides, chaudes, froides, solides, friables, toutes mêlées & dans une espèce de confusion qui ne nous présente d'autre image que celle d'un amas de débris & d'un monde en ruine. » (Georges Louis Leclerc, comte de Buffon, « Second discours : histoire et théorie de la terre », dans *Histoire naturelle, générale et particulière*, Paris, Imprimerie royale, t. I, 1749, p. 68-69 ; cité dans Benoît de Baere, « *Natural Catastrophe in Buffon's "Histoire Naturelle". Earth Science, Aesthetics, Anthropology* », dans Louise Lyle and David McCallam, *Histoires de la Terre. Earth Sciences and French Culture 1740-1940*, Amsterdam-New York, Rodopi, 2008, p. 17-35, ici p. 21.)

une tension formelle créée, justement, par les brisures violentes entre les deux temporalités. *Le Centenaire* serait donc le précurseur de *La Peau de chagrin* non seulement par la thématique des archives du passé mais aussi par la [con]fusion, pour reprendre les termes de Noah Heringman, de la géologie et de l'« antiquarianisme ». N'oublions pas non plus que Cuvier lui-même avait essayé de faire le pont entre l'histoire de la terre et l'histoire de l'homme en se nommant « antiquaire d'une espèce nouvelle » dans son « Discours préliminaire[84] ». Mais alors que le naturaliste se vante d'une maîtrise de reconstruction et de déchiffrage, les textes de Balzac sont marqués par des incohérences et par la finitude de l'homme. Raphaël se heurte, bien entendu, à l'impossibilité d'étirer la longévité de sa vie, une impossibilité manifeste dans la résistance de la peau de chagrin à toute intervention scientifique. Mais déjà dans le cas du *Centenaire*, où le savoir de l'ancêtre semble promettre l'immortalité, les disjonctions d'échelle entre la temporalité terrestre et l'histoire humaine troublent toute recherche de maîtrise.

Cette confusion chronotopique se voit dans le dédoublement des personnages (les deux Béringheld), mais aussi – et surtout – dans l'hybridité générique de ce texte juvénile. Au niveau formel, *Le Centenaire* est un mélange confus, avec ses prolepses et analepses, ses incongruités de temps verbaux, et ses épisodes digressifs – tous ces tâtonnements de « Balzac avant Balzac » que Michael Tilby a traité d'une quête formelle [« *quest for form* »] – dans les œuvres de jeunesse signées Horace de Saint-Aubin et Lord R'Hoone[85]. La quête continuera sans doute tout au long de la carrière de Balzac, notamment dans sa réécriture du *Centenaire*, *Melmoth réconcilié* de 1835, qui constitue « une étape dans l'élaboration d'une poétique neuve » et qui se trouve « aux limites du genre[86] ». Mais en déplaçant son drame faustien vers le règne social des banques de Paris, l'auteur de *La Comédie humaine* fausse compagnie avec le sublime géologique qui avait marqué le roman d'Horace de Saint-Aubin. Comment définir le genre du *Centenaire* ? On a traité ce texte juvénile de roman gothique, roman noir, roman frénétique, roman sentimental, roman

84 « Antiquaire d'une espèce nouvelle, il m'a fallu apprendre à déchiffrer et à restaurer ces monuments » (Georges Cuvier, « Discours préliminaire », *op. cit.*, p. 1).

85 Michael Tilby, « *Balzac's Early Works* », art. cité, p. 37.

86 Voir : Dominique Massonnaud, « Le *Melmoth réconcilié* de Balzac : une étape dans l'élaboration d'une poétique neuve », art. cité ; Françoise Gaillard, « Aux limites du genre : *Melmoth reconcilié* » dans *Balzac ou la tentation de l'impossible*, études présentées et réunies par Robert Mahieu et Franc Schuerewegen, Paris, SEDES, 1988, p. 121-132.

d'éducation, roman historique, roman fantastique, roman de vampire, et roman de science-fiction[87] ! Dans les *discohérences* de cette quête formelle, ne pourrait-on voir la tentative de naviguer les pics et les creux vertigineux de la confrontation entre la temporalité géologique et l'histoire humaine ? Et dans la chronologie confuse des récits emboîtés du *Centenaire*, ne perçoit-on pas une géochronologie convulsive qui perturbe le roman en s'ajoutant aux déplacements spatiaux du mesmérisme dominant son dénouement ? Hanté par une science géologique déroutante, *Le Centenaire* s'avère être un Melmoth *non-reconcilié*, à l'aube de l'anthropocène.

Andrea GOULET
University of Pennsylvania

87 Voir : André Lorant, « Préface », *PR*, p. 830 (« ce roman fantastique »); André Lorant et Mathilde Dellay, « *Le Centenaire* par Honoré de Balzac, la première histoire de vampire de la littérature française », art. cité ; « L'année qui voit paraître la traduction de Melmoth, est celle où Nodier propose la catégorie d'école "frénétique" afin de valoriser les productions marquées par l'influence du roman anglais, relevant d'une poétique de l'irrationnel et de l'excès [...]. La littérature frénétique, en 1821-1822, peut sembler liée à la société nouvelle issue des soubresauts révolutionnaires » (Dominique Massonnaud, « Le *Melmoth réconcilié* de Balzac : une étape dans l'élaboration d'une poétique neuve », art. cité, p. 269) ; « *"The Centenarian" offers a creative fusion of genres in vogue : the gothic novel, the bildungsroman, the sentimental novel – even, in its Napoleonic episodes, the historical novel. [...] With Balzac's Centenarian, the gothic has already mutated into science fiction* » (Danièle Chatelain et George Slusser, *The Centenarian or The Two Beringhelds*, Middletown, CT, Wesleyan University Press, 2005, « Introduction », p. IX-LVI, ici p. X.).

BALZAC ZOOGRAPHE

L'histoire naturelle de l'amitié dans *Une passion dans le désert*

Dans quelle mesure peut-on parler de *science* pour évoquer les savoirs multiples mobilisés par Balzac dans l'écriture de *La Comédie humaine* ? Ne faudrait-il pas d'abord, avec les historiens et les sociologues, définir ce qu'on entendait par *science* à l'époque ? Le mesmerisme, par exemple, dont Balzac fait un usage si abondant, bien que cette science soit déjà plus ou moins discréditée à l'époque[1], ne suggère-t-il pas chez Balzac un usage libre, ludique, et symbolique – pour tout dire littéraire – du *savoir* contemporain ? Plusieurs interventions dans ce volume ont mis l'accent sur le caractère ironique et même fantaisiste de son savoir, aussi bien que sur l'impuissance des médecins et des scientifiques qui figurent dans l'œuvre. En nous interrogeant ici sur le statut de l'histoire naturelle chez Balzac, science que l'auteur qualifie lui-même souvent d'indispensable pour se débrouiller dans la vie moderne, nous irons aussi dans le sens d'une ironisation. Cette ironisation pose néanmoins problème dans le sens que l'histoire naturelle fournit bien à Balzac l'une des opérations clé qui va lui permettre d'ordonner et de maîtriser l'opacité du régime social moderne. Nous n'aborderons pas ici l'ensemble de *La Comédie humaine*, mais nous tenterons de montrer, dans un cas très précis, celui d'*Une passion dans le désert*, que Balzac semble s'arrêter et s'interroger, ne serait-ce qu'un instant, sur une dimension troublante de la démarche *scientifique* qu'il emprunte à l'histoire naturelle : la classification. L'histoire naturelle, on le sait, est fondatrice pour le projet sociologique de Balzac, qui invoque Buffon dans l'« Avant-propos » pour justifier son projet de peindre et de classifier « les deux ou trois mille figures saillantes

1 Sur la réception du mesmerisme et son désaveu officiel en France, voir Robert Darnton, *Mesmerism and the End of the Enlightenment in France*, Cambridge, Harvard University Press, 1968.

d'une époque », autrement dit les fameuses « Espèces sociales[2] », qui incluent, parmi d'autres créatures dans son panthéon grotesque, cette « nation plumigère » d'employés ou ce « mollusque anthropomorphe à classer dans les *Casquettifères*[3] » exhibés dans le diorama littéraire du *Père Goriot*. Mais une question importante surgit d'emblée à propos de ce projet : s'agit-il vraiment dans cette volonté de classifier les hommes d'un geste scientifique ? Ou même d'un simple « effet de science » qui est censé légitimer le discours (un peu comme « l'effet de réel » de Barthes sur le plan poétique) ? Ne serait-ce pas plutôt une parodie de la science et de cette volonté de savoir (et donc de pouvoir) qui imprègne sans doute profondément *La Comédie humaine*, mais dont il est possible que Balzac se moque en même temps ?

La figure de l'animal permet peut-être de poser cette question. En ce qui concerne l'analogie zoologique fondatrice, elle semble en effet supposer qu'on comprend déjà bien les animaux, sinon il serait sans doute inutile d'y recourir pour mieux connaître et classifier les hommes. Or il y a peut-être là un cercle vicieux : les animaux qui figurent dans la littérature – dans les fables, d'abord, mais aussi ceux qui qualifient figurativement les personnages dans les textes plutôt réalistes – sont toujours déjà humanisés. Allégorie morale, ils constituent, selon l'expression de Baudelaire, « la ménagerie infâme de nos vices », et parfois aussi, mais plus rarement, de nos vertus[4]. Connaître l'homme par l'animal serait donc une forme de tautologie, puisque ce que l'on sait de l'animal se réduit le plus souvent à une projection anthropomorphique effacée. D'autre part, mais inversement, le discours philosophique, prisonnier d'un geste immémorial, n'invoque généralement pas les animaux que pour mieux extraire l'homme du règne muet et irrationnel des bêtes. Condillac ouvrira donc son *Traité des animaux*, par exemple, par le constat qu'« il serait peu curieux de savoir ce que sont les bêtes, si ce n'était

---

2 « Avant-propos », *CH*, t. I, respectivement p. 18 et 8.

3 *Le Père Goriot*, *CH*, t. II, p. 188 et 73. Balzac évoque également « ces mammifères à plumes » dans *Les Employés* (*CH*, t. VII, p. 989). Pour une discussion de l'usage mi-ludique, mi-sérieux qu'il fait de la classification zoologique, voir mon article « *Social Species in the "Comédie humaine" : Balzac's Use of Natural History* », dans *Of Elephants & Roses. French Natural History, 1790-1830*, Sue Ann Prince editor, Philadelphia, APS Museum, American Philosophical Society, 2013, p. 188-195.

4 Charles Baudelaire, « Au lecteur », *Les Fleurs du mal*, édition établie par Jacques Dupont, Paris, Flammarion, 1991, p. 56.

pas un moyen de connaître mieux ce que nous sommes[5] ». Giorgio Agamben parlera à propos de cette opération d'une véritable « machine anthropologique ». L'homme réussit l'exploit de s'ériger en un être savant, justement, grâce à un discours scientifique sur les animaux qui leur refusent l'intelligence nécessaire pour les étudier[6]. On a là affaire à un autre cercle vicieux : le savoir produit son propre domaine (mieux, s'auto-construit) par l'exclusion d'un domaine d'ignorance, d'instinct, et de bêtise qu'il objectifie comme son autre. Ce qui, ironiquement, disqualifie le projet de mieux connaître l'homme par l'animal. Balzac avoue en effet que l'analogie fondatrice de l'« Avant-propos » cloche : « enfin, entre les animaux, il y a peu de drames, la confusion ne s'y met guère ; ils courent sus les uns aux autres, voilà tout. Les hommes courent aussi les uns sur les autres ; mais leur plus ou moins d'intelligence rend le combat autrement compliqué[7]. » Et cette différence spécifique, l'intelligence, qui rend l'analogie caduque, mais que l'analogie était aussi censée établir, semble en même temps supposer une méconnaissance profonde de l'animal : comment comprendre, en effet, ce qu'on caractérise comme tout autre au point même de le priver d'intelligence par la pensée qui prétend en faire son objet ? « *What is it like to be a Bat ?* » demandait avec un peu d'espièglerie le philosophe Thomas Nagel, avant de rejeter, comme impossible, cette expérience de pensée, faute d'équipement neurologique comparable[8].

La question de la limite de la science, surtout devant l'énigme de l'animalité, Balzac, on en fera ici l'hypothèse, s'y confrontait, et de façon très intelligente, dans *Une passion dans le désert*. C'est le seul texte à ma connaissance dans le corpus balzacien où un animal « réel » figure comme un véritable personnage. Par « réel », il faut entendre qu'il s'agit d'une véritable panthère plutôt que d'une allégorie plus ou moins transparente dont la fonction serait d'exercer l'intelligence pénétrante des critiques. Mais prendre naïvement le parti du littéralisme, ce n'est pas refuser l'interprétation ; au contraire, c'est insister patiemment sur

---

5 Étienne Bonnot de Condillac, « Préface », *Traité des animaux*, présenté et annoté par Michel Malherbe, Paris, Vrin, 2004, p. 111.

6 Sur la « machine anthropologique », voir Giorgio Agamben, *L'Ouvert. De l'homme et de l'animal*, traduit de l'italien par Joël Gayraud, Paris, Payot & Rivages, 2002, p. 52-61.

7 « Avant-propos », *CH*, t. I, p. 9.

8 Thomas Nagel, « *What is it like to be a Bat ?* », *The Philosophical Review*, Vol. 83, No. 4, October 1974, p. 435-450.

l'énigme et refuser les tentations et les automatismes d'une lecture hâtive qui préfère écarter immédiatement la panthère pour évoquer autre chose, jugée plus pertinente ou digne d'intérêt, comme le colonialisme, l'impérialisme, le genre, ou la sexualité. La panthère se présente sans doute d'emblée au lecteur et au soldat comme une sorte de sphinx, une créature tout littéraire, qui nous pose une question embêtante. Pierre Glaudes a bien montré que cette rencontre avec un fauve s'inscrit dans une longue tradition littéraire, d'abord classique, ensuite chrétienne, de récits de rencontres et d'apprivoisements merveilleux, et que cette tradition imprègne le récit bien plus profondément que l'occasion historique fournie par l'installation de la ménagerie de Martin à Paris ou la chronique politique contemporaine[9].

Autrement dit, la question posée par le félin pose elle-même question. De quoi s'agit-il vraiment ? On se le demande d'autant plus que la question posée d'emblée par la femme au narrateur, quand les deux sortent de la ménagerie, et à laquelle le récit prétend fournir une réponse, semble tout de suite mettre le lecteur sur une fausse piste. Devant la bravoure de Martin, la femme voudrait savoir « par quels moyens » le dompteur « peut-il avoir apprivoisé ses animaux au point d'être certain de leur affection pour[10]... ». Autrement dit : qu'est-ce qui les soumet à la volonté de Martin ? Or le récit qui suit ne semble pas fournir une réponse logique à cette interrogation, et cela pour plusieurs raisons : tout d'abord parce que la panthère du désert reste une créature absolument libre, qui se nourrit elle-même sans subir aucune forme de dressage, contrairement aux bêtes dociles que Martin garde enfermées dans des cages et nourrit lui-même ; la ville et le désert, les critiques l'ont souvent remarqué, sont des lieux antithétiques, opposant culture et nature, lois et liberté, le civilisé et le sauvage, de sorte que le félin de la grotte oppose une figure souveraine aux bêtes soumises de Martin. C'est aussi le cas parce que le soldat français n'est jamais vraiment « certain de [l']affection » de la panthère, pour reprendre l'expression de la femme, et que ce manque de certitude le conduit à la fin à tuer l'animal. Finalement, l'explication supposée visée par cette question reste assez fantaisiste :

9 Pierre Glaudes, « "*Une passion dans le désert*", conte scabreux ou conte philosophique : l'éclairage de l'intertexte », *Revue d'histoire littéraire de la France*, vol. 114, n° 2, avril-juin 2014, p. 335-348.

10 *Une passion dans le désert*, *CH*, t. VIII, p. 1219.

de nombreux lecteurs y ont vu une allusion à la rumeur plaisante qui circulait dans la presse parisienne à propos de Martin, selon laquelle il se serait assuré de la docilité de ses bêtes en les masturbant avant le spectacle[11]. La rumeur est bien réelle, mais fausse en substance, en toute probabilité, puisque Martin se servait d'une méthode bien plus sûre et prosaïque : il motivait ses bêtes à s'exhiber docilement en contrôlant leur accès à la nourriture[12]. Cela n'exclut évidemment pas que Balzac ait pu faire allusion à cette rumeur, mais l'explication suggérée par l'allusion – l'idée d'un rapport zoophilique entre le soldat et la panthère du désert – nous semble une lecture erronée pour des raisons que nous aborderont plus tard. La véritable question posée par l'animal est donc autre que celle, évidente mais trompeuse, prononcée par la femme : mais laquelle ? Et quelle est la réponse du récit ? Nous dirons tout de suite que « le mot de l'énigme » n'est jamais fourni par le texte et que Balzac semble s'amuser à refuser au lecteur les certitudes de la science devant la menace de l'inconnu ; refus qui constitue en soi une sorte de réponse. La panthère – ce sera notre hypothèse – aurait pour première fonction de déconcerter le lecteur dans ses certitudes : comme la bête effraie le soldat, son rôle serait également de confondre l'appareil explicatif de l'intelligence qui souhaite ordonner le monde et fonder son pouvoir sur l'acte de classification.

---

11 Voir en ligne la conférence de Patrick Berthier au colloque *L'Animal du XIXe siècle* (« Animal de théâtre ou bête de scène ? De quelques images et réalités animales dans le théâtre et la presse des années 1830 », Université Paris Diderot, 16, 17 et 18 octobre 2008, (http://www.equipe19.univ-paris-diderot.fr/Colloque%20animal/Berthier.pdf). Berthier observe que « l'efficacité lénifiante de Martin était due, de nombreuses sources s'accordent à le dire, au fait que juste avant les représentations il se glissait dans les cages pour masturber ses bêtes » (*ibid.*, p. 2). Pour lui, l'allusion chez Balzac est claire : « Balzac le laisse entendre dès l'ouverture de de sa nouvelle *Une passion dans le désert* » (*ibid.*). Précisons que notre lecture ne conteste en aucune façon cette allusion scabreuse, ni les autres qu'on découvre facilement, mais suggère plutôt que « l'énigme » auquel le récit s'adresse se situe ailleurs.

12 Voir par exemple l'annonce du spectacle de Martin à Lyon en 1829 dans le *Journal du commerce de la ville de Lyon et du département du Rhône* du 25 mars 1829 : « Tous les soirs, À CINQ HEURES PRÉCISES, ON DONNERA LE SOUPER AUX ANIMAUX ; et c'est à cette heure-là que le sieur Martin entrera dans leur cage, et leur fera faire les divers exercices annoncés ci-dessus » (p. 3). Ou bien le compte rendu paru dans *Le Figaro* le 10 avril 1830 : « Le repas, chez M. Martin, est un spectacle fort intéressant. C'est alors que l'homme qui a tout fait pour dompter des naturels farouches, rend pour un instant leur caractère à ses animaux ; il les excite, les irrite, leur fait désirer la chair dont ils ont faim… et tout-à-coup, leur commandant le repos, obtient qu'ils s'arrêtent et regardent patiemment la nourriture qu'on a jetée dans leurs cages » (p. 2).

Abordons maintenant la scène de la rencontre du soldat et de la bête au cours de l'expédition en Égypte en 1798-1799. Après sa fuite des « Maugrabins » dans le désert, le soldat français découvre qu'il partage son refuge, une grotte, avec un « énorme animal couché à deux pas de lui » et dont la « respiration [...] sauvage [...] ne pouvait appartenir à une créature humaine[13] ». Comment réagir ? Le monstre inconnu provoque chez le soldat, par son caractère inconnu même, « une profonde peur, encore augmentée par l'obscurité[14] ». Rappelons ici que le récit s'ouvre aussi sur le cri de la femme devant le spectacle du dompteur Martin : « ce spectacle est effrayant[15] ! » – cri qui établit d'emblée le problème de la *gestion de la peur* comme thème majeur du récit. Et l'effroi se trouve effectivement partout dans le récit, comme d'ailleurs le courage censé y répondre. Devant la menace du félin, le premier geste qui s'impose au soldat – on est bien dans l'univers balzacien – c'est la tentative d'identifier la bête, de la classifier, et d'y coller une étiquette. C'est la première pensée du soldat : « était-ce », se demande-t-il, « un lion, un tigre, ou on crocodile[16] ? » Cette première approximation vague n'arrange pas vraiment les choses, et Balzac semble s'apitoyer sur le personnage en remarquant que « le Provençal n'avait pas assez d'instruction pour savoir dans quel sous-genre était classé son ennemi ; mais son effroi fut d'autant plus violent que son ignorance lui fit supposer tous les malheurs ensemble[17] ». L'ignorance augmente donc l'effroi (comme le savoir, inversement, devrait rassurer par le pouvoir qu'il confère), et surtout l'ignorance de cette science suprême que représente pour Balzac l'histoire naturelle.

Le lecteur pourrait néanmoins se demander avec raison à quoi cette science pourrait servir dans la situation pénible où se trouve le soldat. La lumière de la lune lui permet en effet bientôt d'identifier « la peau tachetée d'une panthère », mais est-ce qu'il est plus avancé ? Balzac nous fournit ensuite des détails zoologiques supplémentaires : les taches du félin, dit-il, présentent « ces mouchetures caractéristiques, nuancées en formes de roses, qui servent à distinguer les panthères des autres espèces

13 *Une passion dans le désert*, *CH*, t. VIII, p. 1223.

14 *Ibid.*

15 *Ibid.*, p. 1219.

16 *Ibid.*, p. 1223.

17 *Ibid.*

de *felis*[18] ». Il faut souligner que cette observation appartient uniquement à Balzac ; le soldat, on l'a vu, ignore parfaitement l'histoire naturelle et n'aurait pas pu la faire, bien qu'il soit en principe la source unique du récit oral. Il y a donc incohérence, mais peu importe ; l'information détonne plutôt par son caractère superflu, par sa gratuité, par son inutilité. Grâce aux taches, nous savons à quelle espèce de *felis* la bête appartient. En quoi ce savoir peut-il aider le soldat à se défendre, en supposant qu'il le partage avec l'auteur ? Il est évident que l'exploit merveilleux qu'il accomplira par la suite, c'est-à-dire l'invention d'un rapport amical avec la panthère, n'a rien à voir avec la possession d'un savoir positif ou avec le geste le plus caractéristique de ce savoir : la classification.

Par contre, ce geste, la classification, est bien au centre du chapitre que Buffon consacre à la panthère dans le tome IX de l'*Histoire naturelle.* Toute la question pour Buffon est en effet de distinguer trois espèces de *felis* très ressemblants qu'on a souvent confondues depuis l'antiquité, soit par défaut d'observation soit en leur donnant des noms identiques. La science en souffre, et la tâche du savant consiste à y remettre de l'ordre : il faut absolument distinguer la panthère, l'once, et le léopard[19]. Chose vite accomplie par la description physique très exhaustive donnée par Buffon, qui a même pu étudier de près et disséquer les deux panthères dans la ménagerie royale. Buffon nous apprend donc que la peau de la panthère est « semée de taches noires arrondies en anneaux, ou réunies en forme de roses[20] ». En forme de roses : c'est bien l'expression employée par Balzac. Buffon en est-il la source ? Cela est probable, étant donné son statut tutélaire pour Balzac, mais au fond c'est le geste qui compte : se servir des traits observables pour classifier de façon certaine. L'ironie cachée dans tout cela est que le soldat tombe par malheur sur une panthère plutôt que sur une once, animal plus paisible selon Buffon. Il nous apprend que « la panthère paroit être d'une nature plus fière et moins flexible [que l'once] ; on la dompte plutôt qu'on ne l'apprivoise, jamais elle ne perd en entier son caractère féroce[21] ». Le soldat n'a heureusement pas lu Buffon, ignore tout de la distinction entre ces félins, et ne

18 *Ibid.*, p. 1224.

19 Voir Georges-Louis Leclerc de Buffon, *Histoire naturelle, générale et particulière*, Paris, Imprimerie Royale, t. IX, 1761, p. 151.

20 *Ibid.*, p. 163.

21 *Ibid.*, p. 165-166.

tente pas de dompter la bête ou de la maîtriser par la force, démarche que Buffon aurait sans doute conseillée.

Le lecteur peut se demander pourquoi Balzac mobilise tout ce savoir inutile, d'autant plus que le soldat, source unique du récit, l'ignore parfaitement. S'agit-il simplement de bien décrire, ou peut-être aussi de partager un certain privilège, complice, avec le lecteur, en l'installant, aux côtés de l'auteur, au-dessus du personnage ? Ou serait-ce une sorte de tic, un recours quasi automatique au geste classificateur, déclenché par l'inquiétude provoquée par la chose inconnue ? On pourrait le penser, d'autant plus que ce geste obsessif marque partout l'écriture de *La Comédie humaine*, tout en admettant que le geste est aussi ironisé par Balzac, qui ne peut ignorer l'inutilité de ce savoir. Si la véritable question posée par le texte, et c'est là notre hypothèse, porte sur la manière de gérer la peur suscitée par l'inconnu, par l'étranger, par l'ennemi toujours possible, la réponse fournie par l'action du soldat va progressivement s'éloigner du geste classificateur de la science. Il ne s'agira en fin de compte pour lui de convertir les taches opaques du félin (signes naturels) en signes codés lisibles par la science pour en faire un objet de connaissance. Si c'est là la démarche « scientifique » (et même policière) souvent adoptée dans *La Comédie humaine* pour ordonner une société de plus en plus turbulente et opaque, on peut lire *Une passion dans le désert* comme une auto-critique de cette méthode et même comme une tentative utopique d'imaginer l'ordre autrement. Nous proposerons donc ici qu'il s'agira plutôt d'inventer un rapport, un lien, une forme d'intersubjectivité, pour laquelle le savoir, précisément, va s'avérer inutile en tant qu'instrument de domination.

Il faut ici aborder brièvement la question de la lecture allégorique. Cette forme de lecture, qui convertit d'emblée la panthère en autre chose (la femme, l'Orient, l'indigène, Bonaparte, l'inconscient) peut paraître ici une forme de transposition, dans la sphère de la critique, du geste classificateur phobique qui gouverne d'abord l'intérieur du récit. Elle liquide d'emblée l'animal embêtant pour proposer une lecture savante et rassurante de ses taches, de ces signes naturels fâcheux qu'il semble urgent d'assimiler à un système de significations. Le texte cesse d'interroger, d'inquiéter : on l'a bien maîtrisé. Nous ne reprochons pas vraiment à ce type de lecture de se tromper. Il est évident que Balzac enrichit son texte en l'ornant d'une prolifération d'allusions. Celles-ci vont pourtant dans tous les sens, esquissant des pistes de lecture partielle, souvent incompatibles, en tout cas auxiliaires. Les suivre n'est pas tant une erreur herméneutique que le signe d'une certaine impatience, d'une certitude trop vite acquise, et d'un refus de s'attarder sur l'énigme de cette bête muette dont l'écriture de Balzac semble mieux respecter l'opacité.

Prenons l'exemple de la lecture coloniale, selon laquelle la panthère, « cette sultane du désert[22] », figure l'Égypte, ou l'Afrique, ou l'Orient sous la forme d'une conquête féminine assez facile à déchiffrer[23]. Cette lecture présente en 1830, date de la rédaction du récit, comme en 1798-1799, époque de l'expédition en Égypte, une pertinence évidente. Mais pour une lecture volontairement « naïve » comme celle proposée ici, la guerre coloniale ne peut pas être l'objet principal du récit ; elle en est tout au plus l'occasion. Pourquoi ? D'abord, parce que si la guerre en Égypte fournit bien le cadre socio-historique du récit, il s'agira surtout dans le récit de découvrir une issue de cette réalité. Le Provençal, justement, ne se bat pas, ou ne se bat plus ; il a d'abord été fait prisonnier et s'est ensuite enfui de ses capteurs pour finir « au milieu du désert » dans un *no-man's-land* situé en dehors de la guerre et des conflits humains, dans ce que Andrea Del Lungo appelle un « non-lieu » ou un « territoire a-topique » : « le désert sera ainsi conçu », écrit-il, « comme l'espace du renversement d'un système de valeurs[24] ». Si ce système de valeurs

---

22 *Une passion dans le désert*, *CH*, t. VIII, p. 1226.

23 Voir par exemple l'article de Dorothy Kelly : « *Balzac's Disorienting Orientalism* : "Une passion dans le désert" », *Nineteenth-Century French Studies*, Fall-Winter 2011-2012, p. 1-17. Élisabeth Plas prolonge et complique cette lecture dans un article récent, intitulé « Domestiquer l'Orient. La contre-histoire balzacienne de la domestication » (*Cahiers d'histoire. Revue d'histoire critique*, n° 153, 2022, p. 93-107, http://journals.openedition.org/chrhc/19264), où elle mobilise « l'orientalisme » d'Edward Saïd pour situer l'épisode dans le contexte historique et colonial de l'expédition en Égypte. Elle enrichit en même temps cette lecture par l'ajout d'un autre contexte, essentiel selon nous, celui de l'émergence du zoo et du discours sur la domestication au XIXe siècle. Elle semble ainsi refuser la réduction symbolique de la panthère, mais ce n'est pas vraiment l'épaisseur de l'animal qui l'intéresse, en fin de compte, mais plutôt la manière dont le regard de l'homme blanc occidental finit par l'assimiler et l'assujettir : « la rencontre [...] allégorise ainsi à la fois la confrontation de la culture et de la nature, mais aussi de l'armée française et des populations indigènes, que la panthère représente » (*ibid.*, p. [5-6]). Sans doute, c'est ce que le texte de Balzac montre, du moins par le biais du regard du soldat, mais ce regard manifeste en même temps une grande instabilité, et c'est finalement dans l'échec de cette *projection assimilative* que réside pour nous l'intérêt du récit.

24 Andrea Del Lungo, « Le désert comme territoire a-topique » dans *Balzac géographe. Territoires*, [actes du colloque de Tours, 2003, organisé par le Groupe international de

inclut l'ordre géopolitique de la guerre impériale, il serait logique de penser que le non-lieu du désert aurait pour fonction de nier cet ordre qui normalise la violence et la conquête. Quel sens y aurait-il à voir dans l'épisode du félin cette même guerre transposée dans l'univers de la fable ? Pourquoi éloigner le soldat du théâtre de la guerre pour rejouer ce conflit dans un registre fantaisiste ? Ce déplacement n'aurait aucun sens ; il est plus cohérent d'y voir une tentative utopique et fantaisiste de se libérer de la violence qui pèse partout ailleurs sur les rapports humains, que ce soit entre les nations, à l'intérieur de la société, ou entre les sexes, les classes, les parents, et les *amis.* Il est significatif que le Provençal ressemble à d'autres figures balzaciennes, souvent misanthropes, qui peinent à se réinsérer dans la société après des expériences guerrières, violentes, ou décevantes : le colonel Chabert, par exemple, ou encore Armand de Montriveau dans *La Duchesse de Langeais.* Si la guerre dans la nouvelle est bien une guerre coloniale, il faut aussi souligner que le soldat observe à la fin du récit qu'il a bien continué à « promen[er] [son] cadavre » sur d'autres champs de bataille : « j'ai fait depuis la guerre en Allemagne, en Russie, en France[25]. » Le contexte essentiel du drame, pour nous, c'est plutôt la guerre tout court, et non pas l'entreprise coloniale en Afrique[26].

Enfin, si la panthère paraît bien orientale – elle est appelée « une sultane du désert[27] », « une reine des sables », « une sultane délaissée[28] », « une courtisane impérieuse[29] », « un gros angora inquiet[30] », « une chatte couchée sur le coussin d'une ottomane[31] » – il faut bien rappeler que ces assimilations hâtives appartiennent au narrateur (qui transmet simplement à son tour le récit du soldat) plutôt qu'à Balzac. De la même manière, l'humanisation

---

recherches balzaciennes], études réunies et présentées par Philippe Dufour et Nicole Mozet, Saint-Cyr-sur-Loire, Christian Pirot, 2004, p. 166.

25 *Une passion dans le désert*, *CH*, t. VIII, p. 1232.

26 Il est vrai que le narrateur finit par inscrire « cet épisode » dans ce qu'il appelle « l'épopée [...] des Français en Égypte » (*ibid.*, p. 1220), et Balzac lui-même dans les *Scènes de la vie militaire*, comme si la confrontation avec la panthère prolongeait la guerre coloniale. Mais cette indication, qui sert à *classifie*r l'épisode, et donc à l'interpréter *a posteriori*, ne figurait pas dans la version primitive publiée par Balzac dans *La Revue de Paris* en 1830.

27 *Une passion dans le désert*, *CH*, t. VIII, p. 1226.

28 *Ibid.*, p. 1231.

29 *Ibid.*, p. 1226.

30 *Ibid.*, p. 1227.

31 *Ibid.*, p. 1224.

du félin, comme sa féminisation, et même sa qualification d'indigène[32], semblent appartenir beaucoup plus aux stratégies ineptes de classification du soldat qu'à l'auteur, qui, lui, s'abstient systématiquement de les confirmer. Comment concilier « [l']éclat impérial[33] » de la robe du félin, où l'on peut voir Napoléon, cet autre « lion du désert[34] », s'insinuer dans le corps du fauve, avec la sultane orientale à dompter ? Pour quelle raison privilégier un attribut social du félin aux dépens de tous les autres qui le contredisent ? Elle est bête, femme, homme (avec une « queue puissante[35] »), maîtresse, sultane, indigène, orientale, « petite blonde[36] », impériale, « Néron ivre[37] », « chatte couchée[38] », « gros angora inquiet[39] », « gros chien[40] », « animal domestique[41] », « créature inoffensive[42] ». Cette multiplication d'attributs est elle-même éloquente : ne s'agit-il pas simplement pour le soldat d'étiqueter la bête pour mieux gérer son rapport avec elle ? On préférerait dire, avec Owen Heathcote, que ce foisonnement rend la bête *queer*, ou même *post-queer*, en ce que cette multiplicité s'oppose à l'imposition d'une identité sociale

---

32 Rappelons ici l'assimilation de la bête à l'ennemi indigène : « Ah ! ah ! mademoiselle [...]. Vous avez mangé quelque Maugrabin ? – Bien ! C'est pourtant des animaux comme vous ! » (*Ibid.*, p. 1229.) Le soldat tente ici de stabiliser la situation inédite où il se trouve (son amitié incompréhensible avec un être inconnu) par une triple assimilation du félin à l'intérieur de l'ordre social de la domination qu'il vient de quitter : elle est femme, indigène, et animal. Pour nous il s'agit là, tout au plus, d'une stratégie herméneutique, d'une lecture rassurante, dont le récit va démontrer le caractère futile et aberrante.

33 *Ibid.*, p. 1225.

34 Dorothy Kelly observe à juste titre que le récit invite aussi à trouver des « *allegorical meanings related to Napoleon's quests* », et que l'empereur, en exil à Sainte-Hélène, « *liked to say that his name* "Napoléon" "veut dire *lion du désert* !" (Las Cases 5:180) » (Voir Dorothy Kelly, « *Balzac's Disorienting Orientalism : "Une passion dans le désert"* », *Nineteenth-Century French Studies*, n° 40, Fall-Winter 2011-2012, p. 1-17, ici p. 14). Sandy Petrey souligne la symbolique multiple et incohérente de la panthère : elle est « amante, [...] lionne, tigre, femme artificieuse, et empereur aviné avant de redevenir bête sauvage et enfantine » (Sandy Petrey, « Réalisme et passion dans le désert », dans *L'Érotique balzacienne*, textes réunis et présentés par Lucienne Frappier-Mazur et Jean-Marie Roulin, Paris, SEDES, 2001, p. 177). Dans un sens, toutes ces lectures allégoriques s'annulent mutuellement, ou s'expliquent comme des tentatives d'explication et de maitrise symbolique.

35 *Une passion dans le désert*, *CH*, t. VIII, p. 1227.

36 *Ibid.*, p. 1228.

37 *Ibid.*, p. 1227.

38 *Ibid.*, p. 1224.

39 *Ibid.*, p. 1227.

40 *Ibid.*, p. 1224.

41 *Ibid.*, p. 1229.

42 *Ibid.*, p. 1228.

normative et figée[43]. Sauf que, pour nous, s'il s'agit bien de reconnaître sa singularité irréductible en refusant la violence des classifications sociales, il n'est pas question d'en faire un être amorphe, hybride, ou indécidable, comme si la pauvreté des termes disponibles lui conférait le privilège d'une métamorphose perpétuelle. Elle est bien un être singulier, « une personne véritable[44] », même si la langue humaine se brise contre elle, et l'intersubjectivité heureuse qui s'installe brièvement entre les deux acteurs suppose la découverte tâtonnante d'une forme « d'intelligence » entre eux, une forme de reconnaissance pré-linguistique[45].

Parmi tous les attributs de la panthère, il y en a un, pourtant, qu'on ne saurait jamais relativiser ou annuler par les autres, et qui la distingue radicalement des bêtes de Martin : c'est son caractère souverain. Les épithètes s'accordent toutes sur cette qualité. Ainsi cette « sultane du désert » cumule aussi d'autres titres souverains : c'est une « reine solitaire[46] », « une reine des sables[47] », « une farouche princesse[48] », une « sultane délaissée[49] », habitant un « antre royal[50] » et pratiquant une « clémence incertaine[51] ». De la même manière, le paysage désertique, dont la panthère est une sorte d'émanation, revêt également un caractère souverain : « le ciel et la terre étaient en feu. Le silence effrayait par sa majesté sauvage et terrible[52]. » Le paysage et la bête offrent donc ensemble une vision sublime d'un monde qui excède radicalement l'univers humain et s'oppose à toute appropriation. Le fait que le soldat arrive, avec une peine infinie, à couper un simple palmier, auquel le texte accorde le titre de « roi du désert[53] », ne fait que souligner son impuissance devant la

---

43 Owen Heathcote, « Post-Queer Balzac ? *Une passion dans le désert* », *French Studies Bulletin*, Vol. 34, No. 127, Summer 2013, p. 26-29.

44 *Une passion dans le désert*, *CH*, t. VIII, p. 1232.

45 Pour une réflexion sur le rapport entre « la parole » et « la vie nue », conçues comme deux formes de don à la fois opposées et entrelacées, voir Susi Pietri, « Le don à l'envers. *Une passion dans le désert* de Balzac et *Un artiste de la faim de Kafka* », dans *Envers balzaciens*, textes réunis par Andrea Del Lungo et Alexandre Péraud, *La Licorne* (Poitiers), n° 56, 2001, p. 201-219.

46 *Une passion dans le désert*, *CH*, t. VIII, p. 1227.

47 *Ibid.*, p. 1231.

48 *Ibid.*, p. 1226.

49 *Ibid.*, p. 1231.

50 *Ibid.*, p. 1224.

51 *Ibid.*, p. 1227.

52 *Ibid.*, p. 1221.

53 *Ibid.*, p. 1223.

souveraineté de la nature. Cette souveraineté, il faut y insister, diffère de celle, politique et sociale, que peuvent exercer sultans, empereurs, hommes, ou occidentaux, puisqu'elle reste indépassable, incontestable, et inappropriable, excédant les institutions humaines. Pour cette raison, on évitera ici de réduire la royauté du félin (et du paysage) à une allégorie politique humaine, coloniale, ou sexuelle. Ce que le désert donne à voir, dans l'interstice qui s'ouvre entre les tribus humaines hostiles (« c'est Dieu sans les hommes[54] »), c'est en effet une pensée radicalement *autre* de la souveraineté qui décentre profondément le rêve humain de domination et de maîtrise. Si les hommes aspirent à la souveraineté, ce serait au fond de peur d'être dominés par d'autres hommes – par effroi, en somme. Mais le désert et la panthère, souverains irréductibles, exposent la futilité de ce rêve.

Mais n'y a-t-il pas conquête de la nature, robinsonnade, et dressage dans ce récit, dont l'incipit nous présentait les bêtes soumises de Martin et le spectacle dans lequel il dramatisait rituellement pour le public parisien « la supériorité morale[55] » de l'homme sur la nature ? « Dompter un caractère féroce, pétrir un naturel de fer, amener à l'obéissance l'être le plus terriblement organisé pour l'empire, voilà ce qu'entreprit M. Martin, et il y réussit[56] ! » Et le soldat, il est vrai, finit bien par tuer la panthère. Mais est-ce là une victoire ? Ou plutôt une défaite, signe d'un apprivoisement raté, d'une amitié amputée, d'une domination ambiguë toujours susceptible de se renverser ? Un aspect clé du récit, pourtant peu remarqué, renforce le doute : il s'agit de l'abondance des surprises qui déjouent les meilleures prévisions des acteurs. Balzac semble s'amuser à montrer que les précautions prises par le soldat et par les « Maugrabins » (qu'elles soient inspirées par la peur, le calcul, ou la méfiance) s'avèrent absolument inutiles. Les Maugrabins, par exemple, sont très prévoyants : ils « firent une marche forcée » pour se mettre à l'abri de l'armée française et « ils campèrent autour d'un puits masqué par des palmiers, auprès desquels ils avaient précédemment enterré quelques provisions[57] ». Mais ils négligent en même temps d'attacher solidement leur prisonnier, « ne supposant pas que l'idée de fuir pût [lui]

54 *Ibid.*, p. 1232.
55 *Le Figaro*, 10 avril 1830, p. 2.
56 « Nécrologie. Cobourg », *Le Figaro*, 22 janvier 1830, p. 1.
57 *Une passion dans le désert*, *CH*, t. VIII, p. 1220.

venir[58] ». Prenons aussi l'exemple du robinsonnade du soldat ; arrivé à l'oasis, il s'endort, épuisé, « sans prendre aucune précaution pour sa défense pendant son sommeil », pour être réveillé par « les impitoyables rayons » du soleil après avoir eu « la maladresse de se placer en sens inverse de l'ombre projetée par [...] les palmiers[59] ». Les maladresses se multiplient. « Un vague souvenir lui fit penser aux animaux du désert ; et, prévoyant qu'ils pourraient venir boire à la source perdue dans les sables [...], il résolut de se garantir de leurs visites en mettant une barrière à la porte de son ermitage[60]. » Précaution inutile : pour construire cette excellente barrière, il finit par gaspiller une journée entière sans résultat. L'ironie ici est double, même si Balzac ne fait que l'effleurer ; cette barrière salvifique, s'il avait pu la construire, aurait en effet servi uniquement à l'*enfermer* avec la bête dans la grotte. L'animal y était déjà, en effet, caché dans l'ombre, quand le soldat s'y installait sans prendre la précaution de vérifier qu'elle était inhabitée. Plus tard, le soldat, trop confiant, peut-être, « finit par ne plus s'en défier en la voyant si bien apprivoisée[61] ». Malgré sa noble résolution de « veiller » afin de pouvoir héler des sauveurs potentiels, « il employait la plus grande partie du temps à dormir » ou bien, abandonnant « l'espérance », « à s'amus[er] avec la panthère[62] ». C'est en quelque sorte l'échec de la prévoyance et de la volonté, plutôt que l'auto-discipline et le calcul, qui favorise le rapport improbable avec la bête. Toute une disposition mentale semble être mise en doute par ces précautions inutiles : l'idée notamment qu'il suffit, pour gérer la peur et maîtriser toute situation, de faire appel au calcul, à la volonté, à l'initiative stratégique, bref, à une forme de raison instrumentale et d'auto-gestion affective. La peur, elle, reste immaîtrisable ; elle surgit à nouveau lors du « malentendu » qui déclenche « l'assassinat » immérité de la panthère.

Il faudrait se pencher davantage ici sur l'analyse que Balzac fait du courage, qualité morale supposée assurer la maîtrise de soi-même, d'autant plus que le soldat, censé incarner la vertu guerrière, figure dans « une scène de la vie militaire ». On se contentera ici de quelques observations :

---

58 *Ibid.*

59 *Ibid.*, p. 1221.

60 *Ibid.*, p. 1223.

61 *Ibid.*, p. 1230.

62 *Ibid.*

comme l'idée de la peur, on l'a constaté, se situe au cœur du drame, son remède apparent, le courage (viril, soldatesque, guerrier, s'entend), semble l'être aussi. Balzac note soigneusement que le courage du soldat subit de grandes oscillations, passant du désespoir à l'euphorie, et de l'effroi à la résolution virile ; ces fluctuations morales constituent même dans un certain sens la substance du drame, qui se présente au lecteur comme une geste héroïque. Mais à bien y regarder, on s'aperçoit que Balzac parodie la vision traditionnelle de courage. Martin, le dompteur, se présente d'abord comme « hardi », mais c'est un « hardi spéculateur[63] », une sorte de saltimbanque qui conquiert la célébrité en jouant la comédie du courage devant un public parisien naïf, dont il gère, de cette façon, la vie affective en suscitant d'abord et liquidant ensuite la peur. Or le même mot, « hardi », surgit peu après pour qualifier le soldat invalide, « le hardi Provençal[64] », celui précisément qui se moquait du « courage » de Martin en s'exclamant : « connu ! » devant le public admiratif. Le courage soldatesque qu'il manifeste dans la grotte sera donc pour le moins ambivalent et s'apparente peut-être plus au calcul et au théâtre qu'au courage. C'est comme si Balzac tentait de dessiner en creux une autre conception du courage, qui ne s'exprimerait ni par la lutte, ni par la violence, ni par la domination, mais plutôt par la vulnérabilité et l'ouverture, le contraire exact du portrait brossé au début du soldat gai, franc, et intrépide : « c'était sans doute un de ces troupiers que rien ne surprend, qui trouvent matière à rire dans la dernière grimace d'un camarade, [...] [qui] interpellent les boulets avec autorité, etc.[65] » Il est significatif dans ce contexte que le soldat se caractérise lui-même à plusieurs reprises comme un être déjà mort. Quand il s'endort dans le désert « sans prendre » de précautions, c'est parce qu'il « avait [déjà] fait le sacrifice de sa vie[66] ». Il arrive à attendre tranquillement le réveil de la bête parce que « [il] se considér[ait] [déjà] comme mort[67] ». L'affirmation de son état spectral se justifie par la pensée qu'« avant-hier, les Arabes m'auraient peut-être tué ? » Voici donc le problème moral : si ce soldat est déjà mort, comme il le prétend, du moins symboliquement, il n'est

63 *Ibid.*, p. 1219.
64 *Ibid.*, p. 1220.
65 *Ibid.*, p. 1219.
66 *Ibid.*, p. 1221.
67 *Ibid.*, p. 1225.

plus obligé d'affronter l'épreuve de la mortalité – épreuve traditionnelle constitutive pour le courage – et par conséquent le courage guerrier dont il fait preuve dans la grotte se vide de sa substance. Mais cette dévalorisation, c'est notre hypothèse, ne s'opère que pour céder la place à une autre manifestation du courage. La révélation implicite de « lâcheté » véritable du soldat (visible dans sa traîtrise, sa vanité, son désespoir, ses défaillances, ses calculs, etc.) se doublerait donc de la découverte d'une forme paradoxale de courage ancré dans la faiblesse.

Le mécanisme de cette transvaluation, pour parler comme Nietzsche, paraît assez subtil et risque de passer inaperçu. Comment, en effet, le choix de l'amitié et de la coexistence peut-il se produire entre deux prédateurs destinés à s'entre-tuer ? Par quel algorithme improbable de décisions enchaînées finissent-ils par s'engager, sous l'ombre de la logique guerrière de la peur, dans une voie encore plus risquée et qui exige d'eux une forme de confiance insensée ? À vrai dire, il existe une forme d'asymétrie évidente dans leur rapport. Bien que nous n'ayons pas accès à l'esprit de la panthère, nous voyons qu'elle se confie très vite et qu'elle semble facilement persuadée par les fausses caresses du soldat. Ce serait par une certaine « bêtise » précisément, par son incapacité à soupçonner le dessein réel du soldat, qu'elle s'ouvrirait au pacte qui finit par s'installer entre eux. Son courage, à elle, avec ou sans anthropomorphisme, comme on voudra, serait d'abord une forme de naïveté, ou précisément une patience, une disponibilité, une curiosité, un refus de classifier l'homme avant qu'il ne se classifie lui-même par ses propres actions. Le soldat, par contre, accomplit le geste amical qui va lui gagner l'affection du félin – quand il la gratte, la caresse, et joue avec elle – dans un esprit de duplicité évidente. Il s'agit pour lui d'une ruse de guerre conçue pour « étourdir » et « stupéfier » cette « courtisane impérieuse », dont il guette l'occasion de se défaire. Le fait qu'il « lui chatouill[e] le crâne avec la pointe de son poignard, en épiant l'heure de la tuer[68] » révèle assez cette duplicité. Le retour miraculeux à l'âge d'or (à la coexistence paisible) se produit donc en quelque sorte malgré l'amitié feinte du soldat, tout simplement parce que l'occasion n'arrive jamais d'accomplir son dessein violent. Mais en attendant, en épiant cette occasion, et en exerçant une forme de « courage lâche », il agit en fait paradoxalement de la même manière que l'animal

68 *Ibid.*, p. 1226.

qui s'ouvre à l'expérience de l'inconnu. La comédie de l'amitié qu'il joue donne donc à l'amitié authentique le temps, l'espace, et l'oxygène dont elle a besoin pour se développer. Le « malentendu » prépare l'entente miraculeuse : il y a renversement du mal en remède, ce qui ne garantit pas leur relation, hélas, contre un second renversement en sens contraire. Au cours de cette attente stratégique, en tout cas, c'est le soldat qui finit par être converti, persuadé de l'attachement sincère de la bête. Ce renversement, plus ou moins insensible et insensé, s'officialise par la suite au moment où la panthère sauve le soldat des sables mouvants où il faillit s'engloutir. À partir de ce moment, il s'abandonne, lui aussi, et sans arrière-pensées, à cette amitié insensée : « c'est entre nous maintenant à la vie à la mort[69] », lui dit-il. Il est essentiel de souligner l'émergence de ce pacte implicite, à la fois politique et amical, ne serait-ce que parce que de nombreuses lectures semblent l'ignorer, préférant insister sur la duplicité, la manipulation, et la domination qui caractérisent la première étape de leur rapport.

De cette scène extrêmement complexe on peut conclure, tout d'abord, que la sortie utopique de la violence est favorisée par un type de courage distinct, par une sorte d'ouverture et d'attente lourdes de risques, que chaque parti doit assumer dans l'ignorance totale de l'autre et dans la suspension provisoire des jugements fondés sur la peur. Deuxièmement, il revient ici au personnage de l'animal, précisément, de montrer la bonne voie, étant donné que les hommes, êtres classificateurs par excellence, ont toujours déjà tout classifié (nationalités, genres, espèces, distinctions de toutes sortes) et que l'intelligence qu'ils prétendent posséder ne leur sert généralement qu'à se distinguer les uns des autres et donc à s'aveugler les uns sur les autres. Leçon toute évangélique, peut-être, mais aimablement communiqué par un fauve. Troisièmement, l'animal dans cette parabole ne peut pas se réduire à une allégorie ; il importe ce soit une bête « réelle » pour qu'elle puisse incarner une véritable critique de l'espèce qui classifie. C'est parce que la panthère échappe à la violence des catégories et des classifications dont les êtres humains sont fatalement les prisonniers (hommes et femmes, occidentaux et orientaux, Français et Maugrabins, soldats et dompteurs) que la panthère peut plaider pour une autre forme d'intelligence.

69 *Ibid.*, p. 1229.

Pour ce faire, elle n'opposera pas, non plus, la bêtise des bêtes à l'intelligence humaine, promouvant un simple renversement antispéciste : soyons bêtes ! La bêtise, Derrida l'a rappelé, est une propriété exclusivement humaine[70]. Mais de quelle autre forme d'intelligence s'agit-il ? Le texte y répond de façon explicite. Il la qualifie d'abord comme une forme d'ouverture au monde et aux êtres qui transcende le *logos* : « le désert fut dès lors [après le "pacte"] comme peuplé. Il renfermait un être auquel le Français pouvait parler[71]. » Tout se met en effet à lui parler dès ce moment : le soleil, le désert, le vent, la lune, les oiseaux – le paysage entier lui devient brusquement intelligible au lieu d'être muet et hostile. Et ce renversement semble avoir lieu parce que le mot « intelligence » veut tout à coup dire autre chose : « le Provençal et la panthère », écrit Balzac, « se regardèrent l'un et l'autre d'un air intelligent[72] ». Cet « air intelligent », ou cette intelligence *dans l'air*, diffusée dans le paysage, et qui dénote une nouvelle forme d'entente non-linguistique, se situe justement autour d'eux, entre eux, dans leur entente, dans l'air même qui les entoure. Leur amitié a donc généré un « air intelligent », une forme d'intelligence distribuée, qui semble bien muette, aphone, et ignorante, c'est-à-dire dépourvue de tout contenu positif, sans pour autant sombrer dans la bêtise. Autrement dit, cette intelligence n'est plus celle, quantifiable et mesurable, que Dieu ou la Nature aurait partagée inégalement entre les espèces, mais une propriété partagée qu'ils fabriquent entre eux. L'intelligence se rapproche ainsi de l'amitié, de l'entente, de l'attention.

La question, pourtant, se déplace alors. Une fois cette réponse utopique fournie, l'entente se fragilise et se brise dans un « malentendu » tragique : le soldat tue la panthère sans véritable cause, trompé par la peur, justement, par l'effroi soudain, ayant mal lu la bête et perdu cette intelligence énigmatique qui la rendait lisible. Comment ? Pourquoi ? Avant d'aborder cette question finale, il faudra brièvement dissiper un autre malentendu. Il s'agit d'une lecture très répandue selon laquelle le rapport entre le soldat et la panthère serait zoophilique. Malgré le caractère piquant de cette lecture, dont on peut comprendre l'attrait, du

70 Voir Jacques Derrida, *L'Animal que donc je suis*, édition établie par Marie-Louise Mallet, Paris, Galilée, 2006.

71 *Une passion dans le désert*, *CH*, t. VIII, p. 1229.

72 *Ibid.*, p. 1231.

moins pour des lecteurs pour qui l'alliance entre les deux espèces n'est pas déjà assez spectaculaire, il est très difficile de la justifier textuellement. Il faudrait, pour ce faire, prendre les mots couramment employés pour nos rapports avec les chiens et les chats (comme jouer, gratter, caresser, chatouiller) comme des allusions cachées. Ou plutôt comme des allusions *substantielles*. Il n'est pas douteux en effet que Balzac joue savamment sur le registre sexuel pour épicer son texte (la fameuse « arme puissante » de la « queue[73] », par exemple), mais il s'agit là tout au plus, pour nous, d'un effet « marketing » introduit pour chatouiller ses lecteurs. Dire, avec Anca Vlasopolos, que « *the soldier also develops a sexual passion for the panther* » et voir ensuite dans le « malentendu » tragique un rapport sexuel raté (« *as he attempts to have sex with her, he hurts her – an indication to the man that the solitary cat is a virgin* »), c'est prendre ces allusions pour argent comptant et y trouver le prétexte pour une lecture fantasmatique[74]. L'hypothèse de la bestialité rendrait sans doute l'anecdote plus scandaleuse, mais l'invoquer c'est aussi s'avouer incapable d'en voir l'intérêt sans ce supplément. Et c'est ignorer deux faits capitaux : le premier, c'est que cette explication est superflue, parce que le caractère paisible du fauve s'explique suffisamment dans le récit par le fait qu'elle a bien mangé. En l'examinant, le Français voit qu'elle « avait le museau teint de sang » et conclut « [qu']elle a bien mangé ! » Même en caressant son échine afin « d'éteindre sa férocité », il est bien conscient que sa « faim avait été [...] heureusement assouvie la veille[75] ». Et malgré l'entente qui se développe, il continue de craindre le retour de sa faim, jusqu'à ce qu'il découvre qu'elle se nourrit des restes de son cheval crevé[76]. Le comportement non-violent de la panthère s'explique donc : elle est bien nourrie. C'est même cet état assouvi, dirions-nous, qui est la condition de la curiosité et de l'ouverture dont elle fait preuve envers l'homme, plutôt que le contraire – hypothèse assez étrange, d'ailleurs, comme si pour devenir l'ami d'une panthère il fallait impérativement d'abord coucher avec elle. Le second fait capital, c'est que le soldat lui-même

73 *Ibid.*, p. 1079.

74 Voir Anca Vlasopolos, « *Intercourse with Animals : Nature and Sadism during the Rise of the Industrial Revolution* », *Interdisciplinary Studies in Literature and Environment*, Vol. 16, No. 1, Winter 2009, p. 23-34. Le film tiré par Lavinia Currier de cette nouvelle en 1998 présente sans doute la lecture zoophilique la plus concrète du récit.

75 *Une passion dans le désert*, *CH*, t. VIII, p. 1227.

76 Voir *ibid.*, p. 1226.

ne comprend finalement rien à l'amitié bizarre du félin : « sa férocité s'était adoucie pour lui », écrit Balzac, « sans qu'il s'expliquât les raisons de cette incroyable amitié[77] ». « Sans qu'il s'expliquât les raisons… » : eh bien, s'il y avait un rapport sexuel, on dirait que le soldat serait au courant ! Ce n'est pas là un détail anodin : l'incompréhension dont il fait preuve, tout comme elle écarte l'hypothèse sexuelle, souligne le caractère précaire, délicat, et pour tout dire miraculeux de « l'intelligence » qui se développe entre eux. Il s'agit d'une singularité heureuse qui ne repose sur aucun commerce, démarche, ou instinct dont on pourrait écrire la formule, sauf peut-être l'ouverture à une vulnérabilité partagée.

Revenons à la question véritable, celle du « malentendu », celle de l'inintelligence. C'est le narrateur qui emploie ce mot pour expliquer la fin de l'idylle à son interlocutrice. Cette passion a fini, dit-il, « comme finissent toutes les grandes passions, par un malentendu[78] ». Mais ici il convient de lire attentivement : par « malentendu », le narrateur entend une erreur tout humaine qui survient dans les couples, une brouille produite par les vices courants de l'esprit humain : la jalousie, la fierté, ou l'entêtement (« on croit de part et d'autre », lui dit-il, « à quelque trahison, l'on ne s'explique point par fierté, l'on se brouille par entêtement[79] »). Ces vices s'appliquent pourtant très mal à une panthère – à moins, évidemment, de la réduire à une femme véritable – ce qui conduit à penser qu'il peut y avoir malentendu chez le narrateur sur la nature du malentendu. Il humanise ainsi trop l'animal. Admettre avec le soldat que c'est « une personne véritable » qu'il a « assassiné[e] » n'implique pas forcément que cette personne soit *humaine* et se comporte de façon anthropomorphe. La catégorie de « personne » – c'est l'une des surprises du récit – ne se confond pas avec l'être humain[80]. Le soldat, à sa façon, avait déjà commis la même erreur, imaginant la bête au début comme une femme, de manière stratégique, pour se donner le courage et les moyens de la manipuler. Il n'abandonne jamais à vrai dire cette illusion, mais on peut penser que « l'intelligence » qui finit par s'établir entre eux constitue un dépassement de cette méprise. En tout cas, le soldat

77 *Ibid.*, p. 1229.

78 *Ibid.*, p. 1231.

79 *Ibid.*

80 L'interlocutrice comprend très bien que la panthère réunit la qualité d'animal et celle de personne sans aucune contradiction : « j'ai lu votre plaidoyer en faveur des bêtes ; mais comment deux personnes si bien faites pour se comprendre ont-elles fini ? » (*ibid.*).

s'explique leur rupture avec une différence légère mais significative, sans jamais impliquer la panthère dans l'erreur tragique qui le conduit à la tuer : « je ne sais pas », dit-il, « quel mal je lui ai fait, mais elle se retourna comme si elle eût été enragée… et, de ses dents aiguës… m'entama la cuisse[81] ». Le soldat avoue donc une double erreur de lecture : d'abord, il lui a fait mal, involontairement, sans savoir comment, sans comprendre l'animal ; puis, il a mal lu la réaction provoquée par son offense, « croyant qu'elle voulait [le] dévorer » quand elle se contentait en fait de mordre sa cuisse « faiblement[82] ». On constate donc que la peur est revenue, à nouveau, et la méfiance, *mais uniquement du côté du soldat*, brouillant sa lecture du fauve et l'intelligence fragile qu'ils ont su construire. « Le mal que je lui ai fait » : cette phrase, limpide, situe clairement la culpabilité du côté du soldat, là où « le malentendu » évoqué par le narrateur distribuait diplomatiquement le mal entre les partenaires (« on croit de part et d'autre[83]… »). Quel aurait donc été le véritable malentendu ? En quoi le soldat lui a-t-il fait mal ? Nous ne saurons en effet jamais le mot de l'énigme pour la simple raison que le soldat l'ignore lui-même ; s'il l'avait su, il ne l'aurait pas fait ; mais puisqu'il l'a fait, il faut conclure qu'il comprenait mal l'animal, et cela justement parce qu'il croyait enfin le comprendre. Il s'imaginait d'abord avoir affaire à une « femme » et puis, lors du malentendu, à une véritable « panthère », ou à un être se comportant selon les normes que la science assigne à cette espèce. Dans les deux cas, il commettait l'erreur de classifier un être inconnu et singulier et de se comporter ensuite selon les attentes fournies par cette étiquette trompeuse. Ce n'était ni une femme, ni une panthère, dirions-nous en guise de conclusion, mais une « amie ».

Interrogeons-nous rapidement ici sur le sens de ces mots – ami et amitié, animaux et ennemis – qui marquent fortement le récit. Qu'est-ce qu'un ami ? Le texte nous semble provoquer un doute radical sur ce sujet. Dans la solitude absolue du désert, il semble que n'importe qui, ou même n'importe quoi, pourrait servir d'ami, même un arbre : « le Provençal serra donc le tronc d'un des palmiers, comme si c'eût été le corps d'un ami[84]. » Puis

81 *Ibid.*, p. 1232.
82 *Ibid.*
83 *Ibid.*, p. 1231.
84 *Ibid.*, p. 1222.

ce sera « la trop confiante panthère », dans laquelle « il lui semblait avoir trouvé une amie dans ce désert sans bornes[85] ». Dans sa détresse, le soldat finit même par remettre en doute les divisions factices séparant les tribus humaines, autrement dit la logique même de la guerre, puisqu'il finit par regretter « d'avoir quitté les Maugrabins dont la vie errante commençait à lui sourire[86] ». Naufragé, il « espèr[e] même vivre assez pour attendre le passage de quelques Maugrabins[87] ». Pourtant, la figure de l'ami semble en même temps impliquer la figure de l'ennemi. C'est du moins ce que Carl Schmitt prétend quand il fait de la distinction entre l'ami et l'ennemi le fondement même de la vie politique[88]. Pour lui, le paradigme de l'ennemi, ce sera toujours l'autre, l'inconnu, ou l'étranger, schème qui s'adapte d'abord très bien à *Une passion dans le désert*, où l'on voit le terme s'appliquer initialement aux Maugrabins (« le hardi Provençal vit ses ennemis hors d'état de le surveiller[89] »), puis, dans la grotte, à la bête surgie de l'obscurité, cet « ennemi » que le Provençal ne savait pas « classer[90] ». Peu importe cette ignorance, d'ailleurs, on le voit bien, puisque même sans le connaître, il arrive vite à le classifier : l'inconnu, par définition, c'est l'ennemi. La distinction primitive proposée par Schmitt lui paraît suffisante pour éclairer la situation. Sauf que le récit de Balzac semble justement fait pour perturber cette logique. Rappelons que le soldat rencontre la panthère au cours d'un trajet rectiligne qui doit le conduire de l'ennemi à l'ami, du camp des Maugrabins à l'armée française (il « piqua vivement dans la direction où il supposa que devait être l'armée française[91] »). Si cette ligne droite ne fait que représenter et renforcer l'implacable logique binaire de Schmitt, on

85 *Ibid.*, p. 1228.
86 *Ibid.*, p. 1221.
87 *Ibid.*, p. 1222.
88 « La distinction spécifique du politique, à laquelle peuvent se ramener les actes et les mobiles politiques, c'est la discrimination de l'ami et de l'ennemi » (Carl Schmitt, *La Notion de politique*, traduit de l'allemand par Marie-Louise Steinhauser, préface de Julien Freund, Paris, Flammarion, 1992, p. 64). Ce qui permet, aux yeux de Schmitt, d'opérer cette distinction, c'est « une communauté existentielle d'intérêts et d'action », autrement dit « un ensemble de normes générales » que celui qu'on désigne comme « l'ennemi » ne partagerait pas. Il suffit donc qu'il soit « l'autre, l'étranger » (*ibid.*, respectivement p. 65 et 64-65). Suivant cette logique, l'étranger ou l'inconnu ne pourrait jamais établir avec nous un lien d'amitié. C'est précisément cette logique exclusive et identitaire de l'ami et de l'ennemi que la fable de Balzac semble contester.
89 *Une passion dans le désert*, *CH*, t. VIII, p. 1220.
90 *Ibid.*, p. 1223.
91 *Ibid.*, p. 1221.

pourrait penser que l'idée cachée de Balzac, en plaçant, comme obstacle, une bête sauvage au milieu de ce trajet – un sphinx posant une question urgente au milieu de la guerre – serait justement de remettre en question la fausse opposition divisant les tribus humaines. L'animal, inclassable en termes humains, ne serait d'abord ni ami ni ennemi, ni homme ni femme, ni occidental ni oriental, mais simplement l'inconnu, susceptible d'évoluer dans les deux sens selon son humeur et selon le comportement de l'autre. Or pour Schmitt, on l'a vu, il n'y a pas d'ami sans ennemi, comme si l'amitié était toujours complice de son contraire violent et n'existait que grâce à cette compromission. Peut-être alors le rôle capital de la panthère serait d'incarner, le moment d'une utopie, un autre rapport possible, une autre forme d'amitié, un autre modèle d'intelligence, située désormais entre les êtres plutôt que dans le geste défensif et violent de la classification mutuelle. Dans ce contre-modèle de l'amitié incarné pour l'être parlant par l'animal muet, l'amitié serait un horizon toujours ouvert plutôt qu'un concept binaire fatalement piégé par son contraire.

Göran Blix
Princeton University

BALZAC ET LA « LOI DU PLUS FORT »

L'adaptation, l'éco-traductologie et *La Peau de chagrin*

Cet article est le fruit d'un nouveau projet étudiant les adaptations de la littérature du XIXe siècle à travers le prisme de la théorie de l'évolution. Le livre, qui s'intitulera *Darwinian Dialogues. Adaptation, Evolution, and the Nineteenth-Century Novel* (à paraître chez Legenda en 2026), comprendra une discussion approfondie des auteurs tels qu'Honoré de Balzac, englobant aussi Jane Austen, Mark Twain et Alexandre Dumas père. De plus, le projet est axé sur le multimédia et envisage des adaptations dans une variété de médias, notamment le cinéma, la télévision, la radio, le théâtre, les bandes dessinées et les jeux vidéo. Cette monographie reflète mon intérêt de longue date pour le rapport entre l'adaptation artistique et sa contrepartie biologique. Comme le montre cet article, les chercheurs dans le domaine des études sur l'adaptation culturelle ont souvent comparé ces deux formes d'adaptation. Cependant, ils se sont rarement aventurés au-delà du point de comparaison métaphorique pour sonder ce que l'on peut considérer comme des synergies beaucoup plus profondes entre elles. Ma propre discussion utilise l'éco-traductologie, un concept lancé par Hu Gengshen en 2001, pour proposer que la théorie de l'évolution peut s'appliquer tout aussi systématiquement à l'adaptation dans la culture qu'aux processus biologiques dans la nature. Cette analyse s'articulera autour de deux adaptations de *La Peau de chagrin* de Balzac : le film muet *The Magic Skin* (1915, réal. Ridgely) et le téléfilm plus récent *La Peau de chagrin* (2010, réal. Berliner). En adoptant l'éco-traductologie comme cadre d'étude de ces films, cet article pose une nouvelle méthodologie interdisciplinaire qui prend au sérieux le rapport entre l'adaptation artistique et l'adaptation biologique. Bien plus qu'une similarité passagère ou simple métaphore, cette mise en dialogue de l'art et de la biologie nous permet de reconceptualiser le fonctionnement de l'adaptation en tant que pratique créative en exposant les mécanismes de sélection, de variation et d'héritage qui animent la recréation des œuvres littéraires. Plus important encore, une approche évolutive envers l'adaptation a le potentiel de transformer notre compréhension des forces qui façonnent la production et la réception d'œuvres adaptées au fil du temps. L'utilisation de la biologie pour étudier l'adaptation artistique nous montre que les pratiques adaptatives ne restent pas statiques, mais qu'elles aussi évoluent en réponse aux environnements culturels et commerciaux dans lesquels elles opèrent.

Afin d'expliquer la nécessité et la justification de cette recherche, une première étape clé consiste à contextualiser le rôle que la théorie de l'évolution a joué dans les études d'adaptation à ce jour. Les parallèles entre adaptation artistique et biologique ont souvent suscité la curiosité des spécialistes de l'adaptation, notamment depuis l'accélération des travaux dans ce domaine dans les années 1990. En 2002, Sarah Cardwell a mis en évidence une similitude claire entre les deux processus, les décrivant comme « dans une certaine mesure, analogues[1] ». « Ni l'adaptation biologique ni l'adaptation "culturelle" », écrit-elle, « ne peut avoir lieu sans l'existence d'une source, d'une origine / un original, et les deux cas d'adaptation servent à perpétuer un ensemble plus ou moins reconnaissable de certaines caractéristiques "originales[2]" ». Comme Cardwell l'a reconnu, cependant, il existe également des différences fondamentales entre l'adaptation artistique et biologique, ce qui signifie qu'elles ne peuvent pas simplement être fusionnées l'une dans l'autre. Elle a notamment identifié une disparité dans la manière dont les deux processus sont souvent perçus. Dans l'adaptation génétique, a-t-elle observé,

> chaque nouvelle adaptation est généralement considérée comme une amélioration – parfois même comme faisant partie d'un mouvement progressif vers la perfection. L'adaptation culturelle, en comparaison, est considérée comme aidant uniquement à la survie de l'organisme d'origine lui-même ; les adaptations d'*Emma* d'Austen ou de *Middlemarch* d'Eliot ne sont pas appréciées

1 Sarah Cardwell, *Adaptation Revisited. Television and the Classic Novel*, Manchester-New York, Manchester University Press, 2002, p. 13.

2 « *Neither biological nor "cultural" adaptation can take place without the existence of a source, an origin(al), and both instances of adaptation serve to perpetuate a more or less recognisable collection of certain "original" features.* » (*Ibid.*) Nous traduisons, comme pour toutes les citations anglaises contenues dans cet article.

> pour leur potentiel à développer ou à améliorer l'original, mais pour leur potentiel à renvoyer à et à revitaliser la source de leurs genèses[3].

L'idée de Cardwell selon laquelle l'adaptation génétique conduit à l'amélioration des espèces élude certaines des réalités les plus fondamentales de l'évolution, notamment le fait que les mutations génétiques peuvent entraîner des maladies et des handicaps plutôt qu'un idéal de perfection organique. Sa compréhension de la biologie en tant que métaphore pratique mais limitée de l'adaptation artistique a néanmoins trouvé un soutien parmi d'autres spécialistes de l'adaptation, notamment Julie Sanders. Pour celle-ci, la synthèse Mendel-Darwin de la théorie génétique et évolutionniste est une « façon utile de penser à l'heureuse combinaison de l'influence et de la créativité, de la tradition et du talent individuel, et de l'influence parentale et de la progéniture, dans la littérature d'appropriation ». Mais c'est là, soutient-elle, que s'arrête son utilité, puisqu'un livre sur l'adaptation « ne peut déployer [les théories de l'évolution biologique] qu'au niveau de la métaphore et de la suggestion[4] ».

Alors que Cardwell et Sanders n'étaient pas convaincues de la valeur de l'importation de concepts biologiques dans les études d'adaptation, d'autres ont plaidé par la suite pour un rétrécissement du fossé théorique entre l'adaptation artistique et biologique. Dans leur article de 2007 intitulé « *On the Origin of Adaptations* », Gary R. Bortolotti et Linda Hutcheon postulent que le lien entre les deux processus peut être considéré comme une homologie plutôt qu'une métaphore :

> Par homologie, nous entendons une similitude de structure qui indique une origine commune ; c'est-à-dire que les deux types d'adaptation sont compréhensibles comme des processus de réplication. Les histoires, parallèlement

3 « *each new adaptation is commonly regarded as an improvement – sometimes even as part of a progressive movement towards perfection. Cultural adaptation, in comparison, is seen as aiding the survival of only the original organism itself ; adaptations of Austen's* Emma *or Eliot's* Middlemarch *are valued not for their potential to develop or improve upon the original but for their potential to refer back to and revitalise the source of their geneses.* » (*Ibid.*)

4 « *The Mendel-Darwin synthesis offers a useful way of thinking about the happy combination of influence and creativity, of tradition and the individual talent, and of parental influence and offspring, in appropriative literature [but a book on adaptation] can only ever deploy such complex thinking at the level of metaphor and suggestion.* » (Julie Sanders, *Adaptation and Appropriation*, Londres-New York, Routledge, 2006, p. 156.)

> aux gènes, se répliquent ; les adaptations des deux évoluent avec des environnements changeants[5].

Inspirés en partie par la théorie de la mémétique de Richard Dawkins[6], qui conceptualisait les idées comme des *mèmes* qui se répliquent par imitation, Bortolotti et Hutcheon considèrent les histoires comme des unités de culture qui se propagent et mutent au fur et à mesure qu'elles sont racontées et redites. Leur article avance des idées qui résonnent à travers ma propre analyse, en particulier la notion que les histoires changent et *évoluent* chaque fois qu'elles sont racontées dans différents environnements. En fin de compte, cependant, Bortolotti et Hutcheon s'arrêtent avant de libérer tout le potentiel de la théorie de l'évolution pour expliquer comment l'adaptation fonctionne en tant que pratique artistique. Selon eux, les concepts biologiques sont utiles principalement parce qu'ils permettent d'échapper à une tendance *trompeuse* à évaluer le succès des adaptations en fonction de leur fidélité au matériel source. Pourtant, en déplorant la dépendance supposée des études d'adaptation sur la critique de la fidélité, ils ne parviennent pas à considérer comment un tel discours pourrait, en fait, être intégré dans un modèle évolutif pour comprendre le processus adaptatif.

Bortolotti et Hutcheon font néanmoins un cas convaincant de la valeur d'explorer la relation entre l'adaptation artistique et biologique, et les chercheurs ultérieurs ont commencé à consolider cette position. Dans son livre de 2009, *On the Origin of Stories*, Brian Boyd rejette l'idée que l'évolution biologique pourrait être un verre réducteur à travers lequel étudier la production littéraire. Il soutient de manière convaincante que les théories de l'évolution sont en fait intrinsèquement adaptées pour comprendre comment les histoires sont créées et diffusées. Soulignant le rôle clé que joue l'adaptation dans ce processus, Boyd soutient que « s'appuyer sur ce qui a précédé sous-tend toute créativité, en biologie et en culture. Recommencer à zéro gaspille trop d'efforts accumulés :

5 « *By homology, we mean a similarity in structure that is indicative of a common origin : that is, both kinds of adaptation are understandable as processes of replication. Stories, in a manner parallel to genes, replicate ; the adaptations of both evolve with changing environments.* » (Gary R. Bortolotti et Linda Hutcheon, « *On the Origin of Adaptations. Rethinking Fidelity Discourse and "Success" – Biologically* », *New Literary History*, vol. 38, n° 3, juin 2007, p. 443-458, ici p. 444.)

6 Voir Richard Dawkins, *The Selfish Gene* (1976), Oxford University Press, 2010.

il vaut bien mieux recombiner les succès de conception existants[7] ». Il souligne encore la valeur de la pensée évolutionniste pour explorer la production artistique dans son entrée pour *The Oxford Handbook of Adaptation Studies*. Reconnaissant que le domaine a « régulièrement invoqué l'adaptation biologique comme une ombre incertaine ou, avec plus de confiance, un allié puissant », Boyd affirme que les études d'adaptation « ont beaucoup plus à apprendre des approches évolutives envers la littérature et l'art » :

> Adopter une perspective évolutive nous permet de reconnaître la véritable ampleur que peuvent avoir les études d'adaptation, permet une théorie de la création culturelle qui offre une pleine portée à la fois à l'action individuelle et au contexte social et historique, et résout le problème éternel des études d'adaptation du « discours de la fidélité » (cette adaptation est-elle fidèle à sa source ?), non pas en l'écartant, mais en l'inscrivant dans le paysage plus luxuriant de ce que nous appellerions le « discours de la fécondité[8] ».

Tenant compte de l'appel de Boyd à intégrer pleinement la pensée évolutionniste dans le giron des études d'adaptation, mon analyse identifie l'éco-traductologie comme une théorie qui peut éloigner de la dépendance à la métaphore et permettre une compréhension plus nuancée du fonctionnement de l'adaptation artistique. L'éco-traductologie est un paradigme relativement récent utilisé presque exclusivement en traductologie et mérite donc une contextualisation plus poussée avant d'aborder sa pertinence pour les versions cinématographiques de *La Peau de chagrin* et l'adaptation artistique plus généralement. Les fondements théoriques de l'éco-traductologie ont été développés pour la première fois par Hu Gengshen de l'Université Tsinghua à Pékin en 2001. Frustré par ce qu'il considérait comme l'insuffisance des théories existantes pour

---

7 « *Building on what came before underlies all creativity, in biology and culture. Starting again from scratch wastes too much accumulated effort : far better to recombine existing design successes.* » (Brian Boyd, *On the Origin of Stories. Evolution, Cognition, and Fiction*, London-Cambridge, the Belknap press of Harvard University Press, 2009, p. 122.)

8 « *Taking an evolutionary perspective allows us to recognise the true breadth that adaptation studies can have, enables a theory of cultural creation that affords full scope for both individual agency and social and historical context, and solves adaptation studies' perennial problem of "fidelity discourse" (is this adaptation faithful to its source ?), not by dismissing it, but by setting it within the lusher landscape of what we would call "fertility discourse".* » (Brian Boyd, « *Making Adaptation Studies Adaptive* », dans *The Oxford Handbook of Adaptation Studies*, edited by Thomas Leitch, New York, Oxford University Press, 2017, p. 587-606, ici p. 587.)

faire progresser la pratique de la traduction, Hu a cherché à permettre aux traducteurs d'améliorer leur capacité de prise de décision lorsqu'ils travaillent à travers et entre les langues. La théorie qui en résulte s'inspire du principe darwinien de la sélection naturelle et considère le traducteur comme un être organique qui doit adapter sa pratique afin de maximiser ses chances à la fois de réussir sa traduction et sa propre survie dans la profession. Les traducteurs opèrent dans ce que Hu appelle un « environnement écologique » qui se compose des textes source et cible, des langues dans lesquelles ils sont écrits et de l'éventail de facteurs sociaux et culturels susceptibles d'influencer la production du texte traduit. En éco-traductologie, la traduction est théorisée comme un processus en deux étapes. Dans la première étape (sélection), l'éco-environnement sélectionne un traducteur possédant les compétences appropriées pour rendre un texte particulier, par exemple un sonnet shakespearien qui exige une expertise en traduction poétique. Dans la deuxième étape, le traducteur doit prendre des décisions sur la meilleure façon de traduire le matériel source. Ces décisions sont prises à la fois au niveau macro (par exemple, la traduction doit-elle être libre ou littérale ?) et au niveau micro, impliquant des décisions sur la manière d'aborder des aspects spécifiques de la traduction (par exemple, quelles techniques utiliser en traduisant le registre du texte source)[9].

Bien qu'il ait d'abord été développé comme un instrument à l'usage des traducteurs, le concept d'éco-traductologie de Hu résonne fortement avec l'adaptation artistique. De toute évidence, l'adaptation, comme la traduction, est une activité fondée sur les choix et la prise de décision. Par exemple, en adaptant une œuvre littéraire pour l'écran, un cinéaste est confronté à bon nombre des mêmes questions identifiées par Hu comme fondamentales pour la pratique de la traduction. Au niveau macro, l'adaptateur doit décider s'il doit viser la fidélité ou s'engager dans une interprétation plus libre et plus libérale du matériel source. Lorsqu'ils adaptent un texte d'une langue ou d'un contexte culturel à un autre, ils doivent également décider s'ils doivent domestiquer l'histoire ou préserver son « caractère étranger ». Au niveau micro également, les adaptateurs doivent aborder des éléments spécifiques du texte qu'ils recréent, comme la meilleure façon d'interpréter ses caractéristiques

9 Voir Hu Gengshen, « *Translation as* adaptation *and* selection », *Perspectives. Studies in Translatology*, vol. 11, n° 4, 2003, p. 283-291, ici p. 285.

linguistiques ou des points spécifiques de détails historiques. Lorsque Hu décrit les traducteurs comme des êtres organiques qui s'adaptent et sélectionnent, il identifie ainsi un processus de décision créative qui se prête volontiers à l'étude de l'adaptation artistique.

Tout aussi précieux pour ma propre étude est l'accent mis par l'éco-traductologie sur la motivation concurrentielle derrière la traduction. Selon Hu, les traducteurs sont engagés dans une lutte pour la survie dans laquelle ils doivent acquérir ou adapter les compétences professionnelles nécessaires pour gagner de l'argent et un travail continu sur le terrain. Il soutient en outre que l'amélioration de leurs capacités de prise de décision permet aux traducteurs de produire des traductions plus précises, et donc de survivre plus longtemps dans leur éco-environnement particulier. Cette idée de compétition, de lutte darwinienne pour la survie, est une manière particulièrement utile de penser l'adaptation artistique. Dans ma propre vision du processus adaptatif, les adaptateurs prennent des décisions stratégiques sur la façon de réinventer leur matériel source en fonction d'une série de facteurs, y compris leurs propres sensibilités artistiques et ce qui fonctionne dans les paramètres techniques de leur médium. Ces décisions reposent sur la nécessité de se positionner sur un marché économique dans lequel les produits culturels doivent rivaliser pour être reconnus et survivre. L'éco-traductologie nous invite à sonder et à mieux comprendre le lien entre la manière dont les artistes choisissent d'adapter leur matériel source et l'environnement commercial qui les entoure.

Après avoir expliqué pourquoi l'éco-traductologie s'intègre si bien dans le contexte de l'adaptation artistique, procédons maintenant à réfléchir aux raisons pour lesquelles *La Peau de chagrin* et ses adaptations cinématographiques ultérieures se prêtent à la discussion dans une perspective d'éco-traductologie. Premièrement, le roman a été adapté à de nombreux « éco-environnements » différents, ce qui nous permet d'examiner l'éventail des facteurs sociaux, culturels et économiques qui ont façonné sa propre *survie* au fil du temps. Selon la filmographie balzacienne compilée par Anne-Marie Baron, l'histoire de *La Peau de chagrin* a été recréée à l'écran au moins dix-sept fois, dans divers pays dont la France, le Danemark, l'Allemagne, le Royaume-Uni et les États-Unis[10]. Deuxièmement, l'intrigue

10 Voir Anne-Marie Baron, « *La Peau de chagrin* » [filmographie], Société des Amis de Balzac [https://www.lesamisdebalzac.org/la-peau-de-chagrin].

de Balzac résonne puissamment avec l'éco-traductologie car, comme la théorie de Hu, elle place les choix et la prise de décision au centre de ses préoccupations thématiques. Dans le roman, Raphaël doit faire face à un choix lié à sa propre survie, à savoir s'il faut conserver son énergie vitale et vivre plus longtemps, ou se précipiter vers la mort en vivant à outrance. Enfin, *La Peau de chagrin* se prête à l'éco-traductologie en raison de la prise de décision importante qu'elle requiert d'un adaptateur. Tout cinéaste qui souhaite réinventer le texte de Balzac doit aborder ce que Pierre Citron qualifie de son « extrême complexité[11] ». Le roman appelle à des décisions sur une gamme de questions qui détermineront, au moins en partie, si l'adaptation est accessible au public dans différents environnements. Il s'agit notamment de savoir comment adapter le mélange complexe de réalisme, de fantaisie, de science, de philosophie et d'histoire naturelle de Balzac, s'il faut conserver ses réflexions sur la société française au lendemain de la Révolution de Juillet et comment traiter les aspects du récit, par exemple le jeu, qui peuvent être acceptables dans un contexte culturel mais moralement et même légalement problématiques dans un autre. Roman qui tourne autour des choix, des décisions et de la survie, *La Peau de chagrin* se situe confortablement dans un cadre théorique qui privilégie ces mêmes sujets.

La première de mes deux études de cas, *The Magic Skin*, de 1915, reflète bien l'intérêt d'une lecture éco-traductologique, d'autant plus que le film met l'accent sur la sélection comme stratégie adaptative. Réalisé par Richard Ridgely, *The Magic Skin* était la première tentative de produire une adaptation en long métrage de *La Peau de chagrin* en cinq bobines totalisant cinquante minutes. Ridgely n'a connu qu'une brève carrière de cinéaste, étant le plus actif sur une période de quatre ans entre 1913 et 1917. En tant qu'écrivain et réalisateur, il était néanmoins bien équipé pour adapter le texte de Balzac et, en termes d'éco-traductologie, pour résister à la concurrence pour mener ce projet. Il s'est notamment imposé comme une figure incontournable au sein de la division cinéma de la Thomas Edison Company, où il a développé une solide expertise en matière d'adaptation littéraire. Ses crédits tout en travaillant pour Edison comprenaient deux de ces films, à savoir *Ranson's Folly* et *Eugene Aram*, basés respectivement sur les romans de Richard Harding Davis

11 Pierre Citron, « Introduction » à *La Peau de chagrin*, Paris, Flammarion, « GF », 1971, p. 17-52, ici p. 52.

et Edward Bulwer-Lytton, qui sont tous deux sortis en 1915. Sorti en octobre de cette année, *The Magic Skin* illustre le type de prise de décision qui est un principe clé de l'éco-traductologie. Le film ne se présente pas comme une recréation fidèle du roman, mais s'y engage plutôt sélectivement. Le matériel que Ridgely s'approprie de Balzac est contenu principalement dans la troisième partie du film, dans laquelle le protagoniste, ici renommé Ralph Valentine, obtient une peau magique avec le pouvoir d'exaucer tous ses souhaits. Cependant, le récit ultérieur, dans lequel Ralph réalise ses désirs de richesse et de femmes, est replacé dans une séquence de rêve, un dispositif qui, selon Kevin Hayes, rend les éléments moralement troublants de l'histoire plus acceptables pour un public américain précoce[12]. D'autres aspects du film sont de pures inventions. Dans la version de l'histoire de Ridgely, Pauline Gaudin, par exemple, devient folle à cause de son amour pour Ralph et se noie dans la rivière. Un tel écart par rapport au texte source, dans lequel Pauline ne meurt pas, apparaît comme une tentative d'augmenter les dimensions tragiques de l'intrigue pour les premiers spectateurs du cinéma, et de le faire d'une manière visuellement saisissante à l'écran.

L'approche sélective de Ridgely pour adapter *La Peau de chagrin* est parfaitement illustrée par son intérêt pour les thèmes de la tentation, du péché et du pacte démoniaque. Comme le montre la scène dans laquelle Ralph visite le magasin d'antiquités, le réalisateur choisit de se concentrer sur la notion de l'Antiquaire comme une figure satanique désireuse de revendiquer l'âme de son client. Dans cette séquence clé, Ralph contemple un portrait du Christ avant que l'Antiquaire n'apparaisse au fond de la pièce et se transforme rapidement au moyen d'une double exposition en diable. Après avoir persuadé Ralph de prendre la peau, ce démon réapparaît tout au long des parties restantes du film pour encourager sa progression vers la damnation. Dans la quatrième partie, par exemple, il se tient d'un côté de Ralph alors qu'un prêtre est assis de l'autre pour réprimander le jeune homme pour avoir traité si cruellement Pauline. Après la mort de Pauline, le démon réapparaît pour rappeler à Ralph qu'il est responsable de sa disparition. Cette insistance répétée sur la figure du Diable conduit à se demander pourquoi Ridgely sélectionne et adapte cet aspect de la personnalité de l'Antiquaire qui, comme

12 Kevin Hayes, « *Balzac in Hollywood* », *Interdisciplinary Literary Studies*, vol. 3, n° 2, printemps 2002, p. 1-22, ici p. 9.

l'observe Pierre Citron, oscille dans le roman entre « l'image d'un père tout-puissant [...], un dieu protecteur et un tentateur démoniaque[13] »). Une partie de la réponse réside sans aucun doute dans les considérations pratiques du cinéma de l'époque. Le diable est une figure immédiatement reconnaissable par le public et peut être évoquée à l'écran avec les costumes les plus élémentaires. La fascination de Ridgely pour le commerçant en tant que présence démoniaque suggère également, cependant, un désir de maximiser la relatabilité du film pour un public américain. En choisissant de mettre au premier plan cet élément spécifique du personnage, le réalisateur écarte les dimensions philosophiques de l'histoire et la reconditionne comme une lutte plus fondamentale entre le bien et le mal, le péché et la vertu. Ce faisant, il dégage le récit de ses fondements à la fois balzaciens et français, souligne la résonance beaucoup plus large de ses thèmes et favorise son accessibilité aux spectateurs dans un éco-environnement différent.

La capacité de Ridgely à adapter sélectivement à partir de Balzac se reflète également dans son engagement plus large avec l'œuvre de l'auteur. Comme l'a observé Hayes, *The Magic Skin* n'adapte pas seulement *La Peau de chagrin*, mais s'approprie également des éléments d'autres textes de Balzac, notamment d'*Eugénie Grandet*. Le film tire deux de ses principales intrigues de ce roman de 1833[14]. Tout d'abord, alors que le père de Ralph s'approche de la mort, il écrit à son frère à Paris pour lui demander de soutenir son neveu. La demande fait clairement écho à un moment similaire dans *Eugénie Grandet*, lorsque, au bord du suicide, Guillaume Grandet écrit à son frère à Saumur pour lui demander de prendre chez lui Charles, le fils de Guillaume. *The Magic Skin* prolonge ce parallèle avec *Eugénie Grandet* à travers une autre scène dans laquelle Ralph, devant 1 000 $ à un autre joueur, accepte l'offre de Pauline de sa dot pour régler la dette. Même la cinématographie de Ridgely lors de cette séquence touchante nous invite à établir un lien avec *Eugénie Grandet*, alors que la caméra coupe la conversation intime entre Ralph et Pauline d'une manière qui rappelle les brefs instants qu'Eugénie arrache avec son cousin Charles dans le couloir sombre de sa maison de province. Hayes souligne que cette tendance à sélectionner et à adapter les points de l'intrigue de différents romans était une pratique courante

13 Pierre Citron, « Introduction » à *La Peau de chagrin*, éd. citée, p. 49.
14 Kevin Hayes, « *Balzac in Hollywood* », art. cité, p. 8.

dans le cinéma muet. Il est cependant moins ouvert pour expliquer pourquoi les premiers cinéastes faisaient cela. Certains ont peut-être souhaité mettre en valeur leurs capacités créatives en démontrant que l'adaptation ne signifiait pas nécessairement réinventer une source unique. Cependant, il est tout aussi probable qu'ils aient combiné les éléments les plus célèbres ou les plus mémorables de différents romans dans le but de créer des adaptations capables d'attirer un grand nombre de spectateurs et de maximiser les revenus. En s'appropriant des épisodes bien connus à travers une gamme de textes, certains cinéastes ont clairement cherché à transformer des adaptations individuelles en ce que l'on pourrait qualifier de *compilations* qui présentaient le meilleur du travail d'un auteur dans une seule production.

Dans le cas du *Magic Skin*, l'adaptation par Ridgely du matériel d'*Eugénie Grandet* avait un bon sens commercial. Le roman était bien connu aux États-Unis, la première traduction anglaise étant parue à New York en 1843. Une adaptation française en bobine unique réalisée par Émile Chautard est également sortie dans les salles américaines en 1910. Si Ridgely espérait assurer le succès critique et commercial du *Magic Skin* en incorporant des éléments d'*Eugénie Grandet*, l'accueil du film s'avérerait finalement plutôt mitigé. Les réponses critiques à ce sujet différaient également considérablement d'un État à l'autre. Écrivant dans l'*Arizona Republican* en novembre 1915, un critique anonyme a décrit *The Magic Skin* comme « un film magnifique et dramatique ». « Les scènes des régions infernales sont intensément intéressantes et merveilleusement exécutées », poursuit la critique, « et [le film] contient une forte morale[15] ». Dans d'autres États, cependant, cette même représentation de l'enfer, même encadrée par une séquence de rêve, a attiré la condamnation. Dans l'Ohio, par exemple, les censeurs exigeaient que les « scènes de l'enfer » soient coupées « à trois pieds[16] ». Dans un autre fragment de l'histoire de la réception, les archives de la société Edison contiennent une lettre citant le propriétaire du Star Theater de Chicago, qui en octobre 1915 a exprimé sa déception face à la performance commerciale du film. « Monsieur Caïn, propriétaire de la maison », lit la lettre, « pensait qu'il

15 *« a magnificent and dramatic film [...]. The scenes of the infernal regions are intensely interesting and marvellously executed, and [the film] contains a strong moral. »* (Anonyme, « *"The Magic Skin" at Lion Today* », *The Arizona Republican*, 5 novembre 1915, p. 12.)

16 *« cut scenes of hell to three feet. »* (Paul Alwyn Platz, « *Eyes of Country on Cleveland* », *Motion Picture News*, vol. 12, nº 20, 20 novembre 1915, p. 41.

pouvait l'utiliser pendant deux jours, mais il prétend qu'il est tombé à plat le premier jour, alors il l'a sorti[17] ». Le problème ici, semble-t-il, était que pour un établissement spécialisé dans le divertissement pour adultes, le film et les supports publicitaires qui l'accompagnaient n'étaient pas assez sensationnels. Une gamme aussi variée de réponses illustre qu'une approche sélective envers l'adaptation ne produit pas automatiquement des films qui survivent et prospèrent. Tenter de concevoir une adaptation réussie et d'améliorer son *aptitude* à bien performer sur le plan critique et commercial peut entraîner un échec, en particulier lorsque ce film est diffusé dans différents environnements, chacun avec ses propres attentes et ses propres sensibilités culturelles.

En utilisant l'éco-traductologie pour considérer comment les cinéastes adaptent et repositionnent leurs textes sources pour différents marchés, la prochaine partie de cette discussion se tourne vers une adaptation plus récente, *La Peau de chagrin* (2010). Coproduction entre les télévisions française et belge, ce téléfilm a été réalisé par Alain Berliner, un cinéaste qui, comme son prédécesseur Ridgely à l'époque du muet, s'est présenté comme un candidat de poids pour adapter l'œuvre de Balzac. Berliner s'est fait connaître en tant que cinéaste avec *Ma vie en rose* (1997), une exploration de l'identité (trans)genre qui a remporté le « Golden Globe » du meilleur film en langue étrangère en 1998. En 2003, il a également démontré sa capacité à adapter la littérature pour le petit écran, avec sa version de *La Maison du canal* de Georges Simenon. *La Peau de chagrin* a vu Berliner collaborer avec Alexandra Deman, qui avait écrit en 2008 le scénario d'une série télévisée en deux parties fondée sur *La Dame de Monsoreau* de Dumas père. Ensemble, Berliner et Derman proposent une adaptation d'époque de *La Peau de chagrin*, préservant son cadre du XIXe siècle tout en remodelant l'histoire pour l'adapter aux préoccupations sociales, culturelles et économiques du début du XXIe siècle. Travaillant dans un format d'épisode unique totalisant 98 minutes, ils prennent une vue sélective du roman. Leur adaptation se concentre sur les moments clés de l'histoire les plus susceptibles de résonner auprès du public – la maison de jeu et la rencontre avec l'Antiquaire, par exemple

17 « *Mr Cain owner of the house thought he could use it for two days but he claims it fell flat the first day so he took it out.* » (Thomas Alva Edison, « *Letter addressed to Mr Kleine* », 1915, Thomas Edison National Historical Park [USA], Motion Picture Division Records, Boîte 3.)

– sans s'immerger dans les complexités historiques ou philosophiques du matériel source. Une telle approche trouve les faveurs de critiques comme Véronique Cauhapé qui, dans *Le Monde* du 20 septembre 2010, qualifie le film d'« un petit bijou d'élégance » :

> *La Peau de chagrin* fait partie de ces réalisations qui parviennent à transmettre, sans avoir vraiment l'air d'y toucher, le plaisir et la modernité d'une langue littéraire porteuse de sens. Qu'importe que l'histoire de Raphaël ait lieu au XIXe siècle. Elle est d'aujourd'hui[18].

La critique de Cauhapé soulève la question de savoir comment Berliner sélectionne et adapte le matériel de *La Peau de chagrin* afin de capitaliser sur la modernité de l'histoire et de la reconditionner pour un public contemporain. Comme le montre une lecture attentive du film, son approche sélective envers l'adaptation de Balzac n'est pas nécessairement réductrice, comme nous pourrions être tentés de le supposer. Au contraire, la sélection peut conduire – au sens darwinien du terme – à une adaptation mieux adaptée à son environnement culturel et commercial qu'une adaptation qui vise à répliquer avec une fidélité absolue sa source. La séquence d'ouverture de *La Peau de chagrin* apparaît comme un exemple intrigant de la manière dont Berliner sélectionne le matériel du roman et l'adapte à la fois à un nouveau public et à un médium différent. Berliner choisit d'emblée de se concentrer sur la résonance fantastique de l'histoire. Comme le texte source, le film débute dans la maison de jeu, un décor apparemment banal, mais dans lequel notre sens des réalités est vite déstabilisé. Dans le plan d'ouverture du film, on voit un couple rire dans la galerie du haut tandis que le titre *La Peau de chagrin* apparaît puis disparaît de l'écran dans une sorte d'effet ondulatoire spectral. Avec sa police déchiquetée et inégale, ce titre présente une certaine similitude avec l'ouverture des films *Harry Potter*, dont l'avant-dernier volet – *Les Reliques de la mort, Partie 1* – est sorti en 2010, l'année même de la première diffusion de *La Peau de chagrin* à la télévision.

Il y a plus en jeu ici pour Berliner, cependant, que d'essayer d'attirer les téléspectateurs en établissant des parallèles grossiers avec le monde magique de la franchise *Harry Potter*. La séquence illustre, en outre, sa

18 Véronique Cauhapé, « *La Peau de chagrin* », *Le Monde*, 18 septembre 2010 [https://www.lemonde.fr/vous/article/2010/09/18/la-peau-de-chagrin_1413042_3238.html].

capacité à adapter les éléments fantastiques du texte à travers le langage et les conventions de son propre médium. Comme le souligne Kyoko Murata, dans la séquence équivalente du roman, Balzac se contente de faire allusion à l'intrigue fantastique qui reste à dérouler sans ébranler entièrement notre sens de la réalité[19]. Ainsi, il décrit les joueurs comme des « démons humains », par exemple, et Raphaël lui-même comme « un ange sans rayons[20] ». Dans son film, Berliner s'approprie et adapte cette technique de déstabilisation subtile du réel. Alors que la caméra s'incline vers le bas, nous voyons les silhouettes des joueurs ci-dessous, leurs corps devenant flous à mesure que chaque nouveau crédit scintille puis disparaît de l'écran. Sur la bande sonore, on entend le caquètement étouffé des femmes de la salle, évoquant le rire des sorcières. Enfin, avant que la caméra n'atteigne le niveau des tables et ne se pose sur Raphaël, le son de cloche d'un célesta solo, le même instrument utilisé dans la bande sonore d'*Harry Potter*, souligne la dimension étrange et autre mondaine de l'intrigue. En choisissant de mettre en avant les soubassements fantastiques du roman, Berliner inscrit son adaptation dans un nouveau contexte du XXIe siècle et révèle sa capacité à le repenser pour un nouveau médium.

En plus de décider quels aspects du texte source mettre en valeur sur le petit écran, Berliner réfléchit à la manière d'adapter Balzac en tant qu'auteur et à ce qu'il signifie pour les spectateurs pendant la période de production du film. À cet égard, le film renoue avec l'éco-traductologie, qui invite à s'intéresser autant aux personnes derrière la traduction – dont l'auteur – qu'aux textes impliqués dans ce processus. Une telle approche centrée sur les personnes révèle que Berliner adopte une perspective spécifique et souvent ludique sur Balzac. Pour l'essentiel, le réalisateur reste conscient qu'il adapte l'œuvre du romancier à un public non spécialiste, et que sa mission est autant de divertir que d'éduquer. Il tend donc vers une représentation stéréotypée de Balzac à laquelle la majorité des téléspectateurs pourront s'identifier. Dans une séquence qui se déroule sur un toit surplombant la capitale, on voit par exemple Raphaël trinquer à son nouveau succès et paraphraser un autre personnage célèbre de Balzac, Eugène de Rastignac, avec le refrain « À nous

---

19 Voir Kyoko Murata, *Les Métamorphoses du pacte diabolique dans l'œuvre de Balzac*, Osaka, OMUP, Paris, Klincksieck, 2003, p. 49.

20 *La Peau de chagrin*, *CH*, t. X, p. 62.

deux, Paris ! ». Ailleurs dans le film, Berliner apparaît, comme l'a noté Anne-Marie Baron, un peu trop désireux d'associer Balzac aux thèmes du sexe et de l'argent[21]. Bien que les deux soient bien sûr présents dans le texte source, le film les met parfois au premier plan d'une manière qui semble à la fois destinée à choquer et à amuser (et ce faisant, peut-être, à évoquer quelque chose de l'effet propre de Balzac sur les lecteurs du XIXe siècle). Dans une autre séquence qui n'a pas d'équivalent direct dans le roman, Raphaël visite le salon de Fœdora et, réalisant le plus élémentaire de ses désirs, la séduit dans une pièce annexe. Les cris extatiques de Fœdora provoquent l'alarme parmi les invités rassemblés qui, croyant la jeune femme agressée, défoncent la porte pour découvrir le couple en flagrant délit. Dans cette scène, comme dans la séquence sur le toit, Berliner adapte Balzac comme un stéréotype culturel, jouant sur une image de la façon dont les spectateurs pourraient se souvenir de lui afin de maximiser le plaisir qu'ils retirent de l'adaptation.

Accuser Berliner de n'avoir produit qu'une version *bouchée* de Balzac pour un public de télévision reviendrait néanmoins à négliger son engagement beaucoup plus profond avec la pratique créative de l'auteur. Dans la préface de *La Peau de chagrin* de 1831, Balzac avait dénoncé les conventions éculées qui dominaient la production littéraire de l'époque. Visant particulièrement la tradition du roman noir, il déplore l'abus d'un ensemble de tropes familiers : « les cruautés, les supplices, les gens jetés à la mer, les pendus, les gibets, les condamnés, les atrocités chaudes et froides, les bourreaux, tout est devenu bouffon[22] ! » Dans *La Peau de chagrin*, ces banalités fatiguées deviendront un sujet de parodie ou, plus souvent, une matière première à partir de laquelle construire de nouveaux récits et de nouvelles significations. On peut voir Berliner puiser dans cette notion de Balzac en tant qu'écrivain adaptatif, notamment à travers son propre recours aux tropes du cinéma d'horreur. Dans l'une des séquences visuellement les plus saisissantes du film, Raphaël est assis seul dans sa chambre, attendant l'heure dite de son duel avec la compagne de Fœdora. Alors qu'il ouvre la paume de sa main, la peau magique, désormais réduite à la taille d'une feuille de chêne, apparaît soudain comme un organisme vivant qui se faufile dans la manche

21 Voir Anne-Marie Baron, « Alain Berliner : *La Peau de chagrin* », Société des Amis de Balzac [https://www.lesamisdebalzac.org/alain-berliner-la-peau-de-chagrin].

22 *La Peau de chagrin*, *CH*, t. X, p. 54.

du jeune homme et s'incruste dans son bras. Cette scène clé invite les spectateurs à situer le film dans un contexte plus large de cinéma d'horreur. La peau qui envahit le corps de Raphaël rappelle l'horreur de science-fiction *Alien* (1979, réal. Scott), dans laquelle la créature éponyme s'attache à ses victimes et les utilise comme hôtes. L'image de la peau se grattant sur le bras de Raphaël évoque également le souvenir de films d'horreur français antérieurs tels que *Les Yeux sans visage* (1960, réal. Franju), dont la propre intrigue tourne autour d'une sorte de réalisation de souhait ratée, à savoir le désir du Dr Génissier de restaurer la beauté de sa fille en greffant une nouvelle peau sur son visage brûlé. Dans une autre référence au genre d'horreur, les notes aiguës d'un violon alors que la peau disparaît dans la manche de Raphaël rappellent les partitions d'une succession de films, notamment les cordes perçantes de *Psycho* (1960, réal. Hitchcock).

Comme Balzac, cependant, Berliner ne se contente pas de reproduire ces tropes et conventions, mais les utilise plutôt pour apporter sa propre perspective au matériel source. En particulier, il adopte l'image visuelle de la peau incrustée pour souligner la mort éventuelle de Raphaël comme une forme de libération plutôt que la réalisation tragique du désir de suicide du personnage. Il met en lumière cette libération du fardeau du désir dans les dernières scènes du film, quand on voit le bras de Raphaël tomber mollement sur le côté du canapé, son amour pour Pauline consommé, et un gros plan de son poignet montrant la peau désormais disparue. L'épilogue suivant montre Pauline sur la tombe de Raphaël, surveillée par son esprit, mais aussi au bord de sa propre libération du chagrin. Alors que Raphaël marche avec contentement vers la caméra, un homme en deuil se tient seul devant une autre tombe, sa présence suggérant que Pauline pourrait bientôt retrouver l'amour. En utilisant le cinéma d'horreur comme tremplin pour ses propres réflexions sur *La Peau de chagrin*, Berliner redynamise notre compréhension de Balzac en tant qu'auteur qui a sélectionné des sources antérieures et qui s'est servi de ce matériel usé pour générer de nouvelles significations et résonances dans son propre travail.

En conclusion, la recherche en études d'adaptation a souvent été tentée de comparer l'adaptation artistique et sa contrepartie biologique. Étant donné que les deux processus tournent autour des idées de sélection, de variation et d'héritage, les chercheurs ont été largement satisfaits d'observer qu'ils sont analogues. L'éco-traductologie permet d'explorer les synergies beaucoup plus fortes entre ces deux formes d'adaptation. Cette analyse de deux versions d'écran de *La Peau de chagrin* a souligné que les adaptateurs travaillent dans un environnement concurrentiel dans lequel ils doivent se montrer « les plus aptes » à entreprendre la tâche d'adaptation. Les processus de sélection et de décision qu'ils mobilisent sont eux-mêmes façonnés par leur éco-environnement. Qu'ils choisissent de mettre en lumière les aspects démoniaques du commerçant fictif ou les éléments fantastiques de l'intrigue de Balzac, Ridgley et Berliner tentent – pas toujours avec succès – de faire en sorte que leur travail survive à l'épreuve de sa réception par un nouveau public. Comme il sied à une théorie inspirée du discours évolutionniste, l'éco-traductologie nous incite, en outre, à nous concentrer sur les agents humains, vivants et morts, qui pilotent l'adaptation artistique. Dans le cas de Balzac, le modèle de Hu invite à s'éloigner de la notion romantique de l'auteur en tant que génie original et à mettre l'accent sur l'écriture en tant qu'acte adaptatif dans lequel les sources antérieures sont elles-mêmes soumises à la sélection, à la variation et au redéploiement dans un nouveau contexte. Enfin, et surtout, l'éco-traductologie a le potentiel passionnant de repousser les limites des études d'adaptation. En tant que cadre d'interprétation des adaptations, elle représente un instrument clé à la fois pour intégrer la théorie de l'évolution dans la discipline et pour combler le fossé avec d'autres domaines de recherche scientifique tels que l'histoire littéraire. Une approche d'éco-traductologie pourrait nous amener à reconsidérer, par exemple, pourquoi certains textes sont sélectionnés pour l'adaptation plutôt que d'autres, et comment ces décisions peuvent être liées à des processus plus larges tels que la formation du canon. Loin de fournir des métaphores commodes pour discuter de l'adaptation artistique, la théorie de l'évolution apparaît comme un chaînon manquant qui peut considérablement améliorer notre compréhension de la façon dont l'art est produit et comment les œuvres adaptées se battent pour être reconnues dans un marché qui leur est si souvent indifférent.

Andrew WATTS
University of Birmingham

LA MÉDECINE DANS *LA COMÉDIE HUMAINE*

Entre savoir, soin et romanesque

D'après le goguenard Blondet de *La Maison Nucingen*, « le plus beau titre de gloire » de « la médecine moderne » est « d'avoir, de 1799 à 1837, passé de l'état conjectural à l'état de science positive[1] ». Cette promotion épistémique entraîne une reconfiguration esthétique : de charlatanisme ridicule satirisé par la comédie moliéresque – à laquelle font écho les pédants Maugredie, Brisset et Caméristus de *La Peau de chagrin*[2] –, la médecine est hissée parmi les « formes supérieures du savoir humain[3] ». Pour forger son *ethos* analytique, le roman du XIXe siècle y trouve un modèle d'expérimentation et de déchiffrement brandi contre les chimères romanesques dont le genre est encore grevé. *La Comédie humaine*, dont la préface d'*Une fille d'Ève* mobilise la figure d'un « grand et illustre médecin[4] » afin de valider les savoirs psycho-physiologiques des romans, est un terrain privilégié pour observer le phagocytage de cette discipline, sur la légitimité de laquelle la prose narrative se greffe.

Or selon la postface de l'*Histoire des Treize*, « tout le dramatique et le comique de notre époque est à l'hôpital[5] ». À la faveur de la révolution historique qui a plongé les mœurs dans une « atonie désespérante[6] », la médecine est paradoxalement devenue la courroie privilégiée d'un romanesque de la vie moderne, ici caché sous l'adjectif dérivé de *drame*, dont

1 *CH*, t. IV, p. 342.

2 « Brisset répondait "Bon ! bien !" à tous les symptômes désespérants dont l'existence était démontrée par Bianchon. Caméristus demeurait plongé dans une profonde rêverie, Maugredie ressemblait à un auteur comique étudiant deux originaux pour les transporter fidèlement sur scène » (*CH*, t. X, p. 258-259).

3 Jacques Noiray, « Figures du savant », *Romantisme*, n° 100, 1998, p. 143-158, ici p. 143.

4 *CH*, t. II, p. 268.

5 *CH*, t. V, p. 1112.

6 Honoré de Balzac, « Lettres sur Paris », lettre IX, 9 janvier 1831 ; *OD*, t. II, p. 939.

l'extension, moins générique que tonale, désigne des actions frappantes dignes d'une représentation énergique et pathétique. Selon Jean-Marie Schaeffer, la « catégorie du romanesque[7] » englobe des fictions dont la diégèse, traversée par des affects extrêmes et saturée sur le plan événementiel, est structurée par des typologies actantielles fortement polarisées, en particulier sur le plan moral, ce qui les pose en contre-modèle de la réalité. Si l'on réduit cette définition à six critères (*affectif*, *intensif*, *narratif*, *actantiel*, *axiologique* et *anti-mimétique*), la médecine touche bien au romanesque par les trois membres du « triangle hippocratique[8] » qui la composent – la maladie, le malade et le médecin –, tous trois omniprésents dans *La Comédie humaine.*

Moïse Le Yaouanc note que sur le plan nosographique, « Balzac n'a pas vraiment aimé décrire l'existence par son côté quotidien et familier », et que « ses préférences allaient au tragique et au dramatique, au pathétique violent[9] ». Décrites à travers une stylistique de l'excès, les pathologies hors-norme que *La Comédie humaine* représente répondent aux critères *intensif* et *anti-mimétique* : ainsi de la « maladie terrible [...] qui n'a pas de nom » de Vanda de Mergi dans *L'Envers de l'histoire contemporaine*, qui « défie en quelque sorte la science » par ses « symptômes si extraordinaires », avant d'être diagnostiquée (c'est la « plique polonaise qui produit tous ces ravages[10] »), ramenée dans la sphère du scientifique sans en être moins spectaculaire. Outre ce formidable « pouvoir figuratif », le dérèglement symptomatique participe « d'un pathétique romanesque[11] » suscité par le sort des malades, qui fait jouer le critère *affectif* : d'innocentes victimes ploient sous les coups de leurs bourreaux, comme Pierrette, Pons ou Ursule Mirouët, laquelle, diffamée par « l'infâme calomnie » de Goupil, est « en proie à l'une de ces maladies inexplicables dont le siège est dans l'âme[12] ». À côté des

7 Jean-Marie Schaeffer, « La catégorie du romanesque », dans *Le Romanesque*, sous la direction de Gilles Declerq et Michel Murat, Paris, Presses Sorbonne Nouvelle, 2004, p. 291-302.

8 L'expression vient de Danielle Gourévitch, *Le Triangle hippocratique dans le monde gréco-romain. Le malade, sa maladie et son médecin*, Rome, École française de Rome, 1984.

9 Moïse Le Yaouanc, *Nosographie de l'humanité balzacienne*, Paris, Librairie Maloine, 1959, p. 276.

10 *CH*, t. VIII, respectivement p. 337, 326, 338 et 390.

11 Bertrand Marquer, « Nosographie et poétique du descriptif. L'optique clinique », dans *Poétiques du descriptif dans le roman français du XIX*e *siècle*, sous la direction d'Alice de Georges-Métral, Paris, Classiques Garnier, 2015, p. 86.

12 *CH*, t. III, 949.

corps souffrants, variations sur le *topos* de la vertu persécutée, d'autres malades endossent le costume du vice châtié : Flore Brazier et Valérie Marneffe, frappées par des maladies vénériennes, réduites à n'être plus « qu'une ignoble ostéologie[13] » et « un amas de pourriture », sont « punie[s] par où elle[s] [ont] péché[14] ». Cette « toxicologie morale[15] » active les critères *actantiel* et *axiologique.* Enfin, l'intervention du médecin, figure reparaissante dans *La Comédie humaine*, rend visible la temporalité de la maladie, ce qui n'est pas sans intérêt en termes de gestion narrative : le suivi médical s'accompagne de discours savants convertis en scansions dramatiques du récit. À la mort de Goriot, Bianchon estime ainsi que « si demain soir les symptômes ne cessent pas, le pauvre bonhomme est perdu[16] » : le verdict enclenche le suspens, le lecteur est tenu en haleine. Le médecin organise le narratif et contribue à transformer la progression pathologique en feuilleton intéressant.

Dans *La Comédie humaine*, la science médicale est ainsi à l'interface entre manifestation du savoir et production du romanesque. De là notre hypothèse, à double tiroir : pour Balzac, la médecine fonctionne comme un cheval de Troie du romanesque. Première trappe : drapée d'un apparat scientifique légitime, la discipline autorise et sécurise un romanesque que l'œuvre prétend pourtant éviter. Seconde trappe : parallèlement à cette instrumentalisation, la médecine est en retour revisitée par la catégorie du romanesque qui, parce qu'elle vient mettre le savoir en échec, contribue à éclairer d'autres pratiques cliniques, moins érudites et plus attentives à l'humain. Autour du romanesque se joue un abandon de l'optique de la cure au profit du soin, posé en idéal de la médecine. Se profile alors pour le roman balzacien un autre modèle[17], par lequel appréhender la représentation des « souffrances réelles[18] » mais inconnues de l'humanité malade. Le pouvoir modélisant de la médecine dans *La Comédie humaine* serait donc à repenser : à côté d'une modélisation scientifique affichée, s'esquisse une modélisation pratique, voire éthique, discernable depuis les nœuds romanesques.

13 *CH*, t. IV, p. 536.

14 *CH*, t. VII, respectivement p. 431 et 429.

15 Moïse Le Yaouanc, *Nosographie de l'humanité balzacienne*, *op. cit.*, p. 77.

16 *CH*, t. III, 254.

17 Sur le statut modélisateur de la médecine, voir Bertrand Marquer, « Littérature et médecine : cas d'école », *Romantisme*, 2019, vol. 1, n° 183, p. 35-42, en particulier p. 35-36.

18 *CH*, t. III, p. 50.

Il convient d'abord de définir les angles de la médecine par lesquels le romanesque est susceptible de s'infiltrer. La médecine est une *discipline du savoir* organisée en champs, en écoles, en spécialités, en méthodes évolutives selon l'avancement des sciences et des techniques, et divisée en *systèmes de doctrines* scientifiques, mais aussi philosophiques et idéologiques[19]. Historiquement variable, son *statut* théorique, social et institutionnel lui accorde un degré de visibilité, de crédibilité et d'autorité reconnu par des sphères d'extension modulable, allant de la communauté d'experts au grand public. La *pratique* de la médecine recoupe deux branches : une « activité herméneutique » et une activité « curative[20] » ou thérapeutique, impliquant en amont une lecture des signes, dans l'*épistémé* moderne dégagée par Foucault[21], et en aval une guérison où le corporel au XIXe siècle se mêle au moral, au social et au spirituel. Cette pratique agrège une nébuleuse de *discours* qui, parce qu'ils émanent de sources diverses (le docteur, le praticien, le patient...), n'ont ni le même poids, ni la même fonction, ni la même valeur. En tant que *métier*, enfin, la médecine a une inscription concrète : elle a ses acteurs principaux et secondaires, ses hiérarchies (grand médecin, carabin, médecin de ville ou de province), ses sociotopes (cabinet, hôpital, lit du patient), ses réalités matérielles (le corps malade, pitoyable ou abject) et économiques (le prix des soins, scandaleux ou incommensurable face à la valeur de la vie).

Les deux premières entrées ont déjà suffisamment suscité l'attention de la recherche balzacienne[22], qui a travaillé sur les savoirs et les écoles

---

19 Voir la cartographie des écoles médicales exposée dans *La Peau de chagrin* : Brisset est « le chef des organistes, le successeur des Cabanis et des Bichat, le médecin des esprits positifs et matérialistes, qui voient en l'homme un être fini » ; « Homme d'exaltation et de croyance, le docteur Caméristus, chef des vitalistes, le poétique défenseur des doctrines abstraites de Van Helmont, voyait dans la vie humaine un principe élevé, secret, un phénomène inexplicable qui se joue des bistouris, trompe la chirurgie, échappe aux médicaments de la pharmaceutique, aux *x* de l'algèbre, aux démonstrations de l'anatomie, et se rit de nos efforts » ; Maugredie, symbole de l'« Éclectisme railleur », est un « esprit distingué, mais pyrrhonien et moqueur, qui ne croyait qu'au scalpel » (*CH*, t. X, p. 257-258).

20 *Médecine, sciences de la vie et littérature en France et en Europe de la Révolution à nos jours*, sous la direction de Lise Dumasy-Queffélec et Hélène Spengler, Genève, Droz, t. I, 2014, p. 12.

21 Michel Foucault, *Naissance de la clinique* (1963), Paris, Presses universitaires de France, 1988.

22 Voir Moïse Le Yaouanc, *Nosographie de l'humanité balzacienne*, *op. cit.* ; Jacques Neefs, « La localisation des sciences », dans *Balzac et « La Peau de chagrin »*, études réunies par Claude

plus ou moins fidèlement représentés dans *La Comédie humaine*, pour ne pas avoir à y revenir. En revanche, les quatre autres entrées s'intègrent dans la démarche épistémocritique qui sera en partie la nôtre : comment statuts et discours autorisés balisent-ils les excès romanesques et dosent-ils la tension narrative ? quelles pratiques médicales et quels aspects du métier informent l'intrigue, et comment dégagent-ils un modèle éthique pour le roman ?

Notre examen se déploiera en trois volets. Balzac *médicalise* d'abord le romanesque alors naturalisé, encadré par des emprunts à cette discipline du savoir. Plus qu'une tour de contrôle du romanesque, ensuite, la médecine fraye d'autres voies d'accès à la catégorie : dans *La Comédie humaine*, l'exercice de la médecine engage une thématique et une grammaire narrative qui relèvent pleinement de la catégorie. On envisagera enfin comment *La Comédie humaine*, dans les limites de l'étiologique et du thérapeutique, montre un passage de la cure au *care*, qui propose au roman une double formule cognitive et éthique : un modèle d'intellection du monde qui touche à la singularité par la prise en compte des douleurs intimes ; un modèle d'attention à ce même monde qui, depuis ses pathologies, permet d'interroger les normes.

LA MÉDICALISATION DU ROMANESQUE

Forte de ses progrès et de ses nouveaux systèmes, auréolée de la célébrité de figures illustres (Bichat, Broussais, Esquirol, Dupuytren…), la médecine acquiert au XIXe siècle une aura de scientificité, de légitimité et de respectabilité inouïe. À côté des robes noires que sont le prêtre et l'homme de lois, le médecin, « inscrit dans un champ disciplinaire »

Duchet, Paris, SÉDÈS, 1979, p. 129-142 ; Madeleine Fargeaud, « Balzac et la science dans *La Peau de chagrin* », dans *Nouvelles lectures de « La Peau de chagrin »*, actes du Colloque de l'École normale supérieure, Paris, 20-21 janvier 1979, Clermont Ferrand, Société des études romantiques, 1979, p. 94-99 ; *Balzac. L'invention du roman*, colloque de Cerisy, direction Claude Duchet, Jacques Neefs, Paris, Belfond, 1982, en particulier Françoise Gaillard, « La science : modèle ou vérité. Réflexions sur l'"Avant-propos" à *La Comédie humaine* » et Madeleine Ambrière, « Balzac homme de science(s). Savoir scientifique, discours scientifique et système balzacien dans *La Recherche de l'absolu* ».

donnant « accès à une parole légitime[23] », devient un nouveau dépositaire de l'autorité, admis des spécialistes comme des profanes. Conscient du surcroît de foi accordé à la profession, Benassis dans *Le Médecin de campagne* s'est fait médecin moins par vocation que par pragmatisme : il sait que « le paysan écoute plus volontiers l'homme qui lui prescrit une ordonnance pour lui sauver le corps, que le prêtre qui discourt sur le salut de l'âme », qu'« un paysan est malade, cloué sur un grabat ou convalescent [...] est forcé d'écouter des raisonnements suivis[24] ». Ce crédit scientifique, institutionnel et public, Balzac s'empresse de le convertir en croyance au service de la vraisemblance de sa fiction. S'élaborent deux usages de cette médicalisation du romanesque.

D'une part, à côté d'une technique qui consiste à *prouver* le romanesque par la déconfiture de la médecine, comme dans *La Peau de chagrin* et *Ursule Mirouët*, où l'échec de la rationalité positive a valeur de certificat de réalité d'un surnaturel d'obédience fantastique ou mystique, il existe dans *La Comédie humaine* une hybridation intermédiaire qui intègre le romanesque sous une forme plus miscible en régime vraisemblable. Par une série d'imprégnations, la thématique médicale naturalise les *topoï* du répertoire architextuel romanesque, transformés en variantes plausibles d'archétypes autrement suspects. Sillonnés par un intertexte courtois, *Le Lys dans la vallée* et *La Fausse maîtresse* transforment le héros et sa bien-aimée en gardes-malade du mari alité[25]. La tradition de l'épreuve héroïque identifiée par Bakhtine est récupérée, mais sous un jour médical[26]. Après avoir pris froid à l'ombre d'un noyer, le comte de Mortsauf, « entre la vie et la mort », est « veill[é] » par la « châtelaine » de Clochegourde et un « serf » qui l'adore « pieusement » et « chevaleresquement[27] ». Adam Laginski, « très sérieusement malade », est secouru par Paz, « paladin » « infatigable » lancé dans « un duel avec la maladie » et « la combatt[ant] de manière à exciter l'admiration des médecins[28] ». Imprégnée de schémas

23 Christèle Couleau, *Balzac, le roman de l'autorité. Un discours auctorial entre sérieux et ironie*, Paris, Honoré Champion, 2007, p. 302.

24 *CH*, t. IX, p. 433-434.

25 Voir les pages que Moïse Le Yaouanc consacre à ces romans dans *Nosographie de l'humanité balzacienne* (*op. cit.*, p. 258).

26 Voir Mikhaïl Bakhtine, *Esthétique et théorie du roman* (1978), Paris, Gallimard, « Tel », 1987, p. 202 *sqq.*

27 *CH*, t. IX, respectivement p. 1129, 993, 1045, 1139 et 1112.

28 *CH*, t. II, respectivement p. 235, 206, 238 et 237.

psychologiques et d'enjeux moraux solidaires d'un intertexte précis (la tentation chez Paz, le dévouement chevaleresque chez Félix, qui « cour[rt] à Azay par un temps affreux » pour aller quérir le médecin sans lequel « dix minutes plus tard, le comte eût succombé[29] »), la séquence médicale constitue un test moral, où la vertu du héros, éprouvée pour être victorieuse, doit faire conclure à un héroïsme – bien arrangeant, par ailleurs, dans le récit de soi.

D'autre part, les compétences du médecin font office de levier de la tension narrative, dans la mesure où son influence pilote la réception, terrain sur lequel se situe aussi la tension narrative, définie par Raphaël Baroni comme

> le phénomène qui survient lorsque l'interprète d'un récit est encouragé à attendre un dénouement, cette attente étant caractérisée par une anticipation teintée d'incertitude qui confère des traits passionnels à l'acte de réception[30].

Aussi le poids de l'un (le médecin) infléchit-il l'appréhension de l'autre (l'intrigue). Puisque le médecin, qui « fait littéralement *corps* avec [sa] discipline », permet « de la part du lecteur une adhésion sans réserve aux propos tenus en [son] no[m][31] », Balzac emboîte les lieux et les scripts de la tension narrative dans les discours de ces figures, afin d'autoriser, voire d'escamoter les signaux de structuration et de dramatisation du récit.

Si la médecine est appelée au rôle d'instrument de la configuration narrative, c'est en raison de la nature même de sa pratique, liée, depuis la fin du XVIIIe siècle selon Foucault, au signe : celui-ci « annonce : pronostique, ce qui va se passer ; anamnestique, ce qui est passé ; diagnostique, ce qui se déroule actuellement[32] ». Cette lecture herméneutique de la pathologie, incarnée dans *La Comédie humaine* par Desplein, campé dans *La Messe de l'athée* en « confident de la Chair » qui « la saisissait dans le passé comme dans l'avenir, en s'appuyant sur le présent[33] », offre des prises temporelles riches de manipulations narratives. Selon des modalités étudiées dans *La Tension narrative*, la *curiosité*, née d'une « représentation

29 *CH*, t. IX, 1126.

30 Raphaël Baroni, *La Tension narrative. Suspense, curiosité et surprise*, Paris, Éditions du Seuil, 2007, p. 18.

31 Christèle Couleau, *Balzac, le roman de l'autorité*, *op. cit.*, p. 302 et 401.

32 Michel Foucault, *Naissance de la clinique*, *op. cit.*, p. 90.

33 *CH*, t. III, p. 386.

de l'action incomplète », « fondée sur une incertitude concernant "ce qui s'est passé"[34] », appelle un *diagnostic*. Forme de « réticence textuelle[35] » qui porte l'attention sur le « développement futur de la "fabula"[36] », le *suspens* embraye sur un *pronostic*. La *surprise*, enfin, liée à « l'effacement de la surface textuelle d'un événement initial important[37] », ne correspond pas chez Baroni à une activité médicale. Néanmoins, on peut envisager qu'elle appelle une *anamnèse*, dont le rôle est de faciliter la « *récognition*[38] » *(ou rétro-cognition)* identifiée par celui-ci, et de réintégrer l'événement qui en est à l'origine dans le cadre d'un récit vraisemblable.

Aux personnages de médecins, donc, la charge de susciter, de maintenir et de justifier sous couvert de scientificité l'intérêt romanesque. Les répliques de Bianchon, motivées par son regard clinique, ont cette fonction pendant les trois premiers quarts du *Père Goriot*. D'abord, il attire l'attention sur le fil policier qui unit la veuve Michonneau, Poiret, le policier Gondureau et l'ancien forçat Vautrin, en repérant chez la « Vénus du Père-Lachaise » les « bosses de Judas » d'après le « système de Gall[39] » – voilà par le *diagnostic* la curiosité enclenchée. Ensuite, il entretient le mystère sur le couple : l'étudiant dit l'avoir vu « causant sur un banc avec un monsieur » qui lui fait « l'effet d'être un homme de la police déguisé en honnête bourgeois vivant de ses rentes » ; en proposant d'« étudi[er] ce couple-là » et de « dir[e] pourquoi[40] » il lui paraît intéressant, Bianchon fait miroiter un *pronostic* qui alimente le suspens. Enfin, le personnage sert de caution pour préparer puis déclencher le coup de théâtre de l'arrestation de Vautrin. « Gris, [il] oubli[e] de questionner Mlle Michonneau sur Trompe-la-Mort », avant de prononcer ce surnom le lendemain, ce qui produit « sur Vautrin l'effet de la foudre[41] ».

Si, dans *Le Père Goriot*, la surprise est simplement ménagée par ce personnage de confiance, dont le statut canalise l'aura romanesque du criminel, du policier et de l'espion, il est d'autres romans où l'anamnèse

---

34 Sur les liens entre *curiosité/diagnostic* et *suspens/pronostic*, voir Raphaël Baroni, *La Tension narrative. Suspense, curiosité et surprise*, *op. cit.*, p. 110-120, ici p. 99 et 108.

35 *Ibid.*, p. 99.

36 *Ibid.*

37 *Ibid.*, p. 107.

38 *Ibid.*, p. 299.

39 *CH*, t. III, p. 200 et 91.

40 *Ibid.*, p. 165.

41 *Ibid.*, p. 208 et 217.

médicale encadre nettement les effets de surprise, ramenés dans l'ordre du plausible par un discours explicatif. Ainsi de *Louis Lambert*, dont la folie, étonnante pour le narrateur, s'explique par des « accès de catalepsie », « phénomène rare, mais dont les effets sont bien parfaitement connus des médecins[42] », ou encore de *Maître Cornélius*, où Balzac confie au physicien de Louis XI la tâche d'élucider au dénouement le mystère de ce proto-roman policier. En réalité, « rien n'est surnaturel en cette affaire[43] » de somnambulisme dont souffre le torçonnier qui contre toute attente vole son propre trésor. Le fait que le romancier fasse dire au médecin qu'il s'agit du « troisième exemple qu['il] rencontre de cette singulière maladie » et qu'existent des « liaisons curieuses entre les affections de cette vie nocturne et leurs affaires, ou leurs occupations du jour[44] » atteste bien d'une volonté de gérer, par la preuve médicale, les risques liés à la structuration de l'intrigue et à l'intérêt romanesque, sur lequel Balzac table pour s'assurer l'adhésion du lectorat.

La science médicale constitue ainsi un parfait alibi : les modalités de la production du savoir font office de frein comme de moteur du romanesque.

LA MÉDECINE, PRODUCTRICE DE RÉCITS

Au-delà de son rôle d'encadrement de la fiction par « la captation [de son] armure théorique [...] et rhétorique[45] », la médecine provoque sur d'autres fronts un véritable *appel d'air* du romanesque. L'ordre précédemment dégagé se trouve dérangé, passant de la *caution* à la *cause* : au lieu d'être *géré* par le fait médical, le romanesque est comme *suscité* par celui-là même. Il est introduit à la faveur du *métier* et de la *pratique* du médecin, qui convergent dans sa fonction de « confesseur » et de « confident[46] ». Ce statut particulier est responsable de deux modes d'engendrement du romanesque.

42 *CH*, t. XI, p. 677.
43 *Ibid.*, p. 66.
44 *Ibid.*
45 Bertrand Marquer, « Littérature et médecine : cas d'école », art. cité, p. 38.
46 *CH*, t. IV, p. 725.

Premièrement, le médecin chargé d'aller au chevet des patients, conformément à l'étymologie de *clinique*, exerce son métier en s'immisçant dans les arcanes du privé, où gisent, selon Balzac, les secrets, les complots et les crimes dont il est le spectateur plus ou moins direct : le docteur Origet constate qu'Henriette de Mortsauf meurt d'un « chagrin » qui « fait l'office du poignard[47] » ; le docteur Martener comprend le « drame domestique » survenu chez les Rogron en écoutant Brigaut, puis en examinant « les ecchymoses et les blessures de la main[48] » de Pierrette. Les maladies constituent autant de résumés de romans dont le médecin devient le témoin et le dépositaire : réceptacle de tous les « petit[s] *dramorama[s]* » de *La Comédie humaine*, Bianchon a accès à « toutes les tragédies qui se jouent derrière le rideau du ménage que le public ne soulève jamais[49] », et conserve la mémoire des crimes du monde[50], qui, selon Derville, dépassent toujours « toutes les horreurs que les romanciers croient inventer[51] ». Foucault ne pourrait pas être plus balzacien lorsqu'il écrit que « la clinique n'a plus simplement à lire le visible ; elle a à découvrir des secrets[52] ». Il n'est donc pas étonnant que les douze médecins grâce auxquels les Frères de la Consolation surveillent la misère des foyers de la capitale dans *L'Envers de l'histoire contemporaine* rappellent les Treize disséminés dans l'océan parisien. Envers moral de cette société secrète, ils n'en restent pas moins un strict symétrique romanesque. Aux prises avec le secret, le médecin ouvre ainsi une trappe sur un romanesque de la vie privée de nature thématique.

Deuxièmement, cette nature de « confident de la Chair[53] » oriente la *pratique* du médecin, tendue entre activité herméneutique et mission thérapeutique. Pour comprendre le présent de la maladie, le praticien enquête sur le passé des malades, et collecte des témoignages qui, souvent chez Balzac, rejouent de grands archétypes romanesques. L'application de l'anamnèse à la vie du patient affecte alors sensiblement la forme de

47 *CH*, t. IX, p. 1192.

48 *CH*, t. IV, p. 141.

49 *CH*, t. III, p. 427 ; t. IV, p. 698.

50 Voir *L'Interdiction*, *CH*, t. III, p. 424 : « À la honte des hommes, quand j'ai voulu donner une poignée de main à la Vertu, je l'ai trouvée grelottant dans un grenier, poursuivie de calomnies, vivotant avec quinze cents francs de rente ou d'appointements, et passer pour une folle, pour une originale ou une bête. »

51 *CH*, t. III, p. 373.

52 Michel Foucault, *Naissance de la clinique*, *op. cit.*, p. 121.

53 *CH*, t. III, p. 386.

l'œuvre : la médecine est responsable d'un phénomène d'enchâssement du romanesque, ainsi présent sous une forme *rapportée.* En laissant de côté l'activité enquêtrice du médecin (voir *La Grande Bretèche*), déjà commentée par les travaux sur l'herméneutique balzacienne[54], on s'intéressera aux implications narratives et anthropologiques de la branche thérapeutique, afin d'envisager la façon dont les histoires rapportées posent en ligne de mire l'humain. C'est à partir de là que se dégagera l'autre modèle idéal pour la discipline médicale et, au-delà, pour l'écriture romanesque.

Un roman, *Le Médecin de campagne*, fera office de laboratoire, car la guérison y est, à tous les niveaux, aussi *déployée* que *déplacée* en tant qu'enjeu de l'intrigue. À partir de Benassis, médecin-civilisateur chargé de la guérison du corps humain (celui d'Adrien) et social (celui du village), le récit utopique de 1833 prie pour la consolation des cœurs (de la Fosseuse, de Genestas) et la régénération de l'âme blessée de la France. Le motif thérapeutique est à l'origine d'une démultiplication narrative qui donne à l'œuvre, bien au-delà du chapitre « Le Napoléon du peuple » fait de pièces rapportées de l'épopée impériale, son allure de mosaïque discursive. Parti dans le but de trouver un médecin capable de sauver le jeune Adrien, Genestas, ancien soldat de l'Empire, suit Benassis dans ses consultations et ses tâches humanitaires sous une fausse identité pour vérifier que sa réputation n'est pas usurpée. Or plutôt que de contrôler des compétences médicales, Genestas finit par déterrer le « récit » de Benassis, le « secret de [s]a vie[55] », qui arbore « une allure franchement romanesque[56] » par sa teneur affective et sa grammaire narrative. « La confession du médecin de campagne », qui relate « la catastrophe » par laquelle Benassis a perdu « la femme qui devait [lui] faire connaître l'amour dans sa violence [...], l'amour avec ses fécondes espérances de bonheur, enfin l'amour[57] ! », à cause d'un enfant caché né des dissipations de sa jeunesse, constitue une réécriture de scénarios topiques, historiques comme transhistoriques. Elle

54 Nous renvoyons aux travaux de Chantal Massol, *Une poétique de l'énigme. Le récit herméneutique balzacien*, Genève, Droz, 2006 ; Boris Lyon-Caen, *Balzac et la comédie des signes. Essai sur une expérience de pensée*, Saint-Denis, Presses universitaires de Vincennes, 2006. Sur *La Grande Bretèche*, voir Franc Schuerewegen, « Le docteur est un bon lecteur : à propos d'*Autre étude de femme* », *Revue belge de philologie et d'histoire*, n° 3, 1983, p. 563-570.

55 *CH*, t. IX, p. 539 et 575.

56 Pierre Laforgue, « Médecine, religion, société et mélancolie dans *Le Médecin de campagne* », dans *Littérature et médecine*, textes réunis par Marie Miguet-Ollagnier et Philippe Baron, Besançon, Presses universitaires franc-comtoises, 2000, p. 115.

57 *CH*, t. IX, p. 554 et 556.

offre, en quelque sorte, le roman d'un enfant du siècle perverti par « les mille félicités et les mille désespérances[58] » de Paris, avant de traverser les misères de la passion et les splendeurs du repentir, variation sur les motifs de l'ascension et de la chute[59].

Après que Genestas a révélé son identité et la raison de sa venue, l'apparition d'Adrien, le malade, avant même d'occasionner un discours médical, soumet la trame narrative à un nouvel enchâssement, à l'origine cette fois de l'ex-commandant, invité à livrer le « mystère » et les « secrets » d'une « histoire où [il] ne joue pas le plus beau rôle[60] ». C'est seulement après une anecdote construite sur le triangle archétypal de l'« amoureux », de la femme aimée et du rival, que ressurgit le « malade[61] », enfant de la belle Judith et du perfide Renard, confié aux soins du tiers éconduit épousé par dépit. Mais Adrien a tout d'un prétexte narratif. Son auscultation abonde en ce sens : expédiée au profit de l'histoire des « amours passés » de la Fosseuse, le temps de réduire la maladie pulmonaire à un « mauvais moment[62] », la scène est vidée de son enjeu médical. S'effectue plutôt un transfert symbolique vers les douleurs intimes, désignées par le texte comme centrales. Déplaçant l'intérêt du secret de Polichinelle (l'onanisme pratiqué au collège, lisible derrière les symptômes d'Adrien), vers les « secrets actuels [du] cœur » de la Fosseuse, opaques ceux-là, enfouis dans sa « maladive existence[63] », Balzac invite son lecteur à se détacher des douleurs visibles mais anecdotiques, pour prêter attention aux souffrances invisibles, inconnues, mais réelles. Le roman n'a pas pour ambition de faire une étude nosographique ; il exhume les « *cœurs blessés* » repliés dans « *l'ombre et le silence*[64] ».

Là se joue un glissement essentiel. Ainsi noué, le lien entre médecine, enchâssement et romanesque vise à faire entendre et circuler des récits intimes, qui, parce qu'ils brassent de grands archétypes romanesques, en viennent à prendre une portée anthropologique, le romanesque étant, selon Frye, « une épopée de la créature, de la vision qu'a l'homme de sa

58 *Ibid.*, p. 543.

59 Voir Northrop Frye, *L'Écriture profane. Essai sur la structure du romanesque*, Saulxures, Circé, 1998.

60 *CH*, t. IX, p. 577.

61 *Ibid.*, p. 579 et 583.

62 *Ibid.*, respectivement p. 587 et 586.

63 *Ibid.*, respectivement p. 587 et 480.

64 *Ibid.*, p. 385 et 574. Il s'agit de l'épigraphe du roman.

propre vie[65] ». Présente dans *La Comédie humaine* au-delà du *Médecin de campagne*, cette configuration narrative tient un discours sur la médecine, présentée de la sorte comme une discipline centrée sur l'humain dans un état de souffrance, de *vulnérabilité*, avant d'être un système d'idées – c'est pourquoi Benassis est introduit dans le roman par une tautologie significative, « cet homme est décidément un homme[66] », qui célèbre dans l'homme l'*humanité*.

À l'inverse, lorsque la médecine se confond avec une production de savoirs aveugle aux misères vécues, elle devient un contre-exemple glaçant. Les « trois systèmes » incarnés dans *La Peau de chagrin* forment certes une impressionnante somme de « connaissances humaines », mais ils affichent « une apparence d'intérêt » sans « aucune sympathie pour [l]es maux[67] ». Dans *L'Envers de l'histoire contemporaine*, Halpersohn, quoiqu'il puisse « guéri[r] précisément les maladies désespérées auxquelles la médecine renonçait », inspire un « mouvement de dégoût[68] » à Godefroid, parce que la rémunération de ses services prime pour lui sur la valeur de la vie.

De plus, l'enchâssement tend à valoriser une disposition cognitive, l'écoute, associée à une posture éthique, l'attention, que l'on retrouve partout dans *La Comédie humaine.* Alors que Brisset, Maugredie et Caméristus dissertent et « di[sent] quelques lieux communs » en « tois[ant] » Raphaël « avec indifférence », Bianchon, occupé à « donn[er] ses soins depuis quelques jours », lui montre « un attendrissement plein de tendresse[69] ». L'idéal de scientificité a beau contaminer les discours et les scénographies auctoriales de *La Comédie humaine*, il n'en reste pas moins que les textes mettent quant à eux en lumière une pratique humaine qui possède, à l'instar du pan théorique de la médecine, une force modélisatrice. En tant que discipline du savoir, la médecine est donc embarquée dans les stratégies de redéfinition et de légitimation génériques ; en tant qu'art du *soin*, proche du *care*, elle pourrait donner des clefs pour concevoir une écriture elle-même *soucieuse*, où se mêlent souci affectif et attention sociale. En d'autres termes, la médecine donne aussi pour le roman un certain modèle éthique.

65 Northrop Frye, *L'Écriture profane. Essai sur la structure du romanesque*, *op. cit.*, p. 22.

66 *CH*, t. IX, p. 395.

67 *CH*, t. X, respectivement p. 130, 258 et 256.

68 *CH*, t. VIII, p. 376 et 387.

69 *CH*, t. X, p. 258 et 259.

DE LA CURE AU *CARE* : LE SOIN, UN MODÈLE MÉDICAL ET LITTÉRAIRE

La substitution de l'éthique au scientifique n'est jamais plus visible que dans les failles du discours étiologique ou curatif, qui coïncident avec des percées romanesques. Raphaël dépérit du pacte maléfique contracté avec la peau ; le « dernier remède de la science, remède inutile » ne peut sauver Goriot consumé par la passion démesurée de la paternité ; Henriette de Mortsauf meurt d'amour alors qu'« aucune puissance médicale ne pouvait plus combattre la maladie » ; Fanjat, l'oncle médecin d'*Adieu*, avoue l'« impuissance de [s]on art[70] » devant la folie de Stéphanie de Vandières. Face à une médecine débordée par les excès de la pathologie romanesque, Bianchon livre un aphorisme à valeur exemplaire sur la mission qui incombe alors au médecin : « nous ne guérissons pas, nous aidons à guérir[71]. » La *cure* n'a d'autre choix que d'évoluer vers le *care*, qu'il s'agit de définir rapidement.

Née dans l'Amérique ultra-libérale de Reagan et dans un terreau féministe, liée à la différence portée par les voix des femmes, reléguées aux sphères du soin et du souci, donc amenées à développer une éthique relationnelle distincte de la morale de la justice masculine, la pensée du *care* initiée par les travaux de Carol Gilligan articule deux branches[72]. Elle recoupe

> les concepts de sollicitude et de soin, le premier exprimant la capacité à se soucier des autres et la conduite particulière qui consiste à se préoccuper d'autres identifiés par un besoin ou une vulnérabilité trop grande, le second regroupant un ensemble d'activités ou de pratiques sociales qui problématisent ensemble le fait de prendre soin et de recevoir le soin[73].

La Comédie humaine fait valoir, contre la sécheresse des savants, une qualité soignante. Nombre de personnages procurent des soins palliatifs, là où les experts multiplient les déshumanisations violentes, en prenant « la mesure de la maladie et du malade, comme un tailleur prend la mesure

70 *CH*, t. III, p. 282 ; t. IX, p. 1192 ; t. X, p. 985.

71 *Ibid.*, p. 263.

72 Voir Carol Gilligan, *Une voix différente. La morale a-t-elle un sexe ?* [*A Different Voice* (1982)], traduit de l'anglais par Annick Kwiatek, Paris, Flammarion, 2019.

73 Fabienne Brugère, *L'Éthique du « care »*, Paris, Presses universitaires de France, 2011, p. 26.

d'un habit à un jeune homme qui lui commande ses vêtements de noces », ou pire encore, en attendant le cadavre pour « vérifier le fait, quand il sera mort[74] ». Contrairement aux « médecins qui ont exercé » et « ne voient que la maladie », Bianchon, étudiant sensible, « voi[t] encore le malade[75] ». Il le prouve en restant « près de » Goriot pour fournir avec Rastignac des « soins continuels » avec une « force » et un « dévouement[76] » martelés par le texte. Les personnages d'aides-soignants ou de proches-aidants dépourvus de compétences spécialisées ou obligés de s'en départir accompagnent leurs malades avec une impuissante présence : Pauline de Villenoix « donn[e] les soins nécessaires » à Louis Lambert ; Schmucke, « assis au chevet du lit », tient « la main de Pons » ; le grenadier Fleuriot dans *Adieu* est capable de « distraire » et d'« occuper » la malade « en jouant avec elle » ; l'oncle Fanjat « veille sur elle » et « compren[d] sa folie » contrairement à Philippe de Sucy, obsédé par le désir de « la guérir[77] » – on y reviendra.

Au-delà de la thématisation du personnage de soignant, il existe peut-être dans *La Comédie humaine* une poétique du *care*, conforme à la définition donnée par Maïté Snauwaert et Dominique Hétu. Il y a bien, chez Balzac, une « finesse de l'attention portée aux émotions et aux relations impliquées par les situations », une « capacité des phrases à attirer notre attention et à faire la lumière sur ce qui est autrement invisible, inconnu, négligé[78] ». Et le romancier lui-même, dans *Madame Firmiani*, compare « l'écrivain » au « chirurgien près d'un ami mourant », « pénétré d'une espèce de respect pour le sujet qu'il maniait[79] ». Cette poétique balzacienne du *care*, si elle est, prend deux formes, dont la particularité est de lier étroitement écriture romanesque et enquête historiographique : d'une part, une *écoute des singularités* ; de l'autre, une *narration accompagnante*.

L'ÉCOUTE DES SINGULARITÉS

Se complaisant dans les classifications, l'angle théorique étouffe l'expérience humaine sous une « nomenclature nouvelle » pleine de « mots ingénieux pour tout expliquer », qui « servent de passeport

74 *CH*, t. X, p. 259 et 262.

75 *CH*, t. III, 270.

76 *Ibid.*, p. 257 et 260.

77 *CH*, t. XI, p. 679 ; t. VII, p. 579 ; t. X, p. 1002, 1010 et 1003.

78 Dominique Hétu et Maïté Snauwaert, « Poétiques et imaginaires du *care* », *Temps zéro*, n° 12, avril 2018, https://tempszero.contemporain.info/document1650.

79 *CH*, t. II, p. 141.

aux cercueils escortés de larmes hypocrites que la main du notaire a bientôt essuyées[80] ». Contre les terminologies asséchantes et traîtresses, Balzac fait entendre la maladie singulièrement vécue, ce que Foucault nomme « la maladie [...] dans la forme de l'individualité[81] ». Pour le romancier, « introduire le langage dans cette pénombre où le regard n'a plus de mots » consiste moins dans une « recherche stylistique » visant « la conquête d'une individualité pathologique jusqu'alors inaperçue » par « le labeur intérieur d'un langage qui pourchasse la perception de toute sa force[82] », que dans une distribution discursive et narratologique des voix, destinée à laisser aux malades leur mot à dire sur ce qui leur appartient en propre.

Dans *Ferragus* comme dans *Le Lys dans la vallée*, un diagnostic est d'abord établi. Clémence Desmarets est « frappée à mort » par « une maladie morale qui a fait des progrès et qui complique sa situation physique » ; Henriette « meurt d'inanition » et de « quelque peine inconnue[83] ». Or Balzac branche ensuite son roman sur l'écoute des voix intimes et contraires des patientes, qui livrent leurs versions des faits. Mme Jules écrit dans sa lettre d'adieu que « les médecins expliquent [s]a mort à leur manière », mais qu'elle « seule en conna[ît] la véritable cause[84] » ; la comtesse de Mortsauf livre une auto-étiologie et une auto-symptomatologie de sa pathologie, retraçant dans sa lettre posthume les étapes d'une véritable maladie d'amour[85], alors même que pour la science moderne, « il semble que personne ne meure de chagrin, ni de désespoir, ni d'amour, ni de misères cachées, ni d'espérances cultivées sans fruit[86] ». Outre ces discours à la première personne, le narrateur et les personnages traduisent aussi l'inaudible médical : alors que le docteur Poulain, masqué sous une

80 *CH*, t. IX, p. 1194.

81 Michel Foucault, *Naissance de la clinique*, *op. cit.*, p. 173.

82 *Ibid.*, p. 173-174.

83 *CH*, t. V, p. 880 ; t. IX, p. 1192.

84 *CH*, t. V, p. 883.

85 « Ma vie fut dès lors une continuelle douleur que j'aimais » ; « le remords s'est logé dans mon cœur » ; « il y eut un moment où la lutte fut si terrible que je pleurais toutes les nuits : mes cheveux tombaient » ; « les constantes émotions de ma vie orageuse, les efforts que je faisais pour me compter moi-même sans autre secours que la religion, tout a préparé la maladie dont je meurs. Ce coup terrible a déterminé des crises sur lesquelles j'ai gardé le silence » ; « la jalousie a fait la large brèche par où la mort est entrée » (*CH*, t. IX, p. 1217-1218).

86 *Ibid.*, p. 1194.

« physionomie hypocrite » et une « phrase médicale » voit dans la maladie de Pons une « jaunisse », le narrateur du *Cousin Pons* identifie la « gravelle au cœur » qui le tue. Folle ou ange, Mlle de Villenoix peut « comprendre toutes les pensées, même les plus confuses » de son fiancé fou, et « parcour[t] le chemin fait par son esprit » pour « [s]e trouver néanmoins au but avec lui[87] ». Benassis partage la « passive mélancolie » de la Fosseuse, « toujours souffrante », et adopte, pour décrire sa pathologie, une langue qui « lui appartient » en propre (« elle est triste et *pleure avec le ciel* » ; « son cœur est *en dehors d'elle*[88] »), évitant les terminologies impropres, les mots inattentifs aux maux singuliers.

Cette *écoute des singularités* coïncide avec l'afflux des *topoï* (lettre d'adieu, monologue d'agonie, affectivité suraiguë, personnage hors norme), à charge d'offrir un contrepoint critique aux vérités scientifiques. La jonction d'une parole divergente et de la catégorie du romanesque n'est pas si étonnante, si l'on considère que la logique de l'écart, de la contre-réalité, entre en résonance avec la dimension contestataire de ces voix qui se placent à côté des savoirs institués pour les ébranler. Pour autant, il faut se garder de conclure que le roman balzacien décroche là du réel. Au contraire, cette *écoute des singularités romanesquement transcrites* sert son intellection, à considérer le *réel* comme une mosaïque de *réalités* différentiellement vécues par des acteurs subjectivement situés et vivant des expériences irréductibles les unes aux autres, qu'il incombe au romancier de recopier. C'est en cela que cette modalité du *care* participe d'un *réalisme* balzacien qui est, pour reprendre un mot de Jacques-David Ebguy, un « perspectivisme[89] » soucieux d'embrasser tous les pans et les plans de réalité. Si Balzac risque une fragilisation du savoir, c'est pour mieux atteindre ce réel diffracté, qui rejoint pleinement l'entreprise de représentation et d'intellection du monde qui est la sienne.

LA NARRATION ACCOMPAGNANTE

Sur le modèle des soignants passant de la cure au *care*, le roman balzacien pourrait lui aussi adopter une narration de nature *accompagnante*, caractérisée par « une attention aux autres dans le besoin »,

87 *CH*, t. VII, respectivement p. 570 et 499 ; t. XI, p. 681 et 683.

88 *CH*, t. IX, p. 477.

89 Jacques-David Ebguy, « De l'imaginaire à l'"impossible". Romanesque et roman de formation », *Romanesques*, n° 5, 2013, p. 147-168, ici p. 149.

aux vies dédaignées par « les formes dominantes de représentation [...] parce qu'elles sont considérées comme inutiles, perturbantes ou hors normes[90] ». Il retrace ainsi « les secrètes infortunes du père Goriot », qui « aux uns [...] faisait horreur » et « aux autres [...] faisait pitié[91] », jusqu'à retranscrire intégralement sa crise finale. *Pierrette* suit les « deux maladies mortelles [...] développées par suite de ces mauvais traitements » de la parente pauvre, depuis les « troubles intérieurs si violents » et les « chagrins secrets » provoqués par sa chlorose, jusqu'aux « souffrances horribles[92] » développées par la carie des os. « Chronique d'une mort annoncée[93] », *Le Cousin Pons* suit son héros dans son interminable agonie.

Cet accompagnement est éthique dans la simple prise en compte dans la fiction des laissés pour compte d'une société qui « risque de condamner à l'invisibilité, de reléguer en dehors des logiques de redistribution et de reconnaissance, toutes celles et ceux dont les identités apparaissent en creux par manque de dire et d'agir[94] ». Sensible jusqu'au pathos aux victimes de la société moderne, les cœurs « broy[és] » par « le char de la civilisation » et les « grains de sable » aplatis sur les « railways » d'une « société lancée dans sa voie métallique avec une vitesse de locomotive », ignorés dans la plus grande « insensibilité » et « insouciance[95] », la narration balzacienne relève par le choix de ses protagonistes de l'éthique du *care.*

L'éthique se joue aussi au niveau pragmatique. La narration *accompagnante* sert de contrepoint aux fictions malhonnêtes de personnages qui déforment dans leurs versions des faits une maladie qu'ils ont contribué à provoquer. Mme d'Espard invente une « monomanie » pour pathologiser donc discréditer son mari, homme d'honneur « représenté comme fou dans [s]a requête[96] ». Delphine de Nucingen suggère à son amant que « [s]on père n'est peut-être pas aussi malade [qu'il] le di[t] » mais « mourrait de chagrin si [sa fluxion de poitrine à elle] devenait mortelle par suite

90 Fabienne Brugère, *L'Éthique du « care »*, *op. cit.*, p. 25 et 55.

91 *CH*, t. III, p. 72.

92 *CH*, t. IV, respectivement p. 143, 98 et 125.

93 Aude Déruelle, « *Le Cousin Pons*, roman de la fin ? », dans *Honoré de Balzac. Le Cousin Pons*, sous la direction d'Aude Déruelle, Rennes, Presses Universitaires de Rennes, 2018, p. 8.

94 Fabienne Brugère, *L'Éthique du « care »*, *op. cit.*, p. 63.

95 *CH*, t. III, p. 50 ; t. VII, p. 499 ; t. III, p. 50 et 287.

96 *Ibid.*, p. 447 et 470.

de cette sortie[97] ». Sylvie Rogron soutient que les maux adolescents de Pierrette sont des « giries », et l'avocat Vinet innocente les Rogron de toute responsabilité dans le procès pour maltraitance en prouvant par autopsie que « la pauvre enfant que voici succombe à son abcès dans la tête[98] » et non de mauvais traitements. Enfin, les conclusions du docteur Poulain rapportées par Fraisier à la Présidente de Marville sont un grand morceau de double conversation. Dans cette « comédie terrible de la mort », tous s'entendent pour tenir le beau rôle et rendre la Cibot coupable d'« assassin[er] moralement » un cousin dont la parente est ravie d'être « débarrass[ée] *honnêtement*[99] ». Le masque de sollicitude arboré par Mme Camusot laisse transparaître l'appât du gain, et le bulletin de santé de l'avocat cache mal son statut véritable de pré-rapport d'autopsie et d'ébauche d'agenda juridique (« Dans six semaines, la succession sera ouverte[100] »). Comme au XIXe siècle le pathologique s'oppose moins au *sain* qu'au *normal*[101], on voit bien l'intérêt de traficoter l'histoire des malades : la maladie départage l'*anomalie* et la *norme*, tirée de leur côté par les faussaires. La narration *accompagnante*, en livrant non une nosographie fidèle mais en retraçant ce que le texte présente comme la réalité de la pathologie telle qu'elle est vécue par les victimes, parfois au risque de l'invraisemblance[102], est éthique en ce qu'elle bat en brèche la morale des puissants, en démystifiant sa production. On retombe alors sur le *care* en tant que « critique de toutes les formes de puissance, qu'elles soient naturelles ou fabriquées par l'homme[103] ».

Cette narration *accompagnante*, qui fait de la *copie* balzacienne une des modalités du *care*, n'a cependant aucune prétention à guérir la société malade et mortifère décrite dans la préface de *La Femme supérieure*[104], alors

97 *Ibid.*, p. 281.

98 *CH*, t. IV, p. 113 et 159.

99 *CH*, t. VII, p. 630, 666-667.

100 *Ibid.*

101 « La médecine du XIXe siècle s'ordonne plus, en revanche, à la normalité qu'à la santé » (Michel Foucault, *Naissance de la clinique*, *op. cit.*, p. 35). L'opposition structurante devient celle de « la *bipolarité médicale du normal et du pathologique* » (*ibid.*, p. 36).

102 On renvoie par exemple aux commentaires de Moïse Le Yaouanc qui juge l'apoplexie de Goriot peu vraisemblable, car trop longue, incohérente par rapport à la progression ordinaire de cette maladie (voir *Nosographie de l'humanité balzacienne*, *op. cit.*, p. 239).

103 Fabienne Brugère, *L'Éthique du « care »*, *op. cit.*, p. 64.

104 « [L'auteur] a cru qu'il n'y avait plus d'autre merveilleux que la description de la grande maladie sociale, elle ne pouvait être dépeinte qu'avec la société, le malade étant la maladie » (*CH*, t. VII, p. 894).

que le *care* esquisse une politique alternative à la société libérale capitaliste. Impuissant à éradiquer la pathologie sociale[105], le roman a vocation à enregistrer ses ravages, à garder une trace des morts. Dénuée de *praxis* thérapeutique mais dotée d'une fonction mémorielle compensatrice[106], qui explique qu'autant de soignants soient aussi des doubles du romancier[107], cette narration est plus proche d'un *soin palliatif* que de la *cure*.

C'est pourquoi Philippe de Sucy dans *Adieu* est un contre-modèle absolu. Après avoir perdu sa maîtresse dans l'hécatombe de la Bérésina, il retrouve Stéphanie « morte et vivante, vivante et folle[108] », gardée au couvent des Bons-Hommes par son oncle médecin. Philippe se toque aussitôt de la lubie de « la guérir[109] ». Mais cette guérison pèche parce qu'elle relève du *soi* plutôt que du *soin* : tout entière motivée par le fait que son amante ne soit plus « femme » et que Philippe « souffre » qu'« elle ne le reconna[isse] pas », lui « Philippe, [s]on Philippe, Philippe », cette cure intéressée n'envisage pas que Stéphanie puisse être « heureuse » dans cette « vi[e] comme l'oiseau, comme le daim[110] ». Double violence, donc, d'une guérison égoïste : dans le rejet des formes de vies étrangères à une normalité prédéfinie par un cadre « soumis à des préjugés[111] » ; dans le refus de laisser au féminin le droit d'exister en dehors d'un regard masculin socialisé[112], deux normes que la folie féminine précisément interroge[113].

Anti-modèle thérapeutique, Philippe l'est aussi sur le plan narratif. Il conçoit en effet de renverser la folie en raison par la recréation de « la plaine fictive de la Bérésina[114] ». De prime abord, son projet semble correspondre à

105 Voir José-Luis Diaz, « Balzac romancier de la "grande maladie sociale" (1838-1847) », *L'Année balzacienne*, n° 17, 2016, p. 221-240.

106 Il y a donc, dans le *care*, selon Nicole Mozet, un lien avec la discipline archéologique, à la fois modèle, méthode et éthique (voir Nicole Mozet, *Balzac au pluriel*, Paris, Presses universitaires de France, 1990, p. 47).

107 Bianchon, évidemment (*Autre étude de femme*, *L'Interdiction*), mais signalons que Pauline de Villenoix a recopié les aphorismes de Lambert. Son geste scriptural permet de « sauver de l'oubli » (*CH*, t. XI, p. 684) les fragments de la vie et de la pensée du génie, mis « dans un ordre qui les rendît intéressants » (*ibid.*, p. 677) par le narrateur homodiégétique.

108 *CH*, t. X, p. 983.

109 *Ibid.*, p. 1003.

110 *Ibid.*, respectivement p. 1007, 1008, 1005 et 1008.

111 *Ibid.*, p. 1010.

112 « Je supporterais tout si, dans sa folie, elle avait gardé un peu du caractère féminin. Mais la voir toujours sauvage et même dénuée de pudeur, la voir… » (*ibid.*, p. 1009).

113 Voir Shoshana Felman, *La Folie et la chose littéraire*, Paris, Éditions du Seuil, 1978.

114 *CH*, t. X, p. 1012.

l'idéal du romancier, car il met en place une *mimésis* historique vraisemblable, une « illusion » soucieuse de « *copier* dans son parc la rive où le général Éblé avait construit ses ponts », à « *figurer* les bois noirs et à demi consumés », à trouver « des débris *semblables* à ceux dont s'étaient servis ses compagnons d'infortune[115] ». Or la narration *accompagnante* de Balzac n'a rien à voir avec la représentation *traumatique* de Philippe. D'abord, associant folie et mort, raison et vie, Philippe n'envisage pas que la cure selon lui puisse être, pour Stéphanie, un second trauma. Sa fiction narrative plaque ainsi sur Stéphanie un scénario abstrait, préconçu et innervé par ses propres normes rationnelles, relationnelles et sexuelles, sans partir de la singularité d'une expérience féminine de la guerre, du viol et de la mort – torsion annoncée par la façon dont il interprète à sa manière le « mouvement de désespoir » et la « profonde terreur » de Geneviève comme un « bon augure » annonçant que « Stéphanie va recouvrer la raison[116] », alors que rien ne va en ce sens. Ensuite, Philippe est persuadé que sa représentation peut réparer les traumas de l'histoire, incarnés dans la folie de Stéphanie, qu'il veut rendre comme avant[117], « charmante femme », « gloire d'un amant » et « reine des bals parisiens[118] ». S'il se fait copiste, c'est pour réécrire l'histoire, pervertissant en profondeur l'éthique scripturale de Balzac, fidèle aux maux. Dans *Adieu*, la raison égoïste et prescriptive qui préside à une représentation unilatérale, violente et infidèle est donc à mille lieues de cette *écoute des singularités* et de la *narration accompagnante* à l'œuvre dans *La Comédie humaine.*

Entre savoir, soin et romanesque, trois manipulations de la médecine dans *La Comédie humaine* ont été dégagées : la discipline est une *butée*, qui balise un genre de la sorte autorisé à avancer masqué, à faire du roman sans en avoir l'air ; elle est une *brèche*, qui fait pénétrer le romanesque au cœur des secrets de la vie privée que l'œuvre s'applique à déplier pour mettre les douleurs humaines au-devant de la scène ; une certaine pratique de la médecine, enfin, parente du *care*, sert de *modèle* au roman balzacien, muni de clefs pour trouver à son tour une écriture sensible à ce que la société contemporaine invisibilise.

---

115 *Ibid.*, p. 1010. Nous soulignons.

116 *Ibid.*, p. 1011-1012.

117 Et si, dans cette perspective, l'encouragement quatre fois prononcé par Philippe, « En avant ! » (*ibid.*, p. 973, 974, 976 et 979), présent dans l'analepse centrale (*ibid.*, p. 1000), était le symptôme d'une crispation sur l'*avant*, le *passé* ?

118 *Ibid.*, p. 993.

À côté du « scalpel de l'analyse[119] », emblème de l'autopsie du réel, un autre instrument tiré de la boîte à outils du médecin pourrait symboliser le modèle éthique à l'œuvre dans *La Comédie humaine*. Le tout nouveau stéthoscope (1816), pareil à celui qu'applique le docteur Minoret sur la poitrine d'Ursule qu'il croit souffrante avant de l'inciter à « raconte[r] les moindres événements de [son] affaire de cœur[120] », pourrait représenter l'écoute transposée dans l'œuvre de Balzac. C'est par cette valeur, dotée d'une force critique et contestataire à ce moment précis de l'histoire, que le romancier construit son roman en contrepoint à « la maladie de l'époque » : « l'individualisme[121]. »

Kathia HUYNH
Université d'Orléans – POLEN

119 *CH*, t. III, p. 548.
120 *Ibid.*, p. 855.
121 *Ibid.*, p. 698.

TROISIÈME PARTIE

DU CÔTÉ DU DROIT ET DE L'ÉCONOMIE

ENTRE L'ESPRIT ET LA LETTRE

Dynamiques du droit des successions dans *La Comédie humaine*

Les très nombreuses études sur le droit chez Balzac[1], émanant autant de juristes[2] que de littéraires, ont mis en lumière le caractère structurant de la dimension juridique dans *La Comédie humaine.* L'originalité de Balzac, et ce n'est pas la moindre, est de traiter le droit dans sa singularité technique, comme un continent radicalement étranger (il cite des arrêts de la cour de cassation, s'appuie sur la procédure, use

1 Nous nous contenterons de citer quelques études et synthèses qui ont fait date : Théophile Gautier, *Honoré de Balzac*, Paris, Poulet-Malassis, 1859 – le premier sans doute à avoir attiré l'attention sur la fonction esthétique du droit dans *La Comédie humaine*; Adrien Peytel, *Balzac, juriste romantique*, Paris, M. Ponsot, 1950; Maurice Bardèche, *La Formation de l'art du roman chez Balzac jusqu'à la publication du « Père Goriot » (1820-1835)*, Genève, Slatkine reprints, 1967, chap. X en particulier; Pierre-Antoine Perrod, « Balzac et les majorats. De la *Brochure sur le droit d'aînesse* au *Contrat de mariage* », *L'Année balzacienne*, 1968, p. 211-239; Pierre Barbéris, *Balzac et le Mal du Siècle. Contribution à une physiologie du monde moderne*, Paris, Gallimard, 1970, t. I; Tim Farrant, « Le Rôle des modèles judiciaires dans l'élaboration du discours balzacien », *Cahiers de l'AIEF*, n° 44; 1992, p. 177-189; Gérard Gengembre, « Honoré de Balzac : roman du droit, droit du roman », publié dans le numéro spécial de *Littératures classiques*, n° 40, 2000, consacré à « Droit et littérature », sous la direction de Christian Biet, p. 387-396; Philippe Malaurie, « Le Code Napoléon et le romantisme », *Droits*, n° 41, 2005, p. 3-18; Michael Lucey, *Les Ratés de la famille. Balzac et les formes sociales de la sexualité*, traduit par Didier Éribon, Paris, Fayard, 2008; Nicolas Dissaux, *Balzac romancier du droit*, Paris, Lexis/Nexis, 2012; Michel Lichtlé, *Balzac, le texte et la loi*, Paris, PUPS, 2012; Gaspard Lundwall, « Le Contrat chez Balzac. Mensonge romantique et vérité contractuelle », *L'Année balzacienne*, n° 14, 2013, p. 353-387; Elisheva Rosen, « Usages balzaciens du droit et exploration du social : l'exemple de *L'Interdiction* », *Balzac et l'homme social*, textes réunis par José-Luis Diaz, *Revue des Sciences humaines*, n° 323, 2016, p. 133-150.

2 Certains y voyant une représentation des mœurs juridiques, ou mieux, une représentation du « rôle exact de la loi », en action, à l'instar de Joseph Blondel dans son *Discours de l'audience solennelle de rentrée de la Cour d'appel de Douai du 17 octobre 1887* – ce qui attesterait, au passage, que le droit est bien abordé comme une science par le roman. On citera également le riche ouvrage de référence dirigé par Nicolas Dissaux, *Balzac romancier du droit* (ouvr. cité) qui cartographie les notions de droit mobilisées dans *La Comédie humaine* et examine leurs fonctions dramatiques et critiques.

d'un vocabulaire technique approprié), tout en l'intégrant parfaitement à l'univers romanesque : « Le langage du droit est pour lui, ainsi que les combats du droit, une dimension de son univers » écrit Pierre Barbéris[3]. Il faut ici préciser que dans *La Comédie humaine*, le droit désigne tantôt le droit positif[4], tantôt des droits subjectifs (comme l'égalité), tantôt des principes réglant des institutions juridiques (comme le droit d'ainesse). Ressort romanesque, source de la tension narrative, le droit est donc constitutif de la dynamique du monde représenté. Ainsi, selon Gérard Gengembre, le Code civil, qui « vaut d'abord [...] par les contournements, détournements et dérives qu'il autorise[5] », révèle et soutient le monde tel qu'il va, créant une ligne de partage entre d'un côté les ambitieux et les forts, de l'autre « les faibles, les pauvres et les criminels malhabiles[6] » qui, eux, tombent sous le coup de la loi.

Mais il y a plus. Chez Balzac comme chez ses contemporains, « les questions de droit cristallisent les interrogations sur la Révolution française, sur son interprétation[7]. » Gaspard Lundwall a bien montré que la notion de contrat, centrale dans le code civil, constituait le cœur des relations dans *La Comédie humaine* : toutes, y compris amicales ou amoureuses, sont dominées par l'échange prenant la forme d'un calcul conduisant à la recherche permanente de l'équivalence, ce qui interdit la gratuité et la gratitude[8]. Imprégnant le tissu narratif et discursif, le lexique et les concepts du droit éclairent la nature juridique du lien social. Or, il est une autre catégorie juridique qui organise les relations humaines, de façon sensiblement différente mais tout aussi fondamentale : l'hérédité.

On le sait, le thème de la succession et du partage est un thème majeur de l'œuvre : Balzac et ses personnages multiplient les références à la loi sur l'égalité des successions pour en dénoncer les conséquences dramatiques sur les plans économique et politique, et l'héritage constitue le centre ou

---

3 Pierre Barbéris, *Balzac et le Mal du Siècle. Contribution à une physiologie du monde moderne*, ouvr. cité, p. 357.

4 Ainsi, Popinot conclut « souvent contre le droit en faveur de l'équité » (*L'Interdiction*, *CH*, t. III, p. 433).

5 Gérard Gengembre, « Honoré de Balzac : roman du droit, droit du roman », art. cité, p. 395.

6 *Ibid.*, p. 396.

7 Myriam Roman, *Le Droit du poète : la justice dans l'œuvre de Victor Hugo*, Saint-Étienne, PUSE, 2023, p. 22.

8 Gaspard Lundwall, « Le Contrat chez Balzac », art. cité.

la toile de fond de nombreux romans[9]. Les études ponctuelles consacrées à cette question s'intéressent aux aspects idéologiques de la question ou aux transmissions atypiques de *La Comédie humaine*, à travers des lectures historiques d'inspiration sociocritique[10], *queer*[11], psychanalytique[12] ou juridique[13].

Cet article voudrait montrer que l'approche juridique de l'hérédité engage une réflexion sur *l'institution* des sociétés, autrement dit, pose la question de savoir si et dans quelle mesure le droit issu de la Révolution a la capacité de fonder, renvoyant ainsi à l'une des questions fondamentales et éminemment complexes de *La Comédie humaine* : celle des origines, ou, si l'on veut, du garant. L'étude prendra principalement appui sur trois des grands romans des successions, *La Rabouilleuse* (1840-1842), *Ursule Mirouët* (1841) *et La Cousine Bette* (1847), liés entre eux par leur mode et leur époque d'écriture, et par les questions juridiques qu'ils soulèvent : la liberté de tester, les modes de transmission, la désignation des héritiers ou encore, la capacité des enfants naturels à hériter. Une première partie examinera la manière dont l'analyse juridique, dans le roman, éclaire le caractère dynamique de l'hérédité comme force sociale et conduit à questionner les cadres à travers lesquels se pense l'institution héréditaire. Une seconde partie se demandera comment Balzac s'empare de l'instrument juridique du testament pour penser les relations entre « droit intermédiaire[14] » de la Révolution, Ancien

9 À titre d'exemple : *L'Élixir de longue vie, Gobsek, L'Enfant maudit, Ferragus, La Muse du département, Modeste Mignon, La Rabouilleuse, Ursule Mirouët, Les Paysans, Le Cousin Pons, La Cousine Bette, Splendeurs et misères des courtisanes…*

10 Notamment : Florence Terrasse-Riou : « La transmission des héritages dans *Le Cousin Pons, L'Interdiction* et *La Cousine Bette* : les dettes reparaissantes », dans *Balzac dans l'Histoire*, études réunies et présentées par Nicole Mozet et Paule Petitier, Paris, Sedes, 2001, p. 237-250, et Andrew Counter, *Inheritance in nineteenth-century French culture : wealth, knowledge and the family*, London, Legenda, 2010, introduction et chap. 3 en particulier.

11 Michael Lucey, *Les Ratés de la famille*, ouvr. cité.

12 Nicole Mozet, *Balzac et le temps. Littérature, histoire et psychanalyse*, Saint-Cyr-sur-Loire, Christian Pirot édition, 2005, chap. 8 et 11 en particulier ; Lucienne Frappier-Mazur, « Max et les chevaliers. Famille, filiation et confrérie dans *La Rabouilleuse* », dans *Balzac pater familias*, CRIN, n° 38, 2001, p. 51-61 et « Héritage et généalogie dans *La Cousine Bette* », dans Lucienne Frappier-Mazur (dir.), *Genèses du roman : Balzac et Sand*, Amsterdam, New-York, Rodopi, 2004, p. 147-154 ; Claudie Bernard, « La Dynamique familiale dans *Ursule Mirouët de Balzac* », *French Forum*, n° 2, 1999, p. 179-202.

13 Mickaël Macé, « Le Droit des successions », dans Nicolas Dissaux (dir.), *Balzac romancier du droit*, ouvr. cité, p. 339-353.

14 Les historiens du droit désignent ainsi l'œuvre législative des années 1789-1799, qui comporte des propositions bien plus libérales que celles du code civil, notamment en

Régime et code civil, et proposer une réflexion sur l'institution des sociétés. Ces considérations conduiront à questionner, pour conclure, la fonction du droit positif dans la fiction romanesque.

L'HÉRÉDITÉ : UNE DYNAMIQUE STRUCTURANTE

Dès 1830, avec *L'Élixir de longue vie*, Balzac fait du problème de l'héritage une question essentielle, dans un passage d'autant plus important qu'il prend, dans l'édition Furne, la forme d'une interpellation directe de l'auteur au lecteur, dans l'« Avis » qui précède la nouvelle :

> Quand vous serez arrivé à l'élégant parricide de don Juan, essayez de deviner la conduite que tiendraient, en des circonstances à peu près semblables, les honnêtes gens qui, au dix-neuvième siècle, prennent de l'argent à rentes viagères, sur la foi d'un catarrhe [...]. Ajoutez-y beaucoup de gens délicats empressés d'acheter une propriété dont le prix dépasse leurs moyens, mais qui établissent logiquement et à froid les chances de vie qui restent à leurs pères ou à leurs belles-mères, octogénaires ou septuagénaires, en disant : « Avant trois ans, j'hériterai nécessairement, et alors... » [...] Hé bien, ne venez-vous pas de reconnaître au sein de la société une foule d'être amenés par nos lois, par nos mœurs, par les usages, à penser sans cesse à la mort des leurs, à la convoiter[15] ?

Approchant l'institution de l'héritage de l'intérieur, les amorces d'intrigues consignées dans l'« Avis au lecteur » la désignent comme l'origine d'un *votum mortis* généralisé, que nombre de récits de *La Comédie humaine* exploitent. Les exemples du père Rouget, qui a choisi une femme malingre et la tue à petit feu, des cohéritiers du docteur Minoret attendant avec impatience le « jour où, les deux yeux du bonhomme se fermant, ses coffres s'ouvriront[16] », de Philippe Brideau, des Camusot, des filles Goriot, pour n'en citer que quelques-uns, suggèrent que l'institution héréditaire inscrit le désir de mort

---

matière de divorce et de droit successoral, pour les filles et les enfants naturels. Voir Jean-Louis Halpérin, *L'Impossible code civil*, Paris, PUF, 1992, et *Histoire des droits en Europe de 1750 à nos jours*, Paris, Flammarion, 2004.

15 *L'Élixir de longue vie*, *CH*, t. XI, p. 373-374.

16 *Ursule Mirouët*, *CH*, t. III, p. 801.

des ascendants au fondement des relations familiales. De là à dire que c'est ce désir qui institue la famille, il n'y a qu'un pas.

Certes, ce *votum mortis* n'est que l'un des aspects de l'égoïsme et de l'ambition. Il n'empêche que les lois sur l'héritage le confortent et l'aiguillonnent, et, le situant au centre de relations censément désintéressées, se révèlent constitutives de la dynamique sociale qui anime le XIXe siècle selon Balzac. À cet égard, les intrigues de l'héritage participent du discours critique de *La Comédie humaine* vis-à-vis du Titre des Successions du Code civil, qui, loin de détourner l'intérêt au profit de la société, comme le proclame le *Discours préliminaire* de présentation du Code civil[17], ne fait que l'exalter. Cependant, elles suggèrent aussi que l'hérédité met en œuvre d'autres logiques, qui excèdent et déplacent la question de la cupidité. En effet, si le *votum mortis* anime les descendants, les ascendants, eux, sont bien vivants, et déploient beaucoup d'énergie à *transmettre* et à organiser la dévolution de leurs biens. Or cette préoccupation ne concerne pas seulement les personnages aristocratiques, soucieux de contourner la loi sur l'égalité des successions pour conserver intacts nom et terres, ni les parvenus désireux d'asseoir leur ascension sociale par l'édification de majorats, mais nombre d'autres personnages, aussi différents que Crevel, le docteur Minoret, le père Rouget, Charles Mignon, Goriot ou Pons, animés par des motivations souvent mêlées et aussi différentes que l'amour, paternel ou pas, le souci de la continuation de la famille ou la transmission du sang paternel, dont l'héritage constitue l'expression publique.

Ainsi, dans *La Rabouilleuse*, les manœuvres juridiques du père Rouget pour déshériter Agathe, qu'il croit adultérine (conviction que le narrateur dément[18]), au profit de Jean-Jacques, sont décrites avec précision :

17 Le *Discours préliminaire*, prononcé par Portalis lors de la présentation, devant le Conseil d'État, le 21 janvier 1801, du projet de Code civil rédigé par la commission du gouvernement (composée de Portalis, Tronchet, Bigot-Préameneu et Maleville), justifie l'introduction de la quotité disponible, qui permet au futur défunt de disposer librement d'une portion de ses biens, par une orientation bien comprise de l'intérêt : « Est-il convenable de priver un homme, dans ses derniers moments, du doux commerce des bienfaits ? Un collatéral vieux et infirme, ne languira-t-il pas sans secours et sans ressources, si ceux dont il pourrait s'entourer sont sans espérance ? [...] L'intérêt, qui divise si souvent les hommes, ne doit-il pas être mis à profit, quand on le peut, pour les rapprocher et pour les unir ? » (*Naissance du Code civil. La raison du législateur. Travaux préparatoires du Code civil*, extraits choisis et présentés sous la direction de François Ewald, Paris, Flammarion, 1989, rééd. 2004, p. 88.)

18 « Maintenant il est nécessaire d'examiner les effets de la vengeance exercée par le père sur une fille qu'il ne regardait pas comme la sienne, et qui, croyez-le bien, lui

la dot d'Agathe est constituée par une avance d'hoirie représentant la part de sa succession sur la fortune des parents, tandis qu'il concentre l'héritage sur la tête de Jean-Jacques, désigné comme « le fils aimé », en lui vendant une partie de ses biens tout en lui léguant l'autre partie « à titre de donation par préférence[19] », et en lui réservant sa part légitime. Ce n'est évidemment pas le sens de l'honneur aristocratique qui motive son action – alors que c'est le cas, par exemple, dans *L'Enfant maudit*, où le père croit également à tort que son fils Étienne est le fruit d'un adultère. Ce n'est pas non plus la fidélité à la « Coutume du Berry[20] », laquelle imposerait d'exclure de la succession les enfants dotés : l'ironie du narrateur, désignant les opérations du père Rouget comme une spoliation en règle, suffit à disqualifier cette explication, même si le détail des montages juridiques insiste sur les possibilités offertes de reconduire, à peu près légalement, un ordre antérieur au Code civil et à la loi sur l'égalité des successions. Ce que les opérations de Rouget et son acharnement à écarter Agathe de sa succession révèlent, dès lors, c'est une hantise du sang *légitime*, obsession qui prime sur la préservation du patrimoine (impliquant la descendance) : non content d'avoir dépouillé sa fille, Rouget fait jurer à Jean-Jacques de donner ses biens à l'Église plutôt que de les léguer à sa sœur ; et même après avoir reconnu la nullité de son fils, le père Rouget s'évertue à le maintenir célibataire afin que sa fortune ne passe pas à « une étrangère[21] ». Au-delà de l'intérêt, les lois successorales mettent donc en jeu une autre dynamique essentielle : celle de la légitimité des liens du sang, qui, dans le Code civil, détermine qui a droit et qui ne peut prétendre hériter (en l'occurrence, les enfants

---

appartenait légitimement. » (*CH*, t. IV, p. 277.) On notera que cette interpellation directe du lecteur permet au narrateur de lui livrer une vérité à laquelle ni la rumeur ni les personnages n'ont accès : thématisant malicieusement le grand problème du mystère de la paternité, « voile impénétrable » selon Bigot-Préameneu, elle suggère que, sur le plan individuel, la solution juridique de la présomption de paternité (*pater is est*) n'a guère d'efficacité.

19 *CH*, t. IV, p. 276 et 278.

20 « Soit que Bridau comprît que la spoliation était conforme au Droit et à la Coutume du Berry, soit que cet homme pur et juste partageât la grandeur d'âme et l'indifférence de sa femme en matière d'intérêt, il ne voulut point écouter Roguin, son notaire, qui lui conseillait de profiter de sa position pour contester les actes par lesquels le père avait réussi à priver sa fille de sa part légitime. » (*Ibid.*, p. 280.)

21 À propos de l'hésitation de Rouget à marier Jean-Jacques, le narrateur commente : « N'était-ce pas abandonner le maniement de sa fortune à une étrangère, à une fille inconnue ? » (*CH*, t. IV, p. 395.)

adultérins et les enfants naturels, « successeurs irréguliers[22] »), et organise la transmission des biens (fussent-ils réduits à peau de chagrin) suivant le principe de la descendance, et dans l'optique de leur conservation dans la famille, tout en définissant étroitement celle-ci.

Le caractère efficient de cette dynamique est confirmé, dans *La Rabouilleuse*[23], par la mise en abyme de la curiosité tout à fait particulière liée aux successions. Commentant le titre, « À qui la succession ? », porté par l'épisode du roman publié le 12 novembre 1842 dans *La Presse*, Andrew Counter montre que cette interrogation, où se confondent les voix du narrateur, du narrataire, des personnages et de la rumeur, combine, pour les dissocier, l'intérêt économique et le désir de savoir[24]. Ainsi, dans le récit, la lutte pour la succession n'a lieu ni dans les tribunaux, ni dans le privé des salons ou des officines des hommes de loi, mais sur la place publique, désignée, de manière comique, comme un nouveau champ d'honneur situé entre les maisons des héritiers[25]. Ensuite resserrée à l'antagonisme de Max et de Philippe, champions, respectivement, du camp des héritiers légitimes et de celui des « étrangers », la bataille pour l'héritage conserve son allure héroïcomique et sa dimension publique : « Maxence avait donc en face un ennemi redoutable : il trouvait, selon le mot du pays, *à qui parler*[26]. » Le commentaire rapporté du personnage collectif de la ville d'Issoudun restitue aussi un point de vue : contre Max, la faveur est accordée à Philippe, « franche canaille », dont l'honorabilité, remarque Lucienne Frappier-Mazur, « est entièrement liée à l'héritage et à sa légitimité[27] », ce que confirment les remarques de M. et de Mme Hochon ou du médecin. Autrement dit, la

22 Dans le Code Napoléon, les enfants naturels ne succèdent qu'à leurs père et mère, à condition que ceux-ci les aient reconnus, et leur part est réduite à un tiers, la moitié ou les trois quarts de la part des enfants légitimes, suivant le nombre d'enfants légitimes avec lesquels ils sont en concours. Ils n'ont aucun droit sur les biens de leurs autres parents naturels.

23 Ce dispositif se retrouve également au début d'*Ursule Mirouët* où le docteur Minoret sortant de la messe est le point de mire des héritiers inquiets de ses intentions, eux-mêmes objets des regards intrigués de groupes de paysans et de paysannes, sentant « l'importance de l'événement » (*CH*, t. III, p. 780).

24 Voir Andrew Counter, *Inheritance in nineteenth-century french culture*, *op. cit.*, p. 1-22.

25 Mme Hochon explique à Agathe et à Joseph Bridau : « Vous êtes précisément en face de l'ennemi, reprit-elle en montrant la salle de la maison Rouget. » (*CH*, t. IV, p. 429.)

26 *CH*, t. IV, p. 480.

27 Lucienne Frappier-Mazur, « Max et les chevaliers. Famille, filiation et confrérie dans *La Rabouilleuse* », art. cité, p. 56.

légitimité, c'est-à-dire, l'hérédité biologique sanctifiée par la loi, parce qu'elle remet « à leur place la fortune et les gens[28] », opère comme une loi superlative. Or cette justification se trouve mise à distance, à la fois par le narrateur, qui manifeste, par l'usage de la mention, le fait qu'il se désolidarise avec ironie du point de vue et des « disettes » d'Issoudun, et par l'intrigue elle-même, puisque la restitution de la succession aux héritiers légitimes implique une série de meurtres, tout comme dans *Le Cousin Pons* et dans *La Cousine Bette*. Le roman interroge alors la légitimité de la légitimité.

Organisant des relations d'inclusion et d'exclusion selon d'autres logiques que celle de l'ambition, légitimant les places dans l'ordre social, inspirant et expliquant les manœuvres juridiques des personnages, l'hérédité agit « à l'interstice des *relations individuelles*[29] ». C'est en tout cas ce que suggère la confusion du lexique du droit des successions et de celui des affects chez un personnage comme Crevel, qui incarne par ailleurs le type absolu du bourgeois :

> J'aime Célestine comme on aime une fille unique. Je l'aime tant que, pour ne lui donner ni frère ni sœur, j'ai accepté tous les inconvénients du veuvage à Paris (et dans la force de l'âge, Madame !), mais sachez bien que, malgré mon amour insensé pour ma fille, je n'entamerai pas ma fortune pour votre fils [...][30].

La volonté de maintenir Célestine fille unique est une allusion claire à la loi sur le partage égal des biens. Cette loi est inséparable de l'amour paternel dans le discours du personnage, qui établit une équivalence entre ses devoirs de père et son affection. Il va de soi que le parti pris du parfumeur s'inscrit dans sa stratégie de chantage (rappelons qu'il cherche ouvertement à faire d'Adeline sa maîtresse afin de se venger de Hulot qui lui a « soufflé » la courtisane Josépha). Cependant, l'argument de la loi des successions – ou le devoir de réserver à Célestine l'intégrité de sa fortune – revient durant toute la scène comme un *leitmotiv* explicatif de l'ensemble de ses actions. Elle permet de rendre compte de son veuvage prolongé. « Moi, veuf depuis cinq ans, [...] ne voulant pas me

---

28 *Ibid.*

29 Xavier Martin, *Mythologie du Code Napoléon. Aux soubassements de la France moderne*, Bouère, Dominique Martin Morin, 2003, p. 218.

30 *La Cousine Bette*, *CH*, t. VII, p. 60.

remarier dans l'intérêt de ma fille que j'idolâtre[31]. » Elle règle aussi ses débauches : c'est par souci d'économie et en bon père de famille que Crevel avait, comme Arnolphe, entendu faire de la jeune Josépha un capital sexuel sagement placé. C'est encore en raison du Code civil qu'il ne l'a pas épousée – par crainte « d'avoir des enfants[32] ». Élément très significatif, qui rappelle que seuls sont reconnus les enfants des épouses légitimes ; la progéniture naturelle des courtisanes n'est pas une menace pour le patrimoine de Célestine. En revanche, la cherté des femmes pour un vieillard le devient : « À cet âge [cinquante-deux ans], déclare-t-il à Adeline, l'amour coûte trente mille francs par an, j'en ai su le chiffre par votre mari, et moi, j'aime trop Célestine pour la ruiner[33]. » Dans le propos du personnage, la loi sur l'égalité des successions s'articule donc systématiquement à l'affectif et à la sexualité, qu'elle régule. Le droit entre dans ses « raisons d'agir » les plus intimes, auxquelles il se noue. Il n'y a pas d'opposition entre le discours des affects et celui du Code civil, mais au contraire, une parfaite adéquation : le discours juridique sert alors une analyse anthropologique.

L'hérédité constitue donc un ressort puissant dans l'univers romanesque, qui en souligne à la fois le caractère vital et structurant, tout en niant l'évidence du « nœud qui rattache les héritages matériels à la succession des générations[34] ». C'est ce lien que les intrigues ne cessent d'explorer, interrogeant, ce faisant, les fondements philosophiques et idéologiques de l'institution d'héritage, les cadres de pensée qu'ils instituent, et leurs effets.

31 *Ibid.*, p. 63.

32 *Ibid.*, p. 65.

33 *Ibid.*, p. 66.

34 Lucienne Frappier-Mazur, « Max et les chevaliers. Famille, filiation et confrérie dans *La Rabouilleuse* », art. cité, p. 51.

DROITS DE L'AFFECTION, TESTAMENT ET CONSTITUTION DES SOCIÉTÉS

Si la question de savoir qui hérite, par quels moyens et au nom de quoi est centrale dans *La Comédie humaine*, c'est, bien sûr, parce qu'elle est pourvoyeuse d'intrigues, mais également parce qu'elle implique le problème politique essentiel de la constitution des sociétés, abordé dans de nombreux exposés doctrinaux, par personnages interposés ou par Balzac lui-même, suivant la doctrine bonaldienne et contre-révolutionnaire que la Famille, « véritable élément social[35] », « point de départ de toutes les institutions[36] », et fondée sur la propriété, qui est le premier des droits[37], a été frappée dans son intégrité communautaire par la loi sur l'égalité des successions, qui divise les fortunes, et par la diminution de la puissance paternelle. « En multipliant la famille par la famille », la « loi moderne » « a créé le plus horrible de tous les maux : l'individualisme[38] ». Seuls un pouvoir fort et l'appui sur le catholicisme, « système complet de répression des tendances dépravées de l'homme » et, en conséquence, élément fondateur « de l'ordre social[39] », s'avèrent aptes à endiguer ce désordre. Abordée d'un point de vue idéologique antimoderniste dans l'« Avant-propos » ou dans *Le Catéchisme social*, cette question est traitée d'un point de vue juridique dans les intrigues romanesques, ce qui éclaire d'un jour nouveau les interrogations sur la constitution des sociétés et les lois réglant l'institution des successions.

Par exemple, et de manière emblématique, dans *Mémoires de deux jeunes mariées*, la loi contraint, pour ainsi dire, le duc de Chaulieu à la contourner en dépouillant Louise de sa fortune, et les pères en général à transformer le mariage en système de prostitution légale. À l'inverse, on l'a vu, la réponse au nom de la légitimité ne va pas de soi : si les lois sur l'héritage établissent un certain ordre en attribuant des positions sociales, il semble bien difficile de justifier la reproduction et la

35 « Avant-propos », *CH*, t. I, p. 13.

36 *Le Curé de village*, *CH*, t. IX, p. 824.

37 Voir *Un inédit de Balzac. Le Catéchisme social*, textes établis et commentés par Bernard Guyon, Paris, La Renaissance du livre, 1933, p. 110.

38 *Une fille d'Ève*, *CH*, t. II, p. 282.

39 « Avant-propos », *CH*, t. I, p. 12.

conservation des sociétés par le crime. Autrement dit, si la continuation des générations est assurée, c'est au prix du sacrifice du bonheur et de tractations peu glorieuses. Tout cela est bien connu. Cependant, les intrigues successorales engagent également une réflexion originale sur la place des affections et sur leur rôle dans l'héritage, dans la perspective de la continuité de la famille et du patrimoine.

Dans le Code civil, les lois sur la famille relèvent d'une « philosophie de l'institution » selon François Ewald : les lois sur les alliances et sur l'héritage, y compris la loi sur l'égalité des successions, servent une conception de la famille comme communauté[40], elle-même conçue comme point d'appui et comme point d'équilibre de la société nouvelle. Pour les successions, deux manières d'hériter se côtoient : la succession *ab intestat*, et le testament. Idéologiquement, le testament, issu du droit romain, acte de volonté du défunt par-delà la mort, renvoie à un esprit individualiste (raison pour laquelle il était très peu prisé par le droit d'Ancien Régime) ; pour les révolutionnaires, il constitue un avatar de la puissance paternelle d'Ancien Régime. Il s'oppose à la succession sans testament, réglée par la loi, qui, elle, exprime l'esprit de famille[41]. Or d'une part, le Code civil rétablit, avec la quotité disponible, la possibilité, pour le testateur, de disposer librement d'une partie de ses biens – l'autre portion étant réservée aux héritiers légitimes. D'autre part, lors des discussions des travaux préparatoires du Code civil, la succession *ab intestat* est présentée comme une sorte de testament présumé attribuant les biens d'après les affections probables du défunt : « Quand la loi trace un ordre des successions » dit Treilhard dans l'exposé des motifs sur le Titre des successions, elle « dispose pour ceux qui meurent sans avoir disposé[42] ». Bigot-Préameneu précise :

---

40 François Ewald, *Naissance du Code civil*, *op. cit.*, p. XXXVIII. Par ailleurs, les travaux d'Anne Verjus ont bien mis en évidence le familialisme à l'œuvre dans le Code civil : après la révolution, l'unité politique élémentaire est la famille. C'est elle qui structure l'espace social et c'est à partir d'elle que le Code définit les rôles et les statuts de chacun. Voir Anne Verjus, *Le Bon Mari. Une histoire politique des hommes et des femmes à l'époque révolutionnaire*, Paris, Fayard, 2010.

41 « [Dans] l'ancienne France, la coutume faisait autorité et la *cohésion familiale* empêchait le jeu des caprices individuels. Encore à la fin du XVIIe siècle, Domat écrivait que "*les successions légitimes* (il veut dire : *ab intestat*, et réglées par la 'loi', càd ici, les coutumes) *sont plus naturelles, plus nécessaires... que les successions testamentaires, dont l'usage n'a été qu'une exception à la règle qui donne l'hérédité aux proches*" (*Lois civiles*, 2e partie, préface, [chap.] VIII). » (Jean-Philippe Lévy et André Castaldo, *Histoire du droit civil* [2002], Paris, Dalloz, 2010, p. 1136.)

42 *Des successions*, présentation au Corps législatif et exposé des motifs par M. Treilhard, 19 germinal an XI-9 avril 1803, cité dans *Naissance du Code civil*, *op. cit.*, p. 301.

> Les liens du sang, qui unissent et qui constituent les familles sont formés par les liens d'affection que la nature a mis dans le cœur des parents les uns pour les autres. L'énergie de ces sentiments augmente en raison de la proximité de parenté, et elle est portée au plus haut degré entre les pères et mères et leurs enfants. Il n'est aucun législateur sage qui n'ait considéré ces différents degrés d'affection comme lui présentant le meilleur ordre pour la transmission des biens[43].

Même si la référence aux affections reste théorique et fonctionne comme argument pour justifier à la fois l'ordre des successions, le partage égalitaire et la quotité disponible, il n'en demeure pas moins qu'elle fait entrer « les droits de l'affection[44] » dans la loi. Du moins, c'est ainsi que semble l'interpréter Balzac, qui donne à cet aspect une dimension très concrète dans les intrigues de l'héritage – rappelons que Balzac connaissait les travaux préparatoires du Code civil, auxquels il fait référence à plusieurs reprises[45]. Le discours précédemment évoqué que tient Crevel à Adeline Hulot, dans l'*incipit* de *La Cousine Bette*, semble en effet prendre l'argument des affections à la lettre. Notons que ce raisonnement vaut aussi comme commentaire caustique des motifs sur la loi des successions, puisque l'affection paternelle que devraient manifester les projets successoraux s'exprime en termes de régulation du plaisir. En outre, dans la suite du roman, les successions, qui tissent les différents fils du récit et organisent les relations entre les personnages, sont l'objet de transferts incessants, au gré de la mobilité des attachements des protagonistes, et en toute légalité : Crevel (dont on remarquera encore l'énergie qu'il déploie à transmettre) lègue à Valérie,

---

43 *Des donations entre vifs et les testaments*, présentation au Corps législatif et exposé des motifs par M. Bigot-Préameneu, 2 Floréal an 11-22 avril 1803, cité dans *Naissance du Code civil*, *op. cit.*, p. 303.

44 *Ibid.*, p. 294.

45 Le narrateur de la *Physiologie du mariage* mentionne à deux reprises le contenu des discussions du Code civil au Conseil d'État à propos de la conception du mariage et de la question du divorce (*CH*, t. IX, p. 903 et 1058), et Bourlac, dans *L'Envers de l'histoire contemporaine*, est l'auteur d'un ouvrage qui examine dans son ensemble les effets et « l'esprit » de la législation révolutionnaire (« esprit », qui désigne précisément, selon les méthodes d'interprétation de la loi en vigueur, l'examen des travaux préparatoires du Code civil) et dont la description a quasi une valeur métadiscursive : « Nos codes ont été l'objet de travaux importants ; mais tous ces traités n'étaient que de la jurisprudence ; personne n'avait osé contempler l'œuvre de la Révolution, ou de Napoléon si vous voulez, dans son ensemble, étudier l'esprit de ces lois, les juger dans leur application. C'est là mon ouvrage en gros ; il est intitulé provisoirement : *Esprit des lois nouvelles* » (*CH*, t. VIII, p. 361).

par contrat de mariage, la plus grande partie de sa fortune, initialement dévolue à Célestine, et fait l'acquisition de la terre de Presles en vue de constituer un majorat à son futur et hypothétique héritier. Hulot, lui, fait preuve d'une inventivité débordante en matière de montages financiers frauduleux, que le roman détaille avec précision, pour faire passer à Valérie la fortune devant revenir à ses enfants.

À cette version ironique et critique des « droits de l'affection », Balzac oppose une version utopique et positive, avec *Ursule Mirouët*, et une version pessimiste dans *Le Cousin Pons*. Il convient ici de rappeler quelques éléments mis en lumière par la critique balzacienne : dans ces deux romans, les testaments respectifs du docteur Minoret et de Pons visent à faire valoir les lois du cœur. Si le testament est le seul moyen légal dont dispose Pons pour transmettre ses biens à Schmucke, le docteur Minoret, lui, a également la possibilité d'adopter ou d'épouser Ursule, solutions qu'il repousse par crainte d'un procès et par souci du bonheur de sa nièce, comme le rappelle la lettre posthume qui accompagne son testament[46], ou celle d'avoir recours à un fidéicommis, comme le lui propose Bongrand, solution qu'il rejette également[47]. Le passage en revue de l'éventail des possibilités légales conduit à mettre en valeur le testament, qui, dans les deux romans, se présente comme un rempart contre l'avidité et l'égoïsme, tout comme dans la première version de *L'Élixir de longue vie* (texte auquel *Ursule Mirouët* fait d'ailleurs allusion[48]) :

> Il existe un pays dans le monde où chaque citoyen peut disposer de sa fortune comme bon lui semble, sans être tenu d'en laisser une obole à ses enfants. Là seulement, il ne s'élève pas, entre les plus doux sentiments, des murs d'argent et d'or. À Washington, ce principe paraît simple. Mais en Europe, toute la civilisation repose sur un pivot : L'HÉRÉDITÉ[49] !

Dans *Ursule Mirouët*, le testament joue même paradoxalement en faveur de l'esprit de famille, puisqu'il vise, comme le remarque Andrew

46 *CH*, t. III, p. 915.

47 *Ibid.*, p. 851. Aucune explication n'est donnée à ce refus. Mais on notera que le fideicommis, prohibé par l'article 896 du code et donc forcément occulte, implique une confiance absolue en celui par qui transitent les biens. Bref, il est plus incertain que les autres moyens légaux qui s'offrent au docteur.

48 Les héritiers du docteur se demandent si celui-ci n'a pas « gardé pour lui quelque élixir de longue vie » (*Ibid.*, p. 801).

49 *CH*, t. IX, p. 1432.

Counter, à faire perdurer, après la mort du docteur, les structures de l'oasis nemourienne[50], qui, comme l'ont montré Claudie Bernard et Nicole Mozet, est à la fois « superlativement patriarcale et cependant moderne[51] » en ce qu'elle articule dynamisme économique, souci du bonheur individuel et de l'éducation, principes de cohésion communautaire et continuité du patrimoine. Le testament apparaît alors à la fois comme l'expression et le moyen d'une re-constitution des sociétés. En outre, la petite communauté nemourienne, que soudent les seules affinités électives et les opérations par lesquelles les quatre vieillards transmettent leurs biens à la jeune fille, impose une « stupéfiante redéfinition de la filialité, conçue en termes d'amour et non plus en termes de sang[52] ». Nicole Mozet analyse cette configuration romanesque comme la reconnaissance de la restructuration complète de la hiérarchie des valeurs sociales après 1830 : « Qu'on le veuille ou non, l'équation Minoret = Portenduère est désormais une réalité. Mais en contrepartie, il convient de reconnaître "les capacités[53]" ». On retrouve là le rêve conciliateur des utopies balzaciennes. Cependant, du point de vue du droit, cette redéfinition de la filialité peut se lire comme une mise en cause de la liaison des deux dispositifs sous-tendant l'institution successorale : celui du sang (qui exclut les enfants naturels de la succession et limite l'adoption), et celui des affects (qui justifie à la fois l'ordre et l'égalité des successions), sans pour autant qu'il s'agisse valoriser le dispositif sang/terre d'Ancien Régime fondé sur le droit d'aînesse[54]. Or la question du « droit des affections » figure également comme un terme du débat juridique que met en scène le roman, posant à nouveaux frais la question du testament comme moyen d'écrire un « programme contre révolutionnaire moderne[55] » de la famille.

50 Andrew Counter, *Inheritance in nineteenth-century french culture*, *op. cit.*, p. 101.

51 Claudie Bernard, « La dynamique familiale dans *Ursule Mirouët* de Balzac », art. cité, p. 189.

52 Nicole Mozet, *La Ville de province dans l'œuvre de Balzac. L'espace romanesque, fantasme et idéologie* (1982), Genève, Slatkine reprints, 1998, p. 219.

53 Nicole Mozet, *Balzac et le temps*, *op. cit.*, p. 113.

54 Quand elle n'est pas carrément disqualifiée (avec Rouget ou le comte d'Hérouville, dans *L'Enfant maudit* par exemple), l'action, même des meilleurs pères aristocratiques en faveur du droit d'ainesse, n'est pas valorisée par la narration (ainsi, dans *Mémoires de deux jeunes mariées*).

55 Gérard Gengembre, « Pour lire Balzac. De la famille et de la propriété selon Bonald », dans *Balzac, l'invention de la sociologie*, sous la direction d'Andrea Del Lungo et Pierre Glaudes, Paris, Classiques Garnier, 2019, p. 51.

En effet, à quelques pages d'intervalle, le narrateur fait dialoguer Dionis et Goupil, champions des héritiers légitimes, et Minoret et Bongrand, pour déterminer quelles sont les chances – ou les risques – d'une demande en nullité de testament, dans deux débats très techniques qui font référence avec exactitude à différents articles du Code civil et à des arrêts de la Cour de cassation, et qui ont la particularité de mettre l'accent sur l'importance des conditions d'interprétation de la loi. Ainsi, Dionis précise : « la rigueur de la loi française envers les enfants naturels sera d'autant mieux appliquée que nous sommes dans un temps où la religion est honorée[56]. » Les termes de cette dispute sont repris par la voix autorisée du narrateur, puis par celles, également autorisées, de Bongrand et du docteur Minoret, qui tous trois, mettent l'accent sur les modalités d'interprétation juridique : le vieux juge de paix oppose deux manières d'interpréter la loi : la lettre (la sienne) et la recherche de « l'esprit » de la loi (celle de « la magistrature »). Lorsque Balzac écrit, la recherche de l'esprit de la loi est bien la méthode d'interprétation en vigueur. Jean Carbonnier explique que cette intention est recherchée, d'abord, dans les *travaux préparatoires* (exposés des motifs, débats parlementaires, rapports) où elle a pu s'exprimer directement. S'il n'est pas possible de la dégager de cette manière, on le fait par « *conjecture*, en l'induisant : du dernier état du droit antérieur, ou de "l'esprit général" de la loi, car le législateur a dû vouloir rester cohérent, ou de l'appréciation des conséquences auxquelles conduirait la décision[57] ». Comme Dionis, Bongrand souligne l'importance de l'argument des conséquences sociales : « Des avocats parleront morale et démontreront que la lacune du Code vient de la bonhomie des législateurs qui n'ont pas prévu le cas mais qui n'en ont pas moins établi un principe. » Il ajoute : « je n'oserais prendre sur moi d'affirmer que les magistrats n'étendraient pas le sens de la loi dans l'intention d'étendre la protection accordée au mariage, base éternelle des sociétés[58]. » Le narrateur s'immisce dans ce débat, en dénonçant une lacune de la loi :

> Les rédacteurs du Code n'avaient prévu que la faiblesse des pères et des mères pour les enfants naturels, sans imaginer que des oncles ou des tantes

56 *CH*, t. III, p. 844.

57 Jean Carbonnier, *Droit civil. Introduction* (1955), Paris, Presses universitaires de France, 1991, p. 278-279.

58 *CH*, t. III, p. 851.

> épouseraient la tendresse de l'enfant naturel en faveur de sa descendance. Évidemment, il se rencontrait une lacune dans la loi[59].

Comme le souligne Madeleine Ambrière, il n'y a pas de lacune dans la loi puisque les oncles et les tantes sont étrangers par rapport aux enfants naturels[60]. Or ce commentaire, qui tire la discussion du côté de l'argument sentimental, est placé sur le même plan qu'un savoir juridique savant et référentiel, ce qui lui donne du crédit : en suggérant qu'elles sont susceptibles de réorienter la loi, le narrateur donne du poids aux « affinités électives ». En outre, en développant l'argument des sentiments, tout se passe comme si, interprète à son tour, il proposait une autre lecture que celle de la magistrature de « l'esprit de la loi » sur les successions.

À l'inverse, mais en adéquation avec la lecture malicieuse du narrateur, Bongrand fait valoir la lettre de la loi :

> En tout autre pays [...] Ursule n'aurait rien à craindre ; elle est fille légitime, et l'incapacité de son père ne devrait avoir d'effet qu'à l'égard de la succession de Valentin Mirouët, votre beau-père ; mais en France, la magistrature est malheureusement très spirituelle et conséquentielle, elle recherche l'esprit de la loi[61].

La disqualification de « l'esprit[62] » de la loi revient à questionner, de nouveau, la hantise de la pureté du sang et à réaffirmer, à côté du mariage, l'importance de l'institution héréditaire comme « base éternelle des sociétés ». Et dans l'économie du roman, ce débat contribue à donner sa pleine valeur au testament en tant que possibilité de nouer une volonté sacrée comme source organique de cohésion, la liberté individuelle, les affections – autrement dit, des relations désintéressées – et un patrimoine.

Certes, les dénouements d'*Ursule Mirouët* et du *Cousin Pons* soulignent la fragilité légale du testament, et la version de 1846 de *L'Élixir de*

59 *Ibid.*, p. 849.

60 *Ibid.*, p. 1595.

61 *Ibid.*, p. 851.

62 Ce passage vaut également comme critique de la méthode exégétique (c'est-à-dire, le strict commentaire du Code civil en fonction des intentions du législateur), qui prévalait dans les écoles de droit. Or, comme l'établit Michel Lichtlé, Balzac a suivi les cours de Blondeau, l'un des fondateurs de la *Thémis* en 1819. Cette revue réunit un petit noyau de juristes français désireux de s'affranchir, dans la première moitié du XIXe siècle, de la méthode exégétique, et d'aborder la réflexion sur le droit à la croisée de la philosophie et de l'histoire. Sur ces questions, voir : Michel Lichtlé, « Balzac à l'école du droit », dans *Balzac, le texte et la loi*, *op. cit.*, p. 137-156 ; Frédéric Audren et Jean-Louis Halpérin, « La science juridique entre politique et sciences humaines », art. cité.

longue vie reconnaît qu'on ne saurait supprimer « l'hérédité », pivot des sociétés[63]. Reste que l'inscription de la réflexion sur « les droits du sentiment » dans ce cadre juridique, en écho au vœu du narrateur de *L'Élixir* de « perfectionner ce rouage [l'hérédité] essentiel[64] », fait du roman un espace heuristique permettant de réinterroger les catégories à travers lesquelles se pensent simultanément les processus de transmission et la famille, redéfinie à partir de l'héritage matériel.

Enfin, la valorisation de la lettre de loi ne suggère-t-elle pas, comme l'affirme Vautrin, que la loi est bonne, mais que c'est son exécution qui mauvaise ? « La loi est bonne, elle est nécessaire, l'exécution en est mauvaise et les mœurs jugent les lois d'après la manière dont elles s'exécutent[65]. » On en revient alors à la question initiale de la constitution des sociétés : en dehors des utopies, la loi, peut-elle réguler, instituer, ordonner ?

LA LOI, ENTRE RÉGULATION ET IRONIE

À première vue, la réponse est non.

En effet, les communautés constituées valorisées par la narration dans *La Comédie humaine* fonctionnent hors la loi et selon des principes (unité, équité, charité) qui s'opposent au droit positif non sans définir, il convient de le souligner, un horizon du droit. Autrement dit, il existe bien, dans *La Comédie humaine*, une idée transcendante du droit, constitutive de l'ordre du monde. En revanche, en régime fictionnel non utopique, ce droit fait généralement défaut. C'est alors « le doigt de Dieu » qui le remplace : c'est en tout cas grâce à ce principe que l'équité est restaurée et que les héritiers ou légataires légitimes rentrent en possession de leur héritage dans *La Rabouilleuse*, dans *La Cousine Bette* et même dans *Ursule Mirouët*.

Ce « doigt de Dieu » a souvent été interprété comme une manifestation de la justice divine, qui se substituerait à la justice humaine lorsque

63 *CH*, t. XI, p. 474.
64 *Ibid.*
65 *Splendeurs et misères des courtisanes*, *CH*, t. VI, p. 718.

celle-ci se montre impuissante[66]. Cependant, c'est mettre bien des crimes et des morts brutales au compte de Dieu. En outre, ce que le doigt de Dieu consacre avec puissance dans *La Cousine Bette* et dans *La Rabouilleuse*, c'est un retour à la *norme* du Code, à savoir l'interdépendance entre l'héritage et une certaine conception de la famille, qui assure le triomphe de la bourgeoisie et de l'ordre social de 1830. Dieu est donc un bien étrange garant. En revanche, en la circonstance, le doigt de dieu pointe l'efficience du Code civil : intégrant discrètement les actions criminelles, il assure, avec un désordre minimum, à tout le moins étouffé, et avec l'aval tacite des représentants de l'ordre, le respect de ses lois sur l'héritage et la famille et la perpétuation de l'ordre social qu'elles instituent. En ce sens, les lois – ou plutôt, la dynamique du Code Civil – ont une action régulatrice, mais que disqualifie la construction ironique des dénouements. En somme, les lois seules sont incapables de faire advenir la justice ; en revanche, elles ont une puissante efficacité normalisatrice, amorale, qui peut devenir effroyable lorsqu'elle consacre le massacre des innocents, comme dans *Le Cousin Pons*. Conclusion bien pessimiste, que les pirouettes finales des romans étudiés invitent cependant à relativiser.

Car la loi, si elle participe à la dynamique du crime et à l'éviction des faibles, engage aussi une redistribution des richesses et une réorganisation des familles en fonction de nouveaux modèles non absolument conventionnels. Ainsi, dans *La Cousine Bette*, le retour de l'héritage dans le giron des Crevel-Hulot selon les termes de la loi (certes soutenue par le meurtre), a pour effet une réorganisation de la famille autour de Victorin qui échappe en partie à la disqualification ironique du narrateur. Celui-ci, qui a soin de préciser que Valérie meurt avant Crevel, ce qui annule les effets exorbitants du contrat de mariage et permet à Célestine d'hériter de la terre de Presle, constate : « Chacun de ces ménages jouissait donc d'une fortune particulière, quoique vivant en famille[67] ». La famille est désignée comme un agrégat d'individus, pourtant solidaires. Ce nouvel ordre paradoxal autour du fils de famille s'oppose en tout point au

66 Par exemple, dans l'introduction à *Ursule Mirouët*, Madeleine Ambrière-Fargeaud analyse le dénouement de ce roman comme symétrique et inverse de celui de *La Rabouilleuse*, avec l'idée que « le bon dieu » l'emporte, et que la justice divine peut se substituer à la justice humaine lorsque celle-ci fait défaut (*CH*, t. III, p. 756 et 765). De même, Mickaël Macé estime que Balzac ne trouve de solution au problème des héritages que dans le recours la justice divine (« Balzac et le droit des successions », art. cité, p. 353).

67 *CH*, t. VII, p. 435 et 449.

sentiment familial illustré par la totale abnégation d'Adeline, et qui est une manière de se placer moralement au-dessus des « critères individualistes[68] », par nature inférieurs à la charité et à l'amour. Cependant, le coup de théâtre final du mariage de Hulot et de la cuisinière invalide aussi ironiquement le dévouement d'Adeline, en contrepoint desquels le roman fait entendre d'autres discours : celui du refus du sacrifice de l'amour à l'autel de l'institution familiale par Hortense, qui demande la séparation de corps d'avec Wenceslas, et celui de l'importance de la sexualité dans le mariage par Josépha, question régulièrement abordée dans *La Comédie humaine* depuis la *Physiologie du mariage*. Dès lors, faut-il lire la nouvelle organisation de la jeune génération Crevel-Hulot comme une re-création à la croisée de deux modèles, un modèle communautaire et un modèle contractuel ? En effet, les personnages ont des intérêts sentimentaux et économiques communs ; ils ont des fortunes individuelles et Hortense est séparée de biens d'avec Wenceslas, mais Victorin administre avec sagacité les fortunes des siens, « en bon père de famille », ils vivent sous le même toit, et Hortense et Célestine élèvent ensemble leurs enfants[69]. Il y aurait alors là une autre manière que dans *Ursule Mirouët* de penser l'attachement d'une communauté à un patrimoine. Si, comme le remarque Lucienne Frappier-Mazur, la « stabilité [est] assurée au détriment de la jouissance[70] », il n'en reste pas moins que ce dénouement concède une certaine valeur constituante à la légalité. À moins que cette famille n'exprime que le triomphe de l'individualisme dont le romancier rend régulièrement responsable le Code ?

Cette ambivalence du sens, soutenue par la posture drolatique du narrateur et la polyphonie, relèvent de ce que Vincent Bierce appelle « ironisation ». « Processus de retournement actif[71] », l'ironisation est un mode de pensée permettant à la représentation d'endosser une charge critique. Dans les romans étudiés, elle installe l'appréciation du Code civil

68 Voir *Philosophie de la famille. Communauté, normes et pouvoirs*, textes réunis par Gabrielle Radica, Paris, Vrin, 2013, p. 206.

69 « Célestine et Hortense, dont les liens d'affection s'étaient resserrés par l'habitation sous le même toit, vivaient presque ensemble. [...] Les deux belles-sœurs, réunies par les soins à donner à leurs enfants, qu'elles surveillaient en commun, restaient et travaillaient donc ensemble au logis » (*CH*, t. VII, p. 369).

70 Lucienne Frappier-Mazur, « Héritage et généalogie dans *La Cousine Bette* », art. cité, p. 152.

71 Vincent Bierce, « "Je vous apprendrai une poétique toute nouvelle" : Balzac, une poétique de l'ironisation », *Romantisme*, n° 195, 2022, p. 46-58, ici p. 46.

et de la loi dans une zone instable : discours de contrainte, instrument de pouvoir, arsenal idéologique, puissance normalisatrice, le droit est aussi représenté comme l'aliment d'une réflexion philosophique neuve sur la constitution des sociétés.

Marion Mas
Université Lyon 1
(INSPE, IHRIM-UMR 5317)

FAIRE ŒUVRE ÉCONOMIQUE CONTRE L'ÉCONOMIE POLITIQUE

Bien que la critique littéraire ait abondamment interrogé, au moins depuis Taine[1], l'argent balzacien et malgré la présence centrale des questions matérielles au cœur des travaux socio-critiques d'obédience marxiste, la pensée économique balzacienne reste peu étudiée. Car là où la « politique balzacienne[2] », a fort légitimement fait l'objet de plusieurs essais fondateurs, peu nombreux sont les travaux consacrés à une analyse systématique de la « théorie économique » chez Balzac[3]. Reconnaissons que Balzac n'est pas un romancier-économiste. À la différence de Stendhal qui lie et savoure les auteurs libéraux ou de Flaubert qui témoigne son admiration pour Bastiat[4], le père de *La Comédie humaine* cite très rarement les économistes et n'expose guère sa culture économique… Reste qu'on ne peut disserter sur les rapports de Balzac avec les disciplines du savoir sans évoquer cette science nouvelle qui occupe une place déterminante dans l'épistémologie du XIXe siècle. Constituée comme science au XVIIIe siècle, l'économie politique exerce

---

1 Dans son célèbre essai « La vie et le caractère de Balzac », Taine salue en Balzac celui qui « rendit les affaires poétiques » (Hippolyte Taine, « La vie et le caractère de Balzac », *Journal des débats*, 3 février 1858 ; rééd. dans *Balzac*, préface et notices de Stéphane Vachon, Paris, Presses universitaires de Paris-Sorbonne, « Mémoire de la critique », 1999, p. 196).

2 Voir, entre autres, les articles réunis par Marie-Ève Thérenty et Boris Lyon-Caen dans *Balzac et le politique* (Saint-Cyr-sur-Loire, Christian Pirot, 2007) et celui de Michel Lichtlé, « Balzac et la notion de gouvernement moderne. Essai sur la formation de la pensée politique de Balzac jusqu'en 1832 », paru dans *L'Année balzacienne* (vol. 8, n° 1, 2007, p. 291-343).

3 Outre les analyses fondatrices que Pierre Barbéris consacre à l'économie dans *Mythes balzaciens* (Armand Colin, 1972) ou *Le Monde de Balzac* (Arthaud, 1973), on peut citer l'article de Max Andréoli, « Peut-on déterminer les lois d'une économie politique balzacienne ? », *L'Année balzacienne*, n° 1, vol. 15, 2014, p. 57-86.

4 Flaubert exprime à plusieurs reprises son admiration pour Bastiat. Ainsi, dresse-t-il cet éloge dans une lettre à George Sand du 7 octobre 1871 : « imaginez […] que, dans chaque commune, il y ait *un* bourgeois, un seul, ayant lu Bastiat, et que ce bourgeois-là soit respecté : les choses changeraient » (*Corr.*, t. IV, 1998, p. 385).

au fil des années 1820-1840 un magister de plus en plus puissant qui se traduit par la parution d'essais à fort rayonnement à l'instar du *Traité d'économie politique* de Jean-Baptiste Say qui fut certes publié en 1803 mais fut quatre fois réédité jusqu'en 1832, l'auteur jouissant d'ailleurs d'une considération suffisante pour que le Conservatoire des arts et métiers lui confie la première chaire d'économie politique en 1820. D'ailleurs, l'économie politique ne s'épanouit pas seulement dans les cercles scientifiques, mais fait rapidement œuvre de vulgarisation : ici, les *Contes de Miss Harriet Martineau sur l'économie politique* publiés chez Gosselin rencontrent un succès tel que huit volumes, immédiatement traduits de l'anglais, sont publiés de 1833 à 1839[5] ; là, Charles Ganilh peut expliquer, dès 1826, dans la préface de la première édition de son *Dictionnaire analytique d'économie politique*, que cette jeune science est, « malgré la fragilité de quelques parties de ses matériaux, [...] parvenue à toute la certitude des sciences morales et politiques[6] ». Bien qu'on puisse rétrospectivement sourire d'une telle assurance, cette posture n'en traduit pas moins la puissance des modifications de l'*épistémè* qu'opèrent les nouveaux paradigmes économiques dès le début du dix-neuvième siècle. Loin de ne constituer qu'un discours spécialisé supplémentaire, l'économie politique engage des mutations intellectuelles, anthropologiques et esthétiques qui modifient fondamentalement les catégories avec lesquelles on analyse le monde[7]. Aussi, s'intéressera-t-on moins ici aux réalités économiques et aux

5 Le livre reçut un excellent accueil et l'on salua d'emblée son habileté à « rattacher à des fictions les importantes questions de l'*Économie politique* » pour révéler des « vérités qu'on ne va guère chercher dans ces traités spéciaux qu'il faut ouvrir armé de connaissances déjà faites » (J. L., « *L'Économie politique. Contes de Miss Harriet Martineau* », *La France littéraire*, t. 20, 1835, p. 404, dans la rubrique « Critique »). Pour une analyse de cette auteure quelque peu oubliée, voir Odile Boucher-Rivalain, *Harriet Martineau (1802-1876), une victorienne engagée*, Paris, Michel Houdiard, 2013.

6 Charles Ganilh, *Dictionnaire analytique d'économie politique*, Paris, Ladvocat, 1826, « Préface », p. II.

7 Voir les chapitres finaux de *Les Mots et les choses* où Foucault montre que l'économie fait apparaître « d'un côté de nouveaux objets connaissables (comme le capital) et prescr[it]de l'autre de nouveaux concepts et de nouvelles méthodes (comme l'analyse des formes de production » (Michel Foucault, *Les Mots et les choses*, Paris, Gallimard, « Tel », 1990, p. 264). Dans des perspectives plus récentes, on peut également citer les écrits de Vogl, notamment *Économie, littérature & « poétologie des savoirs » au temps des Lumières* [*Kalkül und Leidenschaft. Poetik des ökonomischen Menschen*, 2002] (Bienne, Diaphanes, 2008), ou *Le Spectre du capital* [*Das Gespenst des Kapitals*, 2010] (Bienne, Diaphanes, 2013).

innombrables *histoires d'argent* que recèle *La Comédie humaine*, qu'aux échos et enjeux balzaciens de cette science qui se voue à l'étude de la production, de la circulation et de la répartition des richesses. S'il faut commencer par exposer la critique balzacienne du libéralisme économique, il convient dans un second temps de considérer les motifs qui, posture politique ou convictions d'ordre philosophique, président à cette remise en cause. Nous terminerons en nous interrogeant sur la cohérence et la portée de l'économie romantique dont l'œuvre de Balzac serait représentative, ce qui reviendra à analyser la place de l'économie politique dans le système des savoirs balzaciens.

LES MANIFESTATIONS DE L'ÉCONOMIE POLITIQUE DANS *LA COMÉDIE HUMAINE*

C'est peu de dire que Balzac ne révère pas celle qu'il appelle encore à la fin de sa vie « Son Altesse impériale l'Économie politique[8] ». Les références à cette science, alors presque uniment libérale, tiennent une place non seulement marginale dans *La Comédie humaine*, mais elles sont souvent traitées de manière ironique ou tout au moins tournées en dérision. Ainsi, dès 1829, propose-t-il dans la *Physiologie du mariage* de jeter « un rapide coup d'œil sur l'action du lit [conjugal] et sur le rôle qu'il joue dans l'économie politique de la vie humaine[9] ». Ailleurs, ce sont les personnages qui tiennent à son encontre des propos peu amènes. Dans *Le Contrat de mariage*, au plus fort de la négociation matrimoniale, le jeune notaire interrompt son vieux confrère qui s'apprêtait à commenter la nouvelle donne sociale : « Nous n'avons pas un cours d'économie politique à faire, mais un contrat de mariage, dit Solonet en laissant échapper un geste d'impatience et en interrompant le vieillard[10]. » Mais c'est sans doute au début d'*Eugénie Grandet* que l'on trouve le plus savoureux morceau de bravoure économique, lorsque Grandet étudie la possibilité de tirer parti du suicide de son frère, mort de n'avoir pas

8 *L'Hôpital et le peuple*, *CH*, t. XII, p. 580.
9 *Physiologie du mariage*, *CH*, t. X, p. 1064.
10 *Le Contrat de mariage*, *CH*, t. III, p. 578.

pu honorer ses créanciers. Bonfons, Président du Tribunal, tente alors de lui expliquer les théories de Bentham.

> – Un effet est une marchandise qui peut avoir sa hausse et sa baisse. Ceci est une déduction du principe de Jérémie Bentham sur l'usure. Ce publiciste a prouvé que le préjugé qui frappait de réprobation les usuriers était une sottise. [...] Selon Bentham, l'argent est une marchandise, et que ce qui représente l'argent devient également marchandise, reprit le président ; attendu qu'il est notoire que, soumise aux variations habituelles qui régissent les choses commerciales, la marchandise-billet, portant telle ou telle signature, comme tel ou tel article, abonde ou manque sur la place, qu'elle est chère ou tombe à rien, le tribunal ordonne... (tiens ! que je suis bête, pardon), je suis d'avis que vous pourrez racheter votre frère pour vingt-cinq du cent[11].

Ainsi simplifiées, voire caricaturées, les thèses de Bentham emportent l'adhésion du tonnelier qui fait un usage pour le moins... utilitaire des thèses utilitaristes.

> – Vooous le no, no, no, nommez Jé, Jé, Jé, Jérémie Ben...
> – Bentham, un Anglais.
> – Ce Jérémie-là nous fera éviter bien des lamentations dans les affaires, dit le notaire en riant.
> – Ces Anglais ont qué, qué, quelquefois du bon, on sens, dit Grandet. Ainsi, se, se, se, selon Ben, Ben, Ben, Bentham, si les effets de mon frère... va, va, va, va, valent... ne valent pas. Si. Je, je, je dis bien, n'est-ce pas ? Cela me paraît clair... Les créanciers seraient... Non, ne seraient pas. Je m'een, entends[12].

Dans cette scène où figure l'une des très rares références balzaciennes explicites à un économiste libéral, le propos glisse rapidement du didactique au grotesque au terme d'un processus de carnavalisation qui ôte toute valeur au propos scientifique. La « leçon d'économie » est démonétisée par le contraste entre les bons mots et le ton d'un Bonfons qui parle comme s'il présidait son tribunal et par la (feinte) stupidité bégayante d'un Grandet... au plus fort de son cynisme.

Anecdotiques ou allusives, ces mises en scène de l'économie ont bien pour fonction explicite de dénigrer une « science » que Balzac récuse parce qu'elle se confond alors avec un libéralisme dont il refuse les thèses, à commencer par le primat de l'individu rationnel agissant en fonction de

---

11 *Eugénie Grandet*, *CH*, t. III, p. 1114.
12 *Ibid.*

ses intérêts. Celui qu'on n'appelle pas encore l'*homo œconomicus* n'est qu'un « égoïste » auquel auraient été « inoculé[s] » « les germes de l'économie politique[13] » et qui menace l'édifice social. Benassis, tout entrepreneur qu'il soit, le déplore : « les sentiments d'un peuple sont ses croyances. Au lieu d'avoir des croyances, nous avons des intérêts[14]. » Bien que ce refus de réduire l'individu à ses intérêts économiques repose sans doute sur un fond rousseauiste, reste que cette condamnation ne permet guère d'identifier une doctrine économique balzacienne. Nonobstant l'« absence » du salariat et de l'industrie[15], objets centraux des thèses libérales, celle-ci se nourrit d'influences fort disparates et révèle de nombreuses contradictions. Ainsi le même Balzac récuse d'une main les thèses sur le commerce et la liberté d'entreprendre des Libéraux mais s'élève contre le protectionnisme qui gangrène la France. De ce point de vue, les personnages les plus légitimes de *La Comédie humaine* sont à l'unisson du Balzac publiciste.

> La vraie politique d'un pays doit tendre à l'affranchir de tout tribut envers l'étranger, mais sans le secours honteux des douanes et des prohibitions. L'industrie ne peut être sauvée que par elle-même, la concurrence est sa vie. Protégée, elle s'endort ; elle meurt par le monopole comme sous le tarif. Le pays qui rendra tous les autres ses tributaires sera celui qui proclamera la liberté commerciale[16].

Loin de congédier une concurrence que Souvestre, à la même époque, condamne sévèrement, Benassis en fait un principe vital, rejoignant en cela le discours libéral d'un Bastiat qui, dans ses *Harmonies économiques*, la considère comme une force essentielle.

> il n'en est pas de plus féconde en harmonies sociales, de plus bienfaisante dans ses résultats généraux, il n'en est pas qui atteste d'une manière plus

13 *Eugénie Grandet*, *CH*, t. III, p. 1126.

14 *Le Médecin de campagne*, *CH*, t. IX, p. 430.

15 Concernant le salariat, Balzac a des vues plutôt sommaires et très politiques, comme en témoigne la lettre « Sur les Ouvriers » publiée en 1840 dans *La Revue parisienne* : « Quant à la question des salaires, des heures de travail, cela ne signifie rien politiquement parlant. Cette ardente question tombe devant le défaut d'ouvrage. Les maîtres, s'abstenant de faire, ont bientôt raison des ouvriers. La main-d'œuvre a ses variations de hausse et de baisse » (*Revue parisienne*, 25 septembre 1840, p. 376-377). Sur ce point, voir l'article cité précédemment de Max Andréoli.

16 *Le Médecin de campagne*, *CH*, t. IX, p. 429.

> éclatante l'incommensurable supériorité des desseins de Dieu sur les vaines et impuissantes combinaisons des hommes[17].

La « Lettre sur le travail », écrite au lendemain de la Révolution de 1848, témoigne d'une même acceptation pragmatique de la concurrence. Elle présente la suppression du travail à la tâche votée par la « secte économique » que représente le Gouvernement provisoire de 1848 comme « un attentat à la liberté individuelle, à la richesse privée et à la richesse publique. C'est, enfin, la tyrannie, au nom d'une théorie spécieuse, [...] c'est l'exercice régimentaire substitué à la production libre et spontanée[18] ». Nonobstant cette défense de la liberté d'entreprendre, c'est encore au nom du principe et des réalités de la concurrence que sont ensuite condamnées l'abolition du « marchandage » et la réduction des heures de travail qui préparent « le triomphe de la production anglaise sur la production française, car l'Angleterre ne désarmera pas ses ateliers comme nous les nôtres ; elle restera sur pied de guerre[19] ».

OBJECTIONS DE FOND

Ces preuves d'hétérogénéité et de disparate – exemples ponctuels qu'il faudrait analyser à lumière du rapport ambivalent qu'entretient notre auteur avec les pensées physiocrate ou saint-simonienne – semblent dessiner une pensée économique fragile et peu assurée. Et sans doute Balzac a-t-il effectivement tendance à picorer ici et là des principes qui vont dans le sens de ses positions politiques sans souci particulier de cohérence. Il voudrait nous prouver que l'économie n'a rien d'une science, mais n'est qu'un ensemble d'instrument de gouvernance qu'il ne s'y prendrait pas autrement. Mais ces faiblesses et ces flottements-là

17 Frédéric Bastiat, *Harmonies économiques*, Paris, Guillaumin et Cie, 2e éd., 1851, p. 296.

18 H[onoré] de Balzac, « Lettre sur le travail » [1848], publiée dans la *Revue des deux mondes*, 1er septembre 1906, 35e vol., p. 51-63, ici p. 55. Sans doute ce tropisme libéral s'explique-t-il également par l'influence qu'exercèrent les théories physiocrates, essentielles dans l'histoire de l'économie politique, sur Balzac. S'il ne pouvait accepter le principe du « laissez faire » de François Quesnay, il reprend nombre des idées physiocrates sur le primat de la propriété et de la production agricole.

19 *Le Médecin de campagne*, *CH*, t. IX, p. 57.

ne doivent cependant pas masquer les critiques radicales que l'auteur adresse à l'économie politique et à ses principes premiers. Réfutant la croyance que les intérêts peuvent réguler les passions, remettant en cause les dogmes de l'harmonie et de l'équilibre économiques, Balzac sape les fondements mêmes d'une économie dont il dénonce toute velléité scientifique. La question de l'intérêt joue en effet un rôle particulièrement important dans la pensée politique de Balzac et dans l'économie romanesque d'une *Comédie humaine* où elle s'établit comme l'un des plus puissants déterminants narratifs. Mais, s'il partage avec Hobbes l'idée que la poursuite de ses intérêts par l'individu constitue une mutation historique liée au « progrès » de la rationalité et un des marqueurs de la modernité politique et économique, il se détache de la tradition libérale qui veut que les intérêts soient en capacité de dompter les passions voire de les éradiquer. Bernard Mandeville, avec *La Fable des abeilles*, avait fait la démonstration paradoxale des effets bénéfiques de cette poursuite des intérêts égoïstes. Plus policé, Montesquieu avait, quelque trente ans après, développé en 1748 l'image du « doux commerce » arguant qu'il « est heureux pour les hommes d'être dans une situation où, pendant que leurs passions inspirent la pensée d'être méchants, ils ont pourtant intérêt ne pas l'être[20] ». Albert Hirschman a proposé une remarquable synthèse de ces théories en montrant que

> si l'intérêt a eu tant de succès, c'est qu'on peut l'objectiver, l'établir et en discuter rationnellement : l'intérêt devient ainsi une "passion raisonnable". La question au centre de cette problématique est, bien sûr, d'expliquer pourquoi et comment ces deux caractéristiques (l'intérêt comme passion régulatrice et son association à la raison) ont fini par se disjoindre ; et, surtout, comment la théorie économique a donné une priorité pratiquement absolue à l'idée que les intérêts peuvent régler [...] les passions en introduisant une séparation complète entre les passions et les intérêts[21].

S'inscrivant en faux contre cette croyance, Balzac prouve au contraire, à longueur de romans, que les intérêts sont sans cesse perturbés par les passions, que les passions viennent fournir aux intérêts leur carburant, voire que les passions peuvent parfois même l'emporter, au mépris des intérêts de l'individu. Ce faisant, Balzac ne se contente pas de critiquer

20 Montesquieu, *L'Esprit des lois*, 1748, p. 69, cité dans Pascal Bridel, *Essais sur l'histoire de la pensée économique. Un nain sur les épaules de géants*, Paris, Classiques Garnier, 2022, p. 841.

21 *Ibid.*, p. 845.

l'optimisme des penseurs des Lumières, il récuse plus fondamentalement la manière dont l'économie politique, en ignorant la réalité des passions et en promouvant la logique purement rationnelle des intérêts, tente de réduire l'ordre économique à une froide mécanique. Il attaque l'une des pièces centrales du credo libéral. Ainsi, pour Smith, les intérêts individuels concourent à la fabrication d'une harmonie socio-économique providentielle[22]. Considérant les choix d'investissement que fait tout individu désireux de maximiser son profit, il explique qu'en

> dirigeant cette industrie de manière à ce que son produit ait le plus de valeur possible, il ne pense qu'à son propre gain ; en cela, comme dans beaucoup d'autres cas, il est conduit par une main invisible à remplir une fin qui n'entre nullement dans ses intentions ; et ce n'est pas toujours ce qu'il y a de plus mal pour la société que cette fin n'entre pour rien dans ses intentions. Tout en ne cherchant que son intérêt personnel, il travaille souvent d'une manière bien plus efficace pour l'intérêt de la société que s'il avait réellement pour but d'y travailler[23].

Si l'auteur de *La Richesse des nations* (1776) semble, avec cette fameuse métaphore de la « main invisible », donner quelque fondement magique à la régulation harmonieuse des intérêts, il avait auparavant bien plus prosaïquement vanté les vertus de l'égoïsme.

> Ce n'est pas de la bienveillance du boucher, du brasseur ou du boulanger que nous attendons notre dîner, mais plutôt du soin qu'ils apportent à la recherche de leur propre intérêt. Nous ne nous en remettons pas à leur humanité, mais à leur égoïsme[24].

Il va de soi que Balzac ne peut souscrire à la croyance qui fonde ces énoncés puisque, pour lui, le libre jeu des intérêts ne peut être que source

22 Il convient toutefois de rappeler la diversité des interprétations auxquelles a donné lieu la pensée de Smith. Si la vulgate libérale et néo-libérale l'a enfermée dans la mécanique des intérêts égoïstes, bien des commentateurs soulignent d'une part le rôle éminent de la « sympathie » comme puissance régulatrice des intérêts et, d'autre part, décèlent, à l'instar de Michaël Biziou, une forme de théisme laïc au fondement des théories du « Newton de la morale, de l'économie politique et du droit ». Voir Michaël Biziou, *Adam Smith et l'origine du libéralisme*, Paris, Presses universitaires de France, 2003, p. 106.

23 Adam Smith, *Recherches sur la nature et les causes de la richesse des nations*, traduction de Germain Garnier revue par Adolphe Blanqui, édition de Daniel Diatkine, Paris, Flammarion, « GF », t. II, 1991, p. 43.

24 *Ibid.*, t. I, p. 84.

de chaos. Comme l'explique Benassis dans *Le Médecin de campagne*, « si chacun ne pense qu'à soi et n'a de foi qu'en lui-même, comment voulez-vous rencontrer beaucoup de courage civil, quand la condition de cette vertu consiste dans le renoncement à soi-même[25] ? ». L'opposition entre les visées de Smith et celle de Balzac est telle qu'on est tenté, à la lecture d'un passage de *La Rabouilleuse* de déceler une allusion voire un pastiche du second extrait smithien.

> Mais, que voulez-vous ? l'épicier est entraîné vers son commerce par une force attractive égale à la force de répulsion qui en éloigne les artistes. On n'a pas assez étudié les forces sociales qui constituent les diverses vocations. Il serait curieux de savoir ce qui détermine un homme à se faire papetier plutôt que boulanger, du moment où les fils ne succèdent pas forcément au métier de leur père comme chez les Égyptiens[26].

On ignore si Balzac, qui ne fait jamais référence à Smith, a lu *La Richesse des nations*. Mais la référence au boucher, doublée d'une méditation sur la « force attractive », si importante pour le newtonisme smithien, incline à penser qu'il pourrait bien y avoir ici, volontaire ou non, conscient ou inconscient, un renvoi intertextuel implicite, comme s'il s'agissait d'aller sur le terrain de Smith pour mieux en critiquer les postulats. Car Balzac ne dénonce pas ici seulement le caractère illusoire d'une possible régulation harmonieuse et autonome des intérêts, il refuse de croire que l'intérêt converge naturellement vers le bonheur collectif. Au rebours, il en appelle à la « volonté ferme avec laquelle un homme doit se détacher de tout intérêt personnel pour se vouer à une pensée sociale[27] ». Et parce que cette volonté n'a rien de « naturel », il faut qu'un homme ou qu'un principe supérieurs viennent diriger les consciences. Aussi comprend-on que la notion même d'« équilibre naturel », si importante dans la philosophie économique de Smith, soit étrangère à la pensée d'un Balzac qui dénie aux forces du marché la capacité d'engendrer, mécaniquement, un état stable. S'il reconnaît au libre jeu concurrentiel une vertu dans la compétition entre les nations, il ne croit pas qu'il permette, dans l'ordre interne, d'atteindre une situation d'*équilibre* qui soit garante de la concorde et du bonheur collectifs.

---

25 *Le Médecin de campagne*, *CH*, t. IX, p. 430.
26 *La Rabouilleuse*, *CH*, t. IV, p. 273.
27 *Le Médecin de campagne*, *CH*, t. IX, p. 430.

Balzac ne peut adhérer à ce que Jean-Pierre Dupuy qualifie « d'économie providentielle », c'est-à-dire à l'auto-transcendance de marchés dont le fonctionnement immanent exclut Dieu.

Cela dit, même si ces principes libéraux connaissent un grand retentissement dès le premier XIXe siècle – et continueront longtemps de rayonner au point de constituer l'une des pierres angulaires de la pensée néo-libérale[28] –, il est des voix qui, dès l'époque de Balzac, s'élèvent contre les croyances qui sous-tendent l'économie politique. Parmi elles figure celle de Sismondi, économiste un peu oublié et dont la réputation a sans doute souffert des railleries que lui a adressées l'école marxiste. Reste que celui que Marx affublait du titre de chef du « socialisme petit-bourgeois » a construit une critique conséquente des théories de l'équilibre. L'hétérodoxie de cet économiste, qui continuera pourtant à se revendiquer de Smith, est d'une grande portée car, en envisageant que la machine économique puisse ou doive fonctionner sur le mode du déséquilibre, il interroge la capacité de l'économie à s'auto-réguler. Sismondi « refuse à la fois tout déterminisme économique du système politique ainsi qu'une totale indépendance du système économique (de marché) par rapport à l'organisation politique de la société[29] ». Il en appelle donc – pour résoudre ces situations où l'équilibre ne peut se produire naturellement – une intervention de l'État.

> Lorsque la coordination marchande concurrentielle ne fonctionne pas, notamment dans le domaine politique et de l'organisation institutionnelle d'une société, l'harmonisation des intérêts et des individus relève du législateur et des représentants élus. [...] Toutefois, dans tous les cas, et surtout lorsqu'il s'agit de tracer une limite entre une harmonisation spontanée et une harmonisation organisée, le législateur doit être éclairé par les règles générales de fonctionnement de la société définies par une *philosophie économique* dans laquelle la théorie économique prend une place essentielle[30].

Ces deux spécificités sismondiennes nous ramènent évidemment sur des terres balzaciennes. Le rapprochement est d'autant plus tentant que le Genevois est sans doute l'un des rares économistes authentiques dont nous soyons sûr que Balzac l'ait fréquenté au point d'avoir résidé chez

---

28 Pour un exposé de ces concepts, voir Jean-Pierre Dupuy, *L'Avenir de l'économie. Sortir de l'économystification*, Paris, Flammarion, 2012.

29 Pascal Bridel, *Essais sur l'histoire de la pensée économique*, *op. cit.*, p. 852.

30 *Ibid.*, p. 854.

lui, comme en atteste sa correspondance[31]. Les lettres à Mme Hanska n'évoquent certes de Sismondi que les œuvres historiques, mais comment ces deux hommes, compte tenu de ces communautés de vue, ont-ils pu ne pas croiser leurs opinions économiques ? L'interventionnisme prôné par Sismondi fait tout particulièrement écho aux thèses balzaciennes telles qu'exposées, dans le cadre fictionnel, par les voix de Benassis ou de l'ingénieur Gérard. Dans *Le Médecin de campagne* et *Le Curé de village*, la figure organisatrice de l'ingénieur renvoie à celle de l'État qui jouit d'un rôle déterminant dans la rationalisation de la production et la mise en circulation des richesses. Mais ce saint-simonisme ne réside pas seulement dans le volontarisme technicien d'un ingénieur qui creuse des canaux ou trace des chemins. Comme le montrent les développements pragmatiques de Benassis, il rejoint cette conception alternative de l'économie politique où « l'administration est l'art d'appliquer les lois sans blesser les intérêts[32] ». Mieux, il s'agit de construire la dynamique économique en jouant des intérêts car « le grand homme qui nous sauvera du naufrage vers lequel nous courons se servira sans doute de l'individualisme pour refaire la nation[33] ». Aussi Benassis plaide-t-il pour une Administration stratège dont la mission « ne consiste pas à imposer aux masses des idées ou des méthodes plus ou moins justes, mais à imprimer aux idées mauvaises ou bonnes de ces masses une direction utile qui les fasse concorder au bien général[34] ». L'État fera même œuvre pédagogique puisque, « pour civiliser, pour créer des productions, il faut faire comprendre aux masses en quoi l'intérêt particulier s'accorde avec les intérêts nationaux, qui se résolvent par les faits, les intérêts et les principes[35] ». Par-delà la vision, assez classiquement paternaliste, d'un État qui commande, pilote et organise pour le bien général, se dessine ici le statut particulier d'un corps étatique où doivent être combinés rationalités organisatrices, règles juridiques et désirs ou passions individuelles. Les mécanismes économiques ne sont donc, pour Balzac, que

31 La correspondance balzacienne compte une dizaine de références aux époux Sismondi qui avaient reçu l'auteur et Ève Hanska lors d'un de leurs passages en Suisse en 1833. Voir la lettre du 8 août 1842, *LD*, t. I, p. 642. Voir également l'article de Charles Dédéyan, « Balzac et Sismondi », *L'Année balzacienne*, n° 9, 1988, p. 73-80.

32 *Le Médecin de campagne*, *CH*, t. IX, p. 432.

33 *Ibid.*, p. 430.

34 *Ibid.*, p. 431.

35 *Ibid.*, p. 433.

des leviers au service de la fonction ensemblière de l'art de gouverner. Comme l'explique humblement Benassis, lorsqu'on félicite pour ses miracles économiques, « de telles choses sont trop simples pour qu'on en compose une science, elles n'ont rien d'éclatant ni de théorique, elles ont le malheur d'être tout bonnement utiles[36] ». Savoir pratique, l'économie politique est subordonnée aux enjeux politiques et sociaux et ne saurait donc chercher ni à exercer quelque magister ni à se constituer en science autonome.

Cette injonction balzacienne, qui n'est pas sans rappeler la critique qu'un siècle après Polanyi développera en condamnant la manière dont l'économie s'est, à partir des années 1830, « désencastrée » (*desembedded*) du politique et du social[37], prend à revers le discours et les prétentions de l'économie politique. Elle ne s'élève pas seulement contre l'aspiration narcissique de quelques économistes en mal de reconnaissance, elle frappe au cœur du projet philosophique d'une discipline dont les enjeux et principes impliquent précisément qu'elle s'affranchisse des sciences morales et des sciences politiques puisqu'elle ne réfléchit plus sur l'homme tel qu'il devrait être pas plus qu'elle n'est subordonnée au politique. Il suffit de revenir aux lignes fondatrices qu'Antoine de Montchrestien, « l'inventeur » de l'économie politique, consacre à une science qui doit « renverser la thèse aristotélicienne de l'indépendance et de la supériorité de la vie proprement politique sur cette partie de la vie qui est consacrée à la production et dont traite l'économique ou science de la famille[38] ». Ainsi estime-t-il dans son *Traité de l'économie politique* (1615) qu'

> On peut fort à propos maintenir contre l'opinion d'Aristote et de Xénophon, que l'on ne saurait diviser l'économie de la politique sans démembrer la partie principale du Tout, et que la science d'acquérir des biens, qu'ils nomment ainsi, est commune aux républiques aussi bien qu'aux familles[39].

Les penseurs du XVIIIe siècle prolongeront l'entreprise de Montchrestien en donnant aux lois économiques un caractère naturel qui leur confère une portée universelle transformant, comme Say le fait, l'économie

36 *Ibid.*, p. 429.

37 Voir Karl Polanyi, *La Grande Transformation. Aux origines politiques et économiques de notre temps* (1944), Paris, Gallimard, 2009.

38 Henri Denis, *Histoire de la pensée économique*, Paris, Presses universitaires de France, « Thémis », 1966, p. 106.

39 Antoine de Montchrestien, *Traité de l'économie politique*, Paris, Plon, Nourrit, 1889, p. 31.

politique en « une science empirique [...] dont les principes sont applicables à n'importe quel régime politique[40] ». Comme l'a montré dans un récent essai Christophe Reffait[41], cette tentative de naturalisation de l'économie est idéologique : il s'agit de substituer à l'ordre ancien un ordre immanent délivré de toute subordination métaphysique.

Rejoignant en cela Mably qui avait dès 1768 publié ses *Doutes proposés aux philosophes économistes sur l'ordre naturel et essentiel des sociétés politiques*, Balzac ne saurait souscrire à cette « naturalité » des règles économiques, lui qui, dans le *Catéchisme* ou de *Marie de Médicis* montre la nécessité absolue de prendre en compte les contextes, les histoires et les spécificités politiques pour comprendre et gouverner les sociétés. Benassis l'affirme à son tour.

> En fait de civilisation, Monsieur, rien n'est absolu. Les idées qui conviennent à une contrée sont mortelles dans une autre, et il en est des intelligences comme des terrains. Si nous avons tant de mauvais administrateurs, c'est que l'administration, comme le goût, procède d'un sentiment très élevé, très pur. En ceci le génie vient d'une tendance de l'âme et non d'une science[42].

PORTRAIT DE BALZAC EN ÉCONOMISTE ROMANTIQUE

En dénonçant le discours d'autonomisation de l'économie, Balzac récuse les principes fondamentaux de l'économie politique qui *croit* – et ce sont toujours là les fondamentaux des thèses néoclassiques – qu'un équilibre naturel peut résulter du *libre* jeu mécanique des intérêts individuels. Ses romans montrent au contraire que l'économie doit être comprise comme un organisme dynamique qui vit sur le mode du déséquilibre. Là résident les marqueurs de l'« économie romantique ». Oxymorique

40 Jean-Baptiste Say, *Traité d'économie politique*, Paris, Crapelet, 1803, cité par Pascal Bridel, « "Passions et intérêts" revisités. La suppression des "sentiments" est-elle à l'origine de l'économie politique ? », *Revue européenne des sciences sociales*, XLVII-144, 2009, p. 135-150, ici p. 140, http://journals.openedition.org/ress/74.

41 Christophe Reffait. *Les Lois de l'économie selon les romanciers du* XIX*e siècle*, Paris, Classiques Garnier, 2020.

42 *Le Médecin de campagne*, *CH*, t. IX, p. 431.

de prime abord, ce concept fait pourtant, depuis quelques années, l'objet de réflexions substantielles, chez Richard Bronk ou chez Joseph Vogl. Si l'un et l'autre renvoient à la philosophie de la nature formalisée par Schelling, le premier reprend à nouveau frais la métaphore organiciste pour en exploiter les vertus heuristiques. Pour Bronk,

> La métaphore organique défendue par les Romantiques [...] peut être appliquée par les chercheurs en sciences sociales pour décrire l'interdépendance dynamique entre acteurs sociaux et avec la société qui les conforme, et pour modéliser le développement auto-organisé spontané de l'ensemble[43].

Vogl souscrit à cet organicisme en définissant l'économie romantique « comme [la] tentative de (re)former un tout organique avec toutes ces forces divergentes où gouverner, représenter et désirer apparaissent comme les manifestations d'une seule et même loi[44] ». Mais en introduisant la variable-désir, il met en évidence l'importance de l'aléa passionnel dans le comportement censément rationnel de l'*homo œconmicus* et installe le manque et la rareté au cœur de l'agir du sujet économique. La théorie libérale ne nie certes pas cette dernière réalité puisqu'elle considère que les individus arbitrent constamment entre travail et plaisir, satisfaction immédiate ou report des désirs. Mais là où le choix de l'*homo œconomicus* est toujours le fait d'une raison objective, le sujet romantique subit cette tenaille du manque comme une pulsion jamais assouvie, un mouvement jamais stabilisé[45]. L'économie romantique s'énonce en fonction d'une théorie de la libido qui renvoie certes au désir infini d'appropriation, mais aussi à cette très balzacienne aspiration à désirer ce dont jouit l'autre[46]. En

43 « *The organic metaphor championed by Romantics [...] can be applied by modern social scientists to capture the dynamic interdependence of social actors with each other and with the society that forms them, and to model the spontaneous self-organising development as a whole* » [nous traduisons]. (Richard Bronk, *The Romantic Economist. Imagination in Economics*, Cambridge, Cambridge University Press, 2009, p. 299.)

44 Slaven Waelti, « Économie, littérature & "poétologie des savoirs" au temps des Lumières », *Acta fabula*, vol. 23, n° 8, « Inventer l'économie », octobre 2022, http://www.fabula.org/acta/document8750.php.

45 Il faudrait ici rattacher prolonger l'analyse en raccrochant les thèses classiques de Madeleine Ambrière sur l'énergie conçue comme l'un des « marqueurs » d'un romantisme où « individus, entreprises, commerces, familles, sociétés, sont soumis aux lois rigoureuses d'une Énergétique qui a sa métaphysique, sa politique, sa poétique, sa rhétorique » (Madeleine Ambrière, « Balzac et l'énergie », *Romantisme*, 1984, vol. 14, n° 46, p. 43-48, ici p. 43).

46 On reconnait ici les thèses du désir mimétique que René Girard a développées dans *Mensonge romantique et vérité romanesque* (Paris, Hachette, « Pluriel », 1961, rééd. 2011),

rejetant la théorie du contrat qui fonde l'économie politique, l'économie balzacienne érige une théorie des forces divergentes qui renvoie à cette vision romantique de la société conçue « comme un organisme vivant, travaillé par des forces incontrôlables[47] ». Le fait est que, chez Balzac, l'économie se donne toujours sur le mode du conflit, qu'il s'agisse de la guerre que livre du Tillet à son ancien patron, Birotteau, à Jacques Falleix ou à Nathan, des « rivalités » qu'orchestre du Croisier, à la violence que les Cointet déploient contre David Séchard ou encore aux déchaînements violents auxquels donne lieu *Le Cousins Pons*. Dans la comédie économique balzacienne, le déséquilibre n'est pas accidentel, transitoire ou pathologique, il constitue l'état « normal » du système. De ce point de vue, Balzac, mais aussi Sismondi, annoncent d'une certaine manière les thèses de Deleuze et Guattari sur l'asymétrie générale que Maurizio Lazzarato reformule comme suit.

> L'économie comme les sociétés sont organisées à partir de différentiels de pouvoir, d'un déséquilibre de potentialités. Cela ne signifie pas, il faut le souligner à nouveau, que l'échange n'a aucune existence, mais qu'il fonctionne à partir d'une logique qui n'est pas celle de l'égalité, mais du déséquilibre, de la différence[48].

Si cette économie du conflit n'engendre pas nécessairement le chaos, elle implique en revanche qu'on donne congé aux lois du mécanicisme et, par voie de conséquence, qu'on renonce à l'équilibre newtonien… et à l'égalité formelle entre les atomes sociaux que sont les individus. Là où les Libéraux saluent la « mobilité sociale » offerte à chaque homme, l'auteur de l'« Avant-propos » de *La Comédie humaine*, n'y voit qu'un principe mortifère, considérant comme une monstruosité la trajectoire d'un épicier qui « devient certainement pair de France ». Il ne voit dans l'égalité des conditions qu'un facteur perturbant et un élément de disharmonie. Fidèle aux principes organicistes qui régissent sa conception du social, Balzac estime que le corps (économique) exige des différences et des polarités

---

thèses dont il faut souligner qu'elles furent reprises par les économistes hétérodoxes à l'instar d'André Orléan et Michel Aglietta, par exemple, dans *La Violence de la monnaie* (Paris, Presses universitaires de France, 1982).

47 Max Milner et Claude Pichois, *Histoire de la littérature française, de Chateaubriand à Baudelaire*, Paris, Flammarion, « GF », 1996, p. 334.

48 Maurizio *Lazzarato, La Fabrique de l'homme endetté. Essai sur la condition néolibérale*, Paris, Éditions Amsterdam, 2011, p. 60.

opposées qui permettent la production et la circulation des biens, des richesses et des hommes[49]. Telle est l'analyse que Françoise Gaillard livre dans le bel article qu'elle écrivit sur « la cinétique aberrante du corps social au temps de Balzac » où elle montre que la métaphore du corps

> permet de poser la différenciation politico-sociale des rôles et des positions comme une réalité naturelle – il y a dans un corps des membres inférieurs, comme il y a des membres supérieurs, ceci est un simple constat anatomique –, et comme une nécessité fonctionnelle propre à tout organisme vivant[50].

Là, côté libéral, une économie politique moderne qui vit sur les métaphores – newtoniennes – de la machine ou de l'hydraulique ; ici une métaphore romantique du corps en déséquilibre. Et, de manière toute symptomatique, c'est même sous l'égide du corps monstrueux que l'ouverture de *Ferragus* place l'organisme économique balzacien.

> Eh ! quelle vie toujours active a le monstre ! À peine le dernier frétillement des dernières voitures de bal cesse-t-il au cœur que déjà ses bras se remuent aux barrières, et il secoue lentement. Toutes les portes baillent, tournent sur leurs gonds, comme les membranes d'un grand homard, invisiblement manœuvrées par trente mille hommes ou femmes, dont chacune où chacun vit dans six pieds carrés, y possède une cuisine, un atelier, un lit, des enfants, un jardin, n'y voit pas clair, et doit tout voir. Insensiblement les articulations craquent, le mouvement se communique, la rue parle. À midi tout est vivant, les cheminées fument, la rue parle. À midi tout est vivant, les cheminées fument, le monstre mange ; puis il rugit, puis ses mille pattes s'agitent[51]...

Sans doute faudrait-il convoquer, pour terminer, le célèbre prologue de *La Fille aux yeux d'or* où s'exprime le plus spectaculairement l'organicisme

49 On retrouve cette idée chez Tatien, *Oraison aux Grecs*, « la composition du corps [*systasis*] consiste en une seule organisation [*mias estin oikonomias*] [...] et, bien que chaque partie diffère de l'autre, il y a une harmonie et une consonance selon la disposition fonctionnelle [*kat'oikonomian symphonias estin harmonia*] » (cité par Giorgio Agamben, *Homo sacer II. Le Règne et la gloire*, Paris, Éditions du Seuil, 2008, p. 62.

50 Françoise Gaillard, « La cinétique aberrante du corps social au temps de Balzac », *Littérature*, n° 58, 1985, p. 3-18, ici p. 9. On pourrait également convoquer les analyses de Bernard Guyon qui montre comment le Balzac du « Catéchisme social » établit une théorie selon laquelle « la politique – mais on pourrait tout aussi bien dire l'économie politique – offre le même phénomène que la nature, le combat de deux forces qui produit la vie. Les lois de l'ordre moral et celles de l'ordre physique sont similaires. [...] La vie est le neutre : deux forces égales en contention. » (*Un inédit de Balzac. Le Catéchisme social*, textes établis et commentés par Bernard Guyon, Paris, La Renaissance du livre, 1933, p. 106.)

51 *Ferragus*, *CH*, t. V, p. 794.

économique balzacien. Au rebours de la lecture déceptive que la tradition critique a pu donner d'un texte conçu comme trop « disparate » (Pierre Barbéris), « problématique » (Françoise Gaillard)[52], où « le lien logique est trop complexe et artificiel pour s'avérer opératoire » (Aude Déruelle), il faut *faire avec* le désordre d'un texte qui, selon Patrice Baubeau, déploie un « modèle économique[53] » qui joue précisément du désordre et des inégalités des conditions. Il oppose la dépense énergétique, épuisante, de ceux qui travaillent et se hissent par l'ambition à l'indolence de ceux qui, arrivés par la naissance, vivent dans le calme mais aussi sous la menace de l'épuisement vital et financier. La ruine de ceux-ci, les aristocrates, n'est évitée que par le truchement de la dot, garante de l'équilibre par le transfert qu'elle organise entre les capitaux symboliques (le nom), réels (la terre) ou monétaires. Le modèle respecte le mouvement répartition-circulation-dissipation cher à Balzac mais contrebalance les effets de la dissipation en convoquant les forces nécessaires à la relance de nouveaux cycles, relance quasi perpétuelle en ce qu'elle repose sur les énergies individuelles que constituent l'ambition personnelle, la soif de l'or, le désir, la génération… Le modèle dessine ainsi un équilibre social qui se nourrit des pathologies individuelles et de ses excès pour assurer l'équilibre de l'ensemble du corps.

De cette trop brève caractérisation de l'économie balzacienne, on peut retenir trois principes centraux : le refus de s'en remettre au libre jeu des intérêts pour fabriquer l'harmonie sociale ; le nécessaire recourt à une intervention étatique et la croyance, partagée avec Sismondi, dans les vertus du déséquilibre. Ordo-libéral à sa manière, Balzac économiste ne serait ni pro ni anti-capitaliste, mais plutôt, comme le dit Vogl, para-capitaliste. Sa théorie économique, par-delà ses éléments programmatiques plus ou moins rigoureux, serait le fruit d'une tension actant certes la nouvelle donne libérale et la puissance nouvelle de la logique de l'intérêt, mais refusant de subordonner le politique à l'économie voire

---

52 Françoise Gaillard ne parvenait pas à identifier cette dynamique d'un corps dont l'équilibre pouvait résulter du dysfonctionnement de l'une de ses parties : « que le défaut du corps puisse constituer un mode spécifique d'organisation, c'est ce que la métaphore du corps morcelé parvient précisément à empêcher de concevoir », « la cinétique aberrante… » (« La cinétique aberrante du corps social au temps de Balzac », art. cité, p. 17).

53 Patrice Baubeau, « Un modèle économique chez Balzac ? Une relecture de *La Fille aux yeux d'or* », dans *La Comédie (in)humaine de l'argent*, sous la direction de Alexandre Péraud, Lormont, Le Bord de l'eau, 2013, p. 95-126.

de céder aux revendications d'autonomisation de l'économie politique. Pour Balzac, l'économie doit « rester une science de l'expérience pour éviter que sa modélisation ne débouche sur "un monde imaginaire"[54] ». Il rejoint en cela Sismondi pour lequel

> On doit en général se défier en économie politique des propositions absolues, tout comme des abstractions. Chacune des forces qui sont destinées à se balancer dans chaque marché, peut par elle-même, et indépendamment de celle avec laquelle on la met en équilibre, éprouver des variations. On ne trouve nulle part de quantité absolue, on ne rencontre jamais de force toujours égale ; et toute abstraction est toujours une déception. Aussi l'économie politique n'est-elle pas une science de calcul, mais une science morale. Elle égare quand on croit se guider par des nombres ; elle ne mène au but que quand on apprécie les sentiments, les besoins et les passions des hommes[55].

Loin d'être archaïques, ces réflexions balzaco-sismondiennes renvoient notre époque à son rapport à l'économie et ne sont pas sans évoquer la tentative d'Amartya Sen, prix Nobel d'économie, pour réconcilier l'économie comme éthique (*as ethics*) et l'économie comme mécanique (*as engineering*)[56]. Peut-être permettent-elles également de nourrir notre analyse des relations qu'entretiennent la littérature réaliste et l'économie politique. Le fait est qu'en établissant ses principes premiers sur les fictions de l'équilibre et de la main invisible, celle-ci a construit son édifice théorique sur des modèles imaginaires. Or cette construction discursive est contemporaine de l'assomption d'un récit réaliste dont elle devient en quelque sorte la concurrente dans la mesure où, à son tour, elle fabrique des mondes possibles. Ce sentiment de rivalité pourrait en partie expliquer les acrimonies balzaciennes à l'égard d'une économie politique qui viendrait chasser sur ses terres en donnant corps à un monde auquel Balzac ne veut pas croire.

Alexandre PÉRAUD
UR 24142, F-33607 Pessac

---

54 Pascal Bridel, *Essais sur l'histoire de la pensée économique*, *op. cit.*, p. 857.

55 Jean-Charles Léonard Sismonde de Sismondi, *Nouveaux Principes économie politique* (1827), Paris, Economica, 2015, p. 203.

56 Voir Amartya Kumar Sen, *Éthique et économie*, traduit de l'anglais par Sophie Marnat, Paris, Presses universitaires de France, 1993.

LA « VUE DE L'OR » OU LA PASSION DE LA MONNAIE

Le don de voir est moins commun encore que le don de créer[1].

Selon les inventeurs de l'économie politique, la monnaie n'existe que pour permettre l'obtention de biens utiles. Adam Smith explique que les métaux adoptés par les hommes pour l'usage monétaire sont « les instruments les plus propres au commerce et à la circulation » et que l'institution des pièces monnayées est liée à l'exigence de « faciliter les échanges et encourager tous les genres de commerce et d'industrie[2] ». Jean-Baptiste Say, quant à lui, définit la monnaie comme « une marchandise dont tout le monde est marchand, car tout le monde a des achats à faire[3] ». Dans une société qui n'autorise plus ni le don, ni le troc et où chaque homme est obligé de vendre le surplus de son travail pour acheter les objets dont il a besoin, l'échange contre de la monnaie est donc indispensable : tout vendeur la recevra volontiers et tout acheteur pourra la changer contre la chose qui lui est nécessaire.

Cette conception instrumentale a une implication décisive : la séparation du flux monétaire du flux des marchandises, le divorce entre

1 Émile Zola, « Le sens du réel », *Le Voltaire*, 20 août 1878, dans *Le Roman expérimental*, présentation, notes, dossier, chronologie, bibliographie par François-Marie Mourad, Paris, Flammarion, « GF », 2006, p. 208.

2 Adam Smith, *Recherches sur la nature et les causes de la richesse des nations* [1776], liv. I, chap. IV, trad. de Germain Garnier revue par Adolphe Blanqui, introd. et index par Daniel Diatkine, Paris, Flammarion, « GF », 1991, t. I, p. 92, 93.

3 Jean-Baptiste Say, « Catéchisme d'économie politique ou Instruction familière qui montre de quelle façon les richesses sont produites, distribuées et consommées dans la société » [1821], dans *Cours d'économie politique et autres essais*, présentation, chronologie, bibliographie par Philippe Steiner, Paris, Flammarion, « GF », 1996, p. 355.

la monnaie et le monde social. Il n'entre pas dans le cadre de notre réflexion d'étudier dans quelle mesure cette conceptualisation a marqué l'histoire de la pensée économique. Ce qui importe en revanche, c'est de souligner qu'une approche alternative à cette vision de la monnaie comme artifice neutre se dessine déjà à partir du XIXe siècle. Marx insiste sur le désir paradoxal du thésauriseur qui, « [e]n retenant la richesse sous sa réalité corporelle de métal », renonce « à toute jouissance » et devient un « martyr de la valeur d'échange[4] ». Cette relation étroite entre la dimension monétaire et la dimension subjective s'intègre parfaitement dans la théorie que Georg Simmel développe dans sa *Philosophie de l'argent*. Faisant apparaître les effets que la monnaie exerce sur les acteurs économiques et les affects qu'elle mobilise chez les individus, le sociologue allemand met en évidence la centralité sociale de la monnaie :

> On se représente quelquefois que la signification économique de l'argent est le produit de sa valeur par la fréquence des transactions qu'il réalise dans une période donnée, mais c'est ignorer les puissants effets que l'argent exerce simplement par l'espoir et la crainte, le désir et le souci qui s'attachent à lui [...]. La simple idée de la présence ou du manque d'argent à un endroit donné crée la tension ou la paralysie, et les réserves de métal jaune dans les caves des banques, couvrant leurs billets, prouvent de façon tangible que l'argent, représenté par un symbole purement psychologique, a des effets complets ; on peut réellement ici le caractériser comme un « moteur immobile[5] ».

Invitant à appréhender la dimension monétaire dans sa complexité, l'analyse de Simmel permet d'ouvrir la réflexion à d'autres perspectives. La littérature fait sienne cette ouverture épistémologique. Avant même que la pensée des économistes se démarque de la critique traditionnelle de la mauvaise chrématistique, qui d'Aristote à Keynes en passant par Marx ne cesse de souligner la perversion de la monnaie et le caractère aberrant du désir qu'elle suscite[6], les romanciers inscrivent son corps et sa vive réalité dans la trame de leur monde fictionnel. Imposant progressivement un traitement sérieux des sujets triviaux, le roman

---

4 Karl Marx, *Contribution à la critique de l'économie politique* [1859], Paris, Éditions sociales, 1975, p. 98.

5 Georg Simmel, *Philosophie de l'argent* [1977], trad. de l'allemand par Sabine Cornille et Philippe Ivernel, Paris, PUF, « Quadrige », 2009, p. 186.

6 Voir André Orléan, *L'empire de la valeur. Refonder l'économie*, Paris, Seuil, 2011, p. 166 *sqq.*

du XVIIIe siècle voit dans la représentation de l'aspect concret du signe monétaire une nouvelle possibilité de développement : « Dans *Manon Lescaut* », écrit Erich Auerbach, « il est beaucoup question d'argent. [...]. Partout se manifeste le réalisme[7] ». Au XIXe siècle, le roman ne se limite pas à enregistrer la présence physique de l'objet monétaire, il en fait un mode de lecture du monde social. Balzac joue un rôle de premier plan dans cette dynamique : il explore la fonction qu'occupe la dimension substantielle ou fiduciaire de la monnaie dans le fonctionnement d'une société postrévolutionnaire en pleine mutation ; il réfléchit sur la relation complexe que l'individu entretient avec la réalité monétaire.

LA MONNAIE ET SES RÉSONANCES

Selon Jean-Joseph Goux, dans certains romans de Balzac « les formes de la valeur économique [...] sont nombreuses et variées, si bien que la monnaie, au sens strict de pièces métalliques, or ou argent, frappées par l'État, ne semble pas, très souvent, [...] jouer un rôle de premier plan[8] ». On peut certainement être d'accord avec cette affirmation. Mais si, par jeu, on compare les milliers de pages de *La Comédie humaine* à un pays ou à une zone économique, on constate facilement que l'or constitue un élément essentiel de la masse monétaire circulante. Cette présence du métal précieux semble contredire la réalité de l'époque de Balzac. En effet, pendant la première moitié du XIXe siècle, les espèces d'or, qui sont très rares dans la circulation, représentent une valeur beaucoup moins importante que celle des pièces d'argent, employées par les Français aisés[9] ; quant aux monnaies de cuivre et de billion, dépourvues de valeur intrinsèque, elles jouent un rôle essentiel dans

7 Erich Auerbach, « Le souper interrompu », dans *Mimésis. La représentation de la réalité dans la littérature occidentale* [1946], Paris, Gallimard, « Tel », 1990, p. 399.

8 Jean-Joseph Goux, « L'or, l'argent et le papier, dans l'économie balzacienne », dans *La Comédie (in)humaine de l'argent*, sous la dir. d'Alexandre Péraud, Lormont, Le Bord de l'Eau, 2013, p. 77.

9 Voir Alain Plessis, « Le franc au XIXe siècle », dans *D'or et d'argent. La monnaie en France du Moyen Âge à nos jours*, Institut de la gestion publique et du développement économique, Comité pour l'histoire économique et financière de la France, 2005, p. 45-63.

la vie quotidienne du peuple[10]. Sans entrer dans un court-circuit qui consisterait à mesurer le degré plus ou moins élevé de fidélité de la fiction à la réalité historique, on peut noter tout de même que l'or monétaire constitue un facteur déterminant dans la construction de la mimésis balzacienne. Les louis et les napoléons surgissent partout, passant de main en main, incarnant la valeur sous sa forme la plus visible et la plus évocatrice. Leur existence rappelle un fait banal : dans une économie marchande, la monnaie est, comme l'écrit André Orléan, « l'instrument par excellence de la puissance[11] ». Mais leur apparition suggère que le *medium* monétaire possède des résonances qui transcendent la simple fonction économique. Jetons un coup d'œil rapide à quelques textes. Observons les « deux rouleaux de chacun cinquante louis[12] » que Frédéric Alain prête à Mongenod tombé dans la misère ; songeons aux « deux pièces de quarante francs » que le comte Thaddée Paz laisse chaque semaine sur la cheminée du salon de l'appartement de Malaga, sa fausse maîtresse[13] ; suivons les monnaies d'or conquises « sur ses besoins » que la Descoings cache dans le « dernier matelas de son lit » et qu'elle voudrait risquer « sur les combinaisons de son terne chéri[14] » ; imaginons les trente mille francs de la vente de l'imprimerie que le père Séchard se plaît à manier « idéalement entre ses pouces[15] ». Dans ces exemples pris parmi tant d'autres, on devine aisément que les pièces métalliques qui occupent la scène romanesque ont la capacité non seulement d'ouvrir l'accès à toutes les marchandises, mais aussi à exprimer les enjeux moraux et pulsionnels qui traversent le personnage.

10 Voir Guy Thuillier, « Pour une histoire monétaire de la France au XIXe siècle : le rôle des monnaies de cuivre et de billion », *Annales*, n° 1, 1959, p. 65-90.

11 André Orléan, *op. cit.*, p. 166.

12 *L'Envers de l'histoire contemporaine*, *CH*, VIII, p. 263.

13 *La Fausse Maîtresse*, *CH*, II, p. 226.

14 *La Rabouilleuse*, *CH*, IV, p. 325.

15 *Illusions perdues*, *CH*, V, p. 137.

LA « VUE DE L'OR »

Le fait de mettre l'or au centre de l'analyse paraît d'autant plus intéressant que, comme l'écrit encore Jean-Joseph Goux, « la dématérialisation du *medium* monétaire, qui semblait un phénomène plus récent, et même caractéristique de notre époque, est déjà largement présente chez Balzac[16] ». Dans son œuvre, en effet, on assiste à la coexistence entre l'utilisation de la monnaie métallique et la multiplication des monnaies fiduciaires. Mais cette pluralité de formes monétaires n'est que l'indice d'une coexistence plus large et complexe. Durant la période qui voit naître la plupart des romans balzaciens, le capitalisme « n'apparaît nullement comme une réalité, mais comme une possibilité[17] » ; chronologiquement, l'écriture de *La Comédie humaine* est à cheval sur deux capitalismes, un premier qu'on pourrait appeler embryonnaire, un second qu'on pourrait qualifier d'annonciateur : l'un, « celui que Balzac voit autour de lui, le plus répandu, et puis l'autre, le capitalisme de demain, qui existe déjà, comme exception[18] ». Au premier appartient l'or, « image concrète, luisante et sonnante[19] » d'une richesse qui est destinée à disparaître sur le long terme mais qui – la préface à la première édition de *La Curée* l'atteste à suffisance[20] – ne cesse d'occuper l'imaginaire social et littéraire ; au second appartiennent le billet de banque et les opérations de Bourse dont les signes sont voués à fonder un romanesque de la spéculation que l'on verra éclore dans la seconde moitié du XIXe siècle. Ces deux univers spécifiques de « l'enrichissement[21] » coexistent de manière asymétrique dans le roman de Balzac. La question essentielle est alors de chercher à éclairer les mécanismes qui permettent d'envisager l'or comme une réalité non seulement monétaire.

---

16 Jean-Joseph Goux, art. cité, p. 77.

17 *Ibid.*, p. 169.

18 Pierre Barbéris, *Le Monde de Balzac*, Paris, Kimé, 1999, p. 284.

19 Henri Mitterand, « L'argent et la lettre », dans *Le roman à l'œuvre. Genèse et valeurs*, Paris, PUF, 1998, p. 177-178.

20 « Dans l'histoire naturelle et sociale d'une famille sous le Second Empire, *La Curée* est la note de l'or et du plaisir. » (Cité dans *ibid.*)

21 *Ibid.*, p. 178.

Le témoignage que *La Comédie humaine* offre « en matière d'économie[22] » est vaste et articulé. Si l'auteur ne met pas au centre de son exploration les faubourgs ou les « grandes villes manufacturières de l'époque[23] », s'il s'occupe peu du monde de l'usine ou de la classe ouvrière qui commence alors à se former, il saisit les principales dynamiques économiques qui caractérisent la France contemporaine. Sa prose raconte l'essor de la bourgeoisie naissante (*La Maison du Chat-qui-pelote*) et le drame de l'endettement qui afflige les individus (*César Birotteau*), les opérations de placement dans la rente et les mécanismes de la spéculation sur les actions industrielles (*La Cousine Bette*), les crises périodiques du commerce et les faillites bancaires (*La Maison Nucingen*), l'industrie de la papeterie et l'univers de l'édition et de la presse parisiennes (*Illusions perdues*). La représentation de l'or en tant que *medium* monétaire est tissée dans la trame de ce témoignage. Cet or arrondi en pièces qui fait penser tout à la fois « à la solidité du minéral[24] » et au point de départ « de l'épopée capitaliste[25] » est un des grands personnages du vaste récit qui s'efforce d'embrasser les multiples dimensions de la modernité économique. Mais son rôle semble être de dessiner une ouverture vers un au-delà de l'économie. Et pour tenter l'exploration de cet au-delà, il faut faire appel au symbolisme des *yeux d'or*. La « vue de l'or », ainsi qu'on va essayer de le montrer, s'inscrit dans un dispositif de dépassement de la conception instrumentale de la monnaie : transformé en objet de jouissance par le regard du personnage, l'or rompt avec sa nature monétaire ; d'expression du « va-et-vient des marchandises[26] », il devient support de représentations : c'est comme si le pouvoir métaphorisant des yeux affranchissait le métal jaune de la contrainte de sa fonctionnalité.

22 Jean-Hervé Donnard, *La vie économique et les classes sociales dans l'œuvre de Balzac*, Paris, Armand Colin, 1961, p. 330.

23 *Ibid.*

24 Michel Thibon Cornillot, « Balzac-Marx et l'argent », *Connexions* (Paris), n° 25, 1978, p. 80.

25 Pierre Barbéris, *Le Monde de Balzac*, *op. cit.*, p. 223.

26 Lucienne Frappier-Mazur, *L'expression métaphorique dans* La Comédie humaine. *Domaine social et physiologique*, Paris, Klincksieck, 1976, p. 196.

DÉSIR ET TRÉSOR

Mais les intentions idéologiques qui s'expriment dans certaines parties de *La Comédie humaine* risquent d'interférer avec les implications d'une approche visant à appréhender la monnaie au-delà du rôle clé de sa valeur d'échange. Prenons deux exemples pour nous faire comprendre : celui du banquier Grossetête qui invoque la « science de l'économie politique » pour condamner le choix du paysan de laisser ses capitaux inertes et « sans mouvement[27] » pour une période de temps trop prolongée et celui du narrateur du *Député d'Arcis* qui tonne contre le « crime social » de la thésaurisation et contre « l'économie inintelligente de la province [qui] arrête la vie du corps industriel et gêne la santé de la nation[28] ». En entendant de tels arguments, on pourrait être tenté de mettre Balzac contre Balzac et d'opposer la dénonciation de cette « politique du bas de laine[29] », qui selon le romancier est produite par le vice social de l'individualisme, à l'hypothèse d'interroger les résonances subjectives de la monnaie. Mais force est de constater qu'il s'agit de deux niveaux de discours distincts. Une chose est la parole d'un écrivain qui chausse les lunettes de l'économiste politique pour accuser les forces rétrogrades qui freinent le progrès de la nation, une autre est la possibilité d'une lecture qui choisit de faire dialoguer la valeur des yeux et le spectacle de l'or. On verra que cette lecture tend à vider le comportement du thésauriseur de sa charge négative, suggérant que l'accumulation stérile de monnaie n'est pas toujours blâmable et que le danger du « figement par 'rétention'[30] » qu'elle comporte permet d'en dévoiler la part non-économique sous-jacente.

Un bref détour par le *Capital* permettra d'aborder un dernier point. Arrêtons la lecture au passage où Marx évoque la métamorphose du vendeur en thésauriseur. Après avoir expliqué que le désir de « fixer » et de « conserver » la « forme monnaie » se développe en proportion de

27 *Le Curé de village*, *CH*, IX, p. 819.

28 *CH*, VIII, p. 750.

29 Jean-Hervé Donnard, *op. cit.*, p. 278.

30 Claude E. Bernard, « La problématique de l''échange' dans *Le Chef-d'œuvre inconnu* d'Honoré de Balzac », *AB* 1984, p. 211.

l'accroissement de la circulation des marchandises, il précise que c'est surtout chez les peuples dont le mode de production ne satisfait qu'un « cercle étroit » de besoins que ce désir naît et se perpétue. On ne croit pas faire une révélation en disant que la province balzacienne apparaît comme le règne de « cette forme naïve de thésaurisation » décrite par l'auteur du *Capital* : sur la vaste étendue de sa surface, il y a « peu de circulation » et « beaucoup de trésors[31] ». Cette abondance de cachettes, qu'on suppose pleines de louis et de napoléons, fait penser à certains avares dont la mort coïncide immanquablement avec la découverte de leurs capitaux cachés : c'est le cas du vieux médecin Varlet qui, au « second retour des Bourbons, [...] mourut à soixante-seize ans, laissant deux cent mille francs en or dans sa cave[32] » ; c'est le cas aussi de la comtesse de Granville qui, après le mariage de ses filles, se retire en Normandie « dans une de ses terres, économisant et priant, achevant ses jours entre des prêtres et des sacs d'écus[33] » ; c'est le cas encore du vieil Pingret, assassiné avec sa servante et dont les « pots pleins d'or[34] » brisés font rêver les habitants de toute la ville de Limoges. Et les exemples pourraient sans doute se multiplier. Mais il faut faire une distinction : le texte balzacien montre qu'il y a accumulation et accumulation et que les trésors les plus riches sont ceux qui, loin de choisir de ne rien faire d'autre que d'indiquer l'avarice de leur détenteur, n'existent que pour faire entrer le lecteur dans une compréhension élargie de la réalité monétaire.

L'OR ET LA PASSION DU VOIR

De ce point de vue, le trésor du père Grandet mérite qu'on s'y arrête à plus d'un titre. En effet, la description des liquidités qu'il a retirées de la circulation et qu'il a mises, pour le dire avec Marx, « à l'abri et sous clé[35] » joue sur de multiples connotations. On peut

31 Karl Marx, *Le Capital*, liv. I, éd. établie et annotée par Maximilien Rubel, Paris, Gallimard, « Folio Essais », 2008, vol. I, p. 220.
32 *Le Député d'Arcis*, *CH*, IV, p. 754.
33 *Une Fille d'Ève*, *CH*, II, p. 359.
34 *Le Curé de village*, *CH*, IX, p. 683.
35 Karl Marx, *Le Capital*, liv. II, éd. citée, vol. II, p. 1389.

noter tout d'abord l'accent mis sur leur vitalité : traitant les êtres comme des choses et « les choses comme des êtres vivants[36] », Félix se flatte de connaître les « mystères de vie et de mort » des écus, leur grouillement en tous points semblable à celui « des hommes[37] ». Une manifestation du mouvement vital qui informe l'argent est sans doute l'épisode du transport nocturne de l'or à Angers pour être vendu et converti en rentes d'État. Mais l'énergie de la monnaie ne s'exprime pas seulement dans cette conversion. Assimilé à un corps qui bouge et respire, « facile à toucher, à sentir[38] », le métal jaune nourrit l'imaginaire érotique de son possesseur. On dirait que la richesse de Grandet, plus qu'alimenter sa « chasse passionnée à la valeur d'échange[39] », lui permet d'assouvir sa passion physique de l'or[40].

C'est là que l'on retrouve le point nodal du personnage, car la satisfaction qu'il tire – pour reprendre un concept célèbre – de sa *préférence pour la liquidité* choisit surtout de passer par le regard. C'est l'œil qui permet à Félix de jouir du plaisir de la possession de l'or, le texte le dit de manière explicite :

> Il n'y avait dans Saumur personne qui ne fût persuadé que M. Grandet n'eût un trésor particulier, une cachette pleine de louis, et ne se donnât nuitamment les ineffables jouissances que procure la vue d'une grande masse d'or. Les avaricieux en avaient une sorte de certitude en voyant les yeux du bonhomme, auxquels le métal jaune semblait avoir communiqué ses teintes. Le regard d'un homme accoutumé à tirer de ses capitaux un intérêt énorme contracte nécessairement, comme celui du voluptueux, du joueur ou du courtisan, certaines habitudes indéfinissables, des mouvements furtifs, avides, mystérieux

36 Nicole Mozet, Introduction à *Eugénie Grandet*, *CH*, III, p. 997.

37 *Eugénie Grandet*, *CH*, III, p. 1153.

38 Pierre Barbéris, *Le Monde de Balzac*, *op. cit.*, p. 230. Chez Grandet, observe Jacqueline Mesnil, « tout est concret, [...], tout tient à la matière » (« Gobseck et Grandet, deux monstres d'avarice, si proches, si différents », *La Terre retrouvée*, n° 17, 1er juin 1949, extrait publié dans *Le Courrier balzacien*, n° 28, 2014, p. 31). La pièce qui sert de cabinet à sa chambre est un « laboratoire » où le bonhomme peut profiter pleinement de la densité charnelle de l'or : « Là, sans doute, quand Nanon ronflait à ébranler les planchers, quand le chien-loup veillait et bâillait dans la cour, quand Mme et Mlle Grandet étaient bien endormies, venait le vieux tonnelier choyer, caresser, couver, cuver, cercler son or. » (*Eugénie Grandet*, *CH*, III, p. 1070)

39 Karl Marx, *Le Capital*, liv. I, éd. citée, p. 247.

40 Maurice Bardèche, *Balzac romancier : la formation de l'art du roman chez Balzac jusqu'à la publication du* Père Goriot *(1820-1835)* [1947], Genève, Slatkine Reprints, 1967, p. 471.

> qui n'échappent point à ses coreligionnaires. Ce langage secret forme en quelque sorte la franc-maçonnerie des passions[41].

Grâce à cet avare insolite qui semble obtenir plus d'utilité de « l'aspect de l'or » que des « bénéfices de l'usure[42] », les louis se dénaturent. Contemplés secrètement, ils font oublier leur pouvoir d'achat et laissent apparaître leurs fonctions « autres que strictement économiques[43] ». Ajoutons que la pulsion scopique qui anime le désir de Félix semble d'autant plus difficile à réfréner qu'elle trouve pour ainsi dire appui sur le désir des trois avares – ancêtres de sa femme – qui sont à l'origine de sa fortune[44]. Rien de surprenant, donc, que sa volupté se transforme en une pathologie. En effet, le roman présente deux Grandet : celui que tout le monde à Saumur soupçonne de jouir secrètement en contemplant son trésor et celui qui, cheminant vers la fin de ses jours, ne craint pas de devenir monomane[45]. C'est surtout ce Grandet maniaque qui se perd dans la jouissance de la vue :

> Quand il pouvait ouvrir les yeux, où toute sa vie s'était réfugiée, il les tournait aussitôt vers la porte du cabinet où gisaient ses trésors en disant à sa fille : « Y sont-ils ? y sont-ils ? » d'un son de voix qui dénotait une sorte de peur panique. « Oui, mon père. – Veille à l'or, mets de l'or devant moi. » Eugénie lui étendait des louis sur la table, et il demeurait des heures entières les yeux attachés sur les louis, comme un enfant qui, au moment où il commence à voir, contemple stupidement le même objet ; et, comme à un enfant, il lui échappait un sourire pénible. « Ça me réchauffe ! » disait-il quelquefois en laissant paraître sur sa figure une expression de béatitude[46].

Avec Grandet, la passion de l'accroissement capitaliste sur lequel la critique d'inspiration marxiste a tant insisté avec raison[47] se trouve, par

41 *Eugénie Grandet*, *CH*, III, p. 1032.

42 *Ibid.*

43 Marc Guillaume, « Argent et hypermonnaie », dans *Comment penser l'argent ?*, *op. cit.*, p. 371.

44 « L'avarice de ces trois vieillards était si passionnée que depuis longtemps ils entassaient leur argent pour pouvoir le contempler secrètement. » (*Eugénie Grandet*, *CH*, III, p. 1031)

45 « Depuis deux ans principalement, son avarice s'était accrue comme s'accroissent toutes les passions persistantes de l'homme. Suivant une observation faite sur les avares, sur les ambitieux, sur tous les gens dont la vie a été consacrée à une idée dominante, son sentiment avait affectionné plus particulièrement un symbole de sa passion. La vue de l'or, la possession de l'or était devenue sa monomanie. » (*Eugénie Grandet*, *CH*, III, p. 1167)

46 *Eugénie Grandet*, *CH*, III, p. 1175.

47 Voir, à titre emblématique, André Wurmser, *La Comédie inhumaine*, éd. définitive, Paris, Gallimard, 1970, p. 111-112 et Pierre Barbéris, *Le Monde de Balzac*, *op. cit.*, p. 230 *sqq.*

conséquent, forcée à coexister avec cette autre passion du voir dont la spécificité semble être d'utiliser la représentation de la monnaie pour la penser au-delà de la dimension économique.

MONNAIE ET CONNAISSANCE

Dans l'exemple de Gobseck, l'association de la vue et de l'or prend une coloration qui rapproche le signe monétaire d'une dimension résolument conceptuelle. En effet, ce qui compte plus que tout dans l'analyse de ce personnage central de l'univers balzacien, est le fait qu'il tient la connaissance et la possession du métal jaune pour inséparables. « Il existe », dit Derville, « deux hommes en lui : il est avare et philosophe[48] », il « pèse ses pièces d'or[49] » et aspire à la « jouissance intellectuelle[50] ». Mais cette duplicité comporte un certain déséquilibre. Plus philosophe que thésauriseur, Gobseck tend à concevoir l'or comme une « abstraction[51] ». Un indice peut déjà le laisser supposer : sa fortune, que personne ne connaît, se trouve « dans les caves de la Banque[52] ». Mais le passage du divin métal à l'état de réalité absolument intangible, qui s'opère à la fin de sa vie, exige le pouvoir du regard. D'où ce paradoxe, qui est un point crucial de la représentation de l'usurier : l'homme qui s'est fait or finit par voir un or invisible, absent, inexistant. Lisons les dernières pages du roman où Gobseck, atteint d'une affection nerveuse, se retrouve entre la vie et la mort. Dans son délire, il croit voir sa chambre « pleine d'or vivant[53] » et la « clairvoyance[54] » de sa vision fait de lui un chercheur d'Absolu. Faut-il

48 *Gobseck*, *CH*, II, p. 995. « C'est par l'or que Gobseck est puissant, matériellement parlant, mais aussi, qu'il est philosophe. La richesse lui a donné le secret du monde. » (Pierre Barbéris, *Balzac et le mal du siècle. Contribution à une psychologie du monde moderne* [1970], Genève, Slatkine Reprints, 2002, t. II, p. 1503)

49 *Gobseck*, *CH*, II, p. 1061.

50 Pierre Barbéris, *Balzac et le mal du siècle. Contribution à une psychologie du monde moderne* [1970], *op. cit.*, t. II, p. 1510. « Lui, trouve sa jouissance suprême à contempler la 'parade des passions humaines' dont il s'est constitué le spectateur. » (Maurice Bardèche, *op. cit.*, p. 287)

51 André Wurmser, *La Comédie inhumaine*, éd. citée, p. 114.

52 *Gobseck*, *CH*, II, p. 966.

53 *Ibid.*, p. 1010.

54 Albert Béguin, « Gobseck », dans *Balzac lu et relu*, Paris, Seuil, 1965, p. 192.

tenir l'irréalité de cet « or vivant » pour le signe de la quête spirituelle du personnage ? Le texte le laisse du moins supposer. Mais le regard du moribond apparaît surtout comme un acte de dévotion au concept monétaire, comme un exercice de projection mentale qui lui permet de ressentir dans toute sa force l'idée du précieux minéral. C'est ici que la monnaie se révèle pour ce qu'elle est : image intérieure plutôt qu'objet qu'on peut saisir avec les mains, intermédiaire non des échanges mais du savoir : « Mon regard est comme celui de Dieu, je vois dans les cœurs[55]. »

Il est intéressant de noter que si le portrait de Gobseck est tout entier traversé par la métaphore de la dureté métallique[56], si son métier le voue à entretenir une intimité constante avec les formes de la matérialité monétaire, ses yeux confèrent à l'or la valeur d'une réalité immatérielle. Dans un article sur la comédie du *Faiseur*, Roland Barthes écrit qu'il existe, et pas seulement dans l'œuvre de Balzac, une « humanité-métal[57] » à laquelle appartiennent les usuriers et les avares. On pourrait ajouter que chez Balzac il existe une humanité-regard à laquelle appartiennent les philosophes de l'or. Gobseck semble annoncer tous ces personnages des *Études philosophiques* qui incarnent au plus haut degré la coappartenance du voir et du savoir : l'Antiquaire de *La Peau de chagrin*, Balthazar Claës, Louis Lambert[58].

55 *Gobseck*, *CH*, II, p. 976.

56 « Vers le soir l'homme-billet se changeait en un homme ordinaire, et ses métaux se métamorphosaient en cœur humain » (*Gobseck*, *CH*, II, p. 965) ; « Les traits de son visage, impassible autant que celui de Talleyrand, paraissaient avoir été coulés en bronze » (*Gobseck*, *CH*, II, p. 964). Il est *trahi* par sa « ressemblance avec le marbre » (*Gobseck*, *CH*, II, p. 986).

57 Roland Barthes, « Vouloir nous brûle… » [1957], dans *Essais critiques*, Paris, Seuil, 1964, p. 90-93 (p. 92).

58 La seule ambition de l'Antiquaire « a été de voir », c'est-à-dire de « jouir intuitivement », de « découvrir la substance même du fait et s'en emparer essentiellement » (*La Peau de chagrin*, *CH*, X, p. 86). Émettant « un langage de lumière, facile à comprendre », les yeux de Claës paralysé continuent à projeter « des pensées » (*La Recherche de l'Absolu*, *CH*, X, p. 834). « Penser, c'est voir ! » (*Louis Lambert*, *CH*, XI, p. 615), affirme Louis Lambert. Les dernières paroles sauvées de l'oubli de ce voyant tombé en démence proclament avec force la primauté du sens de la vue sur les autres sens : « La Volonté s'exerce par des organes vulgairement nommés les cinq sens, qui n'en sont qu'un seul, la faculté de voir. Le tact comme le goût, l'ouïe comme l'odorat, est une vue adaptée aux transformations de la substance que l'homme peut saisir dans ses deux états, transformée et non transformée. » (*Louis Lambert*, *CH*, XI, p. 685) « La pensée est une sorte de sixième sens ou de sens intérieur », écrit Marc Eigeldinger à propos de Louis Lambert, « elle s'identifie avec la vision » (*La Philosophie de l'art chez Balzac*, Genève, Slatkine Reprints, 1998 [1957], p. 15).

Promu au rang suprême « des hommes de l'esprit[59] », ce « capitaliste[60] » qui devine tout d'un coup d'œil fait entrer la monnaie dans la sphère du voir-penser.

LE FANTASME DE L'OR

Il peut sembler surprenant de solliciter la nouvelle *Facino Cane* dans le cadre d'une réflexion sur le statut monétaire de l'or, mais l'univers de ce court récit se place dans une configuration à la fois différente et analogue à celle des exemples précédents. Différente, puisque le trésor qui traverse l'histoire aventureuse du protagoniste ne correspond que partiellement à l'idée que l'on se fait du flux monétaire circulant. Analogue, puisque le point en commun entre la partie réaliste et la partie fantastique de cette nouvelle est le don du regard[61]. En effet, avant que le vieux Vénitien n'avoue son obsession pour l'or, c'est la question de la puissance de vision qui est mise au premier plan, le narrateur se présentant dès le départ comme étant doté d'un don de « seconde vue » et pratiquant une « observation [...] intuitive[62] » des mœurs sociales, le héros révélant au fil du récit sa condition d'homme capable de voir l'or avec une très grande acuité.

Cette aptitude à voir l'or a une origine lointaine dont le lecteur ne tarde pas à être informé. Facino Cane n'est pas un musicien jouant de la clarinette dans une taverne parisienne, mais un ancien patricien déchu qui a connu l'expérience de la prison. Deux circonstances déterminent le sort de ce Vénitien qui a tué par amour : il a hérité de sa mère sa passion pour l'or ; il a contracté une maladie oculaire dans le cachot où il a été jeté après son crime. La loi biologique de l'hérédité explique la fascination viscérale qu'il éprouve pour le divin métal. La prison explique la cécité dont il est atteint : en effet, la vue du « trésor secret[63] » de la République vénitienne qu'il découvre en tentant de s'en échapper lui

59 Albert Béguin, « Gobseck », dans *op. cit.*, p. 193.

60 *Gobseck*, *CH*, II, p. 979.

61 Sur ce point, voir Jacques-David Ebguy, « Le récit comme vision : Balzac voyant dans *Facino Cane* », *L'Année balzacienne*, 1998, p. 261-284.

62 *Facino Cane*, *CH*, VI, p. 1020, 1019.

63 *Ibid.*, p. 1029.

sera fatidique. Les caractéristiques de la déviance héritée, le séjour dans les cachots de Venise, le regard ébloui par le reflet étincelant des ducats et des lingots, tout chez ce personnage proclame le lien indissoluble qui unit l'or et les yeux. La vie de Cane – c'est ce que suggère sa confession – repose sur une sorte de circularité entre la réalité fantasmatique de la substance monétaire et l'action dévorante du voir : la monomanie pour l'or et l'abus de la « puissance visuelle » l'ont prédestiné à « perdre les yeux[64] » ; la voracité de ses yeux malades, semblables à des « cavités profondes[65] », se satisfait uniquement par le vision de l'or. Servant de mesure de toutes les richesses, cet or qui occupe le champ de sa vision[66] et dont le reflet éclaire sa « nuit[67] » est appelé à devenir le symbole de « *toutes* les jouissances[68] ».

DE L'OR DANS LES YEUX

Le roman de *La Fille aux yeux d'or* investit le dieu métallique d'un symbolisme dont on retrouve le sens non seulement dans la logique de l'échange, mais dans celle du désir. Dès la longue étude publiée par Hippolyte Taine[69], les lecteurs de Balzac ont fait du personnage de Paquita Valdès le porte-parole des passions indicibles. Il suffit de penser à Proust. La discussion de Charlus avec Brichot se résout par un éloge du côté contre nature de l'auteur de *La Comédie humaine* : « Balzac a connu », répond le baron, « jusqu'à ces passions que tout le monde ignore ou n'étudie que pour les flétrir. Sans reparler des immortelles *Illusions perdues*, *Sarrazine* [*sic*], *La Fille aux yeux d'or*, *Une passion dans le désert*, même l'assez énigmatique *Fausse Maîtresse*, viennent à l'appui

64 *Ibid.*, p. 1030.

65 *Ibid.*, p. 1023.

66 Voir Takao Kashivagi, « La poétique balzacienne dans *Facino Cane* », dans *Balzac, romancier du regard*, Saint-Genouph, Nizet, 2002, p. 10-11.

67 *Facino Cane*, *CH*, VI, p. 1031.

68 Voir Ronan Y. Chalmin, « Orgasme : pour une érotique de l'or dans *Facino Cane* de Balzac », *Romanic Review*, 102.1-2, Jan-March 2011, p. 209.

69 Voir Hippolyte Taine, « Le monde de Balzac », *Journal des débats*, 23 février 1858, dans *Balzac*, préface et notices de Stéphane Vachon, Paris, PUPS, « Mémoire de la critique », 1999, p. 228.

de mon dire[70] ». Mais il est évident que cet éros mystérieux, interdit, déjà baudelairien, ne couvre pas toute la surface de l'histoire tragique de Paquita. Pour s'en convaincre, arrêtons-nous sur l'aspect de cette masse sociale tout à fait galvanisée par ses monomanies aveugles que présente le prologue : les différents mondes décrits par le discours du narrateur – ceux du travail et de la petite bourgeoisie, ceux de l'homme d'argent, de l'artiste et du privilégié – apparaissent emportés par la soif de l'or et du plaisir, mots-phares dont l'alliance revient dans le texte comme un *leitmotiv*. On notera que la vision panoramique de la ville et de ses habitants, peuple horrible « à voir[71] », se combine avec la présence de l'or à tous les niveaux de la description. Les Parisiens qui n'ont rien s'exténuent « pour gagner cet or qui les fascine[72] » et le lecteur est invité à assister – sphère après sphère, cercle après cercle – au spectacle du travail qui stimule « le mouvement ascensionnel[73] » du divin métal. Ce « coup d'œil rapidement jeté sur la population de Paris[74] » permet de mesurer le champ d'application du principe d'obéissance à la monnaie, « ce maître universel[75] ». Bref, le flux de l'or s'impose comme une des clés qui contribuent à la « legibility of the city[76] ».

Mais cet or qu'on voit jaillissant de la base de l'édifice social vers ses sommités, se laisse nécessairement contaminer par l'or, « balzacien par excellence[77] », des yeux de Paquita Valdès. Il est intéressant de noter que l'évocation de sa beauté « raphaëlesque[78] » semble répondre au souci d'opérer la jonction entre la partie didactique et la partie narrative du roman, comme si la direction de la dynamique ascendante de la monnaie ne servait qu'à faire concevoir l'éclat irrésistible des yeux d'or de la fille. En effet, c'est la puissance exotique de ce regard doré qui fait perdre la tête à Henri de Marsay : « Il s'affola sérieusement de ces yeux », dit le narrateur, « dont les

70 Marcel Proust, *Sodome et Gomorrhe*, éd. présentée, établie et annotée par Antoine Compagnon, Paris, Gallimard, « Folio classique », 1988, p. 439-440.

71 *La Fille aux yeux d'or*, *CH*, V, p. 1039.

72 *Ibid.*, p. 1041.

73 *Ibid.*, p. 1046.

74 *Ibid.*, p. 1054.

75 *Ibid.*, p. 1045.

76 Andrea Goulet, *Optiques. The Science of the Eye and the Birth of Modern French Fiction*, Philadelphia, University of Pennsylvania Press, 2006, p. 61.

77 Éric Bordas, « Balzac et la lisibilité de l'argent romanesque », dans *La Littérature au prisme de l'économie. Argent et roman en France au XIXe siècle*, sous la dir. de Francesco Spandri, Paris, Classiques Garnier, 2014, p. 120.

78 *La Fille aux yeux d'or*, *CH*, V, p. 1054.

rayons semblaient avoir la nature de ceux que lance le soleil et dont l'ardeur résumait celle de ce corps parfait[79] ». Pendant la première entrevue avec ce « *condottiere* parisien[80] », on voit Paquita assise sur une causeuse dans un peignoir, « libre de jeter ses regards d'or et de flamme[81] ». Et dans le manuscrit, on sait qu'elle est appelée « femme aux yeux jaunes[82] ».

Albert Béguin a parlé, à propos de *La Fille aux yeux d'or*, de la tentative balzacienne « d'approcher le secret du symbolisme des couleurs[83] ». D'ailleurs, « l'unité de ton » de ce « roman pictural[84] » est très nette : le jaune et le rouge se disputent le terrain de la représentation. Il faut ajouter que dans le titre primitif les yeux de Paquita étaient rouges. Balzac, par conséquent, a fait passer son héroïne « du camp rouge de la passion amoureuse[85] » au camp jaune de l'or, qui est aussi celui de la valeur d'échange. Le portrait que de Marsay fait de Paquita, avec laquelle il se trouve nez à nez aux Tuileries, ne semble tracé que pour illustrer cette duplicité. Ce qui le frappe en effet, « ce sont deux yeux jaunes comme ceux des tigres ; un jaune d'or qui brille, de l'or vivant, de l'or qui pense, de l'or qui aime et veut absolument venir dans votre gousset[86] ». Ces mots disent toute l'ambivalence du personnage. La fiction balzacienne se dénonce comme un espace de contamination. Ce qui vaut à cette inconnue son surnom, c'est le fait d'être un symbole d'hybridation entre l'érotique et l'économique.

CONCLUSION

Visiblement, la littérature refuse la conception instrumentale de la monnaie, conteste sa neutralité et invite à en sonder les multiples résonances. *La Comédie humaine* accorde une large place à la représentation

79 *Ibid.*, p. 1073.
80 Maurice Bardèche, *op. cit.*, p. 526.
81 *La Fille aux yeux d'or*, *CH*, V, p. 1079.
82 *Ibid.*, p. 1064 var. *c*.
83 Albert Béguin, *Balzac visionnaire*, Genève, Skira, 1946, p. 110.
84 Rose Fortassier, Introduction à *La Fille aux yeux d'or*, *CH*, V, p. 784.
85 Albert Béguin, *Balzac visionnaire*, *op. cit.*, p. 114.
86 *La Fille aux yeux d'or*, *CH*, V, p. 1064.

du *medium* monétaire. Tout ce qui est susceptible de s'acheter et de se vendre peut l'être à l'aide des pièces d'or qui circulent dans son monde fictionnel. Mais ces espèces métalliques, loin de se limiter à exhiber leur pouvoir d'achat, semblent ne servir qu'à exprimer les préoccupations et les affects du personnage. Dans le cadre d'une œuvre qui voit coexister de manière asymétrique deux ordres monétaires (métal/papier) et qui cherche à explorer les multiples visages d'un capitalisme en voie de constitution, l'intérêt d'une réflexion sur l'or est alors de montrer les spécificités symboliques qui le constituent en tant qu'objet de désir. D'où l'hypothèse consistant à interroger le motif de la « vue de l'or ».

Le jeu subtil de ces deux éléments complémentaires rend compte du potentiel heuristique qui habite certains personnages. Victime de sa « passion du numéraire[87] », le regard de Grandet investit la lourde matérialité du signe monétaire d'une énergie pulsionnelle qui lui fait dire ce que sa fonction économique ne dit pas. La vision de Gobseck est une forme de pensée qui transforme les louis et les napoléons en un principe d'intelligibilité de la vérité du monde social. L'aveugle Facino Cane, qui maintient l'or dans son champ visuel, fige sa valeur en-deçà de la logique marchande. Les yeux dorés de Paquita Valdès métaphorisent le rapport que le désir érotique entretient avec le processus de l'échange. Ces personnages ne seraient pas ce qu'ils sont sans la relation de réciprocité entre le sens de la vue et la passion de la monnaie qu'ils construisent chacun selon son propre registre.

Francesco SPANDRI
Université Roma Tre

87 Paul Louis, *Les Types sociaux chez Balzac et Zola*, Paris, Éditions du monde moderne, 1925, p. 52.

QUATRIÈME PARTIE

SAVOIRS, CULTURE, PERSONNALITÉ

« UNE IGNORANCE HYBRIDE »

Balzac et le savoir musical

Le 29 mai 1837, Balzac écrit à l'éditeur de musique et propriétaire de la *Revue et gazette musicale* Maurice Schlesinger une lettre destinée à être rendue publique, valant pour avertissement, sinon préface, à *Gambara*, nouvelle musicale promise. Entre modestie et provocation, l'illustre romancier commence par un rappel de base : « je ne suis rien musicalement parlant », avant de nuancer par un imparfait et un adjectif bien ambigus : « j'étais, il y a six mois, d'une ignorance hybride en fait de technologie musicale[1]. »

« J'étais » : donc, par antiphrase, je ne suis plus tout à fait et j'ai fait des progrès, j'ai appris des choses, depuis ce jeudi 6 octobre de l'année précédente où vous m'avez fait, cher Monsieur, l'honneur de me passer commande d'une nouvelle pour vos lecteurs mélomanes et musiciens, et ce aux Italiens où je vais, en effet, en ce moment, chaque jeudi, profitant de la loge de la comtesse Guidoboni-Visconti[2]. Tel est sans doute ce qu'il faut comprendre dans ce temps anaphorique qui se veut précis. Mais qu'est-ce que cette « ignorance hybride », qui laisse l'éditeur moderne en pleine perplexité lexicale : « Le mot "hybride" surprend », écrit René Guise, « Balzac l'entend-il au sens de "dépassant la mesure" ? Nous songeons au grec *hybris*[3] ». C'est le sens de cette hybridité affirmée de son ignorance musicale qui sera l'objet de cette petite étude[4].

Le développement qui suit cette intéressante déclaration liminaire permet, comme il convient, de cadrer un peu la matière de cette ignorance :

---

1 Lettre de Balzac à Maurice Schlesinger, 29 mai 1837 ; *Corr.*, t. II, p. 230.

2 « Je n'ai vu encore que deux fois Madame Guidoboni-Visconti ! [...] Mais voici l'hiver et les Italiens revenus. Je la verrai dans sa loge tous les jeudis » (lettre de Balzac au marquis Félix de Saint-Thomas, fin septembre 1836 ; *Corr.*, t. II, p. 120).

3 *CH*, t. X, p. 1448.

4 Sur ce sujet, l'ouvrage de référence reste celui de Jean-Pierre Barricelli, *Balzac and Music. Its Place and Meaning in his Life and Work*, New York-Londres, Garland, 1990.

> Un livre de musique s'est toujours offert à mes regards comme un grimoire de sorcier ; un orchestre n'a jamais été pour moi qu'un rassemblement malentendu, bizarre, de bois contournés, plus ou moins garnis de boyaux tordus, de têtes plus ou moins jeunes, poudrées ou à la Titus, surmontées de manche de basse, ou barricadées de lunettes, ou adaptées à des cercles de cuivre, ou attachées à des tonneaux improprement appelés grosses caisses, le tout entremêlé de lumières à réflecteurs, lardé par des cahiers, et où il se fait des mouvements inexplicables, où l'on se mouchait, où l'on toussait en temps plus ou moins égaux.

L'orchestre est ainsi comparé à un « monstre visible », dont la naissance, au cours des deux derniers siècles est due à

> l'accouplement de l'homme et du bois, enfanté par l'instrumentation qui a fini par étouffer la voix, enfin cette hydre aux cent archets a compliqué mes jouissances par la vue d'un horrible travail. Et cependant il est clair que cette chiourme est indispensable à la marche majestueuse et supérieure de ce beau navire appelé un opéra. De temps en temps, pendant que je naviguais sur l'océan de l'harmonie en écoutant les sirènes de la rampe, j'entendais les mots inquiétants de finale, de rondo, de strette, de mélismes, de triolets, de cavatine, de crescendo, de solo, de récitatif, d'andante, de contralto, [de] baryton, et autres de forme dangereuse, creuse, éblouissante, que je croyais sérieusement inutiles, vu que mes plaisirs infinis s'expliquaient par eux-mêmes[5].

Que voilà une évocation satirique et drolatique de l'orchestre moderne qui dut faire la joie complice de l'ami Berlioz, lequel se livrait au même moment exactement aux mêmes styles de charges dans le *Journal des débats* ! Qui imite qui ici, du compositeur ou du romancier, dans cette fantaisie ironique ? Quoi qu'il en soit, Honoré affirme donc son ignorance avec une verve humoristique d'imbécile prétendu éminemment sympathique en déclinant, pour mieux convaincre, quelques termes de jargon de spécialiste comme exemples de références incompréhensibles pour un profane comme lui, relevant donc de cette « technologie » qui lui est étrangère.

La déclaration fut lue et reçue sans l'ombre d'une hésitation quant au sens de son propos par bien des lecteurs qui conclurent derechef à l'inaptitude irrattrapable du gros balourd plein de bonne volonté[6].

---

5 *Corr.*, t. II, p. 231-232.

6 Voir Jean Chantavoine et Jean Gaudefroy-Demombynes, *Le Romantisme dans la musique européenne*, Paris, Albin-Michel, 1955, p. 551. C'est même l'avis de spécialistes que l'on ne saurait taxer de superficialité ou d'hostilité à Balzac : *Dictionnaire Berlioz*, sous la

Elle eût pourtant dû inspirer un peu de méfiance quant à sa lisibilité littérale, ne serait-ce que parce que les mots choisis par Balzac pour dire sa méconnaissance du solfège, « *finale, cavatine, crescendo, récitatif* », étaient depuis longtemps entrés dans la langue mondaine courante et se rencontraient, sans précaution particulière, dans ses articles des années 1830. En outre, rappelons-nous que les sœurs d'Honoré avaient pratiqué très sérieusement la musique, que sa nièce Sophie était une élève d'Ambroise Thomas, et que lui-même à vingt ans, dans sa mansarde, voulait économiser pour acheter un piano, à peu près au moment où il espérait écrire un opéra-comique, *Le Corsaire.* Et enfin, relisons une anecdote rapportée par Laure : enfant, Honoré « écorchait pendant des heures entières les cordes d'un petit violon rouge, et sa physionomie radieuse prouvant qu'il croyait écouter des mélodies [...]. – Tu n'entends donc pas comme c'est joli ? me disait-il[7] ». D'Honoré à Gambara ?

Plus sérieusement, il n'en demeure pas moins que le 22 mai 1837, et toujours à Schlesinger, Balzac insistait déjà, avant la mise au point publique, sur ce qui était de réelles « faibles connaissances en musique » qui le contraignaient à revoir le contenu et la forme de la nouvelle promise ; et il ajoutait, à propos de cette œuvre à venir : « j'espère qu'elle sera belle, mais il faut étudier la musique pour la faire comme j'ai étudié la chimie pour écrire *la Recherche de l'absolu*[8]. »

Si ces explications lui semblent nécessaires, c'est pour justifier le travail afin de rattraper le temps perdu : en effet, le premier jet de *Gambara* avait été détruit dans un incendie le 7 février et Balzac avait demandé à Belloy de refaire le récit selon ses indications, avant de partir lui-même, sans le dire à personne, en voyage en Italie pour deux mois. À

direction de Pierre Citron et Cécile Reynaud, avec Jean-Pierre Bartoli et Peter Bloom, Paris, Fayard, 2003, p. 53 (« son goût musical n'était pas infaillible ») ; Claude Jamain, *Idées de la voix. Études sur le lyrisme occidental*, Rennes, Presses universitaires de Rennes, 2005 (« sa culture musicale n'était pas très étendue ») ; *Nouvelles lettres de Berlioz, de sa famille, de ses contemporains*, texte établi et présenté par Peter Bloom, Joël-Marie Fauquet, Hugh J. Macdonald et Cécile Reynaud, Arles-Venise, Actes Sud, Palazzetto Bru Zane, 2016, p. 201 (« Balzac est peu musicien »). En 2000, Pierre-Albert Castanet publie, sous le titre *Balzac et la musique*, un ouvrage d'une rare maladresse, pour revoir ce qui est devenu un lieu commun qu'il ne fait que renforcer en voulant le nuancer (*Balzac et la musique*, textes réunis et annotés par Pierre-Albert Castanet, Paris, Michel-de-Maule, voir en particulier p. 20). Voir également *infra*, note 54.

7 Laure Surville, *Balzac, sa vie et ses œuvres d'après sa correspondance* (1858), Paris, L'Harmattan, 2005, p. 18-19.

8 *Corr.*, t. II, p. 226.

son retour il avait trouvé la version de Belloy[9] et n'en avait pas du tout été satisfait, comme il l'expliquait donc dans sa lettre à Schlesinger du 22 mai. Pourquoi ce mécontentement ? Balzac n'est pas précis, mais l'on constate que le *Gambara* de Belloy, au-delà de notations très brèves, se dispensait d'analyses musicales vraiment développées, tant à propos de l'opéra fictif du héros, *Mahomet*, que du *Robert-le-Diable* de Meyerbeer dont l'éloge argumenté avait clairement été dans le cahier des charges de la commande matricielle de Schlesinger, éditeur du compositeur à la mode[10]. En somme, sur le plan musical, le travail de Belloy avait été beaucoup trop superficiel, et donc non balzacien.

Fin mai, Balzac comprend qu'il ne doit compter que sur lui-même et va faire l'effort de documentation indispensable pour ses ambitions. Il écrit à Schlesinger : « il faut m'envoyer ce soir si c'est possible une partition 1° de *Robert le Diable* / 2° le meilleur article, c'est-à-dire le plus louangeur et la plus longue analyse qui vous ait satisfait / puis 3° l'article où il y ait eu les plus violentes critiques[11]. » En attendant, et du fait de ses propres lacunes qu'il met donc lui-même en avant, Balzac va entreprendre parallèlement à *Gambara* « une autre étude sur le même sujet », mais « plus à [sa] portée » de mélomane amateur[12] : ce sera *Massimilla Doni*, qui envisagera la musique, ou plus exactement l'opéra, sous l'angle de « *l'exécution* », quand *Gambara* sera le récit de « la *composition*[13] ». Balzac a compris qu'il ne pouvait pas sérieusement parler de l'une sans l'autre s'il voulait être complet dans son approche de la création musicale.

Le résultat fut donc les deux récits que l'on connaît, dans lesquels, en effet, se distinguent trois passages d'analyses musicales conséquents : six pages Pléiade pour la présentation de *Mahomet*, puis dix pour *Robert-le-Diable* dans *Gambara*[14] ; vingt et une pages pour le *Mosè in Egitto* de Rossini dans *Massimilla Doni*, longueur obtenue, il est vrai, par les « tartines » digressives dont l'héroïne entremêle sa leçon d'histoire

9 Voir lettre de Belloy, 9 mai 1837 ; *Corr.*, t. II, p. 220.

10 Voir *CH*, t. X, p. 1435.

11 *Corr.*, t. II, p. 235. Sur les problèmes de datation de cette lettre, voir *CH*, t. X, p. 1434, et Matthias Brzoska, « *Mahomet* et *Robert-le-Diable* : l'esthétique musicale dans *Gambara* », *L'Année balzacienne*, n° 4, 1983, p. 51-78, ici p. 56-58.

12 *Corr.*, t. II, p. 225 (lettre citée du 22 mai 1837).

13 *Ibid.*, p. 226.

14 *CH*, t. X, p. 487-493 et p. 500-510.

de la musique, comme nombre de femmes savantes balzaciennes[15]. Balzac n'avait pas du tout eu ce genre d'ambition en novembre 1830 dans *Sarrasine*, autre nouvelle musicale, il est vrai destinée à une revue généraliste, la *Revue de Paris*, et future « scène de la vie parisienne » et non « étude philosophique » : la musique n'y est qu'un thème romanesque de convention pour introduire la question de la déstabilisation des genres par le désir, elle constitue plus un décor, un cadre, qu'une matière de savoir à proprement parler.

Rien de tel avec les fictions de 1837 : Balzac est en train d'inventer *La Comédie humaine* et il est obsédé par les exigences d'une représentation totale et exhaustive non seulement des objets sociaux, mais également des sciences et des esthétiques. La comparaison qu'il fait à Schlesinger entre la musique et la chimie, en matière de documentation, est le contraire d'une rapidité étourdie : le roman, désormais balzacien, doit proposer une *épistémè* potentiellement romanesque pour représenter, par la fiction, un monde intelligible et crédible. L'intuition interne de l'imagination pour la matière fictionnelle et la force d'une culture générale polyvalente de conteur doué pour le cadre contextuel ne suffisent plus : le romancier doit aller chercher des discours complémentaires à l'extérieur de son propre monde personnel pour les intégrer dans la polyphonie moderne des savoirs et les mettre en scène de façon à la fois dramatique et vraisemblable[16].

En l'occurrence, ces discours sont ceux de ce qui n'est pas encore la musicologie théorique comme science autonome, mais ce que l'on commence à appeler la musicographie pour identifier en tant que forme de référence le simple « commentaire du fait musical dicté par un jugement subjectif ou résultant de la compilation de sources secondaires[17] », qui peut assumer sa superficialité au nom de l'affirmation d'un goût incontestable qui prétend faire autorité. Quelles furent les sources du savoir de Balzac en la matière ?

La dédicace placée en tête de *Massimilla Doni* lors de l'édition Souverain d'août 1839 donne la réponse, avec autant de clarté que d'honnêteté :

15 *Massimilla Doni*, *CH*, t. X, p. 587-608. Sur la tartine selon Balzac, voir *Dictionnaire Balzac*, sous la direction d'Éric Bordas, Pierre Glaudes et Nicole Mozet, Paris, Classiques Garnier, 2021, p. 1267.

16 Sur la polyphonie balzacienne, voir Éric Bordas, *Balzac, discours et détours. Pour une stylistique de l'énonciation romanesque*, Toulouse, Presses universitaires du Mirail, 1997.

17 *Dictionnaire de la musique en France au XIXe siècle*, sous la direction de Joël-Marie Fauquet, Paris, Fayard, 2003, p. 834. Le mot *musicologie* apparaît en 1872 et *musicographie* en 1843.

> À Jacques Strunz / Mon cher Strunz, il y aurait de l'ingratitude à ne pas attacher votre nom à l'une des deux œuvres que je n'aurais pu faire sans votre patiente complaisance et vos bons soins. Trouvez donc ici un témoignage de ma reconnaissante amitié, pour le courage avec lequel vous avez essayé de m'initier aux profondeurs de la science musicale. Vous m'aurez toujours appris ce que le génie cache de difficultés et de travaux dans ces poèmes qui sont pour nous la source de plaisirs divins. Vous m'avez aussi procuré plus d'une fois le petit divertissement de rire aux dépens de plus d'un prétendu connaisseur. Aucuns me taxent d'ignorance, ne soupçonnant ni les conseils que je dois à l'un des meilleurs critiques d'œuvres musicales, ni votre consciencieuse assistance[18].

Il peut y avoir une hésitation quant à l'antécédent du premier pronom relatif du texte : « que je n'aurais pas pu faire sans [...] vos bons soins » renvoie-t-il « à l'une des deux œuvres » ou aux « deux œuvres » ensemble ? L'amphibologie est totale et irréductible : elle a, évidemment, beaucoup de sens. Certes, nous sommes à l'été 1839, à la veille de l'édition *princeps* du récit vénitien, et *Gambara* était paru en feuilletons dans la revue de Schlesinger deux ans plus tôt (juillet-août 1837), mais comme l'histoire des textes prouve que la genèse des deux nouvelles fut inextricablement liée dès le départ ou presque dans la conception d'un binôme thématique comme l'auteur les affectionne, on peut penser que Balzac a attendu la publication ultime pour remercier son ami et inspirateur de son aide pour deux textes rédigés de la même façon, c'est-à-dire avec l'aide, non d'un collaborateur littéraire comme Belloy qui ne saurait être à la hauteur, mais d'un conseiller artistique pour un matériau sémiotique, linguistique, langagier et esthétique que l'auteur sait ne pas maîtriser, un spécialiste, en somme, sollicité pour une expertise par la pratique.

On remarque également dans cette dédicace que Balzac est parfaitement conscient des critiques le taxant « d'ignorance », ces gens-là ne connaissant donc pas le rôle de Strunz, ou y voyant un élément aggravant, ni de celui qui, dans les annotations du Furne corrigé, sera désigné comme « l'un des meilleurs auteurs de feuilletons sur des œuvres musicales », périphrase qui peut faire penser au fidèle Gautier, bien sûr, même si Théophile était plutôt un critique de théâtre. Quoi qu'il en soit, on connaît ainsi l'inspirateur avoué des trois développements musicographiques conséquents de la future *Comédie humaine*, découvrant une pratique de travail en collaboration inédite pour Balzac, et même

18 *CH*, t. X, p. 543.

de composition, au-delà des lectures personnelles qu'Honoré put faire toute sa vie d'ouvrages de vulgarisation alors très répandus comme *La Musique mise à la portée de tout le monde* de Fétis, avec son *Dictionnaire des termes musicaux* (1833), ou les articles du même très respecté Fétis dans la Revue *musicale* puis dans la revue de Schlesinger, ou encore la *Biographie universelle des musiciens et bibliographie générale de la musique* (1835-1844).

À en croire une hypothèse de Maurice Regard[19], Balzac aurait été mis en contact avec Jacques (originellement Jacob) Strunz (1781-1852)[20] par l'intermédiaire de Schlesinger lui-même, et peut-être de Meyerbeer en personne, à qui il aurait fait savoir sa volonté de bien faire les choses pour la fameuse analyse de *Robert-le-Diable* qui était un peu à l'origine de tout. « En effet, l'éditeur de musique mettait en vente au mois de juillet 1837, en même temps que *Les Huguenots* arrangés en harmonie par Meyerbeer, une Ouverture du même opéra arrangée en harmonie par Jacques Strunz[21]. Il publia quelques autres œuvres de ce dernier et l'accueillit même à l'occasion dans sa *Gazette*[22] ». Étant donné que *Gambara* fut publié au mois d'août de cette même année 1837, le travail entre les deux hommes aurait été particulièrement rapide et efficace, mais il est vrai aussi que les deux passages concernés sont tout de même assez cursifs. Cela signifie néanmoins que la confiance fut immédiate et la collaboration sans nuages.

Les choses vont être plus longues et manifestement plus ardues quelques mois plus tard pour l'analyse de *Mosè* et Balzac explique à Mme Hanska le 12 octobre que ce morceau « exige de longues études sur la partition » ; il précise : « et, comme il faut que je les fasse avec un musicien consommé, je ne suis pas maître de mon travail[23]. » Mais le travail traîne, cette fois-ci, et le 22 janvier 1838, Balzac affirme vouloir « achever *Massimilla Doni*, qui [l'oblige à de grandes études sur la musique, et à aller [lui] faire jouer et rejouer le *Mosè* de Rossini par un bon vieux musicien allemand[24] ».

19 Voir Balzac, *Gambara*, édition présentée par Maurice Regard avec le texte inédit de la version originale, une introduction, des notes, Paris, José Corti, 1964.

20 Sur Strunz, voir la notice qui lui est consacrée dans le *Dictionnaire de la musique en France au* XIXe *siècle* (*op. cit.*, p. 1182), ainsi que ce qu'écrit Maurice Regard dans son édition de *Gambara* (éd. Regard, p. 41-43).

21 Voir l'annonce dans la *Gazette musicale* du 16 juillet 1837.

22 *Gambara*, éd. Regard, p. 41.

23 *LH*, t. I, p. 412.

24 *Ibid.*, p. 437.

En effet, les trois textes finaux que nous connaissons montrent clairement trois pratiques très différentes les unes des autres de l'insertion du savoir musical dans le récit, de la dramatisation romanesque d'une disparate énonciative qui exhibe son hétérogénéité langagière (discours du savoir musical dans le discours narratif) dans la polyphonie stylistique cultivée par l'auteur dans son ambition, d'inspiration romantique, de tout dire et de tout montrer du monde sensible[25].

La première réalisation est, en apparence, la plus simple sur le plan linguistique. Gambara, chez lui, se met au piano et joue son opéra, *Mahomet*, en le paraphrasant pour le présenter après avoir résumé son sujet dramatique – fait notable et qui va dans le sens d'une remarquable modernité que la musique elle-même pourra sembler contredire : le compositeur est également l'auteur de son livret, ce qui est très exceptionnel à cette époque : « la vie de Mahomet, personnage en qui les magies de l'antique sabéisme et la poésie orientale de la religion juive se sont résumées, pour produire un des plus grands poèmes humains, la domination des Arabes[26]. » Le compositeur, anticipant sur ce qui va suivre sur le plan esthétique, insiste sur l'importance de la culture générale, histoire et littérature : « pour être musicien [...], il faut être aussi très savant. Sans instruction, point de couleur locale, point d'idées dans la musique[27]. » On reste encore dans le régime narratif linéaire, sans aucun problème de lisibilité.

La première indication technique intervient dès que Gambara commence à jouer sa musique et veut la commenter dans sa réalisation, les mots thématiques narratifs du récit de fiction ne peuvent dès lors plus suffire.

> Attention, voici l'ouverture ! Elle commence *(ut mineur)* par un *andante (trois temps)*. Entendez-vous la mélancolie de l'ambitieux que ne satisfait pas l'amour ? À travers ses plaintes, par une transition au ton relatif *(mi bémol, allegro, quatre temps)*, percent les cris de l'amoureux épileptique, ses fureurs et quelques motifs guerriers [...][28].

Balzac a trouvé sa méthode d'insertion du discours musical dans le discours narratif et elle est très simple : du fait de son hétérogénéité

25 Sur le romantisme de la pensée de la totalité chez Balzac, voir Éric Bordas, « Balzac, une pensée de la totalité », *Littérature*, n° 213, 2024, p. 42-56.

26 *CH*, t. X, p. 486.

27 *Ibid.*, p. 487.

28 *Ibid.*

linguistique assumée et présentée comme telle, le lexique musical est noté en italiques et placé entre parenthèses dans le discours direct du personnage aux endroits où il est censé expliquer ; il n'est pas intégré dans une phrase par une articulation syntaxique de type *subordination* mais relève d'une énonciation par apposition de ponctuation déictique ajoutée, exactement comme une indication sur une partition, puisqu'il faut comprendre que, au moment où il dit ces mots de spécialiste, Gambara produit avec le piano un son (une note) correspondant à ce qui est présenté par les mots. Le procédé va être développé pour l'ensemble de l'exposé dont voici le début :

> Mais voici *(la bémol majeur, six-huit)* un *cantabile* capable d'épanouir l'âme la plus rebelle à la musique : Cadhige a compris Mahomet ! Cadhige annonce au peuple les entrevues du prophète avec l'ange Gabriel *(Maestoso sostenuto en fa mineur).* Les magistrats, les prêtres, le pouvoir et la religion [...] poursuivent Mahomet et le chassent de la Mekke *(strette en ut majeur).* Arrive ma belle dominante *(sol quatre temps)* : l'Arabie écoute son prophète, les cavaliers arrivent *(sol majeur, mi bémol, si bémol, sol mineur ! Toujours quatre temps).* Il promet une domination universelle aux Arabes, on le croit parce qu'il est inspiré. Le crescendo commence *(par cette même dominante).* Voici quelques fanfares *(en ut majeur)*, des cuivres plaqués sur l'harmonie qui se détachent et se font jour pour exprimer les premiers triomphes. [...] Voici le désert qui envahit le monde *(l'ut majeur reprend).* Les forces de l'orchestre reviennent et se résument dans une terrible quinte partie de la basse fondamentale qui expire, Mahomet s'ennuie [...]. L'Arabie l'adore et le prie, et nous retombons dans mon premier thème de mélancolie *(par l'ut mineur)* au lever du rideau[29].

On constate que le choix énonciatif a ses libertés : si « *strette* » est isolé dans une parenthèse valant pour traduction, « *cantabile* », « crescendo » et « quinte », avec ou sans italiques, sont intégrés dans le discours narratif sans précaution autonymique particulière : l'arbitraire semble de règle. De même, les parenthèses peuvent accepter un verbe conjugué : « *(l'ut majeur reprend)* », ou une actualisation par déterminant : « *(par cette même dominante)* », et se rapprochent alors de didascalies d'indications scéniques proposant une navette désignative exophorique entre cotexte et contexte – effet encore plus net un peu plus loin quand Gambara attaque le début de l'opéra : « Mahomet, seul sur le devant de la scène, commence par un air *(fa naturel, quatre temps)* interrompu par un chœur de chameliers qui

29 *Ibid.*, p. 488.

sont auprès d'un puits dans le fond du théâtre *(ils font une opposition dans le rythme. Douze-huit)*[30]. » Certaines parenthèses indiquent le cheminement harmonique de l'œuvre, et d'autres des changements rythmiques importants. Dans tous les cas ces parenthèses, cursives et nominales ou en amorce de développement phrastique, sont prononcées par Gambara lui-même qui suit sa logique de désignation, de l'extratexte (la musique à imaginer pour le lecteur, à entendre pour lui) à son commentaire : son discours est morcelé par les appositions en constructions détachées, mais il reste dans la linéarité d'un récit que les parenthèses contextualisent dans le cadre de la sémiotique musicale. Le choix de mots isolés entre parenthèses ou non relève ainsi de l'enthousiasme incontrôlé du personnage qui suit son émotion avec allégresse, non d'un didactisme pédagogique rigoureux à l'égard d'un lecteur supposé néophyte.

Le procédé de la parenthèse qui explique et qui propose une traduction d'une langue dans une autre évoque ce que Balzac fera quelques années plus tard pour présenter l'argot des bagnards dans *Splendeurs et misères des courtisanes*[31] : c'est un jeu poétique très comparable autour du jargon de la musique, avec ces mots dont la signification littérale peut résister, voire être totalement inconnue, mais pourtant sans vraiment perturber le sens narratif d'une lisibilité soumise à la poésie et au prestige du mystère, comme il sied à l'évocation d'une grandeur qui est la matière même du romanesque comme plaisir. C'est une pensée de la musique qui est représentée, évoquée, suggérée, non la musique elle-même – Balzac sait que c'est impossible : dans *Modeste Mignon*, il montrera une partition d'Auber, en un autre aveu d'impuissance littéraire[32]. Les mots notés à la place d'honneur des parenthèses ouvrent sur une représentation de la pensée musicale à partir d'un imaginaire linguistique.

Faut-il vraiment comprendre mot à mot, du reste, ce que prétend évoquer ce long discours ? Maurice Regard a remarqué que, à lire cette présentation de *Mahomet* par son auteur, « l'ensemble paraît sans audace marquante : les tons ne dépassent jamais quatre altérations, et la "belle dominante" dont le maestro se montre si fier est la modulation la plus naturelle et la plus commune » de l'époque[33]. On reste, en effet, dans

30 *Ibid.*, p. 489.
31 *Splendeurs et misères des courtisanes*, *CH*, t. VI, p. 828 *sqq.*
32 Voir *Modeste Mignon*, *CH*, t. I, p. 562 *sqq.*
33 *Gambara*, éd. Regard, p. 38.

une convention musicale qui était certainement celle de Strunz et qui convenait à Balzac de par sa vraisemblance quasi documentaire. En 1983, dans un article d'une grande attention, le musicologue allemand Matthias Brzoska, éditeur de référence de Meyerbeer, reprend toutes les indications musicales présentant *Mahomet* (forme [air, duo, chœur, récitatif], scène, tonalité) et conclut que cet opéra de fiction « pourrait presque être formellement une œuvre de Meyerbeer[34] ».

Ce n'est pourtant pas ainsi que l'entend le personnage très ambigu (bon et mauvais dans la nouvelle) de Marcosini, horrifié[35] – il est vrai qu'il n'aime pas Meyerbeer comme la suite va le prouver :

> Il n'y avait pas l'apparence d'une idée poétique ou musicale dans l'étourdissante cacophonie qui frappait les oreilles : les principes de l'harmonie, les premières règles de la composition étaient totalement étrangères à cette informe création. Au lieu de la musique savamment enchaînée que désignait Gambara, ses doigts produisaient une succession de quintes, de septièmes et d'octaves, de tierces majeures, et des marches de quarte sans sixte à la basse, réunion de sons discordants jetés au hasard qui semblait combinée pour déchirer les oreilles les moins délicates. Il est difficile d'exprimer cette bizarre exécution, car il faudrait des mots nouveaux pour cette musique impossible[36].

Sans le discours direct qui intègre des parenthèses désignatives et autorisant toutes les originalités spécifiques, mais venant après celui-ci qui a fait entendre la parlure de référence avec une voix crédible, le récit balzacien reprend à son compte le vocabulaire musical des spécialistes, et l'exigence référentielle croît de plusieurs degrés pour le lecteur non averti qui risque fort de devoir se contenter d'une compréhension anaphorique résomptive : la musique de Gambara est un échec. « Il faudrait des mots nouveaux », explique le narrateur, lui-même grand amateur de néologismes créatifs ailleurs[37] : venus d'une langue non narrative,

34 Matthias Brzoska, « *Mahomet* et *Robert-le-Diable* : l'esthétique musicale dans *Gambara* », art. cité, p. 76.

35 Sur le rôle narratif de Marcosini, voir Geneviève Delattre, « Andrea Marcosini et les tribulations du romancier dans *Gambara* », *L'Année balzacienne*, n° 4, 1983, Paris, p. 79-91 ; sur toutes les problématiques de distanciation dans ce récit, voir Michael Tilby, « Balzac et le jeu parodique dans *Gambara* », *L'Année balzacienne*, n° 7, 2006, p. 83-117.

36 *CH*, t. X, p. 493.

37 Voir José-Luis Diaz, « Mots nouveaux, mots à la mode : Balzac théoricien et praticien du néologisme », dans *Balzac et la langue*, sous la direction d'Éric Bordas, Paris, Kimé, 2019, p. 105-136.

« quintes, septièmes, octaves, tierces majeures, quarte sans sixte à la base » lui permettent tout de même d'étourdir son lecteur pour lui faire comprendre qu'il n'y a rien à comprendre dans ce *Mahomet*, rien à écouter, pas plus qu'il n'y avait rien à voir dans la toile finale de Frenhofer quelques années plus tôt[38]. Le terrorisme du jargon, en situation, exclut moins le lecteur spectateur que le musicien lui-même, disqualifié par son premier auditeur et mélomane averti, Italien de surcroît.

Ce vocabulaire technique, entre parenthèses dans une logorrhée d'artiste fou et sans mise en scène énonciative dans le récit, fut donc sans doute dicté par Strunz à Balzac, avec, on peut l'imaginer, de rapides explications. La comparaison des différents et très nombreux documents génétiques de *Gambara* montre que ces indications musicales précises ont été notées dès la première version de la rédaction et que Balzac, dans les jours qui ont suivi, avec les relectures de huit jeux d'épreuves, n'y a pas du tout retouché, alors qu'il a revu ou développé plusieurs détails historiques concernant la vie de Mahomet[39]. Le but avait donc été atteint pour lui.

Après ce *Mahomet* imaginaire, l'analyse du fameux *Robert-le-Diable* pose d'autres problèmes à Balzac. Le défi est, en apparence, plus facile puisque, précisément, tout le monde, ou presque, est censé connaître cet opéra à succès créé six ans plus tôt. N'ayant plus à chercher à faire entendre une musique qui n'existe pas, Balzac se concentre plutôt sur des questions d'esthétique, de dramaturgie et, surtout, fait des comparaisons avec le *Don Juan* de Mozart ; il cite également beaucoup les paroles du livret de Scribe & Delavigne pour indiquer les situations scéniques. Pour autant, il sait qu'il ne peut pas se dispenser de vocabulaire intimidant et crédible s'il veut convaincre du sérieux de ses compétences musicales, mais il va se contenter d'un plus rapide saupoudrage. Belloy avait quand même préparé les choses dans ce sens, comme le prouve la phrase suivante dans laquelle les mots techniques, notés en italiques, sont de lui : « Ces transitions *enharmoniques* se répètent à satiété, et l'abus de la *cadence plagale* lui ôte une grande partie de sa solennité religieuse », fait-il dire au détracteur

38 Dans *Massimilla Doni* Balzac fait dire à son héroïne à propos d'un passage de l'opéra de Rossini : « Cette scène de douleur, cette nuit profonde, ces cris de désespoir, ce tableau musical, est beau comme le Déluge de votre grand Poussin » (*CH*, t. X, p. 591). Il est clair que Balzac veut établir un lien entre ses nouvelles musicales et *Le Chef-d'œuvre inconnu*.

39 Voir *Gambara*, éd. Regard, p. 182-183.

Marcosini[40] – car l'éloge commandé par Schlesinger va prendre la forme d'une réfutation dialoguée, avec des arguments critiques particulièrement vifs[41]. Dans une telle phrase, l'altérité langagière de l'idiome musical théorique se trouve marquée et désignée au lecteur par la typographie en un effet qui pourrait presque relever de l'ironie comme mention tant ces deux expressions semblent quelque peu disproportionnées dans la subjectivité des affirmations. À quoi Gambara répond :

> Je tressaille encore [...] aux quatre mesures de timbales qui m'ont atteint dans les entrailles et qui ouvrent cette course, cette brusque introduction où le solo de trombone, les flûtes, le hautbois et la clarinette jettent dans l'âme une couleur fantastique. Cet andante en ut mineur fait pressentir le thème de l'invocation des âmes dans l'abbaye, et vous agrandit la scène par l'annonce d'une lutte toute spirituelle[42].

On constate que le savoir musical est beaucoup plus quelconque que pour la présentation de *Mahomet*, se limitant à l'identification des instruments et à quelques indications de tonalité valant pour expressivité de mouvement. On revient à une langue mondaine générale dans laquelle la musique et son vocabulaire participent d'une banale culture de relai : la compréhension est dans l'ensemble de la déclaration, non dans l'exactitude des mots. Même si ce que Strunz dicte à Balzac est juste sur le plan référentiel, il est clair que le sens visé relève d'abord d'une suggestion globale, quasi symbolique, pour colorer un discours : Balzac travaille sur le tissu du texte, sur l'affirmation, non sur le détail, et les items lexicaux sont des formules pour crédibiliser le discours, pour montrer le savoir, sans nécessairement viser à une exactitude référentielle. Balzac joue d'un bluff énonciatif énergique qui doit tout emporter sur son passage, vérité et réalité, pratique stylistique qui séduit ceux qui aiment ses romans et exaspère ses détracteurs.

Car surtout, ici comme pour *Mahomet*, ce qui compte avant tout, c'est l'émotion mise en scène, représentée par les paroles : le savoir musical

40 *CH*, t. X, p. 501 ; voir également *ibid.*, p. 1495.

41 Pour Jean-Pierre Barricelli qui a analysé le texte avec minutie, « pour ses réserves tacites et ouvertes, Balzac ne serait pas le panégyriste fervent de *Robert le Diable* qu'il semble être à première vue, le panégyriste qu'il aurait pu être s'il avait accepté de se laisser influencer par la mode de son temps » (Jean-Pierre Barricelli, « Balzac et Meyerbeer », *L'Année balzacienne*, n° 8, 1967, p. 157-163, ici p. 163).

42 *CH*, t. X, p. 503.

mobilisé n'existe que pour la rendre sensible. La musique n'a pas lieu d'être sans rendu émotif parce qu'elle n'est qu'expression de sentiments, et les paraphrases proposées par Gambara pour faire comprendre son exaltation vont toutes dans ce sens : « Que d'originalité dans cet allegro, modulation des quatre timbales accordées (ut, ré, ut, sol) ! combien de grâces dans l'appel au tournoi[43] ! » Contrairement à ce qu'il en était avec l'analyse de *Mahomet* où il pouvait tout inventer, Balzac, preuve de l'attention qu'il leur portait, a parfois corrigé avec le plus grand soin sur épreuves ces indications musicales, comme cette phrase qui était sur le sixième jeu d'épreuves : « allegro moderato des quatre timbales en ut », ce qui était, en effet, plus précis, mais qu'un typographe mauvais lecteur avait transformé en : « allegro, modération des quatre timbales » ; Balzac a corrigé sans retrouver le texte initial[44].

Troisième moment du savoir musical balzacien, l'analyse du *Mosè in Egitto* de Rossini confronte Balzac à une autre situation dramatique dans la fiction pour laquelle il va devoir revoir sa propre technique d'énonciation d'un discours non verbal à vocation romanesque. Car après les exécutions privées au piano des opéras de Gambara puis de Meyerbeer, commentées par leur interprète compositeur pour un unique interlocuteur, c'est pendant la représentation même du chef-d'œuvre de Rossini à la Fenice en 1820 que Massimilla, dans sa loge, va se livrer à son petit cours à l'usage de son cercle, dans l'idée bien arrêtée de faire passer quelques idées personnelles par l'intermédiaire de ce qu'elle entend et reconnaît dans la musique[45]. Après Meyerbeer, retour à son prédécesseur en triomphes parisiens, Rossini, et ce toujours pour Schlesinger : il est vrai que l'éditeur avait fait publier la partition piano-chant de *Moïse et Pharaon*. Et Balzac, quant à lui, défie Stendhal sur son terrain le plus personnel, non sans provocation jubilatoire – en 1839, année où il échange beaucoup avec l'auteur de *La Chartreuse de Parme*, il sait parfaitement que l'écrivain à succès, c'est lui[46].

43 *Ibid.*, p. 506.

44 Voir *ibid.*, p. 1497.

45 Pour une analyse de ce passage, voir Pierre Brunel, « *Mosè* dans *Massimilla Doni* », *L'Année balzacienne*, n° 15, 1994, p. 39-54.

46 Sur les points de rencontre entre la *Vie de Rossini* et ces pages de *Massimilla Doni*, voir la note de René Guise (*CH*, t. X, p. 1550-1551). Voir également Hélène Spengler, « Système et mises en scène de l'énergie dans le récit romantique selon Stendhal et Balzac : *Massimilla Doni* et ses intertextes stendhaliens », dans *Stendhal, Balzac, Dumas : un récit romantique ?*,

La duchesse commence par des généralités en forme de lieux communs sur l'histoire de la musique et le peu d'affinité notoire des Français avec un art qui est italien par nature, mais elle s'affirme tout de suite, contre les passéistes, comme une adepte de la création contemporaine qui, elle aussi, est soumise au mouvement irrépressible du progrès. La musique, qu'il faut entendre et comprendre « romantique », est en devenir[47], « art nouveau, inconnu aux générations passées, lesquelles n'avaient pas autant d'instruments que nous en possédons maintenant, et qui ne savaient rien de l'harmonie sur laquelle aujourd'hui s'appuient les fleurs de la mélodie, comme sur un riche terrain[48] ». En ce qui concerne ce *Mosè*, elle insiste surtout sur la dimension politique, plus que sacrée, du livret de ce qui serait presque l'« oratorio[49] » allégorique d'une situation historique délicate, faisant du héros « le libérateur d'un peuple esclave[50] » et expliquant l'identification du public de la Fenice au chœur des Hébreux délivrés – en 1820 la Vénétie est sous domination autrichienne[51].

La représentation commence et c'est le narrateur qui va proposer les premières indications musicales précises que Massimilla commentera sur la musique, parlant, manifestement, la même langue que lui et entendant les mêmes choses :

> Quand l'orchestre eut fait entendre les trois accords en ut majeur que le maître a placés en tête de son œuvre pour faire comprendre que son ouverture sera chantée [...], la duchesse ne put réprimer un mouvement convulsif

---

[actes du colloque organisé à l'Université Stendhal-Grenoble III, 15-17 novembre 2001], sous la direction de Chantal Massol, Toulouse, Presses universitaires du Mirail, 2006, p. 69-99.

47 Voir Emmanuel Reibel, *Comment la musique est devenue « romantique ». De Rousseau à Berlioz*, Paris, Fayard, 2013.

48 *CH*, t. X, p. 587. Balzac tient à cette idée. Dans *Béatrix* son narrateur affirme que « la mélodie et l'harmonie luttent à puissance égale, [...] le chant et l'instrumentation sont arrivés à des perfections inouïes » (*Béatrix*, *CH*, t. II, p. 706).

49 *Ibid.*

50 *CH*, t. X, p. 588.

51 *Ibid.* Le lecteur de 2025, lui, ne peut pas ne pas penser au succès du *Nabucco* de Verdi à la Scala de Milan seulement trois ans après la parution de la nouvelle de Balzac et qui repose exactement sur le même contexte politique et émotif. Balzac a donc un peu d'avance dans sa compréhension du rôle politique national de l'opéra italien. Rappelons, par ailleurs, que c'est la création de *La Muette de Portici* d'Auber à Bruxelles le 25 août 1830 qui avait provoqué un soulèvement populaire scandant les paroles du livret, « amour sacré de la patrie », menant à la fondation de la Belgique.

> […]. « Comme ces trois accords vous glacent ! » dit-elle. On s'attend à de la douleur […][52].

C'est le début, comme pour *Robert-le-Diable* dans *Gambara* d'une paraphrase narrative plus que musicale dans laquelle Massimilla résume l'action en vantant les mérites de Rossini, tellement supérieur aux « vieux maîtres allemands, Hændel, Sébastien Bach, et […] même Beethoven[53] » – déclaration que les lecteurs du XXe siècle ne pardonnèrent guère à Balzac, contribuant à la sévérité de leusrs critiques par un bel anachronisme de réception[54] : exemple, parmi beaucoup d'autres, de confusion entre discours du personnage, discours narratif et discours auctorial.

Fait étrange, on constate quelques erreurs de détails dans le discours musical de Balzac/Massimilla qui étaient absentes du discours de Balzac/Gambara de deux ans antérieur. Cela commence par un comique « *fortissime* » qui résiste à toutes les éditions, intégré dans une déclaration qui repose elle-même sur une erreur :

> À force de l'entendre allant d'ut mineur en sol mineur, rentrant en ut pour revenir à la dominante sol, et reprendre *fortissime* sur la tonique mi bémol, arriver en fa majeur et retourner en ut mineur, toujours de plus en plus chargée de terreur, de froid et de ténèbres, l'âme du spectateur finit par s'associer aux impressions exprimées par le musicien[55].

---

52 *Ibid.*, p. 589.

53 *Ibid.*

54 Max Milner, par exemple, est particulièrement indigné par cet avis de la duchesse : « Si ce n'était là qu'un écart de langage ! », note-t-il, avant de conclure : « Il est inutile d'ajouter de nouvelles pièces à un procès dont les conclusions ne sauraient être très différentes de celles auxquelles ont abouti presque tous les critiques qui ont tenté d'apprécier la sensibilité musicale de Balzac. Demandons-nous plutôt ce qui, indépendamment des entraînements de la mode, a pu provoquer ces excès d'enthousiasme pour une œuvre qui, dans l'ensemble, ne les justifiait pas. » Et il répond par une idée très convaincante pour justifier ce faux procès : « Avant tout […] le fait que Balzac juge par l'intelligence de la situation dramatique, par le cœur, par la vue, plutôt que par l'oreille, celle-ci servant moins à provoquer l'émotion qu'à la confirmer et à l'approfondir. […] Balzac ne peut pas s'empêcher de poser des situations par rapport auxquelles la musique fait figure de commentaire et non de principe identiquement créateur » (Balzac, *Massimilla Doni*, édition présentée par Max Milner, Paris, José Corti, 1964, p. 56-58). En 1995, Pierre Brunel proposa une autre édition de *Massimilla Doni* (Paris, Gallimard) dans laquelle, il se montre, lui, infiniment plus bienveillant à l'égard des goûts de Balzac, et, derrière lui, des spectateurs de la monarchie de Juillet : en trente-et-un ans, la musicologie (parisienne) a beaucoup changé.

55 *CH*, t. X, p. 590.

Les lecteurs musiciens rivalisent de vigilance. « Le premier mouvement du *Mosè* ne comporte pas de modulation en *fa* majeur », remarque Rose Fortassier[56], tandis que Max Milner estime qu'un « passage en fa majeur est tout à fait inconcevable » à cet endroit et que « c'est en fa mineur que la phrase retourne[57] ». À quoi Rose Fortassier réplique que « le majeur est loin d'être impensable, puisque la modulation qui précède le *fa mineur* est en *mi bémol majeur*[58] ». Il n'en demeure pas moins que, malgré cette approximation de détail de solfège, Balzac définit en effet « très bien l'impression produite par la répétition et par les modulations de la petite phrase qui sert de thème à l'introduction[59] ».

Une page plus loin, une autre bévue fait sourire ou froncer les sourcils du connaisseur : « Que croyez-vous que tout ce morceau du lever du soleil, si varié, si vivant, si brillant, si complet ? Il consiste dans un simple accord d'ut, répété sans cesse, et auquel Rossini n'a mêlé qu'un accord de quart de sixte[60]. » Là encore, l'erreur a survécu à tous les états du texte et pourtant « quart de sixte » n'a aucun sens, erreur grossière pour *quarte et sixte*, accord effectivement utilisé par Rossini à cet endroit-là. Rose Fortassier, à qui la confusion de Balzac n'a pas échappé, a une explication particulièrement convaincante :

> On dit parfois *quarte-sixte*, et c'est sans doute ce qu'aura fait le musicien Strunz, guide de Balzac. Bavarois, il ne devait pas mieux prononcer les *t* que l'excellent Schmucke [...]. Et Balzac, en toute humilité, écrit ici sous sa dictée, nous en avons la preuve : une telle faute ne saurait s'expliquer autrement[61].

Puis Balzac place dans la bouche de la duchesse de Cataneo un « quinquetto » bien malencontreux, erreur corrigée quelques lignes plus

56 Rose Fortassier, « Balzac et l'opéra », *Bulletin de l'Association internationale des études françaises*, n° 17, 1965, p. 25-36, ici p. 30.

57 *Massimilla Doni*, éd. Milner, p. 253, exemple 6.

58 Rose Fortassier, « Balzac et l'opéra », art. cité, p. 30.

59 *Massimilla Doni*, éd. Milner, p. 55. Rappelons, si nécessaire, que Massimilla (et Balzac) commente la version originale de cet opéra qui connut de très nombreux remaniements et adaptations dont Rossini avait le secret, telle qu'elle fut créée au San Carlo de Naples le 5 mars 1818 : l'illustre prière, par exemple, ne fut ajoutée que pour la reprise du 7 mai 1819. *Mosè in Egitto* devait devenir par la suite un opéra français, *Moïse et Pharaon* (Paris, mars 1827), dont la version italienne sous le titre *Mosè* (Pérouse, 1829) est souvent confondue avec l'œuvre de départ.

60 *CH*, t. X, p. 592.

61 Rose Fortassier, « Balzac et l'opéra », art. cité, p. 31.

loin, toutefois[62], avant d'employer le nom « cantilène » au masculin[63]. Fin des erreurs : elles restent donc vraiment très limitées et peuvent peut-être même, d'ailleurs, toutes être imputables aux coquilles des imprimeurs.

Elles ne sauraient, de toute façon, altérer en quoi que ce soit la pragmatique visée par cette leçon d'analyse musicale dans le récit dont l'insertion laisse souvent les lecteurs perplexes quant à sa fonction, eu égard au sujet intime et très sexuel de tout le reste du récit[64]. Femme érotiquement frustrée, Massimilla veut attirer l'attention sur une double réussite éclatante, celle de Moïse, celle de Rossini : voilà deux hommes, des vrais, des maîtres ! C'est une leçon de virilité par l'action et le geste qu'elle donne à comprendre aux deux impuissants complémentaires qui l'écoutent escortés d'un médecin français, son vieux mari et son jeune amant maladroit, incapables de la rendre heureuse en lui donnant du plaisir physique. Rossini est un homme supérieur qui sait faire jouir le public, comme Moïse est un héros dominateur et tout puissant : la spectaculaire libération des Hébreux est prise en charge par la puissance de la musique, et l'émotion, esthétique et politique, violemment physique, pleine de vibrations et de résonances corporelles, est exactement ce que Massimilla veut connaître dans son corps libéré de ses déceptions. Elle montre en musique à son mari et à son amant ce qu'elle veut connaître exactement : le grand frisson, franchise autorisée par le prétexte biblique de la fable dont elle détourne radicalement le sens sinon la portée[65]. Et ce d'autant plus que sur scène, le troisième homme de la combinaison érotique, le ténor Genovese, lui aussi échoue auprès de la Tinti tout aussi déçue que Massimilla, en musique et dans son corps : la musique est, décidément, la voix même de la vérité impitoyable des corps et des âmes, précisément parce qu'elle est artifice suprême.

On comprend bien que la grammaire du romanesque commence là où la langue musicale se tait. Balzac n'a pas seulement voulu étaler ses

62 *CH*, t. X, p. 593-594.

63 *Ibid.*, p. 607.

64 Max Milner s'interroge : « Pourquoi l'adjonction de ce chapitre didactique dont le lien avec l'ensemble de l'œuvre nous paraît bien fragile ? » (*Massimilla Doni*, éd. citée, p. 9.)

65 C'est ce que Max Milner, en 1966, appelait le « sens psychique » de Massimilla, mais avec les mêmes conclusions (Max Milner, « Le sens "psychique" de *Massimilla Doni* et la conception balzacienne de l'âme », *L'Année balzacienne*, n° 7, 1966, p. 157-169).

menues connaissances en matière d'harmonie pour exhiber des ambitions encyclopédiques dans un projet qui doit tout représenter du monde social de son temps : le savoir musical dans *Gambara*, histoire d'un fou alcoolique, et dans *Massimilla Doni*, histoire d'une impasse sexuelle, est convoqué pour illustrer toutes les formes de l'impuissance qui ressasse son échec. Les réussites admirables de Meyerbeer et de Rossini restent extérieures et inutiles, vaines, face aux souffrances de Gambara et de Marianna comme devant celles de Massimilla et Emilio. La musique est sollicitée pour faire entendre et comprendre des blessures personnelles : elle n'a pas vraiment de raison d'être sans le cadre narratif et l'orientation romanesque qui la sollicitent et la justifient. C'est pourquoi elle ne peut pas se libérer de sa composante narrative et reste soumise à la dramaturgie codée de l'opéra. Chez Balzac, irrémédiablement, la musique est une illustration de contrepoint pour faire comprendre une situation humaine qui lui est étrangère : prisonnière de son principe d'expression émotive, elle n'existe que pour saturer encore un peu plus le monde des sémioses personnelles gouverné par l'exigence de la compréhension.

On voudrait, pour conclure, revenir sur cette étrange expression d'« ignorance hybride » par laquelle Balzac se présente à Schlesinger dans son rapport à la musique. « *Hybride* : qui est né, provenu de deux espèces différentes », explique le *Dictionnaire de l'Académie* de 1835. L'ignorance musicale de Balzac serait donc mêlée ? Mais c'est plutôt un savoir qui peut être mêlé, de sources diverses. Qu'a-t-il donc voulu dire dans cet énoncé à tonalité ironique ?

L'ignorance linguistique de Balzac est réelle : il ne maîtrise pas la langue musicale et est condamné à rester à l'extérieur d'un univers sonore dont il ne comprend pas la grammaire, en effet. Il ne parle pas la musique et ne produira jamais aucun discours musical. Mais Balzac sait et devine qu'il entend et sait entendre la musique dans sa capacité à *exprimer* non seulement des émotions dramatiques, comme à l'opéra, mais aussi des puissances sensibles purement sonores, comme dans la musique sans texte des symphonies ou des sonates. L'art et le savoir balzaciens ne sont pas dans l'exactitude scrupuleuse des détails empiriques mais dans la générosité d'un élan général qui emporte tout sur son passage. L'hybridité de son ignorance musicale est celle d'un homme qui entend mieux qu'un autre ce qu'exprime la musique, qui n'est pas un ornement extérieur pour lui, mais un révélateur intime, comme pour Massimilla, ou la forme d'une révolution, comme pour Gambara. Son oreille est juste et il le sait : oreille musicale, oreille sociale, oreille émotive. Balzac écoute et entend le monde. La musique, sans facilités métaphoriques, est le mouvement même, rythmes et sonorités, de ce que porte *La Comédie humaine* en tant qu'épreuve de représentation. En quoi les réussites se rejoignent. Car, et il convient de le rappeler avec force, contrairement à ce qui a été trop dit à cause de quelques jugements ponctuels rapides que tout le reste de l'œuvre décrédibilise[66] : Balzac a un goût musical particulièrement sûr, et des connaissances et des préférences qui ont été celles de la postérité la plus moderne, adepte à sa façon, avant l'heure, de l'œuvre d'art totale de la musique de l'avenir[67]. Contre Liszt et ses démonstrations douteuses aujourd'hui quelque peu boudées, il vénère le discret Chopin. Plus haut que tout, il place Beethoven. Il devine la grandeur de Berlioz. Il reste fidèle à Rossini dont l'étoile va pâlir avant d'être réhabilitée bien plus tard, comme celle de Meyerbeer. Et au soir de sa vie, il donne avec *Le Cousin Pons* le grand roman des déceptions de la musique française, démontrant comment les institutions parisiennes issues de la Révolution et de l'Empire sont les premières ennemies d'une créativité originale dans une Europe musicale en réinvention en termes de géopolitique[68]. Car son ignorance hybride d'amateur n'a pas besoin des cours particuliers de Strunz pour comprendre les

66 Jugements eux-mêmes désormais soumis à une nouvelle approche d'un patrimoine musical hier décrié et méprisé par une approche très téléologique de l'histoire de la musique. Par exemple, le 17 février 1845, Balzac raconte à Mme Hanska qu'il est « allé hier entendre la symphonie du *Désert* [de Félicien David, qui avait été créée au Conservatoire le 6 décembre 1844] » et qu'il en est « revenu tout abasourdi » : « rien de mieux n'a été fait, depuis Beethoven, dans ce genre, toujours Rossini hormis » (*LH*, t. II, p. 22). Sur Rossini, voir *supra* ; mais l'œuvre de David, qui a bénéficié d'un enregistrement de qualité en 2012, n'est plus aujourd'hui considérée comme du second rayon. Les concepts de contextualisation et de périodisation des approches contemporaines d'historicité musicale ont conduit à modifier l'idée de patrimoine au XIXe siècle : voir *Dictionnaire de la musique en France au XIXe siècle*, *op. cit.*

67 La notice « Musique » dans le *Dictionnaire Balzac* (*op. cit.*, p. 882-886), témoigne parfaitement de l'évolution de l'appréhension des connaissances et des goûts musicaux de Balzac à la lumière de la musicologie contemporaine : la comparaison avec les travaux cités plus haut, en particulier de Max Milner, est éloquente.

68 Voir Cécile Leblanc, « "Devenir Hérold". Sylvain Pons et la fabrique de la musique française », dans *Relire « Le Cousin Pons »*, sous la direction de Pierre Glaudes et Éléonore Reverzy, Paris, Classiques Garnier, 2018, p. 195-209.

pouvoirs de représentation de l'harmonie : en musique comme en littérature, Balzac est guidé par la plus irrésistible et la plus entière des puissances, celle de l'intuition. Qui n'a besoin ni de pratique ni de théorie pour entendre juste.

Éric BORDAS
École normale supérieure de Lyon

LE CYNISME DANS *LA COMÉDIE HUMAINE*

Une difficulté se présente dès qu'on aborde la question du cynisme dans l'œuvre balzacienne : de quoi parle-t-on exactement ? Cette difficulté est inhérente à l'histoire même du cynisme et à l'ambiguïté sémantique de ce terme. Celui-ci désigne d'abord un courant philosophique de l'Antiquité fondé sur un idéal de vie conforme aux lois naturelles, qui s'affranchit des servitudes sociales et revendique le courage de dire la vérité, sans crainte du scandale. En ce sens, le cynisme est une sagesse en acte, voie courte, mais ardue, permettant de parvenir à une liberté authentique au prix de cette endurance ascétique qui détache des besoins inutiles.

C'est à cette philosophie morale des Anciens que songe David Séchard quand il évoque, au cours d'une discussion avec Ève, sa femme, « le sublime cynisme d'une vie pauvre[1] », indifférente à l'acquisition et à l'accumulation des biens matériels, dont est si peu capable Lucien. Celui-ci, prophétise encore David, « a une si grande horreur des privations de la misère […] qu'il tentera tout plutôt que de déchoir » : rien ne lui est plus étranger que l'ambition d'« être Diogène », même si c'est la condition de « la lente exécution des œuvres du génie[2] ».

Aussi Lucien sera-t-il cynique d'une autre manière, conforme à ce phénomène de masse, qui se répand dans la société libérale au XIXe siècle et dont Balzac donne aussi maints exemples. C'est à cette friponnerie sans remords de conscience que songe le narrateur de *César Birotteau* quand il relève sur le visage d'Alexandre Crottat, le premier clerc de Roguin, l'air cynique que donne la « précoce expérience […] des affaires[3] ». C'est de la même friponnerie qu'il est encore question dans *Les Paysans* lorsque Gaubertin, « en riant », fait à Montcornet, qui lui reproche de

1 Honoré de Balzac, *Illusions perdues*, *CH*, t. V, p. 214.

2 *Ibid.*, respectivement p. 214, 418 et 214.

3 *Histoire de la grandeur et de la décadence de César Birotteau*, *CH*, t. VI, p. 134.

« vivre de [sa] terre », cette « réponse dont le cynisme excit[e] la fureur » du propriétaire : « Croyez-vous donc que j'aie pu vivre du ciel[4] ? »

Cette impudence dans la poursuite instinctive de ses intérêts propres, dont l'« évidence » s'impose communément, corrompt les mœurs dans la société où elle se propage. Il s'ensuit une perte générale du sens moral. Si certains, en réaction, s'inspirent de la *parrêsia* cynique quand ils mettent à nu les impostures qui gangrènent les relations sociales, leur discours de vérité se conjugue désormais à un désenchantement teinté de misanthropie : désabusés, ils tiennent pour acquis l'avilissement universel et sont résolus à en tirer toutes les conséquences dans leur manière de se conduire. Hamlétique, la question qui se pose à eux est de savoir comment vivre dans une société où l'absence de conviction morale prend le masque d'une hypocrisie qui camoufle des intérêts impitoyables, froidement calculés.

De tels hommes infléchissent le cynisme philosophique des Anciens dans le sens moderne d'un individualisme critique et amoral, qui a pris acte de l'abîme séparant le réel de l'idéal, l'existence du fait brut de l'illusion de la valeur. C'est l'attitude qu'affecte Lousteau dans *La Muse du département* lorsqu'il se joue de Gatien Boirouge, à propos de Mme de La Baudraye, en soutenant que « la femme la plus spirituelle de Sancerre en est tout bonnement la plus bavarde » : « Vous excuserez le cynisme d'un vieux drôle comme moi – dit-il à son interlocuteur –, je n'ai plus d'illusions, je dis les choses comme elles sont[5]. »

Lousteau porte ainsi à son comble le cynisme mondain, en faisant croire qu'il a la franchise des anciens cyniques, alors qu'il ne s'agit, dans son cas, que d'une rouerie pour piquer Dinah et mieux la séduire, tout en mystifiant son rival auprès d'elle. De Marsay offre un exemple plus direct de ce cynisme de la désillusion : lui qui ne croit « ni aux hommes ni aux femmes, ni à Dieu ni au diable », et qui considère que le monde est « un livre horrible, sale, épouvantable, corrupteur, toujours ouvert, qu'on ne fermera jamais[6] », il s'est muré dans l'insensibilité à la suite d'une déconvenue amoureuse, qui a fait passer sur lui « le suaire de l'expérience[7] ». Tirant les leçons de cette cruelle mésaventure qui

4 *Les Paysans*, *CH*, t. IX, p. 137.
5 *La Muse du département*, *CH*, t. IV, p. 673.
6 *La Fille aux yeux d'or*, *CH*, t. V, p. 1057 et 1097.
7 *Autre étude de femme*, *CH*, t. III, 1976, p. 682.

a frappé son âme d'« un deuil éternel[8] », il s'est choisi une destinée. Déterminé à consacrer exclusivement son énergie à une entreprise valant « la peine de vivre », il a alors décidé de ne penser qu'à lui-même, sans limitation éthique, et de « ne rien se refuser, pas même une entreprise de flibustier[9] ».

Balzac, lorsqu'il emploie le mot « cynique » et ses dérivés dans *La Comédie humaine*, fait donc pleinement jouer leur polysémie. Il les utilise dans des contextes différents et un cadre de référence qui lui permet d'aborder une réalité complexe sous des angles variés. On peut ainsi distinguer quatre types d'emplois de ce vocabulaire.

1. L'observateur des mœurs de son temps est d'abord attentif aux diverses manifestations de la pratique sociale spontanée qui fonde l'existence sur l'intérêt personnel et l'abolition de toute règle morale. Il peint les ravages du *cynisme mondain*.

2. Le romancier donne aussi la parole à ces sages d'un nouveau genre que sont les cyniques modernes, ces esprits supérieurs qui règlent leur conduite sur une implacable conceptualisation de cette évolution de la société postrévolutionnaire. À travers leurs discours, le roman balzacien élabore une *nouvelle forme de cynisme philosophique*.

3. L'intelligence de ces personnages et leur clairvoyance font d'eux des doubles potentiels du romancier, qui reprend à son compte l'exigence de vérité du cynisme et qui la place au cœur de sa réflexion éthique sur l'inconfort de l'écrivain moderne contraint de composer avec un milieu aussi corrompu que celui de la presse et de la librairie. Se pose ainsi la question du rapport de Balzac lui-même à *la philosophie des anciens cyniques*.

4. C'est peut-être l'obligation de passer sous les fourches caudines des éditeurs et des journalistes, et donc l'impossibilité pour l'écrivain d'être parfaitement libre, qui le conduisent, par compensation, à renouer finalement, dans *La Comédie humaine*, avec cette philosophie. Dans quelques romans, il conçoit en effet la possibilité, dans un siècle utilitaire et positif, de ce que l'idéologie dominante considère comme une *vie de chien* : une pauvreté à la fois sublime et intempestive, acceptée par ceux qui l'épousent comme un mode de vie accordé aux principes fondamentaux d'une existence désintéressée, qui place les réquisitions morales et spirituelles au-dessus des contingences matérielles. Balzac

8 *Ibid.*
9 *Le Contrat de mariage*, *CH*, t. III, p. 652.

fait ainsi revivre, sur un autre mode, comme on le verra, *le canisme de Diogène*[10].

Autant dire que la question du cynisme est abordée par le romancier à plusieurs niveaux, sans éluder les tensions que met au jour son examen. Non seulement elle concerne la nature de la réalité représentée par la fiction romanesque et les conditions de la production littéraire à l'époque de Balzac, mais elle embrasse aussi le phénomène cynique dans ses différentes dimensions, ancienne et moderne, philosophique et mondaine[11], que les spécialistes se sont efforcés de distinguer en insistant tantôt sur leur discontinuité, voire leur antagonisme[12], tantôt sur « l'existence permanente de quelque chose qui peut apparaître comme *le* cynisme à travers toute la culture européenne[13] », ce qui paraît plus pertinent.

LE CYNISME MONDAIN

Balzac, suivant son ambition d'être l'historien du « présent qui marche[14] », est attentif aux usages sociaux émergents et aux comportements qui, en se développant, tendent à définir une nouvelle norme. Observant les pratiques les plus caractéristiques des mœurs de son époque, il entend saisir ainsi « l'esprit d'un temps[15] » et dégager les circonstances

10 Pour Jean-François Louette, le « canisme » est la valorisation du modèle animal et en particulier de « l'être-chien » par les cyniques dans l'Antiquité (Jean-François Louette, *Chiens de plume. Du cynisme dans la littérature française du* XX*e siècle*, Chêne-Bourg, La Baconnière, 2011, p. 7 et 19 *sqq.*).

11 Le cynisme « mondain » est celui de la société entourant les « chiens de plume » qui font l'objet de son étude (*ibid.*, p. 7). Selon David Mazella, ce cynisme se définit en ces termes : « *morally compromised, overly accommodating "moral chameleon"* » (David Mazella, *The Making of Modern Cynicism*, Charlottesville, University of Virginia Press, 2007, p. 13).

12 C'est le cas notamment de Peter Sloterdijk, qui oppose, dans *Critique de la raison cynique* (1983), « kunisme » antique et « cynisme » moderne (voir Peter Sloterdijk, *Critique de la raison cynique*, traduit de l'allemand par Hans Hildenbrand, Paris, Christian Bourgois, 1987).

13 Michel Foucault, *Le Courage de la vérité. Cours au Collège de France, 1983-1984*, édition établie par Frédéric Gros, sous la direction de François Ewald et Alessandro Fontana, Paris, Éditions du Seuil-Gallimard, 2009, p. 166.

14 Préface à *Une fille d'Ève*, *CH*, t. II, p. 265.

15 « Introduction » à *Sur Catherine de Médicis*, *CH*, t. XI, p. 176.

qui l'ont fait naître. Non content de prêter une attention particulière au cynisme mondain qu'il considère comme un des faits majeurs de la société moderne, le romancier s'intéresse tout naturellement dans ses récits à ses causes historiques et en retient trois principales.

La première est assurément l'individualisme, dans lequel il voit à la fois « la maladie de l'époque[16] » et « le plus horrible de tous les maux[17] ». Cet individualisme, fruit des « différentes émancipations qui ont affaibli la puissance paternelle » sous diverses espèces – Dieu ou le roi par exemple – « dévore la Société moderne[18] » : il y a affaibli les solidarités organiques au sein du corps social ; il y a renversé, au nom du libre arbitre et de l'égalité, le principe holiste qui donnait jusque-là la primauté au tout sur la multitude de ses parties ; il a trouvé dans l'égalité civile instaurée par la Révolution un puissant ressort pour rompre avec la logique reproductrice de la transmission héréditaire et attiser chez des hommes de toutes conditions le désir d'accéder à une position sociale avantageuse.

L'ambition, devenue un fait sociologique, répond à la nécessité pour tout individu de tenter sa chance sur le chemin de la réussite dans cette nouvelle société où aucune place n'est plus assignée d'avance à quiconque. Si chacun peut ainsi rêver de voir s'ouvrir devant lui de vastes horizons, la carrière à parcourir est néanmoins semée d'embûches. Alors que progressent la démocratisation de la société et l'égalité civile qu'elle institue, s'exacerbent, dans le même temps, les passions tristes : la haine « des supériorités de nom, de fortune et de talent[19] », la convoitise du bien d'autrui, la rivalité entre des hommes que leurs aspirations personnelles séparent les uns des autres et menacent de renfermer, comme dit Tocqueville, « dans la solitude de [leur] propre cœur[20] ». Se retournant sur son passé, Desplein, dans *La Messe de l'athée*, se souvient de ces « obstacles » que « l'envie, la jalousie, la calomnie ont élevés entre le succès et [lui] » :

> À Paris, quand certaines gens vous voient prêts à mettre le pied à l'étrier, les uns vous tirent par le pan de votre habit, les autres lâchent la boucle de la

16 *Autre étude de femme*, *CH*, t. III, p. 698.
17 *Une fille d'Ève*, *CH*, t. II, p. 282.
18 *Le Curé de village*, *CH*, t. IX, p. 722.
19 *Ibid.*, p. 814.
20 Alexis de Tocqueville, *De la démocratie en Amérique* (1840), introduction et notes de Françoise Mélonio, Paris, Robert Laffont, « Bouquins », 1986, p. 497.

> sous-ventrière pour que vous vous cassiez la tête en tombant ; celui-ci vous déferre le cheval, celui-là vous vole le fouet : le moins traître est celui que vous voyez venir pour vous tirer un coup de pistolet à bout portant[21].

Si l'individualisme moderne peut passer pour un mal, c'est précisément parce qu'il engendre de telles conduites et qu'il menace de destruction le lien social. Du reste, ses potentialités entropiques sont décuplées par l'incrédulité et le calcul, travers de la conscience moderne dans lesquels Balzac voit la deuxième cause de la propagation du cynisme mondain. L'affaiblissement de l'autorité civile et religieuse qui a résulté de la Révolution a non seulement sapé les fondements de la cohésion sociale, mais il a aussi contribué à modifier le rapport à la vérité et aux valeurs : désormais perçues comme relatives, sinon problématiques, celles-ci ont été assimilées à des croyances ou à des préjugés, auxquels la raison critique autorisait de ne plus ajouter foi.

Pour Balzac, il existe une « corrélation visible[22] » entre les progrès de l'incroyance, qui démonétise ce qui naguère passait pour sacré, les froides combinaisons de la raison qui éteignent la sensibilité et l'essor du cynisme mondain à l'âge démocratique. À une « époque désabusée, sèche et égoïste », l'impossibilité de « traduire la foi par une équation algébrique » s'ajoutant à l'incuriosité pour les spéculations religieuses, qui font perdre, dit-il ironiquement, « un temps précieux que l'on pense employer à la Bourse[23] », ont fait le lit de l'indifférence en matière de religion et établi le règne du calcul :

> Aussi quand il n'y a plus non pas de religion mais de croyance chez un peuple, quand l'éducation première y a relâché tous les liens conservateurs en habituant l'enfant à une impitoyable analyse, une nation est-elle dissoute ; elle ne fait plus corps que par les ignobles soudures de l'intérêt matériel, par les commandements du culte que crée l'Égoïsme bien entendu[24].

C'est ce que suggère le portrait de Charles de Vandenesse par lequel s'ouvre *La Femme de trente ans*. Le jeune homme, qui fonde sa conduite

---

21 *La Messe de l'athée*, *CH*, t. III, p. 396.

22 *Un inédit de Balzac. Le Catéchisme social, précédé de l'article « Du Gouvernement moderne »*, textes établis et commentés par Bernard Guyon, Paris, La Renaissance du livre, 1933, p. 149.

23 « *La Confession*, par l'auteur de *L'Âne mort et de la femme guillotinée* », *OD*, t. II, p. 697.

24 *Histoire de la grandeur et de la décadence de César Birotteau*, *CH*, t. VI, p. 304.

sur la raison pratique réduite à la morale des intérêts, est étranger aux mirages sentimentaux ou métaphysiques. S'étant « philosophiquement accoutumé à voir des idées, des résultats, des moyens, là où les hommes de son âge aperçoivent des sentiments, des plaisirs et des illusions », il s'essaie méticuleusement à devenir un imperturbable arriviste :

> Il travaillait à se faire froid, calculateur ; à mettre en manières, en formes aimables, en artifices de séduction, les richesses morales qu'il tenait du hasard ; véritable tâche d'ambitieux ; rôle triste, entrepris dans le but d'atteindre à ce que nous nommons aujourd'hui une *belle position*[25].

Une telle discipline, qui contrarie le naturel du jeune homme, pour le plier à sa volonté de parvenir, n'est supportable qu'en proportion de l'attraction qu'exerce sur lui l'objet de ses désirs. Cet objet, troisième cause de l'expansion du cynisme mondain dans le monde capitaliste, c'est l'argent érigé en divinité tutélaire. La nouvelle idole est devenue l'étalon de la valeur et le baromètre des relations humaines, le souci du bien commun n'ayant pas résisté à la logique marchande selon laquelle seul compte ce qui est susceptible d'être monétisé. Pire, les biens immatériels – l'amour, le talent, le mérite… – ont été eux-mêmes transformés en marchandises, et ils ont été irréparablement dénaturés.

Bref, comme le constate Balzac, « l'argent domine toutes les questions[26] » dans une société où il décide de la respectabilité de chacun, et il y fait l'objet d'une chasse dont il faut revenir la gibecière bien garnie pour être honoré. Les conséquences morales de la transformation de ce moyen d'échange en absolu sont délétères. Dans Paris, constate Vautrin, « s'agitent vingt espèces de peuplades sauvages[27] » capables de tout pour le posséder, raison pour laquelle se commettent en son nom, et dans toutes les classes, toutes sortes de crimes et de turpitudes.

Ces analyses bien connues permettent de dégager le type balzacien du cynique mondain, dont on retiendra trois caractéristiques. La première est l'insensibilité ou, si l'on préfère, l'assèchement du cœur. On en perçoit les symptômes chez de très nombreux personnages de *La Comédie humaine*. Le groupe de jeunes filles élégantes qui fréquentent l'atelier de *La Vendetta* ont des figures qui manquent de franchise : elles font partie

25 *La Femme de trente ans*, *CH*, t. II, p. 1122.
26 *Sur Catherine de Médicis*, *CH*, t. XI, p. 173.
27 *Le Père Goriot*, *CH*, t. III, p. 143.

d'« un monde où [...] l'abus des jouissances sociales tue les sentiments et développe l'égoïsme[28] ». C'est une découverte du même genre que fait Ernest de La Brière auprès de Canalis. Après avoir été attiré par la gloire du poète et être devenu son secrétaire bénévole, sa déconvenue est immense quand il découvre « la sécheresse de cette nature si poétique par l'expression littéraire seulement[29] ». En dépit de ses « manières caressantes », Canalis déguise mal « un profond égoïsme » et des « calculs perpétuels[30] » que connaissent les lecteurs d'*Illusions perdues*.

Les femmes ne sont pas moins capables de cette « insensibilité d'égoïste[31] » que laisse aussi paraître le comte de Mortsauf après la mort de son épouse Henriette et que Philippe Bridau fait tomber dans l'ignoble en affirmant à propos de sa mère, dont il craint qu'elle détonne à son mariage : « Le seul service que puisse me rendre la bonne femme est de crever le plus tôt possible[32]. » Ainsi, Diane de Maufrigneuse, qui ne croit « à rien qu'à elle-même », est également capable « de la plus égoïste insensibilité[33] ».

Les cyniques mondains ont tous chez Balzac cette atrophie de la sensibilité, qui a laissé s'évaporer les « fluides du sentiment[34] ». « Qu'est-ce que cela me fait[35] ? », tel est le cri de la raison, plus que du cœur, qui constitue toute leur sagesse, laquelle puise exclusivement ses ressources dans l'indifférence à ce qui n'est pas eux. L'amour de soi est en effet le deuxième trait que l'on peut dégager du portait-type de ces cyniques. Le narrateur de *La Rabouilleuse* affirme à propos de Philippe Bridau : « l'univers commençait à sa tête et finissait à ses pieds[36]. » Le personnage, il est vrai, a appris de son séjour en Amérique – contrée, précise le narrateur, « où la brutalité des intérêts arrive au cynisme » et où « la politesse n'existe pas » – que chaque individu, condamné à la solitude, doit « marcher dans sa force » et « se faire à chaque instant juge dans sa propre cause[37] ».

28 *La Vendetta*, *CH*, t. I, p. 1043.
29 *Modeste Mignon*, *CH*, t. I, p. 518.
30 *Illusions perdues*, *CH*, t. V, p. 277.
31 *Le Lys dans la vallée*, *CH*, t. IX, p. 1213.
32 *La Rabouilleuse*, *CH*, t. IV, p. 531.
33 *Le Cabinet des Antiques*, *CH*, t. IV, p. 1026 et 1036.
34 Jean-François Louette, *Chiens de plume*, *op. cit.*, p. 111.
35 *Le Curé de village*, *CH*, t. IX, p. 814.
36 *La Rabouilleuse*, *CH*, t. IV, p. 303.
37 *Ibid.*

Philippe Bridau pourrait adopter le credo de l'égoïsme, dont les Treize ont fait une religion[38] et dont *Les Paysans* donnent cette autre formule : « *chacun chez soi, chacun pour soi*[39] », qui vaudrait encore pour les élites du Faubourg Saint-Germain, parmi lesquelles l'exclusivisme du plaisir et de l'intérêt a atteint un tel degré de généralité, qu'il a causé selon Balzac « la perte de ce monde à part[40] ». Le culte de soi, que chacun célèbre à chaque étage de la société, subordonne toute considération éthique à ses impératifs. Autrui, par conséquent, n'est jamais qu'un moyen d'atteindre une fin personnelle, un instrument manipulable à souhait.

Cette réification de l'autre est une des marques les plus claires du cynisme mondain. La cousine Bette en formule le principe devant la jeune Hortense à qui elle se propose d'« apprend[re] la vie » : « Il faut considérer les gens dans le monde comme des ustensiles dont on se sert, qu'on prend, qu'on laisse selon leur utilité[41]. » Les personnages qui appliquent ce principe sont innombrables dans *La Comédie humaine*.

Maxime de Trailles, modèle du dandy cynique et séducteur, qui a fait de sa personne son seul « capital », s'en sert pour gouverner Mme de Restaud « par tous les ressorts possibles : la vanité, la jalousie, le plaisir, l'entraînement du monde[42] ». Ce « corsaire à gants jaunes[43] » la regarde se ruiner et se déshonorer pour lui, un « sourire moqueur[44] » aux lèvres. De même, après avoir épousé Paul de Manerville, Natalie Évangélista, sur les recommandations de sa mère, fait en sorte d'être « toujours sa femme et non sa maîtresse[45] » pour n'avoir jamais d'enfant de lui[46]. Elle peut ainsi, le moment venu, s'emparer de la part de la fortune de son mari, que celui-ci croyait inaliénable, parce que destinée à l'aîné de sa progéniture, du fait du majorat constitué lors de la signature du contrat de mariage.

De Marsay, que les lecteurs de Balzac ont vu se promener aux Tuileries dans l'espoir d'y revoir la fille aux yeux d'or – « Il y a du poisson dans la

---

38 *Ferragus* évoque « cette religion de plaisir et d'égoïsme [qui] fanatisa treize hommes » (*CH*, t. V, p. 791).

39 *Les Paysans*, *CH*, t. IX, p. 141.

40 *La Duchesse de Langeais*, *CH*, t. V, p. 927.

41 *La Cousine Bette*, *CH*, t. VII, p. 249-250.

42 *Gobseck*, *CH*, t. II, p. 986 et 987-988.

43 *Un homme d'affaires*, *CH*, t. VII, p. 779.

44 *Gobseck*, *CH*, t. II, p. 974.

45 *Le Contrat de mariage*, *CH*, t. III, p. 618.

46 Pierre Barbéris note à ce propos que « la notion d'homme-objet prend ici tout son sens » (Pierre Barbéris, *Le Monde de Balzac*, Paris, Arthaud, 1973, p. 465).

nasse[47] », confiait-il alors à ce propos à Ronquerolles[48] –, finit par se ranger, sans pour autant abandonner le détachement cynique qu'il a érigé en système. Quelques années plus tard, il se détermine à épouser une Anglaise stupide, vertueuse et riche, comme on choisit une vulgaire marchandise. Elle n'est pour lui qu'un « outil animé[49] », comme dirait Aristote :

> elle offre un produit de la mécanique anglaise arrivée à son dernier degré de perfectionnement [...]. Ça mange, ça marche, ça boit, ça pourra faire des enfants, les soigner, les élever admirablement, et ça joue la femme à croire que c'en est une[50].

L'égoïsme superlatif du cynique mondain, qui se sert des autres sans rien donner de lui-même, va de pair avec une forme absolue de réalisme : loin de prétendre changer le monde, que pourtant il méprise, ce cynique le prendre tel qu'il est sans se fourvoyer dans les voies trompeuses de l'idéalisme. La seule chose qui lui importe au fond est d'en tirer profit, même s'il lui faut feindre pour cela de se soumettre aux conventions et aux usages en vigueur. Ainsi, pour parvenir, Andoche Finot a su s'adapter aux circonstances : il n'a pas hésité à « se mettre à plat ventre devant ceux qui pouvaient le servir » et a eu tout autant « la finesse d'être insolent avec ceux dont il n'avait plus besoin[51] ».

Cette attitude terre à terre, qui porte en elle le germe du nihilisme, en ce qu'elle postule la banqueroute de toute valeur, est aussi celle qu'adopte Rastignac, dans un style plus martial, après avoir médité les leçons abruptes de Vautrin et avoir découvert Paris sous son jour véritable :

> Dès 1820, il pensait [...] qu'il n'y a que des apparences d'honnête homme, et il regardait le monde comme la réunion de toutes les corruptions, de toutes les friponneries. S'il admettait des exceptions, il condamnait la masse : il ne croyait à aucune vertu, mais à des circonstances où l'homme est vertueux. Cette science fut l'affaire d'un moment ; elle fut acquise au sommet du Père-Lachaise, le jour où il y conduisait un pauvre honnête homme, le père de sa Delphine, mort la dupe de notre société, des sentiments les plus vrais, et

---

47 *La Fille aux yeux d'or*, *CH*, t. V, p. 1058.

48 Dans *Le Père Goriot*, Rastignac utilise aussi une métaphore animale dépréciative, lorsqu'il évoque la relation instrumentale qu'il s'efforce d'établir avec Delphine de Nucingen : « Le mors est mis à ma bête, sautons dessus et gouvernons-la » (*CH*, t. III, p. 157).

49 Voir Aristote, *Éthique à Nicomaque*, VIII, 13, 1161b4 : « l'esclave est un outil animé. »

50 *Le Contrat de mariage*, *CH*, t. III, p. 649.

51 *La Maison Nucingen*, *CH*, t. VI, p. 330.

> abandonné par ses filles et par ses gendres. Il résolut de jouer tout ce monde, et de s'y tenir en grand costume de vertu, de probité, de belles manières. L'Égoïsme arma de pied en cap ce jeune noble[52].

Cet égoïsme-là n'est plus une vertu dans laquelle se retrempe l'individu ambitieux, qui éprouve « le besoin [...] de s'étendre et de se multiplier par toutes ses facultés[53] » pour jouer un rôle dans le monde. Il trahit surtout le dessèchement d'esprits démoralisés, qui ont dû apprendre le mensonge et se faire les sectaires de leur propre moi, n'ayant d'autre but que leur propre avantage. Lorsqu'ils dînent ensemble, comme c'est le cas au début de *La Maison Nucingen*, ces « incrédules, fureteurs d'affaires, avides et prodigues, envieux d'autrui, mais contents d'eux-mêmes », qui se plaisent à nier tout, n'admirent « que ce que le scepticisme adopte : l'omnipotence, l'omniscience, l'omniconvenance de l'argent[54] ».

Faut-il s'étonner que leur conversation rappelle celle du *Neveu de Rameau*, ce cynique dont le « débraillé » sert surtout à « montrer des plaies[55] » ? Pour Diderot, comme pour Balzac, la représentation du cynisme mondain a ceci de remarquable qu'elle agit comme « un révélateur de la modernité[56] », qui en accuse les traits.

LES NOUVEAUX PHILOSOPHES DE « L'ÉCOLE CYNIQUE »

Aussi n'est-il pas surprenant de trouver dans *La Comédie humaine* un certain nombre de personnages ayant l'étoffe d'un penseur, qui s'emploient à analyser ce phénomène de société et à en déduire des règles de conduite pour eux-mêmes et les autres. Ces nouveaux philosophes de « l'école cynique[57] » se distinguent par leur propension à partager leurs

52 *Ibid.*, p. 380-381.

53 Marie-Jean Hérault de Séchelles, *Théorie de l'ambition* (1788), Paris, Mille et une nuits, 2005, p. 29.

54 *La Maison Nucingen*, *CH*, t. VI, p. 330 et 331.

55 *Ibid.*, p. 331.

56 Jean-François Louette, *Chiens de plume*, *op. cit.*, p. 118.

57 « D'après tout ce que j'en sais, je reconnais en Gobseck un philosophe de l'école cynique », dit le comte de Grandlieu (*Gobseck*, *CH*, t. II, p. 994-995).

convictions, qu'ils exposent volontiers à des interlocuteurs choisis, dans de longs discours qui sont autant de morceaux de bravoure.

Les lecteurs de *La Comédie humaine* connaissent bien ces « *grandes prédications balzaciennes*[58] : la leçon que Vautrin, en guise de rite initiatique, inflige à Rastignac, l'étrange « cours de morale[59] » qu'il donne à Lucien de Rubempré pour sceller leur pacte, la profession de foi que Gobseck développe devant Derville, la lettre que de Marsay adresse à Paul de Manerville pour lui « dessiller les yeux[60] »... Tous ces discours constituent en quelque sorte une bible du cynisme moderne, dont on peut dégager un certain nombre de constantes, même si les esprits forts qui tiennent ces propos donnent chacun une inflexion particulière à la philosophie qu'ils partagent.

Vautrin, qui a soif de revanche, en donne une interprétation combative, qu'on pourrait qualifier de pré-nietzschéenne : menant une lutte personnelle contre l'ordre établi, c'est-à-dire contre l'hypocrisie érigée en système de dissimulation du dérèglement généralisé, il s'est engagé dans une longue carrière criminelle, où anomie économique et anomie sexuelle sont étroitement liées. Par ce moyen, il entend éprouver la toute-puissance de sa volonté et l'emporter sur la société « avec ses propres armes, par le désordre et le mensonge mêmes », en retournant contre elle « les fausses règles de son mauvais jeu[61] ».

Gobseck, qui vit davantage par la pensée, a choisi de se tenir à distance de l'agitation sociale et de ses ravages, tel un sage qui a tiré avec profit les leçons d'une immense expérience : soucieux de ne pas aliéner sa liberté à des passions trompeuses dont il observe constamment les effets destructeurs, il a pris le parti de ne participer aux drames qu'elles engendrent que de loin et latéralement, en se contentant de décider du sort des hommes et des femmes aux abois qui ont pris le chemin de sa retraite pour solliciter la grâce de son usure. Tel un dieu, il jouit de la souveraine indépendance que lui donnent à la fois ce surplomb et son statut de maître des destinées.

---

58 On doit l'expression « grande prédication balzacienne » à Pierre Barbéris (*Balzac et le mal du siècle. Contribution à une physiologie du monde moderne*, Paris, Gallimard, t. II, 1991, p. 1502).

59 *Illusions perdues*, *CH*, t. V, p. 698.

60 *Le Contrat de mariage*, *CH*, t. III, p. 639.

61 Philippe Berthier, *Figures du fantasme*, Toulouse, Presses Universitaires du Mirail, « Cribles », 1992, « Balzac du côté de Sodome », p. 56.

De Marsay est quant à lui une tête politique. Il révère Talleyrand et se comporte en disciple de Machiavel. Aussi froid que pragmatique, il considère les choses non pas comme elles devraient être, mais dans leur « vérité effective[62] », c'est-à-dire en prenant le monde tel qu'il va : un monde dans lequel des hommes agissent avant tout pour parvenir à des fins intéressées et les satisfaire coûte que coûte. Compte tenu de cette « donnée anthropologique[63] », la lucidité n'est pas dans une illusoire science du Bien mais dans l'art de gouverner les autres et de se gouverner soi-même en fonction d'un seul principe, dont la vertu réside dans l'efficacité des décisions et des actes qu'il motive.

En dépit des inflexions particulières qui distinguent leurs cynismes respectifs, Vautrin, Gobseck et de Marsay partagent sur bien des points la même conception de l'homme et de la société. Parmi les trois lignes de force qui se dégagent de leur pensée, la première concerne les principes cyniques de la « falsification de la monnaie » et du « dire vrai ». Dans l'Antiquité, les émules de Diogène mettaient en pratique la contrefaçon, en lui donnant un sens métaphorique, à partir de l'exemple de leur maître, dont on disait qu'il avait accompli cet acte scandaleux à Sinope[64]. Ils cherchaient de cette façon à marquer leur vie d'une nouvelle frappe, plus conforme à la vérité : en ruinant les valeurs existantes, ils opposaient leur franc-parler aux mensonges de la vie sociale avec lesquels ils voulaient rompre, tout en s'efforçant d'instaurer un nouvel ordre de valeurs, mieux accordé aux lois de la nature et de la raison.

Les cyniques balzaciens, à maints égards, ont conservé l'état d'esprit de leurs lointains devanciers. Qu'ils s'adressent à Rastignac, Derville, Lucien de Rubempré ou Paul de Manerville, leurs discours visent à partager avec eux leur connaissance des hommes et de la société. « Quoique j'aie bien lu dans ce livre du monde, il y avait des pages qui cependant m'étaient inconnues. Maintenant je sais tout[65] », déclare Vautrin, non sans aplomb, à son jeune ami. Au moment de « faire le décompte de la vie » devant Derville, Gobseck, dans une sorte de défi, le prévient

62 Machiavel, *Le Prince*, préface de Raymond Aron, traduction, notes et postface de Jean Anglade, Paris, Le Livre de Poche, 1983, chap. XV, p. 79.

63 Jean-François Louette, *Chiens de plume*, *op. cit.*, p. 116.

64 Voir Marie-Odile Goulet-Cazé, « Le cynisme ancien : entre authenticité et contrefaçon », *Aitia*, n° 5, 2015, URL : http://journals.openedition.org/aitia/1204 ; DOI : https://doi.org/10.4000/aitia.1204.

65 *Le Père Goriot*, *CH*, t. III, p. 116.

de l'enjeu de son récit : « Vous croyez à tout, moi je ne crois à rien. Gardez vos illusions, si vous le pouvez[66]. » Quant à de Marsay, après avoir découvert « les fils qui [lui] manquaient pour faire reparaître la trame entière de la conspiration domestique » ourdie contre Paul de Manerville par Mme Évangélista et sa fille, il se propose de révéler enfin à son ami, qu'il traite « en politique », c'est-à-dire en « homme » (et non pas en enfant, c'est-à-dire « en amoureux »), « les premiers principes qui meuvent le mécanisme féminin[67] », à l'image de la société tout entière.

Celle-ci se réclame, en effet, de généreux et nobles principes, sur lesquels elle assoit son ordre : sur la scène où se joue la comédie sociale, la réalité, constituée le plus souvent de choses vulgaires, est dissimulée sous un vernis de « beaux sentiments[68] ». Les crimes sordides qui surviennent chaque jour sont enveloppés d'un voile de mensonges par ceux qui les commettent et qui ont « tant d'intérêt à les démentir », en les faisant passer pour « des fictions[69] ». Ainsi, le « commun des hommes », selon une loi immuable, ne voit « rien de ces choses » et, dans sa naïveté dont il est fréquemment victime, va « creusant des abîmes en les couvrant de fleurs[70] ».

Par sa lettre, de Marsay entend briser ce « miroir aux illusions » dans lequel son ami contemple « les féeries d'un heureux mariage » et lui faire « voir le fond des choses[71] ». Vautrin et Gobseck ne procèdent pas autrement. Aux fleurs de rhétorique, ils opposent en cyniques la brutalité d'un constat, irrécusable à leurs yeux : il existe un gouffre entre les principes sur lesquels est censé reposer l'ordre social et la réalité des faits. Présentés comme les fondements de l'édifice social, la morale chrétienne prônant l'oubli de soi et l'amour du prochain, l'idéal civique qui commande de servir l'intérêt général ne sont qu'une façade. Ce ne sont que des formules creuses qui n'ont en vérité aucune incidence sur la marche générale de la société.

La considération, qui y vaut « un jugement de cour d'assises », n'y repose nullement sur la vertu et l'honnêteté : « Quand un homme arrive au pouvoir, il a toutes les vertus d'une épitaphe; qu'il tombe dans la

66 *Gobseck*, *CH*, t. II, p. 969.
67 *Le Contrat de mariage*, *CH*, t. III, respectivement p. 644 et 643.
68 *Ibid.*, p. 646.
69 *Ibid.*
70 *Ibid.*, p. 642.
71 *Ibid.*

misère, il a plus de vices que n'en avait l'enfant prodigue[72] », affirme de Marsay. L'appareil de la justice n'est pas plus équitable. C'est seulement « pour garantir leurs biens », au dire de Gobseck, que « les riches ont inventé des tribunaux, des juges, et cette guillotine, espèce de bougie où viennent se brûler les ignorants[73] ». Les propriétaires, qui sont par principe les gens honnêtes, ne courent aucun risque et peuvent dormir tranquilles. Ils connaissent le dessous des cartes : le « crime oublié » ou « proprement fait », qui est bien souvent « le secret des grandes fortunes[74] », restera caché. Car les règles qui fixent les droits, les devoirs et les rapports des citoyens entre eux n'obéissent selon Vautrin à aucun principe moral impliquant la conformité de la rétribution avec la faute ou le mérite :

> Pourquoi deux mois de prison au dandy qui, dans une nuit, ôte à un enfant la moitié de sa fortune, et pourquoi le bagne au pauvre diable qui vole un billet de mille francs avec les circonstances aggravantes ? Voilà vos lois. Il n'y a pas un article qui n'arrive à l'absurde[75].

La véritable base de la société n'est pas éthique, c'est la loi d'airain du « laissez faire, laissez passer ». Cette loi démusèle de féroces appétits sans qu'aucune « main invisible » ne vienne les harmoniser au bénéfice du bien commun, comme le voudraient les théoriciens du libéralisme économique. De cette constatation lucide Vautrin tire les conclusions qui s'imposent selon lui aux esprits conséquents : ceux qui tiennent aux grands principes moraux sont des imbéciles ; « il n'y a pas de principes, il n'y a que des événements[76] ». De même, pour Gobseck, il n'existe dans le monde « que des conventions qui se modifient suivant les climats », raison pour laquelle « les convictions et les morales ne sont plus que des mots sans valeur[77] ». Seule compte à ses yeux la « chose matérielle » dont la valeur est « assez certaine » pour retenir légitimement l'attention des hommes : l'or, équivalent symbolique de « toutes les forces humaines[78] ».

Telle est l'âpre vérité que les cyniques modernes entendent dévoiler, fidèles à l'exigence de ne pas s'en laisser conter, d'arracher les masques et

---

72 *Ibid.*, p. 646.
73 *Gobseck*, *CH*, t. II, p. 973.
74 *Le Père Goriot*, *CH*, t. III, p. 145.
75 *Ibid.*
76 *Ibid.*, p. 144.
77 *Gobseck*, *CH*, t. II, p. 969.
78 *Ibid.*

de mettre au jour ce qui se cache sous les apparences. C'est leur manière de pratiquer la *parrêsia*, cette « liberté de tout dire à hauteur du courage de dire[79] », qui les conduit à montrer le « désordre social[80] », sans en rien farder. Dans cette société qui semble « n'avoir pour principe que l'absence de tout principe[81] », ils exhibent la vérité toute nue, si hideuse soit-elle à regarder en face.

Se situant par-delà le bien et le mal, ils font table rase des mensonges laissant croire à l'unité, à l'équilibre, au perfectionnement d'une société menacée de dissolution, où la seule règle, toute négative, est celle de la division, de la concurrence, de la lutte des uns contre les autres. L'homme de l'extrême civilisation se comporte en effet comme un sauvage livré à ses pulsions élémentaires dans « une forêt du Nouveau Monde[82] ». Si l'on tentait de le faire, on n'en finirait pas de dénombrer à Paris les « manigances infernales » et « les trafics » en tout genre qui se font pour du plaisir, de l'argent ou du pouvoir, « rarement par vertu[83] ». À moins que l'on ne confonde la vertu et la fortune qui, dans ce milieu en ébullition, est « l'*ultima ratio mundi*[84] ».

Cette critique radicale de la société conduit Vautrin, Gobseck et de Marsay au seuil d'une question éthique : quelles orientations convient-il, à partir d'une pareille analyse, de donner à sa propre vie ? Dans l'Antiquité, les cyniques mettaient au-dessus de tout la liberté, qu'ils prenaient dans son acception morale et individuelle : cette aspiration, dans laquelle ils voyaient une réquisition de la nature, passait pour eux par l'ascèse, c'est-à-dire par l'élimination des besoins superflus, et elle les conduisait à l'autarcie, idéal qui procédait chez eux du désir de s'assimiler à des dieux, considérés comme des êtres qui se suffissent à eux-mêmes et n'ont besoin de rien[85].

---

79 Michèle Clément, « "À la recherche de l'insolence perdue". La *parrêsia* à la Renaissance », dans *« Parrêsia » et processus de véridiction de l'Antiquité aux Lumières*, actes de la journée d'étude du 7 décembre 2012 à Paris 7, sous la direction de Pascal Debailly, Martial Martin et Jean Vignes, Paris, Hermann, 2019, p. 33.

80 *Le Père Goriot*, *CH*, t. III, p. 136.

81 Philippe Berthier, « Introduction » à *Gobseck*, Paris, Flammarion, « GF », 1984, p. 23.

82 *Le Père Goriot*, *CH*, t. III, p. 143.

83 *Ibid.*, p. 140.

84 *Ibid.*, p. 118.

85 Voir Mathilde Cambron-Goulet, « Les Cyniques, penseurs dans la norme et citoyens de la marge », *Cahiers des études anciennes*, n° XLIV, 2007, mis en ligne le 28 mars 2010, URL : http://journals.openedition.org/etudesanciennes/296.

Avec les siècles, l'émergence de l'individualisme et de l'État moderne, mais aussi l'évolution de l'idée même de nature, ont sensiblement modifié cette aspiration à la liberté, qui est la deuxième ligne de force se dégageant de la pensée des nouveaux cyniques représentés par Balzac. D'une part, elle s'est confondue avec la volonté de se tenir à distance du gros de la société et de s'en distinguer en s'isolant, seul ou dans une communauté alternative. D'autre part, le désir de vivre « en accord avec la nature » a pris un tout autre sens à mesure que la nature elle-même est apparue, comme le dit Nietzsche, « sans desseins ni égards, sans pitié ni justice, fécond[e], aride et incertain[e] tout à la fois[86] ». Le cynisme moderne, opposant le naturel des individus aux conventions de la société, a alors dérivé vers l'indifférence morale et le culte de la force, considéré comme une réponse justifiée, en forme de résistance active, à la violence de la société.

Gobseck affirme ainsi que le bonheur, lorsque nous nous sommes débarrassés de nos illusions, consiste « dans l'exercice de nos facultés appliquées à des réalités », principe réaliste dont il infère que « le seul sentiment vrai » que « la nature » ait mis en nous est « l'instinct de notre conservation[87] ». L'expérience lui a appris, explique-t-il, que l'homme est partout le même : « partout le combat entre le pauvre et le riche est établi, partout il est inévitable », enseignement d'un sombre fatalisme, dont il conclut aussitôt qu'« il vaut donc mieux être l'exploitant que d'être l'exploité[88] ». Vautrin, après avoir brossé lui aussi un tableau dantesque de ce monde, conclut sur la même note pessimiste : « Croyez-vous que je le blâme ? du tout. Il a toujours été ainsi. Les moralistes ne le changeront jamais. L'homme est imparfait[89]. » Aussi considère-t-il qu'il importe de prendre « la vie telle qu'elle est » et d'en déduire une leçon adéquate : « Ça n'est pas plus beau que la cuisine, ça pue tout autant, et il faut se salir les mains si l'on veut fricoter ; sachez seulement vous bien débarbouiller : là est toute la morale de notre époque[90]. »

Cette conjonction de réalisme et de pessimisme, qui est l'une des caractéristiques du cynisme moderne, a pour corollaire une affirmation de

86 Friedrich Nietzsche, *Par-delà le bien et le mal*, texte établi par Giorgio Colli et Mazzino Montinari, traduit de l'allemand par Cornélius Heim, Isabelle Hilbenbrand et Jean Gratien, Paris, Gallimard, « Idées », 1971, Ire partie, 9, p. 27.

87 *Gobseck*, *CH*, t. II, p. 969.

88 *Ibid.*

89 *Le Père Goriot*, *CH*, t. III, p. 141.

90 *Ibid.*

soi, un individualisme sourcilleux, qui se prévaut d'une liberté inaliénable et refuse absolument de respecter ce que Pascal appelle la « grandeur d'établissement ». Vautrin conseille à Rastignac de mépriser les hommes et de traiter « ce monde comme il mérite de l'être », c'est-à-dire comme le vil marchepied de son ambition : « Plus froidement vous calculerez, plus avant vous irez. Frappez sans pitié, vous serez craint. N'acceptez les hommes et les femmes que comme des chevaux de poste que vous laisserez crever à chaque relais, vous arriverez ainsi au faîte de vos désirs[91]. » L'homme supérieur sera donc celui qui « épouse les événements et les circonstances pour les conduire[92] ». C'est à la puissance de sa volonté et de ses actes qu'on reconnaît « l'éclat du génie » selon Trompe-la-Mort :

> Il faut entrer dans cette masse d'hommes comme un boulet de canon [...]. L'honnêteté ne sert à rien. L'on plie sous le pouvoir du génie, on le hait, on tâche de le calomnier, parce qu'il prend sans partager ; mais on plie s'il persiste ; en un mot, on l'adore à genoux quand on n'a pas pu l'enterrer sous la boue[93].

Logiquement, Vautrin est athée en politique. Il ne croit pas aux solutions collectives, au perfectionnement de la société, aux réformes qui remédieraient aux maux dont souffrent les misérables. « Je n'accuse pas les riches en faveur du peuple[94] », précise-t-il à Rastignac. Gobseck le rejoint sur ce point : « Il n'y a – dit-il – que des dupes qui puissent se croire utiles à leurs semblables en s'occupant à tracer des principes politiques pour gouverner des événements toujours imprévus[95]. » N'existent à leurs yeux que des individus qu'ils rangent en deux catégories, forts et faibles.

Sans doute de Marsay se distingue-t-il par son ambition de « diriger les affaires publiques dans une voie droite », mais sa conception de la politique n'a rien de désintéressé : « si elle vit plus heureuse et sans troubles, qu'importe à la masse les profits de notre gérance, notre fortune, nos privilèges et nos plaisirs[96] ? » Cette question rhétorique lui permet surtout d'affirmer son point de vue, auquel il donne un tour

91 *Ibid.*, p. 115-116.
92 *Ibid.*, p. 144.
93 *Ibid.*, p. 141.
94 *Ibid.*
95 *Gobseck*, *CH*, t. II, p. 970.
96 *Le Contrat de mariage*, *CH*, t. III, p. 647.

plus trivial à la fin de sa lettre, lorsqu'il invite son ami Paul à rejoindre sa coterie, avatar des Treize, pour se ruer vers l'or : « maintenant nous allons nous mettre à secouer les prunes mûres dans l'âge où l'expérience a doré les moissons. Viens avec nous, tu auras ta part dans le *pudding* que nous allons cuisiner[97]. »

De Marsay, comme Vautrin avec les Dix Mille, est l'adepte des confréries criminelles où des hommes qui ont « la cervelle cerclée dans un crâne d'airain » mettent en commun leur énergie dans une association secrète pour « marcher sur l'humanité comme sur un tapis[98] ». Gobseck, au contraire, est un solitaire. Il se suffit, il est vrai, à lui-même, puisqu'il incarne dans sa personne « le pouvoir de l'or[99] », dont il remplit ses coffres, et qu'il prête à des malheureux pris au piège de convoitises qui les poussent à la ruine, parce qu'il sait que cet or reviendra toujours plus abondant à sa place originelle. Au centre de toutes choses, l'usurier est en même temps hors d'atteinte, puisqu'il a pris le parti de rester sagement en dehors du Grand Jeu dont il tire les ficelles, ayant le double privilège de connaître l'immensité de son pouvoir et de ne pas vouloir se donner la peine de l'exercer :

> Je suis assez riche pour acheter les consciences de ceux qui font mouvoir les ministres, depuis leurs garçons de bureau jusqu'à leurs maîtresses : n'est-ce pas le Pouvoir ? Je puis avoir les plus belles femmes et leurs plus tendres caresses, n'est-ce pas le Plaisir ? Le Pouvoir et le Plaisir ne résument-ils pas tout votre ordre social[100] ?

L'ascétisme de Gobseck, qui le conduit à vivre pauvrement et dans l'abstinence, à la manière de ces anachorètes de la Thébaïde en qui était vif encore le souvenir des anciens cyniques, le retranche de l'ordre – ou plutôt du désordre – commun. Ce cynique moderne, à l'instar de ses semblables, se place ainsi dans une position d'exception, en marge de la société, ce qui constitue la troisième ligne de force de leur cynisme philosophique. Vautrin, qui éprouve aussi le désir d'être libre, et d'autant plus farouchement que la réclusion du forçat l'a privé de liberté, choisit

97 *Ibid.*, p. 652.
98 *Ibid.*, p. 644.
99 *Gobseck*, *CH*, t. II, p. 977.
100 *Ibid.*, p. 976.

pour sa part la rébellion. Il le déclare sans ambages à Rastignac, « avec la supériorité d'un homme » qui a compris qu'« il n'y avait que deux partis à prendre », « ou une stupide obéissance ou la révolte » : « Je n'obéis à rien, est-ce clair[101] ? » Il vivra donc à la fois en bagnard et en homosexuel, ce qui sera pour lui une manière de saper les pseudo-valeurs sur lesquelles reposent des normes sociales arbitraires, et de poser « la revendication d'un *moi* libéré du contrat social[102] ».

Gobseck de son côté met en pratique une forme de subversion moins frontale, mais tout aussi féroce. À l'écart des passions qui anéantissent ceux qu'elles dévorent, mais au premier rang des observateurs de leurs ravages, il n'a pas son pareil pour mettre au jour, dans la nudité de l'égoïsme dont ils procèdent, « tous les ressorts qui font mouvoir l'Humanité[103] ». Cette position, dans laquelle il « possède le monde sans fatigue », sans que le monde ait « la moindre prise sur [lui] », lui permet d'adopter le point de vue d'un dieu, ce dont il convient lui-même : « Mon regard est comme celui de Dieu, je vois dans les cœurs. Rien ne m'est caché. L'on ne refuse rien à qui lie et délie les cordons du sac[104]. »

Cependant, son sourire, qui ressemble « assez à celui de Voltaire », sa manière de rire même, de « ce rire muet qui lui [est] particulier[105] », donnent à ce dieu une physionomie méphistophélique, semblable à celle de l'Antiquaire de *La Peau de chagrin*. Lui qui entretient un commerce régulier avec l'élite parisienne, trop heureuse de se jeter à ses pieds à l'approche d'un désastre ou d'un scandale dont elle peinerait à se relever sans son secours, éprouve une certaine délectation à subvertir de l'intérieur, avec méthode, le système dont il manipule les lois avec une habileté machiavélique.

Non content de régner dans l'ombre sur ce système et d'en tirer pour lui-même de juteux avantages, Gobseck se pose en maître du destin des puissants cachant difficilement leur détresse, qui quémandent son aide. C'est sa manière, assez sadique, de s'amuser et d'être aussi poète[106] ou démiurge, en se faisant l'agent de la Fortune, qui façonne les destinées.

101 *Le Père Goriot*, *CH*, t. III, p. 136.

102 Philippe Berthier, *Figures du fantasme*, *op. cit.*, p. 55.

103 *Gobseck*, *CH*, t. II, p. 970.

104 *Ibid.*, p. 976.

105 *Ibid.*, p. 990 et 1006.

106 « Je m'amuse », dit-il à Derville : « Croyez-vous qu'il n'y ait de poètes que ceux qui impriment des vers [...] » (*ibid.*, p. 968).

À défaut d'avoir pris le parti ostentatoire de la révolte à la façon de Vautrin, il aime alors faire figure de « vengeur » et apparaître, « comme un remords », devant ceux qui viennent « parader devant [lui] qui vi[t] dans le calme[107] ». S'arrogeant à sa manière le pouvoir d'un dieu rémunérateur dans l'exercice de la justice, il se plaît de même, lorsqu'on l'appelle, « à crotter les tapis de l'homme riche, non par petitesse », mais pour lui faire sentir « la griffe de la Nécessité[108]. »

On ne saurait au reste opposer Vautrin, qui serait dans l'action et la transgression, à Gobseck, qui resterait en retrait, en s'adonnant à un « cynisme d'esthète[109] », plus contemplatif. L'un et l'autre vivent par procuration. L'usurier se repaît des « spectacles toujours variés » qui s'offrent à lui quotidiennement : « des plaies hideuses, des chagrins mortels, des scènes d'amour, des misères que les eaux de la Seine attendent, des joies de jeune homme qui mènent à l'échafaud »... Tournant sous ses yeux tantôt à la tragédie, tantôt à a comédie, de tels spectacles le préservent de tout ennui : « Croyez-vous – demande-t-il à Derville – que ce ne soit rien que de pénétrer ainsi dans les plus secrets replis du cœur humain, d'épouser la vie des autres, et de la voir à nu[110] ? »

Vautrin, lui aussi, apprécie de se placer en position de spectateur. Sur son théâtre intérieur, il est le dramaturge de ses fantasmes et se dit aussi, à cet égard, non sans ironie, « grand poète [...] en actions et en sentiments[111] ». Ne rêve-t-il pas « d'aller vivre de la vie patriarcale au milieu d'un grand domaine, cent mille arpents, par exemple, aux États-Unis, dans le sud » : « Je veux m'y faire planteur, avoir des esclaves, gagner quelques bons petits millions à vendre mes bœufs, mon tabac, mes bois, en vivant comme un souverain, en faisant mes volontés, en menant une vie qu'on ne conçoit pas ici, où l'on se tapit dans un terrier de plâtre[112]. »

Mais il conçoit surtout le dessein proprement inouï de « renonc[er] à lui-même » et de faire passer en Lucien « ses puissantes facultés[113] ». En infusant ainsi sa « volonté de fer » dans celle de son amant et en

107 *Ibid.*, p. 971.
108 *Ibid.*
109 Philippe Berthier, « Introduction » à *Gobseck*, éd. Flammarion, p. 25.
110 *Gobseck*, *CH*, t. II, p. 976.
111 *Le Père Goriot*, *CH*, t. III, p. 141.
112 *Ibid.*
113 *Splendeurs et misères des courtisanes*, *CH*, t. VI, p. 813.

mettant ses talents criminels au service de ce dernier, Vautrin entend faire de lui « son âme visible », une sorte de Ménechme ou de *Doppelgänger*, grâce auquel il pourra vivre « par procuration[114] ». Il s'agit en somme, « par un phénomène de paternité morale », de réaliser effectivement « la superstition allemande du DOUBLE[115] » : dîner à travers lui dans le monde, y séduire de grandes dames, parvenir au sommet de la réussite, et prendre de la sorte sa revanche sur la société.

Donner « sa consistance » à ce double, qui doit le « représenter dans la vie sociale », est pour Trompe-la-Mort, un moyen de métamorphoser Lucien en « un Jacques Collin beau, jeune, noble », qui doit voler de succès en succès, jusqu'à ce qu'il obtienne un « poste d'ambassadeur[116] ». Tel est le « conte de fées[117] » qu'il laisse imaginer à son complice au moment de sceller leur union. Si réelle que soit la volonté de Vautrin de prodiguer sans compter son aide au jeune éphèbe, on ne saurait oublier que cette abnégation est proportionnée à la formidable volonté de puissance qui en est l'envers : considérant que Lucien lui appartient « comme la créature est au créateur[118] », Vautrin, avec un « cynisme démoniaque[119] », veut surtout le « pétrir à [son] usage[120] », faire de lui le jouet de ses rêves prométhéens.

Même de Marsay, une fois parvenu au faîte du pouvoir en devenant premier ministre, conçoit son rôle d'homme d'État en termes de retrait et de maîtrise, de surplomb et de détachement olympien : il faut, dit-il,

> savoir être toujours maître de soi, faire à tout propos le décompte de chaque événement, quelque fortuit qu'il puisse être ; enfin, avoir, dans son moi intérieur, un être froid et désintéressé qui assiste en spectateur à tous les mouvements de notre vie, à nos passions, à nos sentiments, et qui nous souffle à propos de toute chose l'arrêt d'une espèce de barême moral[121].

De Marsay, Vautrin et Gobseck définissent de la sorte un éthos qui n'est pas sans faire penser à celui de l'écrivain, tel que le conçoit Balzac :

114 *Ibid.*, p. 502 et 813.
115 *Ibid.*
116 *Ibid.*, p. 502 et 813.
117 *Illusions perdues*, *CH*, t. V, p. 703.
118 *Ibid.*, p. 703.
119 Philippe Berthier, *Figures du fantasme*, *op. cit.*, p. 46.
120 *Illusions perdues*, *CH*, t. V, p. 708.
121 *Autre étude de femme*, *CH*, t. III, p. 677.

réaliste et poète, au sens de créateur, analyste implacable de la société comme de soi-même et démiurge vivant à travers ses personnages et se faisant à la fois maître et juge de leur destin… Avant d'examiner, sous l'angle du cynisme philosophique, ce glissement de l'univers fictif à celui qui l'a conçu, on remarquera que les personnages balzaciens dont le parler vrai et la « sagesse » scandaleuse relèvent de la tradition cynique échouent à mettre pleinement en œuvre les principes de leur philosophie.

Gobseck, qui a décidé de rester en marge, de résister à l'entraînement des passions, de mener, malgré son pouvoir, une vie frugale faite de jouissances intellectuelles, en sachant que les règles de la société sont truquées, est repris par les forces aliénantes auxquelles il voulait échapper : la puissance mortifère de l'or qu'il incarne finit par se retourner contre lui, par se muer en obsession accumulatrice dévorante et par le laisser seul avec les rats qui grignotent ses biens, face au néant. Vautrin, qui ne deviendra jamais un planteur omnipotent disposant de ses esclaves, échoue aussi dans son projet d'avoir son compagnon « tout à [lui][122] », et de faire de leur union une machine de guerre contre la société, suivant la dynamique d'un désir sans limite, dont l'horizon est celui de l'Androgyne primordial, figure de la transgression, de la complétude et du pouvoir absolu. À défaut, il devient Chef de la sûreté, n'ayant, dit-il, « d'autre ambition que d'être un élément d'ordre et de répression, au lieu d'être la corruption même[123] ». Trop beau pour être honnête, ce revirement spectaculaire ne fait pas un vaincu de l'ancien bagnard devenu fonctionnaire, mais son défi prométhéen y perd, selon le mot de Pierre Barbéris, son « envergure », sa « grandeur efficace », d'autant que sa retraite, qui vient après quinze années d'exercice de ces fonctions, achève son existence « dans la grisaille et l'insatisfaction[124] ».

De Marsay semble faire exception, dans la mesure où le cynisme philosophique du « seul grand homme d'État qu'ait produit la monarchie de Juillet[125] » s'accorde avec sa pratique politique : fondée sur une conception immanentiste de la morale, qui dissocie celle-ci de l'art de gouverner, cette pratique se définit comme un froid pragmatisme en vertu duquel la fin – c'est-à-dire la conquête, puis la conservation

122 *Splendeurs et misères des courtisanes*, *CH*, t. VI, p. 814.
123 *Ibid.*, p. 925.
124 Pierre Barbéris, *Le Monde de Balzac*, *op. cit.*, p. 377.
125 *Le Député d'Arcis*, *CH*, t. VIII, p. 804.

du pouvoir – justifie les moyens. Cependant, la version que de Marsay propose de cette philosophie machiavélienne, qui trouve un certain écho chez Balzac, a mis la rouerie au service d'une médiocratie qui n'a réussi selon le romancier qu'à « démonétis[er] le pouvoir[126] ».

Dans cette société où les Mercadet sont rois, de Marsay, ce « joueu[r] au tapis vert de la politique », n'a pu créer, comme il le projetait, « une oligarchie où demeure une pensée fixe de gouvernement[127] » : symboliquement, il meurt en 1834, sans avoir pesé sur les cours des événements qui conduiront au discrédit, puis au naufrage du régime lilliputien dont il était l'un des piliers.

LE ROMANCIER ET SA « LANTERNE DIOGÉNIQUE »

Malgré les limites de leurs tentatives philosophiques, les personnages professant une forme de cynisme dans *La Comédie humaine* s'attirent la sympathie de Balzac, qui leur prête volontiers ses propres analyses critiques sur la société de son temps. Dès la *Physiologie du mariage*, première œuvre qui vaudra à l'écrivain un succès de scandale, celui-ci, sous couvert de formuler à l'attention des maris un ensemble de règles et de prescriptions sur l'art d'être heureux en ménage en s'assurant de la fidélité de leurs femmes, retourne contre leurs destinataires ces conseils parodiques, pour mieux mettre à nu les ressorts du monde tel qu'il est : un système de lois qui consacre le « despotisme marital[128] », des mœurs qui s'accommodent de mariages conclus entre familles comme une transaction commerciale, des couples mal assortis, sans amour en partage, l'aliénation de la femme et l'adultère qui en est l'inévitable corollaire…

Balzac entend faire ainsi sortir le mariage des brumes poisseuses d'une sentimentalité niaise et d'un idéalisme faux. Il veut dire la vérité si crue soit-elle : sous son apparence de respectabilité, l'institution matrimoniale

126 [Balzac], « Sur les ouvriers », *Revue parisienne*, 25 septembre 1840, p. 367-382.
127 *Le Contrat de mariage*, *CH*, t. III, p. 651 et 647.
128 *Physiologie du mariage*, *CH*, t. XI, p. 1004.

dissimule des drames domestiques dans lesquels des enjeux érotiques ou financiers déchirent les familles. Ce parler vrai n'est pas seulement celui d'un « observateur sagace et profond[129] », c'est aussi celui d'un « Hercule des temps nouveaux[130] » exprimant la vérité avec une énergie disruptive, qui emporte sur son passage les digues de la bienséance et du bon goût. Il est assurément cynique, au sens antique du terme.

Dans l'Antiquité, Hercule, incarnation héroïque de la force et de la lutte, passait en effet pour être le « patron céleste[131] » des disciples d'Antisthène, qui avait coutume de discourir dans le gymnase de Cynosarges consacré à ce demi-dieu. Balzac, en alliant expression de la vérité et puissance de la *parrêsia*, semble s'inscrire dans la même filiation. C'est lui qui écrit dans *Les Deux Amis* à propos des adieux de Claire Coudreux et du jeune Chamaranthe :

> Je ne puis pas souffrir les esprits qui se laissent gagner par une fausse poésie, et qui s'ingèrent d'idéaliser les situations vulgaires où se trouvent les amants. Il faut de la modestie pour peindre les choses telles qu'elles sont, car le monde élégant vous *accuse de trivialité, et le monde moral de cynisme*[132].

Dans cette citation, « cynisme », employé par analogie avec le comportement prêté à Diogène par la tradition philosophique, prend le sens péjoratif plus commun d'effronterie, d'impudence, d'obscénité. Balzac, conscient que les lecteurs et plus largement l'opinion ne tardent pas à se représenter un auteur d'après son œuvre ou la réputation qu'on lui a faite, sait aussi qu'il peut exister un écart important entre cette image et la réalité. Aussi, dès la publication de la *Physiologie du mariage*, cherche-t-il, dans les « Errata » annexés à l'ouvrage, à parer aux accusations d'immoralité. Se moquant de l'« homme moral » et de la « femme à célibataire » qui ont trouvé mauvais qu'il écrive, dans sa « description de la Femme honnête » : « il est certains fardeaux qu'elle sait remuer avec une merveilleuse facilité », il leur répond ironiquement en retournant contre eux l'accusation elle-même :

129 Félix Davin, « Introduction » aux *Études de mœurs*, *CH*, t. I, p. 1171.

130 José-Luis Diaz, « Portrait de Balzac en écrivain romantique », *L'Année balzacienne*, n° 1, 2000, p. 7-23, ici p. 22.

131 Léonce Paquet, *Les Cyniques grecs : fragments et témoignages*, Presses de l'Université d'Ottawa, 1988, p. 2. Cynosarges pouvant se traduire par « chien agile », certains prétendent que c'est-là l'origine du nom de cette école philosophique.

132 *Les Deux Amis*, *CH*, t. XII, p. 687.

> l'auteur se voit forcé de faire remarquer à ceux qui se seront permis d'ouvrir un livre qui n'était pas pour eux, que, là où ils n'ont rien compris, la faute venait d'eux ; et, là où ils l'ont accusé de cynisme, c'était vice de leur naturel.

À ceux qui voient en lui un cynique, au sens mondain du terme, Balzac, leur rappelant qu'« un auteur peut concevoir le crime sans être criminel[133] », oppose donc l'image de lui-même qu'il voudrait promouvoir au seuil des années 1830, alors que le succès semble enfin lui sourire : celle d'un écrivain en prise sur une époque désenchantée, qui se fait l'anatomiste d'une société en décomposition et qui promène sa « lanterne diogénique[134] » partout où le charlatanisme ambiant tente de dissimuler ses mensonges. Cette éthique du vrai, rapportée à la représentation romanesque de la société contemporaine, lui commande de ne rien cacher, bien ou mal, de la réalité, et d'en révéler les dessous honteux avec une verve de conteur, hardie et mordante.

Sans doute, Balzac, au cours des années 1830, fera-t-il évoluer cette image trop sulfureuse pour tenter de se défaire « des jugements erronés portés par le public[135] », qui persiste à le considérer comme un écrivain licencieux, immoral, enclin aux plus inconvenantes excentricités. Déjà, dans la préface à *La Peau de chagrin*, il réclame le droit d'exiger de « ceux dont il n'est pas connu, de ne point mettre en question sa moralité, [...] et de ne pas faire, d'un esprit chaste, le prototype du cynisme[136] ». Il tente en même temps de mettre l'accent sur un autre aspect de sa personnalité littéraire : bourreau de travail, engagé dans une multitude de projets, il mène, dit-il, « une vie solitaire » et ascétique, ayant fait le choix de cette « sobriété sans laquelle la fécondité de l'esprit n'existe point[137] ». Il imposera ainsi peu à peu l'image de l'écrivain réaliste, qui fait du roman l'instrument d'une anthropologie sociale : s'il entend désormais déduire les causes et les principes des phénomènes qu'il observe, le romancier, explique Félix Davin, continue cependant à s'imposer, « sous peine d'inexactitude et de mensonge », à « dire tout ce qui est », à « montrer tout ce qu'il voit[138] ».

---

133 Préface à la première édition de *La Peau de chagrin*, *CH*, t. X, p. 50.
134 *Physiologie du mariage*, *CH*, t. XI, p. 929.
135 Préface à la première édition de *La Peau de chagrin*, *CH*, t. X, p. 49.
136 *Ibid.*, p. 50.
137 *Ibid.*
138 Félix Davin, « Introduction » aux *Études de mœurs*, *CH*, t. I, p. 1162.

Balzac reste le champion du vrai : par le truchement du même Félix Davin, il se présente comme le romancier par qui s'est accomplie « la conquête de la vérité absolue dans l'art[139] ». Dans *Le Colonel Chabert*, c'est lui encore qui s'exprime par la voix de Derville lorsque celui-ci fait part au jeune avoué qui va lui succéder de ce que lui a appris l'expérience : « toutes les horreurs que les romanciers croient inventer sont toujours au-dessous de la vérité[140]. » Contrairement à ces romanciers timorés qui restent en deçà du vrai, Balzac aura l'audace et les « facultés exorbitantes[141] » qui permettent de l'atteindre, fût-ce au prix d'une effraction irrévérencieuse. À en croire Félix Davin, elle lui vaudra de « march[er] seul, à l'écart », tel « un paria » mis « au ban de la littérature[142] », comme on bannissait dans l'Antiquité les cyniques de leur cité.

Cependant, ce portrait de Balzac sous les traits d'un Diogène écrivain n'est pas tout à fait fidèle, ou plutôt il reste inachevé, incomplet, de sorte qu'il ne ressemble qu'imparfaitement à son modèle. Le cynisme, on le sait, n'est pas seulement une somme de convictions philosophiques, il est aussi et surtout un style de vie dans la vérité, qui fait de la vie même, débarrassée de tous les liens inutiles, la manifestation du vrai. C'est ainsi que va Diogène par le chemin, avec pour toute richesse sa besace et son bâton, illustrant par son existence même, les principes du cynisme. Balzac le sait bien, lui qui reconnaît à Rousseau le mérite d'avoir fait de sa conduite « une prédication en action », en transférant dans le champ de la littérature la pratique prescrite par cette philosophie antique :

> En France – écrit-il –, Rousseau est le seul qui ait rendu témoignage par ses actes autant que par ses paroles à la grandeur du sacerdoce littéraire ; au lieu de vivre de ses écrits, de vendre ses pensées, il copiait de la musique, et ce trafic fournissait à ses besoins. [...]
>
> Il pressentait et prouvait d'avance par sa manière de vivre le règne d'un Messie dont nous n'avons pas vu l'avènement : le génie. On retrouve dans la fierté cynique du philosophe de Genève quelque chose de la grandeur des prophètes hébreux, de ces hommes dont l'existence tout entière n'était qu'un symbole destiné à prouver aux justes la vérité de leurs paroles[143].

139 *Ibid.*, p. 1170.
140 *Le Colonel Chabert*, *CH*, t. III, p. 373.
141 Félix Davin, « Introduction » aux *Études philosophiques*, *CH*, t. X, p. 1209.
142 Félix Davin, « Introduction » aux *Études de mœurs*, *CH*, t. I, p. 1170.
143 Préface à la première édition des *Employés*, *CH*, t. VII, p. 884-885.

Pour autant, Balzac ne considère pas Rousseau comme un exemple à imiter. Pour les écrivains nés pauvres, explique-t-il, il n'existe que deux solutions. D'un côté, la mendicité, ou l'insouciance, ou encore le cynisme de l'indigence qui conduisit l'auteur du *Contrat social* à partager la vie d'une cuisinière, ce qui est selon Balzac « le même système » ; de l'autre, le parti pris par Hugo et Lamartine de « *vendre leurs poésies au marché*[144] ». Faisant observer que tout le monde n'a pas comme Jean-Jacques « le caractère jeté dans le moule du cynisme[145] », Balzac, pour sa part, choisit, comme il l'indique au moment de publier sa première œuvre sous son nom véritable, d'« entrer dans la compagnie des illustres danseurs de corde, qui s'efforcent *pour de l'argent* d'amuser le public par leurs tours[146] ».

Il est pourtant sans illusions sur le choix auquel il vient de se résoudre en dépit de ses « démangeaisons d'aller vaguer, chercher, [se] faire drame vivant, risquer [sa] vie » : « je crois que la littérature est, par le temps qui court, un métier de fille des rues qui se prostitue pour cent sous : cela ne mène à rien[147]. » À défaut de tenter l'aventure et de devenir corsaire, toute la question sera pour lui de trouver, en « homme d'esprit », une « ruse nouvelle contre cette prostitution de la pensée qu'on nomme : *la publication*[148] ».

Sa ruse consistera à faire du marché du livre à l'ère capitaliste le sujet de plusieurs de ses romans, à commencer par *Illusions perdues*, et d'y peindre non seulement la collusion du monde de l'édition et de la presse avec celui des courtisanes, mais aussi la vénalité des libraires, la compromission des journalistes et le « trafic honteux[149] » des créations de l'esprit auquel s'adonnent ces plumitifs, justifiant la métaphore qui les identifie à des catins des lettres.

Persuadé qu'« un homme qui dispose de la pensée est un souverain » capable de changer « la face des choses[150] », Balzac recourra à la pratique cynique de la « falsification de la monnaie » en utilisant le miroir de concentration de ses romans pour retourner contre les liquidateurs de

144 *Ibid.*, p. 888.
145 *Ibid.*
146 Avertissement du *Gars*, *CH*, t. VIII, p. 1669-1870.
147 Lettre du 21 juillet 1830 à Victor Rattier, *Corr.*, t. I, p. 463.
148 Avertissement du *Gars*, *CH*, t. VIII, p. 1669.
149 Préface à l'édition originale du *Lys dans la vallée*, *CH*, t. IX, p. 915.
150 « Des artistes », *OD*, t. II, p. 708.

la vérité leur propre image quintessenciée. Son réalisme critique jettera une lumière d'hôpital sur la « vie sans repose et sans dignité[151] » des cyniques mondains pour qui les idées ne valent que par les bénéfices tangibles qu'ils en tirent, et dont les jugements de valeur varient au gré des circonstances, selon leurs intérêts.

Pour autant, Balzac n'échappera pas à la contradiction : pris entre la conviction qu'il est légitime de vouloir conquérir une fortune rapide par la puissance créatrice de son esprit et les humiliantes conditions qu'imposent aux artistes l'industrie culturelle et le monde médiatique naissants, il s'efforcera de ne pas se compromettre avec ceux qui dévoient la pensée et bafouent le mérite. Mais son désir d'action et de changement, qui le contraindra de mêler sa voix à la « cacophonie babélique[152] » des diffuseurs et des annonceurs, le laissera dans l'inconfort d'une position médiane, écartelé en quelque sorte entre deux formes de cynisme.

UN « DIOGÈNE MUSICIEN »

Ayant reculé devant le cynisme intégral, celui qui fait le choix de la pauvreté dans l'espoir, certainement illusoire au XIXe siècle, de libérer la création littéraire de toute détermination matérielle[153], Balzac réserve néanmoins au souvenir de la vie simple et frugale des anciens cyniques une place dans *La Comédie humaine*, en peignant de rares personnages dont l'existence témoigne de leur indifférence aux conditions matérielles dans lesquelles ils subsistent et de leur indépendance morale par rapport aux convenances et aux idéaux prescrits par la société. Parmi ces

151 *Illusions perdues*, *CH*, t. V, p. 350.

152 Philippe Berthier, « Introduction » à *Illusions perdues*, Paris, Flammarion, « GF », 1990, p. 26.

153 C'est sans doute la leçon tirée par Balzac de son expérience vécue dans la mansarde de la rue Lesdiguières, dont Raphaël de Valentin se fait l'écho dans *La Peau de chagrin* : « Pendant les dix premiers mois de ma réclusion, je menai [une] vie pauvre et solitaire [...] : j'allais chercher moi-même, dès le matin et sans être vu, mes provisions pour la journée ; je faisais ma chambre, j'étais tout ensemble le maître et le serviteur, je diogénisais avec une incroyable fierté » (*CH*, t. X, p. 139). Pour Raphaël, cette misère est bien celle des anciens cyniques : elle va « effrontément en haillons » et, « sans le savoir », recommence « Diogène, se nourrissant de peu, réduisant la vie au simple » (*ibid.*, p. 187).

personnages au nombre desquels on compte le juge Popinot et les Frères de la Consolation, on s'intéressera en particulier à Schmucke, qui en est sans doute le type le plus accompli.

Avant d'examiner le cas du vieux musicien, il faut rappeler que le mode d'existence des anciens cyniques est passé sous diverses formes dans la culture occidentale, en particulier dans les pratiques de l'ascétisme chrétien et de la vie mystique, comme Michel Foucault l'a montré[154]. Dans le christianisme primitif, en effet, ces pratiques ont été mises en œuvre comme des expressions de la *parrêsia* comprise par la nouvelle religion comme un témoignage de la vérité ressemblant à bien des égards au dépouillement cynique. Ce témoignage, visible à même le corps des ascètes et des mystiques chrétiens, était conçu comme une façon de se conduire, une « attitude de cœur[155] » conforme à la vérité et n'ayant pas besoin de passer par la parole pour l'attester. C'est ce cynisme chrétien, fondé sur la confiance en Dieu, l'assurance de vivre selon sa volonté et le désir d'offrir une âme transparente à son regard, qui s'est développé en marge de l'institution ecclésiale et qui a subsisté jusqu'aux temps modernes.

On en retrouve bien des traces dans la manière d'être de Schmucke et dans sa façon de conduire son existence. L'analogie entre la vie du musicien et les pratiques traditionnelles du cynisme est d'ailleurs relevée par le narrateur du *Cousin Pons* : sa vie est, dit-il, « celle d'un philosophe, cynique sans le savoir, tant elle [est] réduite au simple[156] ». En matière vestimentaire, Schmucke ne possède que « deux habillements complets » et déclare n'avoir besoin que d'une redingote assortie d'un pantalon pour l'hiver et d'une autre assortie de même pour l'été. Son logement est des plus modestes : dans *Une fille d'Ève*, il habite un taudis où il vit, dans « une complète insouciance[157] », entre son piano et son chat.

Lorsqu'elle lui rend visite, la comtesse de Vandenesse remarque le peu d'intérêt qu'il porte aux choses de ce monde. Ce « Diogène musicien » la reçoit dans un appartement mal rangé, qui semble ne pas connaître les

154 Dans *L'Envers de l'histoire contemporaine*, Balzac lui-même, à propos de l'appartement misérable loué par Godefroid imagine qu'il a pu être celui d'« un cynique à qui le monde était indifférent, ou [de] quelque religieux détaché du monde » ; on ne saurait mieux indiquer la proximité de ces deux figures, auxquelles le romancier adjoint celle de l'artiste « mort d'indigence » (*CH*, t. VIII, p. 229).

155 Michel Foucault, *Le Courage de la vérité*, *op. cit.*, p. 300.

156 *Le Cousin Pons*, *CH*, t. VII, p. 749.

157 *Une fille d'Ève*, *CH*, t. II, p. 363.

soins du ménage. Mais il n'a « point honte de son désordre[158] », auquel il s'est accoutumé, tant il l'indiffère. Les réalités matérielles ne sont rien pour lui, et, d'un regard, d'un sourire, il parvient à faire oublier « ces misères » à la comtesse en les faisant disparaître « sous de célestes rayons » qui « vivifi[ent] ce chaos[159] », comme par enchantement.

Par désir de rendre service à son ancienne élève qu'il accueille les bras ouverts, Schmucke signe les yeux fermés les quatre lettres de change qu'elle a apportées, sans savoir exactement ce qu'implique sa signature, « mais sûr de bien faire[160] » : il n'entend rien aux affaires d'argent et n'en veut rien savoir, étant « financier, comme les chats sont musiciens[161] ». L'intrigue du *Cousin Pons* en fera la démonstration éclatante : de toute sa vie, Schmucke n'a jamais voulu « gagner de l'argent » ; il ignore ce qu'est le mont-de-piété, un mandat de paiement, une mise sous scellés, la prison de Clichy où sont détenus les condamnés pour dettes ; il n'a « pas la moindre idée » de ce que vaut la collection de son ami et il la cède « pour un morceau de pain », comme l'a prophétisé la Cibot. « *Che zuis édrencher, che ne gonnais rien aux lois*[162] », dit-il avec son accent inimitable.

La nationalité du vieux musicien importe peu en vérité dans cette affaire : l'argent, les intrigues et les chicanes qu'il provoque dans une société qui lui a dressé des autels, sont incompréhensibles à Schmucke, qui appartient à un autre monde ayant échappé à la cartographie des géographes. Ce monde céleste est celui de l'ingénuité, de cette « intégrité de cœur[163] » qui considère toute chose d'un point de vue divin, essentiellement spirituel, – ce qui est l'autre nom de la *parrêsia* pour les cyniques chrétiens.

Cette « innocente créature[164] », dont la conscience est pure, éprouve une absolue confiance dans ce qui arrive. Avec la candeur d'une « âme d'enfant[165] » – *leitmotiv* des romans où il apparaît –, il s'en remet pour tout à Dieu sans se soucier du lendemain[166]. D'une « mansuétude quasi-divine », il couvre sa pauvreté du manteau d'une humeur angélique et

158 *Ibid.*
159 *Ibid.*, p. 365.
160 *Ibid.*, p. 366.
161 *Le Cousin Pons*, *CH*, t. VII, p. 676.
162 *Ibid.*, p. 601, 609 et 755.
163 Michel Foucault, *Le Courage de la vérité*, *op. cit.*, p. 257.
164 *Le Cousin Pons*, *CH*, t. VII, p. 720.
165 *Ibid.*, p. 731.
166 Mis à la porte de l'appartement de Pons, il s'écrie : « – *À la crase de Tieu !* [...] en faisant un geste sublime d'indifférence. » (*Ibid.*, p. 749.)

sourirait « naïvement à tous les malheurs[167] » qui viennent à lui s'ils n'affectaient Pons, son ami. « D'une excessive tendresse aux douleurs d'autrui[168] », le vieux musicien est en effet d'une sensibilité frémissante, d'une fraîcheur d'âme qui font de lui la délicatesse même.

Plein de bonté, cet « agneau d'homme », qui a spontanément configuré sa vie à celle du Christ, – ce qui conduit la Cibot, avec la vulgarité dont elle est coutumière, à parler de lui comme de « la bonne bête du bon Dieu[169] » –, est la bienveillance incarnée : un « homme divin », dont l'âme « scintill[e] comme un soleil », et qui recèle en lui « les trésors les plus chers à l'homme[170] ». Les rares moments de colère que connaît cette âme sans méchanceté ni rancœur dans sa « vie, vraiment ovine[171] », sont une réaction d'indignation devant les souffrances du collectionneur, son Ménechme. Il est alors capable d'une exaspération qui laisse transparaître un dédain diogénique de la conformité aux usages sociaux : « *Les gonfenances !… che me viche pien te doutes ces pétisses-là*[172] », s'exclame-t-il avec la franchise d'une âme enfantine.

Car « cet homme-enfant », sous la pression des événements, se métamorphose en « un héros d'amitié », capable de « ces inspirations » qu'« ont les femmes aimantes ou les mères[173] ». Pour les anciens cyniques, avoir des amis ou, pour mieux dire, s'ouvrir à la *philia* est un prolongement de l'individu et une nécessité inhérente à sa nature. Contrairement à l'éros, obscure force primitive qui s'empare de l'âme pour la pousser vers un objet, la *philia* exprime selon l'*Éthique à Nicomaque* un sentiment réciproque d'appartenance à la même catégorie d'hommes, qui se ressemblent par la vertu. Ces hommes aiment les autres pour eux-mêmes et leur veulent du bien, la finalité de l'amitié ainsi comprise n'étant ni l'utile, ni le plaisir des sens, mais la bonté.

Or Schmucke est « tous les jours au lendemain d'un bienfait[174] ». À ses amis, il se dévoue, selon son expression même, « *corpe, hâme hai piens*[175] », ce qui n'est pas un vain mot. Avec Pons, « le seul être qui l'[ait] compris et

167 *Ibid.*, p. 568.
168 *Ibid.*, p. 499.
169 *Ibid.*, p. 603 et 608.
170 *Une fille d'Ève*, *CH*, t. II, p. 365.
171 *Le Cousin Pons*, *CH*, t. VII, p. 568.
172 *Ibid.*, p. 731.
173 *Ibid.*, p. 684.
174 *Une fille d'Ève*, *CH*, t. II, p. 365.
175 *Ibid.*

aimé » et dont les préoccupations sont « à peu près semblables aux siennes », il mène une vie qui prend peu à peu une « allure fraternelle[176] ». Lorsque la santé du collectionneur commence à se détériorer, Schmucke fait preuve à son égard d'un « saint dévouement » et d'une « puissance d'amitié[177] » hors du commun. Son attachement à son alter ego, sa sympathie pour ses souffrances font de lui « un second Pons pour le pauvre malade[178] ».

À l'approche de l'agonie de son ami, le vieux pianiste déploie « des efforts divins[179] » pour infuser sa vie dans celle du moribond, qu'il tient alors dans ses bras, comme Marie soutient le Christ dans une *Pietà*. Le « génie de l'amitié » lui inspire un zèle si fervent que la Cibot s'exclame devant les ineffables effusions de la *philia* : « jamais une femme n'aime un homme comme ça[180] ! » À la mort de Pons, Schmucke, « perdu dans les abîmes de la douleur », tombe dans un « profond anéantissement », dont il ne sort fugacement qu'au moment où la Sauvage veut le séparer à jamais de son ami en couvrant celui-ci de son linceul : devant la perspective de cette séparation, l'agneau paisible se métamorphose incontinent en « un chien qui mord tous ceux qui veulent toucher au cadavre de son maître[181] ».

Ce soudain canisme de Schmucke, rappelant « l'être-chien » qui concourut à la célébrité des anciens cyniques, est l'ultime sursaut d'énergie d'un homme brisé qui ne songe qu'à mourir à son tour. Inconsolable, le vieux musicien montre par la suite une parfaite indifférence aux ignobles manœuvres orchestrées par Frazier pour capter son héritage : « L'Allemand ne savait qu'une seule chose, c'est que Pons était son ami[182]. » Radicalisant le renversement des idées dominantes, il ne veut rien savoir de ses intérêts matériels et refuse de se battre bec et ongle pour conserver sa fortune : l'idée fixe, qui est son seul espoir, s'inscrit dans la tradition de l'amour mystique trouvant dans la mort la possibilité d'une union éternelle avec l'être sans lequel il n'est pas de vraie vie.

Schmucke, en effet, est une âme religieuse : une « noble créature, enfant de Dieu, vivant en Dieu[183] », dit Pons. Tous deux catholiques, ils

---

176 *Le Cousin Pons*, *CH*, t. VII, respectivement p. 720 et 500.
177 *Ibid.*, p. 684.
178 *Ibid.*, p. 611.
179 *Ibid.*, p. 684.
180 *Ibid.*, p. 569 et 603.
181 *Ibid.*, p. 728 et 723.
182 *Ibid.*, p. 726.
183 *Ibid.*, p. 685.

vont « à la messe ensemble » et accomplissent leurs dévotions « comme des enfants n'ayant jamais rien à dire à leurs confesseurs[184] ». Schmucke, qui croit au miracle, ne ménage pas ses prières pour obtenir d'abord du Ciel qu'il secoure son ami malade, puis, après la disparition de celui-ci, pour que Dieu le rappelle à son tour à lui, et que les deux amis soient à nouveau ensemble. Avant d'être exaucé, il lui faudra encore connaître les épreuves d'un « pauvre martyr[185] » et prendre ainsi une dimension christique[186] : il devra supporter, malgré son affliction, la présence autour de lui, lors des funérailles de Pons, d'une foule ignoble au sein de laquelle ceux qui font commerce de la mort se mêleront aux hypocrites, aux indifférents et aux rapaces.

Si nombreuses que soient les ressemblances de Schmucke avec le type du cynique chrétien, Balzac élargit cette analogie et lui donne un sens nouveau en conjoignant à cette figure issue de la tradition ascétique et mystique celle de l'artiste. La création esthétique et la vie spirituelle sont à l'unisson selon le romancier : l'art, comme la ferveur religieuse, élève l'âme et ouvre le cœur. Il met l'homme en contact avec la véritable et seule richesse, qui démonétise l'argent, l'or et le diamant. Le vieux musicien, ce « magnifique apôtre de la religion musicale[187] » qui joue « naturellement de tous les instruments », vit ainsi par et pour la musique : c'est pour lui « la langue du ciel », qui est « aux idées et aux sentiments, ce que les idées et les sentiments sont à la parole[188] ».

Dans une société où se déchaînent les appétits grossiers, la musique emporte ceux qui s'y adonnent « au-delà des mondes », là où l'inspiration permet à des êtres de fine fabrique d'entendre « par avance les concerts du paradis[189] ». Se vouer au beau, comme à l'amitié, et s'en remettre à Dieu au milieu des adorateurs du Veau d'Or est la forme douce de la sécession, la *parrêsia* des innocents au cœur pur, qui n'est pas moins radicale : à bien y réfléchir, Schmucke est le double céleste de Vautrin, et sa vie, dans sa candeur même, est un puissant signe de contradiction.

184 *Ibid.*, p. 499-500.

185 *Ibid.*, p. 723.

186 « Ce pauvre Allemand devait être en proie à une passion égale à celle de Jésus. » (*Ibid.*, p. 724.)

187 *Une fille d'Ève*, *CH*, t. II, p. 365.

188 *Le Cousin Pons*, *CH*, t. VII, respectivement p. 502 et 498.

189 *Ibid.*, p. 705.

Balzac ne serait pas l'historien des mœurs qu'on connaît s'il ne montrait en même temps la grandeur de l'idéal poursuivi par Schmucke et l'inactualité qui l'éloigne dangereusement de la vie telle qu'elle est. Dans la société marchande, le « dévouement aux grandes choses » dégénère souvent « en duperie[190] », avertit le romancier. D'où le parti esthétique qu'il prend dans *Le Cousin Pons* en associant constamment le sublime et le grotesque[191] dans la caractérisation de cet étrange personnage de cynique chrétien et artiste.

Car les valeurs qu'il incarne n'ont plus cours dans cette société dont l'affaissement moral est si profond qu'elles ont inventé des prix de vertu pour mettre à l'honneur, comme l'écrit Balzac, ceux qui font simplement « leur devoir, en suivant les préceptes de l'Évangile[192] ». L'humilité, la candeur, le désintéressement, que Schmucke fait monter au sublime, y sont devenus des ridicules sujets de moquerie. Cette belle âme n'est plus, aux yeux des contemporains, qu'un des « deux casse-noisettes[193] », sur le compte desquels on se plaît à dauber.

De fait, le vieux maître de musique est considéré par les bourgeois matérialistes qu'il côtoie comme une créature rare, l'échantillon d'une espèce inoffensive en voie de disparition, qu'il faudrait naturaliser et conserver au Muséum, tel un fossile préhistorique : « Oh ! cher homme ! est-il simple !, un homme à empailler[194] », lui dit la Cibot. D'autres préfèrent parler de lui avec condescendance comme un objet de curiosité, mais recourent aussi à l'image de la taxidermie à propos du sort qui devrait lui être réservé. C'est le cas de Gaudissard à la fin du récit : « C'est naïf, c'est allemand, c'est à empailler, à mettre sous verre comme un petit Jésus de cire[195] ! », s'amuse-t-il.

La « réduction du sublime » en grotesque, Christèle Couleau l'a montré, s'exprime à la fois, dans ce passage, par « la réification qu'elle opère sur la personne de Schmucke[196] » et par l'attitude dédaigneuse

---

190 *Ibid.*, p. 485.

191 Voir Christèle Couleau, « Sublime et grotesque. Le guidage émotionnel du lecteur », dans *Relire Le Cousin Pons*, sous la direction de Pierre Glaudes et Éléonore Reverzy, Paris, Garnier, 2018, p. 159-176.

192 *Le Cousin Pons*, *CH*, t. VII, p. 54.

193 *Ibid.*, p. 499.

194 *Ibid.*, p. 647.

195 *Ibid.*, p. 761.

196 Christèle Couleau, « Sublime et grotesque. Le guidage émotionnel du lecteur », art. cité, p. 169.

que trahit le tour hypocoristique de cette esquisse de portrait. Ainsi s'explique l'extrême solitude du vieux musicien qui, avant de faire la rencontre improbable de Pons, habitait Paris depuis vingt ans, « comme un rossignol habite la forêt », et y chantait « seul de son espèce[197] ».

Cette coalescence du sublime et du grotesque exprime finalement assez bien la tension indépassable qui traverse l'œuvre de Balzac, et sans doute aussi la conscience de l'écrivain lui-même, entre l'admiration pour l'idéal des anciens cyniques, notamment pour les potentialités de contestation de l'ordre bourgeois qu'il recèle, et le sentiment de l'impossibilité de le faire revivre à une époque où « la pièce de cent sous est tapie dans toutes les consciences[198] ». L'auteur de *La Comédie humaine* est à la fois l'un des plus éloquents contempteurs des cyniques mondains du XIXe siècle, sourdement minés par un goût du néant qui n'est pas seulement une menace pour les autres, et le hardi spéculateur imaginant un cynisme philosophique des temps modernes : un art de vivre utopique, dont les adeptes domineraient le chaos social par « la puissance de la pensée », se soucieraient autant de leur renommée ou de leur fortune « que d'une pipe cassée » et mettraient durablement leur vie « en harmonie avec [leurs] opinions[199] ».

Pierre GLAUDES
Sorbonne Université

197 *Le Cousin Pons*, *CH*, t. VII, p. 497.

198 *Ibid.*, p. 622.

199 *Massimilla Doni*, *CH*, t. X, p. 580. Capraja, le noble vénitien, auquel se rapporte ce style de vie dans la nouvelle (et que Balzac affuble étrangement de certains de ses traits : il est « gros », « court » et boit beaucoup de café), n'est qu'un « Diogène passif, incapable d'expliquer sa doctrine » (p. 581). Ce « mélomane célèbre » (p. 580) vit replié dans la vie intellectuelle, tel un rêveur, et affirme néanmoins qu'il « possède le monde entier » (p. 618). Mais, comme le note Jean Starobinski, il est en même temps « amputé de vie affective », et figure paradoxalement une forme d'impuissance (*Les Enchanteresses*, Paris, Éditions du Seuil, 2005, p. 234).

LA SCIENCE QUI SAIT ET LA CROYANCE QUI DOUTE

La métaphysique balzacienne à l'épreuve du monde contemporain

Dans la préface du *Livre mystique*, Balzac formule l'interrogation suivante : « quelle forme revêtira le sentiment religieux, quelle en sera l'expression nouvelle[1] ? » Or l'auteur, qui décrit dans cette même préface un « XIXe siècle [...] travaillé par le doute » et qui affirme en outre « essay[er] une œuvre de foi dans une époque incrédule[2] », donne à lire dans l'ensemble de son œuvre une interrogation qui place la représentation de la foi au centre de ses préoccupations d'auteur.

Bien sûr, l'auteur de *La Comédie humaine* partage cette interrogation avec nombre de ses contemporains, puisque la période qui s'ouvre avec le premier XIXe siècle est marquée par une crise religieuse, par la recherche de nouvelles croyances et de nouveaux cultes, ainsi que par l'élaboration de systèmes qui traversent et brisent en bien des points la vieille croyance chrétienne. Est ainsi posée la question de la reconfiguration du sentiment religieux après la Révolution, c'est-à-dire, comme l'explique Jean-Claude Monod, la question de la translation des formes, d'un remodelage fait de déplacements, de coalescences, d'altérations adaptatives[3].

Or la réaction de Balzac n'a pas tant correspondu à un élargissement à d'autres formes de religiosité et de croyances qu'à une prise de distance vis-à-vis de l'Église catholique et de ses dogmes, distance traduite notamment par un attrait pour le swedenborgisme et pour une forme primitive et mystique du christianisme[4]. Constatant le recul du modèle religieux

---

1 Préface du *Livre mystique*, *CH*, t. XI, p. 503.

2 *Ibid.*, p. 501 et 507.

3 Voir à ce propos Jean-Claude Monod, *La Querelle de la sécularisation. Théologie politique et philosophies de l'histoire de Hegel à Blumenberg*, Paris, Vrin, 2002, rééd. 2016, p. 8.

4 Dans une lettre adressée à Mme Hanska et datée du 31 mai 1837, il écrit par exemple : « Le swedenborgisme qui n'est qu'une répétition dans le sens chrétien d'anciennes idées,

qu'il cherche cependant encore à confronter à l'histoire contemporaine, Balzac affirme en outre la nécessité de la croyance au sein d'une société révolutionnée, et il s'inscrit dans le large mouvement romantique qui consiste d'abord à proposer une théologie libérée d'un dogme jugé trop restrictif et fondée sur des concepts originaux, ensuite à associer, dans le sillage de Schleiermacher[5], la religion au sentiment, et enfin à chercher à éviter à tout prix le dualisme stérilisant de la matière et de l'esprit. Il s'inscrit là aussi dans un mouvement plus général, puisque la conception de la vérité comme une totalité apparaît comme une « donnée de la conscience romantique[6] », et le XIXe siècle a continuellement essayé d'approfondir cette pensée.

Cette interrogation sur le phénomène spirituel est donc d'ordre esthétique, philosophique et scientifique : comment, en effet, appréhender la réflexion sur la représentation du phénomène spirituel ? La foi est-elle un objet de connaissance comme un autre ? Et peut-on concevoir une science qui penserait le sentiment religieux comme un savoir susceptible d'être organisé et expliqué dans un système théorique ?

Oui, semble résolument répondre Balzac qui, dès les œuvres de jeunesse que sont le *Discours sur l'immortalité de l'âme* ou le *Traité de la prière*, s'est attaché à expliquer la nature de l'âme, les mystères de la création et de l'homme et les rapports entre le monde et Dieu par l'intermédiaire d'une synthèse unifiante afin « d'atteindre les choses les plus inconnues et de déchirer les derniers voiles de la nature[7] ». Celui qui, dans *Le Catéchisme social*, présente la révélation divine comme une « science purement humaine[8] » et affirme que « les faits scientifiques dus au progrès et à l'infatigable intelligence humaine sont aujourd'hui

---

est ma religion, avec l'augmentation que j'y fais de l'incompréhensibilité de Dieu » (*LH*, t. I, p. 386). Dans une autre lettre, datée du 12 juillet 1842, il réaffirme cette idée : « Politiquement, je suis de la religion catholique, je suis du côté de Bossuet et de Bonald, et ne dévierai jamais. Devant Dieu, je suis de la religion de saint Jean, de l'Église mystique, la seule qui ait conservé la vraie doctrine. Ceci est le fond de mon cœur » (*ibid.*, p. 589).

5 Dans son *Discours sur la religion*, publié en 1799, Schleiermacher répond aux « contempteurs » de la religion et fait passer le dogme au second plan par rapport au sentiment religieux personnel.

6 Georges Gusdorf, *Les Sciences humaines et la pensée occidentale*, Paris, Payot, t. IX : *Fondements du savoir romantique*, 1982, p. 408.

7 *Discours sur l'immortalité de l'âme*, *OD*, t. I, p. 553.

8 *Le Catéchisme social*, Paris, La Renaissance du livre, 1933, p. 132.

d'accord avec ce sentiment[9] », postule la matérialité de l'âme, définit un « système de la prière » et se propose de « fondre les croyances religieuses dans une seule[10] ».

Le premier enjeu consiste ainsi à déterminer l'ensemble des relations entre la matière, la pensée et le mouvement, et donc de « concilier les inconciliables[11] ». La « science nouvelle[12] » que Balzac appelle de ses vœux pour proposer une vision unitaire du monde se caractérise ainsi avant tout par l'alliance de la science, de la philosophie et de la religion. Il s'agit de trouver une formulation synthétique des mystères de la nature humaine et d'expliquer l'ensemble des phénomènes à partir de l'unité organique de la substance et la mutation spirituelle de l'être intérieur. Cette démarche se présente ainsi explicitement comme une méthode de type scientifique : Balzac construit une pensée fondée sur une perspective moniste et syncrétiste qui refuse tout dualisme séparateur et cherche, dans un même mouvement, à lier les systèmes opposés, le rationnel et l'irrationnel, l'extérieur et l'intérieur, le physique et le métaphysique, le matérialisme et le spirituel, sans donner la prévalence à l'une ou l'autre de ces catégories.

Cependant, cette volonté de penser la croyance dans un cadre scientifique et de la transformer en un savoir théorique susceptible d'une description systématique se heurte à la question de sa représentation. La pensée théorique balzacienne se trouve en effet intégrée à un univers romanesque et fictionnel fondé sur un double projet descriptif et explicatif et caractérisé par un réalisme de la *mimésis* socio-historique qui s'attache à représenter une société en proie au doute et à un défaut généralisé du sens. Dès lors, vouloir intégrer le sentiment religieux dans le dispositif de représentation général de *La Comédie humaine* revient à interroger la place de la foi dans l'histoire contemporaine. Le sentiment religieux doit en effet être socialisé, contextualisé par le contemporain, et il s'agit pour ce faire de procéder à un travail d'adaptation qui permette à la fois de prendre en charge la représentation de la spiritualité et d'interroger le doute profond qui traverse la société française, celle-là même que l'auteur a l'ambition de décrire.

9 *Ibid.*, p. 131. Le sentiment dont il s'agit ici est le sentiment religieux, présenté dans *Le Catéchisme social* comme un sentiment inné.

10 *Traité de la prière*, *OD*, t. I, respectivement p. 607 et 603.

11 *Discours sur l'immortalité de l'âme*, *OD*, t. I, p. 559.

12 Madeleine Ambrière, *Balzac et « La Recherche de l'absolu »*, Paris, Presses universitaires de France, 1999, p. 280.

On se propose donc d'examiner la manière dont Balzac invente et développe une théorie de type scientifique qui transforme le sentiment religieux en un savoir analysable, et comment il la confronte par la fiction, et dans une dynamique commune, à la fois à une pensée du présent incluse dans un cadre matérialiste et historique qui lui est *a priori* antagoniste et à un dispositif romanesque général qui semble précisément refuser toute perspective unifiante. Socialisée et contextualisée par le contemporain, la pensée métaphysique n'apparaît alors plus tant comme une science qui sait que comme une croyance qui doute, c'est-à-dire comme un objet problématique qui ne peut plus aller de soi et dont la représentation romanesque remet en cause le statut de savoir possible en proposant des solutions poétiques et des catégories esthétiques nouvelles.

Pour commencer, intéressons-nous à la théologie personnelle inventée et développée par Balzac. Si l'on cherche à comprendre les réflexions théoriques sur la métaphysique et la spiritualité qu'il développe, c'est d'abord vers certains écrits de jeunesse qu'il faut se tourner. Le jeune écrivain qu'il est entre 1818 et 1826 se confronte en effet à tous les grands problèmes théoriques et pratiques que rencontre en son temps la réflexion philosophique, et des textes comme le *Discours sur l'immortalité de l'âme*[13], vraisemblablement commencé en 1818, ou l'ébauche inachevée du *Traité de la prière*, entamée en 1823, nous renseignent sur les postulats qui sont les siens.

Dans son *Discours sur l'immortalité de l'âme*, dans lequel la science tient une place essentielle, Balzac s'intéresse principalement à la nature de l'âme, à la conception de Dieu et à l'unité de la matière et de la pensée. Ce discours donne ainsi à lire deux propositions fondamentales pour l'œuvre balzacienne. Il pose d'abord, à l'instar de la philosophie matérialiste du XVIIIe siècle, une substance primordiale dont le dynamisme propre commande le déroulement de tous les phénomènes. Les sciences naturelles conçues au temps des Lumières, et dont il se déclare l'héritier, lui permettent en effet de dire la vérité du monde et d'éclairer ce que Françoise Gaillard appelle sa « doctrine de l'existant[14] », en détaillant les lois de ce devenir issu d'un principe unique. Balzac proclame

13 Discours vraisemblablement commencé en 1818. À ce propos, voir Athanase Voussaris, « Du *Discours de l'immortalité de l'âme* de Balzac », *L'Année balzacienne*, n° 14, 1993, p. 91-126.

14 Françoise Gaillard, « La science : modèle ou vérité », dans *Balzac. L'invention du roman*, colloque de Cerisy, direction Claude Duchet, Jacques Neefs, Paris, Belfond, 1982, p. 70.

l'unité matérielle de l'humain ; la matière et l'esprit, qui n'ont rien d'immatériel, ne sont qu'une seule et même chose, plus précisément une seule et même substance revêtant deux natures différentes sans que cette différence de nature implique une différence d'essence. Balzac décrit ainsi en différents endroits une substance matérielle pensante caractérisée par un mouvement qui se reproduit et se démultiplie de manière autonome[15].

Deuxième proposition fondamentale : le sentiment apparaît comme la notion la plus importante dans la définition de la foi ; l'idée de Dieu tire son origine des sensations ressenties par les hommes, et comprendre Dieu revient alors d'abord à sentir Dieu. En outre, le sentiment sur lequel se fonde la foi est bien identifié, puisqu'il s'agit du sentiment de l'infini, ainsi que l'explique Balzac dans une lettre datée du début du mois d'avril 1836 et adressée à la mystérieuse Louise[16]. C'est une idée importante que l'on retrouve dans les trois articles écrits pour le *Feuilleton littéraire* en 1824 que Balzac consacre au livre *De la religion* de Benjamin Constant. Il y développe en effet de nombreuses objections contre les idées de ce dernier, qui distingue le sentiment religieux des formes religieuses.

Or pour Balzac, les sentiments naturels existent dans une proportion bien minime à l'état primitif de l'homme ; contrairement à ce que croient Rousseau et Constant, le sentiment religieux n'est pas universel parce qu'il n'est pas dans la nature ; il se développe dans l'état social où il est favorisé par l'organisation d'un culte. Il n'est donc pas naturel de croire en Dieu, car on ne saurait porter foi et amour à ce qu'on ne connaît pas. Balzac le dit très explicitement :

> Concevrait-on jamais un sentiment sans objet ? Or quel est l'objet du sentiment religieux ? C'est Dieu, et Dieu représenté : autrement l'exercice du sentiment religieux ne serait plus que des rêveries romantiques à certaines heures[17].

15 « Rien ne s'oppose à ce que nous croyions que toutes les substances possibles ne soient que des modifications d'une même matière » (*Discours sur l'immortalité de l'âme*, *OD*, t. I, p. 543) ; le principe vital est le même partout (*ibid.*, p. 544).

16 « Vous m'avez dit "aimez-moi comme on aime Dieu". Mais avez-vous bien pensé à ce que vous disiez là ? Il n'y a que ceux qui voient Dieu qui l'aiment. Tout *Séraphîta* est là. Mais d'ailleurs, sur quoi se fondent les croyances religieuses ? Sur le sentiment de l'infini qui est en nous, qui nous prouve une autre nature, qui nous mène par une déduction sévère à la religion, à l'espoir » (*Corr.*, t. II, p. 42).

17 *Ibid.*, p. 101.

On ne peut donc pas parler de *sentiment religieux* indépendamment d'un objet qui suppose une représentation ; plus encore, il n'y aurait pas d'idée de Dieu sans représentation de Dieu. Dieu serait alors représentable : l'affirmation est forte, et la théologie balzacienne ne semble ainsi pas aller sans une théorie de la représentation. En outre, sans le culte, le sentiment religieux s'édulcorerait : il ne peut donc pas exister sans la société.

Le postulat balzacien, qui affirme la matérialité de l'âme et développe une conception unitaire et énergique de l'être, peut donc être résumé ainsi : la substance, analogue à l'électricité, est unique ; ce sont dès lors les « transformations de la matière[18] » et les « combinaisons de deux substances[19] » qui déterminent l'ensemble des principes et des causes à l'œuvre dans l'univers. Cette démarche qui se présente explicitement comme une méthode de type scientifique est en outre corrélée à l'invention d'un nouveau langage. C'est une ambition importante qui se trouve traduite dès le *Discours sur l'immortalité de l'âme* :

> Quel serait le moyen de substituer aux mots de la Métaphysique un langage de signes conventionnels et faciles qui puissent, comme dans les sciences exactes, empêcher les erreurs de s'y glisser et qui pourraient en le faisant marcher de propositions démontrées en propositions à résoudre, de vérités en vérités, lui donner l'espérance d'atteindre les choses les plus inconnues et de déchirer les derniers voiles de la nature[20] ?

Il s'agit donc bien d'inventer un système imité des sciences exactes et fondé avant tout sur un langage permettant de décrire les principes premiers, c'est-à-dire les motifs transcendantaux qui régissent les causes produisant les effets. On lit ainsi dans la préface du *Livre mystique* un véritable réquisitoire contre l'obscurité de la langue d'auteurs comme Mme Guyon, Swedenborg ou Jacob Boehm, dont on peut lire mille pages « sans y rien saisir[21] ». Leur phraséologie « si bizarre » est en effet présentée comme trop difficile à comprendre en France où « l'obscurité [est un] défaut mortel » : elle est une « barrière épineuse » qui « jusqu'à présent a fait du Mysticisme un pays inabordable » et qui se présente comme une « mer de phrases furieuses », n'apparaissant plus alors que comme un « système

---

18 *Sur Catherine de Médicis*, *CH*, t. XI, p. 430.

19 *Séraphita*, *CH*, t. XI, p. 761.

20 *Discours sur l'immortalité de l'âme*, *OD*, t. I, p. 553.

21 Préface du *Livre mystique*, *CH*, t. XI, p. 503.

enseveli dans les ténèbres » et une « incompréhensible doctrine[22] ». L'auteur de *Séraphîta* affirme donc vouloir « donner un corps » à celle-ci en s'en emparant afin de la « mettre à la portée de l'étourderie française[23] ».

Pour ce faire, il s'agit à la fois de transposer les démonstrations spirituelles « dans la langue si positive de notre pays, obligé de courir droit, comme un wagon sur le rail de son chemin de fer » et de les rendre « attrayantes comme un roman moderne[24] ». L'enjeu est donc double, puisque Balzac se propose d'une part de rendre accessible aux lecteurs ses réflexions mystiques, c'est-à-dire de donner à lire « l'expression nette de la pensée religieuse[25] » à travers le choix d'une langue claire et précise, et d'autre part de les transposer dans le cadre qui lui semble le plus approprié, à savoir la fiction romanesque.

Car les livres mystiques ne sont pas seulement obscurs, ils sont en outre « écrits sans méthode, sans éloquence » : il s'agit alors pour Balzac de leur conférer « la forme, la poésie » qui leur manque et d'« incarn[er] le Verbe », de « poétis[er] une doctrine[26] » à travers des personnages particuliers, un décor, une intrigue, c'est-à-dire, en somme, d'unir « l'attrait du romanesque à une rigueur brutale, méticuleuse et mathématique[27] ». La « nouvelle forme à la fois religieuse et poétique[28] » que Balzac se propose d'inventer doit donc se fonder sur l'utilisation d'un langage compréhensible et abordable : ainsi que l'affirme Séraphîta, « la Croyance [...] est également une langue[29] », et il s'agit autant de développer une théologie personnelle cohérente en l'explorant « sous une forme condensée et systématique[30] » que de la mettre en scène par l'intermédiaire d'un lexique approprié.

---

22 *Ibid.*, p. 503 et 506-507. C'est d'ailleurs le même reproche que fait Louis Lambert à ces livres « obscurs » (*Louis Lambert*, *CH*, t. XI, p. 654) et à une doctrine qui a « les séductions du mystère » mais est « enveloppée dans les langes de la phraséologie particulière aux mystographes : diction obscure, pleine d'abstractions » (*ibid.*, p. 618).

23 Préface du *Livre mystique*, *CH*, t. XI, p. 506.

24 *Ibid.*, p. 506-507.

25 *Ibid.*, p. 501.

26 *Ibid.*, p. 505-507.

27 Michel Nathan, « Les narrateurs du *Livre mystique* », *L'Année balzacienne*, n° 17, 1976, p. 163-184, ici p. 165.

28 Saori Osuga, *« Séraphîta » et la Bible. Sources scripturaires du mysticisme balzacien*, Paris, Honoré Champion, 2012, p. 197.

29 *Séraphîta*, *CH*, t. XI, p. 815.

30 Per Nykrog, *La Pensée de Balzac dans « La Comédie humaine ». Esquisse de quelques concepts-clé*, Copenhague, Munksgaard, 1965, p. 33.

On peut alors distinguer deux grandes tendances dans l'utilisation balzacienne du lexique religieux : d'une part, dans sa volonté générale de simplification et de clarification, l'auteur a recours à un vocabulaire spirituel commun voire banal ; il propose d'autre part une réflexion autour de notions singulières par l'intermédiaire desquelles il invente tout un système mystique personnel et novateur.

Balzac cherche en effet d'abord à construire sa théorie religieuse à partir d'un répertoire lexical chrétien qui reconduit des concepts de la théologie catholique rassurants voire cliché. La représentation romanesque qu'il propose dans *La Comédie humaine* s'appuie ainsi en premier lieu sur un vocabulaire hérité d'une tradition multiséculaire et qui fait appel à ce que Jean-Louis Tritter nomme un « vocabulaire minimum commun[31] ». Exprimant ses conceptions religieuses à l'aide d'un bagage linguistique que Tritter qualifie d'« assez simple au fond[32] », Balzac puise dans tout un répertoire lexical chrétien en reconduisant des dénominations traditionnelles liées à des concepts par la théologie catholique, comme les termes *Dieu*, *Providence* ou *prière*.

Mais à côté de cette tendance conservatrice, qui se traduit par une promotion des dénominations traditionnelles et d'un vocabulaire convenu, Balzac cherche également à développer une théologie personnelle qui se fonde sur des concepts plus originaux et sur un vocabulaire métaphysique spécifique. Passionné par « les hautes spéculations de l'illuminisme mystique[33] » et désireux de s'inscrire dans la lignée de « la grande secte des Extatiques, celle des Illuminés[34] », car considérant que cette doctrine d'ordre à la fois religieux et philosophique « donne la clef des mondes divins[35] », Balzac se déclare ainsi le disciple de Swedenborg, à qui il emprunte « un vocabulaire et des images[36] » et dont il retient quelques idées fortes, comme la division en monde naturel, monde spirituel et monde céleste ou encore la théorie des correspondances qui lient ces mondes entre eux. Par exemple, postulant un être intérieur

31 Jean-Louis Tritter, *Le Langage philosophique dans les œuvres de Balzac*, Paris, Nizet, 1976, p. 87.

32 *Ibid.*

33 *Le Lys dans la vallée*, *CH*, t. IX, p. 1010.

34 *Les Proscrits*, *CH*, t. XI, p. 538.

35 *Le Lys dans la vallée*, *CH*, t. IX, p. 1010.

36 Régis Boyer, « Balzac et l'illuminisme notamment swedenborgien », *L'Année balzacienne*, n° 20, 1999, p. 61-74, ici p. 68.

correspondant à une nature spiritualisée en chaque individu, Balzac se fonde sur la théorie swedenborgienne des anges qu'il interprète dans un sens unitaire : l'homme transite de sphère en sphère, du monde naturel au monde spirituel et au monde divin, par des métamorphoses de son être intérieur, et ainsi sont reliés l'humain et le divin, le terrestre et le céleste, le visible et l'invisible, la matière et l'esprit.

« La spiritualité se traduit » ainsi « dans le roman balzacien par de multiples schémas ou symboles[37] », et la pensée de l'auteur s'appuie sur une division de l'humanité en différentes *sphères* autonomes. Les sphères sont en effet des notions abstraites caractérisées par divers degrés de spiritualité et correspondant chacune à une étape de perfection morale et intellectuelle. Dans *Les Proscrits*, une nouvelle qui « semble destinée à développer une théorie de l'expression, corollaire de la théorie balzacienne de la connaissance[38] », Sigier, décrivant un sentiment religieux susceptible de connaître des variations, invite par exemple ses auditeurs à « parvenir par la foi d'une sphère à une autre[39] » : l'être intérieur de chaque individu est donc appelé à traverser les sphères, et la purification spirituelle de l'âme se développe en plusieurs étapes qui correspondent à l'organisation des mondes. Dans *Séraphîta*, le pasteur Becker explique ainsi qu'il existe des sphères réparties en trois mondes, « le Naturel, le Spirituel et le Divin[40] », mondes dans lesquels transite l'âme : l'univers physique est identifié à la création finie et l'univers céleste à l'infini.

Cette cosmologie est décrite en détail dans *Séraphîta*, qui prend la forme d'un mythe exemplifiant l'ensemble du système spirituel balzacien et transcrivant en langage romanesque une spéculation métaphysique. On retrouve cette cosmologie dans *Louis Lambert*, qui propose de nommer précisément ces différentes sphères de l'esprit. La doctrine du jeune homme se résume ainsi : « le monde des idées se divise en trois sphères : celle de l'Instinct, celle des Abstractions, celle de la Spécialité[41]. » Ces sphères caractérisent les êtres qui les habitent : à l'instinctivité appartient ainsi « la plus grande partie de l'Humanité visible, la partie la plus faible[42] ». Le « second degré de l'intelligence humaine » correspond à l'Abstraction,

37 Henri Gauthier, *L'Image de l'homme intérieur chez Balzac*, Genève, Droz, 1984, p. 48.
38 Per Nykrog, *La Pensée de Balzac dans « La Comédie humaine »*, *op. cit.*, p. 31.
39 *Les Proscrits*, *CH*, t. XI, p. 540.
40 *Séraphîta*, *CH*, t. XI, p. 804.
41 *Louis Lambert*, t. XI, p. 687.
42 *Ibid.*

associée en fait à la sphère la plus commune : « À l'Abstraction commence la Société [...]. De l'Abstraction naissent les lois, les arts, les intérêts, les idées sociales [...]. L'homme juge tout par ses abstractions, le bien, le mal, la vertu, le crime[43]. » L'Abstraction correspond donc à la base de la vie en société, elle est le domaine de l'intelligence qui, par les modes de la connaissance rationnelle, « tire des faits leurs causes et leurs principes[44] ». Enfin, la Spécialité fait intervenir un mode de connaissance supérieure, elle consiste en une vision totale des mondes spirituel et matériel.

Comme on voit, Balzac pense donc d'abord la foi comme un savoir susceptible d'être organisé et expliqué dans un système théorique comparable à celui des sciences exactes. En développant une doctrine fondée sur l'unité de composition organique et en proposant un système unitaire qui cherche à éviter le dualisme stérilisant de la matière et de l'esprit, il fait bien preuve de ce qu'Henri Gauthier qualifie d'« étonnante faculté de syncrétisme et d'alliance des contraires[45] ».

Cependant, cette volonté d'annexer la croyance dans un cadre scientifique et de la transformer en un savoir théorique susceptible d'une description systématique par l'intermédiaire d'un langage spécifique et spécialisé se heurte à la question de sa représentation, notamment au-delà du *Livre mystique* et des *Études philosophiques*. La réflexion métaphysique balzacienne est en effet indissociable du projet général engagé dans *La Comédie humaine* : tout l'enjeu consiste alors à intégrer la pensée métaphysique dans un univers romanesque et fictionnel fondé sur un double projet descriptif et explicatif et caractérisé par un réalisme de la *mimésis* socio-historique qui s'attache à représenter une société en proie au doute et à un défaut généralisé du sens.

En effet, *La Comédie humaine* décrit un monde moderne devenu illisible, et elle se présente comme une entreprise de description d'un univers caractérisé désormais par un désordre essentiel : le contemporain ne va plus de soi, et il s'agit d'en analyser l'opacité nouvelle. Or si le sens semble s'être absenté, c'est d'abord et avant tout parce que la place de Dieu est remise en cause. Est ainsi fondé un nouveau régime de vérité, un régime de signification immanent traduit par une représentation réaliste, sociale et historienne relevant d'une conception matérialiste.

43 *Ibid.*
44 Henri Gauthier, *L'Image de l'homme intérieur chez Balzac*, *op. cit.*, p. 79.
45 *Ibid.*, p. 115.

Dès lors, le phénomène religieux et sa représentation posent problème : quelle place en effet accorder au spirituel ? Comment l'intégrer dans un univers post-révolutionné qui travaille à se passer de Dieu et, plus largement, comment penser la transcendance ?

Si *Les Proscrits*, *Louis Lambert* et *Séraphîta* fonctionnent comme des disponibilités esthétiques aptes à traduire les inspirations spirituelles de Balzac et son système mystique théorique, toute autre apparaît alors la représentation d'un sentiment religieux engagé dans la société et confronté à l'histoire contemporaine. Socialisée et contextualisée par le contemporain, la pensée métaphysique n'apparaît alors plus tant comme une science qui sait que comme une croyance qui doute, c'est-à-dire comme un objet problématique qui ne peut plus aller de soi. Il est ainsi remarquable de constater que l'ensemble de la phraséologie métaphysique déployée dans *Le Livre mystique* ne se retrouve plus en dehors des *Études philosophiques*. Il n'est par exemple plus jamais question dans les *Études de mœurs* du *spécialisme*[46], des *spécialistes*[47] ou du don de *spécialité*[48], et le terme de *sphères* n'est plus usité que pour désigner l'horizon intellectuel et mental délimitant l'univers d'un individu[49].

Plus encore, la notion d'instinctivité, illustrée notamment dans *Jésus-Christ en Flandre*, disparaît totalement au profit d'une expression qui revient à plusieurs reprises dans *La Comédie humaine* : la *foi du charbonnier*. Enfin, l'expression *sentiment religieux*, que l'on ne trouve jamais dans *Le Livre mystique* et même dans l'ensemble des *Études philosophiques*, apparaît à vingt-sept reprises dans le reste de *La Comédie humaine*. C'est que cette expression ne sert pas tant à déployer une pensée mystique de la spiritualité qu'à engendrer une réflexion générale sur le rôle de la religion et de ses acteurs dans la société : elle implique une conception de la spiritualité mise en jeu dans et par le monde contemporain, une conception qui est aussi, et fondamentalement, un principe de représentation et du récit.

---

46 Terme qui n'apparaît qu'à trois reprises dans *Louis Lambert*.

47 L'expression n'est en effet utilisée que dans *Louis Lambert*, et à quatre reprises.

48 Expression employée deux fois dans *Séraphîta* et à sept reprises dans *Louis Lambert*.

49 Il s'applique par exemple aux émotions des personnages ou à la réalité sociologique. Lucien cherche ainsi à se trouver dans une « sphère d'affections vraies » (*CH*, t. V, p. 292) ; les premières pages de *La Fille aux yeux d'or* développent un tableau des diverses « sphères parisiennes » (*CH*, t. V, p. 1044) et *Splendeurs et misères des courtisanes* raconte comment « des hommes aussi forts que l'étaient, chacun dans leur sphère, Jacques Collin, Peyrade et Corentin arrivèrent à se trouver aux prises sur le même terrain » (*CH*, t. VI, p. 547).

La représentation romanesque du phénomène spirituel remet ainsi en cause son statut de savoir possible : il s'agit désormais de développer des solutions poétiques et des catégories esthétiques nouvelles qui proposent précisément une réflexion sur la forme que revêtiront le sentiment religieux et son « expression nouvelle » que Balzac appelle de ses vœux dans la préface du *Livre mystique*. Nous proposerons ici quelques exemples de ces solutions poétiques nouvelles.

Intéressons-nous d'abord à *Ursule Mirouët* et à *La Recherche de l'absolu*, deux romans dans lesquels la pensée de la transcendance est à chaque fois, bien que selon des procédés très différents, prise en charge par un système d'ordre scientifique. *Ursule Mirouët* propose ainsi de réconcilier la science et la religion en mettant en scène la conversion religieuse d'un docteur matérialiste par l'intermédiaire du magnétisme, quand *La Recherche de l'absolu* se donne à lire comme le roman de la science pour mieux interroger les modalités de représentation du phénomène spirituel et ses conditions de viabilité au sein de la modernité. Les deux récits fonctionnent alors comme autant de tentatives pour transformer radicalement la nature de la foi en la transposant sur le plan scientifique en même temps qu'ils proposent une réflexion originale sur la représentation du sentiment religieux.

Dans *Ursule Mirouët*, en effet, l'événement central, la conversion du docteur Minoret, s'effectue par le biais du magnétisme, mais un magnétisme constamment mis au service de la spiritualité : on assiste ainsi à la mise en place d'une forme de scientifisation de la foi, à la représentation d'une transcendance scientifique. C'est bien le magnétisme qui « conditionne toute l'évolution religieuse[50] » de Minoret : il explique ensemble le monde et l'homme, et permet de concilier la science et la religion. Tout le roman s'organise ainsi autour d'une conversion raisonnée qui paraît s'opérer par les voies du matérialisme : c'est bien parce qu'il est convaincu de la puissance du magnétisme et de la clairvoyance que le somnambulisme fait acquérir que le médecin devient croyant. En outre, le magnétisme est toujours tiré du côté du spiritualisme chrétien, à la fois par l'intermédiaire des discours de l'abbé Chaperon et par ceux du narrateur lui-même. L'ensemble du texte peut alors se lire comme une entreprise de légitimation religieuse du magnétisme, et le sentiment

50 Madeleine Ambrière, « Introduction » à *Ursule Mirouët*, *CH*, t. III, p. 763.

religieux est pris en charge par la science : « ceci n'ouvrirait-il pas les yeux à un athée en lui démontrant ta Providence[51] ? » s'écrie d'ailleurs le juge Bongrand à la fin du récit, dans une phrase qui semble résumer à elle seule les intentions de l'auteur.

Ursule Mirouët donne ainsi à lire l'histoire d'une « aventure scientifique – le magnétisme – qui cautionne de son autorité ce que l'Église appelle miracle » : le désir de penser rationnellement l'irrationnel prend la forme d'une « quête de filiation spirituelle[52] », mais derrière Dieu, il y a la science. Et si, dans le roman, « l'image de la conversion religieuse sert de modèle et de point de départ à la réflexion[53] », c'est bien la science qui compte : le magnétisme explique toutes les anomalies de la perception du temps et de l'espace, et le récit accumule les preuves physiques de l'existence de Dieu. À la question de savoir comment, désormais, croire, *Ursule Mirouët* répond ainsi par la tentative de déplacer la transcendance sur le plan de la science et par la possibilité de prouver Dieu par le magnétisme.

Mais la représentation du sentiment religieux dans *La Recherche de l'absolu* franchit en quelque sorte une étape supplémentaire par rapport à *Ursule Mirouët* : la transcendance devient cette fois résolument et exclusivement scientifique, et tout semble prouver que dans la société contemporaine, la quête spirituelle ne peut plus être de nature divine ou religieuse, mais doit se transformer pour continuer à exister et à être viable. En effet, la transcendance, dans ce roman de la foi expérimentale, se trouve déplacée sur un autre plan, le plan scientifique : l'absolu ne renvoie plus au Dieu des religions, mais il devient un élément scientifique décomposable qui fait l'objet d'expériences savantes. La pensée de l'infini est contrebalancée par une recherche d'ordre scientifique, la foi est comme remplacée par la science, et ce qui était pensable comme transcendance métaphysique relève désormais du scientifique. Balthazar ne nie pas Dieu, mais il cherche une définition nouvelle, contemporaine, de la transcendance : une transcendance scientifique. Apparaît ainsi une nouvelle manière de penser l'absolu en dehors du seul paradigme religieux, un paradigme qui « aurait montré ses limites

51 *Ursule Mirouët*, *CH*, t. III, p. 980.

52 Nicole Mozet, *Balzac et le temps. Littérature, histoire et psychanalyse*, Saint-Cyr-sur-Loire, Christian Pirot, 2005, p. 103.

53 *Ibid.*, p. 104.

métaphysiques[54] » : l'absolu devient une forme de sublime sans Dieu, de transcendance areligieuse et contemporaine, la seule transcendance à laquelle il soit possible désormais de croire.

En outre, on peut lire ce roman qui raconte l'échec de Balthazar Claës sur le plan allégorique : le personnage du chimiste, dont la quête scientifique est d'ailleurs constamment traduite par le vocabulaire de la foi, symboliserait en effet le sentiment religieux lui-même, la spiritualité, mais une spiritualité d'un nouveau genre, une spiritualité scientifisée, scientifique, dont l'ambiguïté est évidemment peu tolérable d'un point de vue orthodoxe. L'échec du savant, constamment opposé au réel, au matériel qu'incarne sa fille Marguerite, semble alors devoir traduire sur le plan allégorique l'impossibilité de la croyance, l'impossibilité même de tout sentiment religieux dans le monde contemporain. « Récit métaphysique d'un échec exemplaire[55] », *La Recherche de l'absolu* apparaîtrait alors comme le roman de la foi impossible, puisque la quête scientifique est la forme nouvelle qu'a prise la quête spirituelle, et qu'elle n'aboutit qu'à une défaite.

Ce que représente l'aventure de Claës, c'est ainsi l'échec de toute tentative pour rendre viable, pour continuer à faire exister la croyance, même nouvelle, même renouvelée, même scientifique, dans le monde contemporain : tel est le roman de la science qui est aussi celui de la foi, énoncé par le récit de la vie d'un savant se heurtant « à l'indispensable prosaïsme de son époque et de son cadre (le récit[56]) ». Parce que la foi ne peut plus être intégrée à la société contemporaine, le chercheur-croyant se heurte à l'incrédulité de son temps. C'est ainsi que Claës est repoussé par la société, exclu et expulsé par les douaisiens accusé de chercher la pierre philosophale ; il est affublé de surnoms, taxé de folie[57] et même humilié par des enfants[58]. Or que reproche-t-on avant tout à Claës ? Son

54 Marien Balastre, *Chercheurs et recherche d'absolu dans l'œuvre de Balzac*, thèse de doctorat, Université Paris 7, 2013, p. 115.

55 Anne-Marie Baron, *Balzac occulte. Alchimie, magnétisme, sociétés secrètes*, Lausanne, L'Âge d'homme, 2012, p. 116.

56 Éric Bordas, « Introduction » à *La Recherche de l'absolu*, Paris, Librairie générale française, « Le Livre de poche », 1999, p. 32.

57 « La peur de voir trouver par un autre la réduction des métaux et le principe constituant de l'électricité [...], augmenta ce que les habitants de Douai appelaient une folie » (*La Recherche de l'absolu*, *CH*, t. X, p. 770).

58 « À la chienlit ! crièrent les enfants. Vous êtes des sorciers – Oui, sorciers, vieux sorciers ! sorciers, na ! [...] À bas les sorciers ! » (*Ibid.*, p. 832).

anachronisme, sa tentative pour continuer à faire exister la spiritualité au sein d'une histoire contemporaine qui refuse toute forme de croyance qui ne soit pas positive :

> Pour toute la société, Balthazar était un homme à interdire, un mauvais père, qui avait mangé six fortunes, des millions, et qui cherchait la pierre philosophale, au Dix-Neuvième siècle, ce siècle éclairé, ce siècle incrédule, ce siècle, etc. on le calomniait en le flétrissant du nom d'alchimiste, en lui jetant au nez ce mot : il veut faire de l'or[59].

Si on lui reproche de ne pas avoir protégé sa famille, d'avoir été un mauvais père, le principal problème est bien celui de la temporalité : l'insistance sur le temps présent, sur la nature du XIXe siècle, défini uniquement par l'impossibilité de la croyance, par son athéisme et son positivisme, met bien en valeur l'incompréhension fondamentale à laquelle se heurte le savant. Désormais, avoir la foi, croire, fût-ce en une transcendance, même transformée, même scientifique, équivaut à rechercher la pierre philosophale, c'est-à-dire à une aberration dépassée. La transformation que fait subir la rumeur publique aux recherches de Balthazar, l'accusant d'alchimie, de sorcellerie, traduit bien la déréliction dans laquelle est condamnée à tomber désormais toute tentative religieuse. L'opposition entre Claës et la société renvoie ainsi à l'opposition entre la croyance, la foi d'une part, et le monde contemporain de l'autre, et l'échec de Balthazar allégorise clairement l'impossibilité du sentiment religieux et le problème que pose sa représentation littéraire au sein d'une société incrédule. *La Recherche de l'absolu* apparaîtrait ainsi comme un laboratoire, mais un laboratoire esthétique qui dit la tentative littéraire pour transformer et représenter la foi au sein d'une société en crise. La question posée est bien celle de la représentation d'un objet problématique et qui ne peut plus aller de soi.

Comment, dès lors, représenter la foi, traduire l'incertitude métaphysique d'un monde instable et composer avec un réel marqué par la généralisation du doute ? La solution proposée et adoptée par Balzac dans *La Comédie humaine* nous semble être ce mode critique permettant de figurer le réel tout en le problématisant que nous proposons d'appeler *ironisation*.

---

59 *Ibid.*, p. 830.

L'ironisation n'est pas une description, mais bien une pensée active, une construction narrative qui joue de la réversibilité des significations, de la coexistence des contraires et de la déstabilisation permanente du lecteur pour créer une indécidabilité axiologique. Fondée sur un principe d'inversion et de réversibilité, l'ironisation assume ainsi la solitude radicale dans laquelle elle laisse le lecteur en construisant une profonde hésitation entre des interprétations contradictoires, et elle crée ce faisant une représentation axiologiquement instable apte à embrasser l'ensemble d'un réel lui-même oxymorique. De ce principe qui fonde la représentation du sentiment religieux, nous donnerons deux exemples.

L'Élixir de longue vie, d'abord, constitue un exemple intéressant de cette mise en scène de la fusion des contraires qui procède de l'ironisation. Rappelons rapidement l'intrigue : au moment de mourir, le vieux Bartholoméo révèle à son fils Don Juan le secret d'un élixir de longue vie qu'il a découvert, et lui demande de le ressusciter. Après avoir constaté en l'essayant sur l'œil du cadavre que l'élixir fonctionne, Don Juan en garde le secret et se jette avec frénésie dans la conquête du monde et de ses plaisirs. De nombreuses années plus tard, devenu vieux à son tour et à l'article de la mort, il prie son fils Philippe de frotter avec le précieux onguent le bras de son corps sans vie : effrayé par l'étreinte du bras ressuscité, Philippe laisse tomber la fiole qui se brise, et Don Juan est canonisé par l'Église qui crie au miracle.

La nouvelle s'apparente d'abord à un « roman de l'incroyance », un roman qui met en scène un personnage type qui « va beaucoup plus loin que ses prédécesseurs dans le refus de Dieu[60] ». Conscient, lucide, fidèle à lui-même jusqu'au bout, Don Juan est un « athée parfait[61] » qui se distingue dès les premières pages par sa propension au blasphème. Le parcours de Don Juan peut ainsi se résumer tout entier à partir d'une opposition entre Satan et Dieu, opposition qui scande son existence et qu'il creuse sans cesse, jusqu'à voir dans sa propre mort et le coup de théâtre final des preuves de l'inexistence de Dieu. Au terme de son enquête sur le monde, Don Juan en conclut donc à la victoire de Satan, car si cette « froide plaisanterie » que constitue la vie ne « vient

60 Bernard Guyon, « Le *Don Juan* de Balzac », *L'Année balzacienne*, n° 18, 1977, p. 9-28, ici respectivement p. 22 et 21.

61 *Ibid.*

pas d'un Dieu[62] », c'est donc qu'elle vient du diable : la croyance se polarise autour d'une pensée binaire qui oppose très distinctement deux éléments inconciliables.

Or la narration invite aussi à une tout autre interprétation. Car en refusant de ressusciter son père et en écrasant son œil au terme d'une « lutte » qui est comparée à celle de Jacob et de l'ange, Don Juan se rend coupable d'un véritable « parricide », ainsi que le lui rappelle la « paupière intelligente[63] » de don Bartholoméo. Ce dernier, qui meurt en comprenant la trahison de son fils, en appelle au châtiment divin : « c'était un père se levant avec rage de son sépulcre pour demander vengeance à Dieu[64]. » Le retournement final, qui met en valeur l'ironie dont est victime Don Juan, apparaît alors à la fois comme un acte de « sorcellerie » et comme le résultat de la vengeance divine, vengeance symbolisée par « l'œil flamboyant[65] » que Don Juan n'ose pas regarder lorsqu'il l'écrase. Le texte, qui s'organise autour de l'opposition sans cesse renouvelée entre Dieu et le diable, procède ainsi à la fusion des opposés en renversant la perspective : la fausse résurrection de Don Juan est tout autant la preuve de la victoire de Satan que celle du châtiment divin qui s'abat sur lui.

La narration, en fusionnant les contraires, en réconciliant les inconciliables, en procédant à un retournement qui fait apparaître Dieu sous le masque du diable et le diable sous celui de Dieu, fait ainsi le procès de la pensée manichéenne, d'une pensée qui se fonde sur des catégories figées et opposées. L'ironie qui fonctionne par antiphrase et qui implique un jugement d'ordre aléthique, cette ironie binaire que représente dans le conte le personnage de Don Juan s'en trouve alors à son tour ironisée. D'ailleurs, au moment où Don Juan décide de crever la paupière vivante de Bartholoméo, l'œil de son père, cet œil qui est à la fois le symbole de la sorcellerie du diable et celui de la puissance de Dieu, lui répond « par un clignotement d'une étonnante ironie[66] ». À l'ironie d'un personnage trop enclin à assigner des identités fixes répond une ironie supérieure qui permet moins de distinguer le vrai du faux que d'exprimer la complexité du réel.

62 *L'Élixir de longue vie*, *CH*, t. XI, p. 486.
63 *Ibid.*, respectivement p. 486 et 484.
64 *Ibid.*, p. 481.
65 *Ibid.*, p. 484.
66 *Ibid.*

L'Élixir de longue vie ne donne ainsi à lire rien d'autre qu'une ironisation de l'ironie, de cette ironie antiphrastique qui s'avère incapable d'exprimer la totalité de l'univers. L'ironisation fondée sur le retournement actif et la fusion des opposés est ainsi donnée comme l'unique forme de représentation capable d'embrasser l'ensemble du réel, un réel irréductible à toute expression binaire. Ce conte fantastique, qui s'organise autour de l'opposition répétée entre Dieu et le diable pour mieux mettre en échec le personnage principal et annihiler la contradiction, illustre ainsi parfaitement la poétique balzacienne de l'ironisation fondée sur le retournement et le rapprochement de catégories contradictoires.

Or *La Messe de l'athée* exhibe dès son titre ce régime de sens qui procède de l'ironisation en fusionnant les contraires. L'opposition entre Dieu et le diable est cette fois remplacée par celle entre la foi et l'athéisme, mais on retrouve une fois encore des catégories bien définies, des notions précises qui font l'objet de descriptions détaillées et que le récit s'emploie à remettre en cause. La narration commence ainsi par répudier le régime de l'ambiguïté à travers le portrait du chirurgien Desplein, athée convaincu dont le narrateur nous dit qu'il « n'était pas dans le doute, il affirmait[67] ». Cependant, à l'impossibilité du doute illustrée par Desplein répond l'incompréhension de Bianchon qui aperçoit un jour son maître entrer dans l'église Saint-Sulpice.

La Messe de l'athée s'organise ainsi autour d'une ironie de situation initiale qui invite à remettre en cause l'opposition irréductible entre différents systèmes de pensée. Le doute que provoque la présence de Desplein ébranle toutes les convictions de Bianchon et se traduit par une poétique de l'ironisation fondée sur la fusion des contraires mais aussi sur le retournement actif. En effet, alors que la nouvelle s'ouvrait sur l'impossibilité du doute, elle s'achève avec la mort du médecin et le doute qui l'accompagne : « Bianchon, qui soigna Desplein dans sa dernière maladie, n'ose pas affirmer aujourd'hui que l'illustre chirurgien soit mort athée[68]. » Or cette notation fonctionne comme un écho à l'affirmation qui ouvrait le récit : « cet homme mourut, dit-on, dans l'impénitence finale[69]. » L'ensemble du texte se trouve ainsi encadré par deux assertions contradictoires, et la clausule relance complètement l'interprétation.

67 *La Messe de l'athée*, *CH*, t. III, p. 386.

68 *Ibid.*

69 *Ibid.*, p. 387.

Contre toute attente et malgré les nombreuses déclarations d'athéisme de Desplein, la nouvelle s'achève sur la mise en valeur du doute : elle proposerait alors, et justement, un parcours qui irait de la science qui sait à la croyance qui doute.

L'ironisation se fonde donc sur une suite de déplacements et de basculements qui rendent caduque tout système fondé sur des oppositions et empêchent le sens de se stabiliser. Le jeu de mots final, placé dans la bouche de Desplein, est à cet égard éloquent : « Dieu doit être un bon diable, il ne saurait m'en vouloir[70]. » La construction attributive procède à la jonction des contraires, et le bon mot recouvre une ironie bien plus profonde qui dit le doute essentiel et la complexité du réel. L'ironisation apparaît ainsi comme la seule forme apte à prendre en charge la croyance et son revers, l'athéisme, au sein d'un univers marqué par les disjonctions et les ironies du sort. Elle illustre à la fois l'impossibilité d'assigner des significations stables aux événements et la nécessité d'abandonner un système de représentation du monde fondé sur des catégories fixes et inaptes à embrasser l'ensemble du réel, un réel irréductible à toute forme d'expression binaire. En procédant à la fusion des contraires et en retournant constamment les diverses interprétations, les récits remettent ainsi en cause le principe même d'opposition pour lui préférer une poétique fondée sur l'oxymore et la généralisation du doute.

Il est ainsi possible de comprendre *La Comédie humaine* tout entière comme une tentative de réponse au programme défini par Balzac dans la préface du *Livre mystique*, qui propose de déterminer, rappelons-le, « quelle forme revêtira le sentiment religieux, quelle en sera l'expression nouvelle », c'est-à-dire de développer une interrogation d'ordre spirituel tout en cherchant à rendre celle-ci « attrayante comme un roman moderne[71] ».

La croyance religieuse peut alors se lire et de dire de multiples façons dans les récits balzaciens, puisque ces derniers bâtissent d'une part un discours théorique sur la spiritualité qu'ils proposent d'exemplifier, et cherchent d'autre part, mais dans une dynamique commune, à représenter une société en proie au doute et à un défaut généralisé du sens. D'un côté, les *Études philosophiques*, et plus précisément *Le Livre mystique*, s'intéressent au phénomène religieux lui-même, au « principe pur[72] » de la

70 *Ibid.*, p. 401.

71 Préface du *Livre mystique*, *CH*, t. XI, p. 503 et 507.

72 *Ibid.*, p. 504.

foi, pensé comme un savoir susceptible d'être organisé et expliqué dans un système théorique à partir d'une méthode constamment rapprochée de celles des sciences. Mais d'un autre côté, la représentation balzacienne s'attache dans les *Études de mœurs* à interroger les implications sociales et politiques de la foi : le sentiment religieux est pensé en tant qu'il est engagé dans la société, c'est-à-dire mis en contexte, appuyé sur un culte, dirigé vers un Dieu représenté et impliqué dans les rapports sociaux. Ce nouveau mode critique, qui constitue une véritable prise de contact avec le réel et interroge la croyance, je propose de l'appeler *ironisation*.

Principe de déstabilisation révélé par un processus de retournement actif, l'ironisation consiste en une dynamique narrative, esthétique et poétique qui procède d'un travail constant de transformation et de déformation. L'ironisation ne tend pas à l'objectivité : suspendant le discours du roman ou dans le roman, elle introduit une problématique de la valeur, engage une vision du monde où la vérité ne se fonde plus sur une transcendance, celle de Dieu, du sens ou du vrai, et assume la solitude radicale dans laquelle elle laisse le lecteur. Car l'ironisation brouille les repères, renverse constamment les interprétations et refuse toute tentative d'unification systématique : en juxtaposant des éléments profondément incompatibles et en additionnant des théories qui se complètent et parfois s'opposent, elle se déploie à grande échelle et associe les discours contradictoires de manière à construire une polyphonie généralisée.

L'ironisation permet ainsi de faire tenir ensemble les opposés, le religieux et le matérialisme, le doute et la foi, et donne naissance à une unité radicalement polyphonique qui institue le doute et la réversibilité comme principes poétiques. Ce geste actif de représentation se donne alors à lire à la fois comme un symptôme traduisant le désordre et l'illisibilité du monde et comme la seule forme apte à exprimer l'instabilité de la réalité et de l'expérience du sujet contemporain. L'ironisation, en interdisant toute univocité d'une signification toujours fuyante, constitue donc bien une prise de contact avec le mouvement d'un monde problématique et un réel lui-même polyphonique, oxymorique et irréductible à toute forme d'expression binaire.

La préface du *Livre mystique* apparaît ainsi programmatique à plus d'un titre, qui d'une part annonce une interrogation d'ordre spirituel, celle-là même qui informe l'ensemble de *La Comédie humaine*, et qui, d'autre part, affiche l'excuse d'un auteur qui affirme « adore[r] la ligne droite », mais aimer « encore malheureusement un peu trop la courbe[73] ». Or si la ligne droite est la ligne de l'infini et la figure du spirituel, ainsi que Balzac l'écrit dans *Séraphîta*[74], la courbe est celle des réalités matérielles : par-delà cet aveu ironique semble alors s'écrire un nouveau pacte invitant précisément le lecteur à toujours courber sa lecture et, dans la recherche d'une configuration possible non pas d'un sens mais d'une multitude de significations, et de significations contradictoires, à faire jouer le fini contre l'infini, la croyance contre l'athéisme, l'oxymore contre la logique et, contre tout système, l'ironisation.

Vincent BIERCE
CPGE – Lycée du Parc, Lyon

73 *Ibid.*, p. 502.
74 *Séraphîta*, *CH*, t. XI, p. 821.

BALZAC ET LA « REPRÉSENTATION » DE LA VIE INTÉRIEURE

> – Mais intérieurement nous dirons aussi quelquefois Vive l'Allemagne, dit Saltiel.
>
> – Je suis contre, tonna Mangeclous. Qu'est-ce que tu racontes avec ton intérieurement ? Moi, quand je pense, c'est extérieurement[1].
>
> Albert COHEN, *Mangeclous*.

Un vaste éventail de disciplines savantes et de terrains d'investigation occupe les contributrices et contributeurs du présent volume. C'est à la représentation de la vie intérieure que seront consacrées les pages suivantes, sans autre ambition que de présenter un *état de la question* et de renouer quelques fils bien connus de la critique balzacienne.

Si cette question de la psychologie dispose d'une place centrale, sous la plume de Balzac, c'est à quatre conditions au moins. Cela suppose d'abord qu'existe distinctement quelque chose comme une vie intérieure – aussi difficile d'accès soit-elle ou soit-elle *dite* : il faut admettre, selon les termes d'*Autre étude de femme*, « que nous avons un être intérieur dont le *nous* visible est le fourreau, que cet être, brillant comme une lumière, est délicat comme une ombre[2] ». Sans doute n'est-il pas souhaitable de nommer trop tôt cette instance, de lui assigner *a priori* une identité prétendument nette et de fétichiser le lexique[3], souvent mis entre guillemets par l'écrivain. Il est alternativement question, dans

1 Albert Cohen, *Mangeclous* (1938), Paris, Gallimard, « Folio », 1965, p. 99.

2 *Autre étude de femme*, *CH*, t. III, p. 682.

3 Sur ce point, voir Georges Canguilhem, « Qu'est-ce que la psychologie ? », *Revue de métaphysique et de morale*, n° 1, 1958, p. 12-25.

La Comédie humaine, de « la dynamique intérieure de l'homme », du « moi humain », de « la personnalité morale », de « cette mine à sentiments qui gît en nous », des « choses du cœur », de « ce que nous nommons le cœur, faute de mot[4] ». Bien sûr, le dictionnaire confère à ces notions des acceptions très différentes. Balzac, on le verra, les confond volontiers et se garde bien de figer et de forclore des facultés soi-disant étanches ou distinctes en nature.

L'idée et la pratique de la psychologie demandent aussi que les « disposition[s] intérieure[s][5] » *intéressent*, comme un sujet *à part entière*. Que le lecteur s'y retrouve ou à l'inverse qu'elles présentent un caractère de nouveauté[6]. Qu'elles intriguent les personnages, peut-être, ces « profondeurs [...] plus ténébreuses que partout ailleurs », ces « espaces obscurs et cachés à dessein[7] ». Qu'elles puissent faire l'objet d'une dramatisation : Balzac écrit ainsi, dans *Honorine*, que « les drames de la vie ne sont pas dans les circonstances, ils sont dans les sentiments, ils se jouent dans le cœur, ou, si vous voulez, dans ce monde immense que nous devons nommer le *Monde Spirituel*[8] ». Troisièmement, cette galaxie sentimentale et ces circonstances devront rester profondément *liées*, dans le cadre du projet réaliste conçu par l'écrivain, consistant à entreprendre une « autopsie du corps social[9] » lui-même. Soit que la première explique les secondes, soit que les secondes expliquent la première, soit que les deux entretiennent une relation dialectique. Nous y reviendrons posément par la suite, pour nuancer l'hypothèse selon laquelle « le roman réaliste f[er]ait passer du roman psychologique au roman social[10] ».

Enfin, il a fallu qu'*historiquement* et épistémologiquement survienne une possibilité nouvelle, accompagnée par Balzac au XIXe siècle. Longtemps « le discours sur la psyché (âme, cœur, esprit) » est resté « intimement lié à l'éthique, à la science morale [...] : la description des affections, des émotions, des passions », aux siècles classiques, s'avérait « normative, car

4 *Sur Catherine de Médicis*, *CH*, t. XI, p. 273 ; *La Femme de trente ans*, *CH*, t. II, p. 1120 ; *Les Paysans*, *CH*, t. IX, p. 138 ; *La Cousine Bette*, *CH*, t. VII, p. 200 ; *Béatrix*, *CH*, t. II, p. 885 ; *Les Employés*, *CH*, t. VII, p. 1061.

5 *La Muse du département*, *CH*, t. VI, p. 643.

6 Voir *Théorie de la démarche*, *CH*, XI, p. 276 et 278.

7 *Un prince de la bohême*, *CH*, t. VII, p. 829 ; *Le Curé de village*, *CH*, t. IX, p. 811.

8 *Honorine*, *CH*, t. II, p. 575.

9 *Traité de la vie élégante*, *CH*, t. XII, p. 214.

10 Philippe Dufour, *Le Réalisme : de Balzac à Proust*, Paris, Presses universitaires de France, 1998, p. 25.

il s'agi[ssai]t de "former l'homme", plus que de le "réciter[11]" ». Si expérience il y a, elle concerne surtout le *sujet* de l'analyse psychologique : c'est ainsi que la tradition cartésienne, purement spéculative et hautement spiritualiste[12], voit à l'œuvre « une conscience affinée et réflexive de l'expérience personnelle[13] », désireuse de comprendre « ce qu'est l'*ego* du *cogito*[14] » et d'affirmer sa « transparence et [sa] souveraineté[15] ». Ainsi l'assure Kant : « Posséder le Je dans sa représentation : ce pouvoir élève l'homme infiniment au-dessus de tous les autres êtres vivants sur la terre. Par là, il est une personne ; et grâce à l'unité de la conscience dans tous les changements qui peuvent lui survenir, il est une seule et même personne[16]. » Or notre XIXe siècle a connu Cabanis et Broussais, Pinel et Esquirol, la physiologie et l'aliénisme. Il a « revendiqué pour la psychologie le droit d'exister à côté et en dehors de la philosophie et de se constituer comme science autonome[17] ». C'est en quelque sorte le passage d'un « homme général » à un « homme réel » qui se joue ici, selon la distinction de Brunetière[18]. Nous nous demanderons s'il ne faut pas envisager d'inscrire Balzac, le romancier Balzac, dans le cadre de cette « psychologique empirique » que Christian Wolff opposait, en 1732 et 1734, déjà, à la « psychologie rationnelle » – déduite de la nature de l'âme.

Car « tout change sur le terrain[19] » ! Plaident en faveur de cet empirisme nouveau un certain nombre de passages métadiscursifs, tel que celui-ci, extrait de *La Vieille fille* :

---

11 Gisèle Mathieu-Castellani, *La Rhétorique des passions*, Paris, Presses universitaires de France, 2000, p. 32.

12 « La psychologie [classique] », rappelle Fernando Vidal, « relève autant de la philosophie naturelle que de l'anthropologie chrétienne » (Fernando Vidal, *Les Sciences de l'âme. XVIe-XVIIIe siècle*, Paris, Honoré Champion, 2006, p. 9).

13 Charles Taylor, *Les Sources du moi. La formation de l'identité moderne*, Paris, Éditions du Seuil, 1998 ; cité dans Claude Dubar, *La Crise des identités. L'interprétation d'une mutation*, Paris, Presses universitaires de France, 2000, p. 22.

14 Vincent Carraud, *L'Invention du moi*, Paris, Presses universitaires de France, 2010, p. 242.

15 Vincent Descombes, *Le Complément de sujet. Enquête sur le fait d'agir de soi-même*, Paris, Gallimard, 2004, p. 8.

16 Emmanuel Kant, *Anthropologie du point de vue pragmatique* (1798), traduit par Michel Foucault, Paris, Vrin, 1964, « De la connaissance de soi », p. 17.

17 Serge Nicolas, Anne Marchal, Frédéric Isel, « La psychologie au XIXe siècle », *Revue d'histoire des sciences humaines*, n° 2, 2000/1, p. 57-103, ici p. 87.

18 Ferdinand Brunetière, « La littérature personnelle », *Revue des deux mondes*, 15 janvier 1888, p. 433-452, ici p. 445.

19 Formule-clé de la *Physiologie du mariage* (*CH*, t. XI, p. 297).

> Les patients anatomistes de la nature humaine ne sauraient trop répéter les vérités contre lesquelles doivent se briser les éducations, les lois et les systèmes philosophiques. Disons-le souvent : il est absurde de vouloir ramener les sentiments à des formules identiques ; en se produisant chez chaque homme, ils se combinent avec les éléments qui lui sont propres, et prennent sa physionomie[20].

Empirisme nouveau, fruit d'une modernité qui serait celle d'un « siècle si souverainement analyste[21] », et que Balzac considère non sans quelque distance critique : « Après quatre années d'intimité, l'amour de cette femme avait fini par réunir toutes les nuances découvertes par notre esprit d'analyse et que la société moderne a créées[22]. » Autre retour et autre recul sur cette actualisation nécessaire, dans *La Muse du département* :

> Il se jouait en effet à La Baudraye une de ces longues et monotones tragédies conjugales qui demeureraient éternellement inconnues, si l'avide scalpel du Dix-Neuvième Siècle n'allait pas, conduit par la nécessité de trouver du nouveau, fouiller les coins les plus obscurs du cœur, ou, si vous voulez, ceux que la pudeur des siècles précédents avait respectés[23].

De cette entreprise de « fouille », nous étudierons successivement le personnel, les principales modalités et un certain nombre de « découvertes » inquiétantes. Aux « fibrilles les plus délicates », selon Balzac, doit répondre une « analyse essentiellement minutieuse[24] ». Nous verrons quelles formes le récit donne à cette exigence de délicatesse.

Qui dit personnel dit en l'occurrence *personnages de roman*. Cette seule composante de la psychologie balzacienne doit nous arrêter : quelle pertinence accorder aux analyses d'un écrivain qui imagine ses créatures et qui peut arbitrairement leur prêter tel ou tel trait de caractère, tel ou tel fonctionnement, telle ou telle évolution – selon ses humeurs, selon ses ambitions propres[25] ou en fonction de la courbe qu'il veut prêter au récit[26] ? Quel statut accorder, en la matière, au personnage de fiction ? Nous avons rappelé qu'au XIXe siècle « deux écoles psychologiques se sont affrontées :

20 *La Vieille Fille*, *CH*, t. IV, p. 920.

21 *Sur Catherine de Médicis*, *CH*, t. XI, p. 381.

22 *La Muse du département*, *CH*, t. IV, p. 772.

23 *Ibid.*, p. 649.

24 *Eugénie Grandet*, *CH*, t. III, p. 1103 ; *La Recherche de l'Absolu*, *CH*, t. X, p. 676.

25 « Un auteur [...] doit ressembler à Janus : [...] passer alternativement dans l'âme d'Alceste et dans celle de Philinte » (t. XII, p. 103).

26 Voir Gérard Genette, « Vraisemblance et motivation », *Communications*, n° 11, 1968, p. 5-21, en particulier p. 10-13.

la psychologie de l'*a priori* (rationnelle ou spéculative) et la psychologie *a posteriori* (empirique ou expérimentale)[27] ». Comment situer le geste du romancier, par rapport à ces deux polarités ?

La question a beaucoup agité la théorie littéraire et en particulier la narratologie dite postclassique (inspirée depuis une trentaine d'années par les sciences cognitives). D'aucuns privilégient ce que David Herman appelle la thèse de « l'exceptionnalité », selon laquelle nos expériences de lecture, devant des psychés de papier, sont radicalement différentes d'expériences « ordinaires », au contact de personnes réelles. D'autres font valoir la thèse de la « similarité » (formule de Stefan Iversen) et ressuscitent cette « illusion référentielle » que le formalisme avait si vaillamment déconstruite[28]. Si l'on peut en théorie rester convaincu par la thèse de « l'exceptionnalité », le réalisme de Balzac produit un double *effet de ressemblance* et de *reconnaissance*, conduisant à ce type d'impression, topique :

> Nul auteur n'a sondé plus profondément que M. de Balzac les mille replis du cœur humain. [...] Ce ne sont point des personnages auxquels l'imagination seule prête un instant une vie factice, une forme vague et fugitive ; ce sont des hommes, ce sont des femmes en chair et en os, qui se meuvent et s'agitent dans le cadre imaginaire du roman, comme ils se meuvent et s'agitent dans le cadre officiel de la vie réelle[29].

Formuler les choses en termes de coefficient de vraisemblance, revient à se demander *de qui* l'œuvre de Balzac peut bien proposer une analyse psychologique. Trois réponses sont alors envisageables. La première : la psychologie ne serait jamais que celle *de Balzac*, ventriloquant en quelque sorte au moyen du roman. Tel est ce que suggère le héros du *Médecin de campagne*, Bénassis, figure d'autorité par excellence :

> Oui, croyez-moi, monsieur, ceux qui ont sondé le plus avant les vices et les vertus de la nature humaine sont des gens qui l'ont étudiée en eux-mêmes

27 Serge Nicolas, Anne Marchal, Frédéric Isel, « La psychologie au XIXe siècle », art. cité, p. 89.

28 Sur cette question, voir la mise au point de Sylvie Patron : « La représentation de l'esprit dans la narratologie postclassique : un bref état de l'art », *Revue critique de fixxion française contemporaine*, n° 13, 2016, http://www.revue-critique-de-fixxion-francaise-contemporaine.org/rcffc/article/view/fx13.11/1070.

29 Honoré de Balzac, « Avant-propos » du *Provincial à Paris*, Paris, Gabriel Roux et Cassanet, 1847, p. XIV et XVIII.

> avec bonne foi. Notre conscience est le point de départ. Nous allons de nous aux hommes, jamais des hommes à nous[30].

Mais l'on opposera ici Balzac à Balzac, qui affirmait très exactement l'inverse dans la préface du *Lys dans la vallée* :

> beaucoup de personnes se donnent le ridicule de rendre un écrivain complice des sentiments qu'il attribue à ses personnages ; et s'il emploie *je*, presque toutes sont tentées de le confondre avec le narrateur. [Parce que] l'auteur a pris le moi pour se diriger à travers les sinuosités d'une histoire plus ou moins vraie, il croit nécessaire de déclarer ici qu'il ne s'est nulle part mis en scène. Il a sur la promiscuité des sentiments personnels et des sentiments fictifs une opinion sévère et des principes arrêtés[31].

Études de *cas* à l'appui, la seule écriture et la seule invention favoriseraient la distance de soi à soi. En retour, peut-être même la littérature se définirait-elle comme ce « passage du *Ich* au *Er*, du Je au Il[32] ».

Deuxième réponse : la psychologie des personnages serait à l'image de l'humaine condition et en constituerait « la raison coefficiente[33] ». L'idée de représentativité n'est-elle pas la clé de voûte du réalisme balzacien ? Lorsqu'est évoquée telle ou telle impulsion, Balzac écrit que « chacun peut en reconnaître les éléments chez soi, dans son cœur peut-être[34] », et note ailleurs, pour justifier la cupidité de tel personnage, que « le cœur humain est ainsi fait[35] ». Une forme d'exemplarité non morale veut ici que les sentiments supposément éprouvés ici et là soient « pris

30 *Le Médecin de campagne*, *CH*, t. IX, p. 548-549.

31 *Le Lys dans la vallée*, *CH*, t. IX, p. 915.

32 « Il apparaît frappant [...] que Kafka ait éprouvé la fécondité de la littérature [...] du jour où il a senti que la littérature était ce passage du *Ich* au *Er*, du Je au Il » (Maurice Blanchot, *La Part du feu*, Paris, Gallimard, 1949, « La lecture de Kafka », p. 28-29).

33 *Le Curé de Tours*, *CH*, t. IV, p. 196.

34 Dans *La Comédie humaine*, nombreuses sont les sollicitations du lecteur, appelé à faire valoir son expérience de la vie et les compétences psychologiques qu'il a pu acquérir. Exemples : *Le Bal de Sceaux*, *CH*, t. I, p. 120 ; *Mémoires de deux jeunes mariées*, *CH*, t. I, p. 199 ; *Étude de femme*, *CH*, t. II, p. 175 ; *La Vendetta*, *CH*, t. II, p. 1079 ; *La Vieille Fille*, *CH*, t. IV, p. 841 ; *Les Chouans*, *CH*, t. VIII, p. 925 ; *L'Enfant maudit*, *CH*, t. X, p. 893. Ces sollicitations permettraient d'abonder dans le sens de Georges Gusdorf : « L'homme des psychologues intellectualistes est un *homo philosophicus* réduit à sa plus simple expression analytique ; l'homme des romanciers est l'*homo humanus*, en qui chacun des lecteurs peut redécouvrir sa propre humanité » (Georges Gusdorf, *Les Sciences humaines et la pensée occidentale. VI : L'Avènement des sciences humaines au siècle des Lumières*, Paris, Payot, 1973, p. 88).

35 *Le Père Goriot*, *CH*, t. III, p. 50 ; *César Birotteau*, *CH*, t. VI, p. 185.

dans la nature des sentiments humains, [...] trouvés épars dans le grand livre du monde[36] ». Troisième réponse possible, enfin, diamétralement opposée à la précédente : braquer le projecteur – ou le microscope – sur des figures hors-normes, sur des « anomalie[s] psychologique[s][37] », revendiquées ou subies, des anomalies si étranges par exemple qu'elles heurtent le sens commun. Ainsi en est-il dans *Le Cousin Pons* :

> Ce qui reste à dire sur le moral de ces deux êtres en est précisément le plus difficile à faire comprendre aux quatre-vingt-dix-neuf centièmes des lecteurs dans la quarante-septième année du dix-neuvième siècle [...]. En effet, il s'agit de donner une idée de la délicatesse excessive de ces deux cœurs[38].

C'est là une exigence évidente, à laquelle il faudrait sacrifier : lister, classer, étudier la distribution de ces « monstrueuses exceptions, sur lesquelles ni le moraliste, ni l'individu ne doivent établir aucun système[39] ». Arpenter patiemment ce « pays primitif où les hommes n'éprouvent pas des sentiments ordinaires[40] ». Et rappeler, à toutes fins utiles, que les cibles de la psychologie balzacienne participent d'une dialectique du singulier et du général permettant à *La Comédie humaine* de jouer sur les deux tableaux de la répétition et de la différence, de l'habituel et de l'inouï.

Mais le plus souvent, l'étude psychologique ne se réduit pas à l'examen d'un sujet transparent par un romancier omniscient. Elle emprunte la médiation d'une *scène*, parfois complexe, comportant des points d'interrogation, certains éléments faisant écran, et nécessitant en quelque sorte des instruments d'optique. Une fois posée la question du *statut* du personnage ausculté, on doit donc évoquer la *place* qui est la sienne sur la scène du roman. Et distinguer, pour ce faire, deux ingrédients structurants. D'une part, un manque à comprendre : des personnalités mystérieuses. Nombreux sont les récits à leur accorder une position centrale et à se confondre dès lors avec une tentative d'élucidation : *La Fausse Maîtresse*, *Gambara*, *Ferragus*, *Albert Savarus*, *Sarrasine* ou *L'Envers de l'histoire contemporaine* peut-être. D'autres textes de *La Comédie humaine* sont *tout entier* dévolus à cette mise

36 *Physiologie du mariage*, *CH*, t. XI, p. 1119.
37 *La Peau de chagrin*, *CH*, t. X, p. 158.
38 *Le Cousin Pons*, *CH*, t. VII, p. 499.
39 *Béatrix*, *CH*, t. II, p. 636.
40 *Ibid.*, p. 796.

en intrigue : *La Bourse*, *Maître Cornélius*, *La Paix du ménage*, *La Messe de l'athée*, *Adieu*, *Louis Lambert* en un sens. Je rappellerai qu'un type de figure, présentant exemplairement « tous les attraits d'un problème[41] », devient matière à examen et suscite l'enquête fiévreuse : la femme. Cela, depuis la *Physiologie du mariage* de 1829 :

> il existe tant de gens qui sont trop occupés pour perdre du temps à chercher les raisons secrètes qui font agir les femmes, que c'est une œuvre charitable de leur classer par titres et par chapitres toutes les situations secrètes du mariage ; une bonne table des matières leur permettra de mettre le doigt sur les mouvements du cœur de leurs femmes, comme la table des logarithmes leur apprend le produit d'une multiplication[42].

Voici la matérialisation possible d'un livre psychologique, extraite des *Marana* :

> Juana [devait] représenter le malheur féminin dans sa plus vaste expression : douleur incessamment active, et dont la peinture exigerait des observations si minutieuses que, pour les gens avides d'émotions dramatiques, elle deviendrait insipide. Cette analyse, où chaque épouse devrait retrouver quelques-unes de ses propres souffrances, pour les comprendre toutes, ne serait-elle pas un livre entier ?

Dont le narrateur détaille la « table des matières » :

> Livre ingrat de sa nature, et dont le mérite consisterait en teintes fines, en nuances délicates que les critiques trouveraient molles et diffuses. D'ailleurs, qui pourrait aborder, sans porter un autre cœur en son cœur, ces touchantes et profondes élégies que certaines femmes emportent dans la tombe : mélancolies incomprises, même de ceux qui les excitent ; soupirs inexaucés, dévouements sans récompenses, terrestres du moins ; magnifiques silences méconnus ; vengeances dédaignées ; générosités perpétuelles et perdues ; plaisirs souhaités et trahis ; charités d'ange accomplies mystérieusement ; enfin toutes ses religions et son inextinguible amour[43] ?

La « table des matières » prend ici la forme d'un chatoiement ou d'un poudroiement de groupes nominaux (« mélancolies incomprises », « soupirs inexaucés », etc.) simplement apposés à « ces touchantes et profondes

41 *Honorine*, *CH*, t. II, p. 541.
42 *Physiologie du mariage*, *CH*, t. XI, p. 919.
43 *Les Marana*, *CH*, t. X, p. 1069-1070.

élégies » (leur support). Cette coréférence permet à Balzac d'étaler ses talents de psychologue, de *sympathiser* en quelque sorte, avec le personnage féminin, rendant coalescents un point de vue masculin et un effet de connaissance.

Second élément, second actant évidemment structurant, dans la construction de la topique psychologique : le sujet de l'analyse. Lui-même tire parfois son savoir de capacités extraordinaires : le nain Butscha dans *Modeste Mignon*, Facino Cane, l'antiquaire de *La Peau de chagrin*, Corentin dans *Les Chouans*, Vautrin, la cousine Bette : « Lisbeth, de même qu'une araignée au centre de sa toile, observait toutes les physionomies. Après avoir vu naître Hortense et Victorin, leurs figures étaient pour elle comme des glaces à travers lesquelles elle lisait dans ces jeunes âmes[44]. » Ou bien l'expertise de l'individu clairvoyant devient elle-même passible de typisation, lorsqu'il la tient de son milieu d'origine, géographique ou socio-professionnel : le Popinot de *L'Interdiction* (qui peut « pénétrer jusqu'au for intérieur des individus »), la figure de l'avoué, l'usurier Gobseck (qui sait « pénétrer ainsi dans les plus secrets replis du cœur humain, [...] épouser la vie des autres, et [...] la voir à nu ? »), les observateurs de *Madame Firmiani*, « les gens de province » (« auxquels on ne peut refuser le talent de savoir mettre à nu les motifs les plus secrets des actions humaines »), le médecin Desplein ou le « rebouteur » Beauvisage (« Il soulevait le voile de chair qui lui cachait le jeu secret par lequel l'âme réagit sur le corps[45] »). Innombrables sont les détenteurs, extralucides, de ce « microscope moral[46] ». Et par un effet de miroir qui mériterait d'amples développements, la personne de « la femme » est placée dans cette position de savoir. « Avec quel art elles découvrent le vrai dans autrui[47] ! », écrit Balzac. Disposant d'une « science infuse[48] », selon lui, « les femmes ont le génie des nuances, elles en usent trop pour ne pas les connaître toutes ; elles [...] savent la signification de ce qui pour un homme paraît insignifiant[49] ». C'est à elles, par exemple à la douairière de *La Paix du ménage*, à la duchesse de

44 *La Cousine Bette*, *CH*, t. VII, p. 207.

45 *L'Interdiction*, *CH*, t. III, 439 ; *Gobseck*, *CH*, t. II, p. 976 ; *Le Curé de Tours*, *CH*, t. IV, p. 215 ; *L'Enfant maudit*, *CH*, t. X, p. 934.

46 *Sur Catherine de Médicis*, *CH*, t. XI, p. 277.

47 *Ferragus*, *CH*, t. V, p. 835.

48 *La Duchesse de Langeais*, *CH*, t. V, p. 974.

49 *Gobseck*, *CH*, t. II, p. 795.

Carigliano dans *La Maison du chat-qui-pelote*, à la marquise de Listomère, à la marquise d'Espard, à Mme de Beauséant, que l'écrivain délègue le soin de communiquer une connaissance aboutie de la psyché masculine, aussi bien que des usages du monde.

La scène du « roman psychologique[50] », fille d'une vérité qui se cherche et parfois se dérobe, est animée par cette pulsation : il est des figures énigmatiques, il est des opérateurs d'intelligibilité. Et sur le plan de la connaissance, qui n'est pas celui de l'action mais qui parfois l'explique, *l'espace du dedans* est à conquérir. Reste alors à dire quelques mots des usages faits du « scalpel de l'analyse[51] », de la dramatisation à laquelle est soumise l'élucidation de la vie intérieure. Celle-ci, le plus souvent en tout cas, joue un rôle crucial dans l'intrigue. Si tel sujet s'adonne à l'examen de tel autre sujet, s'il a besoin de le comprendre, c'est en effet afin de parvenir à ses fins, qui ne sont pas purement intellectuelles. Pour preuve : la séminale *Physiologie du mariage*, véritable « pharmacopée[52] », censée donnée à déchiffrer les signes de la tentation adultère, pour mieux la conjurer et sauver le mariage. Savoir, dans *La Comédie humaine*, c'est pouvoir : savoir permet de séduire et d'influencer, de briller et de prévoir. Ainsi les méchants triomphent-ils souvent des bons. Ainsi l'abbé Troubert, pour prendre un exemple entre mille, s'attire-t-il les grâces de Mlle Gamard, au détriment du pauvre Birotteau, sur la scène triangulaire du *Curé de Tours* :

> Pendant le dîner, il procédait toujours par des flatteries indirectes, allant sans cesse de la qualité d'un poisson, du bon goût des assaisonnements ou des qualités d'une sauce, aux qualités de mademoiselle Gamard et à ses vertus de maîtresse de maison. Il était sûr de caresser toutes les vanités de la vieille fille en vantant l'art avec lequel étaient faits ou préparés ses confitures, ses cornichons, ses conserves, ses pâtés, et autres inventions gastronomiques[53].

Les manigances échafaudées par les Troubert, par les Fraisier, par les La Peyrade, par les Petit-Claud (entre autres scélérats) demandent, *in utero*, ce type de pénétration d'autrui et d'instrumentalisation d'autrui. Enjeu capital, en termes romanesques : en *dépendent* véritablement le tissage de l'intrigue, les combinatoires narratives nées de l'engrenage des caractères, en un mot la forme du récit à venir.

---

50 L'expression, concernant Balzac, se trouve dans *Le Commerce* du 11 décembre 1847, p. 2.
51 *Le Contrat de mariage*, *CH*, t. III, p. 548.
52 *Physiologie du mariage*, *CH*, t. XI, p. 178.
53 *Le Curé de Tours*, *CH*, t. IV, p. 193.

Cet enjeu se cristallise dans un certain nombre de confrontations, de face-à-face, où jouent essentiellement les capacités herméneutiques des personnages. Pensons aux joutes opposant Béatrix à Camille Maupin, Vautrin au juge Grandville, Marie de Verneuil à Mme du Gua. Référons-nous à *Illusions perdues* : « Petit-Claud regarda Cérizet. Ce fut un de ces duels d'œil à œil où le regard de celui qui observe est comme un scalpel avec lequel il essaye de fouiller l'âme, et où les yeux de l'homme qui met alors ses vertus en étalage sont comme un spectacle[54]. » Ou à *Une ténébreuse affaire* : « Sur ce mot, ces deux hommes se regardèrent, et tout fut dit entre eux : ils appartenaient l'un et l'autre à ces profonds anatomistes de la pensée auxquels il suffit d'une simple inflexion de voix, d'un regard, d'un mot pour deviner une âme[55]. » Concernant cette interprétation des signes, deux cas de figure se présentent : soit elle reste en quelque sorte intra-diégétique et Balzac peut alors jouer sur le décalage entre l'incompétence de l'observateur, souvent trop jeune, et le savoir du lecteur : « Cette confidence causa une commotion violente à madame de Listomère ; mais Eugène ne savait pas encore analyser un visage de femme en le regardant à la hâte ou de côté[56]. » Soit le romancier garde la main et assume un examen assez docte, comme celui-ci, extrait du *Contrat de mariage* :

> Une parfaite harmonie annonce la froideur des organisations mixtes. Natalie avait la taille ronde, signe de force, mais indice immanquable d'une volonté qui souvent arrive à l'entêtement chez les personnes dont l'esprit n'est ni vif ni étendu. Ses mains de statue grecque confirmaient les prédictions du visage et de la taille en annonçant un esprit de domination illogique, le vouloir pour le vouloir[57].

L'expertise psychologique est alors le fait de l'écrivain. Elle ouvrira tout naturellement la possibilité de « tartines » plus ou moins chevillées à l'intrigue, touchant à l'humaine condition, à ce qui la travaille en profondeur, à tout ce qu'un *connaisseur* peut exposer – à la faveur du roman.

Une fois rappelées les grandes lignes de cette topique analytique, il convient d'observer comment s'expose la psychologie balzacienne,

54 *Illusions perdues*, *CH*, t. V, p. 719.

55 *Une ténébreuse affaire*, *CH*, t. VIII, p. 576-577.

56 *Le Père Goriot*, *CH*, t. III, p. 179.

57 *Le Contrat de mariage*, *CH*, t. III, p. 548.

c'est-à-dire comment elle *s'exprime*. Ce, dans la continuité de *La Transparence intérieure* de Dorrit Cohn et de la précieuse thèse d'Éric Bordas[58].

Il arrive d'abord que les personnages *s'expliquent* : Marie dans *Les Chouans*, Raphaël dans *La Peau de chagrin*, Gabrielle dans *L'Enfant maudit*, le curé Bonnet dans *Le Curé de village*[59]. Ces passages au discours direct peuvent prendre la forme de la lettre, supposément écrites sur le vif. Clémence se découvre ainsi à Jules, « le cœur tout entier[60] », dans *Ferragus*. Sabine à Calyste, « le cœur bien complet[61] », dans *Béatrix*. Esther à Lucien, dans *Splendeurs et misères des courtisanes*. Natalie à Félix, dans *Le Lys dans la vallée*. Modeste Mignon à Ernest. Car « le cœur est prolixe[62] ». Nous pouvons rapprocher ces discours directs des cas où Balzac, sans donner la parole ou sans prêter sa plume au personnage, fait valoir des moments d'introspection. C'est ainsi que la duchesse de Maufrigneuse a « la faculté de se séparer d'elle-même et de contempler le désastre à quelque pas[63] », que Rastignac fait « en quelque sorte le tour de sa conscience[64] », ou que Béatrix se montre « épouvantable de clarté sur elle-même » :

> Elle fut épouvantable de clarté sur elle-même. Elle souffrait et analysait sa souffrance, comme Cuvier, Dupuytren expliquaient à leurs amis la marche fatale de leur maladie et le progrès que faisait en eux la mort. Camille Maupin se connaissait en passion aussi bien que ces deux savants se connaissaient en anatomie[65].

Comme trait de caractère, cette réflexivité intéresse autant l'écrivain que la lettre même de l'introspection, dont nous sommes ici dispensés. Et si nous en sommes dispensés, c'est largement en raison de la suspicion qui peut planer sur le discours direct, soit que celui-ci paraisse

---

58 Voir : Dorrit Cohn, *La Transparence intérieure. Modes de représentation de la vie psychique dans le roman* (1978), traduit de l'anglais par Alain Bony, Paris, Éditions du Seuil, 1981 ; Éric Bordas, *Balzac, discours et détours. Pour une stylistique de l'énonciation romanesque*, Toulouse, Presses Universitaires du Mirail, 1997.

59 Voir : *Les Chouans*, *CH*, t. VIII, p. 1143 ; *La Peau de chagrin*, *CH*, t. X, p. 131 ; *L'Enfant maudit*, *CH*, t. X, p. 934 ; *Le Curé de village*, t. IX, p. 729.

60 *Ferragus*, *CH*, t. V, p. 886.

61 *Béatrix*, *CH*, t. II, p. 855.

62 *Mémoires de deux jeunes mariées*, *CH*, t. I, p. 193.

63 *Le Cabinet des Antiques*, *CH*, t. IV, p. 1036.

64 *Le Père Goriot*, *CH*, t. III, p. 215.

65 *Béatrix*, *CH*, t. II, p. 710.

conventionnel et naïf, soit au contraire qu'il « se présente comme un discours organisé, [...] mis au service d'une rationalisation des attitudes [...] ou de l'élaboration de manœuvres de défense[66] », à des fins stratégiques par conséquent. Très rares sont d'ailleurs les monologues trahissant « l'existence hasardeuse de consciences saisies à l'état pur[67] », manifestant ce que Jean-Louis Chrétien appelle à propos de Stendhal « le sentiment de l'inchoation », « le présent de l'inchoatif, de l'*in fieri*, de ce qui est sous nos yeux en train de se former » ; toujours prévaut la « netteté de l'articulation[68] ». C'est la raison pour laquelle, élaboration pour élaboration, stylisation pour stylisation, Dorrit Cohn revalorise plutôt la pertinence du psycho-récit (à la troisième personne), la critique refusant « le postulat que seul un langage déstructuré peut rendre compte d'un psychisme troublé[69] ».

Le psycho-récit, donc, celui-là même par lequel on identifie souvent la signature de Balzac psychologue, qu'il s'agisse de discréditer sa lourdeur ou de louer sa subtilité. Selon Gilles Philippe, « depuis le XIXe siècle, la représentation de l'intériorité est l'enjeu principal du roman, et c'est pour cela même que s'est imposé le récit à la troisième personne[70] ». Car *lui* « ne dépend pas, pour sa formulation discursive, de la capacité de verbalisation du personnage[71] » et de ses seuls monologues. Que requiert-il et que suggère-t-il tout à la fois ? Premièrement, un crédit incontestable est accordé, par son truchement, à la fonction-auteur. Le temps n'est pas encore venu d'un réalisme « impartial, impersonnel et objectif[72] », où « le geste producteur du message (style, énonciation, modalisation) doit s'effacer au maximum[73] ». Deuxièmement, le psy-

66 Dorrit Cohn, *La Transparence intérieure*, *op. cit.*, p. 103.

67 Michel Zéraffa, *Personne et personnage. Le romanesque des années 1920 aux années 1950*, Paris, Klincksieck, 1969, p. 469.

68 Voir, de Jean-Louis Chrétien : *Conscience et roman. I. La conscience au grand jour*, Paris, Les Éditions de Minuit, 2009, p. 90 ; *Conscience et roman, II. La conscience à mi-voix*, Paris, Les Éditions de Minuit, 2011, p. 15.

69 Dorrit Cohn, *La Transparence intérieure*, *op. cit.*, p. 74.

70 Gilles Philippe, « Postface. *Cocher la case, brouiller les cartes* », dans Arthur Brügger, *La Quatrième Case. Essai sur le roman au « nous »*, Lausanne, Archipel, 2022, p. 155.

71 Dorrit Cohn, *La Transparence intérieure*, *op. cit.*, p. 63.

72 Erich Auerbach, *Mimésis. La représentation de la réalité dans la littérature occidentale* (1946), Paris, Gallimard, 1969, p. 478.

73 Philippe Hamon, « Un discours contraint », *Poétique*, nº 16, 1973 ; rééd. dans *Littérature et réalité*, textes réunis et présentés par Gérard Genette et Tzvetan Todorov, Paris, Éditions du Seuil, 1982, p. 133.

cho-récit doit sa légitimité et son intérêt aux erreurs, aux silences, aux secrets des personnages. Ainsi dans cet extrait de *La Duchesse de Langeais* : « Elle se sauva afin de ne pas laisser voir son bonheur, elle alla tomber sur son canapé pour y dévorer ses premières émotions. / – Il va venir ! Cette pensée lui déchira l'âme[74]. » La verbalisation de la pensée est aussitôt absorbée, convertie en savoir, et la double énonciation nous donne le sentiment de partager ce savoir de l'écrivain, en même temps que celui-ci épouse la sensibilité de ses créatures. L'expertise semble alors souveraine, conforme à un mouvement centripète (explorant ce qui meut l'individu en profondeur) aussi bien qu'à une dynamique centrifuge de révélation (parfois spectaculaire).

L'écrivain promet ce faisant d'échapper aux évidences, aux catégories figées, au présent de l'observation superficielle. Y concourraient son sens de la précision et de la nuance :

> la fierté naturelle à une jeune fille, encore augmentée chez mademoiselle de Fontaine par la sotte vanité que lui donnaient sa naissance et sa beauté, l'empêchait d'aller au-devant d'une déclaration qu'une passion croissante lui persuadait quelquefois de solliciter[75].

Le psycho-récit se déploie dans le groupe adjectif, entre virgules [« encore augmentée par »] et dans la proposition relative [« qu'une passion croissante »], au sein de laquelle l'épithète et l'adverbe permettent à Balzac d'exploiter incidemment – donc subtilement – le paramètre du temps qui passe. Au prix peut-être d'une absence de surplomb moral[76], sa finesse, sa *justesse* se révèlerait en même temps que le caractère des personnages et que leur devenir :

> Elle regarda sans haine le beau Calyste ; mais elle allait éprouver son premier mouvement de jalousie et sentir les effroyables rages de la rivalité à l'aspect des deux belles Parisiennes et en soupçonnant la cause des froideurs de Calyste[77].

---

74 *La Duchesse de Langeais*, *CH*, t. V, p. 1006.

75 *Le Bal de Sceaux*, *CH*, t. I, p. 150-151.

76 Problème posé par Adrienne Petit, dans des termes intéressants, dans sa thèse intitulée *Le Discours romanesque des passions. Rhétorique et poétique des passions dans la fiction narrative en prose du XVIIe siècle* (sous la direction de Delphine Denis, Sorbonne-Université, 2016). Voir aussi Camille Esmein-Sarrazin, « Peinture de la passion et rhétorique des passions dans la poétique romanesque après 1660 », dans *De Rabelais à Sade. L'analyse des passions dans le roman de l'âge classique*, textes réunis par Colas Duflo et Luc Ruiz, Saint-Étienne, Presses Universitaires de Saint-Étienne, 2003, p. 21-29.

77 *Béatrix*, *CH*, t. II, p. 760.

Aussi éprouva-t-il insensiblement une froideur qui ne pouvait aller qu'en croissant[78].

Ce fut le dernier reflet que devait jeter son bonheur conjugal. Elle commença par offenser la vanité de son mari, quand, malgré de vains efforts, elle laissa percer son ignorance, l'impropriété de son langage et l'étroitesse de ses idées[79].

À la prescience dont se targue l'expert *ès* psychologie, dans le premier cas, s'ajoute (dans le deuxième cas) un adverbe fort habile (« insensiblement »), suffisamment accueillant, en termes de référence, pour désigner aussi bien le défaut de psychologie du principal intéressé que l'aveuglement de sa conjointe. Là encore, l'omniscience balzacienne s'exerce comme à rebours de ses créatures, tirant un beau parti de leur incompétence. Le dernier cas associe d'ailleurs à cette même prescience un va-et-vient également très adroit entre *deux* caractères : celui d'Augustine mais aussi subrepticement celui de son mari, tenu pour connu. C'est là encore d'une compénétration des psychés que le récit se rend maître.

Une troisième technique peut y contribuer : le style ou le discours indirect libre [DIL] – c'est son nom – nous met en effet au contact, à même la narration, des pensées supposées du personnage. Soit cet extrait de *Pierrette* : « Il la contempla douloureusement, perdu dans des pensées infinies [...]. Pierrette souffrait, elle n'était pas heureuse, elle regrettait la Bretagne ! qu'avait-elle ? Toutes ces questions passèrent et repassèrent dans le cœur de Brigaut en le déchirant[80]. » Orientés par des indices co-textuels (« pensées », « questions »), nous tenons la deuxième phrase pour une transcription des interrogations de Brigaut. « La façon dont est déterminé [ce] sujet de conscience[81] » relève d'une « pesée[82] », de la part du lecteur, sur la base de marqueurs aussi discrets que capitaux. Entre deux passés simples, alors que son personnage évolue dans l'espace, Balzac nous livre de la sorte les hypothèses d'Eugénie Grandet : « Elle grimpa lestement dans le vieil escalier pour écouter le bruit que faisait son cousin. S'habillait-il ? pleurait-il encore ? Elle vint jusqu'à la porte[83]. »

78 *La Maison du chat-qui-pelote*, *CH*, t. I, p. 74.

79 *Ibid.*

80 *Pierrette*, *CH*, t. IV, p. 98.

81 Anne Reboul, « Communication, fiction et expression de la subjectivité », *Langue française*, n° 128, 2000, p. 9-29, ici p. 9.

82 *Le Style indirect libre. Naissance d'une catégorie (1894-1914)*, textes réunis et présentés par Gilles Philippe et Joël Zufferey, Limoges, Lambert-Lucas, 2018, p. 135.

83 *Eugénie Grandet*, *CH*, t. III, p. 1106.

Si l'imparfait à valeur subjective signale cette bascule, l'interrogation peut présenter un caractère plus économique, sous la seule forme par exemple d'un infinitif à valeur délibérative, laissant à l'état implicite tout sujet grammatical : « N'était-il pas ridicule de compter sur cette ressource ? Que faire ? que devenir[84] ? » Malgré la « bi-vocalité » ou grâce à elle, le romancier se solidarise et *nous* solidarise des souffrances, des craintes, des incertitudes du personnage[85].

Cela, non sans décrochages et non sans perspective *critique*. Ainsi sont manifestées *et* dépréciées les certitudes de Montriveau : « En ces moments elle était sublime aux yeux d'Armand : elle ne feignait pas, elle était vraie, et le pauvre amant se croyait aimé. Cette résistance égoïste la lui faisait prendre pour une sainte et vertueuse créature[86]. » Certitudes indues, comme nous le savons et comme vient le confirmer le passage au psycho-récit, lissé par l'imparfait : « se croyait aimé. » Nous voilà plongés temporairement dans les illusions qui percent le personnage *puis* subrepticement flattés par le phénomène de la double énonciation. C'est de l'intérieur, en quelque sorte, qu'opèrent d'infimes traces de « dissonances[87] ». Seul l'adverbe « donc », dans cet autre extrait de *La Duchesse de Langeais* : « sur son affirmation, elle ne put retenir un mouvement de joie. Armand était à Paris, il y restait seul, chez lui, sans aller dans le monde ! Elle était donc aimée[88] », vient discréditer la logique – les croyances – de la duchesse.

---

84 *CH*, t. IV, p. 321. On rencontrera un « réalisme de la vie intérieure » (Alain Rabatel, « Les représentations de la parole intérieure », *Langue française*, n° 132, décembre 2001, p. 72-95, ici p. 84) assez comparable, à la faveur de la phrase nominale que nous soulignons ici : « Il revint vers le kiosque par la porte du parc, en marchant lentement, comme un homme affaissé. *Donc, ni paix ni trêve pour lui !* Dès ce moment il fallait commencer avec cette femme la guerre odieuse » (*Le Colonel Chabert*, *CH*, t. III, p. 366). L'effet d'oralité situe l'énoncé dans les *parages* du discours direct.

85 Étudiant la construction du DIL, Laurence Rosier parle de « *continuum* » (Laurence Rosier, *Le Discours rapporté en français. Histoire, théories, pratiques*, Paris-Bruxelles, Duculot, 1999, p. 125) ; Anna Jaubert, d'« alignement » (« Le discours indirect libre. Dire et montrer : approche pragmatique », dans *Le Style indirect libre et ses contextes*, textes réunis par Sylvie Mellet et Marcel Vuillaume, Amsterdam-Atlanta, Rodopi, « Cahiers Chronos », 2000, p. 62).

86 *La Duchesse de Langeais*, *CH*, t. V, p. 967.

87 L'image musicale est empruntée à Vološinov : « Le discours indirect libre en français en allemand et en russe » (Valentin Nikolaevič Vološinov, *Marxisme et philosophie du langage. Les problèmes fondamentaux de la méthode sociologique dans les sciences du langage* [1929], Limoges, Lambert-Lucas, 2010 ; cité dans Jean-Daniel Gollut et Joël Zufferey, *La Parole stylisée. Étude énonciative du discours indirect libre*, Limoges, Éditions Lambert-Lucas, 2021, p. 35).

88 *La Duchesse de Langeais*, *CH*, t. V, p. 1005.

Traces infimes, disions-nous : le DIL est le cheval de Troie d'une indétermination cruciale[89]. L'espace nous manque pour évoquer ce « degré zéro de l'effet de contraste[90] » qui fait souvent *communiquer* les psychés de Balzac et celles du personnage : désormais, leur périmètre semble presque se confondre. « Énonciation en surimpression[91] », écrit Sylvie Mellet. Avec des effets de dégradé presque expérimentaux, comme ici : « Elle éprouva un besoin passionné de faire quelque chose pour lui : quoi ? elle n'en savait rien[92]. » Le pronom interrogatif « Quoi ? » est ouvert, en amont et en aval, sur deux moments de psycho-récit ; il dessine comme un creux, où vient se lover, un très court instant, la voix du personnage oppressé. Mais les questions suivantes, passées au tamis du conditionnel et de l'imparfait, sont-elles le fait de Julie d'Aiglemont ou de l'écrivain ? « Elle était obligée de dévorer ses larmes. À qui se serait-elle plainte ? de qui pouvait-elle être entendue[93] ? » L'auteur de *La Comédie humaine* ne passe certes pas pour être un praticien chevronné de cette troisième forme : une vulgate critique bien établie veut que le DIL appartienne en propre à la modernité littéraire, avec pour saints patrons Flaubert et Zola. Ne donne-t-il pourtant pas raison, ici, à la thèse de Bakhtine selon laquelle « le roman [...] est l'expression de la conscience galiléenne du langage[94] » ?

Il n'est sans doute pas anodin que l'analyse psychologique puisse ainsi emprunter la voie du style indirect libre : d'abord parce qu'elle enchâsse idéalement les expressions d'un sujet en état de crise, sous forme d'éclats de langage ; ensuite parce qu'elle constitue un modèle pour figurer la vie psychique, sur le mode de la polyphonie. « Quel opéra qu'une cervelle d'homme[95] », s'exclame le médecin de *Massimila Doni* ! Ce que montrent

89 Une *première* indétermination. L'autre concerne la *nature* des éléments rapportés au DIL. Des pensées ? Une « parole intérieure », comme le voulait Victor Egger en 1881, dans son essai ainsi nommé ? Sur cette difficulté à « déterminer le type de structure interne qu'il convient d'attribuer aux états mentaux » (Claude Panaccio, *Le Discours intérieur de Platon à Guillaume d'Ockham*, Paris, Éditions du Seuil, 1999, p. 18), voir notamment Christian Puech, « Langage intérieur et ontologie linguistique à la fin du XIXe siècle », *Langue française*, n° 132, décembre 2001, p. 26-47.

90 Laurence Rosier, *Le Discours rapporté en français*, Paris, Ophrys, 2008, p. 91.

91 Sylvie Mellet, « À propos de deux marqueurs de "bi-vocalité" », dans *Le Style indirect libre et ses contextes*, *op. cit.* p. 93.

92 *Eugénie Grandet*, *CH*, t. III, p. 1077.

93 *La Femme de trente ans*, *CH*, t. II, p. 1077.

94 Mikhaïl Bakhtine, *Esthétique et théorie du roman*, Paris, Gallimard, 1978, « Du discours romanesque » (1934-1935), p. 183.

95 *Massimila Doni*, *CH*, t. X, p. 576.

les délicats clivages observés à l'instant, autrement dit, c'est peut-être la difficulté à penser l'intérieur « comme un "en *soi-même*"[96] ». Dans un article particulièrement stimulant, fondé sur l'idée bakhtinienne que « l'homme ne possède pas de territoire intérieur souverain, [qu'] il est entièrement et toujours sur une frontière[97] », Jacqueline Authier-Revuz a montré comment l'hétérogénéité *énonciative* pouvait exprimer l'hétéronomie à l'œuvre sur un plan *psychique* : s'y manifeste « l'autre dans l'un[98] », à son sens. Mais il nous paraît souhaitable d'inscrire cette possibilité théorique dans l'histoire, à la manière ou sur le modèle d'un Georges Gusdorf :

> Le moi de l'ontologie classique, épaulé par la présence divine, bénéficie d'une parfaite possession de soi, dans la jouissance de l'éternité [...]. Le moi romantique, au contraire, ne règne pas en souverain sur lui-même et sur l'univers géométrisé ; l'individualité, ici, apparaît comme un lieu habité, une zone de passage, ou un espace des confins, ouvert sur d'insondables horizons, dont les appels et fascinations exercent des tensions contradictoires à travers le territoire de la présence individuelle[99].

À lire ces quelques lignes, la nécessité apparaît bien de *contextualiser* l'hypothèse de l'hétéronomie et la difficile redéfinition du sujet romantique.

La thèse du déterminisme par le milieu est d'abord en jeu. Si les composantes de la vie intérieure en font un « lieu habité » et une « zone de passage », c'est parce qu'elles « procède[nt] des circonstances au milieu desquelles elles sont nées ; elles gardent et la physionomie des lieux où elles ont grandi et l'empreinte des idées qui ont influé sur leurs développements[100] », comme le suggère *La Recherche de l'absolu*. S'expliquent de la sorte les aspirations de Raphaël de Valentin ou de Rastignac à Paris, de Nathan dans *Une fille d'Ève*, « mordus[101] » par

---

96 « À l'intérieur ce n'est pas moi-même que je trouve » : leçon déjà essentielle de la philosophie grecque, selon Frédérique Ildefonse (*Le Multiple dans l'âme. Sur l'intériorité comme problème*, Paris, Vrin, 2022, p. 10-11).

97 Cité dans Tzvetan Todorov, *Mikhaïl Bakhtine. Le principe dialogique*, Paris, Éditions du Seuil, 1981, p. 148.

98 Jacqueline Authier-Revuz, « Hétérogénéité montrée et hétérogénéité constitutive : éléments pour une approche de l'autre dans le discours », *Documentation et recherche en linguistique allemande contemporain* (Vincennes), nº 26, 1982, p. 145.

99 Georges Gusdorf, *Les Sciences humaines et la pensée occidentale. XI : L'Homme romantique*, Paris, Payot, 1984, p. 46.

100 *La Recherche de l'Absolu*, *CH*, t. X, p. 747.

101 *Une fille d'Ève*, *CH*, t. II, p. 311-312.

l'ambition sociale, mais aussi bien celles de Mlle Gamard à Tours ou de la quasi-intégralité des personnages secondaires des *Scènes de la vie de province.* Ces personnages semblent « le produit de multiples opérations de plissements », comme l'écrit Bernard Lahire[102], dues à ce que leur « sphère[103] » d'appartenance et les « circonstances[104] » peuvent susciter en eux, fût-ce sur le mode du rejet. Leur intériorité est tout extériorité, en quelque sorte. Et leurs représentations sont ce que notre romancier appelle des « idées sociales » ou des « sentiments sociaux[105] ». Ainsi en est-il de l'amour, par exemple :

> Si les physiologistes peuvent promptement définir l'amour en s'en tenant aux lois de la nature, les moralistes sont bien plus embarrassés de l'expliquer quand ils veulent le considérer dans tous les développements que lui a donnés la société[106].

Point n'est besoin de s'arrêter longuement sur cette « psychologie sociale[107] », bien connue de la critique balzacienne.

D'autant que l'individu reste le siège d'un plissement extrêmement complexe. Les déterminations qui l'occupent sont multiples et donnent lieu à des conflits intérieurs, à des débats intérieurs, à ce que Jean-Louis Chrétien étudie au chapitre de la « psychomachie »

102 Bernard Lahire, *L'Homme pluriel. Les ressorts de l'action*, Paris, Nathan, 1998, p. 233.

103 « La sphère où il vivait eut une action positive sur Godefroid. La loi qui régit la nature physique relativement à l'influence des milieux atmosphériques pour les conditions d'existence des êtres qui s'y développent, régit également la nature morale » (*L'Envers de l'histoire contemporaine*, *CH*, t. VIII, p. 279).

104 « Les sentiments ont [...] une nature qui procède des circonstances au milieu desquelles ils sont nés » (*La Recherche de l'absolu*, *CH*, t. X, p. 747).

105 *La Peau de chagrin*, *CH*, t. X, p. 87 ; *Modeste Mignon*, *CH*, t. I, p 639.

106 *La Duchesse de Langeais*, *CH*, t. V, p. 1002.

107 Renvoyons ici à l'ouvrage fondateur de George Herbert Mead, *L'Esprit, le soi et la société* (1934), nouvelle traduction et introduction de Daniel Cefaï et Louis Quéré, Paris, Presses universitaires de France, 2006. Selon Mead, « la psychologie ne peut, en aucune façon, être une étude de la conscience seule » ; « c'est le processus social qui est responsable de l'émergence du soi » (*ibid.*, p. 98 et 213). L'inverse n'est pas moins vrai, selon Durkheim : « nous estimons que le sociologue ne s'est pas complètement acquitté de sa tâche tant qu'il n'est pas descendu dans le for intérieur des individus afin de rattacher les institutions dont il rend compte à leurs conditions psychologiques. [...] Bien loin donc que la sociologie, ainsi entendue, soit étrangère à la psychologie, elle aboutit elle-même à une psychologie, mais beaucoup plus concrète et complexe que celle que font les purs psychologues » (Émile Durkheim, *Textes. 1. Éléments d'une théorie sociale*, Paris, Les Éditions de Minuit, 1975, « Apports de la sociologie à la psychologie et à la philosophie » [1909], p. 184-185).

stendhalienne, en parlant « des tournois spirituels dont nous sommes la lice, entre vices et vertus[108] ». Balzac écrit ainsi, concernant Jules Desmarets :

> Les idées les plus contradictoires se combattaient dans son esprit, et cependant une pensée les dominait toutes. [...] il lui était impossible de transiger avec sa conscience dont la voix, grossissant en raison du forfait, correspondait aux cris intimes de sa passion[109].

Sans doute faut-il distinguer deux conceptions du « moi », lorsqu'il se présente au lecteur comme « un champ de bataille[110] » et comme une « salle de délibération[111] » : l'idée d'un « moi-nébuleuse » et l'idée d'un « moi profond[112] ». Le « moi-nébuleuse » voit aux prises plusieurs instances psychiques, situées sur un même plan, certaines devant leur existence à l'offre sociale, aux sollicitations du dehors, d'autres résistant plus ou moins, au nom de telle ou telle exigence. « Je sens bien des moi en moi[113] », avoue Mme de Mortsauf à Félix. Exemple de « moi à tiroirs[114] », extrait de *La Duchesse de Langeais* : « Pour la première fois peut-être, dans un cœur d'homme, l'amour et la vengeance se mêlèrent si également qu'il était impossible à Montriveau lui-même de savoir qui de l'amour, qui de la vengeance l'emporterait[115] ».

L'autre modèle, celui d'un « moi profond », fait l'objet d'une mise en récit particulièrement efficace en 1831, dans la *Revue de Paris* : il s'agit de *Maître Cornélius*. La fin de la nouvelle révèle l'existence, *dans* maître Cornélius, d'une pulsion de vol qui le conduit, la nuit, en état de somnambulisme, à faire disparaître lui-même ses propres richesses : « il existe des pensées auxquelles nous obéissons sans les connaître :

---

108 Jean-Louis Chrétien, *Conscience et roman, I*, *op. cit.*, p. 66 et 69.

109 *Ferragus*, *CH*, t. V, p. 878-879.

110 Sigmund Freud, *Introduction à la psychanalyse* (1917), Paris, Payot, 2001, p. 84.

111 Telle est l'expression de Maurice Halbwachs, dans un article de 1938 intitulé « La psychologie collective du raisonnement » (cité dans Bernard Lahire, *La Culture des individus. Dissonances culturelles et distinction de soi*, Paris, La Découverte, 2004, p. 713).

112 Voir Lola Stibler, « Les passions du "moi" et ses champs d'images dans la prose romanesque du second XIXe siècle », dans *Le Temps des passions. XIXe-XXIe siècles*, sous la direction de Régine Borderie et Vincent Jouve, Paris, Classiques Garnier, 2020, p. 46. S'y ajoute, selon Lola Stibler, le modèle d'un « moi-fil ».

113 *Le Lys dans la vallée*, *CH*, t. IX, p. 1136.

114 Formule de Norbert Elias, qui insiste sur la nécessité d'historiciser un tel modèle (Norbert Elias, *La Société des individus* [1939], Paris, Fayard, 1991, p. 73-78).

115 *La Duchesse de Langeais*, *CH*, t. V, p. 986.

elles sont en nous à notre insu[116]. » Notre romancier excelle ainsi dans la représentation de la mauvaise foi, en montrant comment l'on est capable de « se duper », de se gargariser de ces scrupules « jésuitique[s] », « dont les hommes se parent devant eux-mêmes », selon la formule du *Père Goriot*, « et qui leur servent à se justifier leurs actions blâmables[117] ». Le discours religieux, certains « semblants » de religiosité, ont souvent cette fonction dans *La Comédie humaine* :

> Lorsque la chambre de Charles fut faite, elles allèrent toutes deux tenir compagnie au malheureux : la charité chrétienne n'ordonnait-elle pas de le consoler ? Ces deux femmes puisèrent dans la religion bon nombre de petits sophismes pour se justifier leurs déportements[118].

Ces faux-semblants, qui ne sont plus véritablement de l'ordre du clivage psychique, servent donc une large palette de registres. Le registre est dramatique, dans *Maître Cornélius*. Il peut être satirique, comme ici, et lorsque paradent « ceux qui sentent des démangeaisons de conscience au bout des doigts[119] ». Il peut aussi être d'ordre comique, lorsque, citant le dénommé Crevel, Balzac affirme que « l'immoralité de sa situation était justifiée par des raisons de haute morale[120] ». *La Cousine Bette* serait d'ailleurs l'occasion, si l'espace ne nous était compté, de rappeler le traitement alternativement dramatique et comique que le romancier réserve aux phénomènes de transferts psychiques : l'intériorité devient souvent, dans *La Comédie humaine*, un espace de conversion entre plusieurs types de *libidos* – la libido érotique, la libido économique, la libido esthétique. Un système d'échange qui justifie la circulation de l'écrivain réaliste entre plusieurs domaines de la vie affective et de la vie sociale.

Il découle de cette « psychomachie », transformant la vie intérieure en espace dynamique et conflictuel, une *possibilité* éthique. Une simple possibilité : seules sont concernées *certaines* velléités de *certains* personnages, désireux et capables de devenir des individus à part entière. La

116 *La Femme de trente ans*, *CH*, t. II, p. 1128.

117 *Illusions perdues*, *CH*, t. V, p. 644 ; *Modeste Mignon*, *CH*, t. I, p. 622 ; *Le Père Goriot*, *CH*, t. III, p. 187.

118 *Eugénie Grandet*, *CH*, t. III, p. 1106.

119 *Le Cabinet des Antiques*, *CH*, t. IV, p. 1024. *La Muse du département* fait état d'« insensibles capitulations de conscience » (*CH*, t. IV, p. 766) ; *Modeste Mignon*, de « nettoyages de conscience » (*CH*, t. I, p. 636).

120 *La Cousine Bette*, *CH*, t. VII, p. 158.

part dévolue à l'expression de soi, à l'expression d'un soi, même et surtout d'un soi en crise, témoigne d'une revendication socialement significative : Balzac fait ainsi entendre « la voix de la conscience plutôt que la loi sociale[121] ». « La vérité du sujet[122] » serait à ce prix. Encore une fois, tous les héros, toutes les héroïnes ne s'engagent pas dans cette revendication. C'est précisément qu'une bipartition traverse le personnel du roman, lorsque « la liberté des sentiments [...] semble une violation des sentiments "normaux" et conventionnels[123] ». Citons ici, entre autres manifestations d'un romantisme balzacien, ce diagnostic de *La Femme de trente ans* :

> Arrêtez, monsieur : dit la marquise. Avec vous je serai vraie. Hélas ! je ne puis l'être désormais avec personne ; je suis condamnée à la fausseté ; le monde exige de continuelles grimaces, et sous peine d'opprobre nous ordonne d'obéir à ses conventions. [...] peut-être comprendrez-vous les cris d'une pauvre femme qui n'a laissé pénétrer dans son cœur aucun sentiment factice[124].

Cette idéalisation d'une vérité du sentiment, par où le psychologue affirme des préférences, n'est pas l'exaltation d'un « droit à la différence ». Certes la société environnante peut être tenue pour un carcan[125], surtout lorsqu'elle intime au sujet d'être transparent[126] et/ou hypocrite. Certes une telle situation peut susciter un désir d'affranchissement, ou la volonté de « se soustraire du corps social[127] ». Certes cet extrait du *Médecin de campagne* fait bien l'éloge de la *valeur* individuelle :

---

121 *Ursule Mirouët*, *CH*, t. III, p. 816.

122 Michel Condé, *La Genèse sociale de l'individualisme romantique. Esquisse historique de l'évolution du roman en France du dix-huitième au dix-neuvième siècle*, Tübingen, Max Niemeyer Verlag, 1989, p. 68.

123 Richard Sennett, *Les Tyrannies de l'intimité*, Paris, Éditions du Seuil, 1979, p. 126.

124 *La Femme de trente ans*, *CH*, t. II, p. 115.

125 Sur l'histoire de cette idée, voir Norbert Elias, *La Société des individus*, *op. cit.*, p. 69-70 et 173-177.

126 Rappelons que sous la Révolution française, la « vie privée » a essentiellement fait l'objet d'un *soupçon* généralisé, comme règne du secret et possibilité d'une sédition. Voir Lynn Hunt, « Révolution française et vie privée », dans *Histoire de la vie privée*, sous la direction de Philippe Ariès et Georges Duby, Paris, Éditions du Seuil, 1987, p. 19-46 ; Jean-Marie Goulemot, « Tensions et contradictions de l'intime dans la pratique des Lumières », dans *L'Invention de l'intimité au siècle des Lumières*, études réunies et présentées par Benoît Mélançon, Nanterre, Centre des Sciences de la littérature, Université Paris X, « Littérales », 1995, p. 13-14.

127 *L'Intimité*, études rassemblées par Lila Ibrahim-Lamrous et Séveryne Muller, Clermont-Ferrand, Presses Universitaires Blaise Pascal, 2005, p. 8.

> Maintenant, pour étayer la société, nous n'avons d'autre soutien que *l'égoïsme*. Les individus croient en eux. L'avenir, c'est l'homme social ; nous ne voyons plus rien au-delà. [...] en attendant cette régénération, nous sommes dans le siècle des intérêts matériels et du positif. Ce dernier mot est celui de tout le monde. Nous sommes tous chiffrés, non d'après ce que nous valons, mais d'après ce que nous pesons[128].

Mais *La Comédie humaine* ne s'enivre pas d'une « tendance moderne à la différenciation », diagnostiquée par exemple par Georg Simmel[129]. Que la naturalité soit une singularité, c'est une chose. Mais il ne s'agit pas précisément de cultiver cette singularité pour elle-même, de réagir à l'égalisation des conditions, à la démocratisation qui accompagne une société « de masse[130] », d'exalter une forme d'« originalité[131] », etc. Tout au plus pourrait-on faire l'hypothèse que Balzac *flirte* avec ce que Norbert Elias décrit de la manière suivante, au chapitre d'une « société des individus » :

> cet idéal du moi de l'individu humain consistant à se détacher des autres, à exister par soi-même et à rechercher la satisfaction de ses aspirations personnelles par ses propres qualités, ses propres aptitudes, ses propres richesses et ses propres performances[132].

Faut-il dès lors parler de « l'érection de l'intériorité en univers pleinement autonome[133] » ? Faut-il abonder dans le sens de Gilbert Durand, pour qui « le romanesque, parmi les nuits et les jours du devenir historique, est bien [...] ce moment crépusculaire où la littérature quitte l'éclat et l'exploit des armes pour s'enfoncer dans la nuit plus ou moins

---

128 *Le Médecin de campagne*, *CH*, t. IX, p. 430.

129 Georg Simmel, *Sociologie et épistémologie*, Paris, Presses universitaires de France, « L'individu et la société dans certaines conceptions de l'existence du XVIIIe du XIXe siècle. Exemple de sociologie philosophique » (1917), 1981, p. 155 ; voir également l'idée d'individualisme « qualitatif », dans « L'individu et la liberté » (1913), *Philosophie de la modernité. La femme, la ville, l'individualisme*, Paris, Payot, 1989, p. 293-304.

130 Selon Daniel Madelénat, « l'intimisme apparaît surtout comme une des réactions [...] à la société industrielle de masse qui engendre la ressemblance et la promiscuité » (Daniel Madelénat, *L'Intimisme*, Paris, Presses universitaires de France, 1989, p. 50).

131 « La vertu d'originalité est caractéristique du *moi* romantique. Chaque homme, de par la dotation originaire qui constitue sa personnalité, est appelé à mener une vie à sa ressemblance (Georges Gusdorf, *Les Sciences humaines et la pensée occidentale. XI*, *op. cit.*, p. 43).

132 Norbert Elias, *La Société des individus*, *op. cit.*, p. 192.

133 Georg Lukács, *La Théorie du roman* (1920), Paris, Gonthier, 1963, p. 111.

noire, selon les époques, de l'intimité du cœur[134] » ? S'il est vrai qu'un premier mouvement favorise cette autonomisation, l'expression de cette vie intérieure laisse ensuite apparaître, comme au microscope, les fissures et les clivages du moi, ouvert à des sollicitations et à des fluctuations multiples, à une « époque où la vie intime est devenue, ce qu'elle n'était pas jadis, une question sociale[135] ». Ces fissures traversent l'ensemble de *La Comédie humaine*, toutes sections confondues. Dans l'*Esthétique de la création verbale*, Bakhtine distinguait ainsi le héros classique (« je suis seulement ce que je suis déjà[136] ») et le héros romantique : « Le romantisme produit la forme même du *héros infini* » ; « ce qui lui est transcendant devenant aléatoire et disparate, privé de sa propre unité[137]. » Et dans *Esthétique et théorie du roman*, ouvrage plus tardif, le critique russe opposait à « l'homme épique », « tout entier présent, coïncidant avec lui-même, absolument égal à lui-même » et d'une « cristalline clarté », la « dynamique [moderne] de l'incompatibilité et de la discordance », qui devient celle d'un « surplus d'humanité non réalisé[138] ». Nul doute que cette opposition éclairerait d'un jour neuf le système – ou le maquis – des personnages balzaciens.

Boris LYON-CAEN
Sorbonne Université

134 Gilbert Durand, *Le Décor mythique de « La Chartreuse de Parme ». Contribution à l'esthétique du romanesque*, Paris, José Corti, 1983, p. 235.

135 *Honorine*, *CH*, t. II, p. 550.

136 Mikhaïl Bakhtine, *Esthétique de la création verbale*, Paris, Gallimard, 1984, « L'auteur et le héros dans le processus esthétique » (1924), p. 183.

137 *Ibid.*, p. 185.

138 Mikhaïl Bakhtine, *Esthétique et théorie du roman*, Paris, Gallimard, 1978, « Récit épique et roman » (1941), p. 467-468.

CINQUIÈME PARTIE

SAVOIRS ET DISCOURS FICTIONNELS

L'ARGOT DES PRISONS DE BALZAC FACE À L'ARGOTOLOGIE

Réalisme linguistique ou fantasme romanesque ?

Le développement au XIXe siècle du système pénal moderne a suscité, comme l'a montré notamment Marion Croisy[1], une profusion de discours et de pratiques (enquête hygiéniste, enquête sociale). La littérature s'inscrit au milieu de ces discours et de ces pratiques comme le lieu d'une « représentation problématisée de la prison[2] », c'est-à-dire comme un espace qui, tout à la fois, diffuse ces discours et leur répond. On sait que cette littérature au XIXe siècle est bien loin de constituer un champ distinct des savoirs de l'époque, mais la frontière entre discours littéraires et savoirs constitués sur les prisons est particulièrement poreuse. Écrivains, hygiénistes, juristes, mais aussi lexicographes se lisent et s'influencent.

La prison est envisagée par ces discours, dont certains se veulent scientifiques, comme un axe thématique plus que disciplinaire. Le langage des prisons ou l'argot des prisons (nous reviendrons sur ces nominations) n'est pas pris comme un objet d'étude en tant que tel, mais comme la manifestation annexe d'un objet plus large : les criminels, les déviants, les « bas-fonds[3] ». Il est donc majoritairement abordé de manière indirecte par ceux qui s'occupent de criminologie. La question de la langue des prisons ou des criminels (nous reviendrons également sur cette distinction ou indistinction), n'est pas abordée par la linguistique, qui n'existe pas alors en tant que science constituée, mais par

1 Cette situation s'appuie fortement sur les travaux de Marion Croisy : *La Prison dans la littérature du XIXe siècle. Représentations romanesques et imaginaire de la modernité carcérale*, thèse soutenue le 2 décembre 2016, sous la direction de Paolo Tortonese, Sorbonne Paris Cité ; « Faire parler les "grinches" : l'argot au temps de Balzac et dans *Splendeurs et misères des courtisanes* », séminaire du GIRB « Balzac et la langue », 4 mai 2018.

2 Marion Croisy, *La Prison dans la littérature du XIXe siècle*, thèse cit.

3 Voir Dominique Kalifa, *Les Bas-fonds. Histoire d'un imaginaire*, Paris, Éditions du Seuil, 2013.

d'autres approches, qui n'ont ni les mêmes buts, ni les mêmes outils, ni les mêmes méthodes.

Pourtant, quand on lit Balzac, et surtout quand on découvre le célèbre passage de *Splendeurs et misères des courtisans* sur l'argot des prisons, le développement qui s'intitule « Essai philosophique, linguistique et littéraire sur l'argot, les filles et les voleurs[4] », on se retrouve face à un discours qui a une *prétention* scientifique et linguistique. Les réflexions historiques et lexicologiques sur l'histoire de l'argot ont bien une *apparence* linguistique. Le mot lui-même apparaît dans la conclusion de la digression : « Quand on songe que le bagne se nomme *le pré*, vraiment ceux qui s'occupent de linguistique doivent admirer la création de ces affreux *vocables*, eût dit Charles Nodier[5]. » Cependant, la forte subjectivité qui se dégage du discours narratorial relève moins du discours scientifique que de l'expression d'une admiration. Témoin en est l'interpellation du narrataire pour qu'il partage non pas une connaissance, mais un ressenti : « Les syllabes qui commencent ou qui finissent, les mots sont âpres et étonnent singulièrement. Une femme est une *largue*. Et quelle poésie ! la paille est *la plume de Beauce*. Le mot minuit est rendu par cette périphrase : *douze plombes crossent !* Ça ne donne-t-il pas le frisson[6] ? » La prétention linguistique du discours est remise en cause par le ton de ce même discours.

Précisons que cette question de l'argot des prisons a déjà été étudiée par la critique balzacienne. Marion Croisy s'est principalement intéressée à la question des sources de Balzac, en essayant de distinguer ce qu'il aurait inventé et ce qu'il aurait pris de telle ou telle source. Elle a ainsi montré que Vidocq était la référence principale de Balzac. D'autres critiques ont plutôt étudié le potentiel poétique de ce parler : on pense aux travaux d'Éric Bordas et de Christine Marcandier[7]. D'autres encore ont approché ce parler par l'histoire, comme Guy Rosa qui relie la « curiosité inquiète[8] » vis-à-vis de l'argot aux changements du siècle.

4 *Splendeurs et misères des courtisanes*, *CH*, t. VI, p. 828.

5 *Ibid.*, p. 829.

6 *Ibid.*

7 Voir : Éric Bordas, *Discours et détours. Pour une stylistique de l'énonciation romanesque*, Toulouse, Presses Universitaires du Mirail, 2003, notamment p. 52-62 ; Christine Marcandier, *Crimes de sang et scènes capitales. Essai sur l'esthétique romantique de la violence*, Paris, Presses Universitaires de France, 1998, notamment p. 223-276.

8 Guy Rosa, « Essais sur l'argot. Balzac (*Splendeurs et misères des courtisanes*) et Hugo (*Les Misérables*, IV, 7) », dans *Hugo, Les Misérables*, [actes de la journée d'étude organisée par l'École doctorale de Paris-Sorbonne, 19 novembre 1994], textes rassemblés par Pierre

Notre perspective sera différente. Il s'agira d'étudier la représentation, par Balzac, de l'argot criminel dans l'espace carcéral de manière critique, dans une double perspective, balzacienne et linguistique. On parle souvent de Balzac comme d'un précurseur, voire d'un inventeur ou d'un théoricien de la sociologie[9] : peut-on étendre cette affirmation à la linguistique ? L'attention portée par Balzac à la dimension sociolinguistique des échanges discursifs, qu'il s'agisse de la différenciation sociale des discours ou de l'importance des discours dans les relations sociales, a été étudiée et reconnue[10]. Mais Balzac fait-il preuve de cette même attitude lorsqu'il s'agit du parler spécifique – et particulièrement à la mode, dans les représentations et les discours – des prisons ? L'aborde-t-il en auteur réaliste, en historien des mœurs et de la langue, en précurseur d'une démarche sociolinguistique et même argotologique ?

La critique balzacienne a l'habitude de confronter les écrits de Balzac à des auteurs et écrits qui lui sont postérieurs, notamment en philosophie et en sociologie[11]. Tentons de confronter l'argot de Balzac à l'argotologie. Cette composante de la linguistique n'existe pas encore au XIXe siècle : on peut suivre Dan Savatovsky qui estime que, même si certains écrits de la moitié du siècle peuvent être considérés comme précurseurs, ils demeurent isolés, et qu'il faut attendre les travaux de Schwob (toute fin XIXe siècle) et de Dauzat (début XXe siècle) pour parler d'une naissance de la discipline, dans le sillage de l'ethnologie et de l'anthropologie[12]. La littérature qui représente l'argot a donc précédé la linguistique argotologique – ce que cette branche de la linguistique n'a pas manqué d'étudier mais aussi de critiquer.

En effet l'argot, au XIXe siècle, s'il n'est pas un objet scientifique, est un sujet à la mode. Il est abordé aussi bien par des témoignages de personnes ayant évolué dans les prisons, qu'il s'agisse de détenus ou

---

Brunel, Mont-de-Marsan, Éditions InterUniversitaires, 1994, p. 1, en ligne sur le site du « groupe Hugo » (groupe interuniversitaire de travail sur Victor Hugo) : http://groupugo.div.jussieu.fr/groupugo/Textes_et_documents/Rosa_Argot.pdf.

9 Voir *Balzac et l'homme social*, textes réunis par José-Luis Diaz, *Revue des sciences humaines*, vol. 323, n° 3, 2016 ; *Balzac, l'invention de la sociologie*, sous la direction d'Andrea Del Lungo et Pierre Glaudes, Paris, Classiques Garnier, 2018.

10 Voir Éric Bordas, *Discours et détours*, *op. cit.*

11 On pense notamment à l'étude de Jacques-David Ebguy, « Représenter le social. Balzac avec les sociologues ? », dans *Balzac, l'invention de la sociologie*, *op. cit.*, p. 277-299.

12 Dan Savatovsky, « Naissance d'une linguistique de l'argot (1890-1920) », *Études de linguistique appliquée*, n° 118, 2000, p. 145-162.

d'administrateurs (comme Moreau-Christophe, inspecteur général des prisons en 1837, qui écrit l'article « Détenus » dans *Les Français peints par eux-mêmes*), de dictionnaires de statuts très variés, qui se répètent et se recopient sans complexe les uns les autres, d'ouvrages de para-littérature (comme les petites feuilles, les almanachs) que de la littérature proprement dite. Dans ce domaine, on pense bien entendu à Victor Hugo, qui se place en précurseur dans *Le Dernier Jour d'un condamné* (1829). Dans *Les Misérables*, des années plus tard, il souligne son audace, en déclarant qu'il a provoqué avec cette « langue des chiourmes, des bagnes, des prisons, de tout ce que la société a de plus abominable », des protestations, un « ébahissement et clameur », mais qu'il a aussi ouvert la voie à « deux puissants romanciers, dont l'un [serait] un profond observateur du cœur humain, l'autre un intrépide ami du peuple, Balzac et Eugène Sue », qui ont essuyé, selon lui, les mêmes « reproches[13] » – l'hommage est aussi un moyen de souligner que Sue et Balzac ne sont venus qu'*après*. Ces différents domaines d'écrits sont loin d'être indépendants. Les *Mémoires* de Vidocq ont ainsi inspiré des ouvrages de toutes catégories. Vidocq devient une référence et capitalise rapidement sur ce statut d'expert. Ainsi dans *Les Voleurs* répète-t-il les développements à la mode sur l'argot, et le présente-t-il comme une manifestation *forcément* énergique et pittoresque de l'âme et des désirs. Il ajoute à son ouvrage une préface, des annexes et un dictionnaire encyclopédique argot-français et français-argot.

Cependant, prolifération ne rime pas avec rigueur. La linguiste et spécialiste d'argotologie Denise François (dont les travaux datent des années 1970-1990) souligne l'effet pervers de cette circulation : les lexicographes se fient à des écrivains qui se fient à des dictionnaires qui se sont fiés à des écrits et des témoignages plus ou moins fantaisistes[14]. Contrairement aux linguistes qui cherchent à établir un véritable corpus de référence, les lexicographes du XIXe siècle font confiance à des sources écrites souvent peu fiables. Comme le dit Denise François, même les ouvrages dits de référence sont en réalité douteux. Ainsi, Vidocq qui est témoin et locuteur de l'argot aurait d'une part romancé ses mémoires pour les mettre au goût du jour et d'autre part employé plusieurs mains à ses ouvrages. L'exemple

13 Victor Hugo, *Les Misérables*, édition établie et annotée par Maurice Allem, Paris, Gallimard, « Bibliothèque de la Pléiade », 1951, p. 1002.

14 Voir Denise François, « La littérature en argot et l'argot dans la littérature », *Communication et langages*, n° 27, 1975, p. 5-27.

le plus frappant de cette circulation douteuse et souvent autotélique est la publication de dictionnaires fondés sur une œuvre littéraire, celle d'Eugène Sue. *Les Mystères de Paris* ont ainsi donné lieu au *Dictionnaire de l'argot moderne, ouvrage indispensable pour l'intelligence des « Mystères de Paris » de M. Eugène Sue* (anonyme, 1843) et au *Dictionnaire complet de l'argot employé dans « Les Mystères de Paris ». Ouvrage recueilli par M. D.* Du dictionnaire de l'argot dans *Les Mystères de Paris* au dictionnaire de l'argot tout court, le pas a été vite franchi... Établir un véritable dictionnaire de référence devient une tâche ardue, comme l'explique Lorédan Larchey, dans son *Dictionnaire historique, étymologique, anecdotique de l'argot parisien* (François Polo, 1872) : on se réfère aux romanciers, alors que les romanciers ont tenté de reproduire des textes argotiques assez artificiels. On peut citer un autre exemple plus tardif mais révélateur de cette circulation ambiguë qui ne distingue plus le vrai du faux avec *Les Enracinées* (1903), un corpus de biftons (c'est-à-dire d'écrits clandestins) publiés par Arnould Galopin, journaliste, romancier, mais aussi éditeur de correspondances et de mémoires historiques. Comme l'a montré Philippe Artières, ce corpus est sans doute un faux, mais construit à partir de véritables écrits, considérés et classés selon les principes de l'anthropologie criminelle : c'est alors un objet « à mi-chemin entre le document anthropologique et la fiction romanesque[15] ».

Il importe donc de considérer avec prudence les représentations littéraires de l'argot, d'autant plus que les discours du XIXe siècle confondent, selon l'argotologie, l'origine historique de l'argot (un parler utilisé par les malfaiteurs et les mendiants à des fins cryptiques) et la définition de l'argot, comme *la* langue de ces malfaiteurs et mendiants. L'argotologie va pour sa part définir l'argot non pas par ses locutrices et locuteurs, mais par sa « fonction cryptique » comme « la mise en œuvre de procédés qui assurent une certaine opacité aux énoncés ainsi produits[16] » en insistant sur deux points : d'une part, toute activité cryptique n'est pas forcément inquiétante et dramatique (elle peut être ludique[17]) et d'autre

15 Philippe Artières, « Les biftons. L'introuvable corpus des prisonnières », *Genre et monde carcéral. Perspectives éthiques et politiques*, sous la direction de Natacha Chetuci-Osorovitz et Patricia Paperman, Gif-sur-Yvette, MSH Paris-Saclay Éditions, 2020, p. 49-65, ici p. 57.

16 Marc Sourdot, « L'argotologie : entre forme et fonction », *La Linguistique*, vol. 38, n° 1, 2002, p. 25-40, ici p. 29.

17 Ajoutons que selon Marc Sourdot, il existe aussi le *jargot* (que Denise François appelle *argot commun*) : c'est-à-dire l'argot qui, en quittant le cycle de ses premiers utilisateurs,

part, toute activité cryptique n'est pas argotique. C'est cette fonction cryptique qui va distinguer l'argot du jargon, le jargon désignant des « parlers techniques » qui peuvent avoir un aspect « ésotérique » pour celles et ceux qui ne le connaissent pas « mais dont la fin n'est pas de masquer l'objet du discours, elle est au contraire, d'en rendre l'expression plus rigoureuse, plus spécifique[18] ». Le jargon va donc rester assez stable, contrairement à l'argot, qui se doit d'être labile s'il veut rester cryptique. Pour l'argotologie, il n'y a donc pas un seul argot (celui des malfaiteurs) mais des argots, puisque l'argot peut se développer dans toutes les communautés qui « se forgeant un langage à des fins cryptiques ou crypto-ludiques, cherchent à affirmer la solidarité de leurs membres[19] ». De plus, et c'est un point important, l'argot n'est pas une langue mais un parler. Il se limite en effet à l'aspect lexical du langage, en utilisant un lexique qui « transcode partiellement le vocabulaire commun et, par ailleurs, s'intègre, sans les perturber sérieusement, dans le système phonique et le système grammatical de la langue[20] ». La vision profondément mimétique et romantique de l'argot des écrits du XIXe siècle[21] est ainsi fortement nuancée par l'argotologie qui établit des liens plus complexes entre pensée, locuteur et langue. Ces divergences se retrouvent et se concentrent dans l'attitude de l'expert par rapport au corpus qu'il décrit. En effet, l'argotologie est une discipline descriptive qui cherche à éviter investissement affectif et prévention normative. L'argotologue est donc censé rester neutre par rapport aux faits de langue décrits ; il doit éviter aussi bien de stigmatiser que de louer tel ou tel usage.

Loin des principes de l'argotologie, la représentation de l'argot dans la littérature du XIXe siècle est marquée par la criminologie (que ce soit par sa pratique taxinomique ou sa visée morale), et traversée par

perd de plus en plus sa fonction cryptique au profit d'une fonction ludique. Voir Marc Sourdot, « Argot, jargon, jargot », *Langue française*, n° 90 : *Parlures argotiques*, sous la direction de Denise François-Geiger et Jean-Pierre Goudaillier, 1991, p. 13-27.

18 *Ibid.*

19 Denise François, « La littérature en argot et l'argot dans la littérature », art. cité, p. 5.

20 *Ibid.*, p. 6.

21 Selon Marion Croisy, on verrait, dans cette vision mimétique de la langue, l'influence de Port-Royal (Marion Croisy, « Parler en prison au XIXe siècle : la parole enfermée, un enjeu de pouvoir », dans *Le XIXe siècle et ses langues*, actes du Ve congrès de la SERD [24 au 26 janvier 2012], édités par Sarga Moussa, Paris, France, 2012, https://serd.hypotheses.org/files/2017/02/Langues-Ardourel.pdf). Nous nous permettons de différer sur ce point : le lien établi par Port-Royal entre le mot et l'idée est un lien conceptuel et logique, détaché des affects individuels.

des élans romanesques. Balzac, dans *Splendeurs et misères des courtisanes*, s'inscrit dans cette veine, en reproduisant un argot largement fantasmé.

On retrouve, dans la représentation de l'argot par Balzac, des caractéristiques qui le différencient de la linguistique argotologique. Tout d'abord, on constate une absence d'intérêt pour la constitution d'un corpus proprement dit, puisque Balzac se contente de reprendre (ou d'inventer) à partir de Vidocq. De plus, Balzac n'anticipe nullement les distinctions faites par l'argotologie. Il parle d'argot de prison aussi bien pour le langage juridique, qui relèverait plutôt du jargon (*aller à l'instruction*, *inculpé*, *prévenu*, *accusé*, *détenu*, *maison d'arrêt*, *maison de justice* ou *maison de détention*) que pour l'argot *stricto sensu* de prison[22] (*sanglier*, *poisser nos philippes*, *abouler du carbe*). Loin d'établir une taxinomie qui limiterait la place de l'argot par rapport à d'autres phénomènes langagiers comme le jargon, il entretient le flou sur les limites de l'argot qui peut désigner aussi bien le langage de la prison que des marginaux en général, voire la langue des classes populaires (celles qui frayent plus ou moins avec ces marginaux, eux-mêmes plus ou moins criminels). Mais surtout, à l'instar de ses contemporains, Balzac considère l'argot non pas comme un parler parmi d'autres mais comme une langue spécifique, déviante, marginale, considérée à la fois comme un reflet de celui qui la parle (le criminel) et comme un facteur de corruption. Il partage la vision de l'argot comme une langue mimétique, qui exprimerait sans détours l'âme de celui qui parle, une âme simpliste, entièrement tournée vers la criminalité. La brutalité de la langue argotique exprimerait ainsi le fonctionnement psychique du criminel : on serait presque tentée de dire que style langagier et style de vie[23] se rapprochent déjà, mais de manière binaire, sous la plume de Balzac : « Les novateurs modernes écrivent des théories pâteuses, filandreuses et nébuleuses, ou des romans philanthropiques ; mais le voleur pratique ! il est clair comme un fait, il est logique comme un coup de poing. Et quel style[24] !… » Enfin, on

22 Il n'est d'ailleurs pas toujours cohérent d'une œuvre à l'autre. Marion Croisy note, dans sa thèse, que le terme *curieux*, qui signifie le juge d'instruction, est employé par Vautrin dans *Le Père Goriot* sans être désigné comme argotique (et sans italiques) tandis que dans *Splendeurs et misères des courtisanes* ce même terme relève de ce que le narrateur appelle « l'argot des prisons ».

23 Voir Marielle Macé, *Styles. Critiques de nos formes de vie*, Paris, Gallimard, « NRF essais », 2016.

24 *Splendeurs et misères des courtisanes*, *CH*, t. VI, p. 830-831.

retrouve une fascination pour l'argot, pour ses effets et notamment pour sa dimension imagée (« qu'est-ce que l'expression se coucher, comparée à se *piausser*, revêtir une autre peau. Quelle vivacité d'images[25] ! »). La posture de Balzac fait écho à celles d'autres discours du XIXe siècle. *Les Mystères de Paris (*1842-1843) s'ouvrent sur un mot d'argot : « Un *tapis-franc*, en argot de vol et de meurtre, signifie un estaminet ou un cabaret du plus bas étage[26]. » Si cette première phrase a une allure lexicographique, les considérations sur cet argot qualifié de « langue immonde », « langage mystérieux, rempli d'images funestes, de métaphores dégoûtantes de sang », comparé à la « langue pittoresque, poétique[27] » des sauvages jouent bien sur la frontière ambiguë entre l'attrait et le dégoût. On retrouve le même vocabulaire sous la plume de Hugo lorsqu'il déclare que « c'est toute une langue entée sur la langue générale comme une espèce d'excroissance hideuse, comme une verrue » et qu'il ajoute : « partout, à chaque instant, des mots bizarres, laids et sordides[28]. » Balzac use du même ton dramatique pour représenter ce parler à grand renfort de termes hyperboliques et subjectifs, propres à créer de fortes émotions chez le lecteur : « Chaque mot de ce langage est une image brutale, ingénieuse ou terrible » ; « tout est farouche dans cet idiome[29]. » Nous sommes très loin de la démarche descriptive de la linguistique.

Cette fascination pour l'argot comme lexique coloré, imagé, brutal, est dominante dans le célèbre développement métalinguistique de *Splendeurs et misères des courtisanes*. Cependant, Balzac va au-delà de cet aspect lexical lorsqu'il met en scène l'argot comme langue qui développe une communication spécifique. En effet, dans « La dernière incarnation de Vautrin » Balzac expose la nécessité de l'aspect cryptique de l'argot. L'argot serait une langue opaque parce qu'empêchée : elle doit donc surmonter ces empêchements par le code cryptique pour être efficace. Jacques Collin parle argot parce que, dès qu'il met un pied en prison, il est observé : il doit donc parler (ou écrire) sans être compris

---

25 *Ibid.*, p. 829.

26 Eugène Sue, *Les Mystères de Paris*, ouvrage publié sous la direction de Judith Lyon-Caen, Paris, Gallimard, « Quarto », 2009, p. 35.

27 *Ibid.*

28 Victor Hugo, *Le Dernier Jour d'un condamné* (1829), préface de Robert Badinter, commentaires et notes de Guy Rosa, Paris, Librairie générale française, « Le Livre de poche classique », 1989, p. 70-71.

29 *Splendeurs et misères des courtisanes*, *CH*, t. VI, p. 828-829.

de ceux qui l'écoutent et l'observent, ou même parler sans qu'on puisse voir qu'il parle. Crypter devient vital dans un milieu où tout signe est « périlleux comme entre Sauvages qui s'observent pour se découvrir et se tuer[30] ». « La dernière incarnation de Vautrin » met ainsi en scène la façon dont le langage peut s'adapter à un lieu de surveillance et/ou d'empêchement du langage par la multiplication des langages ou des moyens de communication. Ainsi, contrairement à Lucien qui parle (et écrit) exactement de la même manière qu'à l'extérieur (au lieu de se taire comme le lui recommande Vautrin), Vautrin multiplie les langages. S'il écrit à Lucien un mot « en bon français », il prend, pendant son premier interrogatoire, le langage du prêtre qui « baragouine le français[31] ». Face à Camusot, il parle « le français comme une vache espagnole », en prêtant attention à son langage para-verbal (« les yeux, l'accent, un tressaillement dans la face, la plus légère touche de coloris[32] »). Vautrin ne se contente pas de manier l'argot de prison avec les détenus, il crée un « argot de l'argot » : il recrypte des langages argotiques pour créer un code restreint spécifique à certains interlocuteurs choisis, ce qui en fait un « chiffre diplomatique appliqué au langage[33] ». Ainsi Asie communique-t-elle avec lui par des sons qu'on peut prendre d'abord pour un « cri sauvage » de marchande parisienne qui module des « onomatopées compréhensibles seulement pour les Parisiens » (premier argot) mais qui sont recryptées grâce à un « patois de convention mêlé d'italien et de provençal corrompus » (argot de l'argot). Vautrin n'est pas le seul à développer cet « argot de l'argot » : La Pouraille et La Biffe ont développé entre eux des codes élaborés, verbaux, des mots de passe verbaux (« *Sorgue à Pantin* » « *Fonbif* ») et non verbaux (le fait de montrer « une *thune de cinq balles* (pièce de cinq francs[34]) »). L'argot est donc bien représenté par Balzac comme un langage cryptique, mais de manière très feuilletonnesque. Car malgré les contraintes de l'univers carcéral et les protestations des surveillants (le « Madame, on ne communique pas ainsi[35] ! » lancé à une Asie déguisée qui se précipite vers Vautrin), Vautrin arrive à communiquer avec une multitude d'interlocuteurs. Il

30 *Ibid.*, p. 746.
31 *Ibid.*, p. 732 et 714.
32 *Ibid.*, p. 746.
33 *Ibid.*, p. 732 et 864.
34 *Ibid.*, p. 872.
35 *Ibid.*, p. 864.

communique avec Asie pendant son trajet jusqu'à la prison, elle arrive à lui parler deux fois alors qu'il est au Secret, les gardes n'écoutent pas ce que Collin dit en argot aux autres prisonniers et sont déstabilisés très facilement par les autres langages cryptiques de Collin qui ne semblent pourtant pas d'une complexité excessive. L'argot commun à Asie et à Collin consiste en effet à « donner des terminaisons en *ar* ou en *or*, en *al* ou en *i*, de façon à défigurer les mots, soit français, soit d'argot, en les agrandissant[36] » et Collin s'adresse à Théodore… en italien. Vautrin communique aussi facilement qu'il sort de et rentre en prison.

Cet aspect cryptique n'est d'ailleurs pas, malgré les apparences, spécifique à l'argot dans le monde de *Splendeurs et misères des courtisanes*. Tous les parlers sont cryptiques. Ainsi, dans « La dernière incarnation de Vautrin » les passages sur les parlers argotiques et cryptiques de Vautrin alternent avec les parlers de classes sociales quelquefois bien éloignées du monde de la prison, mais qui communiquent de manière tout aussi cryptique. Le langage juridique est un langage cryptique, que seuls ses initiés peuvent manier. Camusot sait parler le « langage de l'instruction » ; il a quelquefois sur les lèvres « un de ces sourires qui n'appartiennent qu'à eux [aux magistrats], comme celui des danseuses n'est qu'à elles[37] » même s'il ne sait pas comprendre le discours crypté, plus politique, de Grandville. Le langage mondain est lui aussi un langage codé et cryptique. Quand Mme Camusot raconte son entrevue avec Mme d'Espard à son mari qui s'en effraie, elle le rassure en expliquant : « Un tiers aurait pu nous entendre, il n'aurait pas su ce dont il s'agissait. La marquise et moi, nous avons été l'une et l'autre aussi délicieusement hypocrites que tu l'es avec moi dans ce moment[38]. » Mme d'Espard est la reine de ce langage codé, qu'elle applique au domaine galant, elle qui a écrit cent billets doux sans qu'on puisse y trouver « une phrase qui la compromette[39] ». L'exemple le plus révélateur de cette omniprésence de la communication cryptique, y compris dans les sphères les plus hautes de la société, est peut-être le code partagé par le duc de Chaulieu et le duc de Grandlieu : « Le duc donna sa carte pliée d'une certaine manière. Quand ces deux amis intimes éprouvaient besoin de se voir à l'instant pour quelque affaire

36 *Ibid.*
37 *Ibid.*, p. 271.
38 *Ibid.*, p. 720-721.
39 *Ibid.*, p. 880.

pressée et mystérieuse qui ne permettait pas l'écriture, ils s'avertissaient ainsi l'un l'autre[40]. » Et le narrateur de commenter : « On voit qu'à tous les étages de la société, les usages se ressemblent, et ne diffèrent que par les manières, les façons, les nuances. Le grand monde a son argot. Mais cet argot s'appelle *le style*[41]. » De fait, il s'agit bien de trouver un code, cette fois sémiotique, pour assurer une communication cryptique. Ce jeu de parallèles et d'inversions entre mondes sociaux est omniprésent dans cette partie de *Splendeurs et misères des courtisanes* : les filles écrivent comme des duchesses, les duchesses comme des filles, les forçats sont animés par leurs *largues* et leur *aubert*, tout comme les bourgeois et les aristocrates : Camusot pense à son statut et à son avancement (*l'aubert*), Cersiy, Grandville et Chaulieu essaient de sauver la réputation (ou la vie) de leurs *largues*, le cumul de ce jeu de renvois dans ce monde finalement interchangeable étant, bien entendu, le face-à-face entre Vautrin et Corentin et la « dernière incarnation de Vautrin » qui passe de forçat à chef de la police. Ce jeu d'inversion carnavalesque est assez proche de la vision romantique (et/ou terrifiée) du monde de la pègre, comme représentant paradoxalement et tout à la fois l'autre, le radicalement différent, et le même. Moreau-Christophe écrivait ainsi : « Dans la vie libre, la classe nombreuse des voleurs n'a rien qui la distingue des honnêtes gens, dans ses habitudes extérieures, dans son langage, dans son éducation, dans ses relations, dans son allure[42]. » Finalement, dans ce jeu d'oppositions et de similitudes entre des entités binaires, on perd toute idée de singularité communicationnelle spécifique à la prison.

Les études qui décrivent la représentation de l'argot dans *Splendeurs et misères des courtisanes* comme réalistes d'un point de vue linguistique, c'est à dire authentiques, nous semblent problématiques[43]. Ni la méthode, ni les caractérisations, ni la représentation de Balzac ne semblent linguistiques au sens scientifique du terme : on ne peut pas dire qu'il s'agisse d'une retranscription exacte d'un parler historique authentique. Nous

40 *Ibid.*, p. 882.

41 *Ibid.*

42 Louis Mathurin Moreau-Christophe, « Détenus », dans *Les Français peints par eux-mêmes*, Paris, Curmer, t. IV, 1844, p. 8.

43 Voir par exemple Louis Bergès, « Balzac et l'argot : enjeux littéraires autour du roman populaire », dans *La Communication littéraire et ses outils : écrits publics, écrits privés*, sous la direction de Bernadette Cabouret, Paris, Éditions du Comité des travaux historiques et scientifiques, 2018, p. 41-61, http://books.openedition.org/cths/4055.

partageons l'avis d'Alain Vaillant selon lequel « l'emploi de l'argot [...] ne vise pas à l'illusion réaliste (ce qu'il ferait bien mal, à vrai dire[44]) ». On peut également suivre Eliza James Smith lorsqu'elle déclare : « *Whether the slang documented in nineteenth-century France memoirs, novels and dictionaries was authentic really did not matter, as it instead served a larger literary purpose*[45]. » Quel est alors ce projet littéraire plus conséquent ?

La fonction première, et la plus évidente, de l'argot est d'avoir ce que Eliza James Smith appelle un rôle d'*indexation* pour identifier et caractériser les personnages de la pègre[46]. L'argot est la langue des criminels et des prisonniers, quand ces prisonniers appartiennent aux classes populaires. Ainsi, l'argot de prison n'est jamais mentionné dans *Ursule Mirouët* à propos de Savinien de Portenduère, pourtant bien en prison pour dettes. Ce glissement contribue à entretenir la confusion entre argot et langage populaire[47]. Le lectorat de l'époque peut ainsi les reconnaître via une représentation qui lui semble *réaliste*, puisqu'elle est présentée comme réelle et qu'elle semble correspondre à une menace actuelle, même si elle n'est pas forcément *authentique*. Cependant, ce rôle d'indexation ne doit pas oblitérer la dimension poétique de l'argot. Cette dimension a été abondamment soulignée par la critique, balzacienne[48] et non : Denise François souligne à quel point, quand il s'agit de représentation de l'argot, les questions de vérité et d'authenticité peuvent être laissées de côté au profit d'une recherche

44 Alain Vaillant, « Des Mystères de la foi aux mystères de la ville : genèse d'un mythe moderne », dans *Autour de Vallès*, n° 43 : *Les Mystères urbains au XIXe siècle : le roman de l'histoire sociale*, sous la direction de Corinne Saminadayar-Perrin, 2014, p. 24.

45 « La question de savoir si l'argot représenté dans les essais, romans et dictionnaires du XIXe siècle était authentique ou non n'avait pas vraiment d'importance, car cet argot était au service d'un projet littéraire plus conséquent. » (Eliza Jane Smith, *Literary slumming. Slang and Class in nineteenth-century France*, New York, Lexington Books, 2021, « Introduction », p. 3.) Nous traduisons.

46 Cette indexation pouvant évoluer avec le temps puisqu'elle finit par désigner, sous la plume de Hugo non plus seulement la pègre mais les pauvres, ne provoquant pas seulement la peur mais aussi la pitié (*op. cit.*, p. 252-253). Voir également, Eliza Jane Smith, « Argot, flash et slang : ordres indiciels dans les Mystères de Paris et de New York (Eugène Sue, Ned Buntline, Jules Lermina) », dans *American Mysterymania*, sous la direction de Catherine Nesci, avec la collaboration de Devin Fromm, *Médias 19*, https://www.medias19.org/publications/american-mysterymania/argot-flash-et-slang-ordres-indiciels-dans-les-mysteres-de-paris-et-de-new-york-eugene-sue-ned-buntline-jules-lermina.

47 Voir Denise François, « La littérature en argot et l'argot dans la littérature », art. cité.

48 Voir Éric Bordas, *Discours et détours*, *op. cit.*, et Christine Marcandier, *Crimes de sang et scènes capitales. Essai sur l'esthétique romantique de la violence*, *op. cit.*

lyrique, et quelquefois ludique. Si l'argot se définit par l'image et par le jeu des sonorités, il se rapproche alors forcément d'un certain type de compétence littéraire. Représenter l'argot des prisons et des malfaiteurs met en valeur la compétence poétique de l'auteur, qui sait reproduire mais aussi représenter, voire créer dans le parler argotique. De fait, les images se succèdent en cascade sous la plume de Balzac : on songe à la métaphore filée qui relie l'exécution capitale (« faucher ») au bagne (« le pré[49] »). Pour représenter le fonctionnement de la langue argotique (censée être à l'image de celui ou celle qui la parle), Balzac choisit le son ou l'image, qui provoque à son tour une image dans l'âme de celui qui l'écoute. Ainsi l'écrivain nous invite-t-il, avec le mot *fafiot* (billet), à entendre « le bruissement du papier de soie », avec l'expression *jouer des dominos* (manger) à imaginer « comment mangent les gens poursuivis », avec le mot *pioncer* (dormir), à nous figurer le voleur comme une « bête traquée, fatiguée, défiante[50] ». Comme le dit Eliza James Smith dans ses analyses sur l'« argotier comme poète » (« *slang speaker as a poet*[51] »), par un jeu de mise en abyme, l'argot devient alors un prétexte pour que l'auteur puisse montrer son propre talent – prétexte qui n'annule aucunement les ambiguïtés du rapport à l'argot, à la fois critiqué comme manifestation de la criminalité, et loué comme expression poétique : Balzac ne parle-t-il pas « d'affreuse poésie[52] » ?

Certains critiques vont taxer ces représentations de voyeurisme, considérant que ces auteurs jouent sur une exotisation facile pour provoquer un frisson littéraire tout aussi facile du côté du lecteur bourgeois. C'est l'analyse d'Eliza James Smith dans une perspective socio-linguistique qui met en parallèle le *slumming* (qu'on pourrait traduire par l'encanaillement) matériel (le fait, pour des bourgeois, de fréquenter des lieux populaires mal famés) et ce qu'elle appelle le *literary slumming* : une descente fictive, grâce à la littérature, dans les bas-fonds de la société. Selon la chercheuse, l'utilisation de l'argot est une manière, pour des auteurs bourgeois issus de classes dominantes, de procurer une expérience à ces mêmes classes dominantes, au détriment des classes dominées : « L'apparition de l'argot au dix-neuvième siècle, dans la

49 *Splendeurs et misères des courtisanes*, *CH*, t. VI, p. 829.

50 *Ibid.*

51 Eliza Jane Smith, *Literary slumming*, *op. cit.*, p. 142. Nous traduisons.

52 *Splendeurs et misères des courtisanes*, *CH*, t. VI, p. 828.

littérature française et américaine, est un processus double : issu des classes populaires, il est mis en œuvre par les classes supérieures[53]. » On pourrait plutôt dire qu'il est présenté comme issu des classes populaires (illusion réaliste, effet d'indexation), mais qu'il est réécrit, réinventé, fantasmé par les classes écrivantes. Selon Eliza James Smith, l'auteur qui représente l'argot se donne le beau rôle en se présentant comme courageux ou hors-norme puisqu'il représente un langage subversif (contre les normes du langage littéraire et les standardisations du dictionnaire) tout en jouant, en réalité, sur plusieurs tableaux, puisqu'il prend garde à dénoncer l'argot tout en l'utilisant, à ne l'utiliser qu'avec parcimonie et uniquement à l'écrit, à le cantonner aux parlers de certains personnages, à l'étiqueter de manière réductrice, bref, à le domestiquer. La critique écrit ainsi : « [En] dépit de la dénonciation qu'en font nos auteurs dans leurs œuvres respectives, l'usage de l'argot en littérature soutient leur écriture[54]. » L'analyse du métadiscours balzacien sur l'argot peut appuyer cette hypothèse. De fait, lorsque Balzac évoque la mode de l'argot, il peint une mode qui atteint les classes supérieures et qui ressemble fort à un encanaillement facile : il nous parle de cet argot « que la littérature a, dans ces derniers temps, employée avec tant de succès, [...] plus d'un mot de cet étrange vocabulaire a passé sur les lèvres roses des jeunes femmes, a retenti sous les lambris dorés, a réjoui les princes, dont plus d'un a pu s'avouer *floué*[55] ! » On voit bien ce qu'on pourrait appeler un processus de *mainstreamisation* d'un parler qui passe des classes populaires aux classes supérieures (les femmes aux lèvres roses et les princes sous les lambris dorés), d'une langue secrète et dangereuse à une langue esthétique et ludique, bref à ce qu'on pourrait nommer, en reprenant Bourdieu[56], une forme distinguée du langage populaire, même et surtout aux yeux des dominants. La considération sur le rôle de la littérature dans cette mode langagière paraît ici assez critique et ironique : Balzac semble dénoncer ce qu'il s'apprête à faire lui-même. Est-ce une manière pour lui de sacrifier à cette vogue, tout en disant qu'il n'en est pas dupe ? Cède-t-il vraiment à une simple mode

53 Eliza Jane Smith, « Argot, flash et slang : ordres indiciels dans les Mystères de Paris et de New York (Eugène Sue, Ned Buntline, Jules Lermina) », art. cité.

54 *Ibid.*

55 *Splendeurs et misères des courtisanes*, *CH*, t. VI, p. 828.

56 Pierre Bourdieu, « Vous avez dit "populaire" ? », *Actes de la recherche en sciences sociales*, n°46, mars 1983, p. 98-105, ici p. 101.

commerciale ? Eliza James Smith insiste sur la fonction économique de cette représentation de l'argot : participer à cette *mysterymania*[57], ce qui implique représenter l'argot[58], se poser en guide qui va permettre l'initiation du lecteur bourgeois au mystérieux langage des criminels[59], c'est aussi chercher à mieux vendre ses livres et à gagner de l'argent. On peut d'ailleurs s'interroger sur le choix du mot argotique représenté dans le passage de Balzac que nous avons cité : *floués*. Il s'agit *a priori* de discours rapporté qui illustre la manière dont l'argot est employé par les princes eux-mêmes. Mais ne sont-ils pas eux-mêmes *floués* par cette mode ? Et ne représentent-ils pas le lecteur bourgeois qui se fait *flouer* par les raccourcis et les facilités de cette mode littéraire ? Si nous prenons au sérieux le caractère linguistique de cette représentation, ne sommes-nous pas en train d'être *floués* ?

Au-delà de cette fonction poétique (dans l'œuvre) et de fonction économique (de l'œuvre), on peut se demander quelle est la fonction politique de l'argot. La représentation de l'argot comme langue autre, comme la langue de l'autre, semble foncièrement réactionnaire, car elle sépare le lecteur de l'objet de sa lecture. Même si l'autre peut nous ressembler, même si on peut, parcimonieusement, dans les classes supérieures, parler comme l'autre, le locuteur argotique, il ne s'agit jamais de parler *avec* cet autre un langage commun mais de surprendre ce langage. Dans ce dispositif, le lecteur ressemble à Gringoire dans *Notre Dame de Paris*, il frissonne (délicieusement) à l'idée d'entrer « dans le royaume d'argot sans être argotier[60] ». La représentation d'un parler, l'argot, comme une langue étrangère exotique, ne permet pas de complicité ou de communauté politique. Cette représentation de l'« affreuse poésie » de l'argot évoque ce que disait Jean-Claude Vareille du roman populaire (qu'il différencie du roman populiste, prolétarien ou misérabiliste)

57 Sur ce point, voir Marie-Ève Thérenty, « *Mysterymania*. Essor et limites de la globalisation culturelle au XIXe siècle », *Romantisme*, 2013, vol. 160, n° 2, p. 53-64.

58 Sur la multiplication des « Mystères » et leur représentation de l'argot, voir Matthieu Letourneux, « Les "mystères urbains", expression d'une modernité énigmatique » [communication à la journée *Alla ricerca delle radici popolari della cultura europea. Looking for the Roots of European Popular Culture*, Bologne, 2009], *Ilcorsaronero* (Reggio Emilia), n° 13, mars 2011, p. 32-43.

59 Sur ce point, voir Alain Vaillant, « Des Mystères de la foi aux mystères de la ville : genèse d'un mythe moderne », art. cité.

60 Victor Hugo, *Notre-Dame-de-Paris* (1831), texte établi, présenté et annoté par Jacques Seebacher et Yves Gohin, Paris, Gallimard, « Bibliothèque de la Pléiade », 1975, p. 86.

comme « genre aristocratique » : il « ne cultive pas les demi-teintes, il ne travaille pas dans des nuances qui impliqueraient un flottement ; il vole d'emblée aux extrêmes[61] ». On peut d'ailleurs remarquer que les auteurs progressistes renoncent souvent à cette représentation fantasmée et exotisante de l'argot. Le décalage est net entre *Les Mystères de Paris* (roman-feuilleton teinté de socialisme paternaliste) et *Les Mystères du peuple* (roman qui se veut clairement révolutionnaire) d'Eugène Sue. Comme le dit Matthieu Letourneux, dans *Les Mystères du peuple*, « [l]e peuple n'est plus le sujet du récit, il en est devenu l'acteur principal[62] ». Ce peuple s'élargit d'ailleurs, puisqu'il n'est pas réduit à quelques figures emblématiques, mais qu'il regroupe aussi bien des artisans, des ouvriers, que paysans. Or si *Les Mystères de Paris* s'ouvrent sur un parler argotique étranger, au début des *Mystères du peuple*, le narrateur prend soin de « traduir[e[63]] » le bas-breton employé par le garçon de magasin Gildas Pakou. Ce langage, qui est davantage représenté comme mythique (puisqu'il est lié à « l'ancienne langue gauloise », et qu'il permet donc de retracer la généalogie d'un peuple en lutte) que comme exotique, n'est pas reproduit, mais est traduit, pour éviter tout effet de distanciation du lecteur. On peut également citer le cas de Dumas qui, dans *Les Mohicans de Paris*, cherche à se détacher aussi bien du Sue des *Mystères de Paris* que de Fenimore Cooper en refusant, selon l'expression de Corinne Saminadayar-Perrin, le « clivage de l'argot » qui assimile peuple et criminalité. Dans *Les Mohicans de Paris*, « la parole du peuple est familière, volontiers imagée, voire marquée par les accents régionaux [...] mais jamais enfermée dans l'enfer linguistique de l'abjection et du crime[64] », c'est-à-dire jamais associée à l'argot.

Bon nombre de textes littéraires qui intègrent l'argot se réclament d'une érudition linguistique, mais il faut voir, au-delà de cette posture, l'exploitation de l'argot comme support de fantasmes (qui plaisent au lectorat), comme jeu poétique avec le langage mais aussi comme gage

---

61 Jean-Claude Vareille, *Le Roman populaire français (1789-1914). Idéologies et pratiques*, Limoges, Presses universitaires de Limoges, Québec, Édition Nuit blanche, 1994, p. 84.

62 Eugène Sue, *Les Mystères du peuple ou Histoire d'une famille de prolétaires à travers les âges*, édition établie et présentée par Matthieu Letourneux, Paris, Robert Laffont, 2003, « Préface », p. XV.

63 *Ibid.*, p. 4.

64 Corinne Saminadayar-Perrin, « Une réécriture critique des *Mystères de Paris* : les *Mohicans de Paris* », *Autour de Vallès*, n° 43, 2014, p. 68.

de succès économique. Balzac n'est pas en reste : il s'agit bien moins pour le romancier de faire preuve d'un véritable travail linguistique sur l'argot que de transformer l'argot en langage romanesque. Sa représentation de l'argot des prisons n'entretient pas d'illusion réaliste, qu'il s'agisse de l'aspect lexicographique du langage ou de sa représentation comme moyen de communication. *La Fille Élisa* des frères Goncourt, paru en 1877, propose une approche bien plus originale du langage en détention. En effet, cet ouvrage se distingue, comme le note Marion Croisy, par le refus d'une représentation d'un argot pittoresque : la prison n'est plus le lieu d'un langage coloré, mais au contraire, d'une absence de communication, due à une politique de coercition par le silence[65].

La fascination pour les langages dits marginaux n'est pas spécifique au XIXe siècle. D'une part, on peut noter qu'on retrouve des clichés et des indistinctions semblables concernant les « parlers jeunes » : le lexique est fréquemment confondu avec la langue, le parler oral avec le parler populaire voire avec le parler criminel ou tout au moins marginal. Ces « parlers jeunes » confondus avec un « langage jeune » (qui est souvent réduit à un langage urbain et populaire) peuvent aussi bien être stigmatisés dans la vie quotidienne qu'être un facteur de succès commercial en littérature[66]. D'autre part, les parlers dans les prisons continuent à être désignés comme des argots, et à être décrits très majoritairement via l'angle de l'exotisme lexical. On peut ainsi citer le livre *L'Argot des prisons. Dictionnaire du jargon taulard et maton du bagne à nos jours* (Horay, 2012) de Jean-Michel Armand, un ancien agent pénitentiaire, qui témoigne bien moins d'un travail lexicographique que d'une expérience personnelle, mais qui est salué par la journaliste Laurence de Charette dans *Le Figaro* comme un livre sachant illustrer un langage carcéral « cru et fleuri » « imagé, parfois cocasse[67] » et qui est rapproché par la sociologue Audrey Higelin dans

65 Voir Marion Croisy, *La Prison dans la littérature du XIXe siècle*, thèse cit.

66 On peut renvoyer ici aux analyses de Chantal Wionet sur la place de l'argot dans la littérature dite « de banlieue » : « Le réalisme tient lieu d'argument, l'argot de preuve » (Chantal Wionet, « Une littérature de banlieue ? Cherchez la langue », dans *La Langue littéraire à l'aube du XXIe siècle*, sous la direction de Cécile Narjoux, Dijon, Éditions Universitaires de Dijon, 2010, p. 127).

67 Laurence De Charette, « Prison : le langage cru et fleuri des détenus passé au crible », *Le Figaro*, 15 novembre 2012 [https://www.lefigaro.fr/actualite-france/2012/11/15/01016-20121115ARTFIG00435-prison-le-langage-cru-et-fleuri-des-detenus-passe-au-crible.php].

un compte rendu… des *Mystères de Paris*[68]. Même dans un livre bien plus subtil comme *Prison* de François Bon (auteur qui a l'habitude de mener des ateliers d'écriture dans des lieux dits marginaux et d'en tirer des ouvrages), on remarque une tendance à mettre d'abord en avant le mot exotique, qui fait taulard – un peu, encore une fois, à la manière des *Mystères de Paris*. Le premier mot mis en valeur par le texte est le mot *planté* (langage criminel), le deuxième est le mot *squat*[69] (langage marginal et populaire). Certes, le texte est très loin de s'arrêter à ces mots. Mais on peut déplorer que la prison reste, dans l'imaginaire commun et les représentations dominantes, moins vue comme un lieu d'échanges multiformes que comme un lieu exotique. Pour saisir la spécificité des parlers du monde carcéral, il convient d'abord, paradoxalement, de les considérer comme des parlers parmi d'autres, et non comme un langage forcément *autre*.

Laélia VÉRON
Université d'Orléans
(Laboratoire POLEN)

68 Voir Audrey Higelin, « Jean-Michel Armand, *L'Argot des prisons. Dictionnaire du jargon taulard et maton du bagne à nos jours* », *Criminocorpus*, 23 novembre 2015 [http://journals.openedition.org/criminocorpus/3069].

69 Voir François Bon, *Prison*, Lagrasse, Verdier, 1997, p. 7 *sqq*.

PHYSIOLOGIE DU CAMÉLÉON

La nécessaire pluridisciplinarité du narrateur balzacien

Affirmer que Balzac s'inscrit dans une approche pluridisciplinaire de la connaissance et qu'il doit, pour remplir son ambitieux programme de description des mœurs et du monde social, piocher hardiment dans tous les champs du savoir, relève désormais de l'évidence. Mais peut-être est-il important, maintenant que nous avons largement déployé l'éventail des savoirs convoqués dans ses récits, de rappeler que chez lui cette pluridisciplinarité n'est pas qu'une juxtaposition. Les différents types de savoir sont amenés, dans ses textes, à se mêler, à s'articuler, à travailler ensemble. Deux conséquences à ce constat. Globalement, ce parti pris montre chez Balzac un refus de se spécialiser : le romancier doit rester un généraliste. Localement, les différents mélanges de savoirs, leur dosage variable, donnent au texte différentes couleurs.

Dans *L'Envers de l'histoire contemporaine*, Godefroid est invité par M. Bernard et fait la connaissance de sa fille, Vanda. La maladie qui la prive de tout, et réduit notamment sa mobilité corporelle, amène son expressivité à se concentrer essentiellement sur son visage, son port de tête, ses yeux, et jusqu'au détail de sa peau qui semble traduire ses émotions et rendre, dit le narrateur : « la pensée visible. » Il poursuit ainsi : « Les variations du teint, qui changeait de couleur comme le fabuleux caméléon, rendaient l'illusion, ou si vous voulez ce mirage, complet[1]. » La comparaison est certainement de celles qui ont fait sursauter les lecteurs, tant l'association entre la malheureuse jeune fille et le saurien aux yeux globuleux ne va pas de soi. Mais ce qui m'intéresse dans ce passage, c'est tout d'abord que le narrateur, pour traduire ce que ressent son personnage, y convoque conjointement deux champs

1 Honoré de Balzac, *L'Envers de l'histoire contemporaine*, *CH*, t. VIII, p. 371.

du savoir : physiologie et histoire naturelle. D'autre part, les notions de « variation », et d'« illusion » qu'il associe à cet animal « fabuleux », c'est-à-dire lié aux fables, donnent à cette phrase une forte dimension métatextuelle. Il est donc bien tentant de faire du caméléon un animal totem de *La Comédie humaine.*

C'est d'autant plus tentant que Balzac, dans une lettre de 1835, s'est lui-même identifié à l'animal. Il écrit à Constance Aubert une brève lettre destinée à son album, où il s'amuse à changer de ton, de style, d'orthographe et de calligraphie. Il la signe ainsi : « Honoré de Balzac, doué d'une grande puissance caméléonesque en fait d'escripteure drolatique et aultres, ains votre dévouez serviteur pour le demourant de ses jours[2]. » C'est cette « puissance caméléonesque » que je voudrais ici explorer, afin de me demander comment, et dans quels buts, dans *La Comédie humaine*, le discours du narrateur se *colore* de différents savoirs. En effet, Balzac travaille et expérimente beaucoup en la matière, alors même que la critique l'attaque souvent sur ce point, formulant des reproches qu'Eugène Poitou résume en ces termes dans un article de 1856 dans la *Revue des deux mondes* :

> Sa langue est surchargée de formules scientifiques, bigarrée de couleurs criardes. Tout cela tourne et éblouit comme un kaléidoscope, tout cela fait l'effet d'un de ces cabinets de curiosités et de bric-à-brac qu'il s'est plu à décrire[3].

Si l'on regarde d'un peu plus près ce bric-à-brac, on peut commencer par observer comment se fait la montée en couleurs du kaléidoscope, en essayant de dégager les grandes lignes de la méthode balzacienne d'inscription conjointe des savoirs dans le texte et leur importance dans la construction de l'ethos du narrateur. Puis il s'agira d'envisager, exemples à l'appui, les effets recherchés par cet ancrage pluridisciplinaire : en quoi celui-ci relève-t-il d'une nécessité, et quelles fonctions ces architectures discursives ont-elles dans l'économie d'ensemble du texte balzacien ?

2 *Corr.*, t. I, p. 1131.

3 Eugène Poitou, « M. de Balzac, Étude morale et littéraire », *Revue des deux mondes*, t. VI, 15 décembre 1856, p. 713-767, ici p. 758.

L'ÉVENTAIL DES COULEURS : MODALITÉS DE LA PRÉSENCE DES SAVOIRS DANS LE DISCOURS DU NARRATEUR

Il faudrait tout d'abord rappeler que les disciplines du savoir non seulement ne forment pas des catégories étanches et figées, mais qu'en outre elles prennent place, au sein des récits balzaciens, dans un dispositif cognitif plus vaste, qui englobe à la fois ce qu'on pourrait appeler des savoirs *savants* (scientifiques, culturels, livresques, théoriques ou expérimentaux, et correspondant aux disciplines constituées) ; des savoirs triviaux (connaissance pratique, informations factuelles, issus de l'expérience, de l'observation, de l'immersion culturelle) ; des savoir-faire (techniques, artistiques, artisanaux, spécialisés, avec leurs jargons, et liés notamment à l'exercice des métiers) ; et des savoir-être (sagesse, conduite religieuse ou morale, codes, savoir-vivre, parlottes, modes, adaptation comportementale, autant de compétences inhérentes à la vie en société). Ces savoirs ont une dimension collective, mais peuvent, pour chaque catégorie, être doublés par des savoirs acquis de manière plus personnelle : par l'invention ou la création (chez le chercheur ou l'artiste), par l'exercice de compétences individuelles (chez l'observateur et les spécialistes du déchiffrement des signes), et par l'expérience individuelle de la vie (sensibilité, capacité à tirer les leçons de ce qui est vécu). C'est pour me situer dans ce cadre large que j'adopterai dans cet article une conception extensive de la pluridisciplinarité, sans me limiter aux disciplines constituées, car Balzac les met souvent en rapport avec d'autres types de savoirs, comme un instrument d'intelligibilité parmi d'autres. Les modalités d'inscription de l'ensemble de ces connaissances dans le tissu romanesque constituent un premier enjeu qu'il convient d'explorer à la fois en termes d'échelle, de configuration, de dosage et de processus dans l'espace-temps de *La Comédie humaine*.

ÉCHELLES

La manière dont Balzac fait jouer différentes sources de savoir dans sa production romanesque change selon l'échelle à laquelle on l'observe. Tout d'abord, dans la perspective large de *La Comédie humaine*, l'ensemble des œuvres convoquent, par leurs dominantes respectives, un large éventail de savoirs : par exemple le droit dans *Le Contrat de mariage* ou *L'Interdiction*, la chimie dans *La Recherche de l'absolu*, différents aspects de l'économie dans *La Maison Nucingen*, *Gobseck* ou *César Birotteau*, la musicologie dans *Gambara* et *Massimilia Doni*. À cette échelle, la pluridisciplinarité est obtenue par un effet *cumulatif* : à mesure que Balzac vit, acquiert de l'expérience, fait des rencontres, se documente, s'intéresse à des sujets d'actualité, il développe sa capacité à représenter de nouvelles zones de savoir. La pluridisciplinarité se déploie de manière *cartographique*.

À l'échelle du roman, ensuite, peuvent se succéder des moments de savoir différemment spécialisés. Ainsi on trouvera, dans *Illusions perdues*, entre autres, l'histoire et les techniques de l'imprimerie, l'observation des phénomènes de prescription médiatique concernant la critique littéraire, l'analyse juridico-financière de la circulation des comptes de retours, et des notions de chimie pour la fabrication du papier. À cette échelle intermédiaire, la pluridisciplinarité prend alors la forme d'une variation : on passe d'un savoir à un autre au fil des besoins du récit. La pluridisciplinarité se déploie sur un axe *syntagmatique*.

Enfin, au plus près du texte, la pluridisciplinarité peut s'affirmer dans un même épisode, un même paragraphe du récit, voire dans une même phrase[4]. Ainsi, lorsque dans *Gambara*, Andrea Marcosini suit Marianna, le narrateur commente la scène en ces termes :

> puis, pour tout dénouement, voir dans la retenue de sa Rosine une précaution imposée par un règlement de police, n'est-ce pas une déception par laquelle ont passé bien des hommes qui n'en conviendront pas[5] ?

Dans ce passage se combinent un savoir savant (culturel, par la référence à Beaumarchais), un savoir trivial (administratif, par la référence au règlement de police), et un triple savoir-être (sagesse tirée de l'expérience partagée, et codes sociaux de la féminité et de la masculinité). La pluridisciplinarité s'actualise ici dans une quasi concomitance,

4 À cette échelle, on pense bien sûr au travail effectué par Roland Barthes dans *S/Z*, découpant le texte de Balzac en lexies pour y repérer la présence de différents codes – parmi eux, le « code culturel » est caractérisé comme « Voix de la Science », et se réfère à l'ensemble des savoirs (voir Roland Barthes, *S/Z*, Paris, Éditions du Seuil, « Points Essais », 1976).

5 *Gambara*, *CH*, t. X, p. 461.

formant des strates de savoir superposées. Elle se déploie donc cette fois sur un axe *paradigmatique*.

On comprend bien à quel point la combinaison de ces trois niveaux peut produire des expériences cognitives complexes. Ainsi, pour rester dans *Gambara*, la configuration que je viens de décrire est ponctuelle : aussitôt construite elle se désagrège, bientôt remplacée par une autre configuration, mobilisant d'autres savoirs plus à même d'éclairer la situation narrative suivante. Et cette succession de cristallisations cognitives forme autant de satellites autour du savoir dominant du roman, en l'occurrence le savoir musical, lequel apporte sa pierre propre à l'édifice d'ensemble des connaissances mobilisées par *La Comédie humaine*.

CONFIGURATIONS DISCURSIVES

Si l'on poursuit l'exploration à cette échelle microtextuelle, à laquelle on peut observer véritablement le tissage des savoirs dans le texte, une nouvelle question se pose : comment cette pluridisciplinarité est-elle gérée par le narrateur ? En effet, comme tout discours, les discours du savoir sont pris en charge dans le roman par la locution matricielle, soit directement par le discours du narrateur, soit par le relais autonymique des personnages, selon l'architecture complexe qu'Éric Bordas a décrite[6]. Lorsque plusieurs savoirs sont mis en présence, il faut donc observer la manière donc ils s'ancrent dans ce système narratif.

Parmi les configurations les plus fréquentes, familières aux lecteurs de Balzac, on trouve la répartition des savoirs entre plusieurs personnages, chacun d'entre eux présentant une expertise dans un domaine précis : il y a spécialisation des discours. On observe alors des effets de chœur, s'ils convergent ; de cacophonie, s'ils divergent. Complémentaires, ces savoirs permettent de saisir les situations dans leur complexité ; contradictoires, ils en renforcent l'opacité ou l'ambiguïté. Cette modulation horizontale se combine avec une hiérarchisation verticale : chaque savoir est pondéré par les qualités propres du personnage qui l'incarne et l'énonce (plus ou moins autorisé, plus ou moins convaincant, plus ou moins désintéressé), et par le degré de validation que lui accorde le narrateur, si bien que pluridisciplinarité ne rime pas toujours avec mise à égalité des savoirs.

6 Voir Éric Bordas, *Balzac, discours et détours. Pour une stylistique de l'énonciation romanesque*, Toulouse, Presses universitaires du Mirail, « Champs du signe », 1997.

Ce phénomène de hiérarchisation est renforcé lorsque le narrateur ne se contente pas de constituer une instance validatrice, mais se présente lui-même comme porteur de savoir, en contrepoint du personnage. Dans cette deuxième configuration, ayant plus de poids que ce dernier, il en corrige forcément le discours, qu'il le juge lacunaire (il lui accole alors des connaissances annexes : un savoir complète l'autre), superficiel (un savoir évident est creusé par un savoir sous-jacent) ou bien non-pertinent (il propose alors un pas de côté vers des connaissances plus adaptées : un savoir remplace l'autre). Son intervention peut donc fonctionner comme une prise de relais, dans un effet de continuité, ou comme une mise en opposition, disqualifiant le discours précédent. Mais dans tous les cas, qu'ils s'emboîtent ou se heurtent, il y a mise en concurrence des savoirs, selon un critère de pertinence.

Une troisième configuration consiste pour le narrateur à citer des sources de savoirs réelles (savants, experts, institutions, disciplines constituées – Geoffroy Saint-Hilaire, Brummel, l'Académie, la médecine), fictionnelles (Bianchon, Derville) ou génériques (l'historien, le poète, l'observateur) : celles-ci viennent alors mettre en valeur son discours, soit qu'elles en soutiennent la ligne directrice par un surcroît d'information et de légitimité, soit qu'elles lui servent de faire-valoir en étant aussitôt rejetés à son bénéfice. La pluridisciplinarité permet ainsi de sertir finement le discours du narrateur dans une monture savante qui lui donne à la fois de l'assise, en formant un socle autorisé, et de la souplesse, en proposant toujours des connaissances ad hoc.

Enfin, les savoirs, sans être explicitement rattachés à des sources, peuvent apparaître de manière discrète, discontinue, tramée, signalés seulement par la présence d'éléments de lexiques spécialisés, par la reprise de tournures syntaxiques, par des allusions ou des images renvoyant à un champ spécifique. Le discours du narrateur joue alors sur des effets de citation, d'imprégnation, d'imitation voire de parodie. La pluridisciplinarité est travaillée comme une matière avec laquelle il enrichit et façonne son texte.

L'ensemble de ces configurations, dont on pourrait multiplier les variantes, montre que la validité des savoirs dans le roman n'est pas seulement une affaire de connaissances, mais qu'elle est indexée à la place relative occupée par le discours correspondant dans l'architecture narrative. En d'autres termes, rien ne sert de savoir, si l'on rate son entrée en scène, si le terrain est miné par un autre plus convaincant ou plus fort que soi. Et le narrateur joue dans cette perspective un rôle de chef d'orchestre de la polyphonie cognitive.

DOSAGE

Cette ventilation des savoirs dans le discours du narrateur obéit en outre à des logiques de concentration et de dilution. Par exemple, un portrait, un incipit, ou une digression didactique forment souvent des lieux de concentration des savoirs[7]. Les savoirs rassemblés y laissent une empreinte forte, mobilisant un vocabulaire spécialisé, des concepts ou des informations précises, des listes de noms ou d'objets. La pluridisciplinarité est mise au service de stratégies d'exposition, de conviction, de légitimation – au-delà de l'apport informationnel, le narrateur y trouve notamment l'appui d'une « rhétorique de la scientificité », que Pierre Bourdieu associait à la mise en place d'un « discours d'importance[8] ». En revanche, d'autres passages davantage centrés sur l'action ou l'émotion, voient les savoirs mobilisés en sourdine, quelques éléments de lexique, mais pas forcément de jargon, un nom lâché au détour d'une phrase générale, une brève paraphrase ou des allusions apportant simplement une coloration additionnelle à un discours général. Le travail des images (comparaisons, métaphores) permet aussi une convocation plus indirecte des savoirs. On voit à quel point les modalités d'inclusions sont variées, et visent tantôt une volonté d'acclimatation, de naturalisation, d'assimilation des savoirs dans le récit, tantôt au contraire l'exhibent comme un trophée ou un corps étranger. Et l'on pourrait continuer ce tour d'horizon systématique en mettant au premier plan des critères que j'ai laissés au second plan pour se demander si ces jeux interdisciplinaires se développent sur des séquences longues ou courtes ; s'ils sont sérieux ou ironiques ; s'ils sont immédiatement partagés par le lecteur ou doivent lui être expliqués, etc.

---

7 Voir Andrea Del Lungo, *L'Incipit romanesque*, Paris, Éditions du Seuil, « Poétique », 2003 ; Aude Déruelle, *Balzac et la digression. Une nouvelle prose romanesque*, Saint-Cyr-sur-Loire, Christian Pirot, 2004.

8 Pierre Bourdieu, *Ce que parler veut dire. L'économie des échanges linguistiques*, Paris, Fayard, 1982, p. 155 et 208.

PROCESSUS

Le roman balzacien, si évidemment traversé de savoirs, est-il d'emblée caractérisé par ce désir de pluridisciplinarité ? Ou, plus précisément, *quand* le narrateur contracte-t-il, sous la plume de Balzac, cette habitude de piocher aux différentes sources du savoir pour éclairer le récit ? Évidemment, une pratique aussi complexe ne se met pas en place d'un seul geste et il serait intéressant de relire toute la chronologie de la production balzacienne sous cet angle pour repérer, en se gardant d'adopter une perspective téléologique, les étapes significatives d'une évolution quantitative ou qualitative de ces phénomènes. Quelques jalons peuvent déjà en donner un rapide aperçu, montrant notamment le caractère précoce et continu de cette préoccupation, ainsi que l'évolution de son rapport à la question de l'ironie.

Dès 1820, bien avant que ne s'ébauche le projet de *La Comédie humaine*, Balzac, dont l'étendue pluridisciplinaire des lectures montre à la fois ce qu'est une éducation dans un champ des savoirs non encore clivé, mais prouve aussi un désir d'approfondir des connaissances dans des espaces de curiosité très divers, produit ses premiers essais romanesques. Dans *Agathise*, il présente cette ouverture à toutes les connaissances comme un horizon désirable pour la pratique romanesque. L'autoproclamé traducteur, Matricante, affirme « admirer l'érudition » dont l'auteur, l'abbé Savonati, fait preuve dans son récit : « philosophie, morale, mœurs, style, convenances, tout s'y trouve réuni au plus sublime degré[9]. » Dès cette époque se fait ainsi jour, de manière drolatique, un intérêt pour « le vaste océan des connaissances humaines », sur lequel, « la barque légère s'[étant] souvent brisée, nous nageons en petit nombre, heureux quand on saisit un de ses débris vainqueurs du naufrage[10] » – le roman formant peut-être un lieu propice au rassemblement de ces éclats de savoir, et y gagnant une légitimité nouvelle. En pratique cependant, ces pistes restent ténues, et les romans de jeunesses actualisent peu ce potentiel :

9 *Agathise*, *Œuvres de l'abbé Savonati*, *OD*, t. I, p. 617 et 654. Cette idée semble tenir à cœur au jeune écrivain, car il la reprend presque telle quelle, quelques mois plus tard, dans *Falthurne* (*ibid.*, p. 703-704), où l'on trouve également l'idée que le progrès de l'humanité serait plus net « si les connaissances humaines marchaient de concert », et le regret que chaque siècle laisse « sa science se disperser dans cent têtes au lieu d'être réunie » (*ibid.*, p. 702).

10 *Ibid.*, p. 702.

tous les savoirs ne sont pas convoqués – la médecine, l'économie, par exemple, ne sont pas représentées ; ils sont souvent évoqués de manière ponctuelle et isolée ; enfin, leur présence est mentionnée plus que développée – *Une dernière fée*, notamment, met en scène un chimiste, mais, hormis une légère coloration lexicale, ni le narrateur ni le personnage n'y parlent véritablement de chimie.

Un deuxième jalon pourrait être constitué par la publication, en 1825, du *Code des gens honnêtes* et surtout, en 1826, de la première *Physiologie du mariage.* Ces deux textes constituent un épisode fondateur, qui tranche nettement sur la production précédente. Même s'il ne s'agit pas à proprement parler de récits, le discours y met en œuvre des compétences qui sont celles du narrateur de *La Comédie humaine* : adresse au lecteur, autorité et pédagogie, argumentation, explication, analyse. Il imite également plusieurs discours du savoir (histoire, statistique, maximes morales, théorèmes scientifiques), assumant une pluridisciplinarité tous azimuts, qu'il exerce sur un mode parodique. Cette posture cognitive a en effet un statut ambigu : d'un côté elle participe à une entreprise ambitieuse d'élucidation – « la femme mode d'emploi », pour reprendre l'expression de Catherine Nesci[11] ; de l'autre, elle juxtapose des discours dont elle n'articule pas forcément les apports, au risque de l'illisibilité, comme l'a souligné Éric Bordas : « Le discours de l'auteur éclate et se diffracte en une multitude de propositions de discours[12]. »

Les années 1830 pourraient ensuite former le pivot du tournant sérieux de cette évolution. L'intégration d'une version non-parodique de ce discours pluridisciplinaire dans les récits va de pair avec la construction d'un nouvel ethos de romancier. Déjà en 1828, l'« Avertissement » du *Gars* imaginait en la personne de Victor Morillon un auteur aux savoirs incroyablement étendus, « surprenant par la confusion des matériaux[13] ». Durant cette période, on observe une double évolution, quantitative et qualitative, dont témoigne par exemple l'incipit de *Gloire et malheur* (qui deviendra *La Maison du Chat-qui-pelote*), qui non seulement convoque des savoirs multiples, mais les articule soigneusement, et consolide

11 Catherine Nesci, *La Femme, mode d'emploi. Balzac, de la « Physiologie du mariage » à « La Comédie humaine »*, Lexington, French forum, 1992.

12 Éric Bordas, « Au commencement était l'impossible (la *Physiologie du mariage*) », dans *Balzac ou la tentation de l'impossible*, études présentées et réunies par Raymond Mahieu et Franc Schuerewegen, Paris, SEDES, 1988, p. 171.

13 « Avertissement du *Gars* », *CH*, t. VIII, p. 1673.

ainsi l'ethos du narrateur en intégrant à son discours la mention de sources de savoir accréditées (experts ou institutions : « romanciers et antiquaires », « historien », « observateur », « Conservatoire des arts et métiers », « peintre moderne », « lois de notre ancienne orthographe »), et en l'opposant à des sources de savoir discréditées (« ceux qui croient que le monde devient de jour en jour plus spirituel, et que le moderne charlatanisme a tout dépassé[14] »). De même, les portraits dans *La Femme de trente ans* montrent la capacité du narrateur à mobiliser et combiner les éléments relevant de différents champs du savoir (situation politique, héritage historique, usages sociaux, etc.), par opposition à l'absence de maîtrise d'un personnage comme Charles de Vandenesse, « dont les mille pensées contradictoires, inachevées, confuses, sont intraduisibles[15] ». Appuyant ainsi l'omniscience du point de vue de son narrateur sur une omniscience des connaissances, Balzac s'engage dans un jeu sérieux avec une pluridisciplinarité à la fois complémentaire et différentielle, qui répond à un monde considéré comme en attente de déchiffrement, à l'instar de « ce débris de l'opulence du XVe siècle, [qui] pouvait offrir à l'observateur plus d'un problème à résoudre[16] », et donc sans doute réclamer plusieurs savoirs pour y arriver.

Deux inflexions se dessinent à partir de ce mouvement de fond. D'une part, en 1833, *Le Médecin de campagne* amorce une veine utopique caractérisée par la densité et la variété des connaissances mobilisées, et notamment l'orchestration des savoirs spécialisés à travers la mise en scène de personnages d'experts (principe que l'on retrouvera dans *Le Curé de village*). D'autre part, en 1835, l'introduction aux *Études de mœurs* de Félix Davin, faisant le bilan des romans déjà écrits, souligne l'étendue des savoirs convoqués, et revendique ouvertement le désir d'omniscience :

> Quelles études, pour avoir pu exposer en peu de mots l'un des plus ardus problèmes de la chimie moderne dans *La Recherche de l'absolu*, la nosographie du *Père Goriot* expirant, les difficultés du procès de Chabert, dans *La Comtesse à deux maris*, et la civilisation progressive d'un village dans *Le Médecin de campagne* ? Enfin, n'a-t-il pas fallu tout savoir du monde, des arts et des sciences, pour avoir entrepris de configurer la société[17] […].

---

14 *Gloire et malheur*, *NC*, t. I, p. 320.

15 *La Femme de trente ans*, *CH*, t. II, p. 1123.

16 *Gloire et malheur*, *NC*, t. I, p. 318.

17 Félix Davin, Introduction aux *Études de mœurs au XIXe siècle*, *CH*, t. I, p. 1157.

Non seulement il y a cumul des connaissances, mais l'écrivain devient un véritable creuset de pluridisciplinarité, en tant que médiateur privilégié des savoirs qu'il doit concentrer pour mieux en nourrir ses fictions : « Le poète, pour être complet, doit être le centre intelligent de toute chose, il doit résumer en lui les lumineuses synthèses de toutes les connaissances humaines[18]. » Joignant le geste à la parole, Balzac rallonge à la même époque *Les Dangers de l'inconduite* (qui devient *Le Papa Gobseck*) en insérant dans cette nouvelle fin tout un ensemble de connaissances économiques, commerciales et géopolitiques, qui débordent le cadre de la vie privée et font de l'appartement de l'usurier la caisse de résonance du monde.

Enfin, en 1837, *César Birotteau* propose un infléchissement intéressant de ces perspectives : la réintroduction de l'ironie dans un récit à dominante sérieuse, la tension entre sublime et grotesque, impliquent de tisser des liens plus complexes entre l'informationnel et l'axiologique. *Le Curé de Tours*, *La Vieille Fille* portaient déjà cette potentialité, qui cette fois embrasse une plus large portion de connaissances (cosmétique, commerce, spéculation immobilière, finance, droit, histoire, etc.). La relation entre ces différents savoirs se complique, introduisant dans le récit une part d'indécidable. Par opposition aux *Études analytiques*, l'ironie ne porte pas sur les savoirs, elle vient d'eux, pleinement intégrée au processus cognitif.

On pourrait repérer d'autres scansions, en amont comme en aval (à commencer par l'« Avant-propos » de 1842), mais ces quelques jalons montrent déjà clairement comment la pluridisciplinarité, d'emblée valorisée, s'actualise de plus en plus dans une pratique, d'abord ludique, puis investie d'un projet romanesque plus sérieux et plus complexe. Si, comme le disait le narrateur des *Petites Misères de la vie conjugale*, « les livres ont [...] une couleur, ils sont teints par l'auteur[19] », *La Comédie humaine* est le plus souvent multicolore, portée par cet ethos caméléonesque.

18 *Ibid.*, p. 1163.

19 *Les Petites Misères de la vie conjugale*, *CH*, t. XII, p. 102.

POURQUOI LA PLURIDISCIPLINARITÉ DU NARRATEUR SERAIT-ELLE *NÉCESSAIRE* ?

À travers cette question, l'idée est de se demander quel est le retentissement de la pluridisciplinarité, et surtout de la manière dont Balzac la met en œuvre, dans l'économie d'ensemble de son projet narratif. Il me semble que l'ethos caméléonesque du narrateur contribue à la mise en œuvre de quatre fonctions : analyser, synthétiser, problématiser et dramatiser.

ANALYSER

Le premier bénéfice de la pluridisciplinarité, pour le narrateur, est paradoxal : à force de parler de tout, il n'est spécialiste de rien. Or il est très important, pour la dynamique explicative qu'enclenche systématiquement le récit balzacien, de ne pas reposer sur un narrateur spécialisé. En effet, dans *Les Études de mœurs*, consacrées, affirme Balzac, aux « effets », les causes et les principes ne sont pas absents. Simplement, au lieu d'être constitués en corpus (comme dans les *Études analytiques*), ou explicitement appliqués à une fiction dont ils forment en quelque sorte la colonne vertébrale (comme dans les *Études philosophiques*), les causes et les principes apparaissent de façon ponctuelle, discontinue, voire disparate. C'est le fil narratif, auquel la priorité est donnée, qui commande l'apparition, ici ou là, de modules de savoir. Les connaissances sont alors énoncées *sur le motif.* Pour analyser ainsi les situations à mesure qu'elles se présentent, le narrateur doit certes faire preuve d'expertise, mais il ne doit surtout pas se figer durablement dans un savoir précis. C'est la labilité des savoirs, leur mise en mouvement, la possibilité d'établir des relais de l'un à l'autre, qui assurent la pleine disponibilité de la figure narratoriale face à l'événement ou à l'objet à commenter. Le discours caméléonesque développe ainsi une stratégie adaptative, il prend la couleur cognitive nécessaire à l'explication du moment.

Ce besoin de souplesse et de disponibilité est l'une des raisons des procédures discursives complexes que met en place Balzac, au lieu de confier simplement à son narrateur l'intégralité du savoir nécessaire à chaque instant. Plutôt que de le doter d'une science infuse, il le charge généralement d'organiser des savoirs exogènes, confiés aux personnages, et il leste son discours de savoirs embarqués, rattachés à des disciplines ou des entités qu'il convoque. La pluridisciplinarité s'apparente alors à une pratique éclectique : de manière très pragmatique, il s'agit de prélever dans les différents champs du savoir celui, ou ceux, qui seront les plus à même d'élucider un point du récit, d'en dévoiler tout l'intérêt. Au passage, la conscience de ces phénomènes permet de relativiser le point de vue de Gérard Genette sur la manie explicative de Balzac : ce dernier ne se contente pas de produire à la va-vite des énoncés gnomiques *ad hoc*, sous la forme d'assertions généralisantes plus ou moins interchangeables. Il mobilise aussi des savoirs très nombreux, très précis et très variés pour justifier la conduite de ses personnages et nous en faire comprendre les enjeux[20]. Le narrateur n'est pas seulement un agaçant Monsieur Je-sais-tout : son discours fonctionnant comme un vade-mecum, il médiatise tout un système cognitif et le branche sur le fil du récit.

SYNTHÉTISER

Le deuxième apport de la pluridisciplinarité, c'est qu'elle donne une réalité tangible à l'image balzacienne du « miroir concentrique ». Le moissonnage de savoirs auquel se livre le narrateur dans certains passages clés de ses récits s'effectue en effet dans la perspective d'une mise en convergence. Ainsi, l'activité cognitive n'est pas unidimensionnelle, et la plupart des objets et des situations auxquels s'intéresse Balzac gagnent à être éclairés sous plusieurs angles pour être compris dans leur globalité. Lucien Derainne a montré que le passage du XVIIIe au XIXe siècle supposait de glisser d'une épistémologie fondée sur le « partage des facultés », dans

20 Gérard Genette, *Figures II*, Paris, Éditions du Seuil, « Points », 1979, p. 79-85. On sait à quel point Genette s'est moqué de ce procédé, dont il a justement montré le caractère essentiel dans la poétique balzacienne du roman, autour de la notion de « motivation », mais dont il a peut-être injustement épinglé les travers. En effet sa démonstration, très convaincante quand on lit le chapitre, pâtit d'être rapportée à la réalité du texte. Le choix des exemples cache un biais essentiel : il ne nous présente que des citations relevant de savoirs non constitués. Ce sont des assertions gnomiques, fondées tantôt sur une expérience présentée comme partagée avec le lecteur, tantôt sur une forme de sagesse populaire, tantôt encore sur un savoir issu de l'observation. Or souvent (la proportion resterait à définir), le discours du narrateur apporte dans ces interventions des informations factuelles, des explications précieuses, de nature scientifique, économique, historique, philosophique, etc., mobilisant une portion de savoir pour nous aider à comprendre et contextualiser l'action des personnages.

laquelle les objets sont pensés globalement, à une épistémologie fondée sur des spécialités, chacune centrée sur ses propres objets, en attendant que la stabilisation des disciplines permette à nouveau de les combiner dans l'étude d'objets communs[21]. Balzac me semble s'inscrire, à sa manière, dans ce glissement – non qu'il en maîtrise les tenants et les aboutissants, mais parce que sa propre pratique l'amène à prendre en compte la fragmentation des savoirs, tout en les rattachant ensemble à ce qui constitue pour lui le point focal : l'objet du récit.

Passer par différentes disciplines, différentes formes de savoir, c'est porter différents points de vue sur le monde. Comme l'écrit Balzac dans *Illusions perdues* : « La mythologie, qui certes est une des plus grandes inventions humaines, a mis la Vérité dans le fond d'un puits, ne faut-il pas des seaux pour l'en tirer ? » Rassemblant ainsi autour de Véronique Graslin quatre champs disciplinaires en la personne d'un juge, d'un prêtre, d'un banquier, et d'un médecin, qu'il désigne d'emblée comme des « hommes d'élite », Balzac propose au lecteur quatre grilles de lecture de la situation : « chacun prêche pour son saint », s'exclame Véronique, « M. Grossetête pense à des milliards perdus, M. Clousier au Droit bouleversé, le médecin voit dans la Législation une question de tempéraments, M. le curé voit dans la Religion un obstacle à l'entente de la Russie et de la France[22]… » De telles cristallisations de savoir occupent notamment les incipit des romans. Celui de *Béatrix*, par exemple, est particulièrement long et riche. Non seulement Balzac y mobilise une quantité importante de disciplines (histoire, littérature, industrie, art, morale, architecture, administration, ingénierie), mais il les articule souvent par groupes de deux ou trois, par le biais de listes (par exemple la trilogie « peintres, artistes, penseurs »), ou sous forme de combinaisons évocatrices (« archéologue moral », « iconographie littéraire », « physionomie des siècles[23] »). Qu'il s'agisse comme ici de décrire une région, ou comme ailleurs d'effectuer le portrait d'un personnage ou l'étude d'un aspect social, le narrateur propose une prise en charge globale, qui dépasse la simple juxtaposition. La pluridisciplinarité prend donc ici une dimension holistique, permettant de saisir l'objet ou la question sous tous ses angles. Je signale au passage que dans le cas des paysages,

21 Voir son article dans ce volume, *infra* p. 61-77.

22 *Le Curé de village*, *CH*, t. IX, p. 813 et 823.

23 *Béatrix*, *CH*, t. II, p. 637 *sqq*.

il y a une réelle continuité entre les discours du savoir et le discours du narrateur, dans la mesure où des études à vocation scientifique procèdent de la même manière. Balzac s'en est sans doute inspiré, et elles-mêmes tendent vers un effet global qui dépasse la sèche description. Ainsi, concernant Guérande, il a consulté l'ouvrage d'Edmond Richer, *Voyage pittoresque dans le département de la Loire inférieure.* Voici un petit échantillon du *Voyage de Nantes à Guérande* de 1823 :

> Un voyage pittoresque, destiné à retracer l'état physique du pays, à peindre la physionomie des lieux, à consigner les souvenirs historiques et les principaux faits statistiques, n'est pas un annuaire qui n'envisage les choses que sous le rapport administratif[24].

Pour Richer comme pour Balzac, l'enjeu de la pluridisciplinarité et de la synthèse des savoirs n'est pas une simple juxtaposition d'informations mais doit permettre d'exprimer l'esprit du lieu, de l'être ou de la situation qu'ils décrivent.

PROBLÉMATISER

Si les deux premières fonctions reposent sur un effet de cohérence (adéquation des savoirs au récit pour la première, convergence des savoirs pour la seconde), les deux suivantes organisent au contraire leur discordance. Différentes disciplines peuvent en effet formuler sur l'objet des hypothèses différentes, proposant une nuance, une hésitation, voire une contradiction. Deux exemples bien connus permettent de saisir clairement les effets de cette configuration discursive : la confrontation des trois médecins rassemblés avec Bianchon au chevet de Raphaël de Valentin, dans *La Peau de chagrin*, et les différents points de vue portés sur Madame Firmiani dans le récit éponyme. Dans les deux cas, on observe d'une part l'incompatibilité entre les interprétations proposées, et d'autre part le constat d'échec lié à la disparition du sujet sous les discours de savoir qui le recouvrent. Cependant ces exemples ne sont pas complètement pertinents dans la mesure où les discours qui s'opposent dans le premier, outre qu'ils ne sont pas le fait du narrateur lui-même, peuvent être ramenés à une même discipline, la médecine, tandis que

24 Edmond Richer, *Voyage pittoresque dans le département de la Loire inférieure*, Nantes, Imprimerie de Mellinet-Malassis, t. VII : *Voyage de Nantes à Guérande (1823)*, 1838, lettre 6, p. 110.

le second met peu en avant les discours disciplinaires. En revanche, un passage des *Paysans* consacré à la « médiocratie » – le néologisme signale un objet nouveau qu'il s'agit de définir – donne un bon aperçu de cet agencement polyphonique des savoirs au sein du discours du narrateur :

> Le général ni même Michaud n'étaient dans le secret de leur péril. Michaud, trop nouvellement venu dans cette vallée de Bourgogne, ignorait la puissance de l'ennemi, tout en en voyant l'action. Le général, lui, croyait à la force de la loi.
> La Loi, telle que le législateur la fabrique aujourd'hui, n'a pas toute la vertu qu'on lui suppose. Elle ne frappe pas également le pays, elle se modifie dans ses applications au point de démentir son principe. Ce fait se déclare plus ou moins patemment à toutes les époques.

De là, une suite de questions :

> Quel serait l'historien assez ignorant pour prétendre que les arrêtés du pouvoir le plus énergique ont eu cours dans toute la France ? que les réquisitions en hommes, en denrées, en argent, frappées par la Convention, ont été faites en Provence, au fond de la Normandie, sur la lisière de la Bretagne, comme elles se sont accomplies dans les grands centres de vie sociale ? Quel philosophe oserait nier qu'une tête tombe aujourd'hui dans tel département, tandis que dans le département voisin une autre tête est conservée, quoique coupable d'un crime identiquement le même, et souvent plus horrible ? On veut l'égalité dans la vie, et l'inégalité règne dans la loi, dans la peine de mort ?...

Puis, une reprise du propos général :

> Entendons-nous ! Cette résistance ne regarde point les choses essentielles à la vie politique. La rentrée des impôts, le recrutement, la punition des grands crimes ont lieu certainement ; mais, en dehors de certaines nécessités reconnues, toutes les dispositions législatives qui touchent aux mœurs, aux intérêts, à certains abus sont complètement abolies par un *mauvais gré* général. Et, au moment où cette Scène se publie, il est facile de reconnaître cette résistance, contre laquelle s'est jadis heurté Louis XIV en Bretagne, en voyant les faits déplorables que cause la loi sur la chasse. On sacrifiera, par an, la vie de vingt ou trente hommes peut-être pour sauver celle de quelques bêtes.

Et une réflexion en guise de conclusion :

> En France, pour vingt millions d'êtres, la loi n'est qu'un papier blanc affiché sur la porte de l'église, ou à la mairie. [...] La gravité de cette situation, parfaitement connue des administrateurs sérieux, diminuera sans doute ; mais ce que la centralisation, contre laquelle on déclame tant, comme on déclame

> en France contre tout ce qui est grand, utile et fort, n'atteindra jamais ; mais la puissance contre laquelle elle se brisera toujours est celle contre laquelle allait se heurter le général, et qu'il faut nommer la *Médiocratie*[25].

On repère en effet dans ce texte des instances clairement liées à des domaines du savoir (le législateur, l'historien, le philosophe et les administrateurs). Elles sont convoquées dans le discours du narrateur, et mises en regard, d'une part, des connaissances du général Montcornet et de Michaud, et d'autre part, de celles du narrateur lui-même, tous trois non spécialisés. On voit que se met en place ici un effet plus nuancé, puisque cette fois les discours ne s'annulent pas, mais sont agencés dans une architecture démonstrative qui joue de leurs écarts pour avancer sa théorie. Le lexique joue sur une variation autour du secret, de l'illusion, de l'ignorance et du mensonge[26] pour discréditer à la fois les personnages concernés (les naïfs, Montcornet et Michaud), et tous ceux qui pourraient tenir un discours rassurant qui irait dans le sens de leur trompeuse quiétude. À rebours de ces figures, nous sommes invités à considérer qu'il existe des « administrateurs sérieux » (noter l'adjectif valorisant), qui doivent être implicitement rejoints par les historiens savants, les philosophes pleins de franchise, et les législateurs consciencieux. Cette mise en phase du lecteur avec le narrateur est clairement réclamée par l'adresse : « entendons-nous. » Et ce ne sont pas que des savoirs qui sont mis en relation, ce sont aussi différents rapports au savoir qui sont représentés, avec différents filtres, comme le degré de maîtrise, d'adhésion, ou d'honnêteté intellectuelle.

Dans ce type de passages, la stratégie peut varier, débouchant comme ici sur un effet de conviction, ou bien sur une impasse, ou encore sur une interrogation, sur une mise en suspens, une réversibilité du sens ; elle peut être utilisé de manière sérieuse ou ironique. Mais le procédé est le même : la confrontation de plusieurs sources de savoir, articulées et éventuellement hiérarchisées, de manière stable ou plus mouvante. Cette fois, la pluridisciplinarité est utilisée comme un kaléidoscope, si l'on en reste aux images balzaciennes, mais on pourrait aussi parler de formation discursive[27], ou

---

25 *Les Paysans*, *CH*, t. IX, p. 179-180.

26 Par exemple : « n'étaient dans le secret de leur péril, ignorait, croyait, qu'on lui suppose, plus ou moins patemment, ignorant, prétendre, oserait nier, parfaitement connue. »

27 Michel Pêcheux reprend à Michel Foucault le concept de formation discursive, et le précise, dans l'optique d'une analyse des marques linguistiques de l'inscription discursive

d'archive[28], d'ironisation[29] ou de complexité[30] : des strates de discours, offrant chacune un regard différent sur l'objet du récit, se recouvrent partiellement sans s'effacer, nous imposant d'hésiter et de pratiquer une lecture pluridimensionnelle.

DRAMATISER

La dernière fonction que l'on pourrait rattacher à cet ethos pluridisciplinaire du narrateur concerne sa capacité à provoquer des émotions. C'est l'écart entre les savoirs qui est ici valorisé : un rapprochement inattendu, ou forcé, polarise la représentation, crée une tension, produit un effet dramatique. Ce sont d'abord des trouvailles ponctuelles, qui génèrent la surprise, voire l'amusement du lecteur, comme dans ce passage de *Wann-Chlore* : « Le maréchal avait pour le moment ce que les médecins appellent *une idée fixe*, ce que Sterne appelle *un dada*, ce que l'on nomme une *marotte* ; enfin, en langage ordinaire, il était amoureux[31]. »

Le passage par trois sources de savoir qui filtrent l'information avant que le narrateur n'en vienne au fait a pour premier effet de créer un suspens, une attente – et ce n'est que dans un deuxième temps que la pertinence des trois propositions fait sens.

Ces effets de décalage peuvent se développer plus longuement dans le texte, et participer plus globalement à sa signification. Ainsi, dans *Le Médecin de campagne*, la présentation de la Fosseuse par Benassis repose sur l'association entre un savoir de nature psychologique, psychosomatique et social (à propos de l'inadaptation de la jeune femme, et de la souffrance qui en découle), et un savoir de type agronomique. La Fosseuse est décrite comme une « plante dépaysée[32] », elle est rapprochée des « feuilles jaunes d'un arbre planté dans un terrain

---

de l'idéologie (*L'Inquiétude du discours. Textes de Michel Pêcheux*, choisis et présentés par Denise Maldidier, Éditions des Cendres, 1990).

28 Dominique Maingueneau substitue au terme de formation discursive la notion d'archive, qu'il emprunte aussi à Michel Foucault, afin de remettre au premier plan la question de l'institution, des valeurs et de l'autorité (voir Dominique Maingueneau, *L'Analyse du discours. Introduction aux lectures de l'archive*, Paris, Hachette, 1991).

29 Pour ce terme, voir Vincent Bierce, *Le Sentiment religieux dans « La Comédie humaine ». Foi, ironie et ironisation*, Paris, Classiques Garnier, 2019.

30 Pour ce concept, voir Edgar Morin, *Introduction à la pensée complexe*, Paris, ESF Éditeur, 1990.

31 Honoré de Balzac, *Wann-Chlore*, Paris, Urbain Canel, t. I, 1825, p. 90.

32 *Le Médecin de campagne*, *CH*, t. IX, p. 477-487.

défavorable », elle a la « passive mélancolie d'une plante rabougrie ». Ce n'est pas juste un cliché métaphorique, évoquant la fleur fanée, mais une allusion précise à un savoir pratique, soucieux de trouver la meilleure façon de permettre à un végétal de se développer. Quand, à la fin de l'épisode, Benassis explique qu'il a « résolu de prendre soin d'elle », c'est comme un jardinier, un cultivateur qu'on peut l'imaginer, réitérant auprès de cet être le savoir-faire qu'il emploie par ailleurs au service du paysage (comme avec son allée de peupliers). Le mélange de ces deux savoirs crée d'abord un effet d'étrangeté, puis fait sens et rayonne sur l'ensemble du passage.

Le narrateur peut systématiser ce grincement des savoirs mal accordés. *Le Cousin Pons* est par exemple très riche en discordances de ce type, dans lesquelles le narrateur n'est pas toujours du côté où on l'attend – comme lorsqu'à l'occasion de l'enterrement de Pons, il embraye sur les intrusions intempestives de l'employé des pompes funèbres pour produire une digression sur le commerce de la mort, aux dépens de la continuité pathétique de la scène, dans un effet de froissement des tonalités. L'insertion de savoirs divers place dans le texte des aiguillages, des ruptures, des glissements (ce que Barthes nommait le *fading des voix*[33]) qui interrompent ou enclenchent quelque chose, d'un point de vue cognitif, mais aussi narratif, esthétique, ou émotionnel. C'est le cas par exemple dans le portrait inaugural de Pierrette :

> La blancheur excessive de sa figure trahissait une de ces horribles maladies de jeune fille à laquelle la médecine a donné le nom gracieux de *chlorose*, et qui prive le corps de ses couleurs naturelles, qui trouble l'appétit et annonce de grands désordres dans l'organisme. Ce ton de cire existait dans toute la carnation. Le cou et les épaules expliquaient par leur pâleur d'herbe étiolée la maigreur des bras jetés en avant et croisés. Les pieds de Pierrette paraissaient amollis, amoindris par la maladie. Sa chemise ne tombait qu'à mi-jambe et laissait voir des nerfs fatigués, des veines bleuâtres, une carnation appauvrie. Le froid qui l'atteignit lui rendit les lèvres d'un beau violet. Le triste sourire qui tira les coins de sa bouche assez délicate montra des dents d'un ivoire fin.

Le narrateur poursuit ainsi la description, en soulignant l'harmonie entre les différentes parties du visage : les dents transparentes, les oreilles fines, le nez un peu pointu mais élégant, pour conclure sur les yeux :

33 Voir Roland Barthes, *S/Z*, *op. cit.*

> Toute l'animation de ce charmant visage se trouvait dans des yeux dont l'iris, couleur tabac d'Espagne et mélangé de points noirs, brillait par des reflets d'or autour d'une prunelle profonde et vive. Pierrette avait dû être gaie, elle était triste. Sa gaieté perdue existait encore dans la vivacité des contours de l'œil, dans la grâce ingénue de son front et dans les méplats de son menton court. Ses longs cils se dessinaient comme des pinceaux sur ses pommettes altérées par la souffrance. Le blanc, prodigué outre mesure, rendait d'ailleurs les lignes et les détails de la physionomie très purs. L'oreille était un petit chef-d'œuvre de sculpture : vous eussiez dit du marbre. Pierrette souffrait de bien des manières[34].

Dès le début du passage apparaît la source première de savoir, la seule mentionnée explicitement : la médecine, associée à la dénomination de la maladie, la chlorose, caractérisée par une anémie, un manque de fer. Plutôt que de la définir ainsi, le narrateur préfère relever l'un de ses symptômes : ce mal « prive le corps de ses couleurs naturelles » – l'étymologie, « chloros », renvoie en effet à une couleur, un jaune verdâtre caractéristique du teint des patientes atteintes de cette anémie. À partir de cet ancrage se développe un double réseau de notations et d'images, dans le champ nosographique d'une part, et d'autre part, dérivant de celui-ci à partir de la mention d'une couleur, dans le champ artistique. Le discours du narrateur tresse dès lors très étroitement ces deux fils de savoir, assumant une pluridisciplinarité de fait. Celle-ci n'est cependant pas exhibée comme dans l'exemple précédent : le narrateur ne se réclame pas explicitement du médecin ou de l'artiste. Les termes relevant de ces deux domaines saturent le texte, mais sans éclats lexicaux spécifiques – à part le nom de la maladie, ce sont essentiellement des mots communs qui sont utilisés. Rattaché à la première discipline, le champ lexical de la maladie (terme redoublé, et précisé par la dénomination « chlorose ») est nourri d'expressions indiquant l'action délétère de l'affection sur le corps : *excessive*, *horrible*, *prive*, *trouble*, *grands désordres*, *pâleur*, *maigreur*, *étiolé*, *jetés*, *amollis*, *amoindris*, *fatigués*, *appauvrie*, *altérées*, *souffrance*, *prodigué outre mesure*, *souffrait*. Mêlés à cette description clinique du processus de détérioration délétère qui atteint le personnage, on observe une autre série de termes relevant du registre du beau, et relevant donc du deuxième champ disciplinaire : *gracieux*, *beau*, *délicate*, *menue*, *jolies*, *fin*, *fines*, *élégant*, *s'accordaient*, *parfaite*, *mignonne*, *charmant*, *grâce ingénue*, *pur*, *chef*

34 *Pierrette*, *CH*, t. IV, p. 35-36.

d'œuvre. Ces indications sont renforcées par la présence d'un vocabulaire spécialisé, ou du moins associé à la pratique artistique : *formes*, *coupe*, *contour*, *dessinait*, *ligne*, *détails* (dessin), *pinceau*, *blanc prodigué* (peinture, gravure), *couleur tabac d'Espagne* (teinture, tapisserie), *méplats*, *petit chef-d'œuvre de sculpture*, *marbre* (sculpture). Le texte s'écrit ainsi entre deux savoirs, l'interdisciplinarité formant interstice et interface quand plusieurs motifs assurent la circulation du sens entre ces deux pôles.

Le corps, tout d'abord, est saisi entre représentation (portrait) et déchiffrement (auscultation). Si la *carnation*, la *figure*, la *physionomie* offrent un accès global à sa surface, sa déclinaison en *cou*, *épaules*, *bras*, *pieds*, *jambe*, *lèvres*, *bouche*, *dents*, *visage*, *yeux*, *iris*, *œil*, *cils*, *menton*, *pommettes*, *oreille* associe à la dimension artistique du détail la fragmentation caractéristique de la lecture anatomique, tandis que les *nerfs* et les *veines* confirment l'acuité d'un regard médical qui passe la barrière de la peau. En ce sens la mention de la *cire* évoque en contexte les cires anatomiques qui associent à l'exactitude scientifique la virtuosité du geste sculptural. Le deuxième espace de circulation est balisé par les mentions de couleurs, très nombreuses et richement modalisées. *Blancheur excessive*, *ton de cire*, *pâleur d'herbe étiolée*, *bleuâtres*, *beau violet*, *ivoire fin*, *transparentes*, *couleur tabac d'Espagne*, *noir*, *or*, *blanc* : ces couleurs apparaissent en décalage avec la palette habituelle d'un portrait de jeune fille, qu'elles soient inattendues, trop dosées ou pas assez franches. L'étrangeté esthétique de ce portrait discordant appelle par contraste la cohérence inquiétante du diagnostic clinique qu'autorisent ces mêmes couleurs. La très belle image issue du registre botanique – la *pâleur d'herbe étiolée*, qui rappelle les expressions associées à la Fosseuse – semble faire écho au nom anglais de la maladie, *green sickness*, et tient ensemble la dominante colorée jaune-vert et le symptôme d'affaiblissement vital dans une image poignante. Enfin, une troisième voie de circulation est ouverte par la dialectique des contraires (*triste sourire*, *animation*, *vive*, *gaie*, *triste*, *gaieté perdue*) associée à un processus de révélation qui fait le lien entre le montré et le caché : *trahissait*, *annonce*, *existait encore*. Le personnage est saisi entre deux états, entre la joie et la souffrance, entre la vie et la mort, entre la chair et la statue : *vous eussiez dit du marbre*. L'art comme la médecine sont ainsi convoqués pour annoncer ce qui attend le personnage, son devenir immobile, inerte et froid : à l'ouverture du récit, Pierrette est déjà un gisant, et le récit est un tombeau.

Le filtre de ces deux savoirs convoqués simultanément permet de superposer deux regards sur l'objet, relevant du paradigme indiciaire et de la tension dramatique. La pluridisciplinarité ne s'articule pas ici en blocs, ou dans une juxtaposition disparate, mais relève d'un tissage fin, presque d'une fusion, permettant d'hybrider, dans l'émotion même, plaisir esthétique et inquiétude empathique. La pluridisciplinarité est un vecteur de tension et d'émotion. Et c'est ce grincement, ce froissement de la représentation qui sert de déclencheur au récit :

> Aussi peut-être voulez-vous son histoire ?
> La voici.

Ainsi cette étude des couleurs, traversée par une double polarité de savoir, générant attractivité esthétique et tension empathique, place le lecteur dans les conditions d'attention propices à la réception du récit. L'interdisciplinarité caméléonesque retrouve ici son pouvoir de fabulation.

On pourrait être tenté de lire *La Comédie humaine* avec en tête l'image d'un narrateur dispensateur de savoirs débités en larges tartines, en digressions encyclopédiques. Mais Balzac n'est pas Verne. L'insertion des savoirs, dans ses récits, ne se fait pas si souvent sur le modèle didactique de la leçon monographique. À grande ou à petite échelle, ils sont sollicités dans leur pluralité, juxtaposés, articulés, entremêlés – on pense à la « tresse » barthésienne, dont ce brin est lui-même emmêlé. Mais contrairement au parti-pris de *S/Z*, qui refuse de hiérarchiser les codes pour mieux mettre en valeur la manière dont ils nourrissent tous le texte, il est intéressant d'observer comment la poétique balzacienne, dans ces récits en quête d'autorité, donne une place surplombante aux savoirs, qu'elle charge tout à la fois de motiver l'action[35], de cautionner la parole de son narrateur et d'engager l'adhésion du lecteur. Le brin des savoirs ressort tout particulièrement dans le tissage du texte, ses nuances colorent ostensiblement chaque passage, et quand il se dédouble entre plusieurs disciplines, il enserre l'action dans les réseaux d'une tapisserie complexe, capable aussi bien d'en festonner les lignes de forces que d'en effilocher le sens dans le tiraillement d'hypothèses contradictoires. De

---

35 Christèle Couleau, « Des raisons d'agir aux raisons de lire : la complexité de la médiation narratoriale chez Balzac », dans *Fabula / Les colloques*, *Raisons d'agir : les passions et les intérêts dans le roman français du* XIX*e siècle*, sous la direction de Boris Lyon-Caen, http://www.fabula.org/colloques/document6703.php$.

ce point de vue, la pluridisciplinarité ne relève pas seulement d'une nécessité explicative, s'exprimant au fil de la démarche d'élucidation du monde, mais aussi d'une nécessité fonctionnelle ; car pouvoir jouer sur différents discours du savoir permet de rendre compte de sa complexité fondamentale et de donner au lecteur l'occasion de faire, dans le texte fictionnel, une véritable expérience cognitive.

Christèle COULEAU
Laboratoire Pléiade,
université Sorbonne Paris Nord

QUI PEUT SAVOIR « CE QUE NOUS VOULONS SAVOIR » ?

Balzac et la *theory of mind* dans *Les Comédiens sans le savoir*

Si un texte de Balzac peut inviter à réfléchir à la représentation du savoir des personnages de fiction, c'est peut-être *Les Comédiens sans le savoir* (1847). Le titre même du texte sous-entend la question de l'inscription de montages cognitifs dans la fiction : c'est le seul titre de *La Comédie humaine* avec ce verbe, qui apparaît trente-deux fois dans une œuvre très courte. Un tel rapport au savoir, note Christèle Couleau, peut nuire à l'aspect *romanesque* du récit :

> Le cas limite de cette « encyclopédisation » du récit est représenté par *Les Comédiens sans le savoir*, où la trame narrative semble constituer un pur prétexte à la transmission du savoir, proféré par Bixiou et Léon de Lora devant Gazonal ébahi. Chaque partie du récit semble détachable et pourrait presque sans dommage revenir au classement alphabétique : le roman, saturé de discours auctorial, voit sa forme s'infléchir vers le guide touristique ou le recueil de physiologies, comme si l'entreprise d'archivage reprenait le dessus[1].

L'analyse des *Comédiens sans le savoir* comme roman, succession de portraits, tentative de littérature panoramique ou recueil d'articles plus ou moins bien reliés, a souvent retenu la recherche balzacienne et dix-neuviémiste, au point d'être en quelque sorte la seule porte d'entrée dans ce texte[2].

1 Christèle Couleau, *Balzac, le roman de l'autorité. Un discours auctorial entre sérieux et ironie*, Paris, Honoré Champion, 2007, p. 594-595.

2 Outre l'introduction à l'édition de référence, par Anne-Marie Meininger, on peut citer les remarques d'Amélie de Chaisemartin sur le rapport des *Comédiens* aux *Français peints par eux-mêmes* (Amélie de Chaisemartin, *La Caractérisation du personnage sous la monarchie de Juillet. Créer des types*, Paris, Classiques Garnier, 2019), ou de Jérémy Naïm sur le rapport entre ce récit et le genre de la nouvelle humoristique (Jérémy Naïm, « Le potentiel comique de la représentation dans *Les Comédiens sans le savoir* », dans *Chercher le comique, formes romanesques du comique balzacien*, actes

Nous aimerions proposer une analyse différente de celle-ci, aujourd'hui bien connue[3].

L'école américaine de l'Ohio State University s'est regroupée, depuis les travaux fondateurs de Wayne Clayton Booth sur le narrateur non fiable[4], autour de chercheurs et chercheuses qui, en étudiant à la fois la littérature du point de vue de la narration et des approches cognitives, s'intéressent à la « capacité d'expliquer les comportements des individus en fonction de leurs pensées, sentiments, croyances et désirs[5] ». On regroupera ici les travaux de George Butte[6], Alan Palmer, James Phelan ou Lisa Zunshine[7]. Tout particulièrement dans la fiction, ces chercheurs et chercheuses s'appuient sur ce qu'ils appellent la *theory of mind*, laquelle consiste à étudier les représentations dans la fiction d'une « expérience cognitive[8] » : à l'échelle des personnages, l'adaptation des comportements de l'un en fonction du savoir (ou de ce que l'un pense

---

de la journée d'étude du 14 juin 2019, sous la direction de Jacques-David Ebguy, Groupe international de Recherches Balzaciennes (CERILAC), http://balzac.cerilac.univ-paris-diderot.fr/wa_files/Chercher_20le_20comique_20_28J_C3_A9r_C3_A9my_20Na_C3_AFm_29.pdf). Des approches génétiques des *Comédiens* sont à citer, notamment la notice du roman, par Takayuki Kamada, dans le *Dictionnaire Balzac*, dirigé par Éric Bordas, Pierre Glaudes et Nicole Mozet (Paris, Classiques Garnier, t. I, 2021, p. 280-281).

3 On se reportera aux travaux suivants : Nathalie Preiss, *Les Physiologies en France au XIXe siècle*, Mont-de-Marsan, Éditions Interuniversitaires, 1999 ; Ségolène Le Men, « La "littérature panoramique" dans la genèse de *La Comédie humaine* : Balzac et *Les Français peints par eux-mêmes* », *L'Année balzacienne*, vol. 1, n° 3, 2002, p. 73-100 ; Amélie de Chaisemartin, *La Caractérisation du personnage sous la monarchie de Juillet*, *op. cit.*

4 Voir Roland Barthes, Wolfgang Kayser, Wayne Clayton Booth et Philippe Hamon, *Poétique du récit*, Éditions du Seuil, 1976.

5 « *ability to explain people's behavior in terms of their thoughts, feelings, beliefs, and desires* » (Lisa Zunshine, *Why we read fiction. Theory of Mind and the Novel*, Columbus, The Ohio State University Press, 2006, p. 6). Nous traduisons.

6 George Butte, *I Know that you know that I know : Narrating Subjects from « Moll Flanders » to « Marnie »*, Columbus, The Ohio State University Press, 2004.

7 Outre l'ouvrage déjà cité de Lisa Zunshine, *Why we read fiction. Theory of Mind and the Novel*, voir l'article suivant : « *Theory of Mind and Experimental Representations of Fictional Consciousness* », *Narrative*, vol. 11, n° 3, octobre 2003, p. 270-291.

8 *Ibid.*, p. 22 : « *The novel as a cognitive experiment* » [nous traduisons]. Sur les développements de la *theory of mind* en rapport avec la psychologie enfantine, voir Alison Gopnik, « *Theory of Mind* », dans *The MIT Encyclopedia of the Cognitive Sciences*, edited by Robert A. Wilson et Frank C. Keil, Cambridge, The MIT Press, 1999, p. 838-841 ; sur ceux qui rapprochent la *theory of mind* et des lecteurs qui ne l'appliquent pas, voir Simon Baron-Cohen, *Mindblindness. An Essay on Autism and Theory of Mind*, Cambridge, The MIT Press, 1995.

être le savoir) de l'autre, afin d'observer « plus profondément la relation entre le comportement et le savoir cognitif[9] ».

On a pu critiquer l'approche de la fiction de ces théoriciens et théoriciennes, soulignant que si celle-ci peut être mobilisée pour présenter des montages cognitifs où des personnages agissent et interagissent en fonction de leurs savoirs réciproques, il n'est pas certain que l'esprit du lecteur « s'intéresse au personnage en tant qu'une personne potentielle, et au monde narratif en tant qu'un monde semblable au nôtre[10] ». De même, il n'est pas certain que cet estompage de la frontière entre fiction et réel produise un sentiment de plaisir et de bonheur qui explique pourquoi nous lisons des fictions. Nous ne rentrerons pas dans ce débat qui excèderait largement les proportions de cet article[11]. Nous nous attacherons cependant à conserver l'idée selon laquelle, dans la fiction, les savoirs des personnages présentent des asymétries qui conditionnent leurs interactions et influencent leurs motivations. Cet aspect a été souligné par les historiens de l'individualisme et de la conscience du personnage de fiction : « Le pouvoir résulte nécessairement d'un savoir qui devine la subjectivité d'autrui derrière les apparences objectives, sans se laisser deviner à son tour[12]. »

Enfin, en parallèle de ces modèles permettant de réfléchir sur les dotations en savoir des personnages balzaciens, et la représentation de la capacité cognitive de l'être conscient d'anticiper les désirs d'autrui ou d'adapter son propre comportement en fonction de ce qu'il croit savoir de son interlocuteur, nous étudierons une situation qui *déplace* le problème vers un autre espace de représentation. Dans ce cas particulier, l'interaction entre les personnages ne se place pas dans le même univers ; elle est *complexe*. C'est à cette complexité que s'est attaché le travail de

9 « *deeper into the relation between behavior and mind* » (James Phelan, *Living to tell about It. A Rhetoric and Ethics of Character Narration*, Ithaca, Cornell University Press, 2005 ; cité dans Lisa Zunshine, *Why we read fiction. Theory of Mind and the Novel*, *op. cit.*, p. 25 [nous traduisons]).

10 « *interest in the characters as possible people and in the narrative world as like our own* » (*ibid.*, p. 20 [nous traduisons]).

11 Pour une réponse nuancée à Lisa Zunshine et Blakey Vermeule à propos de cette question du rapport entre être de fiction et être réel, voir Françoise Lavocat, *Fait et fiction. Pour une frontière*, Paris, Éditions du Seuil, « Poétique », 2016.

12 Michel Condé, *La Genèse sociale de l'individualisme romantique. Esquisse historique de l'évolution du roman en France du dix-huitième siècle au dix-neuvième siècle*, Tübingen, Max Niemeyer Verlag, 1989, p. 132.

Lisa Zunshine sur les romans anglais[13]. Dans notre texte, nous analyseront un exemple spécifique, concernant Bixiou et Vauvinet ; d'autres textes de Balzac jouent plus ou moins exclusivement sur ce modèle[14].

SITUATION DE DEGRE UN (A DEMANDE A B QUELQUE CHOSE ET B SAIT CE QUE A VEUT QU'IL LUI REPONDE) : GAZONAL ET LEON DE LORA ; GAZONAL ET FROMENTEAU

Le texte s'ouvre sur un jeu cognitif entre Gazonal et Léon de Lora : Gazonal croit que Léon de Lora est un peintre qui n'a pas de succès et qui vit dans la pauvreté. La lettre que Léon de Lora répond à Gazonal montre bien l'impossibilité pour le provincial de croire au succès du peintre :

> le petit Léon de Lora n'était pas parti pour le Rio de la Plata, comme on le croyait, [...] il n'y était pas mort, comme on le croyait, et [...] il était un des plus beaux génies de l'école française, ce qu'on ne crut pas[15].

Dès la première scène du texte, Léon de Lora sait que Gazonal ne connaît pas le statut social qui est le sien. Le narrateur va donc mettre en scène un rapport de force dans le savoir des personnages, à deux niveaux : le niveau de Gazonal (pour qui Léon de Lora est un pauvre peintre sans succès), et le niveau de Léon de Lora (qui sait ce que Gazonal pense être vrai à propos de lui). Le quiproquo comique

13 « *People have marked difficulties processing stories that involve mind-reading about the fourth level.* » (« Les lecteurs ont souligné qu'il était difficile de comprendre des récits qui mobilisent le mind-reading au-delà du quatrième niveau de complexité », c'est-à-dire où le personnage A sait que B sait que C sait que D sait quelque chose) (Lisa Zunshine, *Why we read fiction. Theory of Mind and the Novel*, *op. cit.*, p. 29). Lisa Zunshine ajoute : « *the agglomeration of multiply embedded minds proves too much of a cognitive load* » (« la surcharge de réflexions multiples sur ce que pense autrui se révèle être une charge cognitive trop grande », c'est-à-dire que la situation en miroirs parallèles où A sait que B sait que A sait que B etc. peut se révéler illisible) (*ibid.*, p. 31).

14 Dans la scène du coucou de Pierrotin, les personnages d'*Un début dans la vie*, notamment le comte de Serizy, jouent à faire croire qu'ils sont quelqu'un d'autre, face à des interlocuteurs qu'ils ont identifiés, mais qui eux font également croire qu'ils sont quelqu'un d'autre.

15 *Les Comédiens sans le savoir*, *CH*, t. VII, p. 1154.

qui s'ensuit (Léon de Lora se « muni[t] » de Bixiou pour « *faire poser* » son cousin) est orchestré par Léon : il invite Gazonal à un plantureux déjeuner pour que Gazonal s'effraie du montant d'une addition qu'il ne pense pas pouvoir payer :

> Et je crus avoir la berlue en voyant le nombre de pièces d'or que nécessita la carte. Ces gens-là doivent gagner leur pesant d'or, car mon cousin donna *tenteu sols* au garrçon, la journée d'un homme[16].

Cette information au discours direct, racontée par Gazonal bien après les péripéties du texte, est reprise par le narrateur au discours indirect : « Gazonal, en homme excessivement pénétrant, crut que le peintre et Bixiou voulaient, pour lui apprendre à connaître Paris, lui faire payer mille francs le déjeuner du Café de Paris[17]. »

Or Gazonal se trompe et l'adjectif « excessivement », comme presque toujours chez Balzac, est ironique. Les deux parisiens ne cherchent pas à lui faire payer un déjeuner que personne ne payera : ils veulent le mystifier en lui faisant croire qu'à Paris, on ne peut pas manger à moins.

Le ton du récit est donné : il s'agira toujours de jouer de ce qu'un personnage pense savoir d'un autre, de mettre en jeu (dans les deux sens du substantif) différents niveaux de connaissance et d'expectations par rapport à autrui, dans le but d'essayer de le « *minotauriser*[18] ».

Deux éléments de la scène de Fromenteau (que Balzac a légèrement modifiée depuis le texte du *Diable à Paris*, paru en 1844[19]) mettent en jeu la *theory of mind*. Le premier élément correspond à une double configuration à deux niveaux : Fromenteau est chargé par un débiteur d'arrêter un homme qui lui doit de l'argent. Le débiteur sait que Fromenteau est capable de retrouver le créancier en défaut, et Fromenteau sait que le débiteur le sait. C'est à Fromenteau que revient l'initiative de fixer son prix auprès du créancier. Mais, d'autre part, le créancier sait que Fromenteau est capable de l'aider à échapper éternellement à la police, et Fromenteau sait que le créancier le sait. C'est donc également à Fromenteau que revient l'initiative de fixer son prix auprès du débiteur. Cette situation est suggérée par une remarque de Bixiou, qui joue sur

16 *Ibid.*, p. 1156.
17 *Ibid.*, p. 1179-1180.
18 *Ibid.*, p. 1155.
19 *Ibid.*, p. 1695-1699.

la fameuse *scie* théâtrale de l'époque : « on ne peut jamais savoir qui du débiteur ou du créancier le paye mieux[20]. »

Il s'agit donc de deux rapports parallèles entre des personnages, dont l'un connaît le niveau de savoir et les attentes de l'autre : Fromenteau-débiteur et Fromenteau-créancier constituent les deux branches d'un emboîtement de deux niveaux. Le savoir du sachant englobe et dépasse le savoir de celui qui croit savoir.

Cette construction de degré deux est entièrement construite par le dialogue entre Fromenteau et Bixiou ; elle reste fictionnelle dans la diégèse. Elle s'actualise pourtant quasiment immédiatement, alors que Gazonal demande à Fromenteau s'il a de grands talents de policier pour traquer les débiteurs. Gazonal, qu'on peut juger honnête dans sa question, cherche à tirer une information de Fromenteau. Mais Fromenteau comprend tout de suite qu'il faut qu'il réponde à Gazonal une certaine réponse, afin d'impressionner le provincial. Tout de suite alors, le discours de Fromenteau se modifie : il joue sur la connaissance qu'il a de la méconnaissance de Gazonal à son sujet pour *se poser*, et donner au provincial une leçon tout à fait artificielle de chasse à l'homme à Paris :

> – Si je vous énumérais les qualités qui font un homme remarquable dans *notre partie*, lui dit Fromenteau *dont le rapide coup d'œil lui avait fait deviner Gazonal tout entier*, vous croiriez que je parle d'un homme de génie. Ne nous faut-il pas la Vue des lynx ! – Audace (entrer comme des bombes dans les maisons, aborder les gens comme si on les connaissait, proposer des lâchetés toujours acceptées, etc.). – Mémoire – Sagacité[21].

La proposition que nous avons soulignée indique bien le passage d'un degré 0 de représentation des cadres cognitifs (Fromenteau et Gazonal ne se connaissent pas), au degré 1 (Fromenteau comprend ce que Gazonal voudrait savoir, il devine que Gazonal voudrait être impressionné par la police parisienne). On observera aussi comment le discours qu'il tient à Gazonal consiste en réalité en l'intercalage de deux discours, un discours de poseur (Fromenteau se met en scène pour que Gazonal soit impressionné et satisfait) et un discours de commentateur (où Fromenteau détaille de manière truculente les qualités qu'il énonce). Il s'agit d'un double auto-discours qui n'est pas sans rappeler celui d'Asie dans *Splendeurs et misères des*

20 *Ibid.*, p. 1163-1164.
21 *Ibid.*, p. 1164.

courtisanes, dans une situation au degré 1 où la vieille maquerelle cherche à convaincre Nucingen qu'Esther a besoin d'un protecteur, parce qu'Asie sait que Nucingen souhaite qu'elle le lui fasse croire :

> Auparavant elle demeurait rue Taitbout. Avant de s'en aller de là... (– son mobilier était saisi... – rapport aux frais. – Ces gueux d'huissiers : ... – Vous savez, vous qui êtes un fort de la Bourse !) Eh bien ! pas bête, elle a loué pour deux mois son appartement à une Anglaise, une femme superbe qu'avait ce petit chose... Rubempré, pour amant, et il en était si jaloux qu'il la faisait promener la nuit[22]...

On en retrouve d'autres exemples dans *Les Comédiens sans le savoir*, dans la bouche de Marius (1185-1186).

La scène avec Fromenteau ne fait pas intervenir Bixiou & Léon de Lora[23]. Ces deux personnages ne s'attendaient pas à voir arriver Fromenteau ; le narrateur, du reste, ne décrit pas leur réaction au discours du policier différemment de la réaction de Gazonal. Les trois personnages sont considérés dans le même cadre de savoir : la représentation ne s'élève pas à un « degré deux », puisque tous les interlocuteurs de Fromenteau sont dans la même connaissance/ignorance de celui-ci. Ainsi, le narrateur commente-t-il : « Léon de Lora, Bixiou, Gazonal et Gaillard se regardèrent tous en exprimant la même pensée : "À combien d'hommes a-t-il fait couper le cou ?"[24] »

La rencontre avec Fromenteau est la deuxième réelle scène des *Comédiens sans le savoir* ; elle interrompt la première scène du texte, qui concerne le personnage de Théodore Gaillard. Cette place au début du récit semble indiquer que Balzac a conçu l'ordre de rencontre des personnages selon une organisation de plus en plus complexe de différents cadres cognitifs fictionnels. À l'étape de la rencontre avec Fromenteau, le narrateur, Bixiou & Léon de Lora et Gazonal sont solidaires dans leur étonnement face à une figure pittoresque et typique, tout à fait adaptée au genre de la littérature panoramique ou du récit de voyage à Paris que Balzac parodie. Tout au long du texte, les représentations vont se complexifier et ces trois figures du discours et de la narration vont se désolidariser.

22 *Splendeurs et misères des courtisanes*, *CH*, t. VI, p. 573.

23 Pour éviter des ambiguïtés dans la récursivité de la conjonction de coordination, et pour bien rappeler que Bixiou et Léon de Lora constituent un seul pôle cognitif du récit quand ils apparaissent ensemble, je me permettrai de les rapprocher avec l'esperluette, pour bien dissocier Bixiou & Léon de Lora et Gazonal.

24 *Les Comédiens sans le savoir*, *CH*, t. VII, p. 1163.

SITUATION DE DEGRE DEUX (A DEMANDE A B QUELQUE CHOSE QUI DEMANDE A C QUELQUE CHOSE ; A SAIT CE QUE VEULENT B ET C, B SAIT CE QUE VEUT C)

Dans l'épisode du chapelier Vital, trois personnages sont liés par une configuration de connaissances qui met en rapport trois niveaux de savoir. La représentation de degré 1 se complexifie, ouvrant la représentation des connaissances des personnages à un degré 2.

Gazonal souhaite rencontrer Vital pour apprendre ce qu'est un « FABRICANT DE CHAPEAUX[25] » et si celui-ci pourra l'aider dans son procès.

Le chapelier Vital souhaite que Léon de Lora (un artiste peintre) et Bixiou (un journaliste satirique et caricaturiste) lui fassent de la publicité et contribuent à ses « réclames [qui] rapportent aux journaux autant d'argent que celles de trois vendeurs de pilules ou de pralines[26] » (cette information donnée avant la rencontre à proprement parler n'est pas fortuite : elle renseigne le lecteur sur les motivations de Vital).

Bixiou & Léon de Lora souhaitent à la fois se moquer de Gazonal et de sa crédulité de provincial, et obtenir de Vital des chapeaux à bon prix. Cette manœuvre sera couronnée de succès, et l'extrait des *Comédiens sans le savoir*, paru sous le titre « Le Luther des chapeaux » dans *Le Siècle* le 19 août 1845, indique qu'ils se présentent « dans le salon où, grâce au génie de Maurice [Vital], ils purent figurer très honorablement[27] ».

Ces trois savoirs et ces trois vouloirs vont donc s'emboîter dans la scène. Gazonal apprendra de Vital ce qu'un grand chapelier de Paris est ; il sera complètement mystifié par Vital qui lui sortira le grand jeu du chapelier, au point que le provincial jugera ainsi Vital : « Cet homme est colossal[28]. »

Pour obtenir de Bixiou & Léon de Lora des commentaires flatteurs, Vital n'hésitera pas à se mettre en scène pour Gazonal. Il acceptera de se « laisser poser », le comédien sans le savoir devenant ainsi acteur de

25 *Ibid.*, p. 1165.
26 *Ibid.*
27 *Ibid.*, p. 1704.
28 *Ibid.*, p. 1169.

bonne foi. Il sera à l'origine d'une tirade qu'on peut analyser comme un véritable morceau de *romanesque des chapeaux*, tant le récit de Vital joue sur des clichés et des rebondissements du genre. Il y a un « secret » aux chapeaux, qui ne se dit qu'entre « gens d'honneur », qui aboutit à « une belle bataille », visant à triompher d'un « obstacle ». Pour Vital même, le discours de celui-ci sur les chapeaux ne peut guère être sérieux. Il est motivé par le rôle que Vital accepte de jouer dans la comédie mise en place par Bixiou et Léon de Lora. Le texte donne la clef de lecture de la scène quand le narrateur commente le portrait moral du chapelier : « [Il] se me[t] avec une constante préméditation à une distance énorme des arts pour qu'on lui dise : "Mais vous avez élevé le chapeau jusqu'à la hauteur d'une science"[29]. »

L'expression de « constante préméditation » ne laisse pas au lecteur de doute sur la duplicité du discours héroï-comique du « Luther des chapeaux », qui cherche une « réforme ». Mais le récit aménage par-dessus cette scène un deuxième degré de représentation des savoirs, puisque Bixiou et Léon de Lora ne sont pas dupes de Vital comme l'est Gazonal.

Bien au contraire, les deux artistes savent que Vital sait que Gazonal sera crédule de ses effets de manche : entrecoupant le discours romanesque de Vital par des calembours, ils l'encouragent à se montrer ridicule. Ils jouissent d'un double « spectacle gratis » : le chapelier s'enflammant pour être considéré comme un artiste de premier rang, et le provincial gobant ses mensonges et croyant voir devant lui un grand artiste. On remarquera que Bixiou et Léon quittent Vital avec des chapeaux gratuits, sans lui avoir rien promis quant à la publicité dans les journaux. On remarquera aussi qu'à la sortie de l'entrevue, lorsque Gazonal considère que Vital est un grand personnage, ni Bixiou ni Léon de Lora ne le tirent d'erreur. Balzac a retiré de l'édition du Furne corrigé la réponse ironique de Léon : « C'est, dit Léon de Lora, des Comédiens sans le savoir[30]. » Dans le texte final, aucune réponse n'est donnée à l'exclamation de Gazonal, à la fois pour pouvoir continuer la mystification en présentant au provincial d'autres « comédiens » qui vont jouer la pièce de théâtre mise en scène par Bixiou et Léon, et pour laisser le lecteur dans son hésitation sur la bonne foi des personnages ridicules que rencontrent les trois protagonistes.

29 *Ibid.*, p. 1166.
30 *Ibid.*, p. 1726, var. b.

La question de tels personnages ridicules mais de bonne foi se pose en effet tout au long des *Comédiens sans le savoir*, et participe bien de l'aspect de labyrinthe herméneutique qu'est ce texte à double fond[31]. Le personnage de Vital offre dès la troisième rencontre entre les amis et une figure issue de la littérature panoramique un modèle que d'autres rencontres vont décliner.

On pourra ainsi considérer que d'autres scènes des *Comédiens* jouent sur la même structure de degré 2. Par exemple, lorsque Bixiou & Léon de Lora et Gazonal rendent visite à Mme Nourrisson, le même enchâssement de savoirs des personnages se met en place. Gazonal est placé à nouveau dans le rôle paradigmatique que lui a construit le narrateur, par l'intermédiaire des deux cicérons : il veut voir le personnage captivant qu'on lui a décrit.

Mme Nourrisson décrypte vite le non-savoir du provincial sur les réalités parisiennes : comme Fromenteau, elle comprend que Gazonal peut être mystifié. Le narrateur relève son « air pénétré » alors que Gazonal est surpris du prix excessif de la « guipure[32] » qu'il lui tend. Elle comprend donc qu'elle a intérêt à jouer le rôle de la marchande de toilette qui a « eu des malheurs » que les deux artistes s'attendent à ce qu'elle remplisse, d'autant plus que Bixiou lui fait croire qu'il peut lui vendre des articles de mode. Mme Nourrisson pense donc qu'elle va mystifier Gazonal d'un côté et Bixiou & Léon de Lora de l'autre. Le discours qu'elle sert aux trois visiteurs, comme ceux de Fromenteau ou d'Asie, est marqué par une double énonciation qui rend compte de cette mise en scène de soi à des fins de spectacularisation du type social qu'elle représente :

> Dame ! en voyant une table étincelant d'argenterie (les réchauds, les chandeliers, tout brillait comme un écrin), elle part comme du *sodavatre* et lance sa fusée [...].
>
> [...] Ma femme fond en larmes, elle confie à ce benêt de maréchal (le prince d'Ysembourg, ce Condé de la République, un benêt !) que son mari, qui servait en Espagne, l'a laissée sans un billet de mille francs [...][33].

Mais le narrateur a construit son enchâssement de cadres cognitifs de manière à ce que ce soient Bixiou & Léon de Lora qui mystifient la marchande. Les indices de leur incrédulité face à Mme Nourrisson

31 Relais du lecteur, Gazonal se pose la question de savoir si le peintre fouriériste Dubourdieu est « de bonne foi » (*ibid.*, p. 1190).

32 *Ibid.*, p. 1170.

33 *Ibid.*, p. 1173-1174.

sont donnés par le narrateur, et passent par un langage infraverbal de regards : « Les deux artistes se regardèrent en entendant ce mot un peu trop vif[34]. »

À nouveau, la scène se termine sur une tentative de dialogue qui n'aboutit pas : Gazonal, « épouvanté de cette confidence[35] », demande quoi faire pour elle ; Bixiou ne répond pas et conduit le provincial à la scène suivante.

SITUATION DE DEGRE 3 (LE NARRATEUR MET SON SAVOIR EN JEU)

La complexité de la représentation des niveaux de savoir dans le récit de Balzac est accrue dans un autre passage du texte, qui met en rapport Bixiou & Léon de Lora, Gazonal et un troisième personnage, mais qui concerne aussi au premier ordre le narrateur du récit. Ce passage raconte la visite de Gazonal à Mme Fontaine.

D'une certaine manière, cette visite reprend le dispositif cognitif analysé jusqu'ici, qui met en jeu trois personnages, Gazonal, Mme Fontaine et Bixiou & Léon de Lora. Gazonal, poussé par la curiosité, « faisa[nt] l'intrépide[36] », vient éprouver (dans les deux sens du terme) le savoir de la tireuse de cartes. Celle-ci joue son rôle de pythonisse moderne, car « ce qui rend ces créatures si formidables, c'est l'importance de ce que nous voulons savoir. On vient leur acheter de l'espérance, et elles le savent bien[37] ». Elle sait donc qu'elle doit impressionner Gazonal, lui proposer « le grand jeu[38] », aidée de la poule Bilouche et du crapaud Astaroth. Quant à Bixiou & Lora, ils veulent se moquer de Gazonal en l'envoyant dans l'antre de la voyante, et savent en même temps que celle-ci leur sera favorable s'ils lui envoient des clients. Comme Mme Nourrisson ou

34 *Ibid.*, p. 1172.

35 *Ibid.*, p. 1174.

36 *Ibid.*, p. 1191.

37 *Ibid.*, p. 1192. Lorsque Carabine passe sur le boulevard, le narrateur indique qu'elle sait ce que l'on attend d'elle : « une beauté si réelle et si sûre d'être cultivée qu'elles ne la font point voir » (*ibid.*, p. 1159). Elle devine les attentes d'autrui et parvient à y répondre.

38 *Ibid.*, p. 1193.

le chapelier Vidal, Mme Fontaine se met en scène pour le provincial et lui procure une impression durable, « comme sous l'incubation infernale du mauvais esprit[39] ».

Mais la lecture de ce passage et le démêlage des différents cadres cognitifs des personnages s'achoppe à une question qui occupe une grande place dans le dispositif narratif : le rôle et l'opinion du narrateur. En effet, à la différence des passages qui concernent Vital ou la Nourrisson, où le ton du narrateur est nettement ironique, voire franchement railleur, ici il n'est pas aisé de savoir s'il se moque de Mme Fontaine et de ses prédictions, ou s'il y souscrit. Cette ambiguïté du narrateur s'étend à Bixiou & Lora, qui, s'ils ne commentent jamais les attitudes ridicules et artificielles des autres *comédiens*, affirment à Gazonal qu'ils ont une totale confiance en la voyante[40].

À ce sujet, Stéphane Vachon évoque un article déjà ancien de Wolf Lepenies, interrogeant les « fonctions conservatoires de la littérature », « processus au cours desquels des théories scientifiques, abandonnées pour des raisons très diverses, en viennent à survivre dans le discours littéraire[41] ». Selon Stéphane Vachon « Balzac use de ces savoirs déconnectés de la vérité en écrivain. S'il y croit, ou s'il feint d'y croire, c'est toujours en romancier qu'il y croit, pour leurs effets proprement rhétoriques et littéraires et pour les fins de la littérature[42] ». Ainsi, la science de Mme Fontaine est « autrement effrayant[e] que les récits des romanciers et les scènes des drames allemands[43] ».

Par ailleurs, l'herméneutique de Mme Fontaine et celle du narrateur lui-même ne sont pas si éloignées : Régine Borderie remarque que si

---

39 *Ibid.*, p. 1195.

40 Encore peuvent-ils mentir : « Je ne fais rien d'important sans faire causer Astaroth, dit Léon, et je m'en suis toujours bien porté. – J'attends la fortune honnête que Bilouche m'a promise, dit Bixiou » (*ibid.*, p. 1195). Nous ne saurons jamais si Bixiou obtient cette fortune. Nous ne saurons jamais non plus si Mme Cibot, mariée à Rémonencq, sera assassinée dans son sommeil (voir *Le Cousin Pons*, *CH*, t. VII, p. 765). Une autre question, proche de la *theory of mind*, s'esquisse ici, nous ramenant à Booth : jusqu'où le narrateur et les personnages investis d'un discours de l'autorité peuvent-ils être dignes ou indignes de confiance ?

41 Stéphane Vachon, « Balzac, la science et Flaubert », dans *Éclats de savoirs : Balzac, Nerval, Flaubert, Verne, les Goncourt*, textes réunis et présentés par Jacques Neefs, Saint-Denis, Presses Universitaires de Vincennes, 2010, p. 15-48, ici p. 25-26. Il cite Wolf Lepenies, « Hommes de science et écrivains. Les fonctions conservatoires de la littérature », *Information sur les sciences sociales*, vol. XVIII, n° 1, 1979, 45-58, ici p. 53.

42 *Ibid.*

43 *Les Comédiens sans le savoir*, *CH*, t. VII, p. 1193.

Balzac semble se moquer de la tireuse de carte qui lit dans les lignes de la main, l'attitude du narrateur de *Béatrix* qui lit dans la main de M. du Guénic son passé et une partie de son avenir fait écho à cette pratique fantaisiste[44]. Boris Lyon-Caen, lui aussi intéressé par des questions herméneutiques, compare l'antre de la voyante à la chambre noire de la photographie[45].

SITUATION DANS UN UNIVERS COMPLEXE (RÉCURSIVITÉ DU MODÈLE)

Lorsque Bixiou vient rendre visite à Vauvinet, la situation cognitive représentée se complexifie encore. Bixiou a besoin d'argent. Vauvinet le sait. Bixiou sait que Vauvinet sait qu'il a besoin d'argent : comme il sait que Vauvinet est intéressé par des actions de chemin de fer que détiennent d'autres banquiers, il prétend pouvoir aider Vauvinet à les acquérir. Vauvinet sait donc d'abord que Bixiou a besoin d'argent, mais aussi que Bixiou peut l'aider à acquérir les actions de chemin de fer qui l'intéressent s'il lui prête de l'argent. Mais Bixiou sait également que les actions de chemin de fer que convoite Vauvinet ne seront pas mises en vente : sa promesse de le présenter à des banquiers qui pourraient lui vendre des actions de chemin de fer ne l'engage donc pas beaucoup, puisqu'il sait que « l'adjudication du Chemin sera positivement ajournée à la Chambre[46] ».

La complexité de la représentation de l'affrontement cognitif entre Bixiou et Vauvinet est donc chiffrable : la connaissance de Bixiou est supérieure à celle de l'usurier. Contre la promesse qu'il arrache à Bixiou, Vauvinet lui prête de l'argent à un taux très peu intéressant pour le journaliste, en espérant compenser ce prêt avec l'achat d'actions de chemin de fer. Vauvinet pense donc rouler Bixiou en gagnant nettement plus en lui prêtant de l'argent et en récupérant ses actions. Mais Bixiou,

44 Régine Borderie, *Balzac peintre de corps. "La Comédie humaine" ou le sens du détail*, Paris, SEDES, 2002.

45 Boris Lyon-Caen, *Balzac et la comédie des signes. Essai sur une expérience de pensée*, Saint-Denis, Presses Universitaires de Vincennes, 2006, p. 141-142.

46 *Les Comédiens sans le savoir*, *CH*, t. VII, p. 1182.

qui sait que les actions ne seront jamais vendues à Vauvinet, sait qu'il n'aura pas à lui rembourser à un tel taux, et qu'il sort gagnant de la transaction. C'est donc à l'affrontement de deux montages cognitifs qu'on assiste : Vauvinet essaye de rouler Bixiou, Bixiou roule Vauvinet qui croyait le rouler.

La page 1181 mérite à cet égard d'être relue de près : les mécanismes économiques de l'escompte, de l'emprunt, la distinction entre un « billet de cinq cents francs » et un « effet de quatre cent cinquante », demeurent obscurs pour le lecteur. Certaines phrases du texte semblent inintelligibles. Elles peuvent provenir du discours des personnages : « Je ne me savais pas si riche, car je te cherchais un effet à recevoir, fin prochain, de quatre cent cinquante, Cérizet te le prendra sans grande diminution, et voilà ta somme faite. » Elle peut aussi être reprise par un narrateur qui n'explique pas : « Gazonal tentait de l'éclairer [Bixiou] sur cette opération et lui prouvait que si le compère de Vauvinet, ce Cérizet, lui prenait ving francs d'escompte sur le billet de quatre cent cinquante francs, c'était de l'argent à quarante pour cent[47]… » Gazonal, ici, n'est plus le relais du lecteur, mais un personnage qui a compris le piège de Vauvinet, mais pas la parade de Bixiou concernant les actions de chemin de fer qui ne seront pas mises en vente.

La réflexion autour de l'inscription du savoir dans le comportement des personnages, de la *theory of mind* et des disciplines du savoir convoquées (ici l'économie) permet d'examiner à nouveaux frais la question de la lisibilité balzacienne. Balzac ici représente un dispositif cognitif particulièrement complexe : quoique la représentation ne concerne que deux personnages (donc deux variables à l'équation), la profondeur de ce que savent les deux négociations rend la scène difficilement lisible pour le lecteur. L'affrontement se constitue sur ce que l'un sait de l'autre, et ce que l'un pense que l'autre sait de lui : cette sorte de récursivité dans le savoir, proche de la métaphore de deux miroirs qui se feraient face, rend le texte opaque et contribue à la difficulté de la compréhension[48].

À lire *Les Comédiens sans le savoir* comme un labyrinthe cognitif, où chaque personnage rencontré joue, plus ou moins avec bonne foi, plus

47 *Ibid.*, p. 1181-1182.

48 Sur les questions économiques dans la fiction balzacienne et le rapport entre l'épistémologie des sciences économiques et de la littérature, voir Alexandre Péraud, « *La Comédie humaine* comme modélisation économique du monde », *L'Année balzacienne*, n° 21, 2020, p. 107-130 [notamment la troisième partie, p. 121-130].

ou moins pour *poser* (l'un des grands verbes du texte) sous l'égide du duo Bixiou & Léon de Lora, on saisit peut-être l'un des aspects méconnus de ce texte, et l'une des ambiguïtés de l'écriture. Le titre de l'œuvre lui-même offre une alternative : soit l'on considère que le récit est un tableau qui marche, un exemple de la « description ambulatoire[49] » dont parle Philippe Hamon, auquel cas les comédiens ne savent pas qu'ils sont des comédiens. Soit l'on considère que le récit s'apparente à une vaste machine à démonter les prétentions de ceux qui ne savent rien et font semblant de savoir, auquel cas les comédiens n'ont tout simplement pas *de* savoir. Le verbe à l'infinitif peut très bien être un substantif. Cette ambiguïté du titre est précieuse pour la lecture du texte qui multiplie les interrogations du lecteur sur l'authenticité et l'artifice, le sérieux ou l'ironie, la conscience d'être l'objet d'un regard ou le naturel des personnages de la fiction. Aussi ne pourrons-nous pas suivre Anne-Marie Meininger, qui voyait dans l'autre titre du roman, sur épreuves, une « clef depuis longtemps perdue », rabattant l'ambiguïté générique (mais aussi herméneutique et cognitive) du texte sur « la tradition d'un genre bien précis : le Guide de Paris[50] ».

Peut-être pourrait-on considérer ce curieux texte, mais dont le titre en évoque un autre (*La Comédie humaine* elle-même) comme une « expérience de pensée[51] ». Les personnages que l'on y rencontre ne sont plus les types de leurs lointains cousins des *Français peints par eux-mêmes* ou des petits articles donnés à *La Presse* ou au *Diable à Paris*. Précisément, le réaménagement de certains de ces portraits pittoresques dans le récit des *Comédiens* montre que Balzac a réfléchi à la complexité des scènes entre les deux mystificateurs, Gazonal et les parisiens[52]. Ces scènes révèlent des stratégies, des montages, des flatteries, visant à obtenir

---

49 Philippe Hamon, *Du descriptif*, Paris, Hachette, 1993, p. 175. L'expression est empruntée à Robert Ricatte dans *La Création romanesque chez les Goncourt* (Paris, Armand Colin, 1952, p. 280).

50 *Les Comédiens sans le savoir*, *CH*, t. VII, p. 1121.

51 Nous reprenons à Boris Lyon-Caen le sous-titre de son travail déjà cité sur l'herméneutique balzacienne.

52 Une indication de génétique balzacienne parmi d'autres : le montage récursif complexe qu'on a étudié entre Bixiou et Vauvinet s'achève sur la confidence de Bixiou à Gazonal, puisque le caricaturiste sait que la vente des actions de chemin de fer ne se fera pas. Aussi, Balzac, qui avait écrit plus loin « du Tillet donne une fête à propos de rail-ways » (var. a, 1733) a corrigé en « du Tillet donne une fête sous prétexte de rail-ways » (1199), rappelant la supercherie de Bixiou.

d'autrui ce que l'on cherche. En interrogeant profondément l'attention du lecteur quant à la bonne foi du personnage de fiction, Balzac fait des *Comédiens sans le savoir* un outil corrosif de mise en question de ce qu'il y a d'artificiel dans le rapport aux autres et dans la présentation de soi des êtres romanesques – et peut-être ce qu'il y a d'artificiel dans le rapport aux autres et dans la présentation de soi tout court.

Jérémie ALLIET
École normale supérieure de Lyon,
IHRIM

SIXIÈME PARTIE

QUESTIONS DE MÉTHODE

LE PROJET EBALZAC

Un hypertexte des sources scientifiques

Dans l'ensemble de *La Comédie humaine*, Balzac mentionne dix-sept fois le nom de Johann Caspar Lavater et dix-neuf fois celui de Franz Joseph Gall, les deux savants célèbres pour leurs travaux sur la phrénologie et la physiognomonie. Dans *Ursule Mirouët*, par exemple, nous lisons :

> La phrénologie et la physiognomonie, la science de Gall et celle de Lavater, qui sont jumelles, dont l'une est à l'autre ce que la cause est à l'effet, démontraient aux yeux de plus d'un physiologiste les traces du fluide insaisissable, base des phénomènes de la volonté humaine, et d'où résultent les passions, les habitudes, les formes du visage et celles du crâne[1].

Cependant, hormis ces renvois explicites, dont la plupart mentionnent conjointement les deux scientifiques au sein d'une énumération, combien de fois Balzac s'y réfère implicitement, par exemple en décrivant ses personnages ? Comment mesurer l'influence des théories phrénologiques et physiognomoniques sur l'œuvre balzacienne ? Et, enfin, comment détecter et identifier des renvois plus indirects, que ce soient des citations non référencées ou des allusions plus implicites, dans un ensemble aussi imposant que *La Comédie humaine* ?

De nombreux travaux ont interrogé la relation entre l'œuvre balzacienne et les théories phrénologistes[2]. Dans la continuité de ces analyses empiriques, nous souhaitons mener une investigation numérique, opérée sur des quantités considérables de textes qu'il eût été impossible d'exploiter manuellement. Une telle approche, qui combine les méthodes

---

1 *Ursule Mirouët*, *CH*, t. III, p. 52.

2 Voir par exemple : Régine Borderie, *Balzac, peintre de corps. « La Comédie humaine » ou le sens des détails*, Paris, SEDES, 2002 ; Patrick Tacussel, *Mythologie des formes sociales. Balzac et les saint-simoniens ou le destin de la modernité*, Paris, Meridiens-Klincksieck, 1995 ; Remigiusz Forycki, « Balzac portraitiste et la Physiognomonie. Le cas clinique de Vanda », *L'Année balzacienne*, n° 17, 2016, p. 33-50.

quantitatives et qualitatives, fait partie intégrante du projet Phoebus-eBalzac dans lequel s'inscrit notre travail.

Après une brève présentation de ce projet, nous allons nous intéresser davantage à son volet encore inédit qui porte sur la détection automatique et la visualisation de l'hypertexte balzacien, et en particulier aux résultats des comparaisons intertextuelles élaborées semi-automatiquement entre *La Comédie humaine* et des théories scientifiques de l'époque, pour terminer par quelques considérations qui montrent de quelles manières Balzac modifie, dans l'univers fictionnel, les modèles de connaissance de la phrénologie.

LE PROJET EBALZAC

Le développement principal du projet eBalzac (antérieurement nommé Phœbus, et financé par l'ANR pour la période 2015-2019), est le site ebalzac.com, qui propose une édition électronique de *La Comédie humaine.* Il s'agit de la première édition en ligne et librement disponible de la version dite « Furne corrigé ». L'établissement du texte à partir des corrections apportées par Balzac sur son exemplaire personnel a permis d'aboutir à une édition de référence, philologiquement exacte, qui corrige de nombreuses éditions antérieures se fondant sur ce dernier état du texte. Outre cette dernière version, conforme à la volonté de l'auteur, le texte de l'édition imprimée Furne est également mis à disposition, pour chacune des œuvres ; pour certaines autres, comme *La Maison du chat-qui-pelote*, *Le Cousin Pons* ou *La Vendetta*, plusieurs états imprimés antérieurs ont pu être édités (à terme, l'ensemble des versions imprimées sera accessible sur le site). Une étape ultérieure a été la création d'un dispositif de comparaison génétique via le logiciel Medite, permettant d'aligner automatiquement deux états éditoriaux et de signaler, à l'aide de codes-couleur, les remplacements, les suppressions, les insertions et les déplacements effectués par l'auteur d'une version à l'autre[3].

3 Pour la présentation détaillée du site ebalzac.com et ses enjeux éditoriaux, voir Andrea Del Lungo, « L'édition numérique eBalzac. Une nouvelle lecture de *La Comédie humaine* », *The Balzac Review / Revue Balzac*, n° 4, 2021, *L'édition / Publishing*, p. 119-140.

LE MOTEUR DE RECHERCHE LEXICAL

La collaboration avec le projet ARTFL de l'Université de Chicago[4] a rendu possible l'intégration d'un moteur de recherche lexical. Cet outil d'interrogation du corpus permet de rechercher des mots ou des groupes de mots employés par Balzac dans la totalité de *La Comédie humaine* et d'afficher leurs contextes et leurs cooccurrents les plus fréquents. La recherche du mot *science*, par exemple, donne 736 résultats et les œuvres qui en contiennent le plus sont *La Recherche de l'Absolu* et *Pathologie de la vie sociale.* Le cooccurrent le plus fréquent est *homme* et la possibilité du triage alphabétique du contexte gauche et droite permet de constater qu'il s'agit, dans la plupart des cas, de l'expression « homme de science ». Au contraire, si nous nous intéressons aux vingt-cinq occurrences des mots *femme* et *science* dans la même phrase, nous voyons qu'il s'agit des relations beaucoup plus distendues (par exemple : « À cet argument qui semblait annuler sa chère *Science*, il regarda sa *femme* en tremblant[5] »).

Les possibilités du moteur de recherche s'élargissent davantage avec quelques manipulations un peu plus techniques. Par exemple, l'utilisateur peut rechercher et extraire tous les mots se terminant par *-nomie*, *-logie* et *-logique* et compter leur nombre d'occurrences dans le texte (voir Tableau 1).

Mot	*Occurrences*
Science	982
Physionomie	641
Économie	434
Logique	107
Physiologie	62
Mythologie	36
Analogie	34
Gastronomie	27
Psychologie	23

4 Voir https://www.lib.uchicago.edu/efts/ARTFL/philologic/.

5 Voir ligne 63, https://page.hn/1ctisd. C'est nous qui soulignons (*La Recherche de l'absolu*, *CH*, t. X, p. 720).

Zoologie	23
Archéologie	21
Théologie	21
Astrologie	20
Généalogie	15
Pathologie	15
Phraséologie	15

TABLEAU 1 – Résultats de la recherche des mots se terminant par *-nomie*, *-logie* et *-logique* dans *La Comédie humaine* : nombre d'occurrences supérieur ou égal à quinze.

Ce traitement automatique inclut bien évidemment quelques cas particuliers, liés notamment à la polysémie de certains mots. *Logique*, par exemple, est défini dans la sixième édition du *Dictionnaire de l'Académie française* (1835) comme « science qui enseigne à raisonner juste », « sens droit, disposition à raisonner juste » et qui « s'emploie quelquefois comme adjectif des deux genres ; et alors il signifie, conforme aux règles de la logique[6] » ; alors que *physionomie*, particulièrement fréquent dans notre relevé (641 occurrences), renvoie, toujours selon le *Dictionnaire de l'Académie française*, tout autant à « l'air, les traits du visage » qu'à « l'art de juger, par l'inspection des traits du visage, quelles sont les inclinations d'une personne[7] ». C'est ce deuxième sens qui nous intéressera plus particulièrement dans cet article.

UN DÉVELOPPEMENT À VENIR : L'AXE HYPERTEXTE

Le dernier axe du projet eBalzac prévoit le développement expérimental d'une édition hypertextuelle, susceptible de recomposer une bibliothèque virtuelle comprenant l'ensemble de textes littéraires et non littéraires dont on a repéré la trace dans l'œuvre de Balzac. L'objectif de cette édition est de permettre des recherches et des comparaisons intertextuelles

6 Voir la définition du mot « logique » dans le *Dictionnaire de l'Académie française* (https://www.dictionnaire-academie.fr/article/A6L0645).

7 Voir la définition du mot « physionomie » dans le *Dictionnaire de l'Académie française* (https://www.dictionnaire-academie.fr/article/A6P1190).

élaborées, à l'intérieur de l'œuvre de Balzac, et dans le corpus plus vaste de textes littéraires et scientifiques de l'époque, entre 1800 et 1850, afin de faire émerger des correspondances, de repérer des emprunts, des citations, des reprises, des plagiats éventuels, et de constituer de ce fait une cartographie de l'univers intellectuel et culturel qui a influencé la création balzacienne. Ce travail vise aussi à fournir aux chercheurs en littérature et sciences humaines de nouveaux outils d'interrogation de vastes corpus textuels, qui puissent conduire à une connaissance approfondie de phénomènes génétiques, poétiques, stylistiques, ainsi que leurs implications en termes idéologiques et à une meilleure compréhension des processus qui régissent l'apparition d'une réutilisation, qu'elle soit avérée ou issue inconsciemment des traces de lecture.

Par son ampleur, mais aussi par le caractère hétérogène de ses sources, *La Comédie humaine* constitue un objet idéal pour ce type d'édition expérimentale, qui pourra prendre valeur de paradigme et servir de modèle pour d'autres auteurs, chez qui l'usage d'une intertextualité abondante et éclectique est avéré. Le corpus, qui s'est progressivement constitué dès le début du projet, regroupe presque 500 œuvres de 56 auteurs différents, outre, bien sûr, la totalité de *La Comédie humaine*, que nous considérons comme notre corpus principal (ou corpus cible).

Le corpus associé (source) est partagé en trois sous-ensembles : (i) le corpus romanesque d'autres auteurs contemporains ou antérieurs, (ii) les ouvrages de littérature panoramique (recueils collectifs), (iii) les ouvrages scientifiques contemporains, notamment dans les domaines des sciences naturelles, de la médecine et de la physiologie. Dans la suite de notre démonstration nous confronterons ce dernier sous-corpus au corpus principal.

EXPLORATION DES SIMILARITÉS ENTRE LES CORPUS BALZACIEN ET SCIENTIFIQUE PAR DES MÉTHODES INFORMATIQUES

Actuellement, le corpus scientifique regroupe sept œuvres : *La Physiognomonie et la phrénologie* d'Isidore Bourdon[8], les six tomes de *Sur les fonctions du cerveau et sur celles de chacune de ses parties* de Franz Joseph Gall[9] et les quatre tomes de l'*Anatomie et physiologie du système nerveux en général et du cerveau en particulier*[10], ouvrage coécrit par Gall avec son disciple Johann Gaspar Spurzheim, duquel nous avons également numérisé le *Manuel de phrénologie*[11]. Deux œuvres de Johann Caspar Lavater font aussi partie du corpus : quatre volumes de l'*Essai sur la Physiognomonie*[12] et 10 volumes de *L'Art de connaître les hommes par la physionomie*[13]. Le *Traité sur la nouvelle physiologie du cerveau* par Jean-Baptiste Nacquart[14] complète cette collection.

En ce qui concerne l'aspect éditorial, nous avons conçu deux solutions d'exploration. La première, définie édition *hyperannotée*, permet de lire l'œuvre, comme dans le volet éditorial du site, et de disposer en plus des zones cliquables. Le clic sur un fragment de l'œuvre de Balzac mis en valeur fait apparaître une homologie significative détectée avec un extrait d'une œuvre romanesque, scientifique ou panoramique

8 Isidore Bourdon, *La Physiognomonie et la phrénologie, ou Connaissance de l'homme après les traits du visage et les reliefs du crâne : examen critique des systèmes d'Aristote, de Porta, de La Chambre, de Camper, de Lavater...*, Paris, Gosselin, 1842.

9 Franz Gall, *Sur les fonctions du cerveau et sur celles de chacune de ses parties*, Paris, J.-B. Baillière, 6 t., 1825.

10 Franz Gall et Johann Gaspar Spurzheim, *Anatomie et physiologie du système nerveux en générale et du cerveau en particulier, avec des observations sur la possibilité de reconnaître plusieurs dispositions intellectuelles et morales de l'homme et des animaux par la configuration de leurs têtes*, Paris, F. Schoell, 4 vol., 1810-1819.

11 Johann Gaspar Spurzheim, *Manuel de phrénologie*, Paris, Porthmann, 1832.

12 Johann Caspar Lavater, *Essai sur la physiognomonie, destiné à faire connoître l'homme et à le faire aimer*, traduit de l'allemand par Marie-Élisabeth La Fite, Antoine-Bernard Caillard et Henri Renfner, La Haye, [s. n.], 4 vol., 1781-1803.

13 Johann Caspar Lavater, *L'Art de connaître les hommes par la physionomie*, [traduit par Antoine-Bernard Caillard], Paris, Depélafol, 10 vol., 1820.

14 Jean-Baptiste Nacquart, *Traité sur la nouvelle physiologie du cerveau, ou Exposition de la doctrine de Gall sur la structure et les fonctions de cet organe*, Paris, Léopold Collin, 1808.

du corpus secondaire. À la Figure 1, nous présentons l'exemple d'un fragment d'*Anatomie et physiologie du système nerveux* de Gall mis en relation avec un extrait de *La Grenadière*, qui sera commenté à la fin de l'article.

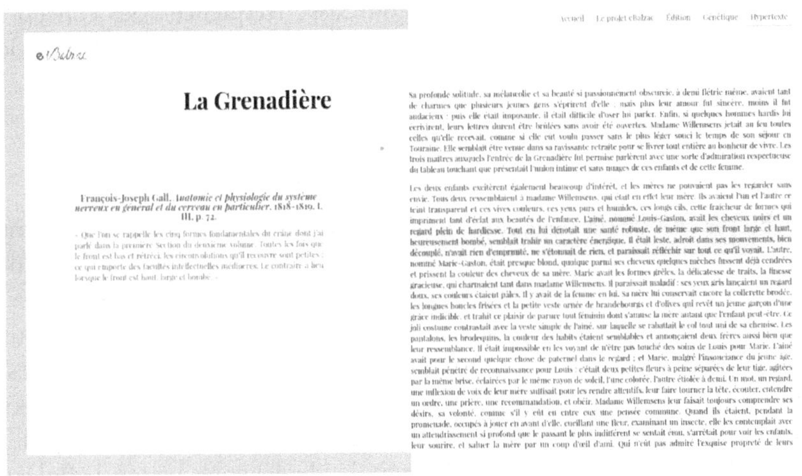

FIG. 1 – Exemple d'une page de l'édition hyperannotée : *La Grenadière* et une homologie significative avec Gall.

La deuxième entrée, l'édition *hypertextuelle*, se fait à l'aide de graphes. La théorie des graphes est encore relativement peu exploitée par la recherche littéraire ; néanmoins, différents types de graphes ont déjà été utilisés pour analyser et présenter des relations intertextuelles dans un régime numérique[15]. Au sein de l'édition que nous envisageons, les choix de visualisation sont multiples. Il est possible, par exemple, de visualiser la fréquence et la force des relations détectées entre Balzac

15 Voir notamment : Stefan Jänicke, Annette Gessner, Marco Büchler et Gerik Scheuermann, « *Visualizations for text re-use* », dans *Proceedings of the 5th International Conference on Information Visualization Theory and Applications*, Lisbon (Portugal), 5-8 January 2014, [sous la direction de] Robert S. Laramee, Andreas Kerren, José Braz, Setúbal, SciTePress, 2014, p. 59-70 ; Jean-Gabriel Ganascia, « Détection automatique de phénomènes intertextuels », *Genesis*, n° 51, 2020, p. 63-77, http://doi.org/10.4000/genesis.5671 ; Karolina Suchecka et Nathalie Gasiglia, « Réécritures d'un mythe et outils de détection des réutilisations. De l'Orphée de Virgile à celui de Ballanche », *Humanités numériques*, n° 4, 2021, https://doi.org/10.4000/revuehn.2467.

et les auteurs du corpus secondaire, voire entre une œuvre particulière de *La Comédie humaine* et tous les ouvrages scientifiques pris en compte. Ou encore, un graphe conceptuel, focalisé sur les cooccurrences des mots, pourra révéler des isotopies sémantiques qui se détachent des résultats : les termes à haute (ou basse fréquence), des concepts au centre du réseau lexical, des glissements thématiques au sein de chaque graphe[16]…

LES OUTILS DE LA LEXICOMÉTRIE ET DE LA STYLOMÉTRIE

En partant de ces objectifs, assez ambitieux, il était ensuite important de déterminer les méthodes et les logiciels informatiques permettant de les atteindre. Plusieurs outils d'exploration linguistique du corpus, autrement dit de la lexicométrie, existent. Ils sont comparables au moteur de recherche déjà présenté, mais leurs fonctionnalités sont plus riches, comme c'est le cas de *Voyant Tools*, l'outil développé par des pionniers des approches computationnelles, Stéfan Sinclair et Geoffrey Rockwell[17]. Avec cet outil, nous pouvons par exemple identifier les textes de Balzac qui concentrent la mention des termes *physionomie*, *physiognomonie* et *physiologie* (Figure 2).

16 Voir notamment : Andrea Del Lungo et Karolina Suchecka, « Le projet *eBalzac* : construire une bibliothèque hypertextuelles des sources intertextuelles », dans *La Fabrique numérique des corpus en sciences humaines et sociales*, sous la direction de Clarisse Bardiot, Esther Dehoux, Émilien Ruiz, Villeneuve d'Ascq, Presses universitaires du Septentrion, 2022, p. 182-197, http://www.septentrion.com/html/WYSIWYGfiles/files/CONTENEUR2108_Bardiot_Dehoux_Ruiz.pdf ; Karolina Suchecka et Nathalie Gasiglia, « TAL et Littérature comparée. Détection automatique des correspondances textuelles entre les réécritures d'un mythe », dans *Actes de la 29e Conférence sur le Traitement Automatique des Langues Naturelles. Atelier TAL et Humanités Numériques*, Avignon, juin 2022, p. 88-98, https://aclanthology.org/2022.jeptalnrecital-humanum.10.

17 L'outil est disponible à l'adresse suivante : https://voyant-tools.org.

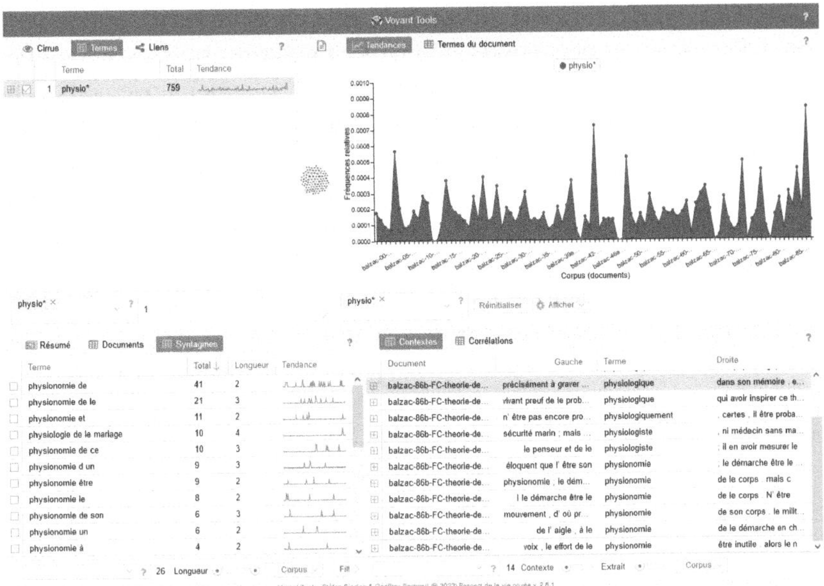

FIG. 2 – Exploration du corpus balzacien avec l'outil *Voyant Tools*.
Exemple des mots commençant par *physio-*.

Le diagramme à droite montre que la fréquence relative[18] des mots commençant par *physio-* est particulièrement relevée dans deux textes : *Facino Cane* et la *Théorie de la démarche*. Par ailleurs, pour donner une idée de la fréquence globale, seulement huit textes de *La Comédie humaine* ne présentent aucune occurrence de ces termes. Alors que la fenêtre en bas à droite permet de montrer les quatorze occurrences présentes dans la *Théorie de la démarche* (*physiologie*, 2 occ., *physiologique*, 3 occ., *physiologiquement*, 1 occ., *physiologiste*, 2 occ. et *physionomie*, 6 occ.), celle du coin inférieur gauche montre les syntagmes les plus fréquents[19].

Une autre méthode, la stylométrie, considère que la fréquence d'utilisation des mots ou des séries de mots constitue l'un des facteurs

18 La fréquence relative d'un mot est calculée en divisant le nombre des occurrences du mot recherché par le nombre total des mots qui composent le corpus.

19 Le corpus a été lemmatisé pour optimiser la pertinence de l'exploration. Cette interface est disponible à l'adresse suivante : https://voyant-tools.org/?corpus=31820470ae8e4c2a99dba45a42674843.

caractéristiques du style d'un auteur[20]. Elle est utilisée principalement pour l'attribution des œuvres anonymes ou écrites sous pseudonyme. Mais, adaptée à notre question de recherche, la stylométrie nous permet d'identifier les œuvres de Balzac dont le style se rapproche le plus des traités scientifiques. Nous nous attendons à ce que la stylométrie détecte automatiquement la proximité des œuvres écrites par le même auteur et qu'elle nous permette d'identifier les textes de Balzac au sein desquelles les théories physiognomoniques sont les plus fréquentes. Le cas échéant, leurs identifiants apparaîtront sur la même branche dans le dendrogramme[21] qui permet de visualiser les résultats (Figure 3), de préférence l'un à côté de l'autre (sans qu'un autre identifiant les sépare).

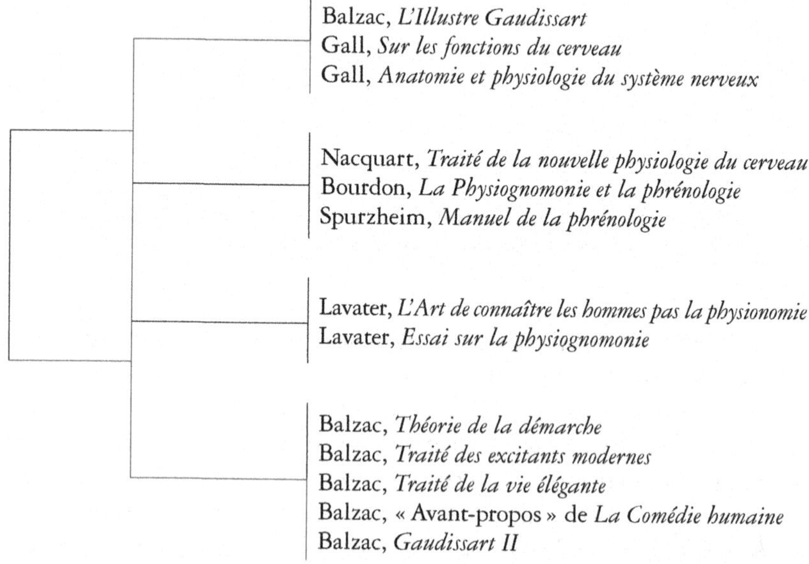

FIG. 3 – Extrait des résultats des analyses stylométriques : les textes scientifiques et les œuvres balzaciennes avoisinantes.

20 Voir notamment : Jan Rybicki, « Vive la différence : *Tracing the (authorial) gender signal by multivariate analysis of word frequencies* », dans *Digital Scholarship in the Humanities*, vol. 31, n° 4, December 2016, p. 746-761 ; Maciej Eder, Jan Rybicki et Mike Kestemont, « Stylometry with R : a Package for Computational Text Analysis », *The R Journal*, vol. 8, n° 1, August 2016, p. 107-121.

21 Dendrogramme est un type de diagramme qui permet de visualiser l'arborescence complexe des relations hiérarchiques (comme, par exemple, l'arbre généalogique).

Nous constatons que les textes des mêmes auteurs sont effectivement adjacents et que le corpus scientifique reste groupé (aucun texte de Balzac n'apparaît entre *Sur les fonctions du cerveau* de Gall et l'*Essai sur la physiognomonie* de Lavater). Mais quelques textes de Balzac se rapprochent tout de même de cet ensemble, notamment quelques *Études analytiques* et l'« Avant-propos », mais aussi *L'Illustre Gaudissart* et *Gaudissart II*.

Ces deux méthodes, la lexicométrie et la stylométrie, permettent certes de déterminer qu'un texte est susceptible de contenir des réutilisations ; cependant, elles ne les détectent pas concrètement, ce qui nous intéresse bien plus.

LA DÉTECTION AUTOMATIQUE DES RELATIONS INTERTEXTUELLES

Pour essayer d'apparier des extraits du corpus balzacien avec ceux du corpus scientifique qui les ont potentiellement influencés, nous exploitons deux logiciels dédiés à la détection des relations intertextuelles, Tracer[22] et TextPAIR[23]. Nous n'entrons pas dans les détails techniques de l'utilisation et du fonctionnement de ces logiciels[24] pour mieux nous concentrer sur la nature des résultats obtenus. Il est toutefois important de souligner que les deux outils permettent un large spectre de paramétrages. On peut notamment ignorer les mots les plus fréquents ou les mots faibles (*être*, *avoir*, *un*, *le*), rechercher les correspondances au niveau des formes (*science~science*), des lemmes (*sciences~science*) ou des racines (*science~scientifique*) des mots, uniformiser les mots similaires (*pensans~pensants*), ou encore définir le nombre minimal des unités communes et la distance entre elles.

22 Le logiciel, conçu par Marco Büchler (Georg-August-Universität de Göttingen) est disponible à l'adresse suivante : https://www.etrap.eu/research/tracer/. Voir également : Marco Büchler, *Informationstechnische Aspekte des historical Text Re-use*, thèse de doctorat en informatique, Université de Leipzig, 2013.

23 Voir https://artfl-project.uchicago.edu/text-pair (ARTFL Project, The University of Chicago) et Russell Horton, Mark Olsen et Glenn Roe, « *Something borrowed : sequence alignement and the identification of similar passages in large text collections* », *Digital Studies / Le Champ numérique*, 2 (1), 2010 ; https://www.digitalstudies.org/articles/10.16995/dscn.258/.

24 Voir Karolina Suchecka et Nathalie Gasiglia « *On digital comparative editions and textual similarity detection tools : towards a hypertextual cartography of a rewritten myth* », dans *Tackling the Toolkit : Plotting Poetry through Computational Literary Studies*, [sous la direction de] Petr Plecháč, Robert Kolár, Anne-Sophie Bories et Jakub Říha, Prague, ICL CAS, 2021, p. 163-178, http://doi.org/10.51305/ICL.CZ.9788076580336.11.

Dans le Tableau 2, nous présentons un couple de relations détectées entre le traité de Gall et *La Grenadière*. Les mots soulignés sont considérés comme les mots faibles et ne sont pas pris en compte. La comparaison se fait uniquement entre les mots forts : il y en a 19 dans l'extrait de Gall et 13 chez Balzac.

Tout en lui dénotait une santé robuste, de même que son **front large** et **haut**, heureusement **bombé**, semblait trahir un caractère énergique.	**Toutes** les fois que le **front** est bas et rétréci, les circonvolutions qu'il recouvre sont petites ; ce qui emporte des facultés intellectuelles médiocres. Le contraire a lieu lorsque le **front** est **haut**, **large** et **bombé**.

TABLEAU 2 – Balzac, *La Grenadière vs* Gall, *Anatomie et physiologique du système nerveux*. Mots faibles, mots forts différents, **mots forts communs.**

Les mots en gras sont considérés comme communs : *front*, *haut*, *large* et *bombé* sont identiques, la correspondance entre *toutes* et *tout* peut également être établie malgré la différence flexionnelle. En revanche, les relations plus subtiles, comme la synonymie entre *caractère* et *facultés* ou *emporter* et *dénoter*, ne sont prises en compte par aucun des deux logiciels.

Dans cet article, nous nous limitons uniquement aux résultats du traitement avec Tracer, qui sont déjà très riches : 8 062 couples de phrases ont été considérés comme correspondants, dont plus de la moitié est établie entre Gall et Balzac et 43 % entre Lavater et Balzac. 254 phrases de la *Physiologie du mariage* ont au moins une correspondance avec un texte scientifique. Le record du nombre des relations proposées est établi par la phrase issue de *Sur les fonctions du cerveau* de Gall[25] : nous recensons 34 relations candidates.

25 « Il nous apprend qu'il est impossible de concevoir l'idée d'une matière absolument inerte ; que l'activité seule existe pour l'idéaliste comme pour le réaliste ; simple pour le premier qui n'admet qu'une force, le moi ; double pour le second, qui en suppose deux, le moi et le non moi ; que sentir, c'est sentir une force qui remplit un certain espace ; que l'univers, tel qu'il frappe nos sens, doit naissance au conflit d'une infinité de forces » (Franz Gall, *Sur les fonctions du cerveau et sur celles de chacune de ses parties*, *op. cit.*, t. II, p. 450).

ANALYSE DES RÉSULTATS DE LA DÉTECTION AUTOMATIQUE

Si une telle richesse des résultats peut paraître enthousiasmante, elle soulève finalement beaucoup de difficultés. Pour juger de la pertinence des relations détectées, nous avons exploité un échantillon de cent couples choisis aléatoirement parmi les résultats du traitement avec Tracer. Nous les avons analysés en suivant un schéma d'évaluation proposé par Neil Coffee *et al.* en 2012[26] qui différencie cinq types de relations, que nous présentons *infra*.

RELATIONS PERTINENTES BASÉES SUR DES LIENS FORTS (TYPE 5)

Pour ce type de relation, le sens des extraits mis en correspondance est proche ou identique. C'est le cas du couple détecté entre *Le Curé du village* et *L'Art de connaître les hommes par la physionomie* pour lequel nous observons qu'il s'agit de deux descriptions d'une bouche tout à fait concordantes (Tableau 3).

Quoique sérieuse et serrée, **la bouche annonçait une bonté cachée, une âme excellente** enfouie sous les affaires, étouffée peut-être, mais qui pouvait renaître au contact d'une femme.	**La bouche semble annoncer plus de douceur, de bonté** et de faiblesse que le reste du visage.

TABLEAU 3 – Couple du type 5 : Balzac, *Le Curé du village* (*CH*, t. IX, p. 661) *vs* Lavater, *L'Art de connaître les hommes par la physionomie* (t. VIII, p. 77).

RELATIONS PERTINENTES BASÉES SUR DES LIENS FAIBLES (TYPE 4)

Le lien entre les couples du type 4 est un peu plus distendu. Par exemple, dans *La Paix du ménage*, Balzac décrit le comte de Soulanges en lui attribuant les caractéristiques d'un tempérament nerveux. Cet extrait

26 Neil Coffee, Jean-Pierre Koenig, Shakti Poornima, Roelant Ossewaarde, Christopher Forstall et Sarah Jacobson, « *Intertextuality in the Digital Age* », dans *Transactions of the American Philological Association*, vol. 142, n° 2, p. 383-422, https://muse.jhu.edu/article/490829.

est mis en correspondance avec l'énumération de différents tempéraments, sanguin, lymphatique et nerveux, faite par Bourdon (Tableau 4).

Quoique le comte de Soulanges, jeune homme d'environ trente-deux ans, fût doué de **ce tempérament nerveux qui engendre chez l'homme les grandes qualités**, ses formes grêles et son teint pâle prévenaient peu en sa faveur ; ses yeux noirs annonçaient beaucoup de vivacité, mais dans le monde il était taciturne, et rien en lui ne révélait l'un des talents oratoires qui devaient briller à la Droite dans les assemblées législatives de la Restauration.	Si l'homme d'un tempérament sanguin paraît né pour le plaisir et l'inconstance, pour la vie active et aventureuse ; si **l'homme nerveux est plus particulièrement appelé à briller par son esprit, à tenir le premier rang dans les sciences et dans les arts** ; si les vertus éclatantes ou les grands crimes, si l'ambition et le pouvoir sont réservés à l'homme d'une complexion bilieuse, la part du lymphatique a été moins heureuse et moins brillante ; il paraît né pour le repos et la soumission, et peut-être aussi pour la douleur : servir et souffrir, telle est sa destinée.

Tableau 4 – Couple du type 4 : Balzac, *La Paix du ménage* (*CH*, t. II, p. 105) *vs* Bourdon, *La physiognomonie et la phrénologie* (p. 100-101).

Le vocabulaire que Balzac emploie pour décrire le tempérament nerveux n'est pas tout à fait le même que celui de Bourdon (*engendrer les grandes qualités* / *briller par l'esprit*). Malgré cela, la relation reste, à notre sens, tout à fait pertinente.

RELATIONS DIFFICILES À ÉVALUER (TYPE 3)

Les couples du type 3 sont ceux qui restent difficiles à évaluer, majoritairement parce que le contexte fourni par les deux logiciels (une phrase pour Tracer, quelques mots pour TextPAIR) ne permet pas d'apprécier leur pertinence. Pour le couple présenté dans le Tableau 5, par exemple, Balzac mentionne un organe spécial, alors que Gall (qui cite d'ailleurs lui-même un autre savant) analyse la fonction spéciale d'une partie du cerveau qui peut être connue grâce à l'ablation.

L'homme, ayant seul ici-bas la connaissance de l'infini, peut seul connaître la ligne droite ; lui seul a le	Il veut prouver que l'ablation est un bon moyen pour connaître **la fonction spéciale d'une partie du cerveau** : « Si

sentiment de la verticalité placé dans **un organe spécial**.	l'ablation, dit-il, n'est pas dans tous les cas un moyen nécessaire pour arriver à **laconnaissance de la fonction spéciale d'un organe**, il faut convenir que ce moyen est au moins un des plus certains dans un grand nombre de circonstances. »

TABLEAU 5 – Couple du type 3 : Balzac, *Séraphîta* (*CH*, t. XI, p. 821) *vs* Gall, *Sur les fonctions du cerveau* (t. VI, p. 207).

Plusieurs aspects rendent difficile l'appréciation de la relation entre ces deux extraits. Tout d'abord, la contextualisation de l'extrait de *Séraphîta* est nécessaire pour comprendre de quel organe spécial il y est question. Ensuite, Gall mentionne une fonction spéciale du cerveau, mais, là aussi, il faut savoir quelles sont, selon lui, les fonctions possibles. Enfin, comme Gall cite lui-même un autre savant, il est nécessaire de déterminer de qui vient la citation, et se demander si Balzac ne se réfère pas directement à lui.

RELATIONS NON PERTINENTES BASÉES SUR DES LIENS FORTS (TYPE 2)

Les couples du type 2 sont déroutants, car ils présentent des liens forts sans être véritablement en relation. Pour le couple présenté dans le Tableau 6, par exemple, il s'agit encore une fois de deux descriptions d'une bouche.

Il avait un nez large et long gros du bout, un véritable nez de lion ; de grandes oreilles, des cheveux d'un blond ardent, **une bouche quasi saignante** comme celle des poitrinaires, dont **la lèvre supérieure était mince, ironique**, et **l'inférieure assez forte** pour faire supposer les plus belles qualités du cœur.	La bouche est composée de deux lèvres, dont **la supérieure est découpée en cœur**, cette forme si agréable, que sa beauté a passé en proverbe, et dont **l'inférieure est arrondie** en portion demi-cylindrique.

TABLEAU 6 – Couple du type 2 : Balzac, *Sur Catherine Médicis* (*CH*, t. XI, p. 390) *vs* Lavater, *L'Art de connaître les hommes par la physionomie* (t. I, p. 220).

Cependant, les traits du personnage décrit par Balzac (bouche quasi saignante, lèvre supérieure mince…) sont bien différents de ceux qui sont exposés chez Lavater (lèvre supérieure découpée en cœur, l'inférieure arrondie). En effet, alors que Balzac décrit un visage masculin, celui de Charles IX, Lavater cite Bernardin de Saint-Pierre pour faire l'éloge d'une belle bouche féminine.

RELATIONS NON PERTINENTES
BASÉES SUR DES LIENS FAIBLES (TYPE 1)

Enfin, les couples du type 1 présentent des relations non-pertinentes basées sur des liens faibles. Autrement dit, les deux extraits n'ont pratiquement rien en commun, mis à part des mots faibles ou des éléments formels des œuvres, des expressions figées et polylexicales très fréquentes, ou encore des répétitions d'un même mot, comme c'est le cas des *siècles* pour le couple présenté au Tableau 7.

Il était réservé à **notre siècle**, où fermentera longtemps encore le mauvais levain des mœurs et des idées révolutionnaires, de voir le Notariat de Paris s'écartant des glorieuses **traditions des siècles précédents**, et produisant en quelques années autant de faillites qu'il s'en est rencontré dans **deux siècles** sous l'ancienne monarchie.	Le statuaire éternise les traits de Brutus, l'historien ses actions ; et, plus de **vingt siècles** après, actions et physionomie de Brutus nous paraissent d'accord ; **plus de vingt siècles après**, le poète tragique fait parler Brutus d'après ses traits immortalisés par le pinceau du peintre ou le ciseau du statuaire : **plus de vingt siècles après**, David ou Talma, le peintre comme l'acteur, reproduisent la grande figure de Brutus d'après les récits des historiens.

TABLEAU 7 – Couple du type 1 : Balzac, *Histoire de la grandeur et de la décadence de César Birotteau* (*CH*, t. VI, p. 306) *vs* Bourdon, *La physiognomonie et la phrénologie* (p. 115).

Nous constatons que ce sont ces deux derniers types qui semblent être le plus présents parmi les résultats. Dans notre échantillon de cent couples, 40 % sont du type 1 et 27 % du type 2, ce qui nous amène à considérer que 67 % des résultats ne sont pas pertinents. Pour 14 % supplémentaires, l'effectivité de la correspondance n'a pas pu être déterminée (couples du type 3). Par conséquent, les relations, explicites ou pas, mais effectives, sont présentes seulement dans 20 % des couples de l'échantillon. Plus encore, dans ce sous-ensemble, 7 % seulement présentent des liens forts.

AMÉLIORATION DES RÉSULTATS ET LEUR EXPLORATION

Comme nous venons de le voir, le taux d'appariements fautifs reste trop élevé pour pouvoir se fier pleinement à eux, et le nombre de relations détectées est trop important pour les évaluer manuellement. Afin de tirer le maximum de parti des relations indirectes entre textes, il faut alors pouvoir dégager les liens les plus pertinents en exploitant ce qui les motive : identités de mots, de lemmes ou de racines, ou synonymes communs.

ENRICHISSEMENT DES RÉSULTATS DES INFORMATIONS LINGUISTIQUES

Pour ce faire, nous enrichissons chaque mot fort présent dans les résultats (par exemple *sciences*) des informations linguistiques, comme le lemme (*science*), la catégorie grammaticale (nom commun), la racine (*scien-*) et quelques synonymes, extraits du *Dictionnaire électronique des synonymes* (*DES*) du Crisco[27] (*savoir*, *compétence*, *érudition*, *expérience*).

Les unités linguistiques peuvent ainsi être alignées automatiquement pour montrer le détail des relations lexicales de chaque couple de phrases. Il peut s'agir de quatre types de relations lexicales : entre les formes (*sciences~sciences*) ou les lemmes identiques (*sciences~science*), l'identité des racines (*sciences~scientifique*) ou la relation synonymique. Cette dernière relation est gradable : un mot ou un lemme peut figurer parmi les synonymes d'un autre mot, comme c'est le cas de *science* et *savoir* ; ou deux mots peuvent avoir quelques synonymes en commun, comme *sciences* et *pratiques*, liés par le synonyme commun *expérience*. La

27 Le *Dictionnaire électronique des synonymes* est consultable sur le site du laboratoire CRISCO (https://crisco4.unicaen.fr/des/). Voir aussi Laurette Chardon et Jacques François, « Les vedettes du *Dictionnaire électronique des synonymes* et les relations d'adjacence entre leurs synonymes », *Lexique*, n° 27, 2020, p. 21-45 ; https://halshs.archives-ouvertes.fr/halshs-03192815.

pertinence des alignements synonymiques étant variable, seulement quatre synonymes les plus saillants selon le *DES*[28] sont renseignés pour chaque mot fort[29].

Ce traitement nous permet de constater, par exemple, que les couples du type 1 ont peu d'unités lexicales communes. Pour celui qui apparaît au Tableau 8, seulement deux verbes peuvent être mis en relation, *étudier* et *parvenir*, ce dernier étant d'ailleurs extrêmement polylexical.

Et ce n'est qu'en **étudiant**[1] constamment les femmes que je suis PARVENU[2] à ne plus les redouter.	Ceux qui ont pu me suivre, sont certainement convaincus que ce n'est qu'en **étudiant**[1] l'homme dans chacune de ses parties, qu'on peut PARVENIR[2] à la connaissance claire et complète de tout son être moral et intellectuel.

TABLEAU 8 – Couple du type 1 : Balzac, *Physiologie du mariage* (*CH*, t. XI, p. 1203) *vs* Gall, *Sur les fonctions du cerveau* (t. III, p. 365). **Formes identiques**[1], LEMMES IDENTIQUES[2].

En revanche, pour le couple du type 5, présenté au Tableau 9, nous recensons trois mots identiques : *arts*, *sciences*, et *mœurs*, deux correspondances au niveau de lemmes (*loi~lois, tout~toutes*) et une relation synonymique (*pensée~opinions*).

L'animal a peu de mobilier, il n'a ni **arts**[1] ni **sciences**[2] ; tandis que l'**homme**, par une LOI[3] qui est à rechercher, tend à représenter ses **mœurs**[4], sa pensée[5] et sa vie dans TOUT[6] ce qu'il approprie à ses besoins.	Si l'on parvient à introduire dans une nation une certaine uniformité sous le rapport des coutumes, des **mœurs**[4], des opinions[5], des professions, des **arts**[1] et des **sciences**[2], des LOIS[3] et de la religion,

28 « Les premiers synonymes sont classés par ordre de score, censé représenter la proximité avec la vedette. Le score calculé pour chaque synonyme est le taux de cliques auxquelles lui et la vedette appartiennent, par rapport à l'ensemble de leurs cliques. Les premiers synonymes sont donc par principe ceux qui partagent le plus de sens élémentaires avec la vedette » (voir « L'ordre des synonymes », *La présentation du* DES ; https://crisco.unicaen.fr/dictionnaire-electronique-des-synonymes-des/presentation-du-dictionnaire-electronique-des-synonymes/).

29 L'article « Science » du *DES* est consultable à l'URL suivante : https://crisco4.unicaen.fr/des/synonymes/science.

	c'est que TOUTES[6] ces choses sont fondées non seulement sur des rapports positifs, mais aussi sur les dispositions naturelles.

TABLEAU 9 – Couple du type 5 : Balzac, « Avant-propos » *de La Comédie humaine* (*CH*, t. I, p. 9) *vs* Gall, *Sur les fonctions du cerveau* (t. I, p. 45). **Formes identiques**[1-2,4], LEMMES IDENTIQUES[3,6], synonymes[5].

Nous constatons ainsi que, alors que la similarité de l'ordre de mots semble finalement importer peu, certains mots communs (*science*, *pensée*, *mœurs*...) ont davantage d'importance que d'autres (*parvenir*, *tout*...) pour la construction d'une relation sémantique entre deux extraits. Il s'agit, pour la plupart, des termes caractéristiques et spécifiques aux études physiognomoniques.

FILTRAGE DES RÉSULTATS ENRICHIS

Plusieurs types de traitements ont été opérés dans le but de déterminer la méthode la plus efficace pour écarter automatiquement les couples du type 1 et pour restreindre davantage les résultats. Lors d'une investigation précédente[30], nous avons confronté le corpus balzacien aux autres textes du corpus romanesque en écartant les mots les plus fréquents. Comparée à une recherche ignorant uniquement les mots faibles (articles, auxiliaires, etc.), une restriction plus massive permet effectivement d'écarter un grand nombre de couples de type 1 et 2, comme notamment 3 835 correspondances établies sur les mots communs très fréquents (*vingt*, *bien*, *aller*, *partir*, *dire*, etc.). Cette approche s'avère, cependant, trop restrictive pour l'investigation menée avec le corpus scientifique, bien moins fourni que le corpus romanesque et dont la thématique est davantage spécifique. Nous avons plutôt eu recours à une méthode appelée la détection des topiques (*topic modeling*)[31], appuyée sur des calculs

30 Voir Andrea Del Lungo et Karolina Suchecka, art. cité.

31 Pour les articles d'introduction destinés aux chercheurs en Humanités numériques, voir par exemple Megan R. Brett, « *Topic Modeling : A Basic Introduction* », *Journal of Digital Humanities*, vol. 2, nº 1, 2012 ; Ted Underwood, « Topic modeling made just simple

statistiques, et qui part du principe que chaque texte possède des thèmes qui le caractérisent et que ces thèmes peuvent être décrits par des mots-clés.

La détection des topiques dans le corpus Science aboutit à des résultats assez saillants (Tableau 10) : nous y retrouvons notamment des topiques qui énumèrent des parties du visage (n° 1), le vocabulaire lié au cerveau et au système nerveux (n° 2) et la terminologie médicale (n° 5).

Topique n° 1	Nez, visage, bouche, cheveu, cil, œil, sourcil, trait, menton, silhouette, portrait…
Topique n° 2	Nerf, cérébral, cervelet, fonction, espèce, circonvolution, nerveux, système…
Topique n° 3	Mental, âme, instinct, esprit, moral, vie, génie, force…
Topique n° 4	Passion, tempérament, sentiment, expression, penchant…
Topique n° 5	Phrénologie, physiognomonie, science, observation, physionomie, physionomiste, Gall, Lavater, docteur

TABLEAU 10 – Résultats de la détection des topiques pour le corpus Science.

Quatre-vingts lemmes environ sont retenus au total en tant que mots-clés des textes scientifiques. Nous procédons ensuite à la restriction des résultats aux couples liés par au moins un de ces mots-clés.

C'est le cas de 34 % des résultats, soit 2 760 couples. Plus nous demandons de mots-clés en commun, plus les résultats diminuent : plus de la moitié des couples n'a qu'un seul mot-clé en commun, 482 seulement sont liés par au moins trois mots-clés, 76 par au moins cinq, etc. Le couple le plus lié possède dix mots-clés en commun. Cependant, si les couples du type 1 ne font effectivement pas partie de ces résultats, la pertinence des relations entre les couples restants n'est pas pour autant assurée. Voyons comme exemple, au Tableau 11, un de sept couples liés par le plus grand nombre de mots-clés.

enough », *The Stone and the Shell*, 7 avril 2012, https://tedunderwood.com/2012/04/07/topic-modeling-made-just-simple-enough/. Pour les études plus détaillées, voir par exemple David M. Blei, « *Probabilistic topic models* », *Communications of the ACM*, vol. 55, n° 4, April 2012, p. 77-84.

Si elle a quelque splendeur dans le PROFIL[1], il vous paraîtra qu'elle donne de l'ironie ou de la grâce à ce qu'elle dit au voisin[2], en se posant de manière[3] à produire ce magique effet de PROFIL[4] perdu, tant affectionné par les GRANDS[5] peintres, qui attire la lumière sur la joue, dessine le **nez**[6] par une ligne[7] nette[8], illumine le rose des **narines**[9], coupe le **front**[10] à vive[11] arête[12], laisse au **regard**[13] sa paillette de feu, mais dirigée dans l'espace, et pique d'un trait de lumière la **blanche**[14] rondeur du **menton**[15].	Une GRANDE[5] stature sans proportion, beaucoup de chair et peu d'os, la tension des muscles, une contenance[3] mal assurée, une peau lâche, les contours[7] du **front**[10] et du **nez**[6] arrondis émoussés, et sur-tout creusés ; un petit **nez**[6] et de petites **narines**[9], le **menton**[15] court et rentrant, un long cou cylindrique, le mouvement ou fort rapide[11] ou fort lent ; mais, dans l'un et l'autre cas point de démarche[3] ferme ; le **regard**[13] sombre, les paupières abattues, la bouche béante, les dents[12] longues jaunâtres, ou verdâtres, une mâchoire allongée, avec une emboîture près[2] de l'oreille ; la chair **blanche**[14], une chevelure blonde douce et longue, la voix claire[8], etc. deux PROFILS[1,4].

TABLEAU 11 – Mots-clés communs : Balzac, *Autre étude de femme* (*CH*, t. III, p. 695-696) *vs* Gall, *L'Art de connaître les hommes par la physionomie* (t. VIII, p. 140). **Formes identiques**[6,9-10, 13-15], LEMMES IDENTIQUES[1,4,5], synonymes[2-3,6-8,11-12].

Les deux extraits sont fortement liés : nous trouvons six mots identiques (*nez*, *narines*, *front*, *regard*, *blanche*, *menton*), deux lemmes identiques (*profil* et *grand*) et six relations synonymiques (*voisin/près*, *manière/contenance*, *ligne/contour*, *net/clair*, *vif/rapide*, *arête/dent*). La relation est-elle effective ? Cela reste discutable, et surtout, une analyse approfondie et effectuée par un expert dans le domaine s'avère nécessaire à l'intégration des résultats au sein de l'édition.

VISUALISATION ET EXPLORATION DES RÉSULTATS FILTRÉS

Dans ce dessein, il est indispensable de disposer d'une interface d'exploration des résultats restreints qui facilite leur analyse et permette à la fois d'écarter les couples non pertinents restants (ceux du type 2), de contextualiser les couples difficiles à évaluer (type 3) et, surtout, d'identifier les couples pertinents (du type 4 et 5).

La visualisation qui, selon nous, s'applique le mieux à montrer le réseau des relations intertextuelles, se fait à l'aide de graphes. Chaque nœud correspond à une phrase présente dans les résultats, identifiée à l'aide d'une étiquette qui fournit le nom de l'auteur, le titre de l'œuvre et le numéro de la phrase représentée par un nœud. Les formes des nœuds donnent des repères supplémentaires : dans la visualisation simplifiée que nous proposons pour cet article, les extraits balzaciens sont symbolisés par un hexagone ; ceux qui appartiennent au corpus Science ont la forme d'un disque. Un style de bordure est également attribué à chaque auteur : ligne continue pour Balzac, en points et tirets pour Gall, pointillée pour Lavater, etc.

Pour illustrer ce principe de visualisation, le graphe à la Figure 4 montre qu'une phrase du *Curé de village* est liée à huit phrases du corpus scientifique : quatre de Gall, deux de Spurzheim, une de Nacquart et une de Lavater. Elle partage également une relation commune avec une phrase des *Petits Bourgeois* et deux relations avec une phrase de *La Vieille Fille*. La relation entre *La Rabouilleuse* et le traité de Bourdon se limite, quant à elle, à ces deux phrases. Il faudrait, bien sûr, s'intéresser davantage aux textes représentés par chaque nœud pour juger de la pertinence de cette relation, mais la complexité du graphe indique déjà que la phrase 2 622 du *Curé du village* mérite une attention particulière.

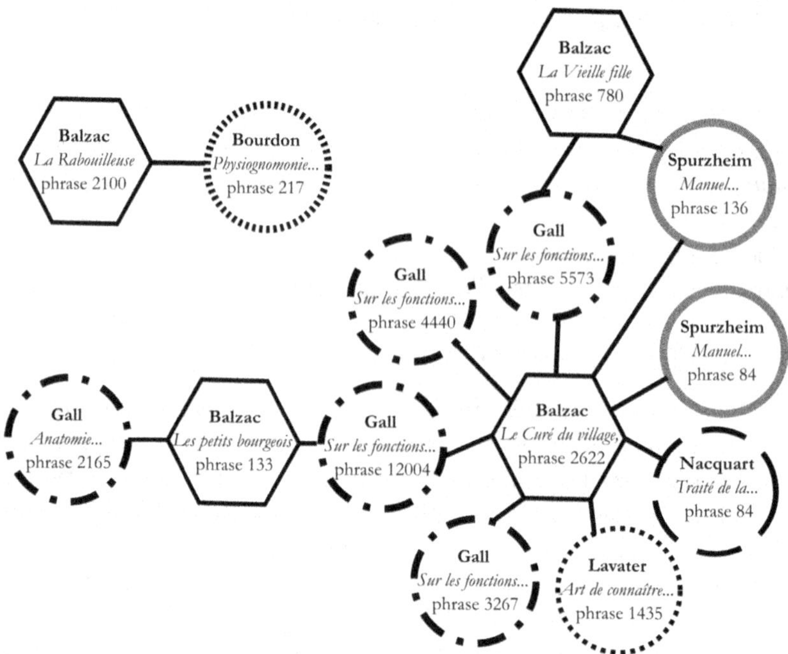

FIG. 4 – Visualisation à l'aide de graphes.

Un clic sur l'arrête qui lie deux nœuds permet d'ouvrir une fenêtre de comparaison textuelle, où les deux extraits sont affichés et annotés. Cette comparaison signale en rouge les reprises mot à mot, en vert les paraphrases lexicales (les synonymes) et en orange les relations morpho-syntaxiques (différences de flexion, de temps verbal, etc.) ou morpho-sémantiques (au sein d'une famille dérivationnelle). Il est également possible d'ouvrir simultanément plusieurs fenêtres.

REPRÉSENTATION SPATIALE DES RÉSULTATS TEXTUELS

La visualisation en graphes propose donc une représentation spatiale des résultats de la détection des réutilisations, plus aisément exploitable, par un lecteur humain, qu'un tableur volumineux ou une base de données. Le recours aux graphes est intéressant également parce que la disposition des nœuds peut fournir des indices supplémentaires concernant les relations détectées. La Figure 5 montre un cas de figure où plusieurs extraits du corpus scientifique sont proposés pour une seule phrase de Balzac.

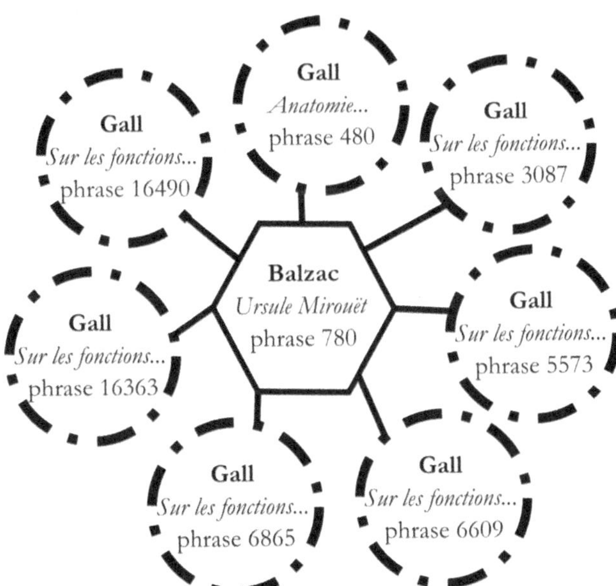

FIG. 5 – Graphe de correspondances entre *Ursule Mirouët* et sept extraits de Gall.

Ce graphe en étoile montre qu'une seule phrase d'*Ursule Mirouët* est reliée à sept phrases différentes, dont une est issue de *L'Anatomie et la physiologie du système nerveux* de Gall et six autres de l'ouvrage *Sur les fonctions du cerveau* – ce qui est étonnant, surtout parce que les extraits de cette dernière œuvre sont relativement éloignés les uns des autres. Néanmoins, en lisant la phrase d'*Ursule Mirouët*, nous constatons qu'elle a tout à fait sa place parmi les résultats. Il reste alors à déterminer quelles relations avec Gall sont pertinentes, et écarter les détections qui ne sont pas significatives.

La phrase 6 609 de Gall est liée thématiquement à celle de Balzac (Tableau 12), extraite d'*Ursule Mirouët* : il s'agit du moment où, après la première scène du roman, le narrateur revient à des fins explicatives sur la généalogie du docteur Minoret, en évoquant le drame de sa paternité ratée. La phrase constitue en effet la conclusion du bref récit des avortements successifs ou de la mort des enfants du docteur et de sa femme Ursule pendant leur première année de vie : mort dont « l'état nerveux de la mère » serait la cause, affirme le narrateur s'appuyant sur l'autorité des physiologistes. Cependant, Gall décrit le cas des nouveau-nés privés du cerveau, dans lequel il n'est pas question de la mère. Les relations synonymiques *mère~source*, *mère~origine* et *raison~cerveau* portent donc à confusion.

Le dernier, conçu après un repos de deux ans, était mort **pendant**[1] l'année 1792, victime de l'état[2] **nerveux**[3] de la mère[4], s'il faut DONNER[5] raison[6] aux physiologistes qui pensent[7] que, dans le phénomène inexplicable de la génération, l'**enfant**[8] tient au père par le sang et à la mère[9] par le **système**[10] **nerveux**[11].	Que l'existence ou la vie dans l'air atmosphérique est possible **pendant**[1] quelques jours, sans que l'**enfant**[8] nouveau-né soit pourvu de cerveau[6] ; Que le cerveau[6] ne DONNE[5] naissance à aucun nerf, et qu'on peut, sous le rapport du **système**[10] **nerveux**[11], le considérer[7] comme étant plutôt un ganglion du renforcement, que comme la source[9] de quelques cordons **nerveux**[3] ; Que les nerfs olfactifs, existant dans ces enfans privés de cerveau[6] ne tirent par leur origine[9] de cette partie de l'encéphale, à moins qu'on n'admette que toutes les parties naissent en place[2], indépendamment les unes des autres.

TABLEAU 12 – Balzac, *Ursule Mirouët* (*CH*, t. III, p. 813) *vs* Gall, *Sur les fonctions du cerveau* (t. III, p. 76). **Formes identiques**[1,3,8,10-11], LEMMES IDENTIQUES[5], synonymes[2,4,6-7,9].

Pour la relation établie entre le même passage d'*Ursule Mirouët* et la phrase 5 573 de Gall, nous constatons que les deux extraits partagent la terminologie scientifique, mais, chez le phrénologiste, il n'y est plus question d'un enfant.

Le dernier, CONÇU[1] après un repos de deux ans, était mort pendant l'année 1792, victime de l'**état**[2] nerveux de la mère, s'il faut donner raison[3] aux physiologistes qui pensent que, dans le **phénomène**[4] inexplicable de la génération, l'enfant tient au père par le sang et à la mère par le système nerveux.	Des qualités morales ou des facultés intellectuelles peuvent par une maladie, par une excitation, par une blessure, etc., être troublées, émoussées, ou exaltées, tandis que d'autres fonctions de l'âme[3] sont dans **état**[2] tout différent, ou bien dans l'**état**[2] de santé : **phénomène**[4] qu'il est impossible de CONCEVOIR[1] dans l'hypothèse que le cerveau[3] tout entier n'est que l'organe unique et homogène de la manifestation de toutes les qualités et de toutes les facultés.

TABLEAU 13 – Balzac, *Ursule Mirouët* (*CH*, t. III, p. 813) *vs* Gall, *Sur les fonctions du cerveau* (t. II, p. 450). **Formes identiques**[2,4], LEMMES IDENTIQUES[1], synonymes[3].

Finalement, nous réalisons que la relation n'est réellement effective pour aucune des phrases de Gall : tous les couples sont du type 3 ou inférieur. La question reste donc sans réponse : à qui Balzac ferait-il référence en écrivant qu'« il faut donner raison aux physiologistes » ? Deux possibilités semblent envisageables ici : soit l'extrait correspondant existe dans le corpus scientifique, mais n'a pas été relevé par Tracer, soit le texte-source ne figure pas dans le corpus.

Un supplément de recherche nous porte à affirmer que ces deux hypothèses sont moins alternatives que complémentaires, dans la mesure où elles se réalisent toutes les deux. D'une part, une source potentielle est bien présente dans le corpus, comme on peut le découvrir à l'aide d'une note de l'édition de la Pléiade référée à cette phrase, qui évoque Lavater en citant *L'Art de connaître les hommes par la physionomie* : « le père donne le système osseux et musculaire, la mère le système nerveux[32]. » La citation, prétendument « précise » selon la note de la Pléiade, est en réalité condensée et en partie fantaisiste. Voici ce que Lavater écrit littéralement, au sujet de la ressemblance entre les parents et les enfants :

32 *Ursule Mirouët*, *CH*, t. III, p. 1570.

> La constitution robuste du père ne détermine pas la forme de l'enfant, mais elle se communique au système osseux et au système musculaire. La complexion de la mère influe sur la forme du visage et sur le système nerveux, à moins que, par un effet de l'imagination et de l'amour, elle ne se soit trop fortement imprimé la physionomie du mari[33].

Et, plus loin : « Il paraît donc que c'est proprement le père qui détermine l'étoffe et la quantité de force et de vie, et qu'il faut attribuer à l'imagination de la mère la sensibilité du système nerveux, la forme et l'air du visage[34]. » Dans les deux cas, même si nous recensons au moins trois termes identiques (« mère », « système » et « nerveux »), le logiciel n'est pas parvenu à relever l'homologie.

D'autre part, notre enquête a relevé, en dehors du corpus, une autre source potentielle : il s'agit d'un extrait des *Rapports du physique et du moral de l'homme* de Cabanis, qui analyse l'union entre la mère et l'enfant en considérant leur manière d'être et de sentir, leurs dispositions morales, etc. :

> la mère exerce en effet sur [le fœtus] l'influence la plus étendue, non seulement à raison de la nature du fluide nourricier qu'elle lui transmet, mais encore par l'espèce d'incubation nerveuse à laquelle il demeure constamment soumis dans la matrice, dont l'exquise sensibilité est assez connue. De-là, cet accord, cette union dans la manière d'être et de sentir de l'enfant et de la mère ; de-là, cette transmission des maladies, des dispositions morales, de certaines habitudes, de certains appétits de la mère à l'enfant : phénomènes qu'on observe surtout dans les cas où l'une est très-sensible, et l'autre, d'une organisation primitivement foible[35].

Malgré l'échec de l'appariement automatique, cette investigation nous a tout de même permis de constater le manque du texte de Cabanis dans notre corpus et d'envisager l'enrichissement de ce dernier à l'avenir ; surtout, cette expérience montre que les résultats du logiciel nécessitent un travail de recherche approfondi qui puisse les vérifier, les compléter, et les rendre finalement exploitables. Cette recherche *manuelle* est également indispensable pour relever les faiblesses du traitement et, progressivement, trouver un

---

33 Johann Caspar Lavater, *L'Art de connaître les hommes par la physionomie*, *op. cit.*, t. VIII, p. 172.

34 *Ibid.*, p. 173.

35 Pierre-Jean-Georges Cabanis, *Rapports du physique et du moral de l'homme*, Paris, Crapelet, t. II, 1805, p. 364-365. Les liens entre Balzac et Cabanis ont été analysés dans l'étude de *Louis Lambert* proposée par Claire Barel-Moisan dans son article « Balzac, Stendhal, les Idéologues et les sciences », dans *Le Moment idéologique : Littérature et sciences de l'homme* [en ligne], sous la direction d'Yves Citton et de Lise Dumasy, Lyon, ENS Éditions, 2013 ; http://books.openedition.org/enseditions/2567.

paramétrage optimal permettant de ne pas manquer les résultats significatifs tout en limitant le nombre d'appariements peu pertinents, voire fautifs.

FACILITATION DE L'EXPLOITATION DES GRAPHES COMPLEXES

Les exemples de visualisation que nous avons proposés jusqu'ici restent relativement simples : la taille de graphe n'excède pas dix nœuds. Cependant, en réalité, les relations détectées entretiennent des liens beaucoup plus étendus. Par exemple, les relations contenant au moins 4 mots-clés constituent un seul graphe (Figure 6), dont la complexité rend difficile l'exploration des résultats.

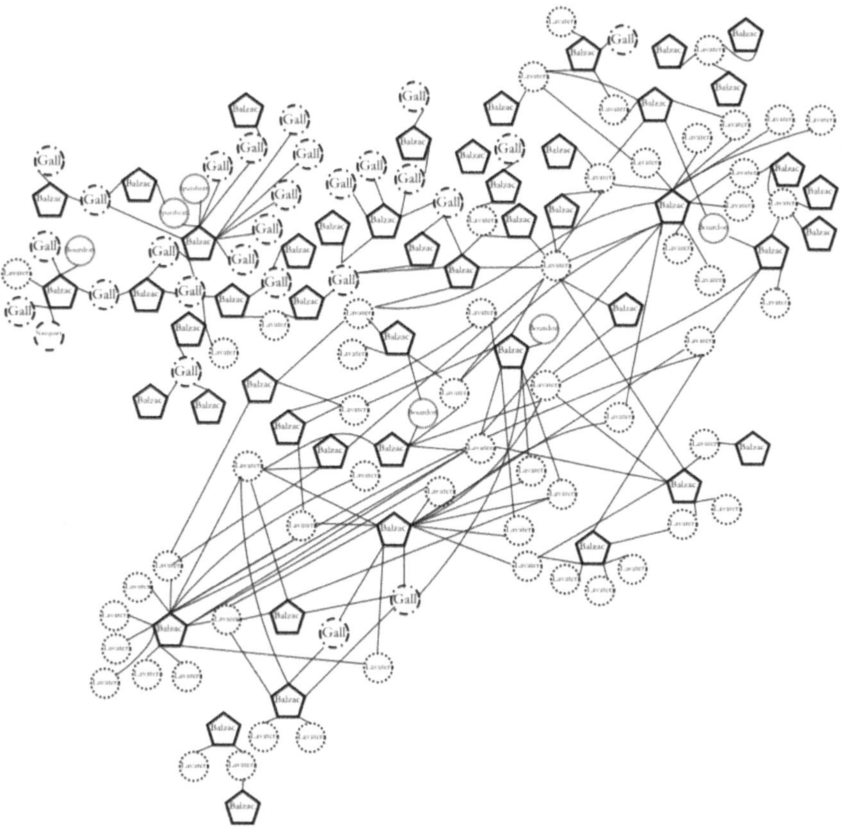

FIG. 6 – Graphe de la totalité des relations contenant au moins 4 mots-clés.

L'interface permet de se focaliser sur une petite partie de graphe seulement (en zoomant avec la roulette), et même de déplacer les nœuds pour améliorer leur lisibilité, mais il est difficile de déterminer les parties du graphe à analyser ensemble et celles qui méritent davantage d'attention. C'est pour cela que nous proposons une deuxième modalité d'affichage qui, au lieu d'identifier l'auteur, le titre de l'œuvre et l'emplacement de la phrase, comme c'est le cas des graphes présentés *supra*, montre les unités linguistiques communes détectées. Comme cette visualisation s'appuie principalement sur des codes-couleurs permettant d'identifier les lemmes les plus fréquents, nous ne pouvons pas la présenter utilement dans le cadre de cet article. Notons toutefois qu'elle s'avère particulièrement utile pour percevoir les thèmes principaux des nœuds qui composent un graphe et, ainsi, comprendre par exemple que plusieurs nœuds sont reliés par des mots-clés comme *âme*, *esprit*, *moral* et *caractère*, alors qu'une autre partie du même graphe regroupe les extraits liés par des mots-clés comme *nerveux*, *cerveaux*, *maladie*, etc.

CONSIDÉRATIONS À PARTIR DE CETTE EXPÉRIENCE DE RECHERCHE

Le travail que nous avons exposé ici répond non seulement à une exigence d'amélioration des résultats de l'édition hypertextuelle et de leur accessibilité, mais aussi à l'impératif actuel d'un passage du quantitatif au qualitatif dans le domaine des humanités numériques : comme nous l'avons vu, le fait de trouver un grand nombre de résultats dans les comparaisons entre Balzac et le corpus scientifique peut avoir une valeur statistique, mais n'apporte aucune signification, ni aucune possibilité interprétative, si ces résultats ne sont pas triés sur la base de leur pertinence. Cette tentative de sélection qualitative – que nous avons opérée de diverses manières et qui ne va pas sans difficultés, voire apories – a ainsi produit un nombre de résultats restreint (et donc abordable pour une analyse humaine), dont il est possible de tirer quelques considérations. Nous allons conclure en mettant en valeur trois éléments.

Le premier vient confirmer, par des données factuelles, ce que l'on pouvait déjà supposer : la phrénologie constitue effectivement un modèle de connaissance pour Balzac. Il ne s'agit pas seulement d'une source livresque ou d'une réminiscence de lecture influençant la manière de décrire les personnages dans le roman, ni d'un simple arrière-plan culturel propre à l'époque : le relevé des résultats montre que l'auteur utilise un ensemble de termes qui sont obligatoirement communs à la description phrénologique et romanesque – visage, bouche, nez, yeux, cheveux –, mais qu'il adopte aussi une très grande précision dans le traitement de détails (par exemple les sourcils ou les narines) considérés comme hautement significatifs dans l'analyse du caractère et des dispositions intérieures, en suivant la même démarche indiciaire propre à la phrénologie. Cette discipline fonctionne donc comme un véritable paradigme, comme nous allons le montrer par un exemple extrait d'*Une double famille*, dans lequel le logiciel a détecté une homologie avec le traité de Lavater. Il s'agit du portrait de l'abbé Fontanon, personnage important dans le récit, où il apparaît pour la première fois au chevet de Mme Crochard mourante.

Un **front**[1] étroit annonçait un petit esprit[2] chez ce prêtre, déjà doué d'une figure commune ; ses **joues**[3] larges et pendantes, son **menton**[4] doublé témoignaient d'un bien-être égoïste ; ses cheveux poudrés lui donnaient[5] un air[6] doucereux tant qu'il ne levait pas des YEUX[7] bruns, petits, à fleur de tête[8], et qui n'eussent pas été mal placés sous les **sourcils**[9] d'un Tartare.	Ajoutons que le visage[8] est le représentant[5] ou le sommaire de ces trois divisions : le **front**[1], jusqu'aux **sourcils**[9], miroir de l'intelligence[2] ; le nez et les **joues**[3], miroir de la vie morale et sensible ; la bouche et le **menton**[4], miroir de la vie animale, tandis que l'ŒIL[7] serait le centre et le sommaire de toutes ces existences : quoiqu'on ne puisse trop répéter que les trois vies se retrouvant dans toutes les parties du corps, y ont aussi par-tout leur expression[6].

TABLEAU 14 – Balzac, *Une double famille* (*CH*, t. II, p. 44-45) *vs* Lavater, *L'Art de connaître les hommes par la physionomie* (t. I, p. 170). **Formes identiques**[1,3-4,9], LEMMES IDENTIQUES[7], synonymes[2,5-6,8].

Le portrait de l'abbé, très synthétique, se limite à ces quelques lignes, dans lesquelles Balzac instaure un système descriptif qui détaille le visage en suivant les « trois divisions » établies par Lavater. D'abord, la partie supérieure (le front), considéré par le phrénologiste comme le « miroir de l'intelligence », et dont l'étroitesse, dans la description balzacienne, annonce « un petit esprit » – locution assez ambiguë, qui réfère probablement moins à la bêtise qu'au caractère mesquin du personnage. Ensuite, la partie centrale (le nez et les joues), « miroir de la vie morale et sensible » et la partie inférieure (la bouche et le menton), « miroir de la vie animale », que Balzac réunit sous le signe d'une enflure (« joues larges et pendantes », « menton doublé ») révélatrice du « bien-être égoïste » caractérisant l'abbé Fontanon du point de vue moral mais aussi, peut-être, animal : le double menton, conséquence d'un excès de nourriture, évoque en effet une image porcine. Enfin, les yeux, qui représentent la synthèse de ces différentes « existences » présidant à l'organisation du corps dans son ensemble selon Lavater, et que Balzac fait également intervenir en dernier pour souligner leur petitesse et leur manque de profondeur (« à fleur de tête ») – autant de notations anatomiques qui dévoilent des traits de caractère du personnage.

Les théories de Lavater fournissent donc un modèle sous-jacent (et peut-être inconscient, dans la mesure où Balzac ne cite pas explicitement le phrénologiste) qui permet au romancier de structurer sa description, en suivant les trois parties du visage avec les yeux comme synthèse, auxquels est ajoutée la notation des sourcils ; ce dernier détail, toujours significatif, vient compléter le portrait par la référence au caractère peu civilisé et aguerri que la vision d'époque assignait aux peuples tartares. Le modèle fonctionne comme un véritable paradigme de connaissance, toujours sous-jacent, car chaque partie du visage, dans la description balzacienne, renvoie à l'une des « existences » définies par Lavater (spirituelle, sensible, animale), dont les théories deviennent ainsi une clé interprétative du texte.

Deuxième considération : il est évident que ce paradigme concourt à une lisibilité des signes qui est l'objectif même de la phrénologie comme du roman balzacien, et qui s'effectue au moyen d'une observation de l'extérieur permettant non pas de deviner ou d'inférer par hypothèse, mais de définir avec précision l'intérieur. Le paradigme positiviste qui s'instaure avec la phrénologie repose donc sur une lisibilité des signes extérieurs comme étant révélateurs de la nature et des dispositions intérieures des êtres humains. Le roman balzacien systématise dans l'univers de la fiction ce modèle de connaissance que Carlo Ginzburg a appelé « paradigme indiciaire », qui se généralise dans la seconde moitié du

XIXe siècle, mais dont l'historien fait remonter l'origine au siècle précédent, par l'exemple littéraire de la méthode de Zadig[36]. Ce paradigme, qui se fonde sur l'observation des détails, consiste à traiter tout élément visible comme l'indice à déchiffrer d'un élément invisible : c'est bien le cas de la description balzacienne des personnages, où l'observation du corps et des vêtements dévoile à la fois la nature de l'individu et son positionnement social.

Troisième et dernière considération : l'adaptation de ce paradigme dans la fiction s'accompagne le plus souvent de modifications importantes, au niveau du sens comme au niveau de la démarche herméneutique, impliquant donc un changement de perspective. Un exemple en est l'homologie citée plus haut (au Tableau 2) entre le traité de Gall, *Anatomie et physiologique du système nerveux*, et la description d'un personnage dans *La Grenadière* (Louis-Gaston, le fils adultérin de lady Brandon). Le phrénologiste, faisant référence à sa définition des cinq formes fondamentales du crâne, souligne qu'un front « haut, large et bombé » est un signe d'intelligence (hypothèse courante encore de nos jours, sous forme de lieu commun). Balzac utilise exactement les mêmes adjectifs pour décrire le front de son personnage, en ajoutant un adverbe (« heureusement bombé ») susceptible d'introduire une distanciation ironique. Mais l'écart le plus important réside dans l'interprétation de ce signe – le front –, qui renvoie dans le roman moins à l'intelligence qu'à la santé et à la vigueur du personnage, sens auquel concourent aussi d'autres signes extérieurs (les cheveux noirs, le regard « plein de hardiesse »)[37]. On peut ainsi observer un déplacement du paradigme herméneutique du domaine intellectuel, chez Gall, au domaine physique, dans la description de Balzac.

Un dernier exemple que nous souhaiterions présenter constitue un cas particulier, parce que le texte de Balzac, *La Maison du Chat-qui-pelote*, de 1830, est en réalité antérieur au traité de Bourdon, *La Physiognomonie et la phrénologie*, qui date de 1842 (et qui figure dans notre corpus car il peut fonctionner comme texte source pour les écrits balzaciens postérieurs à cette date).

36 Voir Carlo Ginzburg, « Signes, traces, pistes. Racines d'un paradigme de l'indice », *Le Débat*, n° 6, 1980, p. 3-44 ; rééd. dans *Mythes emblèmes traces. Morphologie et histoire*, Lagrasse, Verdier, « Verdier poche », 2010, p. 218-294.

37 Pour une analyse plus ample de cet exemple, nous renvoyons à l'article d'Andrea Del Lungo, « eBalzac. Pour une édition génétique et hypertextuelle de l'œuvre de Balzac », *Cahiers de l'Association Internationale des Études Françaises*, n° 73, 2021, p. 305-321.

Ses cheveux gris étaient si exactement aplatis et peignés sur son crâne jaune, qu'ils le faisaient ressembler à un champ sillonné. Ses **petits**[1] **yeux**[2] verts, **percés**[3] comme avec une **vrille**[4], flamboyait sous deux arcs marqués d'une faible rougeur à défaut de sourcils. Les inquiétudes avaient tracé sur son front des rides horizontales aussi nombreuses que les plis de son habit. Cette figure blême annonçait la patience, la sagesse commerciale, et l'espèce de cupidité rusée que réclament les affaires.	Les personnes qui ont de **petits**[1] **yeux**[2] ronds, **percés**[3] en **vrille**[4], comme on dit, sont ordinairement remarquables par la finesse et la vivacité de l'esprit, souvent même par une malignité satirique.

Tableau 15 – Balzac, *La Maison du Chat-qui-pelote* (*CH*, t. I, p. 44-45) *vs* Bourdon, *La Physiognomonie et la phrénologie* (p. 215). **Formes identiques**[1-4]*.

Cette homologie qui procède en sens inverse (Balzac serait ici « source » de Bourdon) montre à quel point la phrénologie représente à l'époque un savoir partagé, dont le lexique se retrouve dans les textes littéraires même lorsqu'il s'agit d'un vocabulaire technique très précis, comme c'est le cas ici pour les « yeux percés en vrille », dans le traité, ou « comme avec une vrille », dans le roman : la rareté du terme « vrille » rend d'ailleurs l'homologie plus plausible et confirme la proximité entre discours scientifique et littéraire. Balzac utilise six fois le terme au singulier dans l'ensemble de *La Comédie humaine*, toujours dans des contextes descriptifs : à quatre reprises pour définir la pointe du nez d'un personnage, et à deux reprises pour les yeux, pour indiquer la rondeur et la petitesse de la cavité oculaire, comme chez le phrénologiste.

Or dans ce cas aussi, l'interprétation du signe n'est pas identique. Bourdon l'associe à la « finesse et la vivacité de l'esprit », en ajoutant la connotation péjorative d'une « malignité satirique[38] ». Chez Balzac le procédé de déchiffrement est plus compliqué, car cette

38 Le *Trésor de la Langue Française* souligne que l'expression est employée pour définir des yeux petits et pénétrants, et donne un exemple extrait de *L'Argent* de Zola (1891) : « Ses yeux minces, percés à la vrille dans la graisse de son visage, furetaient partout, revenaient sans cesse le fouiller jusqu'à l'âme ».

notation concourt à la description du père Guillaume, propriétaire du magasin de tissus de la maison du chat-qui-pelote, et emblème du commerçant petit-bourgeois très éloigné de toute finesse ou vivacité spirituelle. Les yeux font en réalité partie d'un système de signes du haut du visage – comprenant aussi les cheveux, le crâne, les sourcils et le front – qui annonce « la patience et la sagesse commerciale », et dont la « malignité » éventuelle n'est pas satirique, comme chez Bourdon, mais vicieuse et en quelque sorte nécessaire au statut social du personnage : « l'espèce de cupidité rusée que réclament les affaires. » Le portrait moral du personnage n'a donc pas les mêmes significations que dans l'explication phrénologique de ce signe particulier.

Pour conclure, il est possible d'affirmer que Balzac modifie la portée des théories scientifiques, qui ne fonctionnent pas uniquement comme des sources, mais aussi comme des modèles investis et déformés dans une œuvre de fiction qui prend la valeur de forme de connaissance, et qui contribue à établir de nouveaux paradigmes. Il semble en effet qu'une différence de traitement existe entre le corpus scientifique et les textes littéraires en ce qui concerne le statut du signe et son paradigme de déchiffrement. La plupart des signes, dans les textes de phrénologie, sont traités comme de simples indices déterministes, ayant une signification univoque : c'est le cas du front chez Gall, dont l'ampleur est synonyme d'intelligence, des yeux chez Bourdon, signe de finesse et de vivacité, ou encore de la description du visage chez Lavater, où chaque partie est le « miroir » de la vie intérieure de l'être humain qui s'y trouve comme réfléchie et immédiatement visible. Alors que le roman intègre ces signes dans un modèle qui n'est plus strictement déterministe, et qu'on peut largement définir de sémiologique : il se fonde sur des relations complexes entre les signes, à l'intérieur d'un système que ceux-ci forment. Voilà que, dans la description du père Guillaume, les yeux ne sont qu'un signe parmi d'autres, dont l'interprétation ne pourrait pas être univoque ou conventionnelle.

Au fond, Balzac avait très bien exprimé ce concept en décrivant la tête colossale de Minoret-Levrault, le maître de poste de Nemours que le lecteur rencontre comme premier personnage d'*Ursule Mirouët* : « Sa casquette en drap bleu, à petite visière et à côtes de melon, moulait une tête dont les fortes dimensions prouvaient que la science de Gall n'a pas encore abordé le chapitre des exceptions[39]. » C'est bien pour ouvrir ce chapitre qu'intervient alors le roman.

Andrea DEL LUNGO
Sorbonne Université

Karolina SUCHECKA
Université de Lille

39 *Ursule Mirouët*, *CH*, t. III, p. 770.

INTENTIO AUCTORIS
(SUR UN PROBLÈME DE MÉTHODE)

> Aussi, quand on voudra m'opposer à moi-même, se trouvera-t-il qu'on aura mal interprété quelque ironie, ou bien l'on rétorquera contre moi le discours d'un de mes personnages, manœuvres particulières aux calomniateurs.
> « Avant-propos » de *La Comédie humaine.*

Il n'est jamais inutile, quand on exerce le métier de critique, de faire un peu d'introspection et, donc, de réfléchir à la question de la méthode. *Quand on fait ce qu'on fait, qu'est-ce qu'on fait ?* Pourquoi et comment le fait-on ? La posture *contrauctoriale* est courante en milieu balzacien. Nous trouvons habituel et normal de mettre Balzac en contradiction avec lui-même. Nous le faisons depuis un bon moment, le pli est pris, et je dirai sans jeu de mots que ce genre de démarche caractérise aujourd'hui, en régime universitaire, la critique balzacienne comme *discipline du savoir.*

La chose a commencé tôt. Je pense aux *pères fondateurs* de la discipline. On rappellera, entre autres, Brunetière, Taine, à qui je vais revenir, Lanson aussi, bien sûr (« Balzac est un phraseur, un emphatique », et le même ajoute : « On ne le lit plus, et on a tort[1] »), tout en n'oubliant pas Proust et les remarques sur le style de Balzac dans les pages du *Contre Sainte-Beuve* : « Le style est tellement la marque de la transformation que la pensée de l'écrivain fait subir à la réalité, que, dans Balzac, il n'y a pas à proprement parler de style[2]. » Balzac écrit mal, Balzac est sans style, répètent

1 Gustave Lanson, *Histoire de la littérature française*, Paris, Hachette, 1918, p. 391.
2 Marcel Proust, « [Sainte-Beuve et Balzac] » ; *Essais*, édition publiée sous la direction d'Antoine Compagnon, avec la collaboration de Christophe Pradeau et Matthieu Vernet, Paris, Gallimard, « Bibliothèque de la Pléiade », 2022, p. 806.

en chœur les Taine, Brunetière, Lanson, Proust et tous ceux qui pensent comme eux. Mais les maladresses de l'écrivain sont touchantes, ajoutent les mêmes et, pour l'exégète, fort intéressantes. Balzac ne sait pas ce qu'il fait, ni où il va, mais, en cela et pour cela, Balzac est un grand auteur. On ne dirait pas la même chose de Flaubert, ni de Mallarmé, me semble-t-il.

Il y a la question du style, il n'y a pas qu'elle. Il faudra dire un mot aussi, au XXe siècle, de la critique marxiste balzacienne dont je n'ai pas à rappeler qu'elle est massivement contrauctoriale. Parce que Balzac ne voit pas le *vrai* sens de ce qu'il écrit, dit le critique marxiste, Balzac est un génie. Lukács : « C'est précisément dans la contradiction entre conception et réalisation, dans la contradiction entre le penseur, le politicien Balzac et l'auteur de *La Comédie humaine* que réside sa grandeur historique[3]. » Macherey : « Tout se passe comme si, en faisant un livre, Balzac avait voulu *dire* plusieurs choses à la fois : comme on va le voir, il a réussi effectivement à en *écrire* plusieurs, qui ne sont pas nécessairement celles-là qu'il avait voulu dire[4]. » Barbéris : « Bien qu'il ait tenté de prêter à Louis XVIII, monarque fusionnaire et réorganisateur, puis à Charles X, de profonds desseins et de vastes pensées, ses romans font éclater à chaque instant cette prétention[5]. » Et je citerai aussi, à la même époque mais dans un autre genre, le *S/Z* de Roland Barthes : « Le travail du commentaire, dès lors qu'il se soustrait à toute idéologie de la totalité, consiste précisément à *malmener* le texte, à lui couper la parole[6]. » Après quoi arrive Lucien Dällenbach et les deux articles que celui-ci avait publiés dans la revue *Poétique* : « En tant que lecture du soupçon (il s'agit, on l'aura compris, de lire *Balzac contre Balzac*), cette lecture rétrospective ne pourra donc être que déconstructive[7]. » Je ne dirai rien ici du *jeune* Schuerewegen qui est sous influence dällenbachienne et qui se contente en ces années déjà lointaines de hurler avec les loups[8]. Je me

3 Georg Lukács, *Balzac et le réalisme français*, traduit de l'allemand par Paul Laveau, Paris, La Découverte, « Préface » (1951), 1998, p. 19.

4 Pierre Macherey, *Pour une théorie de la production littéraire*, Paris, Maspero, 1966, « *Les Paysans* de Balzac : un texte disparate », p. 287.

5 Pierre Barbéris, *Balzac, une mythologie réaliste*, Paris, Larousse, 1971, p. 203.

6 Roland Barthes, *S/Z*, Paris, Éditions du Seuil, 1970, p. 22.

7 Lucien Dällenbach, « Le tout en morceaux (*La Comédie humaine* et l'opération de lecture) », *Poétique*, n° 42, avril 1980, p. 156-169, ici p. 164. Voir aussi le premier volet de la même étude dans *Poétique*, n° 40, 1979.

8 Je rappelle *Balzac contre Balzac. Les cartes du lecteur* (Paris-Montréal, SEDES-Paratexte, 1990), suivi de *Balzac, suite et fin* (Lyon, ENS Éditions, 2004). Le titre *Balzac contre Balzac*,

permettrai, en revanche, d'ajouter à la liste des commentateurs le nom de Michel Charles, qui consacre un excellent chapitre à Balzac dans son récent ouvrage *Composition* (2018), auquel je vais également revenir.

Encore une fois, je ne fais pas de généalogie, et les quelques exemples que je viens de rappeler ne sont là qu'à titre de simple rappel. Mais on voit très bien, me semble-t-il, même si l'inventaire n'est pas exhaustif, quel est le continuum qui, depuis Taine, Brunetière, Proust, Lanson et les autres noms que l'on peut citer, s'est mis en place. Balzac est un génie malgré lui. Balzac est un écrivain *à processus* et non *à programme.* Quand on lit ses livres, on en ressent les effets. Des accidents se produisent, ce sont des accidents d'écriture et, pour qui en fait l'analyse, ils sont fascinants à observer. Cela part dans tous les sens, cela est plein de « déportement et de démesure[9] » (je cite Claude Simon). Cela échappe totalement au contrôle de celui qui écrit mais c'est magnifique, pour cette raison très exactement.

Ici commencent les choses sérieuses. Il me faut expliquer pourquoi, aujourd'hui, quand je réfléchis à ma propre pratique de lecture, j'en suis arrivé à l'idée que la posture contrauctoriale en critique littéraire en réalité n'est guère utile à l'analyse et conduit dans tous les cas à une série de gênantes apories. Il y a plusieurs raisons à cela. Si des difficultés apparaissent, elles sont d'abord liées, je commencerai par là, au fait que le critique qui choisit de lire contre l'auteur ne cherche curieusement pas à nier que le texte qu'il a sous les yeux, et dont il a fait son objet d'étude, *a été écrit par un auteur*. Le critique contrauctorial n'est pas lui-même l'auteur du texte auquel il s'intéresse et son problème est donc que, d'une certaine manière, il est *obligé de faire comme si*. Puisque l'auteur – qui certes a écrit ce qu'il a écrit – ne se fait pas lui-même une idée précise du sens de ce qu'il a écrit – c'est le présupposé de base de l'exercice de lecture contrauctoriale –, l'intervention d'une tierce instance est nécessaire. On fait alors appel au critique dont on suppose qu'il voit mieux que l'auteur quel est le sens du texte qu'a écrit l'auteur. Il s'ensuit que la lecture que nous appelons contrauctoriale n'est pas vraiment, n'est pas *à proprement parler contrauctoriale* puisque le lieu qu'est censé occuper l'autorité auctoriale, le lieu de la production du texte si

---

on ne le rappelle pas assez, apparaît déjà en 1933 sous la plume – d'obédience marxiste également – de Marie Bor.

9 Claude Simon, *Discours de Stockholm*, Paris, Les Éditions de Minuit, 1986, p. 32.

l'on veut, n'a pas été supprimé, on l'a seulement *déplacé*. Comme dans un jeu de chaises musicales en quelque sorte. La musique s'arrête, un joueur est éliminé, ce joueur est l'auteur. En régime auctorial, l'auteur écrit le texte, et le critique est le *go-between* entre auteur et lecteur. En régime contrauctorial, l'auteur disparaît, il *meurt*, pour, en fait ressusciter dans la personne du critique qui a pris sa place. En somme, quand j'affirme lire *contre l'auteur*, j'assume en réalité que je suis moi-même devenu *l'auteur du texte d'un autre*. Mon régime de lecture est toujours auctorial, mais une sorte d'usurpation a eu lieu. Le bernard-hermite de l'exégèse textuelle a volé une coquille, et il s'y est installé.

On peut dire la même chose en revenant à un célèbre passage de Valéry : « On n'y insistera jamais assez : *il n'y a pas de vrai sens d'un texte.* Pas d'autorité de l'auteur. Quoi qu'il ait voulu dire, il a écrit ce qu'il a écrit[10]. » Le passage est souvent cité, on aime y reconnaître un vibrant plaidoyer pour la liberté interprétative. Je vois ici encore apparaître une difficulté logique. Force est d'admettre que l'affirmation qu'on lit chez Valéry n'est pas falsifiable, je dirai en termes poppériens qu'on ne peut l'établir comme une vérité objective. Imaginons que je ne sois pas d'accord avec Valéry et que j'aie envie de protester : *Monsieur Valéry, vous vous trompez, il existe bien un vrai sens du texte et ce sens est le sens voulu par l'auteur.* Valéry pourra alors très bien répondre, et, d'une certaine façon, c'est ce qu'il fait dans le passage qui nous intéresse ici : *que le sens du texte doive être le sens de l'auteur, c'est exactement ce que je suis en train de vous expliquer, Monsieur ! Le vrai sens du texte est qu'il n'y a pas de* vrai *sens, et c'est bien moi, l'auteur, qui vous le dis !* Bref, on retrouve chez Valéry ce que les logiciens appellent, si mes souvenirs sont bons, la figure de l'injonction paradoxale : *sois spontané ! ne m'obéis pas tout le temps !* Comme lecteur je suis pris au piège. Quand je conteste l'autorité de l'auteur, j'exécute un programme qui en réalité m'est imposé de l'extérieur. L'auteur a *voulu* que je sois libre, je ne suis donc pas vraiment libre. La liberté interprétative en critique littéraire est un leurre, car j'oserai aller jusque-là.

Je quitte un instant le domaine français pour aller en Amérique. Vu le sujet qui nous occupe, je ne peux pas ne pas rappeler, à propos de l'hypothèse intentionnaliste, un passage de Stanley Fish dans l'excellente « Postface » que celui-ci a écrite en 2007 pour la traduction française

---

10 Paul Valéry, *Variété* ; *Œuvres*, édition établie et annotée par Jean Hytier, Paris, Gallimard, « Bibliothèque de la Pléiade », t. I, 1957, p. 1507.

de son livre *Is There a Text in this Class ?* (1981). Fish à ce moment fait le bilan d'un peu plus de trente ans d'activité de critique littéraire et de théoricien. Pendant toutes ces années, il n'a en somme, affirme-t-il, fait que tourner autour d'une seule question : *comment sait-on, comment peut-on savoir ce qu'un texte veut dire ?* L'auteur de la « Postface » développe l'argument suivant que je pourrai entièrement reprendre à mon compte. On assiste un peu comme on va voir à l'*Eurêka* d'un ancien déconstructiviste reconverti dans le domaine de la critique traditionnelle. Je sympathise avec Fish, je me sens *fishien* :

> Mais alors, où trouvera-t-on la réponse à la question de la signification ? Si le texte, en lui-même et de lui-même, ne la délivre pas, dans quelle direction regarder ? Finalement, j'ai trouvé ce que je cherchais – une contrainte exercée sur l'interprétation qui permettrait néanmoins de rendre compte de sa variété – sur l'autre front des illusions de Wimsatt et Beardsley : l'intention. L'illusion intentionnelle, vous vous en souvenez, est l'illusion qui amène à confondre le poème et ses origines. Mais ce n'est pas une illusion ; et en réalité, « l'intention de l'auteur », ai-je finalement décidé, est la seule candidate possible au statut de source de la signification[11].

On passera sur Wimsatt et Beardsley et la critique des *fallacies*. On retiendra, en revanche, que le point de vue que défend Fish est aussi une excellente réplique à Umberto Eco qui avait plaidé dans *Les Limites de l'interprétation* pour une herméneutique à trois *étages*. À côté de l'*intentio auctoris*, il y aurait, pour Eco, qui parle latin, l'*intentio operis*, et, aussi, l'*intentio lectoris* :

> Même si l'on affirme qu'un texte stimule une infinité d'interprétations et qu'*il n'y a pas de vrai sens d'un texte* (Valéry), on ne dit pas si l'infinité de ces interprétations dépend de l'*intentio auctoris*, de l'*intentio operis* ou de l'*intentio lectoris*[12].

Il faut bien le dire, la tripartition que propose Eco est peu satisfaisante et, pour ce qui me concerne, on explique très bien pourquoi. Seul un être animé peut avoir des *intentions*, et une œuvre littéraire n'est pas un être

11 Stanley Fish, *Quand lire, c'est faire. L'autorité des communautés interprétatives*, traduit de l'anglais par Étienne Dobenesque, Paris, Les Prairies ordinaires, 2007, p. 134.

12 Voir Umberto Eco, *Les Limites de l'interprétation*, traduit de l'italien par Myriem Bouzaher, Paris, Grasset, « Biblio essai », 1990, p. 29 *sqq*. Je commente ce passage dans *Le Vestiaire de Chateaubriand*, Paris, Hermann, « Fictions pensantes », 2018, p. 229 *sqq*.

animé. *Exit* l'*intentio operis*. Quant à l'*intentio lectoris*, on a déjà vu quel est le problème auquel on est confronté. Pour qu'il soit en mesure de formuler les intentions qu'il attribue au texte (*intentio operis*), le lecteur est obligé d'en passer par une hypothèse qu'il fait quant aux intentions de l'auteur (*intentio auctoris*). La lecture contrauctiorale essaie de démontrer que ces intentions n'auraient pas été respectées et que *le texte ne veut pas dire ce qu'a voulu dire l'auteur*. L'*intentio auctoris* reste toutefois un point de repère nécessaire pour le critique contrauctorial et la raison en est que l'auteur *était là d'abord*, et qu'il est la source du texte que l'on a choisi comme objet de l'analyse. Si cette sorte de principe de préséance n'est pas respecté, il ne peut y avoir d'exercice de commentaire. L'auteur est un point de repère nécessaire, aussi, et surtout peut-être, ajouterai-je, quand on cherche à se débarrasser de lui.

Fish, dans la « Postface » de 2007, affirme plus ou moins la même chose. L'intentionnalisme, écrit-il, n'est pas une méthodologie :

> Savoir qu'un texte signifie ce que son auteur a voulu ne vous dit pas comment déterminer cette intention. Ça ne vous dit même pas qui est ou ce qu'est l'auteur ; spécifier l'intention et l'identité de celui qui a l'intention sont des actes empiriques, et ce sont aussi des actes que nous accomplissons tous les jours[13].

Une référence à Richard Rorty et à la philosophie « pragmatiste » apparaît à ce moment :

> Cela sonne comme du pragmatisme et, d'une certaine manière, ça l'est, dans la mesure où la théorie générale et les réponses définitives sont délaissées au profit du projet infini de dépêtrer au mieux, un projet disposé à utiliser tout ce qui peut être utile[14].

Or si le but est de savoir comment les choses *marchent*, si on choisit, à la manière des philosophes américains, de raisonner en termes fonctionnalistes et non essentialistes, l'acte critique devient en effet une affaire de *persuasion* et non de *déduction formelle*. J'utilise ici encore les termes de Stanley Fish. Quand je me propose d'expliquer quel est, selon moi, le sens qu'il convient d'attribuer à tel ou tel texte, j'ai besoin d'une série d'arguments grâce auxquels j'espère être convaincant dans

13 *Quand lire, c'est faire*, *op. cit.*, p. 135.
14 *Ibid.*

ma démonstration. Fish a parfaitement raison d'ajouter que le geste qui consiste à en appeler à l'autorité de l'*intentio auctoris* est alors un argument puissant et qu'il est sans doute le meilleur argument auquel on puisse avoir recours dans le débat sur le sens des œuvres. Mais on évitera également ici – c'est toujours Fish qui parle – de tomber dans un intentionnalisme *naïf* qui est celui que Wimsatt et Beardsley avaient justement dénoncé à propos de ce qu'ils avaient appelé la *intentional fallacy*.

J'ouvre, à ce moment très exactement, *Composition* de Michel Charles et je reviens à Balzac.

Je partirai d'un passage pris dans les pages finales du livre, où Michel Charles revient sur les exercices de lecture qu'il a proposés à ses lecteurs et sur ce que ces exercices ont en commun. Quelle aura été, en définitive, la méthode d'analyse ? Comment le critique, le commentateur a-t-il procédé ? Je rappelle entre autres le passage suivant :

> L'intervention, le bricolage, la manipulation, l'expérimentation sont le fondement même de ce type de travail, qui veut s'inscrire dans une tradition rhétorique, une tradition dont on sait qu'elle pratique par principe l'irrespect et que, à ce titre, elle se donne le droit de mettre en question l'autorité du texte[15].

Un peu plus loin il y a ceci :

> Je ne reviens pas sur un débat usé jusqu'à la corde. L'intention de l'auteur est éminemment intéressante ; elle doit être tenue pour une interprétation du texte, et c'est évidemment tout à fait considérable, mais elle n'est que cela. Pouvons-nous imaginer qu'un auteur maîtrise tous les effets de ce qu'il écrit ? y compris, bien sûr, ceux qui pourront éventuellement toucher les générations futures[16] ?

Pouvons-nous imaginer qu'un auteur maîtrise tous les effets de ce qu'il écrit ? La réponse à la question ne peut être que négative, et on nous explique pourquoi :

> Dans le langage, il n'est pas d'espaces vierges. Le plus sophistiqué des textes littéraires puise son matériau dans le même réservoir, dans le même trésor de mots et de formes que la pratique la plus ordinaire du langage, et il ne peut s'en abstraire. Tout est là. De sorte que l'intention de l'auteur ne

15 Michel Charles, *Composition*, Paris, Éditions du Seuil, 2018, « Poétique », p. 418.

16 *Ibid.*, p. 420.

> s'appréhendera éventuellement qu'au terme d'une démarche soustractive, pour ne pas dire mutilante[17].

Et on en arrive à la conclusion, qui dit ceci :

> Bref, s'il est légitime de déterminer la part de l'auteur, il me semble qu'il ne l'est pas moins de s'intéresser à ce qui lui échappe. L'intention de l'auteur, quand on la connaît, jette un éclairage puissant sur son œuvre, ce n'est pas pour autant qu'il faut négliger ce qui reste dans l'ombre et ne pas essayer de modifier l'éclairage[18].

Le propos que l'on vient de lire est clairement anti-intentionnaliste. L'intentionnalisme est une pratique mutilante des textes, écrit Michel Charles, et on la déconseillera donc. Je devrais peut-être préciser ici que je ne suis nullement en désaccord avec Michel Charles et que je parviens très bien à suivre son raisonnement. L'idée selon laquelle aucun auteur, fût-ce Dieu en personne, n'est en mesure de prévoir l'ensemble des effets que produiront ses écrits me semble tout à fait pertinente et je n'irai pas la mettre en cause. Le simple bon sens me dit qu'il en va ainsi. Un certain nombre d'observations, cependant, s'imposent en cette matière. Disons que j'apporte à ma modeste manière, pour ce qui concerne la critique balzacienne, en marge des réflexions que formule Michel Charles, quelques nuances et bémols.

L'auteur, quand je lis son livre, n'est pas là, il est absent, *mort* peut-être, et c'est tant mieux. S'il était physiquement présent pendant mon acte de lecture, sa présence me gênerait. Je lis mieux quand je suis seul. J'aime cette solitude. Il n'en reste pas moins qu'en lisant son texte, *je pense à l'absent*, *je pense au mort* et la chose importante est aussi que *je ne peux pas ne pas penser à lui*. Même si mon intervention critique consiste à montrer que ce qu'a voulu dire l'auteur n'est pas ce que dit son texte, il me faudra bien expliquer, à ce moment, quelles sont les intentions que j'attribue à l'auteur et pourquoi je pense ne pas pouvoir m'en servir dans l'analyse qui est la mienne. En d'autres mots, dans toute lecture contrauctoriale, une hypothèse intentionnaliste est négativement présente. Le lecteur contrauctorial affirme : *l'auteur ne sait pas lui-même ce qu'il a voulu dire*. Or en disant cela, le même lecteur suppose aussi qu'il

---

17 *Ibid.*

18 *Ibid.*

sait, lui, ce que, selon lui, l'auteur a voulu dire, a cru vouloir dire car sinon on ne pourrait pas le contredire justement. C'est ce double jeu, cette double présence que je crois pouvoir retrouver dans l'analyse, tout à fait brillante par ailleurs – il y a là à la fois finesse et rigueur –, que fait Michel Charles de *La Maison du chat-qui-pelote*.

La section de *Composition* où il est question de Balzac a pour titre « Cohérences ». Le titre en dit long, déjà, sur quel va être l'angle d'approche. Pour qui s'intéresse à *La Maison du chat-qui-pelote*, affirme Michel Charles, il existe plusieurs manières possibles de construire la cohérence du texte et tout dépend, en somme, de la stratégie de lecture à laquelle on veut avoir recours. Michel Charles propose de faire le tour de la question. Il parvient à démontrer de façon très convaincante que plusieurs textes sont présents dans le texte balzacien et que le commentateur d'une certaine manière, devant la multiplicité qui lui est offerte, a l'embarras du choix. En fonction des éléments qu'il décide de retenir, ou de mettre en évidence, il construira *sa* version de la nouvelle balzacienne. Plusieurs versions sont possibles et les intentions de l'auteur en cette affaire ne devraient pas trop nous freiner, ni nous inhiber. Le lecteur n'en fait qu'à sa tête, l'auteur est loin, mort et enterré au Père-Lachaise.

Un facteur génétique, un procédé de *composition* est à prendre en compte. Michel Charles écrit : « Osons avancer que le texte que nous lisons est peu fonctionnel et qu'il n'est pas du tout économique. Balzac, on le sait, avait l'imagination fertile, et écrivait vite[19]. » On retrouve ici entre autres Proust et les remarques sur le style du *Contre Sainte-Beuve*. Balzac écrit vite, donc, Balzac écrit *mal*. Toutefois, écrire vite est le prix à payer quand on a l'*imagination fertile*. Par conséquent, on n'en voudra pas au romancier, et on passera l'éponge sur ses *défauts*. Je rappelle que le mot *défaut* apparaît à plusieurs reprises dans l'analyse de Michel Charles et que le mot a son importance. Un point faible s'avère être un point fort. Le défaut à la fois *est* et *n'est pas* un défaut. Une ambiguïté s'installe dans le discours critique. Balzac écrit vite, affirme Michel Charles. Or, quand on écrit vite, on est souvent nonchalant et on court donc le risque de commettre des impairs. Apparaissent alors les défauts. Mais voyons l'autre face de la médaille. Écrire vite a ses avantages : cela libère l'imagination, cela fait surgir, dans les choses que l'on écrit, un foisonnement, une richesse. Balzac est un auteur foisonnant et proliférant.

19 *Ibid.*, p. 265.

Je suppose que l'on m'attend ici au tournant. J'ai envie de faire l'avocat du diable. Et s'il fallait admettre que Balzac écrit vite *à dessein*, autrement dit – et c'est évidemment là que les choses basculent – et si ce que d'aucuns ont pu considérer comme une absence de style chez Balzac *était au contraire un trait stylistique propre à l'auteur* et qui explique l'intérêt que nous accordons à ses textes, qui explique, en somme, l'importance – historique, esthétique, poétique – qu'a pour nous l'œuvre balzacienne ? Écrire vite, on l'a compris, est à ce moment une décision d'auteur, une stratégie d'écriture et elle est à mettre sur le compte d'une *intentio auctoris*. On n'est plus dans l'anti-intentionnalisme, en quelque sorte, on a viré de bord.

Nous avons à faire, avec *La Maison du chat-qui-pelote*, à un texte *peu fonctionnel*. Mais il faudra alors expliquer comment et pourquoi un texte *fonctionne* ou, le cas échéant, ne *fonctionne pas*. Il peut y avoir des fonctionnements multiples, affirme Michel Charles. Il arrive que ce dont on a d'abord pensé que cela ne marchait pas *marche* quand même. Le critique balzacien, d'une certaine manière, revient ici sur ses pas :

> Or, nous devons premièrement prendre conscience que, jusqu'ici, nous avons évalué notre texte à partir d'une norme choisie de façon parfaitement arbitraire : il n'y a pas de raison de mesurer la nouvelle de Balzac à l'aune du modèle du « récit fonctionnel », soit, en un mot, une dominante narrative claire, une hiérarchisation des histoires, une fonctionnalité des éléments. Le récit selon Balzac n'est pas économique, et c'est ainsi[20].

J'ai un peu l'impression – je me trompe peut-être – que l'on est ici en train de glisser vers autre chose, et je dirai plus précisément : vers une autre forme de commentaire critique qui accepte le contrôle auctorial et qui part aussi de l'idée que rien n'échappe à l'auteur. Michel Charles écrit : « Le récit selon Balzac n'est pas économique, et c'est ainsi. » Je relève le *selon Balzac* et le *c'est ainsi*. Il existe donc un régime narratif *spécifiquement* balzacien, une *griffe* balzacienne si l'on veut, et elle est reconnaissable à des traits formels. Si le modèle existe, il faudra bien admettre que Balzac en est l'inventeur. On aura deviné l'inquiétude théorique qui s'empare à ce moment de moi, lecteur de Balzac et de Michel Charles. Il doit bien y avoir un peu d'intentionnalité dans tout cela.

Je retrouve la même ambiguïté un peu plus loin où on nous offre une description précise des composantes dont est fait un récit *peu économique*.

---

20 *Ibid.*, p. 269-270.

Michel Charles s'intéresse à ce qu'il appelle la « diversification des régimes narratifs » chez Balzac. Dans *La Maison du chat-qui-pelote*, plusieurs *genres* coexistent. Certains éléments rappellent le conte, ou la fable, d'autres font penser à la chaîne amoureuse en régime tragique. À propos du phénomène de « diversification des régimes », Michel Charles écrit :

> On renoncera donc en grande partie à l'idée d'une cohérence forte du texte pour considérer que, sans aucun doute, un Balzac a voulu faire une fable, mais qu'un autre a utilisé sans mesure les possibilités ouvertes par un récit proliférant en tous sens[21].

Je retiens la leçon. Il n'y pas *un* Balzac, il y en a, au moins, *deux*. Les deux sont en concurrence l'un avec l'autre et, quand je lis Balzac, j'assiste en quelque sorte à la lutte intestine entre les *deux* Balzac. Devrai-je m'en arrêter là ? Aucunement. Le bon sens toujours me dit que les deux Balzac en réalité n'en font qu'un seul et, partant, que si un effet de *prolifération* peut être observé dans le texte balzacien, il y a de fortes chances pour qu'il s'agisse d'un effet *voulu* par l'auteur, donc, d'un effet intentionnel. On a le choix, en somme, quand on a affaire à un récit *composite*, entre deux hypothèses : soit l'absence d'une *cohérence forte* dans *La Maison du chat-qui-pelote* est due au hasard et il faudra alors en effet la considérer comme un *défaut*. Soit l'absence de cohérence est un effet *esthétique*, elle est alors un effet *voulu* qui émane d'une *intentio auctoris*. On dira à ce moment que Balzac écrit vite *exprès*, qu'il est boulimique *à dessein* : « Cette boulimie est sa marque[22]. » Bref : à ce moment, il n'y a plus de *défaut*. Balzac sait ce qu'il fait, Balzac est lucide, Balzac contrôle tout.

On trouve curieusement dans *La Maison du chat-qui-pelote*, « scène de la vie privée », située en plein cœur de Paris – « au milieu de la rue Saint-Denis, presque au coin de la rue du Petit-lion[23] » pour être exact –, une série d'allusions à la *mer*. Quand la rue est calme, écrit Balzac, on entend « dans le lointain comme la grande voix de la mer[24] ». Le drapier Guillaume, quand il sort de chez lui pour prendre l'air, ressemble à « un homme qui débarque au Havre et revoit la

21 *Ibid.*, p. 270-271.
22 *Ibid.*, p. 282.
23 *La Maison du chat-qui-pelote*, *CH*, t. I, p. 39.
24 *Ibid.*, p. 41.

France après un long voyage[25] ». La maison elle-même est comparée à « un vaisseau tranquille qui naviguait sur la mer orageuse de la place de Paris[26] ». Michel Charles juge à juste titre étonnantes ces allusions. Pourquoi sont-elles là ? Dans son analyse Michel Charles rejette l'explication par le simple hasard, donc il rejette l'hypothèse du défaut de composition. Il écrit : « Cela commence à faire système[27]. » Je retiens le mot *système*. Si quelque chose de systématique apparaît, il y a un créateur du *système*. Je suis de nouveau invité à m'interroger sur le poids que je devrai donner, quand je m'interroge sur ma méthode, à l'*intentio auctoris*.

Enfin ceci encore, chez Michel Charles toujours. On a affaire avec *La Maison du chat-qui-pelote* à un *récit composite*. Le récit composite a comme particularité qu'il produit un effet de lecture qui lui est particulier. Michel Charles décrit cet effet de lecture, donc il décrit l'expérience que le texte fait vivre à son lecteur en les termes suivants : « J'ai affaire à un récit dont la linéarité est brouillée : je suis mené en avant, en arrière, à côté[28]… » Je comprends par-là que le *je* critique qui me raconte son expérience de lecture se dit poussé par une force qui vient d'ailleurs, et à laquelle il doit obéir. De quelle force s'agit-elle ? D'où vient-elle ? Que nom faudra-t-il lui donner ? Le plus simple, le plus évident, pour ce qui me concerne, est d'admettre que quelqu'un est là, qui agit, qui s'appelle Balzac, qui est dans l'*emportement* et la *démesure* certes mais à propos de qui je suis aussi obligé de conclure que c'est bien lui qui *me mène en avant, en arrière, à côté*. Je n'ai besoin ni d'une *intentio operis*, ni d'une *intentio lectoris* pour en arriver à cette idée. Le régime *composite* peut très bien être un régime *intentionnel*. Et en un sens, il *doit* l'être pour que je puisse considérer ce régime comme esthétiquement pertinent et, donc, comme un objet d'intérêt pour l'analyse.

Je reviens pour finir à Taine et à son étude sur Balzac dé février 1858. J'ai cité Taine, on s'en souvient, à cause de ses commentaires sur le style balzacien. Je l'ai placé dans la catégorie des lecteurs contrauctoriaux et je l'ai même présenté comme un pionnier en ce domaine. Or il y a autre chose que l'on peut signaler et qui va nous aider à aller vers une

25 *Ibid.*, p. 44.
26 *Ibid.*, p. 59.
27 Michel Charles, *Composition*, *op. cit.*, p. 289.
28 *Ibid.*, p. 299.

conclusion certes tout à fait provisoire. Taine, donc, critique l'élégance de l'écriture de Balzac. Il pense comme Proust, et les autres, que le style est *à venir*. Mais on lit aussi ceci qui part, me semble-t-il, dans un sens assez radicalement différent : « Il y a donc un nombre infini de bons styles ; il y en autant que de siècles, de nations et de grands esprits[29]. » Plus loin : « La prétention de juger tous les styles par une seule règle est aussi énorme que le dessein de réduire tous les esprits à un seul moule et de reconstruire tous les siècles sur un seul plan[30]. »

Je suis frappé par le renversement qui a lieu, en somme : par le passage du blâme à l'éloge. La critique du style de Balzac *qui n'a pas de style* devient, chez Taine, un hommage au style d'un auteur dont on apprend, qu'il a un style puissant, original et innovateur comme pas un. Je rappelle aussi :

> Ces expressions violentes, ces images ramassées dans l'hôpital et dans le bagne, cet accouplement d'expressions inouïes, cette torture du style étouffé d'idées qu'il ne peut contenir, annoncent un degré de souffrance, d'effet et de génie qu'on ne trouve point ailleurs[31].

Et plus loin :

> On prend part à ce labeur et à cette victoire ; on souffre de cet acharnement de l'inspiration obstruée, de ces exploits de volonté fiévreuse ; mais on est pénétré de cette passion qui grandit et de cette puissance qui triomphe[32].

J'ai l'esprit associatif. Je repense ici aux commentaires de Michel Charles sur *La Maison du Chat-qui-pelote* et aux considérations qui ont été développées à propos de l'effet que le texte produit sur son lecteur. Quand on lit Balzac, *on est mené en avant, en arrière, à côté, bref : on est bousculé.* Taine dit à peu près la même chose. J'ai affaire à un écrivain puissant, un peu agressif certes et sûr de lui. Balzac a ses idiosyncrasies mais sait ce qu'il fait. Balzac *savait sa langue* : « Évidemment cet homme,

29 Hippolyte Taine, *Nouveaux essais de critique et d'histoire*, Paris, Hachette, 1865, « Le style de Balzac », p. 42. Je rappelle à propos de ce texte l'étude de Stéphane Vachon : « Balzac entre 1856 et 1858 », *Études françaises*, vol. 43, n° 2, 2007, p. 13-29. On consultera aussi *Balzac et le style*, études réunies et présentées par Anne Herschberg-Pierrot, Paris, SEDES, « Collection du bicentenaire », 1998.

30 *Ibid.*

31 *Ibid.*

32 *Ibid.*, p. 47.

quoi qu'on en ait dit et quoi qu'il ait fait, savait sa langue ; même il la savait aussi bien que personne ; seulement il l'employait à sa façon[33]. »

Voici le mot provisoire de la fin. J'avais des doutes sur ma méthode, Taine, entre autres, me rassure. Nous, balzaciens, avons assez joué au jeu de la lecture contrauctoriale et il est peut-être temps pour nous de changer notre fusil d'épaule. Après tout, c'est bien Balzac qui a inventé, au début du XIXe siècle, le roman, et il était à peu près tout seul à le faire. Non, cher Honoré, *nous ne vous opposerons plus à vous-même, nous ne rétorquerons plus contre vous le discours d'un de vos personnages, nous ne serons pas des calomniateurs.* Nous nous excusons pour avoir dit du mal de vous, et nous ne recommencerons plus.

Franc SCHUEREWEGEN
Université d'Anvers

33 *Ibid.*

INDEX DES NOMS

INDEX DES ŒUVRES DE BALZAC

LA COMÉDIE HUMAINE

ROMANS DE JEUNESSE, ÉBAUCHES, ARTICLES ET ŒUVRES DIVERSES

RÉSUMÉS

Éric BORDAS, Andrea DEL LUNGO et Pierre GLAUDES, « Introduction »

L'ouverture définit le sujet de cet ouvrage collectif, consacré à la relation entre l'œuvre balzacienne et les savoirs de son temps, qui introduit une interrogation sur le statut et sur les valeurs de la littérature comme mode de représentation du réel : bâti sur des savoirs multiples, le roman balzacien construit aussi des modèles de connaissance susceptibles d'influencer en retour l'histoire des sciences. Les différentes sections de l'ouvrage sont brièvement présentées.

Claire BAREL-MOISAN, « Construire une science de l'homme, entre sérieux et ironie »

Comment l'organisation architecturale de *La Comédie humaine* permet-elle la déclinaison d'une science de l'homme multiple et protéiforme, différenciée à chaque étage de l'édifice balzacien, tant dans ses modèles épistémiques que dans ses modalités d'écriture, construisant une dialectique sans cesse renouvelée entre sérieux et ironie ?

Aude DÉRUELLE, « Balzac et le modèle encyclopédique »

Balzac critique systématiquement l'esprit encyclopédique du XVIIIe siècle, associé à l'esprit philosophique qui a causé la destruction de la société. Sa participation à l'« encyclopédie morale » des *Français peints par eux-mêmes* le conduit toutefois à repenser l'ensemble de son œuvre lors de la parution de *La Comédie humaine* chez Furne. L'« Avant-propos » dessine ainsi un geste encyclopédique de nature politique : il s'agit de rassembler les savoirs mais aussi de réparer la société.

Lucien DERAINNE, « Balzac et la collaboration scientifique »

En étudiant la représentation de la collaboration scientifique dans quatre textes panoramiques de Balzac (*Guide-âne à l'usage des animaux qui veulent parvenir aux honneurs*, *Monographie du rentier*, *Monographie de la presse parisienne* et *Entre savants*), cette contribution montre que Balzac a souligné les aspects sociaux et politiques de la science, accompagnant ainsi le long passage, au cours du XIXe siècle, d'un régime des spécialités à un régime des disciplines.

Dominique MASSONNAUD, « Balzac et l'Histoire naturelle. Transpositions épistémologiques »

La pensée des Historiens de la nature paraît déterminante pour Balzac, dont la connaissance de l'Académie des Sciences ou celle des écrits du « grand Goethe » ont pu marquer l'« Avant-propos » de *La Comédie humaine*. Plus largement, il s'agira de voir en quoi les textes de l'« historien du présent » qui propose une étude sociologique des caractérisations de l'homme – par son espace de vie et par les accidents de l'histoire – peuvent mettre en évidence d'effectives transpositions épistémologiques.

Andrea GOULET, « Balzac géologue, ou Horace de Saint-Aubin à l'aube de l'anthropocène »

En lisant l'œuvre de Balzac au prisme de deux moments dans la pensée géologique, l'âge de Cuvier et la conceptualisation récente de l'anthropocène, on découvre une stratigraphie liée aux forces de la Terre ainsi qu'aux échelles de la société. Plusieurs exemples ici analysés (extraits d'*Illusions Perdues*, *Splendeurs et Misères*, *La Peau de Chagrin* et *Le Centenaire*) révèlent une géochronologie convulsive où la science se trouve aux prises avec deux échelles incompatibles, celle de l'homme et celle de la terre.

Göran BLIX, « Balzac zoographe. L'histoire naturelle de l'amitié dans *Une passion dans le désert* »

Pour Balzac, savoir c'est d'abord classifier, créer des types, des profils, des espèces sociales modelées sur l'histoire naturelle afin d'éclairer l'opacité du social. Mais il s'interroge aussi sur le bien-fondé de ce geste savant : produit-il vraiment un savoir utile et légitime ? Peut-il aussi brouiller les rapports entre les êtres ? À travers l'exemple d'*Une passion dans le désert*, on s'attachera ici à montrer à quel point la naissance de « l'amitié » suppose l'abandon du geste classificateur.

Andrew WATTS, « Balzac et la "loi du plus fort". L'adaptation, l'éco-traductologie et *La Peau de chagrin* »

Cet article interroge le rapport entre l'adaptation artistique et la théorie de l'évolution. Il utilise l'éco-traductologie, un concept inspiré de la sélection naturelle darwinienne, pour étudier deux versions de *La Peau de chagrin* : *The Magic Skin* (1915, Ridgely) et *La Peau de chagrin* (2010, Berliner). L'adaptation y fonctionne comme un processus sélectif qui recrée du matériel à partir de plusieurs sources afin de maximiser les chances que l'œuvre adaptée *survive* dans un nouvel environnement.

Kathia HUYNH, « La médecine dans *La Comédie humaine*. Entre savoir, soin et romanesque »

Considérée comme un modèle prestigieux, la médecine dans *La Comédie humaine* voit son autorité détournée afin de naturaliser les débordements de la fiction, mais aussi de réintroduire par la bande une thématique et une grammaire romanesques, où se dégage une attention portée aux souffrances humaines, qui invite à réfléchir à la présence et aux modalités d'une poétique du *care* chez Balzac. Par la catégorie du romanesque, la médecine glisse ainsi de modèle scientifique à modèle éthique.

Marion MAS, « Entre l'esprit et la lettre. Dynamiques du droit des successions dans *La Comédie humaine* »

Le thème de la succession et du partage est un thème majeur de l'œuvre de Balzac. Cet article interroge la manière dont l'analyse juridique, dans le roman, éclaire le caractère dynamique de l'hérédité comme force sociale, et conduit à questionner les cadres de pensée à travers lesquels se pense l'institution héréditaire, mais aussi, en dernière instance, la fonction du droit positif dans la fiction romanesque.

Alexandre PÉRAUD, « Faire œuvre économique contre l'économie politique »

Les relations de Balzac avec l'économie politique n'ont jamais été étudiées, alors que cette *science* connait un fort rayonnement au début du XIXe siècle. Si la théorie économique balzacienne récuse les principes de Smith ou de Say, à commencer par la croyance en l'équilibre harmonieux du marché, elle dépasse cette critique pour élaborer une économie politique organiciste qui pense la société sur le mode du déséquilibre et considère l'économie comme une science pratique au service du politique.

Francesco SPANDRI, « La "vue de l'or" ou la passion de la monnaie »

La Comédie humaine accorde une large place à la représentation de l'or en tant que *medium* monétaire. L'univers fictionnel suscite une réflexion sur la relation complexe que l'individu entretient avec la monnaie. Mais loin de se limiter à exhiber son pouvoir d'achat, l'or qui apparaît sur la scène romanesque possède des résonances subjectives qui mettent en jeu l'horizon d'un au-delà de l'économie. C'est l'exploration de cet au-delà que l'étude du symbolisme de la « vue de l'or » permet de tenter.

Éric BORDAS, « "Une ignorance hybride". Balzac et le savoir musical »

Cet article entend faire le point sur les connaissances précises d'un romancier qui se disait lui-même « d'une ignorance hybride en fait de technologie musicale ». Comment Balzac, non musicien (mais mélomane averti), a-t-il pu produire les analyses précises d'opéras de Meyerbeer et Rossini dans deux de ses « études philosophiques » ? Et surtout, comment a-t-il pu transformer le savoir analytique en ressort romanesque ?

Pierre GLAUDES, « Le cynisme dans *La Comédie humaine* »

Qu'en est-il du cynisme balzacien ? L'observateur des mœurs s'intéresse d'abord à la pratique sociale fondant l'existence sur l'intérêt personnel et l'abolition de toute règle morale. Il donne aussi la parole à ces « sages » d'un nouveau genre, les cyniques modernes, qui règlent leur conduite sur l'analyse de cette évolution de la société. Certains de ses personnages, tels de nouveaux Diogène, mènent enfin une vie de chien, dans une pauvreté sublime, accordée aux principes d'une existence désintéressée.

Vincent BIERCE, « La science qui sait et la croyance qui doute. La métaphysique balzacienne à l'épreuve du monde contemporain »

Cet article propose d'examiner comment Balzac invente et développe une théorie de type scientifique qui transforme le sentiment religieux en un savoir analysable, et comment il la confronte par la fiction, et dans une dynamique commune, à la fois à une pensée du présent incluse dans un cadre matérialiste et historique qui lui est *a priori* antagoniste et à un dispositif romanesque général qui semble précisément refuser toute perspective unifiante.

Boris LYON-CAEN, « Balzac et la "représentation" de la vie intérieure »

L'œuvre balzacienne conçoit le héros, mais aussi et surtout l'héroïne, comme un manque à comprendre et une matière à examen. Ainsi, c'est armé de « l'avide scalpel du Neuvième Siècle » que le romancier-psychologue entreprend de « fouiller les coins les plus obscurs du cœur » (*La Muse du département*) et ses « fibrilles les plus délicates » (*Eugénie Grandet*). Le présent article revient sur les formes prises par cette entreprise.

Laélia VÉRON, « L'argot des prisons de Balzac face à l'argotologie. Réalisme linguistique ou fantasme romanesque ? »

L'attention portée par Balzac à la dimension sociolinguistique des échanges discursifs est reconnue. Mais qu'en est-il lorsqu'il s'agit du parler spécifique des prisons, souvent désigné comme un *argot* ? L'aborde-t-il en réaliste, en historien des mœurs et de la langue, en précurseur d'une démarche argotologique, ou en auteur à la mode de roman-feuilleton ? Cet article propose d'étudier la représentation, par Balzac, de l'argot des prisons, dans une double perspective, balzacienne et linguistique.

Christèle COULEAU, « Physiologie du caméléon. La nécessaire pluridisciplinarité du narrateur balzacien »

Non content de convoquer de nombreux savoirs dans ses récits, Balzac aime à les combiner en une pluridisciplinarité active, repérable jusqu'à la plus petite échelle du texte, dans un système complexe d'incarnation, de validation et de hiérarchisation des discours, qui se met en place dans sa poétique. Nécessaire, cette pluridisciplinarité légitime l'autorité du narrateur et démultiplie ses capacités d'élucidation et de fabulation à travers quatre fonctions : analyser, synthétiser, problématiser, dramatiser.

Jérémie ALLIET, « Qui peut savoir "ce que nous voulons savoir" ? Balzac et la *theory of mind* dans *Les Comédiens sans le savoir* »

La représentation du savoir des personnages de *La Comédie humaine* nous renseigne sur les pratiques de caractérisation du personnel romanesque. Dans *Les Comédiens sans le savoir*, le narrateur met en scène des affrontements cognitifs entre des personnages qui cherchent à savoir ce qu'un autre personnage sait. Cette interrogation sur la connaissance d'autrui n'est pas sans évoquer les recherches américaines de la *theory of mind*, qui éclairent sous un nouveau jour le rapport de la fiction balzacienne au savoir.

Andrea DEL LUNGO et Karolina SUCHECKA, « Le projet eBalzac. Un hypertexte des sources scientifiques »

Cet article analyse l'influence de la phrénologie sur le roman balzacien, en présentant les résultats du projet eBalzac, et notamment de son volet encore inédit qui porte sur la détection automatique et la visualisation de l'hypertexte à travers des logiciels d'alignement textuel. Les comparaisons entre *La Comédie humaine* et les textes scientifiques se révèlent nombreuses, et montrent de quelles manières Balzac modifie, dans l'univers fictionnel, les modèles de connaissance de la phrénologie.

Franc SCHUEREWEGEN, « *Intentio auctoris* (sur un problème de méthode) »

Il s'agit d'une tentative de réhabiliter la notion de l'intention auctoriale (*intentio auctoris*) en milieu balzacien, où elle a mauvaise presse depuis un bon moment. On lit Balzac *contre* Balzac mais est-ce bien possible d'un point de vue théorique et méthodologique ? La question n'est pas simple, on essaie d'en faire le tour, au pas de course.

TABLE DES MATIÈRES

DEUXIÈME PARTIE

SCIENCES DE LA NATURE, SCIENCES DU VIVANT

TROISIÈME PARTIE

DU CÔTÉ DU DROIT ET DE L'ÉCONOMIE

QUATRIÈME PARTIE

SAVOIRS, CULTURE, PERSONNALITÉ

CINQUIÈME PARTIE

SAVOIRS ET DISCOURS FICTIONNELS

SIXIÈME PARTIE

QUESTIONS DE MÉTHODE

COLLECTION
« COLLOQUES DE CERISY – LITTÉRATURE »

La collection « Colloques de Cerisy – Littérature » a pour vocation de mettre à disposition du public les travaux portant sur des sujets littéraires qui se sont déroulés dans le cadre du Centre culturel international de Cerisy-la-Salle.

Retrouvez tous les titres de la collection en scannant ce code QR :

Et pour recevoir nos dernières actualités, abonnez-vous ici :

Achevé d'imprimer par Corlet,
Condé-en-Normandie (Calvados),
en Novembre 2025
N° d'impression : 189445 - dépôt légal : Novembre 2025
Imprimé en France